世界传世藏书

【图文珍藏版】

中外未解之谜

王书利⊙主编

第四册

线装书局

第五节　动物界的魔术大师

动物"禁圈"之谜

在我国东北大兴安岭深处林海中，生活着一种像紫貂又像黑熊的动物，人称它貂熊。它有捕捉小动物的奇特本领。当它饥饿时，它不是直接攻击或迂回偷袭，而是用自己的尿在地上撒个大圆圈，被圈进来的小动物，就像中了魔法似的，不敢走出圈外，乖乖地等待貂熊来把它们一个一个地吃掉。

人们可能会猜想，一定是貂熊的尿中有种特殊的气味，小动物一闻就受不了，只得退回来，坐以待毙。可是，奇怪的是，在圈外的狼虎豹也不到圈内捕捉貂熊，就像孙悟空用金箍棒画的圈一样，一切妖怪都不敢进入，人们总想知道，这些动物为什么会怕这个尿撒的圈？貂熊的尿里到底有什么东西？

科学家们发现，不仅是貂熊，从种类繁多的哺乳动物，到脊椎动物，甚至无脊椎动物都有这种画圈的本领。

貂熊

有人看到，一条1米多长的蛇，沿着葡萄藤滑行而下。这时突然蹿出一只黄鼠狼，绕蛇一圈，然后走了。这条蛇便立即停止了滑行，一动不动地待在那里吐舌头。过了一会儿，来了5只黄鼠狼，各叼一段蛇肉扬长而去。

水田中，有一只田螺绕螃蟹"画"了一圈，这只螃蟹便待着不能动弹了。几天后，螃蟹死亡、腐烂，终成了田螺的美餐。

动物的这些"禁圈"，生动而有趣，其间的奥妙却令人不解。不过，从大量的事实可以看出，画"禁圈"不是动物对空间本身有什么欲望，而是因为生存需要产生的一种本能。但对这种本能的奥秘，目前还未能探出个究竟来。

奇妙的动物避敌术

避敌是动物的一种本能。根据动物学家的考察研究，动物对外在环境危险时所产生的生理反应，与人类有许多共同之处，而且动物也有爱恨交织的情绪和喜、怒、哀、乐的表情。不同种类的动物，有着不同的避敌方法。

1. 逃跑

被害者常采取一条变化莫测的逃逸路线,使追捕者猎取不到,从而获得逃命的机会。刺鱼发现鸭追捕自己后,就在水中忽左忽右地游动,使鸭疲于奔命,无法下嘴。

2. 乔妆打扮

有些动物则是以其特殊的结构将自己"乔妆打扮"起来,达到御敌的效果。在我国南海海域生活着一种鱼叫针河豚,其体型大小和普通河豚相差不多。但在它整个皮肤的外面长满了刺。当它吞进水和空气后,身体胀得像个气球时,全身的刺竖起来,活像只刺猬。这种特殊的"装扮"的确能吓坏不少胆敢侵犯它的敌害。

3. 警报

大自然里,许多鸟兽是优秀的警报员。长期从事航海工作的人们,常常发现海鸥群停息在岛屿上,或者翱翔在海面,只要其中一只海鸥受伤或被捕,它便会发出痛苦的哀鸣,告知它的伙伴们要提高警惕,快速逃离危险区域。与象龟(一种最大的陆生龟)、鳄类、犀牛等大型动物共生的小鸟,十分灵敏,它们一面从这些大型动物身上啄取寄生虫吃,另一面则充当这些大型动物的警报员,一闻有异,立即不断地鸣叫。

动物世界里最优秀的警报员可能要数土拨鼠了。土拨鼠又名旱獭,是松鼠的近亲,身体肥胖、外貌既似鼠又像兔,是一类挖洞的穴居小兽。它们的警惕性特别高,每次成群出穴觅食活动时,总派一只土拨鼠担任哨兵。这只哨兵十分负责,常常用后脚跟站立在地面或高处,以便探察四周的动静。一旦发现猛禽、凶兽来袭的危急情况时,它就立即发出高频率的尖叫声,其他的土拨鼠听到这一"紧急警报",便急忙纷纷钻入洞穴,逃避凶险。当敌害远离时,这只放哨的土拨鼠又会发出洪亮的叫声,以示"解除警报",恢复正常。这时,躲避在洞穴中的土拨鼠又纷纷出来,照常觅食活动。

4. 虚张声势

当动物无法逃避而必须面对敌人时,它们往往会虚张声势地警告对方。生活在澳大利亚的围兜蜥(一种爬行动物),颈部有一圈皮肤褶襞。就像雨伞有伞骨一样,褶襞上也有骨头支持着。平时褶襞贴在颈子上。当遇到敌害时,围兜蜥就把褶襞撑起来虚张声势,吓得来犯者往往不敢下手。

我国的眼镜蛇是一种著名的有毒蛇,颈部背间有醒目的眼状斑纹,遇到人时,头部抬起,颈部膨大,并发出"呼呼"声,使人不敢轻易扰乱它。

生活在河流、湖沼里的鳄类,一旦遭遇敌害时,立即张开血盆大口,露出利牙,高声吼叫,往往使敌害退避三舍。

美洲的鳄龟,是世界上最大的淡水龟,它们虽然没有鳄类那样的利牙,但是在遇到危险时会裂开两颌而扩张声门,使白色的声门与暗色的口腔形成强烈的对比,往往使敌害望而生畏。

南美洲的吼猴,有一个宽阔的下颌,围住一个膨大的喉头,喉头里的舌骨形成一个

"共振箱"。当一只吼猴在吼叫时，其声带振动发出的声音，通过"共振箱"变得十分洪亮，在近 5 千米的范围内都可听到。实际上，吼猴的吼叫并不是无知的喧闹，而是向其他猴群发出的一种虚张声势的"示威"，即使碰上大蟒蛇那样的敌害，只要吼猴群合力吼叫，也可使敌手心惊胆怯。

根据动物学家的野外观察，几乎没有一种动物对猎物会轻举妄动，即使单只动物，在捕食时它也会小心翼翼，以防不测。因此，不管掠食动物多大、多凶，它们在捕食时也都时时在防卫着自己，更何况许多被猎动物会施展虚张声势的绝招，可以转危为安，免于一死。

5. 自我牺牲

生活在空旷地区的群居性动物，遇上敌害后往往很难脱险，可是为了保护它们集体的安全，年长的动物会表现出"自我牺牲"的英雄气概。

成群的野鸭遇到敌害时，为了保卫自己的儿女，有的成年野鸭会在远处显眼的地方侧身躺地，拍动一只翅膀，装出一副受伤样子，引诱敌害过来。敌害看到这种情况，便会丢弃年幼的小鸭、转身来捕猎它，小鸭得以逃生；然而，当"拟伤"成鸭估计可以跃身逃跑时，往往由于敌害冲击极快，"拟伤"成鸭就成了舍己为人的"鸭烈士"了。

北美洲的麝牛，虽然体躯较大，但是常常会遭到狼群的围猎。公麝牛为了保护母牛和小牛，常常作自我牺牲。它们在与狼群长期斗争的过程中，似乎找到了对付敌害的一种好办法。动物学家在考察中，曾目击一群恶狼向一群麝牛袭击，而身强力壮的公麝牛们立即聚在一起，形成一道防险堤，将母牛和小牛重围保护起来，并各自头部朝下，双角对向狼群，摆出一副反攻架势，偶尔其中一只公牛也会冲出去攻击一下狼群，然后快速返回到原位，其他公牛也随之轮流出击和返回。这种防御方法往往可使狼群不易下手，但是危险性也较大，有时会遭到凶残、狡猾的群狼杀害。

6. 硬刺硬甲

针鼹、刺猬、豪猪等动物，它们的体毛都变成了坚硬的锐刺，是强有力的防卫工具。其中尤以豪猪背部和臀部的硬刺密集，这些硬刺能由皮肤表层下的有力肌肉收缩将其竖起，所以豪猪又名箭猪。一旦遇到敌害，豪猪立即竖起硬刺，并将硬刺相互碰撞摩擦，产生一种"唰唰唰"的威吓声，同时还会从嘴里不断地发出"噗噗噗"的吼叫声，表示它是不可侵犯的。这时，如果对方不听警告，继续逼近，那豪猪就会迅速地转身，以臀部或背部的一团矛枪般的硬刺朝着敌人，如果敌人扑上来，在彼此身体接触时就有许多硬刺刺入敌人身体。这种防卫术，能使凶猛的掠食动物受到伤害，轻者受到很大痛苦，如双眼被刺瞎，重者还会死亡。至于体小力弱、行动迟缓的针鼹和刺猬，当敌害接近时，立即随地躺下，弯颈缩头，收肢屈脚，蜷缩成一个全副武装的刺球，此刻，凶恶的猛兽只好望之兴叹，摇摇尾巴，扫兴而去。

穿山甲和犰狳的体毛已演变成为坚硬的鳞片，每一鳞片好似一块厚厚的钢盾。当遇到危险时，它们都会缩成一团，保护要害部位，将背面"厚盾"外露，使敌害无从下手。

7. 释放臭屁

1808 年,拿破仑率兵远征西班牙。不久,很多士兵身上长出莫名其妙的红斑。军医几经周折才查明,原来那是鞘翅目昆虫中的一种甲虫的毒液引起的皮肤炎症。当人们在野外荒草乱石堆中捕捉昆虫时,有时会受到突如其来的刺激性臭味的袭击,而被弄得头昏、鼻酸以致流泪。与此同时,往往会看到一种色彩鲜艳的甲虫慌张地夺路而逃。这些能施放烟雾、毒液和臭气等各种化学物质的甲虫,有人俗称它们为屁弹甲虫或放屁虫。

当屁弹甲虫迈开六足出外寻找食物时,如果突遇敌害拦阻要道,或与它抢夺食物,它便停住脚步,两只后足往地上一撑,尾部高高抬起,对准敌人"啪啪"接连不断地射出一股有毒的炽热雾状"化学炮弹",射程可达 30 厘米。这种化学武器,不但能驱逐蚂蚁、螳螂、蛙、蟾蜍、老鼠,连披甲带鳞的犰狳也望之生畏。这种"屁弹"威力很大,可以向任何方向瞄准连续发射,能够在 4 分钟内发射 29 次。有人还做过实验,让屁弹甲虫与大型蚂蚁对阵,在 200 次交锋中,前者安然无恙。

屁弹甲虫的化学武器为何有如此巨大的威力呢?科学家用高速摄影机对其摄影,进行观察研究,终于揭开了这一秘密。原来,小小屁弹甲虫的腹部尖端有一对囊状分隔室,作为储藏室和反应室使用,由腺体分泌的对苯二醌和过氧化氢都留在储藏室里,储藏室的活门经常关着,当遇到蚂蚁和其他肉食动物来犯时,它会立即打开活门,让分泌物进入反应室,此刻反应室的腺体分泌出过氧化物酶和过氧化氢酶,进入的混合液在这两种酶的催化作用下,产生巨大的压力,进行爆炸反应并排出一种恶臭,同时发出响亮的"啪啪"声。反应释放的热量使反应室内的温度上升到 100℃。爆炸的一刹那,大约有四分之一的溶液化为蒸汽,形成热气腾腾的"液体炮弹",令来犯动物敬而远之。

在哺乳动物中,黄鼬、臭鼬、白鼬、鼬獾、灵猫等遇敌时也会放出臭气或臭液,吓退敌害,借以自卫。其中尤以美洲的臭鼬最为突出。当它受到敌害攻击时,会立即高高地翘起尾巴,从尾基部放射出臭液。这种臭液不但使敌人退却,而且还具有麻痹作用。如果喷射到人的脸上,会使人昏厥,久久不能醒来。因此,在百兽群栖的美洲森林里,谁也不敢去惹臭鼬。

在弱肉强食的天地里,动物必须具有逃避或反击敌害的能力,必要时拿出绝招,并通过各种行为方式表现出来,才能幸免于难。

奇异的动物变色之谜

在不同环境中生活的动物,有着各种不同的体色。这种同生活环境协调的体色,对动物本身具有保护作用。

鱼在不同的环境里,为了保护自己,有时会不断变换身体的色泽。石斑鱼在红色水藻丛中游泳,身体是红色,到了绿色的水藻丛中则变成绿色。石斑鱼身上还有赤褐色的六角形斑点,当它隐藏在珊瑚礁中,赤色斑点与红珊瑚几乎完全一样。有趣的是,石斑鱼能够随着环境色泽的变化而改变体色。很快地从黑色变成白色,黄色变成绯色,红色变成淡绿色或浓褐色。

青蛙和牛蛙也有变色的本领。不同环境里会有不同颜色的蛙。水稻田里活动的蛙常带灰褐色;岩崖涧溪的蛙,是棕绿色,这都同环境的颜色相一致。牛蛙的体色也会随着环境的变化而发生变化。有时黄绿色,有时翠绿色,有时灰褐色,总是同周围水草,泥土颜色相适应。青蛙和牛蛙的变色,是为了保护自己,也是为了捕捉食物。

避役是一种引人发笑的爬行动物。当它遇上敌害时,就会"灵机一动",身体立刻强烈地充气膨胀,由于皮肤内色素细胞的迁移,能够很快改变体色。当它在绿色树叶丛中时,身体就变成绿色;当它站在树干上时,身体则变为与树皮相似的褐色。这样可以使敌害难以辨认。所以避役因善于变色而驰名于世。

动物界中的变色大师要算蜥蜴了。蜥蜴,人称"变色龙",它可以根据环境不同,迅速改变自己身体的颜色,把自己隐藏起来。同时,又可以用这样的伪装去捕捉猎物。

动物的"服装"之谜

在北极地区生活的动物,都像患了白化病,那里的白熊、银狐、白鹰、雪鸟等的毛色,几乎终年都是雪白色的。它们的体色与北极的环境,浑然一体。而生活在我国东北森林的雪鸟,春夏季羽毛是褐色的,与森林里的颜色一致;冬季则换上一身白色的羽毛,连脚上也密生着白羽。这样,当站在白皑皑的冰雪中,就不易被野兽发现。

生活在非洲热带草原上的斑马、长颈鹿等食草动物,在生存竞争中,形成的保护自己的本领之一就是身上都"穿着"有奇特花纹的"伪装"。在阳光和月光的照耀下,斑马的黑白相间的条纹的黑白色泽对光线的吸收和反射各不相同,从而使得身躯轮廓变幻不定,能同森林草原的背景巧妙地结合起来,猛兽就不容易发现它们。

长颈鹿也有自己独特的"伪装服"。有淡黄底色,镶嵌着褐色或黑色的大斑块;有的是赤褐色底色,满布淡黄网纹。不论哪一种,同周围的树林和密草都融合得非常好,使猛兽们难辨其踪影。

春天,梅花鹿脱去冬天的长毛,换上"夏装",稀疏的短毛把白色的斑点隐藏起来,以适应夏季生活的需要。秋天时,梅花鹿又会脱去"夏装",换上"冬装",红褐色的绒毛上,朵朵白色的梅花异常显眼。这件"冬装"既可以御寒,又能适应新的环境,是灰褐色,总是同周围水草,泥土颜色相适应。青蛙和牛蛙的变色,是为了保护自己,也是为了捕捉食物。

会变身的动物

1. 神通广大的小虫

单细胞原生动物中的变形虫是最低等的变身动物。它是靠不断地改变体形捕食为生的。其实,自然界中生活着许许多多这种神通广大的小虫。

有一种小蛾子的幼虫会根据季节的不同,把自己的身子变成花穗状或叶子状,与其

动物未解之谜

所栖居的植物形状十分相似，使鸟类、食肉昆虫等天敌真假难分，无从下手。这种小蛾子在春、夏季各繁殖一次。春季孵出的幼虫以蛾眉豆的花穗为食，它们的身子就呈花穗形状；到了夏天，蛾眉豆已不存在花穗，此时孵化的幼虫以嫩叶为食，其身子则变成叶子状。这种惟妙惟肖的变身法，可以说是绝无仅有的。格林博士从温度、光周期、食物三个方面探索其变身的原因，结果发现决定幼虫变身的是花穗或叶子，因为它们都含有鞣酸。至于鞣酸使幼虫变身的机制，至今还是个谜，有待于科学家作进一步的研究。

另外，某些蝴蝶的幼虫也会将自己的身子变成叶子状，它们具有叶子的形态和色彩，还含有叶子的苦味，使敌害无可奈何。

2. 棘皮动物的分身术

棘皮动物包括海星、海参、海百合、蛇尾和海胆5个类群。其中海胆因为已经拥有坚硬有刺的石灰质胆壳保护，没有自然敌害敢惹它们，所以没有必要再发展"分身术"御敌，另外4个类群都有分身术本领，尤其是海星和海参更为突出。

海星是食肉动物，主要吃双壳的软体动物。种类很多，已知的约有1200多种。它的身体像个五角星，呈辐射状对称。扁平的体盘上有粗壮的腕，腕的数目随种而异，一般是5个，也有4个或6~8个的，也有10多个的，最多的可达50个。腕的下方有数排末端具有吸盘的管足。平时，海星一动不动地静伏在海底，或缓慢地在海底前进。一旦碰上牡蛎等猎物，马上用强壮的腕把它抓住，再用有吸盘的管足把紧闭的贝壳使劲拉开，这种拉力可达10牛（相当于1000克以上）。然后慢慢地将胃翻出体外，挤入贝壳内消化牡蛎的身体。

海星的胃口很大，每天要吞食20多只牡蛎，对沿海地区贝类养殖业危害很大，所以渔民们十分痛恨它们，抓到了就切成几块，扔进海里。真想不到，这反倒帮了海星的忙，海星不但没有死去，那些"碎尸"变成了更多的海星，变本加厉地危害贝类。海星具有极强的再生能力，失去一条腕能生出一条腕，甚至只剩下一条腕，也能重新长成一只完整的海星，只不过再生的腕比原来小些，形状也稍有不同。正因为如此，海星与敌害搏斗时，往往会自动脱落被咬住的一个腕或几个腕，匆匆而逃，不久又长成了一个完整的个体。

海参俗称"海黄瓜"，全世界已知的约有1100种，它们虽然行动迟缓，进攻能力不强，可是它们在遇到敌害侵犯时，会施出两种不同的巧妙"分身术"：一种是"自切"绝技，如锚海参等种类在遇到强烈刺激时，身体会自动地断裂成几段，以后每段都能逐渐长成一个完整的海参；另一种是更奇妙的"排脏"绝技，就是能将又粘又长的肠子、像树枝般的呼吸树和生殖腺等内脏，一下子从肛门迅速排出，以此来迷惑或转移敌害的视线，自己趁机逃走。失去内脏无伤海参的大体，经过一段时间的养息，它又会重新长出一套内脏来。在海参中，要数刺参的"排脏"避敌技能最高。

3. 各施绝招的海鱼

海洋中的刺河豚，浑身的鳞片变成了棘刺，平贴在体表。遇上惊吓或敌害来犯时，它们便快速冲到海面，急急忙忙大口大口地吞咽空气，使整个身体迅速变成一个球形。棘刺也向四面八方伸展竖起，腹部朝上，漂浮在水面上。其尊容使空中的海鸟，水里的鲨鱼都不敢靠近。有时，一些不识相的鱼儿也会碰它一下，结果是头破血流，叫苦连天。等到危险一过，刺河豚又恢复了本来面目。

生活在热带海洋中的外科鱼，在它肥胖的尾柄两侧，长着两根尖针似的硬刺。平时刺缩入皮肤下的一条沟里，遇到敌害时便马上从侧沟内伸出，随着尾巴左右不断地摇摆，如果敌害还敢进一步逼近，就会被刺破皮肉，鲜血直淋了。

大名鼎鼎的旗鱼，生活在热带和亚热带海域中，它的游速可超过 100 千米/小时，堪称鱼类中的游泳冠军。这种鱼长得很怪，主要表现在两处：一是上颌向前突出成尖长的剑状吻，为强有力的攻击工具，能将木船戳穿；二是第一背鳍特别长而高，形状似船帆，能够自由升降，如果要减慢游泳速度就将它高高竖起，如果要加快游速避敌或捕食，就将它收拢在背部下陷的沟里。不了解内情的人，看到旗鱼升降帆状背鳍时的不同体态，往往会误认为是两种鱼呢！

颌针鱼的幼鱼在海上活动时，如果遇到敌害或船只驶近时，会立刻装死，变成僵直状像海藻的叶片，一动也不动地漂浮在海面上。

4.机灵的爬行动物

我国福建、广东、广西等地有一种箱龟，它的腹甲与背甲两侧由韧带相连。腹甲中间有横贯的韧带，可任意活动。受惊遇险时，它将头、颈、脚、尾统统缩进甲壳内，并迅速紧紧地关闭甲壳、整个身体就像关在一只坚硬的盒子里。这种"铜墙铁壁"似的防御方法，再凶猛的敌害对它也奈何不得。

壁虎又叫"守宫"，夏秋的晚上常出现在有灯光照射的墙壁、檐下或电杆上，捕食蚊、蝇、飞蛾等昆虫。如果它的尾巴被食肉动物咬住时，它有自行断尾自残的本领，以求只身快速逃跑，留在敌口里的仅是半段尾巴。壁虎断尾是逃避敌害的一种适应，以后会再生出一段失去的尾巴。

动物善用气功之谜

1.吃鲨鱼的磨球豚

在动物世界，最为出类拔萃的"气功师"应首推豚类。它们普遍会使气功，只是有些成员的本领更为出众。

生活在大西洋深海里的磨球豚，身长约 40 厘米，遍体长满棘刺，平时棘刺如鸟羽那样顺贴于身。磨球豚有个老冤家——斜齿鲨。这种鲨鱼凶悍无比，它肚子饿的时候，游到哪儿吃到哪儿，大大小小的鱼儿全可成它的腹中之物，鱼儿唯恐躲之不及。但磨球豚并不把斜齿鲨放在眼里，斜齿鲨游来时，它们不躲也不闪，任凭它吞进肚里。斜齿鲨一下子吞进了几十条磨球豚，这下子麻烦就来了，众多的磨球豚进入斜齿鲨胃中之后，立即拿出看家本领，一起发气功，个个肚子急剧膨胀，全身的棘刺也怒张起来，活像一只只刺猬。它们在斜齿鲨的胃壁上猛撞、乱滚，斜齿鲨终于一命呜呼。磨球豚磨穿斜齿鲨的肚子后钻了出来,围住死鲨猛吃起来。

2. 汽车压不死的蛇

西班牙首都马德里市郊有一种绿色的蛇,叫"棍棍蛇"。这种蛇不喜欢待在树林和草丛里,却喜欢爬到马路上纳凉。当有汽车驶来时,从地面传来的振动它完全能感受得到;但它仗着自己的本领,并不爬走,而是仍旧躺在马路当中。它鼓起肚子里的贮气囊发功,很快把气输到全身,身体顿时硬得犹如一根铁棍,即使8吨重的卡车从它身上碾过,它也安然无恙。

巴西的原始森林中有一种箭蛇,如果有敌害侵犯它,它一运气,身体就变得像一根笔直的箭杆,朝敌手"飞"过去。没有敌手能经得住箭蛇这样致命的一击。

我国福建也有一种会使气功的"弹弓蛇"。它准备攻击的时候,气囊就"发功",整个蛇身因充满气体而变得坚硬无比。这时"弹弓蛇"就以尾梢为支点,把身体弯曲成弓状,向目标猛射而去。据观察,"弹弓蛇"最远能射出30米距离。

3. 踩不死的鼠

非洲赞比亚有一种鼠,是"硬气功师",当地人称之为"拱桥鼠"。此鼠大的可达500克。当它看到有人要踩它时,并不逃跑,而是立即发气功,用锁骨抵在地上,把背脊拱起来,浑身鼓气,使整个身体成为坚硬的圆筒状。无论怎样踩它,它都不叫一声。踩的人以为它死了,脚一抬,它却立即溜之大吉。

尼日利亚的首都尼日尔城郊有一种"扁鼠",这种鼠是"软气功师"。人一脚踩下去,能把它踩扁;脚一抬,它又恢复原状,一点事儿也没有。原来,扁鼠的浑身骨骼结构松散,内脏连接也松散,整个身体软绵绵的。遭到重压时,骨头与内脏能够移到边上,所以也不怕重压。

加拿大北部有一种野鼠,它过河的方法与众不同。在过河之前,先发上一阵气功,把身体鼓起来,变得像一只汽垫船,一到水里,能平平稳稳从水面上漂浮过去。

4. 鳜鱼的气功

鳜鱼也是位"气功高手"。有人曾经目睹了鳜鱼杀蛇的惊险场面。一条鳜鱼肚皮朝天躺在水面上休息,有一条1米多长的水蛇游来了,见此美食,心中不禁大喜。但它很小心,没有贸然行动,而是先围着鳜鱼游了一圈。见鳜鱼没有反应,便把绳子一样的身子朝鳜鱼身上缠绕起来。鳜鱼继续装死,大嘴巴闭成一条线。等水蛇在自己身上绕了3匝之后,鳜鱼突然发功,肚子一鼓,背上的尖鳍刷地竖了起来,像快刀似地把水蛇斩成几段。然后,鳜鱼张开大嘴,把断蛇一段一段吞进肚里。

5. 猴子发气功

在法国、意大利、瑞士边境的阿尔卑斯山上,栖息着一种猴子,它们四肢短小,体形如野兔。别看它貌不惊人,可也是位"气功师"呢。冬天,阿尔卑斯山被冰雪覆盖,这种猴子只得经常下山觅食。为了节省时间,它一运气就朝山下滚去。由于它有"功夫",所以不管山势怎样陡峭，丝毫伤不了它的筋骨，总能安全到达山下。

6. 断板龟巧断毒蛇

我国湖北有一种奇特的断板龟，它腹部的龟甲中间有一道能开能合的裂缝，它就用这条裂缝捕食。断板龟捕食时，张开龟甲上的裂缝，仰面朝天躺着，身上还散发出一阵阵腥味。那些贪吃的毛毛虫、蚂蚁、蜈蚣纷纷赶来，挤满了裂缝。断板龟突然合上裂缝，把那些贪吃者夹死在缝中，供它自己美餐一顿。捕食毛毛虫等，对断板龟不过是小菜一碟，更精彩的是它巧计断毒蛇。断板龟见一条近1米长的银环蛇朝自己方向游来了，它就"故伎重演"，又摆出了上述架势。银环蛇刚游到它跟前，脑袋就被夹住了。蛇哪甘束手就擒，就使出了自己的绝招，把蛇身拼命往龟身上缠。断板龟毫不惊慌，任蛇缠绕，越缠越紧，蛇身变得越来越细。断板龟感

断板龟

到火候差不多了，暗中先聚一股内力，然后猛然发力，撑开断板，蛇身即被崩断成几截。这时断板龟翻过身来，尽情地享用蛇肉。

昆虫的高超骗术

在弱肉强食的自然界，昆虫似一个弱者，它一无利爪二无尖牙，只有被捕杀的份儿。但令人惊讶的是，它的种族却如此繁盛，成为动物界之最。其奥妙何在呢？这是因为在与自然界中的各种"敌人"长期角逐过程中，昆虫"练就"了一套御敌之术，使它在危机四伏的环境中得以生存。

昆虫御敌手段之一就是——骗术。昆虫把各种骗术手段运用得驾轻就熟，炉火纯青。有的狐假虎威，虚张声势；有的讨好强者，寻求保护，有的则乔装改扮，惟妙惟肖。

马达加斯加蟑螂一遇险情，就嘶嘶大叫，往往使敌手吓一大跳，它便趁机溜之大吉。其实这声音不过是它身体两侧小洞排出空气的声音。

佛罗里达的窄尾小灰蝶有一个伪装的头，敌人往往看不准哪一个是它真正的头而啄不准，它才侥幸生还。

有一种枭蝴蝶翅上有酷似猫头鹰的眼睛的大斑点，当它突然展翅露出翅下斑点时，可恐吓和赶走捕食者。食蚜蝇体形、颜色、飞行的姿态都很像蜜蜂，甚至受到惊扰时也摆出要螫人的样子，吓跑对手。其实这只是恫吓，它根本没有螫人的能力。

骷髅鹰蛾之所以能顺利地从好斗的蜜蜂那里偷到蜜吃，也归功于骗术。它爬到蜂房，发出短促的吱吱声，这声音与蜂王发出的声音几乎相同，它还发出特殊的气味，起到

稳定蜂群的作用,凭这骗术,便可自由出入蜂房而不致受到攻击。

动物是怎样撒谎的

动物也会撒谎? 说起来你也许不信。但是最新的科学向你揭示了令你感到惊奇而又十分有趣的结果:动物实际上也会说谎。不仅是大猩猩、黑猩猩、狗、豺、狼,即使是鸟和昆虫,也可以有意的欺骗人和同类,而使它们从中取利。假如一只黑猩猩向其他同伴示意,附近有香蕉。你也大可不必完全相信它,也许当同伴向有香蕉的地方摸去的时候,这只说谎的猩猩却独自往真正有香蕉的地方摸去。

一只狗因折断腿,获得主人的特别照顾。但当它腿部的伤势痊愈后,这种特别的照顾就会停止。因此,狗就开始假装腿部受伤,来吸引主人的注意;它甚至以三只脚一瘸一拐的费力地走,结果,狗又获得主人的特别照顾。

动物园的一只大猩猩假装被铁笼的铁支架压着了,当管理员匆匆忙忙地赶去救它时,它却突然放开手臂,把管理员抱住。原来,它只是为了希望有个伴,而做出了"苦肉计"。

河虾在蜕皮季节,特别容易受到敌人的侵袭。但当它们已蜕去外壳而面对敌人时,反而耀武扬威,装出一副侵犯敌人,准备战斗的样子。其实,它是无力作战的,这种耀武扬威,旨在使对方退却。

狐狸没有母性,往往和幼兽争食。当母狐发现食物时,往往会发出虚假的警告讯号,把幼兽吓跑,这样,它就可以第一个扑向食物。

雌性萤火虫通常用闪光告诉异性准备交配,但当异性赶去时,就被吃掉了。

救死扶伤的鱼医生

人类生了病,可以到医院,医生会对病人仔细诊断,帮助病人解除痛苦。禽兽生了病,也有兽医给它们看病,那么,生活在海洋中的鱼类,会不会生病呢? 如果生了病,由谁会给它们治病呢?

如果你有机会穿上潜水服到海洋中去的话,也许能看到这样一个奇异的场面:一条大鱼突然离开鱼群,迅速地向一条1寸多长漂亮的小鱼游过去,你一定会认为,大鱼吃小鱼,在强者为食的现象就要发生时,或许你还为那条小鱼担心呢! 可是,实际情况会大出你的意料,这条大鱼游到小鱼的面前就停住了,它温驯地张开鳃盖,大嘴一张一闭地好像在诉说着什么,而那条小鱼呢,却面无惧色,毫不迟疑地竟游了过去,紧贴着大鱼的躯体,用它那尖尖的小嘴,在大鱼身上敲敲碰碰,最后竟会半截身子钻入大鱼的鳃盖中,几分钟后才钻出来,转眼就消失在摇曳的海草之中,而那大鱼便轻松愉快地追赶它的同伴去了。

原来那小鱼就是海洋中的医生,它们世世代代在海洋中开设"医疗站",为鱼儿免费治疗,科学家们又称它们为清洁鱼。

海洋中的鱼类也是会生病的,而且每天找鱼医生看病的鱼很多,有大有小,有吃荤的,也有吃素的;有温驯的,也有凶猛的。鱼医生都会一视同仁,热情接待,而那些求医的病号哪怕是凶残的大鱼,有时也表现得非常温驯。有的侧卧,有的倒立,有的张开大口任凭鱼医生摆布。鱼医生用那毫不留情的尖嘴,为病号啄掉体上的寄生虫,清除掉伤口上的脓肿或坏死的组织,甚至钻到鱼的口中、鳃腔里去治病。

鱼医生的医术是很高明的。一条鲷鱼没精打采地摆动着尾巴向"医疗站"游来,卧在礁石旁边,张开大口,露出锋利的牙齿,鱼医生便敏捷地游到鲷鱼的口中,在它的咽部、牙缝中间钻来钻去,几分钟以后,它便从大鱼口中游出来,消失在岩石后面,而鲷鱼的病情似乎减轻了很多,高高兴兴地游起来了。有人亲自计算过,一条鱼医生1小时之内,竟治疗了50名"病号"。

鱼医生名扬四海,它受到了鱼类的尊敬和保护。虽经常与凶猛的鱼类交往,但从来没有发现被大鱼吞食的现象。当遇到侵犯时,"病人"总是先让医生躲开,自己与来犯者进行殊死搏斗。

那么,海洋中为什么会有鱼医生呢?

原来鱼医生和其他鱼类组成了一个奇妙的合作关系。鱼医生这样的小动物,单独依靠自己的力量去猎取食物是比较困难的,而在病鱼身上啄取坏死的组织、寄生虫,既对病鱼减轻了痛苦,又使一些鱼类避免因伤口感染而得病、死亡,并且又为自己找到了食物,这岂不是两全其美的好事吗!

鱼医生真有救死扶伤的本领吗?有人作过这样的研究,在两个孤立的珊瑚礁上把清洁鱼捞走,结果仅仅两周的时间,在珊瑚礁上那种鱼群穿梭的热闹场面消失了,变得冷冷清清,毫无生气,活泼善游的鱼儿不见了,只见一些病快快的鱼在那里挣扎着。可见,鱼医生对维护鱼类家族的健康繁荣,起着重要的作用。

据统计,现在知道的鱼医生45种,治鱼病的虾医生有6种,蟹医生1种。这些海洋中的医生,尽职尽责,不分昼夜地工作,实在令人钦佩。

动物为何爱吮舔伤口

大部分哺乳动物都有这样的本领,就是每当发生意外创伤的时候,会用自己的舌头吮舔伤口,它是怕营养物质流失呢?还是有别的意思?对此人们感到迷惑不解。

科学家们对这个问题很感兴趣,经过试验终于明白,原来动物吮舔伤口,一来可认真清洗伤口,减少感染的危险性,二来还能促进伤口的愈合。

那么为什么舔伤口可以促使伤口愈合呢?

近年来,美国佛罗里大学的生物化学家罗里,研究了老鼠的唾液成分,发现其中含有一种叫做神经生长因子(NGF)的蛋白质,这种蛋白质能够加速伤口的愈合。他做了这样一个试验:将受伤老鼠分成两组,一组在伤口涂抹神经生长因子(相当于唾液中所含的浓度);另一组既不涂抹,也不允许它自己舔,结果是最初3~4天,差异十分显著,但等到伤口开始结痂,由于唾液已难以渗入,于是第二组的效果也相应地下降了。

进一步检查还发现,其他动物的唾液中,同样含有神经生长因子,因此,人们相信动物的吮舐动作,正是自然历史过程中形成的动物自我保护反应,是具有重要意义的行为。

科学家们认为,动物的唾液中和人体的血液中都含有神经生长因子,但是人的唾液中是否含有这种生长因子目前还没有定论。当我们割破或烫伤手指时,往往会把手指放入口中,这是因为人的唾液不仅可以净化伤口,并且含有许多抗生素,如分泌 IgA,这是一种特殊的免疫球蛋白,能够抑制细菌的生长和感染,还含有溶菌酶等物质,这些物质在控制细菌感染如脓毒性咽喉炎和蛀牙时,都发挥了重要作用。人的眼泪和乳汁中也含有这些物质。但是,这些抗菌作用是否对伤口有效,仍是一个有待探讨的问题。

动物冬眠之谜

冬天来到了,熙熙攘攘的大自然变得十分宁静,原来,许多动物开始冬眠了。它们的体温降低,各种生理活动变得十分缓慢,能量的消耗也降低到最少的水平,能在不吃不喝的情况下,依靠体内贮存的养料渡过漫长的冬季。

动物的冬眠是一种奇妙而神秘的现象。它们在冬眠之前,大多进行过一番紧张的准备工作,大吃大喝,使体内的皮下脂肪大为增加,把自己养得又肥又胖,有时积累的皮下脂肪竟会超过正常时的体重,以备长期消耗之用。

况且动物在冬眠时,往往处于昏迷或熟睡状态,它们已把新陈代谢降低到最低的限度:体温下降,消化停止或十分缓慢,血液循环减慢,心脏的收缩强度大大减弱,脉搏和呼吸次数显著降低,这时消耗的营养物质也就大为减少了。人们观察了若干种动物的冬眠,发现了不少意想不到的东西。

在加拿大,有些山鼠,冬眠长达半年。秋天一来,它们便掘好地道,钻进穴内,将身体蜷缩一团。它们的呼吸,由逐渐缓慢到几乎停止,脉搏也相应变得极为微弱,体温更是直线下降,可以达到5℃。这时,即使用脚踢它,也不会有任何反应,简直像死去一样,但事实上它却是活的。

松鼠睡得更死。有人曾把一只冬眠的松鼠从树洞中挖出,它的头好像折断了一样,任人怎么摇撼都始终不会张开眼,更不要说走动了。甚至把它抛在桌上,用针扎也刺它不醒。只有用火炉把它烘热,才悠悠而动,而且还要经过颇长的时间。

刺猬冬眠的时候,连呼吸也简直停顿了。原来,它的喉头有一块软骨可将口腔和咽喉隔开,并掩紧气管的入口。生物学家曾把冬眠中的刺猬提来,放入温水中,浸上半小时,才见它苏醒。

蝙蝠的睡姿十分惊险。它们是用两脚倒悬着冬眠的,这样经过整个冬天,竟然不会跌下。冬眠时,它们的呼吸有时可以停顿一刻钟,仍然安然无恙。而且,蝙蝠妈妈此时正怀着孕呢。蝙蝠在秋末交配,雌性蝙蝠受精后,即把精子贮藏在子宫内,并供给它适量的养料(肝糖),到翌年春暖,一边排卵,一边给精子解冻。这一生活习性的好处保证了它一定能受孕。

熊在冬眠时呼吸正常,有时还到外面溜达几天再回来。雌熊在冬眠中,让雪覆盖着身体。一旦醒来,它身旁就会躺着 1~2 只天真活泼的小熊,显然这是冬眠时产的仔。

动物的冬眠真是各具特色:蜗牛是用自身的粘液把壳密封起来。绝大多数的昆虫,在冬季到来时不是"成虫"或"幼虫",而是以"蛹"或;卵"的形式进行冬眠。

动物冬眠的时间长短也不一样。西伯利亚东北部的东方旱獭和我国的刺猬,一次冬眠能睡上 200 多天,而前苏联的黑貂每年却只有 20 天的冬眠。

刺猬

至今,人们尚未能完全揭开动物冬眠的奥秘。但是科学家们通过不断探索,已经认识到,研究动物的冬眠不仅妙趣横生,而且颇有价值。这些研究的每一个新突破,都能为农业、畜牧业和医学的发展提供有益的启示。

动物能工巧匠

1. 鱼类中的"鲁班"

在鱼类中有不少能工巧匠,肺鱼和刺鱼是其中的代表。肺鱼是从三叠纪初期遗留至今的古老鱼类。每逢旱季,肺鱼就钻入淤泥中进行休眠。在旱季来到之前,肺鱼利用体表分泌的具有很大凝集力的粘液,调和周围的泥土,形成一个屋式泥茧。这个泥茧是密封型的,只是在对着鱼嘴的地方留了一个小小的呼吸孔,以便进行微量的气体交换。肺鱼泥茧的长度可达 2 米以上,与精细小巧的蚕茧相比,可称得上"巨型建筑物"了。肺鱼的泥茧还异常结实坚固,肺鱼睡在里面不动不食,直到雨季到来,茧壁的淤泥被水泡软冲散时,肺鱼才出来像普通鱼一样生活。

我国东北地区有一种长不过 4~5 厘米的小型鱼类,叫刺鱼,它们有高超的筑巢本领。春天繁殖季节,雄刺鱼用口和鳍把芦苇和其他水生植物的茎、根、碎片汇集起来,利用肾脏分泌的粘液丝,胶合成椭圆形的巢,搭在某些质地坚韧的水草茎上。为使巢壁更加牢固,刺鱼还要在巢壁的空隙中加入"填充剂"。它们用嘴吸取细沙,仔细均匀地喷在巢壁上,同时还不断地用身体在巢内外的壁上反复摩擦,让体表的粘液涂在巢壁上,使巢变得格外光滑而且坚牢。有了这样漂亮的"新房",还用得着发愁没有"新娘"上门吗?

2. 扬子鳄的三层洞穴

扬子鳄是一种古老的爬行动物。它相貌丑陋，但很聪明，又很勤劳。扬子鳄是一种穴居动物，很会营造洞穴，一般一个洞穴只住一条鳄。扬子鳄的洞穴因性别、年龄不同而异，年龄越大，洞越复杂，营造得越讲究。

扬子鳄的洞穴都选择在土质疏松的地方，它先用前爪掘开较硬的表层土，再用尾巴把土推到旁边，然后用脑袋使劲钻进去，退出来，再钻进去，再退出来，如此不断反复，终于为自己营造了一个理想的洞穴。穴一般分为三层，一层比一层高，最大的洞穴长达30多米。洞内有数条迷惑天敌的盆道，还有 1 ~ 3 个倾斜的进出口，一端延伸至树林、草丛之中，另一端隐蔽在入水处。窟顶有 1 ~ 2 个通往地面的垂直气孔，可保持洞内空气新鲜。沿主通道往里，最深处才是椭圆形的"卧室"，里面铺着枯叶、稻草、杂草等；另外还有一个常年积水的"浴池"。最令人惊讶的是，扬子鳄每次打的洞都能按照当年的最高水位确定位置。扬子鳄是怎么预知当年最高水位的，至今仍是个谜。

3. 鼹鼠的地下宫殿

人们来到绿浪翻滚的田野上，有时能看到一个个由松散的泥土堆积而成的土堆。这是谁干的活呢？原来，是鼹鼠们干的好事。

鼹鼠外形像鼠，但不是鼠，是食虫目动物。它大部分时间生活在地下，是挖土能手。它用两只前爪一面挖土，一面将泥土拨到身体下面，然后用后腿不停地向后踢去。接着，它转过身来，用头向外推土，一直推到洞外。鼹鼠的拿手好戏是打洞，在建造永久性地道时，雄鼹鼠的掘进速度是每分钟30厘米，也就是每小时掘进18米。假如鼹鼠长得有人那么大，那它每小时可掘进13千米了！即使是操作机械的矿工，也望尘莫及。

鼹鼠建造的地下宫殿既奇特复杂，又别致完善。有许多洞口和地道通向巢穴，两旁和巢底有贮物室、育婴室和卧室，育婴室和卧室里铺上了树叶、枯草和苔藓，显得柔软和舒适。卧室一般都离地面几十厘米深，它的一侧是进气道，另一侧是排气道。排气道的出口往往在河边。进气道不是笔直的，而是转个弯儿后再往上，这样可以避免"穿堂风"。卧室还有一条通道，先是下斜的坑道，然后曲折地通向地面的另一个出口，这是鼹鼠在紧急关头用来逃生的。在潮湿的地区，这条通道还有一个作用：作为排水的沟渠。每一座"地下宫殿"，都有一条外出的主干道，有 70 米长，两边是一些小巷道，可以通往四面八方，便于鼹鼠外出猎食它喜爱的蚯蚓。

4. 老鼠编织爱巢

欧洲禾鼠，用前爪和门牙作为工具，修筑一种能和一些最精巧的鸟巢相媲美的小窝。小屋的修建者禾鼠是现存体形最小的啮齿类动物，体长仅 6 ~ 7 厘米，尾巴几乎与之相等。他们栖息在草地、湖边芦苇丛和各类作物田地，以及沼泽或灌木丛中，以谷类和青草种子为食，偶尔也食昆虫。禾鼠用缠绕的尾作攀缘支撑，灵巧地沿叶片和草本植物茎爬来爬去，巢就在离地面的 0.5 ~ 1 米的位置，这些巢供禾鼠繁育后代之需。

做巢时禾鼠先把谷类植物的主茎弄弯,做窝巢的支撑,再抓住附近的叶片,在口中经尖牙刮过,割成一条条细带,编织出小巢的顶部和里面的结构,最后逐渐筑成一只结实密集的空心球,侧面留下出入口,里面再垫上一层植物的嫩芽、花序和碎叶片,一个精致纤巧的窝就完成了。这一工程将耗时5～10小时,内部能容纳3～5只幼鼠,雌鼠每年能繁殖好几次,每产仔一次就筑一次巢,精心施工造成的小巢为禾鼠的后代提供了良好的发育场地。

5.白蚁建筑师

在非洲和澳大利亚炎热、干旱的草原上,常常可以看到许多形状各异的土堡,被人们称作"蚁塔"。这些都是白蚁的杰作,是白蚁们为自己建造的蚁巢。由于白蚁的种类不同,建造的蚁塔的形状也各异,有的是柱形,有的是圆锥形,还有的是金字塔形。蚁塔一般有2～3米高,最高可达7米,占地100平方米。

白蚁是生活在热带地区的一种高度发达的社会性昆虫,常成千上万只生活在一起,最大的蚁群甚至可达200万只。每一蚁群都要为自己建造一个结构精巧、坚固耐用的蚁巢。

蚁塔是用泥土堆积而成的,白蚁在建塔时,在泥土中混合上自己的分泌物和排泄物,使泥土干燥后变得坚硬而牢固。塔内的结构相当复杂,通常由一个主巢和3～5个副巢组成。巢内又分成许多小室,在主巢的中部,有蚁王和蚁后居住的王室,还有羽化室、育儿室、仓库等,各室之间有通道相连。最奇妙的是蘑菇房,白蚁在这里培养蘑菇,供蚁后和幼蚁食用,这些真菌蘑菇只有在这里才能生长良好。塔内还修建一些垂直式空气调节管道:塔顶有一个较粗的通气孔,然后分成许多细孔道,呈辐射状向下延伸,到了塔的下部,又合并成粗孔道,直通地下室。这种巧妙的通风设备,大大增强了塔内的空气流通,不但可以保证氧气的供应,而且还可起到降温的作用。此外,塔内还有许多弯弯曲曲的隧道,可长达数百米。更令人惊奇的是,蚁塔还有一层坚硬的外壳,就是用斧子砍,也很难留下痕迹,因而就更不怕风吹雨淋了。

人类虽然已经建造了100多层的摩天大楼,但与蚁塔相比还相差甚远。因为白蚁一般身长只有几毫米,而蚁塔高度相当于其身长的1400多倍;如果按照这样的比例,人类建造大厦的高度应在2300米以上,恐怕目前还无法办到。

白蚁是一种群栖的、有组织的庞大的昆虫家族。它们合力建造的高大住宅"白蚁塔",分布在热带或温带地区,成为一种自然奇景。尤其是澳大利亚大陆北部的白蚁塔,更为奇伟独特,游览此处的游人纷纷称颂它是"指南针"、"子午塔"。

原来栖居澳大利亚大陆北部的白蚁,似乎比别处的白蚁更高明。它建造蚁塔首先考虑到方向,总是让蚁塔的两端朝南朝北,呈狭长的形状。所以旅游者只要看见白蚁塔,立即可以辨别方向,即使在没有太阳的阴雨天,或者在漆黑的夜晚,也不会迷失方向,所以人们才称颂它是"指南针"、"子午塔"。

澳大利亚白蚁在修筑蚁塔时是否想到替人类指示方向,那是不得而知的。它们只是建造住宅,供自己家族栖息的理想的房子。因此蚁塔的内部构造、装修,一切都是从自己的方便设计的。蚁塔异常坚固,人站上去也不会压塌它。白蚁住在里面当然很安全。蚁塔周围的一些动物朋友,对这座别墅垂涎三尺,偷偷摸摸地钻进去,享受一下。白蚁对它们置之不理,"只要不妨害我们,做个邻居有什么不好呢?"白蚁表现出来的宽宏和大度,也是叫人费解的。

6. 织布鸟的大厦

黑喉织布鸟的巢比较精致,筑巢工作由雄鸟担任。它用嘴啄着棕榈叶或草叶,突然飞起来,将叶子撕成长长的细条。它利用树叶撕成的细条当纬纱,细树枝当经纱,在树枝间织巢。这种巢有孵卵室和生活室,既能遮阳挡雨,又能孵卵育雏。巢内有一条下垂的通道,可用来防止树蛇的袭击,是织布鸟自己进出的"长廊"。

野牛织布鸟会构筑一种奇特的"公寓大厦"。这种大厦高 3 米、长 7 米,内部用棘条分隔成一个个精细、复杂的小间。野牛织布鸟在造屋前,先到处选择合适的房址,然后衔来不满 30 厘米长的草茎,抛在已选定的树顶上,用湿泥糊成伞状,待泥巴干结后,就成了"公寓大厦"的防水屋顶。随后每个"家庭"在屋顶下各自建造私房,织成一个个圆形的巢,玲珑美观,巢内铺上羽毛,飞行孔开在下侧。在一座"公寓大厦"下可以建造几百间这样的小房子,住上几百对野牛织布鸟夫妻。

7. 空中"楼阁"

缝叶莺会利用植物纤维、蛛丝、野蚕丝等做线,把芭蕉、香蕉等大型叶片巧妙地缝合起来,再铺上一些细草、羊毛、棉絮等柔软物,一个深杯状、舒适而精美的巢就建成了。

攀雀个头只有麻雀大小。每年春天到来时,雄鸟便开始在柳树、杨树或白桦树上营巢。它们首先用坚韧的草茎、纤维、毛发之类的筑巢材料,系在树枝的末端,搭成一个框架,然后再用细草和纤维等在框架上交错穿织。先织出一个下垂的细条,下端分成两股,再使之慢慢延长扩宽,而后合在一起,织成一个"小篮子",最后密封前后的大洞,只留下一个小小的出入口,这样巢就算筑成了。为了后代的安全,攀雀对巢址选择极为严格,一般都选在水边的树上筑巢,有的巢几乎是悬吊在水面上,恰似空中"楼阁",使得许多肉食动物虽垂涎三尺,但也只能望巢兴叹。

攀雀编织的袋状巢极为精美结实,更有趣的是,有的攀雀利用杨树和柳树种子上的蓬松柔软的茸毛,掺上长纤维,织成网络复杂、富有孔隙的新式"建筑"。这种巢厚实、柔软、美观、牢固,有的人常拿它做手提包用。

非洲厦鸟,它们是集体营巢,先建成一个伞形的公共棚子,再在棚子下面筑起许多成对而悬挂着的鸟巢,好似空中"楼群"。

更有趣的是,在印度东部有一种鸟巢有三层,上层为贮藏室,中层为居住室,下层为孵卵室,靠一个仅可容身的小孔贯通上、中、下三层,真是妙不可言。

8. 拦河堤坝

河狸是水陆两栖兽类,为了保持其水陆两栖生活习性,它的巢洞都建筑于河岸边,但出入的洞口及隧道却在水下。巢室分上下两层：上层是居室，位于水平面上一点，里面温暖、干燥，住起来比较舒适；下层为仓库，位于水平面下边，供贮藏食物用。

河狸在筑巢时，常在陡峭的河岸上挖一条隧道，隧道是斜着向上走的。它们挖起土来动作很快，用前爪把土刨松，再用长着宽蹼的后爪把松土扒到身后，并逐渐把土推到洞外。河狸挖起土来全神贯注，一丝不苟，并有持久的耐力，可不间断地工作。当隧道挖到高于外面水位后，便扩宽加大，修建成一个巢洞。

为了便于河狸筑巢、游泳和潜水，在筑巢时要求水要有一定深度。当水的深度不够时，河狸就修筑堤坝，拦截水流，以提高水位。

筑坝需要大批的木材和石块，因此河狸多选择便于取材和运输的小溪或小河作为坝址。河狸的牙齿非常尖锐，几分钟就能咬断一棵小树；如遇上粗树干，它转着圈儿不停地咬，一只河狸咬累了，另一只河狸就替换它，一直到粗树干被咬断倒下为止。然后，再咬断树枝，叼着它游泳运输到坝址；叼不动的树干，便把它咬断成一段段短木，再齐心合力将短木拖到河中，借助流水把短木冲到坝址。

当材料备齐后，河狸便开始筑坝。它们在筑坝时，先把粗的树干横置于底层，再从下游方向，用带叉的枝干顶牢，上面再放上树枝，压上石块。主体工程完成后，再用一些细树枝、芦苇和其他细软材料混上粘泥，将坝上的缝隙堵注、压紧，直到完全不再漏水，这样堤坝就建成了。建成后的堤坝，迎水面陡而光滑，前面是一个大而深的水坑，这是河狸在筑坝时取泥挖成的，它可减缓水流的速度，从而对堤坝起到保护作用；堤坝背水的一面，则是纵横交错固定在河床和堤岸上的树枝。

河狸所建造的拦河堤坝大多都比较短、比较窄；至于大型河狸坝，据知，在原苏联的沃龙涅什地区，有一座120米长的河狸坝；在密西西比河盆地的沼泽地区，曾有一座几百米长的河狸坝。更令人吃惊的是，在美国蒙大拿州的杰斐逊河上，有一座世界上最大的河狸坝，长达700米，坝上不仅可走行人，甚至可以骑马跑过，不过，这座大型河狸坝是一个河狸家族世世代代共同创造的奇迹。

9. 猛禽"清洁工"

秃鹫常出没在海拔较高的山区活动，它除捕食部分活的动物外，还兼食尸体和有病动物，这就减少了动物界以及动物和人间鼠疫、炭疽等传染病的传播流行。胡兀鹫也长年累月地搜寻地上的动物尸体，心甘情愿地为大自然清除腐臭赃物。

鸢则喜欢单独在城镇、村庄、田野上空慢悠悠地盘旋，它不仅能够准确无误地捕食活动物，而且还念念不忘兼吃飘浮水面和弃在水旁的各种脏物以及腐烂发臭的小动物尸体。因长期食尸为生，鸢鹫的体内产生了一种特殊的抗菌体。有人在鹰、鹫的巢中，发现过当地尚未流行开的传染病病菌，说明动物在把病菌带到各处之前，已被猛禽及时消灭了，它们起到了防患未然的作用。

大多数兀鹰吃腐肉，白背兀鹰吃垃圾，它们的消化系统能够杀死细菌，排出的粪便也有消毒作用。有趣的是，它们不像别的猛禽那样，随便将粪便抛弃，而总是珍惜地将粪便涂抹在自己的双脚上，防止细菌从那里侵入肌体。

在有些民族和有的宗教中，还利用猛禽食尸的习性，让其啄食尸体，这就是人们所说的天葬。在我国西藏有的地区，偶尔可看到这种奇特而古老的葬礼。

猛禽不仅能净化环境，而且在维持生态平衡中也充当着不可代替的角色。

50年代初期，法国兔子成患。为了控制兔子的数量，保护农牧场，法国人故意让兔粘液瘤病在野兔中流行，这样，法国确实有效地控制了兔子的数量，但是，欧洲其他国家却因此遭殃，这些国家因兔粘液瘤病的流行，造成90%兔子死亡。然而，在西班牙南部马里马斯却没有兔粘液瘤病流行，兔子一直保持相当的数量。

这究竟是为什么呢？

原来这是猛禽的功劳，马里马斯地区猛禽较多，而感染粘液瘤病的病兔又较易被猛禽捕杀，染病的兔子不断被淘汰，因而，粘液瘤病没有在马里马斯兔群中流行。假如没有猛禽，谁又能使马里马斯兔群免于瘟疫之灾呢！

猛禽将病原体赖以滋生的动物尸体和垃圾除掉，不但对人类的身体健康有益，而且有利于其他健康动物的生存繁殖，加速自然界的物质循环，对促进生态平衡有着不可忽视的作用。

动物防震之谜

箭鱼是一种食肉性鱼类。这种鱼一般生活在太平洋、大西洋和地中海里，在我国东海和南海也有它们的踪迹。箭鱼的体形很大，身长约4米，体重达500公斤。箭鱼头前的上颌突出很长，骨质坚硬，好像一支锋利的长箭。箭的长度约有1.5米，几乎占了全身长度的1/3。科学家认为，箭鱼的锐利长箭并不是作为武器发展起来的，而是代表一种高速的流线形体，在海水里游泳，尖吻起了劈水破浪的作用，游速比普通轮船要快三四倍，每小时能前进120公里。

箭鱼游速快，冲击的力量也大。它在大海中横冲直撞，碰上巨鲸，能刺伤巨鲸；撞上船舰，能穿透甲板。在英国的博物馆里，有一个独特的陈列品。一艘捕鲸船的34厘米厚的木板中间，嵌着一根30厘米长和12.7厘米圆周的箭鱼的"箭"；还有一块55.8厘米厚的木板。被箭鱼穿了个孔。

箭鱼头上的箭，为什么如此锋利呢？科学家们对此进行了专门研究，发现箭鱼击穿轮船甲板时，它的箭受到的冲击力有150公斤。船被戳破了，箭却完好无缺。原来，箭的基部骨头是蜂窝状的结构，孔隙中充满了油液，好像是多孔的冲击波吸收器。箭鱼的头盖骨结构相当紧密，又跟箭的基部连成一体，所以使箭鱼能够经受很强的冲击力。它真不愧是一个天然的防震器。

这种结构，使科学家得到借鉴，在设计制造航天飞机时得到了应用。

动物的天然防震器，不仅独此一家，啄木鸟那像钢凿一样的嘴壳，也是名副其实的防震装置。

据科学家调查，啄木鸟的嘴每天要敲打树干 500～600 次。近年来，有人通过高速摄影测算出，啄木鸟啄树木的冲击速度，是每小时 2080 公里；当啄木鸟的头部从树上弹回来时，它减速的冲击力大得惊人——约有 1000 个重力常数。要知道，一辆汽车如果以每小时 56 公里的速度，撞在一堵砖墙上，其力量才不过是 10 个重力常数。奇怪的是，啄木鸟从来不会因此而发生脑震荡，头颈也不会受到任何损伤。科学家们除了进行了细心的观察和测算外，还对啄木鸟进行了手术解剖。结果发现，啄木鸟的头部构造与众不同：脑子被细密而松软的骨骼包裹着；在脑子的外脑膜与脑髓之间，有一条狭窄的空隙，这样一来，通过流体传播的震动波，也就得到减弱；头部强而有力的肌肉系统，能起吸震和消震的作用。

此后，科学家又发现了一个重要的原因，就是啄木鸟的头部和它的"钢凿铁嘴"，是一前一后地作直线运动，从不做侧向运动。根据啄木鸟的奇特构造和运动方式，有人设计了一种新型的安全帽和防撞盔。这种帽子正好套在人的头上，里层松软而外层坚固，帽子下部又有保护领圈，可以避免因突然而来的旋转运动所造成的脑损伤。经过试验，这种帽子比一般的防护帽要安全得多。

预知地震的蟑螂

科学家用蟑螂做了一个实验，发现在一个月里它们出现了 5 次反常行为：像热锅上的蚂蚁一样团团转，每一次都发生在地震前 4 小时。蟑螂是怎么知道地震即将发生的呢？原来，这种昆虫的尾部有一对尾须，尾须上密密麻麻地长着许多丝状小毛。蟑螂的地动仪就是由这些丝状小毛构成的。蟑螂尾须上的每一根丝状小毛，和张衡地动仪的每一个铜丸一样，只对来自某一方向的振动最敏感。可是，尾须比地动仪高明得多了，它的体积只有地动仪的万分之一，但它的"铜丸"——丝状小毛却有两千根，辨别方向的精密程度显然也就高得多。通常，在地震前总有一些轻微的震动。这些震动人是感觉不到的，但蟑螂尾须上的丝状小毛却已经感觉到了。

可以预报地震的鱼类

人类在经受了无数次地震后总结出一条经验，即许多动物在地震前都会出现反常行为。而鱼类在震前的行为更为异常。1932 年，日本本洲岛东北部发生强烈地震前夕，在海岸附近突然发现原来生活在 500 米深处的鳗鱼成群地浮游在水面。1976 年 5 月，在欧洲的阿亨泽沿岸地带，有几十只猛禽盘旋低飞，贪馋地吞食着海面上漂浮着的大片死鱼。专家们对这些死鱼进行了研究，发现这些鱼是由于地下震动而死亡的，这里离意大利北部所发生的地震的震心不远。

意大利生物学家特里布奇进行深入研究后认为，地震前地层深处压力增大，形成一种压电效应，能分解地下水，产生一些带正电的微粒。这些微粒从地壳的裂缝中升到地面，弥散在空气中，使动物体内产生一种特殊的激素，对中枢神经起到刺激作用，使动出现反常行为。而鱼类对地震之所以极为敏感，是因为它们的"耳朵"和侧线器官对高频和低频振动的反应十分灵敏，它们能够预先感觉到地震引起的"场"的变化。此外，任何地震都会排出有毒的气体，或促使水温变暖，或出现底部水体"煮沸"的现象。在这种情况下，鱼类或者不幸死亡，或者本能地逃难，于是出现深水鱼一反常态，浮游在水面上的情况。

神奇的气象学家

这是一个叫人难以置信，然而却是真实的故事。

故事发生在 1976 年盛夏，几位渔民沿着河岸缓缓行走，仔细地寻找着鳖卵。当时洪水刚刚过去，河床的两侧还留有洪水的痕迹。他们寻找了一会儿，终于在岸边高处沙滩上找到了鳖卵。经过实地测量，发现鳖卵产地距离洪水痕迹高出 6 米。一位有经验的老渔民断言道：

"今年还有一次更大的洪水！在鳖产蛋后的 30 天左右，洪水就会到来！"

事实果然不出老渔民所料，不久这里就连续下起暴雨，河水迅速上涨，淹没了 7 万亩晚稻。河水水位正好涨到距离第一次洪水水位 6 米高的地方，紧紧挨着鳖卵产下的沙窝。

这难道是巧合吗？不，因为他们接连发现，河岸的鳖卵沙窝都不约而同地处在同样一个高度，这不暗示着某种生物学的内在规律，这能不说明一个问题吗？

于是人们开始议论纷纷，做着各种各样的猜测。而动物学家们则从鳖的生活习性、居住环境、繁殖后代多方面进行研究。

鳖产卵的位置、时间与洪水水位和洪水到来的时间，究竟存在什么关系？目前虽然尚不能做出令人满意的回答，但还是提出了供人思考的科学思路。

鳖卵产下以后，要经过 30 天左右才能孵化成幼鳖。如果洪水水位很低，或者洪水迟迟不来，鳖卵所处的位置很高，那么刚刚孵出来的幼鳖，在爬向河中的时候，因路途太长而中途干死，不能进入河水之中，那么它的后代便夭折了。

相反，鳖卵孵化不足 30 天，幼鳖尚未出世，而洪水提前到达将鳖卵冲跑，它同样遭到繁殖后代的失败。因此，若想让后代安全出世，还真要动脑筋认真算一算呢！只有鳖将产卵的时间、地点与洪水到来的时间、地点保持一致，鳖才能不断繁衍生息，否则它会被大自然淘汰。

地质学家的助手

很多年以前，在某个山区曾经发生过这样一件趣事：一家农户在过中秋节的时候杀了只鸭子。当清理鸭子胃肠的时候，竟然发现了一粒黄金，足有两钱多重。

不久，鸭子肚里生黄金的消息传开了，人们奔走相告，议论纷纷。这个消息很快被地质勘探队的科研人员知道了，他们经过仔细研究分析，断定农家居地的附近有金矿。于是他们立即实地勘察,不久便在一条小溪流的上游,找到了一个藏金量很大的金矿。

那么鸭子肚里的黄金是怎么来的呢？原来鸭子在小溪中经常寻找小鱼小虾来吃,偶然的一个机会,它吞进了混入沙子中的金粒。于是鸭子的肚里便出现了黄金。由于勘探人员懂得这个道理,便断定附近有金矿的存在。要知道,鸭子在无意中帮了人的大忙。

鸭子帮助人们发现矿脉的事已称不上奇闻,因为动物协助人们发现矿脉的记录在世界各国都有。相传赞比亚的铜带省罗昂地区,曾经有一位猎人猎获一只羚羊,当他背走被箭射中的羚羊时,发现羚羊血迹印在石头上竟然出现了绿色的铜锈斑！猎人迷惑不解,便将这事报告了地质科学家。科学家对此高度重视,他们在羚羊经常出没的山区进行勘查,终于发现了一个大型的铜矿。由于羚羊长期生活在这里,常吃含铜元素较多的草,因此血液中的含铜量较高,所以才会披露地下的秘密。

鸟类、兽类等大多数动物都能帮助人们发现矿脉,白蚁、蜜蜂等小动物也能担负找矿的重任。比如发现蜂蜜中含有大量的钼和钛元素,就可以在蜜蜂采集花蜜、花粉的范围内找到钼矿或钛矿。

在自然界中,不仅动物能报矿,许多植物也能够帮助人们寻到宝藏。这是因为土壤中某种元素增多,会反映到植物身上,于是人们据此便知道了地下的秘密。动植物这种奇特的寻矿作用,越来越受到科学家的高度重视。

动物中的"数学家"

蜜蜂,它的每一个蜂房都是规则的六角柱状体。蜂房的一端是平整的六角形开口,另一端则是由三个相同菱形组成的底盘。这个底盘的所有钝角为 $109°28'$,而所有锐角都是 $70°32'$。

丹顶鹤的数学才能更绝,丹顶鹤总是成群结队地在空中排成"人"字飞行。这个"人"字的角度永远保持在 $110°$。

珊瑚虫每年都在自己的体壁上刻画出 365 条环形纹路,刚好是每天一条。

蚂蚁也是个"小数学家"。每次出洞去搬运食物时,大蚂蚁与小蚂蚁的数量之比总是 1:10。每隔 10 只小蚂蚁,便有一只大蚂蚁夹在其中,绝没有"越位"的。

北极之王御寒秘笈

也许北极熊最初在北极定居下来,想的并不是要称王称霸,而是如何解决更为迫切的御寒问题。在漫长的进化中,它们几乎将自己从头到脚地武装起来,不放过任何一个囤积热量的机会,就连耳朵和尾巴都不舍得长长,生怕多散失一点热量。

北极熊之所以能在零下几十度的严寒中安然度日,那身一尘不染的白色皮衣功不可没。北极熊的毛又厚又长,且密不透风。手伸进去,可以完全没过。更里面一层的毛过于浓密,可以起到防水的作用。更神奇的是这长毛的结构。每一根都是中空的小管道,可以将吸收到的太阳热量源源不断地运送到体内。据研究,北极熊这身特殊的皮衣可以将太阳辐射能的95%转换成热能储存起来。

而透过这毡垫一般的长毛，我们会惊奇地发现，北极熊原本深藏起来的黑色皮肤。当然，它黑黑的嘴巴，黑黑的鼻头或者黑黑的眼圈已经泄露了这个秘密。这就是北极熊的聪明之处。黑色的皮肤同样有助于增加热量的吸收，再搭配上中空的皮大衣，真正做到了保暖隔热，比电视里鼓吹的什么高科技保暖内衣正宗多了。

如果说武装到如此地步已经够高明了，可北极熊却仍不满意。它们誓将武装进行到底。就在黑色的肌肤下面，它们还配备着一层超厚脂肪，大概有十几厘米厚，任它雪打风吹，都无法越过这道屏障。这门功夫让一般动物都望尘莫及。北极熊的熊掌也正是靠着这层脂肪和脚掌上的毛垫才能在冰面上泰然行走，而不至于冻得跳起脚来。

第六节　动物的奇异行为

动物的报复行为

1. 蜜蜂以死相抗

蜜蜂的报复行为属于先天就有的本能行为，这是小小昆虫在天敌众多的自然界里求得生存的一种方式。蜜蜂一般是不主动螫人的，只有遭到侵害而万不得已时才以死相抗，实施报复行为。有一个养蜂人，早晨把5箱蜜蜂运到草地上摆开，以采集秋花蜜源。恰巧碰到几只小山羊在这儿吃草，它撒欢地蹦到一个蜂箱上，踩死了几只蜜蜂，同时也惊吓了飞进飞出在巢箱内忙忙碌碌工作的蜜蜂。蜜蜂顿生杀机，纷纷向小山羊发起进攻。小山羊蹦跳着、哀叫着四处逃窜，群蜂穷追不舍。很快，5箱蜜蜂倾巢而出，农田里的群众、道路上的行人、天上的飞鸟、地上的畜禽都成了蜜蜂攻击和报复的对象。

蜜蜂何以能"群起而攻之"呢？其中的秘密武器在于工蜂释放出的报警信息素，它是由20多种有机化合物组成，这些化合物具有很强的挥发性，能迅速扩散，激起群蜂的螫刺反应，从而向入侵者发起进攻。

2. 猫头鹰为子女报仇

猫头鹰生有一副双目远视的"望远镜"和一对异常灵敏的"顺风耳"。在漆黑的夜晚，对鼠类的一切行踪和咬食声响能明察秋毫，是鼠类最强有力的天敌。一对猫头鹰在某一农家的墙洞做窝，孵卵育雏。这家8岁的小男孩利用猫头鹰外出采食的空隙，和邻居的几个小伙伴，将嗷嗷待哺的雏鹰掏了窝，4只雏鹰被摔死3只，1只带回家中。猫头鹰发现儿女被盗，终日悲鸣不止，四处寻找，终于发现了雏鸟的下落。于是，两只猫头鹰栖在这家院边的树上整日守候，伺机报复。一天清晨，这家主人刚走出家门，只听"扑"的一声，等候在树上的一只猫头鹰俯冲而下，迎面袭来，主人躲闪不及被啄伤了右眼。

3. 乌鸦的复仇也疯狂

据说贵州有一陈姓农民,1987年春末在自家田里干活,累了,他躺在一棵皂角树下休息。忽听树上乌鸦哑哑噪语,他便从地上拾起一块石头向乌鸦掷去。乌鸦哀鸣着飞去,声音中充满了怨愤。两天后,这个农民又在此干活后休息,突然乌鸦迅疾从树上飞下,猛啄陈的双眼。结果,花掉了许多钱不算,还由此瞎了一只眼睛。

4. 大象不甘心被人欺

大象是动物园里非常受欢迎的动物,因为大象有着与众不同的特殊体态:粗壮的身躯,柱状的腿,蒲扇似的耳朵,长长的鼻子,一双极不相称的小眼睛。就是这种外拙内秀极其聪慧的陆地最大动物,只要受到人类不公正的待遇,便伺机进行报复,并且报复性很强。一名饲养员因心情不好,干活时觉得大象有点碍事,便抽打它,让其挪开。仅受了一次委屈,这头大象便记了仇,第二天当饲养员经过它的面前时,便进行了回报——用鼻子抽打饲养员的脚后跟,这位饲养员"哟"了一声,坐倒在地,从此成了瘸子。

意大利人萨尔瓦托雷和两名朋友到泰国旅游,当在普吉超级市场门口遇到一头大象时,便兴冲冲走到大象跟前,想骑在大象上照相留念。想不到,他由此惹下了杀身大祸。就在萨尔瓦托雷拉住大象的尾巴准备爬上象背时,突然间大象狂怒起来,转过头用鼻子抽他,随即把他卷起,重重地摔在地上踏死。在场的人根本没法搭救。

野生大象同样具有很强的报复心理。几年前,在孟加拉首都达卡东北约200公里的地方,一头幼象被一列行驶的火车撞倒。母象极其愤怒,它走上铁轨,拦住下一列火车,用头猛撞火车头,致使火车引擎失灵,不能行驶。

5. 猴子的一致对敌

动物报复行为的力度往往与动物的进化等级成正比关系。与人类同属于灵长类的猿猴,身长140厘米,体重70公斤,是一种较为凶猛的动物。1974年12月15日中午,非洲索马里某一部落的一个农民拿着棍棒追赶一只偷吃农作物的猿猴时,突然从路边又窜出3只同伙朝这个农民猛扑过来。此后,双方援兵纷纷赶到,30位农民和400只猿猴展开了一场混战,好不容易打退了猿猴的进攻,但猿猴并不善罢甘休,第二天上午纠集500只庞大的猿猴队伍再次向农民发起袭击。结果两败俱伤。

猴子的报复通常是恶作剧式的,1985年夏,浙江衢州西坑村一农民见房后树上有群猴子,一时兴起,拾起石块砸它们,猴子败退。第二天,这位农民外出办事,老猴率领群猴前来报复,把他家养的30多只鸡抓往树林,拔光鸡毛后放回。这位农民回到家中,见到满身流血的赤膊鸡,感到莫名其妙。听到吱吱的怪笑声,他抬头一看,见到猴子们在树上洋洋得意,才知是它们捣的鬼。第三天,上百只猴子又把这位农民栽种的一公顷杉树统统拔起。他重新栽下后,人一走,群猴又把杉树全部拔起,弄得他叫苦不迭。

6. 骆驼的暴躁脾气

骆驼有着迥异的双重性格。它性情稳定,善于容忍、驯从,却又刚愎、乖戾、撒野,还会记恨。

在沙特阿拉伯,有个油坊老板养了头骆驼。一次,老板因为生意上赔了钱而满腹怨气,回到家里就用皮鞋抽打骆驼。这头骆驼受了莫名之气,耿耿于怀。几个月后的一天夜里,这头骆驼走出厩棚,突然冲进主人帐篷,扑向床铺,狂撕乱咬床上的一切,又把餐具踏得粉碎,才心满意足地离去。刚回到厩棚,不料见到主人站在门口,怒气冲冲地向它大声吆喝。它原以为主人已死,现在见到复仇已落空了,它一气之下就向厩棚的围墙撞去,墙被撞坍了,它也随即一命呜呼。

7. 蛇的群集复仇

在阿富汗,有名警察发现有一条蝮蛇钻进他的卧室里,便和妻子一起将蛇打死,并把死蛇挂在树枝上,便匆匆上班去了。傍晚,警察和妻子下班回家,一进卧室,只见室内全是蝮蛇,数以万计。蝮蛇发现他们,便群起而攻之,妻子不幸被蛇缠住。警察且战且退,最后逃到房顶上。邻居们见状,打电话请来直升飞机,警察才得以脱险。

蝮蛇

我国湖南省也曾发生过群蛇报复袭人事件。有一天,宁远县一位村民打柴回家,发现一条长约1米的黑蛇在咬他家的鸡群。他与妻子悄悄走向这条正在咬鸡的黑蛇,合力将它打死抛于山下。第二天上午,数十条黑蛇从他家门、窗、阴沟爬进屋内,一齐向这家老少发起进攻。这个村民的父亲因年老腿跛,未及逃脱,当场被蛇缠住咬死。这村民迅速拿出自制的蛇药,全力护卫其妻子和孩子,且战且退。乡邻闻讯赶来援助,群蛇才退却逃遁。

8. 鼠类的复仇不无恶劣

美国人约翰·费尔克纳是个亿万富翁,他在家里架设了一台"保安"摄像机。从录象上他发现有4只小臭鼠跑进住宅,到处乱窜。在约翰的窥视下,小臭鼠又来了。气愤之下,他开枪打死了1只雌臭鼠,他确信另外3只小臭鼠是它的子女。这3只小臭鼠为了替妈妈报仇,趁约翰外出休假时,溜进了他的住宅,在住宅的大部分房间里大放臭气,将价值500万美元的豪宅搞得臭气熏天,还毁掉了价值50万美元的家具和衣服及5万美元的地毯。还有3幅毕加索的名画也充满了臭气,其损失更难估算。约翰懊丧地说:"这是我的过错,假如我不杀死那只雌臭鼠,就不会如此遭殃。"当然,约翰除恶未尽,这才是真正的过错。

1982年6月8日,解放军某部一名司机逮到一只大老鼠,他用铁丝拴住老鼠示众,以警告那些作恶多端的鼠类。谁知到半夜里,这只大老鼠的子孙竟胆敢来"劫狱"。它们一方面衔来馒头皮、麦穗供在大老鼠面前,以示孝敬;另一方面,25只老鼠吱吱乱叫,啃咬司机宿舍的房门,还把顶着小汽车的4根木棍啃坏。此种行为持续了两夜,直到把大老鼠"处决"为止。

9. 狮子的记恨

在南非的一个小农场里,有个叫杰里的客商在夜间投宿于此。他把自己的奥斯汀小汽车停在住房对面的空地上,就进屋休息了。第二天,杰里起床后走出门,见他的小汽车已面目全非:两只前轮掉了下来,两盏车灯被砸得粉碎,车身上伤痕累累。他大惑不解,这是谁在和他过不去?而农场女主人的心里非常明白:这是狮子对她的报复。原来,昨晚半夜,她听到鸡舍里鸡在咯咯乱叫,于是拿起手枪和手电筒出门看个究竟。当她看到一头狮子正在鸡舍前窥视,吓得她连手枪的扳机都扳不动了。等她缓过神来,狮子已悠哉悠哉地走了。她气愤地朝着狮子走去的方向乱放了几枪,打完了一个弹夹。大概是她打伤了狮子。狮子偷鸡不成反受伤,记恨在心,就来报复。杰里由于睡得太死,对昨晚发生的事一无所知,冤枉地成了狮子的报复对象。

10. 牛的愤怒

1971年,内蒙古一农村的人杀了一头牛吃牛肉。有个爱搞恶作剧的年轻人,便把牛头放在了该村女知青宿舍的门口,想吓唬吓唬她们。可是,当天晚上,女知青宿舍的门被撞开了,拉开门一看,门口放着一个血淋淋的牛头,再抬头一看,屋外站着一大群牛,牛已把屋子围住了。看来,这群牛是为那个牛头抱不平而来的,女知青成了它们报复的对象。牛群轮番用角猛撞宿舍的土墙,女知青们又惊又怕,只得大声呼救。全村的人都赶来了,人们奋力驱赶这群牛,终于将它们赶回了牛圈。大家七手八脚搬走了那肇事的牛头。

这种种的动物报复行为已引起动物学家和人类心理学家的关注。现已初步证实,动物确实有着与人类相类似的心理机制,只是它们的意识和思维比较幼稚、低级罢了。

动物识别亲属之谜

1. 气味是亲缘身份证

癫蛤蟆卵孵化出的蝌蚪,似乎能通过气味识别素昧平生的"兄弟姐妹",它们情愿与"亲兄弟姐妹"集群游泳,而不愿与无血缘关系的伙伴为伍。科学家将一只蛤蟆同一次产的卵孵出的蝌蚪染成蓝色,另一只蛤蟆产的蝌蚪染成红色,一起放入实验室的水池中。开始它们混在一起,过不了多久,它们又自动分开,红色蝌蚪相聚在一处,蓝色蝌蚪相聚在另一处,泾渭分明,一点也不含糊。作为对照,科学家又作了一次实验,将蛤蟆同一次产下的卵孵出的蝌蚪一半染成红色,另一半染成蓝色,将它们放在一个水池中。这次它们并不按颜色分成两群,而是紧紧聚成一团。

蜜蜂是靠气味识别自己亲属的。蜂群里有专门的所谓"看门蜂",由它控制进入蜂巢的蜜蜂。在一起出生的蜜蜂(一般都是同胞兄弟)可以通行无阻,但阻止其他地方出生的蜜蜂入巢。"看门蜂"的任务,是对进巢的蜜蜂进行审查,它以自己的气味为标准,相同的放行,不同的拒之门外。

蚂蚁也是以气味识别本族成员的。蚁后给每只工蚁留下气味,有了这蚁后亲自签发的"身份证",才能自由出入蚁穴,否则要被咬死。

鱼类身上有识别外激素。鱼当了父母亲之后,体表常常会释放出一种被称之为"照料外激素"的化学物质,幼鱼嗅到后,便自动保持在一定的水域里生活,以利于亲鱼的照料和保护。如非洲鲫鱼,它的受精卵是在雌鱼口中孵化的,幼鱼从出世到自己独立生活之前,总是活动在雌鱼周围,一旦遇到敌害,雌鱼就把它们吸到口腔里。假若没有"照料外激素",它们是绝不会有这种母子之情的。

2. 鸣声辨别亲疏

鸟类、蝙蝠等是靠声音辨别亲属的。

为了探索鸟类是怎样从鸣声识别亲缘关系的,鸟类学家海斯和他的学生研究了雌野鸭的孵卵过程。他们把微型麦克风安放在野鸭巢的底部,然后跟录音机相连。他们发现,孵卵的雌鸭在开始孵卵的第四个星期发出"嘎嘎"较微弱的低声鸣叫,每声只持续150毫秒。这时,被孵化的卵里边发出"叽叽"声。起初,这些声音很小很小,随着时间推移,野鸭的鸣声越来越频繁,卵里的"叽叽"声也愈来愈高。随后小鸭就出壳了。在雏鸭出生后1小时,两种鸣声增加了4倍。雏鸭出生后的第16～32小时,雌鸭离巢游向水中,它发出急促的呼唤声,每分钟快达40～60次。于是小鸭纷纷出巢,跑向母亲。由此看来,雏鸭在卵内孵化的第27天起就开始听到母亲的声音,在这一过程里听觉起主要作用。雏鸭出壳后,视觉、听觉一起起作用,使雏鸭进一步认识母亲。

燕鸥的巢筑在海滩上,巢与巢靠得很近,但燕鸥能根据鸣叫声和外形识别自己的雏鸟,从不会搞错。

崖燕大群大群地在一起孵卵,峭壁上会同时挤满几千只葫芦状的鸟巢,密密麻麻地巢挨着巢。但用不着担心老崖燕会认错自己的子女。对它们来说,雏燕的叫声就是它们的识别标志。在常人听来,雏燕的叫声似乎是一样的,没啥区别。但如果仔细分析,可发现其中仍有细微的差别。实验证明,若向附近的空巢放送雏燕叫声的录音,老鸟每次都只向自己雏鸟的叫声飞去。当然识别是相互的,老鸟在听到雏鸟的叫声时,也会发出鸣叫,雏鸟听到后,会叫得更加起劲。

在美国西南地区一些岩洞里,栖息着7000万只无尾蝙蝠。它们的居住地

燕鸥

如此拥挤，以致长期以来生物学家们推测，母蝙蝠喂奶时，不可能喂自己的亲生子女，而只是盲目地喂首先飞到自己身边的小蝙蝠。为了弄清这个问题，美国生物学家麦克拉肯和他的助手作了实验，他们从洞里密密麻麻的、正在喂奶的800万对蝙蝠中抓走167对，随后对每对蝙蝠的血液进行基因测定。结果发现，约有81%的母蝙蝠喂的正是自己的子女。麦克拉肯带着照明设备在山洞里又进行仔细的观察，他发现，母蝙蝠在喂奶前，先要发出呼唤的叫声，再根据小蝙蝠的回答来判断是否自己子女，还要进一步用鼻子嗅嗅，在确认是自己的子女后才喂。

动物骗亲为哪般

杜鹃在繁衍后代的时候不垒巢、不孵卵、不育雏，这些工作全由其他鸟来替它完成。春夏之交是雌杜鹃产卵时期，它便选定画眉、苇莺、云雀、鲣鸟等的巢穴，利用自己的形状、羽色和猛禽鹰鹞相似的特点，从高远处疾飞而来，巢内的其他鸟以为天敌鹞鹰来犯，便仓皇出逃，杜鹃乘机便将卵产在这些鸟的巢内。由于长期自然选择的原因，杜鹃产的卵在大小、色泽、花纹方面和巢主产的卵相差甚微，因此不易被巢主发现。杜鹃的卵在巢内最先破壳成雏。小杜鹃的背上有块敏感区域，有东西碰上，它便会本能地加以排挤，所以巢主的卵和破壳的雏鸟便被它推出巢外。这样，小杜鹃可以独自占用养父母采集来的食物了。小杜鹃慢慢长大了，老杜鹃一声呼唤，它便跟着远走高飞。

动物的绝情杀婴

长尾叶猴是一种温和的群居动物，群内成员会很好合作，很少发生争斗。一般由1～3只成年雄猴为头领，带领25～30只猴子。但如果有一只年轻的雄猴登上首领宝座，它会杀死老猴王留下的所有幼猴。有些科学家认为，新猴王杀死未断奶的幼猴，是为了更快地得到自己的子孙。因为哺乳动物在授乳期一般不繁殖，杀死幼猴可促使母猴及早进入繁殖期，从而早日生育新首领的子女。因此，这种杀婴行为对于整个种群可能是一种生殖上的进步。这种观点叫"生殖优势"假说。

不过，母猴总是爱自己孩子的。如果有一只雌猴此时已怀孕，它为了保护腹中的胎儿，会随机应变地制造一幕生物学上的骗局：它假装已经发情，与新上台的猴王进行交配，使这位新首领以为将要降生的小猴真是它亲生孩子。雌猴从而成功地救下了这条小生命。

动物的语言之谜

动物学家发现，猴子会使用不同的声音来报告不同敌人的来临。如遇见豹子，它们会发出狗吠似的汪汪声；看见秃鹰，就发出一声低沉的喉音；见到逼近的毒蛇，则发出急促的嘶嘶声。

大雁的语言重在音调的变化上。当雁群在茫茫月光下沉睡时，担任哨兵的大雁却睁大警惕的眼睛,并不时从喉管中发出迟钝的嗒嗒声,这是说:平安无事,安心睡吧!要是发现了不祥之物,它便马上发出尖锐的叽叽声,唤醒群雁,准备撤退。

动物的语言是非常丰富有趣的。蜜蜂谙熟舞蹈语言。萤火虫则以光色、光频、闪光时间来通话。生活在南美漆黑山洞的油鸟,竟然使用超声波进行无线通信。

几十吨重的鲸也有自己的语言,它们彼此交谈的方式是唱歌,歌声美妙动人,据说古代曾有航海者因听它们的歌声入迷而将船撞碎在礁石上。鲸的歌声有时是合唱,有时是独唱。它们在唱些什么,人类不得而知。声学家不久前发现海洋深水层中出现特殊的声道,可使声音传遍整个海洋。鲸知道这些声道,它们彼此相隔 1000 公里也能互相交谈。

动物学家多次在夜间倾听鲸的谈话,他们发现鲸谈话的节奏也像人交谈一样,甚至比人还有礼貌:它们从来不打断对方的话。谈话经常是有问有答,答话比问话长。

海豚也不比鲸差,甚至超过鲸。虽然它们的谈话像吹哨,但也会模仿人声。

狼的嚎叫声也是一种语言,爱斯基摩人就懂得狼的嚎叫声,甚至可以和狼交谈。

狗更善解人意了,它们能理解人的声调和语气、手势,对人所说的一切几乎都能明白。

黑猩猩和猴子的模仿能力很强,可以用聋哑人的手语与其交谈,不过这要经过训练。经过训练,有的黑猩猩甚至能记住 300 个手语。

动物也有"方言"

你知道吗?动物也有方言土语。鸟类学者研究发现,美国密执安湖畔的乌鸦就不能与意大利佛罗伦萨郊区的乌鸦通话;城市的乌鸦与农村的乌鸦互不理解对方的话语。其实这种有趣的现象,发生在许多动物身上。

早在 70 年代,美国著名鲸类学家罗杰斯·佩思夫妇在考察座头鲸时,发现这种鲸不仅能够唱优美动听的歌,而且生活在不同海区的座头鲸唱的歌是不同的。他们把太平洋夏威夷海域座头鲸歌唱的录音,通过电脑,与大西洋百慕大海域座头鲸歌唱的录音加以比较,发现它们虽属同一种鲸,但是由于生活地区的不同,发出的声音是有明显差异的,这与人类的不同地区方言何等相似。

海豚具有发达的脑子,智能高得与黑猩猩可以媲美,会发出各种声音,使用自己语言在同类中进行会话,因而引起世界各国科学家们的极大兴趣和关注。美国学者 J·德莱斯和 W·埃帕斯首先将海豚的语言归纳为 32 种类型,研究了哪种海豚会讲哪种语言。日本大学黑木敏郎教授对海豚语言的研究更有成效,他认为海豚的语言同人类的语言十分相似,不仅有通用的"普通话",而且还有各自特有的"方言"。他列举出这样一个例证:生活在大西洋的关东海豚有 17 种语言类型,而生活在太平洋的关东海豚有 16 种语言类型,它们之间有 9 种语言是通用的,约占一半,而另一半语言是各自所特有的,互相都听不懂,这就是海豚的方言。

南极洲素有"海豹之乡"的称号。因为这里不但海豹种类多,而且数量大。不久前,美国与加拿大两位科学家在南极洲考察海豹时，发现南极半岛海域的威德尔海豹与麦克默多海峡海域的威德尔海豹发出的声音也有明显差异。前者只用21种叫声来传送语言信息，后者却用34种叫声来进行语言交流。即使两者之间有一些共同性的音调，由于海豹生活地区的不同，会出现不同的音响效果。例如南极半岛海域的威德尔海豹，在发出这些音调时，比麦克默多海峡海域的同种海豹发出声音的音调低沉、短促。

可见方言并不是人类所特有的，只是我们现在还不了解动物方言的含义，它们中间是否有一些"先知者"充当翻译，使它们和人类一样通过译员彼此广泛通话，可惜迄今还一无所知。

鹦鹉听懂人话之谜

鹦鹉之所以特别受人宠爱，不仅是因为羽毛鲜艳、性格温顺，更主要的是它们那擅长学舌的本领。

由于动物学、生理学、解剖学研究进展，特别是巴甫洛夫创立的条件反射理论，使得人们相信，鹦鹉和其他鸟类的学舌，仅仅是一种条件反射的仿效行为，也叫效鸣。鸟类没有发达的大脑，鸣叫的中枢位于比较低级的纹状体组织。因而鹦鹉不可能懂得人类语言的意义，也不可能运用这些语言。

美国帕杜大学女心理学家爱伦·皮普伯格进行的一项研究，却对这一传统的观点提出挑战，这项十分有趣的研究，使得人们对于鹦鹉学舌有了新的认识。

爱伦认为，过去的研究者都用实物来奖励鹦鹉学习"说话"。这就使得它们为取得食物而学舌，形成单纯从声音上模仿的条件反射。实验中反映不出鹦鹉是否能理解所"说"语言的含义。根据动物行为研究的新成果，爱伦设计了新的实验方法。1978年，她和学生选购了一只13月龄的非洲灰鹦鹉，取名叫爱列克斯，开始对它进行实验。爱伦设计教鹦鹉"说话"的方法，叫做"对话——竞争"法。在教学中，由两人分别担任不同的角色：一个当鹦鹉的"教师"，另一个当鹦鹉的"同学"和"竞争者"。通过反复对话，使鹦鹉最终能够正确地学会说话。对话中，"教师"还通过出示实物来"教"单词，这样就避免鹦鹉单纯从声音上模仿，为帮助它"理解"词的含义创造条件。为了提高鹦鹉的学习兴趣，研究者挑选一些鹦鹉感兴趣的实物当"教材"，像闪闪发光的钥匙，彩色的木片，塑料玩具动物等。对鹦鹉爱列克斯的"正规教学"一天4小时，其余的时间让它生活在人们中间，自由自在地玩、说话。经过1年的"教学"，研究小组取得了可喜的进展。1979年，爱列克斯已能正确识别和说出23种事物的名称：纸、木片、钥匙、皮革、木衣夹、玉米、软木、胡桃、石头、水、砂砾、香蕉、阵雨、软糖、小刀、栗子、小麦、椅子、葡萄、背、膝盖、体育馆、胡萝卜。把这些东西放在它跟前，它能一一识别，并分别说出名称。它认识和能说五种不同的颜色：红色、绿色、蓝色、灰色、黄色。能识别和说出四种形状：两角形（橄榄球形）、三角形、四角形（正方形）、五角形（正五边形）。它能数五以内的个数，还会说"喂！"、"过来！"、"不！"、"这是什么？"、"什么颜色？"、"多少？"等。它还会把"要……"和一样东西的名词组合起来,把"要去……"和一个地方的名称组合起来,向人们提出要什么或要去什么地方。

通过对爱列克斯的研究,爱伦认为,鹦鹉能用学会的语言向人们提出要求,影响人的行为,这种利用语言改变自己处境的行为是很引人注目的。这表明,鹦鹉至少已在某种程度上懂得了人话的含义,掌握了单词所代表的概念。这与人们以往对鹦鹉学舌的理解是十分不同的。爱伦的新实验、新观点,在学术界引起很大反响。许多学者坚持鹦鹉学舌不过是单纯仿效的观点,他们认为爱列克斯的种种出色表演不过是比较复杂的条件反射。但也有不少学者赞同爱伦的想法,认为鹦鹉和大猩猩等灵长动物一样,在人类创造的特定环境中可能懂得人类某些语言的含义。

鹦鹉能懂得人话吗? 鹦鹉能学会并运用人类语言吗? 要正确回答这样的问题,看来还为时太早。

动物"杀过"之谜

动物学家发现,一只金钱豹能够一下子杀死 17 只山羊,把尸体整齐地放在那里,然后扬长而去;狮子能够杀害比金钱豹更多的牛、羊、驴,其数量远远超出自己的食量;一头北极熊能够在北冰洋里一连杀死 21 只独角鲸;几只饿狼一次可以杀害上百只的小驯鹿。一些凶残的食肉动物能够一举杀死远超于自身食量的猎物,这就是动物的"杀过"行为。

人们最熟悉的是,赤狐在捕食中的杀过行为。居住在欧洲和美洲村落的农民都知道,赤狐常常在夜间闯入家禽棚舍,把人家饲养的鸡、鸭统统杀死。据说,一位荷兰的动物行为学家,曾在农村鸡舍旁守夜观察,目击一只赤狐跳进鸡舍,大约在 10 分钟的时间内,把鸡舍中的 12 只小鸡全部杀尽,最后仅带走 1 只,弃留下 11 只死鸡。不仅如此,赤狐还常常在暴风雨之夜,闯入黑头鸥的栖息地,轻而易举地把数十只鸟按顺序逐个咬死,竟一只不吃,一只不带,空嘴而去。后来,有一位动物学博士来到黑头鸥的栖息地进行考察,发现这种鸟在夜间,尤其是在暴风雨来临的时刻,都蹲在地上一动也不动,即使遇上人和猛兽也不逃避。

猫头鹰是捕捉田鼠的能手,尤其在繁殖期间的猫头鹰,捕鼠本领更为惊人,会表现出极大的杀过行为。有的猫头鹰即使在饱餐以后,遇上鼠类仍会猛力追逐,宁可杀死扔弃,也不让田鼠逃脱。

动物的杀过行为,对于人类来说,既有利又有弊。倒如猫头鹰大量杀死老鼠,显然对人类是有益的。但赤狐杀死家禽以及狮、豹,狼等猛兽杀害家畜和破坏野生动物资源,又是对人类不利的。

人们虽然听到或看到一些凶残的食肉动物确有杀过行为,可是对它们为什么要"杀过"的原因,至今还是弄不清楚。科学家们之间的解释也不一致。一些动物学家认为,"杀过"是凶猛的食肉动物残忍好杀的本性,不仅在陆生猛兽中有,在海兽里也有,如虎鲸群冲入海豚或海狮群后,几乎可以把对方全军覆没,可是被它们所食的仅仅是少数。另一些动物学家反对上述解释，他们认为，即使是凶残的食肉动物，它们的杀过行为也是偶然现象，并非每次捕猎都是杀过的。这种杀过行为是由于它们接近猎物时，受到被害动物的惊吓和窜逃的刺激而引起的，绝不是它们的残忍好杀的本性所决定的。然而，较多的动物学家认为，杀过的成因不能一概而论，对动物的杀过行为要作具体分析，有的动物是出于本性，有的动物却是受到刺激而引起的，也可能两种原因兼而有之。少数动物学家提出，以上对动物杀过行为原因的解释，都属于推测性的，缺乏科学的论证。

动物争斗为哪般

动物的争斗动作要比人类丰富得多。不久前，美国一位动物爱好者收集了许多动物的争斗资料，下面是其中的一部分。

河马虽然是一种食草动物，但是在争斗时却穷凶极恶，把巨嘴张得很大，里面足以容纳一个站着的小孩，露出粗大的牙齿。两只河马争斗时，双方不是面对着面张开巨嘴，便是一只的下颌伸入另一只的嘴里。

弹涂鱼在争斗时，虽然也把嘴巴张得大大的，但这仅仅是为了吓唬对方，实际上它们是用鳍相互撞击争斗的。采用这种争斗武器，双方都没有生命危险。

犀牛也是世界上大型陆生动物，头上的角硬而粗大，形状似巨大的铁钉，连狮子、老虎也无可奈何。争斗时，两只犀牛低下头，把全身的力量都集中在巨角上，企图一举顶倒对方。

大鹿的角上有许多叉枝，每个叉枝都长而尖。争斗时双方的鹿角发生碰撞，会发出响亮的角击声，双方的叉枝角常因此而勾住，拉来推去，久久不能分离。

角羊的角粗大而弯曲，争斗时双方会从远方冲来，以巨角相撞，其撞角声极响，在1千米外也能听到。

袋鼠的争斗方式与众不同，不知内情者会误认为它们在亲热地拥抱呢！实际上，两只袋鼠都用自己粗大的尾巴支撑着身体，以前肢作拳击式进攻，再用后肢来踢对方。这种手脚并用的格斗方式，与人类较为相似。

巨蜥的身子胖乎乎的，争斗起来活像日本的相扑选手。它们抓住对方的身体，企图将其摔倒在地，然后得意洋洋地走开。也有人说，巨蜥是用动物界罕见的"拥抱式"争斗的。

雄狮争斗的场面十分壮观。它们在进攻前常常有一个威吓动作：一只狮子四腿站立，稳如泰山，同时竖起鬣毛，虎视眈眈；另一只雄狮跃起身体，两条后腿着地，尾巴翘起，这是为了平衡体重，而两只前肢高高举起，准备抢先向对方扑去。

动物也有组织性

在一个蜂群中，3~5万只蜜蜂互不干扰地工作着：年轻的蜜蜂负责养育蜂王和幼虫，制造蜂蜡或制作容纳蜂卵和储藏蜂蜜的蜂房；年老的蜜蜂外出采蜜，寻找花粉与花蜜。

天热时采蜜的蜂还要带水回来,吐在蜂房里使幼虫凉爽。

蜜蜂怎么能够达到组织如此严密呢？很久以来人们就知道,蜜蜂之间是通过化学信号进行交流的。它们分泌出的一种液体,其作用相当于给其他蜜蜂传达命令。

大约在 1960 年,奥地利一位专门研究动物习性的动物生态学专家卡尔·冯·弗里希发现,蜜蜂在传递信息时,采取一些类似舞蹈的特殊动作。依赖这些动作,一只蜜蜂可以向其他蜜蜂指出供采蜜的花丛在什么方向、有多远的距离。

然而,出色的组织也会出现一些反常现象:所有的蜜蜂并不完全服从它们所接到的命令。例如,采蜜的蜜蜂给蜂群带回了过多的花粉和花蜜,最终阻塞了蜡蜂房,以致蜂王无法进入蜂房产卵。

森林棕蚁具有相似的组织:一些工蚁照管蚁巢;采集工蚁外出采集蚁群所需食物。

但事实上,这些采集工蚁会将它们所能搬运的东西全搬回巢内,什么碎玻璃、小石子、小树枝等等,其中只有一少部分是有用的食物。

因此蚂蚁和蜜蜂均不是"辛勤的劳动模范",它们经常犯错误。但这些错误会立即改正的:当一个蜂巢太满时,一部分蜜蜂会出走去建一个新的蜂房。在一个蚁穴里,一些工蚁会给采集的东西分类,并将没用的东西扔掉。

一只离群的蚂蚁或蜜蜂什么也做不成,而且会很快死去,这似乎在说明团结就是力量吧。

动物也会发疯吗

1. 疯羊战巨蜥

在印度尼西亚有一个名叫科摩多的小荒岛,1910 年有人在那里发现了一种特大的蜥蜴,命名为"科摩多巨蜥"。头尾全长达 4 米,体重可超过 100 千克,是现存的"蜥蜴之王"。它的长相十分吓人:巨大的头颅很像鳄鱼,粗脖颈,深陷的双眼射出阴森的目光,舌头似剑一般细长而分叉,浑身披着鳞甲,四只短而健壮的脚,后面拖着一条肥硕有力的长尾巴。因为它的模样活像已灭绝的恐龙,也许是因为它多少有点像传说中的"龙",或者是因为它和早已灭绝的恐龙有亲缘关系,所以又给它起了个浑名为"科摩多龙"。

科摩多巨蜥是一种纯食肉性动物,专门捕食鹿、羊、野猪、猴子等。在食物不多时也捕食小型动物,但绝不吃素。据说这种巨蜥还会伤害人！这种巨蜥虽然是"聋子"和"哑巴",连惊人的爆炸声也听不见,即使在搏斗时也只能发出轻微的嘶嘶声,可是它目光敏锐,嗅觉灵敏,在顺风的情况下,可以闻到几百米外的气味,并像狗一样边走边舔舌头,追踪猎物,因而弥补了它"聋子"的缺陷。另外,科摩多巨蜥虽然无法发出恐吓猎物的吼声,但它别有妙法。通常,它悄悄地跟踪着猎物,到足够近的距离时,突然猛将粗壮的尾巴使劲一扫,这一扫的力量,轻者可将一只野猪击倒,重的能打断一只鹿或羊的双腿。然后张开大嘴,伸缩着红舌头,用锋利的牙齿咬嚼吞食。

德国当代著名动物生态学家兼动物摄影师海因兹·齐尔曼等人,为了能拍摄到兽类与科摩多巨蜥的惊险搏斗场面,来到了科摩多岛上一个名叫卡姆邦克的小村。对村里的人得知了他们的意图以后,特地派人送来了一头老疯羊。这头羊脾气十分暴躁、凶狠,见到人就顶撞。至于它是怎么变疯的人们却不知道。

老疯羊放在草地上,开始吃草了。大约过了两个小时,一条科摩多巨蜥从树林中慢慢地爬了出来。当它发现了老疯羊以后,就吐着舌头开始一点一点地向其运动。在巨蜥离老疯羊大约只有10米距离时,老疯羊站起身来,直冲巨蜥奔去。按理来说,羊是巨蜥的捕食对象,它应该转向逃跑才对,这说明那头老山羊真的疯了。

老疯羊的主动出击,马上引起了巨蜥的注意。老疯羊对巨蜥摆出威胁架势,巨蜥仍然无动于衷。这时,老疯羊猛地一弹后蹄,向巨蜥的右脑门狠狠撞了一记。可是山羊先发制人的攻击,并没有产生什么效果。当老疯羊发起第二次进攻时,巨蜥趁着它竖起后蹄的一刹那,用粗壮的尾巴使劲一扫,企图打断对手的两腿。这只老疯羊真不愧为村里的"羊中之王",它疯劲大发,力气倍增,两次都成功地避过巨蜥这种闪电般的袭击。

然而,老疯羊毕竟不是这头凶猛巨蜥的对手,当巨蜥的大尾巴第三次扫来时,终于被打倒在地。巨蜥张口咬住老疯羊的头,一阵猛甩,可怜的老疯羊,顿时全身的骨架都分了家。

2."象疯"是怎么一回事

"象疯"一词来自印地语"Musth",指喝醉酒的意思。原意则是公象的一种周期性狂暴状态。在亚洲象中,这种狂暴状态一年发生一二次,持续时间为2个星期到6个月,大多数公象是4~6个星期,但并非所有公象都在同一个时间内发"象疯"。

亚洲公象在发"象疯"时,如果在野外,会拔起大树,踩平崎岖的地面;如果在马戏场的帐篷里,会一击将帐篷撕得粉碎,将人击毙;如果在动物园的象房中,一般建筑物也难以挡住一头5000多千克"疯象"的狂暴行为,其后果也是可想而知的。

那么,公象为什么要发"象疯"呢?有的说是出于公象粗野的本性,有的说是公象交配期的一种必然表征。据近年美国科学家研究,认为这是较年轻的成年公象为了与母象交配,同占优势的较年老公象争夺异性的一种生理反应,是由于公象雄性荷尔蒙——睾丸激素的作用而使其无法自制。

古老的制止"象疯"办法是,将公象上好脚镣,安放在一个偏僻的地方,让它挨饿。这样一来,公象就很快无力继续发"象疯"了。据说,在公象发"象疯"时,用水浇它也可减轻其"发疯"程度。实在无可奈何时,只有将"疯象"活活打死。在今天科学发达的时代里,动物园已将"疯公象"安置在装有遥控管理系统的坚固的象房里,不必再用镣铐、挨饿甚至杀死"疯象"等老办法了。

动物的情感之谜

1.嫉妒

动物王国里也有嫉妒。有养猫经验的人都知道,如果对一只猫抚爱太久,那么它就

2. 爱恋

一只寻找父爱的小猩猩，它会经常坐在那里，钦佩地注视着父亲的脸。当和父亲的目光不期而遇时，小猩猩幼小的身体便幸福地战栗起来。

一群长颈鹿正在吃草，一头凶猛的狮子向它们扑来。长颈鹿赶紧四散逃命，可一只小鹿逐渐跟不上了。母鹿看到这种危险便会停下来，为了孩子她已经不再害怕了。将生死置之度外的母鹿用身体把小鹿和饥饿的狮子隔开，用前腿一次又一次地打退狮子的进攻。经过长达1个小时的拉锯战，狮子终于放弃了已到嘴边的美味佳肴，不情愿地走了。

动物的爱不仅存在于父母和孩子之间，年轻的雄性和雌性动物之间往往也有一种超越性爱和繁衍后代关系的情感。比如天鹅等雁亚科动物，雄性和雌性之间普遍存在着相互的爱抚和依恋之情，而虎皮鹦鹉则是动物界中让人羡慕不已的爱情伴侣。

3. 兴奋

哺乳动物的感情世界要比昆虫和处于更低进化阶段的鱼类丰富和鲜明得多。例如大象在表达高兴的心情时会不停地跺脚。当两头大象意外相逢的时候，它们便相互朝对方飞奔而去。在会合之后它们会把头高高扬起，让长长的大鼻子相互缠在一起，互相抵碰长牙，两只大耳朵扇动不止，与此同时它们不停地跺脚和嘶叫。它们这样来表达再次见面的兴奋。

4. 忧伤

动物也有忧伤的时候。如果一对大雁夫妻中有一只不幸死亡，那么还活着的另一只会受到沉重的打击。这只可怜的"未亡雁"会伤心至极。它会变得消沉，无精打采，整日耷拉着脑袋，两眼呆呆地出神，沉湎于过去的美好时光而不能自拔，它们像人一样懂得悲伤和痛苦。许多哺乳动物都难以接受和伴侣永诀的事实。

受到宠爱的狗对主人的感情非常深厚，如果主人不在家，它就显得闷闷不乐，盼望主人早点儿归来。在米兰，曾经有过这样的事情：有一只狗12年如一日，每天都到火车站去接它的主人，但它的主人早就死掉了。它每一次到火车站去，都要在那里耐心地等待，一直要等到火车进站，等到乘务员全部离开了火车站，它才拖着沉重的脚步，垂着头，快快不乐地往回走。

5. 孤寂

对人来说，孤独和寂寞是一种可怕的折磨。至于动物，因为它们处于原始的群居状态，寂寞对于它们来说无疑是一种残酷的折磨。有些小鸟，如戴菊鸟和长尾巴山雀被关进笼子以后，它们就会感到很忧郁，很孤独，因而它们很快就会死去。但是，如果你把很多只相同的鸟放进同一个笼子里喂养，它们就会生活得很快活。

有些昆虫没有同类的陪伴也会死亡。在欧洲，变蛾子的毛虫（它是林业的一大灾害）就是群居生长的。它们一个个紧挨着，排成长长的纵队，从这根树枝爬到另一根树枝，从一棵树爬到另一棵树。它们所到之处,一切绿色的树叶都会被吃得精光。但是,爬在后面的毛虫如果跟不上队伍而迷了路,就一定会死亡。当它知道自己掉队以后,它就感到垂头丧气,从此萎靡不振。它的食欲消失,代谢速率下降到最低限度,再也不能长成成虫。但是,如果让它隔着玻璃看见它的毛虫朋友(哪怕只是一个毛虫的模型),它的情绪马上就会好起来,代谢也就会恢复。

这种社会性昆虫还有蜜蜂、蚂蚁和白蚁。在孤独的环境里,它们根本就不能活。只要它们单独在一起,或者有时只是朋友少了一些,它们就会不吃不喝,很快死亡。只有等到它们的伙伴多到一定的程度,才能使它们的某些机能开始恢复。

可敬的动物美德

人人熟悉的大雁,不仅飞行秩序井然,始终保持"一"字或"人"字队形,而且是老雁打头,幼雁居中,最后是老雁押阵。头雁在前面紧拍几下翅膀,气流就上升了,幼雁靠着这股气流滑翔,飞起来很省力。

珍奇动物羚羊,竟懂得尊敬老者。一只老羊在场,众小羊都不会躺在地上,偶尔有一只小羊躺在地上,众羊就会让它立即起来。

甚至"人人喊打"的老鼠,也会表现出非凡的"品德"。生物学家西蒙斯和他的助手亲睹了下面一件奇事:两只老鼠同行,后面的一只叼着前面一只老鼠的尾巴。西蒙斯信手捉住了老鼠,仔细一瞧,才恍然大悟,原来后面一只是"瞎子"。

在狂涛怒浪中展翅飞翔的海鸥,有照顾"残疾者"的美德。一次,旅游者向海边投掷一些碎面包,众海鸥争相抢食,有一只海鸥竭力把众海鸥挡住,而让一只断足海鸥首先吃饱。

寒鸦,叫声颇为难听,但吃起东西来却彬彬有礼,年长者先吃,年幼者后吃。

更为有趣的是猫狗之间的团结。英国一个妇女,养了一条瞎狗和两只猫,猫对于瞎狗似乎有些同情感,无论何时何地,猫儿离不开狗,猫狗相依为命。走路时,两猫一左一右为瞎狗引路。

动物的"美德",虽然已经引起了动物学家的注目和兴趣,但是,还没有一种说法能够对这些"美德"进行恰当的解释。为此,科学家于 1976 年建立了一门崭新的科学——"社会动物学",试图从社会学的角度来探讨动物美德的奥妙和原理。

绝妙的共生

寄居蟹和海葵的友谊称得上是典型的共生样板。早在 2000 多年前,亚里斯多得就注意到了这些奇怪的寄居蟹。

从昏黑的深海,到激流的岸边,到处都有寄居蟹。也有陆生寄居蟹,它们栖息在南美距大海很远的潮湿的密林中。到了繁殖季节,这些寄居蟹便成群结队地向海岸爬去,它们在海里产子。等小寄居蟹长大后,就又迁徙到密林中去。

寄居蟹可以栖息在任何腹足类的贝壳里。如果没有空贝壳，寄居蟹就会发起进攻，把主人一块块地从房子里撕扯出来，自己搬进去，然后它就用一只螯堵住贝壳的入口。可是海洋中有些凶猛的动物并不害怕寄居蟹的大螯。比如章鱼就不怕，章鱼用有力的手腕很容易破门而入，把寄居蟹从贝壳中拉将出来。为了防范强盗的进攻，寄居蟹备有一种特殊的武器，那就是寻找海底的"毒花"——海葵，并和海葵在一起生活。

海葵的毒性接近箭毒，一点儿海葵毒汁就可以毒死一只美洲虎。海洋里的动物对海葵都尽量远远地避开，它们都害怕这些"毒花"。这对寄居蟹可大有益处，因为海葵可以成为它们的义务卫士。寄居蟹和海葵在一起生活，真是绝妙的共生。

科学界已知有400多种寄居蟹，但它们与海葵的关系并不相同。真寄居蟹和疣海葵的关系可以说是相依为命，如果把它们分开，疣海葵两三个月就会死掉，而真寄居蟹因为得不到疣海葵毒汁的保护，过不了几天就会被贪婪的螃蟹或章鱼吃掉。

真寄居蟹不像其他寄居蟹那样，把海葵安置在自己家的屋顶，而是把它放在"门坎"上——在接近贝壳入口的下面。疣海葵的毛孔就好像是堡垒的枪眼一样，从那里可以飞射出毒"箭"，去射伤那些侵犯真寄居蟹的敌人。疣海葵的嘴正好在真寄居蟹嘴的后面，当蟹吃东西时，疣海葵也就随着一起进餐——它用触手去抢被真寄居蟹扯碎的食物。

有些寄居蟹把海葵直接放在自己的背上；也有的寄居蟹把找到的海葵夹在它用来封门的大螯中。这样，章鱼就不敢冒险走进它的家门了。

栖息在印度洋珊瑚礁中的海蟹，每只螯都夹着海葵，把它当做一种优良的武器。当海里凶猛的动物张开大嘴要吃海蟹时，海蟹就会献上这束"大海之花"，使敌人口中疼如火烧，赶快逃之夭夭。

动物的组群效应

许多种动物都集聚成群生活，因为动物的群居在迁徙、御敌和捕食等方面，可以有很多好处。

过群居生活的野生动物更安全些，因为几百双敏锐的眼睛能及早发现敌人。群居动物不但能在群中相互嬉戏，更便于集体狩猎。

狐狸是犬科动物中最散漫的食肉动物，不过群体生活。然而到了难捕食的冬季，它们也集聚起来，共同设法去捕捉狍子一类较大的动物。

狼成群结队偶尔也会伤人；豺集中力量可以去围攻鹿群；而成群的鬣狗甚至能捕食年老的狮子。

海豚的凶猛近亲——虎鲸成群围攻鲸，甚至能把鲸撕成碎块。独角鲸在严冬时成大群聚在一起，在同一地方游动，不断地潜上潜下，把水搅浑，以免海水结冰。如果在它们生活的北极浮冰区没有一个很大的未冻水面，独角鲸就会窒息而死。

河狸以及热带的文鸟也都聚在一起，共同修筑"住房"。

各种动物与自己的同类集聚在一起，除了能得到这些明显的好处外，过集体生活还有一些奥秘的益处。目前对这些益处还没有深入研究，但是这些益处是比较明显的。

科学家们发现，当蚂蚁和白蚁数量很多时，它们干起活来就很积极，比那些离群的要干得好些。这种奇怪的现象，被称为"组群效应"。

两三个蜚蠊在一起，比单独时能选择更正确的逃跑路线，能更好地识别方向。金鱼在一起时的胃口比单独时要好些，即便是吃同量的食物，集体时比单独时长得

蜚蠊

快些。金鱼和其他一些鱼类，成群时消耗的能量也少些，在需氧方面可以说明这一点——单独的金鱼需氧量显然要多些。

有些动物的组群效应不典型，但也可看出组群现象，如丸花蜂、蝇、象虫、蝗虫、家鼠和鸡等。

大群的动物，比小群或单独时，受到凶猛动物的伤害会少些。这一点曾用某些动物做过实验。成群的动物，并不仅仅是能增加警觉性，而且还具有集体的心理震慑作用，可以使来犯的敌人仓皇失措。

蜜蜂大家庭的情谊

蜜蜂生活在一个友好的大家庭里，大些的喂养小些的，给小的打扫卫生、喂它们食物、给它们水喝、保护它们，当需要时，还给它们取暖，或者给它们扇风降温。这些为了后代的操心事儿，是由年长的工蜂姐姐们完成的，要知道工蜂是雌性的。

有趣的是，在每个生产工段劳动的蜜蜂，正好适合实际需要，既不会多，也不会少。那么是谁调配工蜂在蜂房里的工作呢？

实际上它们不用领导。在蜂房里没有为所有蜜蜂设立的共同调度点。正如有位学者说的那样，每只工蜂都知道自己在蜂房中的位置，知道它们在当时应该做什么。

工蜂对照管幼虫的工作非常认真负责，它们不知疲倦地精心工作，无论如何都不允许出差错。让我们看看蜜蜂从事温度调节的劳动过程。

当蜂房里开始繁殖时，有幼虫的蜂房总是保持一定的温度。

担任保姆工作的工蜂如果一觉察"育婴室"内开始降温，它们马上会聚集到正在繁育后代的蜂房上，像盖被子一样用自己的身体把蜂房盖好。此时，每只工蜂尽量颤动翅膀，使自身的温度升高，并使热量在蜂房散开，于是"育婴室"里的温度便随着提高了。

在炎热的日子里，工蜂又会给蜂箱降温。所用的办法是大家所熟悉的，就是通过水分蒸发来排热。从保姆蜂察觉蜂箱过热时起，到运水工蜂找来水，约需 15～30 分钟。在

"救护队"运水还没有回来以前,如果不采取紧急措施,蜜蜂幼虫就可能死亡。这时,工蜂只好做出一定的牺牲:从嗉囊里将花蜜甩出,喷洒在蜂房里。因为花蜜的成分有 1/3 或 1/2 是由水组成。这种措施,自然是临时性的,不过还可以应付一阵子。

动物的首领之谜

在陆地上,成大群活动的野兽不多。只有某些啮齿类和有蹄类动物在迁徙时才集成上千只的大群。有些兽类总是过着孤独的生活,有些动物则成对在一起生活或是一个家族在一起生活。

群居兽类中一般都有一个首领,首领多是老雄兽或老雌兽。是雄是雌都无关紧要,只要它身强体壮具有丰富的经验就可以成为首领。这些兽类并不是进行秘密选举,也不是公开表决,而是凭直观感觉承认首领的威信,大家都会服从它。当然,有的兽群首领是雄兽间经过残酷搏斗才确立的。

有些动物,它们的首领总是由雄性担任,如袋鼠、高鼻羚羊、麝牛、野马和家马等。有些动物的首领总是雌性的,如驯鹿、长颈鹿、水鹿、摩弗仑羊、岩羊、欧洲野牛和野驴等。

也有些动物,如蝙蝠、啮齿类和有袋类(大袋鼠除外)则没有首领。

有趣的是,各种兽类的首领在行军时的表现是不一样的。

象群要做长途旅行时,领头的往往是老雌象,雄象领头的很少。经常是带幼象的雌象在中间,成年雄象在两侧。

野牛出行时的队形是半月形的,最强的雄牛在两翼,首领一般为雄牛,是在半月形的中央处。

鹿是由首领殿后,保护鹿群的老年雌性长颈鹿总是在最后面。而马的首领时而在前,时而围着马群转动,催促掉队的马追赶上去。

为了在夜里或者赶上坏天气时彼此不丢失,也不掉队,各种动物常常此呼彼应地鸣叫着。在雾蒙蒙的天气里,海象也是彼此招呼。在热带密林里,猿猴类跳来跳去,相互用叫声联络。

动物大聚会之谜

1. 蝴蝶聚会

平时,人们看到的蝴蝶都是三三两两地在空中飞舞,可有时候会出现千万只蝴蝶大聚会的壮观景象。你听说过云南大理的蝴蝶泉吗?每年的农历四月,成千上万只蝴蝶会聚泉边,首尾衔接,从树枝上垂下一条条长长的蝴蝶"链",几乎和水面相接,煞是有趣。

蝴蝶为什么会聚会?是什么力量使它们聚到一起的呢?原来蝶类在性成熟期,雌虫能分泌出一种叫性引诱素的挥发性物质,来引诱雄虫。一只雌蝶分泌的性引诱素可能还不到千分之一克,但这足以使方圆几里之内的无数只雄蝶赶来"约会"了,这就是蝴蝶聚会的原因之一。

　　蝴蝶聚会的另外一个原因就是迁徙。蝴蝶不仅善于成群飞舞，而且常常跨洲越海迁飞。美洲的大斑蝶，是少数迁徙性昆虫中的一种。每当冬天来临之前，它们纷纷结成庞大的队伍，从寒冷的北美洲加拿大出发，飞到北美洲南部墨西哥的马德雷山区过冬，形成了大斑蝶的大聚会。待来年春天，它们又成群结队，浩浩荡荡地飞向北方，行程长达2880千米。每当大斑蝶迁飞时，如云似雪，遮天蔽日，好像黑夜即将到来。如果它们在迁飞途中落到某山头休息、取食，远远望去，整个山头就好像覆盖着一张美丽的花毯子。有趣的是，蝴蝶的迁飞有着一定的方向，而且很少有偏差，仿佛存在着一条无形的空中"航线"。

2. 喜鹊聚会

　　我们常常喜欢用喜鹊来表示吉祥，而欧洲人则把喜鹊称为神秘鸟。因为欧洲喜鹊平时多半孤独或成双活动。但到了1月和2月初的时候，它们却集会在一起，少则6只，多至20只左右，最多可达200只。这种神秘莫测的鹊会，使许多鸟类学家迷惑不解。

　　鹊会好像一个"集体婚礼"：成对的鸟在飞行中追逐，有些鸟在地面或树梢上低声情话，有些雄鸟在雌鸟面前展示漂亮的羽毛。

　　鹊会又像是一个"互赠礼品的集会"。一些鸟将啄到的枝条、枯草递交给另一些鸟，这是不是鸟类以营巢的象征来求爱呢？

　　根据鸟类学家在一些地区所作的观察和研究，每年鹊会都发生在同一地点。在参加鹊会的鸟类中，很大一

喜鹊

部分是失去繁殖能力的老年鸟，所以鹊会又像一个"老年院"。

　　虽然人们对鹊会的解释不一，但是有一点是肯定的，那就是鹊会是由于某种刺激的原因而引起的。因为参加鹊会的鸟都爱竖起鸟冠，翘起尾巴，并不时地抖松羽毛。

3. 蟾蜍群集

　　蟾蜍俗称癞蛤蟆，属于两栖动物，是青蛙的"堂兄弟"，平时多在农田、草丛、石下和洞穴内生活。每当东风送暖，大地回春的早春季节，蟾蜍纷纷从陆地上爬到池塘、小河等水里繁殖。体小的雄蟾蜍腹部紧贴在体大的雌蟾蜍背部，进行抱握交配。然后，雌蟾蜍产卵，4~5天后受精卵即孵化为黑色的有尾蝌蚪。蝌蚪像鱼儿一样在水中生活，尾消失后，长出四肢，发育成为幼蟾蜍。

　　在繁殖季节里，人们常常可以在淡水水域里看到许多雌雄蟾蜍聚集一起。有时候，早春的气温上升较快，蟾蜍会提早到水域里繁殖。如果蟾蜍的生活区陆多水少，那么成千上万只蟾蜍会从四面八方汇集到同一条小河，或者同一个池塘里，相互挤在一起交配繁殖。数量多时，曾出现过约10多万只蟾蜍的大聚会，可谓规模宏大，气势壮观。

1983 年早春,在河南省内乡县就发生了一件癞蛤蟆大会师的惊人场面。内乡县街东有一条不宽的小河沟,一天清晨人们突然瞧见小河沟里聚集大批蟾蜍,挨挨挤挤,成堆成片,据估计蟾蜍的数量在 10 万只以上。这百年不遇的自然奇观惊动了全县的居民,消息不胫而走,很快便传至邻县、邻省,引起了动物学研究者的兴趣,他们亲临现场,进行了认真观察和研究,科学地向人们解释了这种奇妙的动物集群现象。蟾蜍对人类来说,是极有益的动物,它们帮助人们吞吃害虫,保护了农田和森林。平时蟾蜍隐居在草丛、石缝、田埂、洞穴,每到早春时节它们开始繁殖。蟾蜍的生育是离不开水的,因为它的幼体蝌蚪是用鳃进行呼吸,离开水就会死亡。雌蟾蜍经过交配之后,便在小河沟里产卵,卵孵化成黑色的生有尾巴的小蝌蚪,在河水中自由自在地游泳,一直到长出四肢、丢掉尾巴,变成小蟾蜍才登陆生活。

蟾蜍繁殖需要水,所以在春天有淡水的河湖池沼经常能够看到蟾蜍聚会。这是正常的自然规律。但有时由于干旱或其他原因,河湖池沼突然减少,蟾蜍找不到交配、产卵的地方,众多的蟾蜍便会同时聚集在同一条河沟或者池塘,这便形成了蟾蜍大会师的动物奇观!

4. 长蛇成群结队

1976 年 6 月中旬,在云南省下关市西洱河者摩山脚公路上,有几百条黑线乌梢蛇成群结队地从山上往山下游动迁徙。根据有关方面研究发现,这个蛇群绝大多数是雌蛇,同时在蛇群所到的该处山脚沿西洱河南岸一线,有许多深大的岩缝,适于安全产卵。河边还有一个温泉,环境温湿,幼蛇的食物——昆虫很多,适宜于幼蛇生长,加上黑线乌梢蛇有群集下蛋的习性。最后,科学家们认为这次蛇的群集行为是为了寻找合适的产卵场所。

由于气候条件等的异常,蛇在不利于它正常生活的时候,也会群集迁移。1982 年 6 月,当时的前苏联哈萨克阿拉木图以西的一条公路上,突然出现了一大群蛇,熙熙攘攘,首尾相接,形成了一条宽约 24 米、长达 1 千米的"群蛇阵",公路交通因此停顿了 40 分钟。群蛇迁移往深山方向,原因可能是它们的"老家"出现了长时期不寻常的酷热,迫使它们忍不住而群集"搬家"。

有人在新疆某地挖掘蛇窝时,曾发现一窝蛇少则几十条,多则 200 余条,当时挖掘者感到十分惊奇。实际上,这是蛇的一种群集冬眠现象。因为蛇是变温动物,每当秋末冬初,气温渐低,不利于蛇的活动,所以它们群集一起冬眠。这样可以防寒保暖,提高体温,增加下一年出蛰后雌雄蛇的交配机会,有利于存活和繁殖。

严谨的河马家规

河马是一种过两栖生活的大型哺乳动物,最大者有 3 米多长、3～4 吨重,比犀牛还要大,是仅次于大象的世界上名列前茅的大四足动物。河马是非洲特产动物,性喜结群,通常每群约 20 只,它们在河中或湖里生活时,都得遵循一条不成文的"家规":雌的和幼的河马占据河流或湖沼的中心位置,年长的雄河马在它们的外缘,年轻的雄河马离它们更加远些。谁要是越规,就会受到全群河马的"谴责"。但是在繁殖季节里,发情的雌河马允许进入雄河马的地盘,并得到主人的热情接待。相反,一头雄河马闯入中心位置,那里的雌性和幼年河马虽然不会驱赶,但它必须严格遵守"家规"——站立或蹲伏在水中,不准乱碰乱撞。一旦违背这一"家规",它将受到其他雄河马的共同攻击。

动物喝酒之迷

动物中也有喝酒的"瘾君子"。苏格兰一家酒店老板饲养的一只猫,平时以酒做为主要饮料。这只猫喝完酒后,既不耍酒疯,也不去睡觉,而是精神抖擞地捉老鼠。据酒店老板说,它已捉鼠2.1万多只,可能创下了世界纪录。

蚂蚁中有一种褐蚂蚁,嗜酒如命。它们把隐翅虫养在蚁穴里,并待如上宾。因为隐翅虫肚子两侧的第一节上,有一种黄色的绒毛,绒毛下有皮脂腺和脂肪体。褐蚂蚁只要拨一下它那绒毛,隐翅虫便会分泌出一种化学成分与乙醇很相似的芳香液体。褐蚂蚁喝到这种专供"酒",会感到麻醉、舒服。如果褐蚂蚁遭遇到劫巢之灾,它必定首先保护隐翅虫的幼虫,却不顾自己的子孙。

有位名叫艾伦·约翰逊的人,把4公斤半劣酒和酒精倒在草地上,竟吸引了数百只鸟来。它们把酒糟里的麦、土豆及葡萄吞吃了许多,而且醉得昏昏欲睡,满地乱躺,甚至挂在晾衣绳上。主人为防野猫来抓吃,把醉鸟集中关在笼内,等它们醒后再放走。

蝴蝶中也有"酒鬼"。当成熟的果子落到地面上,它会慢慢发酵产生酒味。那些好酒的蝴蝶便远道寻味而来。因此,捕蝶人就带了浸过酒的布条,将它们挂在树枝上,引得树林里的蝴蝶翩翩飞来,聚集在酒布上过瘾,捕蝶人就有了一个大丰收。

在印度尼西亚苏门答腊的亚齐地区和我国江南的一些地方,春耕之前,农民们都要给即将下水田的水牛喝酒,因为喝了酒的水牛耕作起来劲头十足,而且特别听从使唤。

凡是到过约旦河西岸约旦山谷的旅游者,都会对爱喝啤酒的骆驼"迈克尔"留下深刻印象。"迈克尔"5岁,据主人介绍,它从2岁开始喝上了啤酒,整天喝得嘴边堆满了白色的啤酒泡沫。此外,它还有个坏习惯,即只喝外国名牌啤酒。

大象也爱喝酒,时常到居民家偷酒喝。靠近孟加拉地区一个印度军队的储酒库被一群野象发现了,好几桶酒被喝得精光,野象醉了便大发酒疯,狂跳胡闹了一阵儿,临走还把一个装有12瓶甜酒的箱子带进密林里。有一年圣诞节的晚上,大约有20头野象闻到啤酒的香味,突然闯进印度亚萨姆邦的一个村子,大肆抢喝啤酒,结果演出一场人象啤酒争夺战,后来村民们采用火攻,才将这些"酒徒"赶走。

人们还发现,山羊、绵羊、猴子、鹦鹉、蜜蜂、老鼠等动物也都有嗜酒的习性,它们非常喜欢吃一些发酵的果子或吃一些具有麻醉性的草。

美国的一些动物学家在探索饮酒动物中,发现老鼠和家猪特别喜欢饮酒,其中还有大发酒疯的。这里有两份鼠、猪饮酒的研究资料:

一位动物学家在饲养室内饲养了 300 只老鼠,内放足量白酒,观察它们的饮酒情况。结果发现,65% 的老鼠酒量中等,10% 的老鼠饮酒量较大,25% 的老鼠不饮酒。这一比例与人类十分相似。在一般情况下,饮过量白酒的老鼠往往会发生醉酒,表现出不是较长时间躺地不醒,便是大发酒疯,到处乱冲,甚至袭击同伙,这种现象也与人类酒醉相似。

另一位专门研究猪的专家,发现大多数猪也嗜好饮酒,平均每头猪一天可饮约 1 升 86 度伏特加酒,少数"酒徒"一天可饮约 4 升 86 度伏特加酒。个别酒瘾特别大的猪,甚至会采取不法手段盗酒呢!这位专家曾经发现一只猪闯入自己的食品储藏室,用前爪扒开 6 个装有啤酒罐头的硬纸箱,然后用牙齿咬破铝制的啤酒罐头,舐饮流出的啤酒,大约在 2 个小时内,把 60 听啤酒全部饮尽,最后酩酊大醉,躺倒在地。这位专家还发现,猪饮酒过量之后,也会大发酒疯,乱冲乱撞,甚至袭击同伙和咬人。

动物如何取暖

寒冷的冬天,自然界里的动物都有自己取暖的办法。

偎依取暖:猴子冻得难受时,它们便立刻偎依在一起,让小猴在中间,老猴在外边,互相替换,靠身子取暖。

碰撞取暖:在冬日里,几只兔子在一起,横着身子互相碰撞,身体很快便暖和了。

摩擦取暖:在常年积雪的北极,海水结成冰后,生活在海水中的海象纷纷跑出水面,成千上万地堆成"小山丘",依靠互相摩擦来取暖。

滚动取暖:阿尔卑斯山东部有一种白鼠,身体比猫还大,天冷时它们身体蜷成一团,一齐从山顶滚下,然后再跑上山去,再滚下山,直到身体暖和为止。

奔跑取暖:老虎感到身子冷了,便在森林里奔跑不休,而且注意力十分集中;即使身边跑来了兔子,它也不看一眼,直跑到身上暖烘烘才停止。

糊泥取暖:澳洲大戈壁的犀牛感到寒冷时,便把整个身体陷进泥沼,让稀泥浆沾满全身,然后离开泥沼,让太阳晒干,再跳下泥沼,如此几次,身上的泥足有一寸厚,就有了御寒取暖的"衣服"。

动物葬礼之谜

动物学家们惊奇地发现,很多动物对死亡的同类有"悼念之情",在动物世界中有着各种各样的丧礼。

秃鹰——天葬:南美洲的秃鹰,将同类的尸体撕成碎片,然后用爪子将其送至大树梢或高山的岩洞中,任其自然腐烂,但绝不会把肉吃掉。

文鸟——花葬:在亚马孙河流域的森林里,生活着一种体态娇小的文鸟,当同类死亡后,好多文鸟便叼来绿叶、彩色浆果或五颜六色的花瓣,覆盖在尸体上。

蚂蚁——土葬:生活在非洲北部的沙蚁,常发生蚁战。战斗结束就有同伴阵亡。于是它们排成一长串"送葬"队伍,抬着阵亡者的蚁体,送往"墓地",用沙土把尸体掩埋起来。有趣的是,有的沙蚁还带来小草,栽在"墓地"周围,以示永久纪念。

蜜蜂——草葬:一旦发现有蜜蜂在蜂房外死去,工蜂就把它的尸体搬到 200 米以外的地方,用青苔和草掩埋起来。有趣的是,掩埋死者这件事,要在发现死蜂后正好 7 分钟时完成,并要把这个消息告诉其他蜜蜂。

乌鸦和獾类——水葬:乌鸦发现同伴死亡后,"首领"会呱呱直叫,而后由乌鸦把死者衔起送到附近池塘里,最后众乌鸦集体飞向池塘上空,哀鸣着盘旋几圈向"遗体"告别后,才各自散去。

如果有只獾发现了同类的尸体,它就召来同伴一起将尸体拖入河水之中。随之,伤心的獾群站在河边,一边望着汹涌的河水,一边哀鸣不止。

鹤——鸣葬:生活在北美沼泽地的灰鹤,见到死亡的同类,便久久地在尸体上空盘旋徘徊。接着,"头领"带着大伙飞下地来,绕着尸体转圈"瞻仰遗容"。而西伯利亚的灰鹤,却站立在同类尸体跟前哀叫。突然"头领"一声长鸣,顿时大伙儿默不作声,一个个垂下头来表示"悼念"。

象——墓葬:科学家们在非洲密林中考察大象时,不仅听到当地土著人说,而且还亲自目睹了这种大象的"葬礼"行为。在密林深处的一个草原上,几十头象围着死象,"送终"的群象会围着死者,先是发出一阵哀嚎,然后由为首的大象用其长牙掘松泥土,用鼻子卷起土块,投掷到死象身上。接着众象都纷纷效仿,用鼻子把泥土、石块、树枝卷成团投在死象身上。把它掩埋后,众象再用脚把土踩实,直到为首的大象一声嚎叫,才停止踩踏,一座"象墓"便修好了。而后众象绕着土堆慢慢行走,就像人们在举行"遗体"告别仪式。这样一直走到夕阳西下才离开土堆。

鸟类的睡眠之谜

鸟类睡眠虽早为人所知,但真正仔细观察研究则是近 30 来年的事。

鸵鸟产于非洲,是世界上最大的现生鸟。它们每夜大约睡 7~8 小时,并处于警戒状态。然而它们每晚总有几分钟的时间,两腿向右侧伸展,与身体成一个角度,头部与颈部柔软无力地搁在地上。此刻,连强烈的光亮和大声喧闹也不能惊醒它们,这就是"鸵鸟的深眠"。据测定,鸵鸟每晚平均深眠时间只有 9 分钟,这可能与它们常遭狮子等敌害袭击有关。在白天,总有一只鸵鸟交替张眼守卫,其他鸵鸟闭眼瞌睡。

美洲蜂鸟是世界上最小的鸟,它们的活动能力特别强,每秒钟的飞行速度可达 50 米,还能长距离飞行。可是蜂鸟的夜间昏睡犹如冬眠。一个多世纪以前,英国博物学家约翰·古尔德发现一只蜂鸟停息在栖木上,头部伸入肩膀的羽毛内,嘴巴放在胸前。他随手抓住它带回家里,放在桌子上,它睡得好像死去一样,仍未醒来。这种昏睡消耗能量极微,对蜂鸟恢复白天旺盛精力大有好处。

多数集群性鸟(如鹬类),在睡眠时把嘴巴或头插藏在翅膀之下,缩起一条腿,只用一条腿支撑着身体,看上去颇有点功夫。天鹅有时浮在水面,一只脚翻在背部,漂荡在水中睡觉,这是最惬意的一种睡眠方法,又可以安全防御野兽侵袭。猫头鹰爱在树杈中或树洞内睡觉,睡眠时下眼皮升起,或者只闭上第三瞬膜,甚至一眼睁一眼闭。树栖鸟类睡眠时全身放松,它们的足有天生的锁扣机关,当蹲下时就自动使足握成拳形,不会跌落地面。但是它们的眼睛还是很少休息,常采用"眨眼"睡眠法,即合上眼睑几秒钟,又睁开眨两下,观察一下周围动静,保持一定的警觉。在鸟类睡眠中,有时也会出现类似人的"伸懒腰"动作,展翅伸腿拉拉韧带。

夏眠的动物

陆上动物需夏眠的,如非洲马尔加什岛上的哺乳动物尖猪,它的食物是蚯蚓。在炎热的夏季,地面灼热发烫,蚯蚓不能在较浅的地表层生活了,这也使尖猪难以得到果腹食物。由于缺乏这方面的主要食物,尖猪也就只好进入长时间的夏眠。

两栖动物中需要夏眠的,是一种奇特的鱼——肺鱼。肺鱼生活在非洲、美洲和澳大利亚的江河里,既有鳃,还有肺,这种鱼长约 1~2 米,身上披着覆瓦状的鳞,背、尾和臀连在一起,胸鳍和尾鳍有的像带子,有的像叶子。一到夏季,肺鱼就钻进了泥里,把整个身体蜷曲起来,直到尾巴弯到头部为止。肺鱼夏眠时间较长,能连续几个月不吃不喝。

照理说,大海中的动物,该不需要夏眠了吧!其实不然。那生活在海底水藻丛和岩石孔里的海参,也是需要夏眠的!夏季来临,当海水温度超过 20℃ 时,海参便耐不住了,于是就开始转移到海水较深,浪较小的地方,一头钻进岩石下的黑暗处,用脚紧紧攀住岩石,仰面朝天安逸地睡去,一睡就是一百天左右。

太雁组队飞行之谜

大雁是出色的空中旅行家。每当秋冬季节,它们就从老家西伯利亚一带,成群结队、浩浩荡荡地飞到我国的南方过冬。第二年春天,它们经过长途旅行,回到西伯利亚产蛋繁殖。大雁的飞行速度很快,每小时能飞 68~90 公里,几千公里的漫长旅途得飞上一两个月。

在长途旅行中,雁群的队伍组织得十分严密,它们常常排成人字形或一字形,它们一边飞着,还不断发出"嘎、嘎"的叫声。大雁的这种叫声起到互相照顾、呼唤、起飞和停歇等的信号作用。

那么,大雁保持严格的整齐的队形即排成"人"或"一"字形又是为了什么呢?

原来,这种队伍在飞行时可以省力。最前面的大雁拍打几下翅膀,会产生一股上升气流,后面的雁紧紧跟着,可以利用这股气流,飞得更快、更省力。这样,一只跟着一只,大雁群自然排成整齐的"人"字形或"一"字形。

另外,大雁排成整齐的人字形或一字形,也是一种集群本能的表现。因为这样有利于防御敌害。雁群总是由有经验的老雁当"队长",飞在队伍的前面。在飞行中,带队的大雁体力消耗得很厉害,因而它常与别的大雁交换位置。幼鸟和体弱的鸟,大都插在队伍的中间。停歇在水边找食水草时，总由一只有经验的老雁担任哨兵。如果孤雁南飞，就有被敌害吃掉的危险。

科学家发现，大雁排队飞行，可以减少后边大雁的空气阻力。这启发运动员在长跑比赛时，要紧随在领头队员的后面。

鹿尾巴的功能

鹿是山林中常见的动物，鹿的短尾所遮盖住的肛门周围是白色的，称为肛门后盾，平时感觉不到它的作用，但在遇到危险时，鹿尾的姿态和肛门后盾却走着异乎寻常的功能。当鹿发现有"敌人"靠近时，如鹿尾垂直不动，表示周围有值得注意的异常情况，然而是吉是凶，是敌是友还需要做进一步地观察，周围的鹿见此信号（平时在宁静的环境中，鹿尾总在不停地摆动着），立即警觉起来，向四周观望。当为首的鹿尾巴向后呈水平方向伸出时，表示来者是敌害，最后将肛门后盾无遮挡的露出来，这是一般警告，表明可能有危险，要提高警惕。一旦狼来了，就拔腿便跑，尾巴马上向上竖起，白色的后盾全部显露出来，这是紧急的危险警告，这时所有的鹿都把尾巴竖起，跟着为首的鹿跑去。

卷尾豪猪用硬刺武装自己

产在南美洲的卷尾豪猪具有惊人的爬树本领，它既能笔直的向上爬，又能头朝下往下滑行。它那灵活的长尾巴，使它在树冠上也能相当自如的活动。这种本领使它能逃过敌害的追捕。实在逃不掉时。它会将全身长满的尖硬利刺竖起来，这时再凶的猛兽也会感到害怕而放弃攻击。

尺蛾的幼虫靠伪装脱身

当尺蛾的幼虫——尺蠖遇到危险时，便用腹足和臀足抓牢所在的树枝，身体的前部和中部抬起来，胸足全部向前伸直并紧贴在胸部腹面。此时，外形和体色酷似树枝的尺蠖，在静止不动的情况下，是很难被发现的，于是它借此常可获得逃生的机会，这是一种很成功的拟态。

动物也先礼后兵

"先礼后兵"一向被认为是人类的理智行为，想不到在人类出现在地球上之前，已有许多动物在实行着先礼后兵的信条。先来瞧瞧响尾蛇吧！响尾蛇的尾巴会发出声响来，这类蛇不只一种，发出声响的器官是角质的环，环既坚硬，又轻巧，尾巴剧烈地摇动，便产生"咻咻"的声音。当响尾蛇遇到敌人，例如野兽、猛禽或猎人，它立刻竖起尾巴，不停地摇动，发出清晰的声音。这是响尾蛇在警告面前的敌人，意思是说："赶快走开，不要惹我，不然我会毒死你！"如果对方对它的警告不予理睬，那么响尾蛇可真的要反攻了。看来毒蛇通常并不主动咬人，在与敌人相遇时，也希望和平解决纷争，只是在性命遭到危险时才亮出毒牙。响尾蛇的做法岂不是先礼后兵?

大猩猩在先礼后兵方面,表现得更加强烈。它对威胁自身安全的敌人,先是聒噪大叫,几只大猩猩异口同声地狂呼乱叫,捶胸顿足,仿佛要拼命向你冲击,让你感到异常恐怖。然后大猩猩的行动突然中止,静观敌人的态度。

假若敌方无动于衷,它们再重复一遍佯攻、威吓的战术,企图吓退敌人。此时敌人如果还是赖着不走,那么大猩猩为了自身的安全,不能不采取行动,进行自卫反击战了。看来大猩猩也是尽力避免发生战争,在万不得已的情况下,才诉诸武力的。

动物的先礼后兵,在鸟类中也常见到。猫头鹰遇到敌人,先是竖起全身羽毛,使身躯膨胀两倍,借此警告敌人赶快撤退;冠鹤的办法是展开两只翅膀,双目怒视敌人。它们这种先礼后兵的战术,通常是会收到效果的。敌人不战自退,避免了一场你死我伤的战祸。

猴子的王位之争

猴子喜欢过集体生活,离开集体它就感到孤独。一群猴子中间是尊卑有序的,猴王威风凛凛,统率全群,有至高无上的权力。它享受最好的食物,当它大嚼大咽时,群猴只能站在一旁眼巴巴地瞧着,尽管垂涎欲滴,也不敢与它分食。偶有谁犯了家规,猴王即滥施王威,对它连揪带咬,叫你遍体鳞伤,只得拜倒在地,哀告求饶。

那么谁来当猴王呢?它们不搞选举制,也不搞世袭制,而是竞争。一旦老猴王谢世,几只成年公猴便开始竞争搏斗,争夺王位。猴群中有竞争实力的按体型大小分别,有老大、老二、老三,3只猴争斗最为厉害,其他猴只好作壁上观。

开始之初,3只公猴都讨好已故先王的遗孀,悄悄地为它梳披毛发,目的是求得支持,壮大自己的威势。老大自恃身壮,首先向老二发动攻势,将老二撑下山涧;老三趁老大、老二扭打撕咬时,袭击老大,撕扯老大的背毛。老大丢下老二,直取老三,老三自知不是对手,不敢恋战,钻进母猴群中躲藏起来。它们反复激战多次,历时一二个月,时战时和、难解难分。猴群中公猴争夺王位之战,虽然主要是将取于公猴的实力,但与先王的遗孀关系极大。它静观公猴之战,心中逐渐有了倾向性。它观察老二作战英勇,身经百战而毫毛未损,认定它是智勇双全,必能胜任猴王的职责,便宣告自己做老二的妃子。它的行动是主动为老二梳理背毛,接受交配,追随老二形影不离。老二得到妃子支持,实力大增,开始对老大主动出击。老二与妃子携手并肩战斗,左右夹击老大,老大处于劣势,常被咬得鲜血淋漓,抱头鼠窜。老二击败老大后,转攻老三,老三惊恐万状,不敢迎战,表示愿意南面称臣。于是老二正式继承王位,群猴对它表示归顺,像孝敬已故先王那样顺从它。于是猴山上烟消云散,又恢复了和平生活。

集体大逃亡的扭角羚

集体大逃亡是扭角羚惯用的求生战术。它虽然生有一对尖锐、壮健的角,可以作为防身的武器,但它并不轻易使用,只有在十万火急的情况下,才露几手。

扭角羚是热爱集体的模范，最懂得团结起来力量大的意义。它们通常总是结成大群，采取集体行动。在行军迁移或者停留觅食的时候，要派一只"哨羊"担任警卫。哨羊站在山坡高地，抬头远眺，一旦发现异常情况，立刻发出连续叫声，向同伴报警。扭角羚听到警报，立即抬头准备采取行动。如果"哨羊"快步起跑，同伴们便紧随其后，疾步奔跑。

扭角羚

扭角羚的撤退是训练有素的，极有秩序的，并非慌作一团，各自逃命。它们排成一列队伍，幼仔和未成年的夹在中间，成年的打头或压阵。这是家族的规矩，谁也不能例外。

扭角羚警惕性极高，这是它的天性。即使在安全地带休息时，它们也围成一个圆圈儿，幼仔和母羊被围在圆圈中央。成年羊则在周围伏地而坐，将头上的角朝向圈外，那意义与枕戈待旦相同。因此扭角羚通常不会吃亏。

扭角羚并非一味地逃，在万不得已的情况下，也敢与强敌短兵相接。猛兽假若逼近它，彼此之间只距 10 米左右的时候，扭角羚毫不犹豫地发起进攻。它口中喷吐"ku——ku——ku"三声，低头猛用头顶的尖角冲刺敌人，反复多次，直到赶跑敌人为止。一旦有敌人攻击它的幼仔，母羚挺身而出，与敌人搏斗。扭角羚的幼仔也是喜欢集群的。它们三五只、七八只地聚在一起，有时多至 30 余只。幼小的羚群总有一只母羚照料它们，仿佛是幼儿园的保姆。母羚带领它们采食御敌，学会集体大逃亡的本领。

野猪以松脂为铠甲

野猪聪明、机警，通常在白天是不出来活动的，隐蔽在石洞、灌丛、草稞之中，养精蓄锐。夜里它才出来寻觅食物。野猪的听觉、嗅觉十分灵敏，稍有风吹草动它便警惕起来，嗅到猎人气味，立即逃跑，猎人极难发现它的踪迹。

野猪喜欢清洁，这似乎与它的身份不大相称。猪给人的印象总是不干不净，邋遢不堪。其实这是错怪了野猪。野猪从不随地拉屎撒尿。它有固定的"厕所"，厕所离居地很远。所以野猪的住宅周围的环境是很清洁的，蚊蝇也不多。尤其叫人惊奇的是野猪酷爱洗澡。寻找食物是野猪的头等大事，那么第二项大事便是洗澡。它花许多时间擦洗身体。当然野猪沐浴方式与人类截然不同。它在泥潭水洼里打滚，滚上一身泥水，然后让泥水自然干燥。干燥的泥巴脱落后，可以将皮肤上寄生虫一道带走，免除疼痒之苦。泥巴涂在周身，又可以防止蚊虫叮咬。看来野猪的沐浴其实是一种保健疗法，比单纯洗澡高明得多。

野猪的另外一种锻炼

保护皮肤的方法,是在松树树干上蹭痒。一来能够蹭掉皮肤上的虱子,二来可以粘上一层松树油脂,保护皮肤和身体。野猪随着年岁的增加,皮肤上的松脂泥毛结成厚厚一层,坚硬如铠甲,硬梆梆、光溜溜,可以抵御普通猎枪的枪弹。有经验的猎手在山林中若是瞧见野猪皮上闪闪发亮,便格外当心,宁可躲开它也不向它射击。因为这样的野猪皮肤上已经结成很厚的松脂铠甲,所以才会在日光下熠熠生辉。若是轻率开枪,子弹射不透猪皮,野猪反扑过来,猎手猝不及防,就要吃大亏的。

红松鼠为领土而战

红松鼠珍视自己的领土,因为这是它的食物来源。红松鼠雄性与雌性都划分出自己的疆界。平常大家严守边界条约,互不侵犯。只在春天繁殖季节,边境才是开放的。每年三四月份有几天时间,雌松鼠开放边境,欢迎雄松鼠入境交配。众多的雄松鼠不约而同地进入雌松鼠领地,狂躁地发出求偶声,彼此之间不可避免地发生争斗。同时追逐雌松鼠的几只雄松鼠,成对地打斗,经过激烈地拼杀,有的负伤,有的败亡,最后只剩下一只胜利者,雌松鼠俯首帖耳地与它婚配。等到交配时期过去,雌松鼠马上翻脸,不认夫婿,逐个攻击它的追求者,把雄松鼠一个不留地驱出国境,原有的海关又封闭了。

红松鼠对于领土边界的划分,是极严格的,即使对待亲生儿女也不例外,更不必说亲戚、朋友、乡亲了。红松鼠一窝生下的幼仔,大约四五只。母鼠照料它到秋天,幼鼠这时已经长大,由母亲护送它离开领地,逼它去自谋生路。从此以后,它们之间不再相认,结束了母子关系。假如日后幼鼠入侵它的领地,同样会被逐出,毫不留情面。初出茅庐的红松鼠,为了得到一份自己的领地,要与长辈进行争夺战,打败对手,才能从老松鼠那里瓜分一份领地。假如失败了,幼松鼠将会送掉性命。

获得一块领地对于红松鼠来说,那是生死攸关的大问题。因为没有足够环境供养它们,就无法生存。每一只红松鼠,都必须保证有足够的地盘,提供整个冬季所需要的食物。所以就不难理解红松鼠为什么会舍命保卫疆界,或是冒死去夺取地盘。

第七节 微生物的神秘国度

看不见的世界

微生物形体虽小,然而它是生物界的一大类群。无论从万米的高空、数千米深的海洋,到广阔的大地,从人们的体内到极端恶劣的外环境,到处都有微生物的足迹,它以最快的繁殖速度和"奇趣"的代谢本领,适应着千变万化的生活环境。

微生物对人类最重要的影响之一是导致传染病的流行。在人类疾病中有50%是由病毒引起。世界卫生组织公布资料显示：传染病的发病率和病死率在所有疾病中占据第一位。微生物导致人类疾病的历史，也就是人类与之不断斗争的历史。在疾病的预防和治疗方面，人类取得了长足的进展，但是新现和再现的微生物感染还是不断发生，像大量的病毒性疾病一直缺乏有效的治疗药物。一些疾病的致病机制并不清楚。大量的广谱抗生素的滥用造成了强大的选择压力，使许多菌株发生变异，导致耐药性的产生，人类健康受到新的威胁。一些分节段的病毒之间可以通过重组或重配发生变异，最典型的例子就是流行性感冒病毒。每次流感大流行流感病毒都与前次导致感染的株型发生了变异，这种快速的变异给疫苗的设计和治疗造成了很大的障碍。而耐药性结核杆菌的出现使原本已近控制住的结核感染又在世界范围内猖獗起来。

微生物能够致病，能够造成食品、布匹、皮革等发霉腐烂，但微生物也有有益的一面。最早是弗莱明从青霉菌抑制其他细菌的生长中发现了青霉素，这对医药界来讲是一个划时代的发现。后来大量的抗生素从放线菌等的代谢产物中筛选出来。抗生素的使用在第二次世界大战中挽救了无数人的生命。一些微生物被广泛应用于工业发酵，生产乙醇、食品及各种酶制剂等；一部分微生物能够降解塑料、处理废水废气等等，并且可再生资源的潜力极大，称为环保微生物；还有一些能在极端环境中生存的微生物，例如：高温、低温、高盐、高碱以及高辐射等普通生命体不能生存的环境，依然存在着一部分微生物等等。看上去，我们发现的微生物已经很多，但实际上由于培养方式等技术手段的限制，人类现今发现的微生物还只占自然界中存在的微生物的很少一部分。

微生物是包括细菌、病毒、真菌以及一些小型的原生动物等在内的一大类生物群体，它个体微小，却与人类生活密切相关。微生物在自然界中可谓"无处不在，无处不有"，涵盖了有益有害的众多种类，广泛涉及健康、医药、工农业、环保等诸多领域。

"土壤病毒"梭菌病毒

人类很多患者都是因梭菌产生的毒素而中毒死亡。这种病毒具有发病迅速、病程短、死亡率高的特点。在家畜中多见于猪、羊等。动物之间很少互相传染，泥土则是主要的传播媒介，梭菌病故也称土壤病。

梭菌是厌氧性细菌，有60余种，常见的致病性菌仅10余种，多存在于土壤、污水以及人和各种动物的粪便中。革兰氏染色均为阳性，除少数菌种外，都有鞭毛，能运动和形成芽孢，其直径大于菌体。多数菌种能产生剧烈的外毒素，它既是致病的主要因子，又是主要抗原，转变成类毒素后能刺激动物产生抗毒素，可用于预防相应的梭菌病。

肉毒梭菌则属于梭菌中比较常见的一种，属于厌氧性梭状芽孢杆菌属，具有该菌的基本特性，即厌氧性的杆状菌，形成芽孢，芽孢比繁殖体宽，呈梭状，新鲜培养基的革兰氏染色为阳性，产生剧烈细菌外毒素，即肉毒毒素。所谓肉类中毒，即在厌氧条件下引起食物腐败的细菌。病症是使运动神经末端的机能高度麻痹，多引起死亡，但一般不寄生在活动物体上。该菌产生的菌体外毒素是一种蛋白质。

梭菌病主要包括下述种类:破伤风又名强直症,由专性厌氧菌破伤风梭菌引起,为人畜共患的急性、创伤性、中毒性感染病。特征为全身肌肉或某些肌群呈现持续性的痉挛收缩,对外界刺激的反射兴奋性增强。气肿疽,牛的急性传染的特征为跛行,肌肉丰富的部位发生气性炎性,中心坏死变黑,压之有捻发音,又名黑腿病。恶性水肿,特征是外伤感染的伤口周围发生弥漫性炎性水肿,开始时坚实、灼热、疼痛,然后无热无痛,手压松软。随着炎性水肿的发展,病畜全身症状加剧,呼吸困难,粘膜发绀,脉搏细小,体温上升,有时发生腹泻,可于半天至3天内死亡。经消化道感染的病羊突然发病,行走时后肢摇摆,头颈向后弯曲,磨牙,口鼻流出泡沫,痉挛倒地,迅速死亡。另外还有羔羊痢疾、猝狙、肠毒血症、仔猪红痢等梭菌属病毒是看不见的人畜杀手。

"没有硝烟的战争"SARS 病毒

2003 年 4 月严重急性呼吸道症候群(SARS)在全球迅速蔓延,尤其在东亚、东南亚和加拿大的多伦多最为严重。5 月 1 日,除港澳台地区,我国各省市统计:非典型肺炎 3638例,疑似病例 2291 例,北京市非典型肺炎 1553 例,疑似病例 1415 例。仅北京市而言 10天的时间 SARS 病人增加了 1000 多人,为何 SARS 来势如此凶猛?

SARS 是一种人类尚未触及的病毒,其病原体还没有最后掌握,导致医学工作者很难对 SARS 进行有效的防治。由于对该病毒了解上需一定时间,无形中又增添了它的神秘性,让百姓惴惴中背上了较大的心理压力。春季是万物复苏的季节,也是流感病毒的爆发期,其病菌异常活跃,不易控制,而 SARS 是一种人类尚未触及的病毒,有效控制它、征服它需要时间。

另外平时人们对个人身体健康缺乏足够的重视和自我保健意识,只习惯于有病求医吃药,过分依赖医生和药品,忽略了从根本上强化自己的免疫力,使自己在疾病突袭面前十分脆弱,面对突如其来医生尚拿不出办法制约的传染病灾疫时,极易被病所击倒。另外,一些患者本身有基础性疾病,如糖尿病、肿瘤、高血压等,当 SARS 袭来时,,易并发呼吸衰竭或多器官功能衰竭,较易被"非典"击中。我国目前患有糖尿病、高血压的病人有1.5 亿多,SARS 流行时,他们是最易被侵染的人群。

后来世界卫生组织宣布,正式确认冠状病毒的一个变种是引起非典型肺炎的病原体。科学家们说,变种冠状病毒与流感病毒有亲缘关系,但它非常独特,以前从未在人类身上发现,科学家将其命名为"SARS 病毒"。冠状病毒粒子呈不规则形状,直径约 60 ~220nm。病毒粒子外包着脂肪膜,膜表面有三种糖蛋白。

非典型肺炎通常由病毒引起,例如流感病毒、腺病毒和其他呼吸道病毒。冠状病毒感染在全世界非常普遍,人群中普遍冠状病毒抗体,成年人高于儿童。冠状病毒感染在世界各地极为普遍。到目前为止,大约有 15 种不同冠状病毒株被发现,能够感染多种哺乳动物和鸟类,有些可使人发病。冠状病毒通过呼吸道分泌物排出体外,经口液、喷嚏、接触传染,并通过空气飞沫传播,感染高峰在秋冬和早春。

抗击 SARS 是一场人和自然界之间没有硝烟的战争,只要我们万众一心,积极预防,做好充分准备,是能够战胜 SARS 病毒的。

肆虐横行的肝炎病毒

肝炎病毒引起病毒性肝炎的病原体。人类肝炎病毒有甲型、乙型、非甲非乙型和丁型病毒之分。甲型肝炎病毒呈球形,无包膜。乙型肝炎病毒呈球形,具有双层外壳结构,外层相当一般病毒的包膜。对非甲非乙型肝炎病毒和丁型肝炎病毒目前正在研究之中。

甲型肝炎病毒引起甲型肝炎,这种肝炎的传染源主要是病人。其病毒通常由病人粪便排出体外,通过被污染的手、水、食物、食具等传染,严重时会引起甲型肝炎流行。当甲型肝炎病毒跟随食物一起进入人体后,差不多经过一个星期的时间才会到达肝脏,之后就像找到安居地一样,在肝脏住下来,并且开始繁殖。之后一部分病毒继续留在肝脏,而一部分病毒跟着胆汁再次回到胃肠道。再通过粪便一起排出体外,而水源、蔬菜、毛蚶等一旦被这些带有病毒粪便污染,就会感染其他人,这样看来,正是人类自己传染自己。

留在肝脏内的病毒就会伤害肝脏,甲型肝炎病毒伤害肝脏的方式与乙型肝炎病毒不太相同,它似乎不会引起免疫反应,而是病毒直接攻击肝细胞本身,引起肝细胞直接的破坏,并导致肝炎的产生,这时患者就会出现急性肝炎的症状,如发烧、怕油腻、恶心、皮肤、眼球发黄等。但也不是每个人感染后都会发觉,很多人感染过甲型肝炎病毒但自己并不知道。这是因为病毒从口进入人体后,有时只会引起很轻微的,好像感冒一样的症状,尤其是小孩子,常常是在不知不觉中感染又痊愈,而且产生了终生的免疫力,如果不去验血,根本不知道原来自己曾感染过甲型肝炎。

乙型肝炎主要通过注射、输血等方式进行传播。乙型肝炎的发病无明显季节性;患者及病毒携带者男多于女;发病年龄在低发区主要为成人,在高发区主要为儿童而成人患者多为慢性肝炎;一般散发,但常见家庭集聚现象。丙型肝炎见于世界各国,主要为散发,多见于成人尤以输血与血制品者,药瘾者,血液透析者,肾移植者,同性恋者等;发病无明显季节性,易转为慢性。

为防止甲型肝炎的发生和流行,应重视保护水源,管理好粪便,加强饮食卫生管理,讲究个人卫生,病人排泄物、食具、床单衣物等应认真消毒。为防止乙型肝炎的传播。在输血时应严格筛除乙型肝炎抗原阳性献血者,血液和血液制品应防止乙型肝炎抗原的污染,注射品及针头在使用之前应严格消毒。

"谈癌色变"癌细胞

每年,癌症在全球致死 700 万人,我国也有 100 万人因此失去生命。为了降伏这一绝症,科学家们付出了极大努力。但直到现在,我们还是没找到攻克癌症的办法。癌症是什么?它从哪里来,又是怎么害人的?

癌症。也叫恶性肿瘤,相对的有良性肿瘤。肿瘤是指机体在各种致瘤因素作用下,局部组织的细胞异常增生而形成的局部肿块。良性肿瘤容易清除干净,一般不转移、不复发,对器官、组织只有挤压和阻塞作用。但恶性肿瘤还可以破坏组织、器官的结构和功能,引起坏死出血合并感染,患者最终可能由于器官功能衰竭而死亡。

癌症的原因是一个广为人所关注的问题,自从人类开始认识癌症以来,已经有多种假说试图揭示癌症的本质,例如最早定义癌症的古希腊医生希普科伦特就认为癌症像所有其他疾病一样,是体液失衡的结果,是"黑胆汁忧郁症"的附属物。此后,医学家们提出了很多其他用以替代这种解释的理论。但是只有在生物学研究进入分子水平以后。我们对癌症才有了全面而深刻的理解。

人体其实是由一个个细胞组成的社区。每个细胞照章行事,知道何时该生长分裂,也知道怎样和别的细胞结合,形成组织和器官。而构建不同组织的"图纸",就是基因。很多人说,人体内都有癌细胞,只不过没发展起来。从医学上讲,如果能查出癌细胞,就可以诊断这个人患癌症了。所以,这种说法并不正确。现在医学家认为:人人体内都有原癌基因,绝对不是人人体内都有癌细胞。

原癌基因主管细胞分裂、增殖,人的生长需要它。为了"管束"它,人体里还有抑癌基因。平时,原癌基因和抑癌基因维持着平衡,但在致癌因素作用下,原癌基因的力量会变大,而抑癌基因却变得弱校因此,致癌因素是启动癌细胞生长的"钥匙",主要包括精神因素、遗传因素、生活方式、某些化学物质等。多把"钥匙"一起用,才能启动"癌症程序";"钥匙"越多,启动机会越大。

癌症现在是人类最大、也是最凶残的杀手。

"免疫系统缺陷"艾滋病毒

艾滋病(AIDS)的全称是人类免疫缺陷病毒或者说获得性免疫缺陷综合症。艾滋病于1981年在美国首次发现,以后成为主要的流行病,在世界范围内导致了近1200万人的死亡。超过3000万人受到感染。这种疾病是由HIV导致的,这种病毒破坏人体抵抗感染和某种癌症的能力。

艾滋病病毒呈球形,直径100~120nm,电镜下可见一致密的圆锥状核心,内含病毒RNA分子和酶(逆转录酶、整合酶、蛋白酶),病毒外层囊膜系双层脂质蛋白膜,其中嵌有gp120和gp41,分别组成刺突和跨膜蛋白。囊膜内面为P17蛋白构成的衣壳,其内有核心蛋白(P24)包裹RNA。

追踪艾滋病起源的法国、美国和英国专家近日联合在《科学》杂志上撰文指出,DNA测试表明,两种非洲猴身上的病毒可能是这种严重传染病的"祖宗"。目前,专家已经发现,这两类猴病毒独株在进入非洲黑猩猩体内后可发展成为艾滋病毒,进而传染给人类。如何治疗这种能让人体免疫系统毁于一旦的疾病早已成为世界性难题,但目前依然没有开发出可靠的疫苗。

文章指出，非洲黑猩猩喜欢捕食猴子来"改善生活"，并采取"集体追赶和半路埋伏同时进行"的方式来抓猴。在捕捉到满意的猎物后，众多黑猩猩往往当场将猴子撕碎吃掉，这就给猴子身上病毒通过血液进入猩猩体内打开了方便之门。随后，这些原本在猴子身上寄生的病毒不断发生变异，传播到人体内部后，最终形成了严重危害公众健康的艾滋病毒。目前，人类到底是如何从黑猩猩身上"获得"这种致命病毒还是一个谜。去年还有法国科研人员指出，猴子身上有一种病毒，可直接传播给人类。

HIV 感染者是传染源，曾从血液、精液、阴道分泌液、眼泪、乳汁等分离得 HIV。传播途径有：性传播，通过男性同性恋之间及异性间的性接触感染。血液传播，通过输血、血液制品或没有消毒好的注射器传播，静脉嗜毒者共用不经消毒的注射器和针头造成严重感染，据我国云南边境静脉嗜毒者感染率达 60%。母婴传播，包括经胎盘、产道和哺乳方式传播。

大肆流行的流感病毒

流行性感冒简称流感，是由甲、乙、丙三型流感病毒，分别引起的急性呼吸道传染病。

甲型流感病毒常以流行形式出现，能引起世界性流感大流行，它在动物中广泛分布，并也能在动物中引起流感流行和造成大量动物死亡。乙型流感病毒常常引起局部爆发，不引起世界性流感大流行，至今尚未找到它存在于人之外其他动物中的确凿证据。丙型流感病毒主要以散在形式出现，主要侵袭婴幼儿，一般不引起流行，猪也是它天然宿主之一。

任何传染病都有一定的潜伏期，流感也是如此。孩子感染之后一般不会马上发病，会有 1~4 天的潜伏期，每个孩子情况不一样，有的潜伏期长一些，有的潜伏期短一些。流感发病比较突然，一般在潜伏期内没有明显发病症状，一旦发病，起病就比较快。在潜伏期内的孩子在发病前 1 天左右就会有传染性，会在不知不觉中传染给他人。流感发病后 4~5 天左右都有传染性，这一点应该注意。

流感不同于普通感冒。流感病毒的传播力极强，常引起广泛流行。流感的全身症状，如头痛、发热、畏寒、四肢酸痛等较重，同时伴有鼻塞、流涕、咽喉干痛、眼结膜充血等局部症状。小儿常伴有腹痛、腹泻、呕吐等消化状。血常规检查，中性粒细胞显著减少，淋巴细胞数升高。普通感冒（俗称伤风感冒）通常由环境温度的变化及人体自身抵抗力下降所引起，一年四季均可发病，以咽痛、咳嗽、胸闷等局部症状为主，全身症状较轻，无广泛传播性，如不伴有合并感染，血常规检查正常。

流感病毒对母婴的危害尤其严重。轻型流感感染孕妇后影响较小，症状也轻，很少引起流产、早产及死胎、畸胎。而重型流感感染后，流产率可达 10%，同时，早产率也有升高。早孕期感染还可引起胚胎发育异常，导致先天性畸形或死胎。重症流感对孕妇的生命也有很大威胁，严重者可导致死亡。

每次流感流行后在人群中总要造成不同程度的超额死亡。

"人禽杀手"禽流感病毒

禽流感是世界范围分布的,1994 年、1997 年、1999 年和 2003 年分别在澳大利亚、意大利、中国香港、荷兰等地爆发,2005 年则主要在东南亚和欧洲爆发。除鸡群中的禽流感主要发生在冬、春季节外,没有其他明显的规律性。高致病性禽流感疫情的蔓延引起世界关注。我国气象专家对疫情地气候特征的分析表明,禽流感"不喜"晴热天气。

禽流感病毒属甲型流感病毒。流感病毒分甲、乙、丙 3 个型,其中甲型流感病毒多发于禽类,一些亚型也可感染猪、马、海豹和鲸等各种哺乳动物及人类;乙型和丙型流感病毒则分别见于海豹和猪的感染。甲型流感病毒呈多形性,其中球形直径 $80 \sim 120nm$,有囊膜。研究表明,原本为低致病性禽流感病毒株(H5N2、H7N7、H9N2),可经 $6 \sim 9$ 个月禽间流行的迅速变异而成为高致病性毒株(H5N1)。

一般来说,禽流感病毒与人流感病毒存在受体特异性差异,禽流感病毒是不容易感染给人的个别造成人感染发病的禽流感病毒可能是发生了变异的病毒。变异的可能性一是两种以上的病毒进入同一细胞进行重组,如猪既可感染人流感病毒,又可能感染禽流感病毒,每种病毒都具有 8 个基因片段,从理论上讲,可以形成 256 个新的重组病毒;二是病毒基因位点由于某种因素的影响而变异。1983 年 4 月,美国宾夕法尼亚州曾暴发 H5N2 型病毒引起的鸡和火鸡低致病性禽流感。由于没有及时得到有效控制,到同年 10 月份,同样的 H5N2 型毒株突然由低致病性变成高致病性,造成禽类大量死亡。

禽流感主要经呼吸道传播,通过密切接触感染的禽类及其分泌物、排泄物、受病毒污染的水等,以及直接接触病毒毒株被感染。在感染水禽的粪便中含有高浓度的病毒,并通过污染的水源,由粪便途径传播流感病毒。目前还没有发现人感染的隐性带毒者,尚无人与人之间传播的确切证据。

人类对禽流感的研究和防治工作已有 100 多年的历史。目前研究结果表明,禽流感病毒中缺乏人流感病毒的基因片段,除非禽流感病毒与人流感病毒发生基因重组,否则它很难侵犯人类,导致人与人间传播。人禽流感的发生。目前只可能是因接触的病禽而感染。人感染病毒的几率很小。

"婴幼儿易感病"麻疹

麻疹是由麻疹病毒引起的急性呼吸道传染病,临床上以发热、上呼吸道炎症、结膜炎症、麻疹黏膜斑及皮肤斑丘疹为特征。

麻疹的症状是发热 3 日左右后出疹,出疹时全身中毒症状加重,体温更高,达 40 摄氏度左右。出现精神萎靡、嗜睡或烦躁不安,可有谵妄,婴幼儿常有惊厥。咳嗽加重,畏光,面部浮肿。出疹时,一般是从耳后发际开始,渐及前额、面、颈、躯干及四肢,第三天达手掌及足底。皮疹是淡红色斑丘疹,呈充血性,压之褪色;疹间皮肤正常;严重时皮疹可融合成片,呈暗红色。

引起麻疹急性传染病的病原体为麻疹病毒，呈球状，内核为单链RNA，螺旋对称，有包膜，其上含血凝素。麻疹是小儿常见的传染病，传染性强，发病率高，并易与支气管性肺炎或脑膜炎并发，患并发症者病死率高。病毒存在于患者鼻咽部的分泌物中，主要通过咳嗽、喷嚏等飞沫经呼吸道侵入人体。患者表现发热，出现皮疹，大多数在口内颊粘膜上出现灰白色的口腔粘膜斑。如果没有并发症，就会逐渐康复。麻症病毒只有一种血清型，世界各地分离的麻疹病毒的抗原性均相同，所以患过麻疹病毒的抗原性均相同，所以患过麻疹的人，恢复后一般有终身的免疫力。

麻疹病毒属副黏液病毒，体外抵抗力弱，对热、紫外线和消毒剂均很敏感。在空气飞沫中保持传染性不超过2小时，但耐寒冷和干燥，在零摄氏度可保持约1个月。病人是麻疹唯一的传染源，传染性极强。潜伏期末至出疹后5日内均有传染性，传染期口、鼻、咽、眼结合膜分泌物中含有麻疹病毒。主要是由飞沫经呼吸道传播。对于麻疹，人群普遍易感，病后就会有持久免疫力。以1岁至5岁儿童发病率最高，婴儿可从胎盘获得母亲的抗体，生后6个月内不会发病，但易感母亲所生的婴儿无先天性免疫力，生后即可得病。

在人工培养的条件下，病毒的致病性可发生变异，如将病毒在鸡胚上培养传代多次后，就会减弱对人的致病性，但仍保持免疫性。目前应用的麻疹疫苗就是通过组织培养所获得的减毒毒株制备的。预防麻疹感染的措施是接种疫苗。随着疫苗接种的推广，麻疹的发病率已明显下降，病死率也大幅度下降。

"化脓球菌"链球菌

链球菌是化脓性球菌的另一类。它是常见的细菌，广泛存在于自然界和人及动物粪便和健康人鼻咽部，引起各种化脓性炎症，猩红热，丹毒，新生儿败血症，脑膜炎，产褥热以及链球菌变态反应性疾病等。

链球菌球形或卵圆形，直径0.6~1.0um，呈链状排列，短者4~8个细菌组成，长者有20~30个细菌组成。幼龄培养物大多可见到透明质酸形成的荚膜。无芽孢，无鞭毛，革兰氏染色阳性。

至于个体的易感性，可能受到多种因素的影响，如与个体的营养状况、免疫功能、居住条件；气候环境及流行菌株的毒性等因素有关；曲予部分风湿热病人光任何链球菌感染韵证据；加上近竿来病毒学方面的一些实验室检查发现，推测可能系病毒感染后，使人体易受链球菌感染，或病毒感染引起全身变态反应，也可能是细菌与病毒协同作用所致。

近年的研究认为，由于溶血性链球菌侵入人体；产生相应的抗体；此种抗体与心脏和关节组织发生抗原抗体反应而产生病变。在多数风湿热病人血清中，可出现循环免疫复合升高，风湿热的活动与循环免疫复合物的增高水平相一致。已知循环免疫复合物中含有链球菌抗原成分，抗原抗体复合物沉积在心肌、心内膜、关节滑膜和结缔组织。也有人认为，A组B型溶血性链球菌的细胞外产物已知有20种以上，包括毒素和酶。链球菌溶血素 O 和溶血素 S 均有毒性作用,能溶解红细胞和使心肌细胞溶酶体破裂:造成心肌和关节组织损害。

有学者认为,风湿热的发生与遗传因素有密切关系。近年美国新发现的病人以中产以上家庭成员居多,医疗、生活条件优良,其发病受外界环境因素的影响较少,因而不少学者认为,近期的新发病例与菌株的变异和宿主易感性的关系可能较大。此外,单卵双胎同时患风湿热者较双卵双胎者为多乙讽湿热具有强烈的家族发病倾向,同一家庭中常有多个成员患病,有的家庭甚至连续四五代均有病人。此外,免疫学研究也证实,除链球菌感染外,个体对链球菌感染后引起风湿热的遗传易患性,也是风湿熟发生的必要条件,而且这种易患性可在家族中连续传递。

"卫生病"大肠杆菌

"毒菠菜"事件在美国掀起的层层波浪,让人震惊。截至 10 月 7 日,"毒菠菜"事件波及美国 25 个州,造成 3 人死亡,至少 190 人因此患病,其中 24 人出现肾功能衰竭。最终确认,O157:H7 型大肠杆菌正是"毒菠菜"事件中的罪魁祸首。

大肠杆菌在人们的生活中无处不在,为何它会致人死亡呢? 大肠杆菌是人和动物肠道内的一种寄生菌,大多数大肠杆菌是不致病的,但其中某些型如 O157:H7 型就有致病力,可引起感染发病。严重者会出现溶血性尿毒综合征,这种综合征可以导致肾脏损伤、肾功能衰竭甚至死亡。

大肠埃希氏菌通常称为大肠杆菌,是科学家在 1885 年发现的,在相当长的一段时间内,二直被当作正常肠道菌群的组成部分,认为是非致病菌。直到 20 世纪中叶,才认识到一些特殊血清型的大肠杆菌对人和动物有病原性,尤其对婴儿和幼畜(禽),常引起严重腹泻和败血症,它是一种普通的原核生物,是人类和大多数温血动物肠道中的正常菌群。但也有某些血清型的大肠杆菌可引起不同症状的腹泻,根据不同的生物学特性将致病性大肠杆菌分为 5 类:致病性大肠杆菌(EPEC)、肠产毒性大肠杆菌(ETEC)、肠侵袭性大肠杆菌(EIEC)、肠出血性大肠杆菌(E·I"IEC)、肠黏附性大肠杆菌(EAEC)。

大肠杆菌 O157:H7 血清型属肠出血性大肠杆菌,自 1982 年在美国首先发现以来,包括我国等许多国家都有报道,且日见增加。日本近年来因食物污染该菌导致的数起大暴发,格外引人注目。在美国和加拿大通常分离的肠道致病菌中,目前它已排在第二或第三位。大肠杆菌 O157:H7 引起肠出血性腹泻,约 2% ~7% 的病人会发展成溶血性尿毒综合征,儿童与老人最容易出现后一种情况。致病性大肠杆菌通过污染饮水、食品、娱乐水体引起疾病暴发流行,病情严重者,可危急生命。

为了防止大肠杆菌引发疾病,上完厕所后认真洗手,是最有效的一个办法。因为上完厕所,大肠杆菌或多或少会接触到手上,如果不及时冲洗,它会随着手接触的食物或手直接接触口腔等途径,直接进入人体内。如厕后洗手,不仅仅是个文明习惯问题,更是直接关系到身体健康的大问题。

"环保汽油"乙醇

乙醇,俗称酒精,无色、透明,具有特殊香味的液体(易挥发),密度比水小,能跟水以任意比互溶(一般不能做萃取剂)。是一种重要的溶剂,能溶解多种有机物和无机物。

乙醇汽油是一种由粮食及各种植物纤维加工成的燃料,乙醇和普通汽油按一定比例混配形成替代能源。按照我国的国家标准,乙醇汽油是用90%的普通汽油与10%的燃料乙醇调和而成。它可以有效改善油品的性能和质量,降低一氧化碳、碳氢化合物等主要污染物排放。它不影响汽车的行驶性能,还减少有害气体的排放量。

这次国家发改委统一部署、多个省份争先推广乙醇汽油,是因为改用乙醇汽油对环境和车辆都有好处。一方面,减少有害尾气的排放。因为乙醇汽油含氧量的提高,能够使工况燃烧更充分,从而更有效地降低和减少了有害尾气的排放。据国家汽车研究中心所做的发动机台架试验和行车试验结果表明,使用车用乙醇汽油,发动机无需改造,动力性能基本不变,尾气排放 CO 和 CH 化合物平均减少30%以上。另一方面,消除积炭。因为乙醇汽油的燃烧特性,能有效地消除火花塞、燃烧室、气门、排气管消声器部位积炭的形成,优化工况行为,避免了因积炭的形成而引起的故障,延长部件使用寿命,延长发动机机油的使用时间,减少更换次数。减少油耗。虽然从机理上讲,燃料乙醇热值比汽油热值低,然而,乙醇汽油因加入10%的乙醇,其热值理论上降低了3%,会使动力性能下降,但因乙醇中含氧,使汽油中氧含量增加3.5%,将原汽油不能完全燃烧的部分充分燃烧,使尾气中 CO 降低33%,从而使油耗相应减少。两者相抵,使总体油耗持平或略有下降。

再防杂质。车用乙醇汽油具有较强的清洗作用,在使用初期,会把原来附着在油箱壁上、或沉积在油箱底部的胶质颗粒(指原汽油中所含的物质,在一定条件下所产生的胶化现象)、铁锈等杂质清洗下来,混入油中,由油管吸入油路,造成汽油滤芯、化油器雾化喷嘴、电喷车的喷嘴等被杂质阻塞,从而,造成发动机发抖、加油加不上,损害汽车的加速性能。

乙醇汽油可以和普通汽油混合使用,但不能长时间混用。因为长时间的混用会影响汽车的性能。如果你的车已经长时间混用了乙醇汽油和普通汽油,应该立即检查汽车的相关零件,看有没有问题。

"去污里手"蛋白酶

蛋白酶全名为"蛋白质水解酶",就是一种能使蛋白质水解成多肽链或氨基酸的有机物。蛋白质是氨基酸连成的长链,如果氨基酸数量比较少就称为肽链,如果氨基酸达到一定数目就称为蛋白质。蛋白酶促进蛋白质和水反应,变成氨基酸。

催化蛋白质水解的酶类。种类很多,重要的有胃蛋白酶、胰蛋白酶、组织蛋白酶、木瓜蛋白酶和枯草杆菌蛋白酶等。蛋白酶对所作用的反应底物有严格的选择性,一种蛋白酶仅能作用于蛋白质分子中一定的肽键,如胰蛋白酶催化水解碱性氨基酸所形成的肽键。蛋白酶颁秀广,主要存在于人和动物消化道中,在植物和微生物中含量丰富。由于动植物资源有限,工业上生产蛋白酶制剂主要利用枯草杆菌、栖土曲霉等微生物发酵制备。

皮革工业的脱毛和软化已大量利用蛋白酶,既节省时间,又改善劳动卫生条件。蛋白酶还可用于蚕丝脱胶、肉类嫩化、酒类澄清。临床上可作药用,如用胃蛋白酶治疗消化不良,用酸性蛋白酶治疗支气管炎,用惮性蛋白酶治疗脉管炎以及用胰蛋白酶、胰凝乳蛋白酶对外科化脓性创口的净化及胸腔间浆膜粘连的治疗。加酶洗衣粉是洗涤剂中的新产品,含碱性蛋白酶,能去除衣物上的血渍和蛋白污物,但使用时注意不要接触皮肤,以免损伤皮肤表面的蛋白质,引起皮疹、湿疹等过敏现象。

加酶洗衣粉中添加了多种酶制剂,如碱性蛋白酶制剂和碱性脂肪酶制剂等。这些酶制剂不仅可以有效地清除衣物上的污渍,而且对人体没有毒害作用,并且这些酶制剂及其分解产物能够被微生物分解,不会污染环境。所以,加酶洗衣粉受到了人们的普遍欢迎。

20世纪80年代,日本的一家公司首先推出含有碱性纤维素酶制剂的洗衣粉。碱性纤维素酶本身不能去除衣物上的污垢,它的作用是使纤维的结构变得蓬松,从而使渗入到纤维深处的尘土和污垢能够与洗衣粉充分接触,从而达到更好的去污效果。碱性纤维素酶还能去除棉纺织品表面的浮毛,使洗涤后的棉纺织品柔软蓬松,织纹清晰,色泽更加鲜艳,穿着更加舒适。

"发酵之母"酵母菌

提起酵母菌这个名称,也许有人不太熟悉,但实际上人们几乎天天都在享受着酵母菌的好处。我们每天吃的面包和馒头就是有酵母菌的参与制成的;我们喝的啤酒也离不开酵母菌的贡献。酵母菌是人类实践中应用比较早的一类微生物,我国古代劳动人民就利用酵母菌酿酒。酵母菌的细胞里含有丰富的蛋白质和维生素,所以也可以做成高级营养品添加到食品中,或用作饲养动物的高级饲料。

酵母菌是微生物王国中的"大个子",它们有的呈球形和卵形,还有的长得像柠檬或腊肠。大多数酵母菌的菌落特征与细菌相似,但比细菌菌落大而厚,菌落表面光滑、湿润、粘稠,容易挑起,菌落质地均匀,正反面和边缘、中央部位的颜色都很均一,菌落多为乳白色,少数为红色,个别为黑色。绝大多数的酵母菌以出芽方式进行无性繁殖,样子很像盆栽仙人掌的出芽生长。酵母菌本领非凡,它们可以把果汁或麦芽汁中的糖类(葡萄糖)在缺氧的情况下,分解成酒精和二氧化碳,使糖变成酒。它能使面粉中游离的糖类发酵,产生二氧化碳气体,在蒸煮过程中,二氧化碳受热膨胀,于是馒头就变得松软,所以被称为发酵之母。

酵母菌浑身是"宝",它们的菌体中含有一半以上的蛋白质。有人证明,每100公斤干酵母所含的蛋白质,相当于 500 公斤大米、217 公斤大豆或 250 公斤猪肉的蛋白质含量。第一次世界大战期间,德国科学家研究开发食用酵母,样子像牛肉和猪肉,被称为"人造肉"。第二次世界大战爆发后,德国再次生产食用酵母,随后,英、美和北欧的很多国家群起仿效。这种新食品的开发和利用,被认为是第二次世界大战中继发明原子能和青霉素之后的第三个伟大成果。酵母菌还含有多种维生素、矿物质和核酸等。家禽、家畜吃了用酵母菌发酵的饲料,不但肉长得快,而且抗病力和成活率都会提高。

酵母菌在自然界中分布很广,尤其喜欢在偏酸性且含糖较多的环境中生长,例如在水果、蔬菜、花蜜的表面和在果园土壤中最为常见。即便酵母菌分布很广,但它们既怕过冷又怕过热,所以市场上出售的鲜酵母一般要保存在 10～25℃之间。

"美味佳肴"食用真菌

在家庭餐桌上,我们经常可以吃到味美可口的蘑菇、香菇一类食用菌,这就是微生物对人类的奉献。这些美味佳肴都是微生物界的食用真菌。

早在两三千年前,我国人民就已把菇菌作为珍贵的食用菌了,而且很早就懂得食用菌的栽培。食用菌类一般都是高等真菌的子实体,在我国发现的不下 350 多种,常见的有蘑菇、草菇、香菇、平菇、凤尾菇、金针菇、黑木耳、松口蘑、竹荪、羊肚菌、牛肝菌等多种。这些食用菌味道鲜美,营养丰富,含有丰富的蛋白质、脂肪、糖、维生素、矿物质等营养成分。而且某些食用菌对动植物病毒性疾病有免疫或抑制作用,还能抑制肿瘤发生和发展,并能溶解一定量的胆固醇,所以被人们称为"保健食品"。

早先,这些食用真菌野生在山林、草地、田野里。当你走进潮湿的林地上,拣起一块潮湿的朽木或几片腐叶,不用放大镜也能看见许多丝状物,这常常就是它们的菌丝体。发育良好的菌丝,能钻进木材、落叶的组织里,吸取养料。像蘑菇等的菌丝体上,会长出一把漂亮的"小伞",这就是子实体。子实体上面是平整的,而下面密生着许多叫菌褶的薄膜,长着能繁殖后代的担子或担孢子,能随风飞散,到它们喜欢的地方去"安家"。现在,人们掌握了它们的生长发育习性,可以采用人工栽培的方法,大量地生产了。

猴头蘑是食用真菌中名贵的品种,菌肉鲜嫩,香醇可口,有"素中荤"之称。猴头菇的形状很特殊,它的子实体圆而厚,菌盖生有须刺,须刺向上,新鲜时白色,干后由浅黄至浅褐色,基部狭窄或略有短柄,上部膨大,直径 3.5～10 厘米,远远望去似金丝猴头,故称"猴头蘑"。野生猴头蘑多生长在柞树等树干的枯死部位,喜欢低湿。我国东北产量较多,现在浙江温州地区已有人工培育。猴头蘑一般有拳头大小,在自然条件下发育较慢,但能生长巨大的菌体。

蘑菇通常与平菇、草菇、和香菇一起并称为对人体有益的常用"四大食用菌"。蘑菇以菌直径 2～4 厘米,尚未开伞,菌柄短粗,长约 2～4 厘米,横径 1.5～2 厘米时,肉厚脆嫩,香味浓郁,品质最佳。人工栽培最多,其肉质肥嫩、鲜美可口。

确认可食用真菌并无统一可靠的规则。民间有句俗语是:"有毒真菌剥皮后就会无毒,有毒种沸煮时会变色。"然而实际上并不是这样的,烹烧并不能破坏它们的毒性。

"人体卫兵"疫苗

疫苗,是指为了预防、控制传染病的发生、流行,用于人体预防接种的疫苗类预防性生物制品。

疫苗是一种抗原性的制剂,用作对某种疾病产生免疫力,从而不会受到该种病原体的感染。凡具有抗原性接种于机体可产生特异的自动免疫力,可抵御感染病的发生或流行,总称为疫苗。既往把以细菌制备的制剂称为"菌苗";而把病毒及立克次氏体制备的制剂称为"疫苗";以细菌代谢产物——毒素制备的制剂称为"类毒素"。疫苗多以经弱化或已死亡的细菌或病毒制成。

那疫苗为什么能产生作用呢? 疫苗是给予免疫系统一定数量的无害抗原,即细菌或病毒表面的一部分,而这被免疫系统视为"外来异物"。疫苗还可能是提供无活性的毒素(毒素是细菌释放的有毒物质),促使机体产生免疫力,与之对抗。一旦免疫系统发现了抗原,B淋巴细胞就会生成一种抗体,它能精确地与抗原结合。抗体可产生许多拷贝。如果出现了同一疾病的感染,就会有更多的抗体产生。由于它们附着于靶抗原,就可能直接阻断病毒或细菌的活性,从而对抗感染。此外,抗体还可以使免疫系统的其他部分能更容易地辨认和摧毁侵入者。

免疫系统具有"记忆"能力。一旦暴露于特定的细菌或病毒,它们就将在若干年、数十年甚至终生保留免疫力;因此能够抵御以后的感染,并且应答更为迅速。免疫系统所具备的这种能力,以及产生这种能力的速度,对于人体来说有极大好处:身体初次遭遇病菌,可能需要7~12天才能建立起有效防御,到那时,或许已经发生严重疾病甚至死亡。

疫苗的发现可谓是人类发展史上意见具有里程碑意义的事件。因为从某种意义上来说人类繁衍生息的历史就是人类不断同疾病和自然灾害斗争的历史。控制传染性疾病最主要的手段就是预防,而接种疫苗被认为是最行之有效的措施。而事实证明也是如此,威胁人类几百年的天花病毒在牛痘疫苗出现后便被彻底消灭了,迎来了人类用疫苗迎战病毒的第一个胜利,也更加坚信疫苗对控制和消灭传染性疾病的作用。

此后200年间,疫苗家族不断扩大发展,目前用于人类疾病防治的疫苗有20多种,根据技术特点分为传统疫苗和新型疫苗。传统疫苗主要包括减毒活疫苗和灭活疫苗,新型疫苗则以基因疫苗为主。

"酿造能人"曲霉

曲霉是发酵工业和食品加工业的重要菌种,已被利用的近60种。2000多年前,我国就用于制酱,也是酿酒、制醋曲的主要菌种。现代工业利用曲霉生产各种酶制剂、有机酸,农业上用作糖化饲料菌种。例如黑曲霉、米曲霉等。

曲霉广泛分布在谷物、空气、土壤和各种有机物品上。生长在花生和大米上的曲霉,有的能产生对人体有害的真菌毒素,如黄曲霉毒素 B_1 能导致癌症,有的则引起水果、蔬菜、粮食霉腐。

黑曲霉,属半知菌亚门真菌。菌落初白色,后变黑。分生孢子头褐黑色放射状,分生孢子梗长短不一。顶囊球形,双层小梗。分生孢子褐色球形。生长适温 37℃,最低相对湿度为 88%,能引致水分较高的粮食霉变。

小曲又称酒药。主要用于酿造白酒。用米、高粱、大麦等为原料,并酌加几种中药。所含的微生物主要是根霉菌、毛霉菌和酵母菌。在酿造过程中同时起糖化作用和发酵作用。因为曲块小,发生热量少,适用于中国南方气候条件。用小曲酿造的酒称为小曲酒,如黄酒、甜米酒等。

曲霉菌丝有隔膜,为多细胞霉菌。在幼小而活力旺盛时,菌丝体产生大量的分生孢子梗。分生孢子梗顶端膨大成为顶囊,一般呈球形。顶囊表面长满一层或两层辐射状小梗(初生小梗与次生小梗)。最上层小梗瓶状,顶端着生成串的球形分生孢子。以上几部分结构合称为"孢子穗"。孢子呈绿、黄、橙、褐、黑等颜色。这些都是菌种鉴定的依据。分生孢子梗生于足细胞上,并通过足细胞与营养菌丝相连。曲霉孢子穗的形态,包括分生孢子梗的长度、顶囊的形状、小梗着生是单轮还是双轮,分生孢子的形状、大小、表面结构及颜色等,都是菌种鉴定的依据。

曲霉属中的大多数仅发现了无性阶段,极少数可形成子囊孢子,故在真菌学中仍归于半知菌类。

"吃蜡冠军"石油酵母

在石油化工公司的炼油厂中,寄宿了一批爱"吃"蜡的食客,它们就是被称为"石油酵母"的解脂假丝酵母和热带假丝酵母。石油酵母一词,来自 1963 年在联邦德国法兰克福城召开的第 6 届世界石油会议上,是由英国 BP 公司在《石油中的蛋白质》一文中提出的。

生产石油酵母的原料一般分 2 种,一种是以重质油为原料,另一种是以石油蜡烃为原料。用重质油为原料生产石油酵母时,因重油中含蜡高,低温下易结冻,生产时需要脱蜡。用石油蜡烃为原料生产时,可直接在发酵槽加入酵母,进行发酵生产。生产石油酵母要求加入一定量氨调整发酵程 pH 值,还需加入一定量的磷、钾、铁盐,并提供充足的空气和水进行冷却。当石油蜡烃等和酵母菌种一并注入发酵槽后,在弱酸性和 30～36℃ 温度条件下,经数小时滞留发酵,发酵后取出,进行离心、温水洗涤、浓缩、干燥等步骤即得石油酵母。一般以石油蜡烃为原料生产的石油酵母因其原料中不含有高分子致癌性多环芳香物,所以安全性高。而以轻油或重质油直接作发酵原料生产的石油酵母含有致癌物质苯并芘,应慎用。

石油酵母炼油厂为什么要供养这批食客呢?原来,石油产品的质量与蜡的含量多少有很大关系。在高空飞翔的飞机,如果使用含蜡量高的汽油,那么高空的低温会使蜡凝固起来,堵塞机内各条输油管,使飞机发生严重事故。因此,石油产品需要经过脱蜡处理。工业上有多种脱蜡办法,但是设备复杂,消耗材料和能源也多。于是,炼油厂的工程师从微生物实验中请来了这批专爱吃蜡的食客——石油酵母。在要脱蜡的石油产品中,石油酵母如鱼得水,大吃特吃,把石蜡一扫而光,同时自己迅速繁殖起来。这样,人们既得到了高级航空汽油和柴油,又获得了大量石油酵母,真是一举两得。

完成了脱蜡任务的石油酵母,一个个吃得白白胖胖,含有丰富的蛋白质和维生素,可以制成无毒高蛋白的精饲料,用于喂养家禽和家畜。据说加喂 1 吨石油酵母饲料,可多生产 700 多公斤猪肉。科学家预测,石油酵母将来还可以作为色香味俱全的人类食物!

"杀虫勇士"苏云金杆菌

在微生物王国中,有一大批灭虫勇士。千百年来,它们悄悄地帮助人类杀灭害虫,保护庄稼。然而,它们的功绩直到近百年来才被人们发现。1911 年,德国人贝尔奈在苏云金这个地方的一家面粉厂里,发现有一种寄生在昆虫体内的细菌,有很强的杀虫力。于是,人们称这种细菌为苏云金杆菌。

苏云金杆菌长得像根棍棒,矮矮胖胖,身高不到 5‰毫米。当它长到一定阶段,身体一端会形成一个卵圆形的芽孢,用来繁殖后代;另一端便产生一个菱形或近似正方形的结晶体,因为它与芽孢相伴而生,我们叫它伴孢晶体,有很强的毒性。当害虫咬嚼庄稼时,同时把苏云金杆菌吃进肚去,这就像孙悟空钻进铁扇公主的肚子里去一样,在害虫的肚子里大显威风。它的伴孢晶体含有的内毒素可以破坏害虫的消化道,引起食欲减退,行动迟缓、呕吐、腹泻;而芽孢能通过破损的消化道进入血液,在血液中大量繁殖而造成败血症,最终使害虫一命呜呼。

日前,湖南师范大学生命科学学院研发出一种高效新型苏云金杆菌杀虫剂绿色农药,可广泛用于农业杀虫。该项目已得到国家"863"计划项目,只要研究产品为高效新型微生物杀虫剂。该项目利用微生物工程技术、发酵工程和生物工程下游技术,选育出高效、速效和持效杀虫苏云金杆菌新菌种,并结合利用计算机技术,进行正交设计筛选和优化最佳发酵条件,建立新型发酵生产工艺流程,研究菌剂助效剂、杀虫增效技术及质量标准以确定菌种杀虫谱和大田应用技术体系,该项目还从分子生物学水平研究并阐明该菌种晶体毒蛋白分子生物学特性、杀虫作用机理和基因定位。该项目技术成熟,本产品已经申请发明专利,获得生产许可。

苏云金杆菌的发现,为人们利用微生物消灭植物病虫害提供了美好的前景。现在,人们已经用发酵罐大规模地生产苏云金杆菌,经过过滤、干燥等过程制成粉剂或可湿剂、液剂,喷洒到庄稼上,对棉铃虫、菜青虫、毒蛾、松毛虫,以及玉米螟、高粱螟、三化螟等 100 多种害虫有不同的致病和毒杀作用。

第八节　动物家庭趣事

鸟类中的收藏家

鸟类繁殖前多经过求偶过程,这一行为表现的方式多种多样,有炫耀自己华丽羽毛的,有展示悦耳歌声的,或用特技飞行赢得对方"芳心"的,还有的鸟修筑工艺杰出的巢,园丁鸟求偶的习性又别出心裁。

黄胸大园丁鸟修筑的巢像林间小路,构成一个像走廊那样的封闭场地,虽然不像其他一些鸟巢那样精巧细致,但场地内却丰富多采,里面五颜六色,原来全是黄胸大园丁鸟收集来的红色蓝色的浆果,以及色泽艳丽的卵石。

另外一种缎园丁鸟,在求偶的过程中,先清理出一块空地,把一束束树枝垂直插成平行的两列,构成通往巢穴的走廊,巢穴所在场地不像巢倒更像舞池,上面摆着黄色的花、浆果和各色羽毛。缎园丁鸟特别偏爱蓝色和黄绿色的装饰物,如果它住在居民区附近,有时在巢中我们还会发现玻璃珠、毛线头、金属丝等装饰物。

大园丁鸟

它们不断扩大自己的收藏,以炫耀自身的实力,为此甚至不择手段地"行窃"。科学家们做过这样的实验,故意放一块耀眼的蓝色玻璃在园丁鸟们出没的区域,不久就会发现,这块小玻璃从一个巢转移到另一个巢,显然每只园丁鸟都想将它窃为己有。不过园丁鸟炫耀收藏的财富,起的作用是吸引雌鸟前来交配产卵。

犀鸟自愿关禁闭

犀鸟是一种在洞穴中孵卵的鸟类,人们对它那巨大的嘴始终感到好奇和诧异,除此之外,还对它的一种生活习性深表同情。这就是犀鸟在孵卵期间,将自己禁闭在巢中达几星期之久的现象。

在繁殖期,雌鸟用雄鸟供给的材料将洞入口处几乎完全封上,只留下一个小缝与外界联系,每天雄鸟都给雌鸟带来食物,通过这一小缝传递进去。这道与世隔绝的墙是以雄犀鸟带来的唾液弄湿的泥丸,加上雌犀鸟自己的粪便为原料,混合之后筑成的。雌鸟将这些"建筑材料"放在需要的位置上,用宽大的嘴敲打结实,干燥后就变得很硬,形成一堵坚固的挡墙。

其实雌犀鸟是自愿关"禁闭"的，它闭门不出，能不受干扰地致力于孵卵和哺育后代的事业。况且在孵卵期它正在换羽毛，根本无法飞行，这一行为对犀鸟母子双方都有益。几个星期之后，雏鸟孵化了，雌鸟的羽毛也重新长成，雌鸟会打碎挡墙，和它的伴侣一道采集食物，以供给树洞内的雏鸟生长需要，因为雏鸟的胃口越来越大了，只靠父亲不足以维持温饱。

当雌犀鸟从树穴中飞出去之后，幼鸟又将挡墙复原，它们也甘愿在安全的暗室里再待上几周，直到最后需要时，才自己破墙而出。看来犀鸟从小就有了自愿关"禁闭"的行为。

火蚁蚁后必死之谜

在昆虫世界里，并不是所有的交配都那么奇特，不过，有些昆虫的交配绝对恶毒，令人触目惊心，澳大利亚最声名狼藉的凶猛的入侵者火蚁就是它们中的代表。

火蚁保持着多个王后的制度，在一个蚁巢里同时生活着好几个蚁后。在蚁巢里，这么多蚁后携带特别的基因，这种基因既是灾难也是祝福，一方面会让蚁后生育能力更强，另一方面，会向蚁巢发出一种化学信号导致它们被处死。蚁后有被公蚁处死的危险，蚁后携带的基因引发一种信息素，在一定的环境条件下，这种信息素会被释放出来，这相当于一道处死令，接到这种信息后，公蚁就会在巢穴周围急急忙忙地跑来跑去，它们用触角相互传达信息，就像地下革命运动一样，它们传递的信息是：蚁后必死！在执行完死刑后，那只不幸的蚁后就只剩下腿了。

有两个生殖器的地蜈蚣

昆虫的生殖器无论从形状还是大小来说，真的是多种多样，令人惊叹不已：有的像刷子，有的像足球，有的像根线，当然还有其他形状，不过，雄性昆虫有两个生殖器则不多见，但是蠼螋，也就是俗称的地蜈蚣是个例外，雄性地蜈蚣竟然有两个生殖器。

说起来令人匪夷所思，有一种名叫"Euborellia plebeja"的地蜈蚣，雄性地蜈蚣有两个生殖器，它们的身体只有一厘米长，生殖器却比身体还要长。其中一个生殖器经常向内弯曲，研究人员以前认为那不是生殖器，不是一个功能器官，但东京都大学的研究人员打断了9对地蜈蚣的交配，夹住雄性的后背将它们与雌性地蜈蚣分开，结果发现，那也是个生殖器。

说起来，地蜈蚣交配是一项冒险的事，雄蜈蚣与雌性蜈蚣交配，经常将备用生殖器插入雌蜈蚣阴道。由于雄蜈蚣的生殖器又长又脆弱，在性交过程中经常会断在里面，尤其当交配被打断时，雄性蜈蚣的生殖器会断在阴道里。可是，两天后，所有的9个雄性地蜈蚣都成功地用其备用的生殖器给新伴侣授了精，而且，尽管身体里有一段阴茎，但雌蜈蚣还是能够产卵。

这证明，第二个阴茎是备用的，也具有性功能。为了证明他们的观点，日本研究人员从花园、菜园里收集了663只地蜈蚣作为样本,结果发现,有三只雄蜈蚣丢失掉了两个生殖器中的一个,两个雌蜈蚣尽管身体内有阴茎,但仍可以继续交配。

性事故在地蜈蚣中不是很常见,但交配对它们来说仍是一件冒险的事,所以它们就进化成具有两个阴茎的昆虫。日本研究人员认为,很早以前的地蜈蚣事实上一次同时使用两个阴茎。他们正在研究的另一种地蜈蚣 Diplatys flavicollis,雄性有两个阴茎,而雌性则有数个阴道。到目前为止,这种地蜈蚣只被观察到使用两个阴茎中的一个进行交配,但研究人员仍在对它们进行观察。

蟑螂尿液在交配中的妙用

对于蟑螂来说,相互向对方身上喷尿不仅仅是兴奋的问题,而是有助于授精。

蟑螂的名头很响亮,是世界上最皮实的动物,据说即使发生核战争它们也能够存活下来。与它们的形象一样,蟑螂的求爱方式也粗俗下流。你能够想象到有什么昆虫没有头还能活9天吗?蟑螂就能。

蟑螂的求爱是从使用信息素开始的。信息素是一种荷尔蒙信息,不仅昆虫使用,大部分的动物包括人类也使用这种物质作为相互传递信息的一种方式。说起来令人不可思议,蟑螂可以保持交配姿势好几天!雄性蟑螂的信息素诱使雌性蟑螂到达一个交配前的位置,然后用一种化学物质控制她的活动,使她一动不动地趴在那里。不过,在交配过程中,雌性蟑螂却扮演主动的角色,在信息素的刺激下,她开始摩擦甚至吃掉雄性蟑螂的背腺。反过来这会刺激雄性蟑螂向后推,紧紧抓住雌性蟑螂的生殖器,把她摇来摇去,直到双方都处在标准的交配位置,尾对尾相接,它们就这样保持着这种姿势好长时间,有时甚至是好几天。

在交配接近尾声时,雌性蟑螂不仅从雄性那里获得了精囊,还从雄性的尿液中获得了尿酸,这种物质可以有效地使精液固化,以便使精囊保持在应在的位置。几天以后,空空如也的精囊和附在上面的尿酸会脱落下来,雌性蟑螂并不会讨厌这种黏黏糊糊的东西,反而会吃掉它。有一种雌蟑螂在精囊掉下来后吃掉,另一种雌蟑螂甚至在精囊还粘在身上时就吃掉。尿酸中的氮进入其特别的卵鞘,给未出生的小蟑螂提供营养。

藏羚羊交配

1月中旬藏羚羊开始交配,藏羚羊的发情期有一个多月。11月中旬,高原骄子们开始谈情说爱。雄性的风采、气质、勇敢及阳刚程度,直接关系到能吸引多少雌性。多数情况下,一只雄性藏羚羊可以吸引6到7个雌性的情爱。魅力十足的雄性可以征服多达30多个雌性,少的也有1到2个,当然也有一个情人没有的孤家寡人。

一旦两情相悦,交配群就形成了。此时的雄性藏羚羊是幸福的,但也是高度紧张和警惕的。因为没有得到交配权或者已经得到却还有贪得无厌的雄性藏羚羊要争夺"爱情"。而这种争夺是你死我活的决斗。

中外未解之谜

动物未解之谜

随着交配期临近,雄性藏羚羊们不吃不喝,前后奔走,仰天长啸,时刻骚扰身边的情人们。此时,一旦有个性刚强的雌藏羚出走,雄藏羚就会飞快地追杀过去,用又尖又长的犄角把雌藏羚羊顶回去,血气方刚的壮年雄性藏羚羊绝对不允许自己的情人被抢走或者背叛自己。

从 12 月中旬起,雌藏羚羊们也开始为情所困,不愿吃草。当雄藏羚羊追赶自己的时候,也不像当初那样拼命地奔逃,而是跑跑停停,半推半就。雌藏羚羊一旦进入发情期,就

藏羚羊

再也不跑了,而经常回头深情地张望自己心目中的白马王子,还不时翘起尾巴不停地摇晃。

此时,雄性藏羚羊高高昂起头颅,两只"V"字形的长角直指蓝天,两只前腿迈开正步,蹄子使劲儿地叩击地面。这一连串的动作完成以后,它开始静静地认真地靠近自己的情人。它那在地球第三极奔跑的有力的前腿,此时却出奇的温柔,一如男人温暖的大手,轻轻地轻轻地抚摸爱侣的腰际。如此 2~3 次后,雄性藏羚羊高高跃起,把大半个身子搭在了雌性藏羚羊的背上,由于高原高寒缺氧,环境恶劣,藏羚羊交配的时间只有短短 5 秒钟。

反常的鸵鸟求偶

鸵鸟在繁殖期的求偶过程中,有一番简单或是复杂的仪式,其他动物由雄性采取主动是较常见的,而由雌性采取主动,作出大部分追求行为,一般是非常少见的。而鸵鸟的交配之舞,正是这种动物界中反常行为中的例外。

雄鸵鸟在整个求偶活动内的身份不太像个追求者,倒更像个被追求者。虽然雄鸵鸟羽毛依然艳丽、具有主动明显的标志,但其行动却不显出主动的姿态。

雌鸵鸟在进行繁殖求偶活动时,羽翩蹁跹地飘然起舞,试图引起附近的雄鸟注意。尽管在平常的大多时间里,鸵鸟的姿态总是笨拙不雅、滑稽和荒唐,但这时雌鸟跳出的求偶之舞却出奇地雍容高雅,仪态万方。在舞蹈过程中,当雌鸟对自己吸引雄鸟的魅力充满信心时,便会离群独行,而雄鸟则紧跟雌鸟追逐狂奔,最后结成良缘。

动物也有婚装

动物的婚姻装,在淡水鱼类中表现得最为明显。例如螃鱼、马口鱼、罗非鱼、刺鱼,在繁殖季节雄鱼皮肤颜色都变得艳丽多彩。像珍珠一般闪闪发亮。蛙鱼在银白色皮肤上,突然出现亮红色;虎鱼和麦穗鱼的皮肤则变成浓黑色,栖息海洋中的蝴蝶鱼,在原本华丽

多姿的身体上，又增加几样浓艳，如同锦上添花。

鱼类之中有些种类在繁殖时期，除了身着婚姻装以外，还要佩戴"首饰"。例如鳊鱼、鲫鱼，在生殖期间雄鱼分别在吻部、鳃部或胸鳍上，生出一些突出物，宛如胸花、胸针一般新颖且别致。科学家称这些突出部分为"追星"。

鱼类所以会有这样奇怪的变化，是鱼类由于分泌激素而促成的。在繁殖时期，鱼类身体内部的性腺发展成熟，它分泌出来激素，激素促使鱼的身体表面出现"婚姻装"。鱼类学家曾做过实验，对雄鱼做一次小手术，把它的雄性性腺切掉，结果发现它就再也不会出现婚姻装了。

很显然，鱼类的婚姻装，是生殖期吸引异性的需要。因为艳美的"结婚礼服"会格外受到新娘的注目和喜爱。这种繁殖习性在鸟类中也是屡见不鲜的。

章鱼：婚礼结束就是葬礼

墨鱼、章鱼和鱿的老祖宗是鹦鹉螺，它们同属于软体动物门头足纲，在海洋动物中是一个大家族，号称"头足类三兄弟"。令人遗憾的是，在它们的一生中只有一次生育机会，婚礼的结束也就意示着葬礼的来临。雌雄一旦交配完毕，就会失去食欲，大约 7~10 天内便相继死去。1 个月后，卵才能孵化成幼儿，然而，它们永远见不到自己的亲生父母了。为什么会出现这种令人惋惜的结果呢？经过科学家们研究发现：在这类雌性鱼的眼窝后面，有两个很特殊的腺体，称之为死亡腺。科学家们认为，这种死亡腺是一种与衰老有关的"秘密"组织，但是，生育与死亡有什么关系，至今还是一个不解之谜。

章鱼

聚散两匆匆的刺鱼

刺鱼在婚姻生活上有一个不同凡响的特殊习性，那便是求偶和交配时间极其短暂，匆匆聚合，又匆匆离散。

雄刺鱼在春季刚刚来临的时候，便离开伙伴，独自一人去选择地盘，准备盖新房了。它在水下筑成一个理想的水下别墅，然后开始做迎亲的准备。它有一身天然的结婚礼服，那是身体内部的激素促使它变化的：鲜红色的腹部，蓝灰色的脊背，连眼睛也化妆成蓝宝石色的。雄刺鱼这一身漂亮的色彩，足可攻破异性的心扉。

雌刺鱼这期间也因为体内激素的作用，腹部开始变化，卵巢鼓胀起来，肚子变得圆圆的。它以急切的心情等待雄刺鱼登门求婚。雄刺鱼发现可意的情人，便向它游去。它荡起锯形舞步，一步步挨近意中人。雌刺鱼心花怒放，扬头挺腹，表示一见钟情，不胜荣幸。它不停地炫耀自己凸起的肚皮，随后紧紧尾随雄刺鱼，进入新房。

雌刺鱼钻入巢内，雄刺鱼用头顶轻轻撞碰它的尾部，催促它尽快地产卵。雌刺鱼产卵的速度是极快的，产完卵立即匆匆离去，一点也不留恋这座水下宫殿。雄刺鱼及时将精细胞排在卵的上面，使鱼卵完成受精。

雌刺鱼对后代是不闻不问的，它离开家门以后，抚育幼子和全部家务劳动都落到雄刺鱼肩上。它守护鱼巢，不许敌害侵扰；它扇动水流，供给鱼卵充足的氧气；幼鱼出世以后，它护卫幼鱼，免遭敌害侵犯。它一身两职，毫无怨言地担负起培育后代的重任。然而幼小的刺鱼长大成人以后，就再也不认识亲生父亲，只追求自己的快乐了。

动物求偶之谜

动物在繁殖时期，会出现许多异乎寻常的行为，这在平常那是不可思议的。其中最叫人感到稀奇的，是雄性动物向雌性动物赠送礼物，姑且可以称作"爱情礼物"。

非洲的公狒狒，一向很小气，但在处于发情期间的母狒狒面前，却出手大方，毫不吝啬地把食物分送给它。黑猩猩的讨好方式似乎计高一筹，将美味佳肴摆在母猩猩膝下："请您挑选吧！"

赠送爱情礼物的方式不尽相同，但目的几乎是一样的，让对方欢心悦目。

生活在美洲的跑路鸟，常常将费力捕捉的蜥蜴，奉献在雌鸟面前。雌鸟毫不客气地接受下来，立即吃下，态度似乎还有点傲慢。雄燕鸥在与雌燕鸥交配前后，则把自己捕来的小鱼、小虾赠送给雌燕鸥，美味尽它享用。寒鸦也是这样，它寻得食物之后，迅速地、悄悄地空运给恋人，而那位意中人张嘴接过礼物，一口吞进。

令人惊讶的是小小昆虫也懂得这一套。例如举昆虫、青松虫，会将胸腺分泌出来的液滴送给雌虫，否则交尾不会顺利进行……

对于令人迷惑不解的"爱情礼物"，科学家们曾做过解释：在交配之前与雌性动物产卵前后需要丰富、充足的营养，雄性动物赠送的爱物，正为雪中送炭，这对动物种族的繁衍是十分有利的，因此成为一种动物习性，一直延续下来。

痴情的红狐和北极狐

"动物雄性与雌性之间的交配是混乱的！"人们通常这样认为。其实这种认识是片面的，不公正的。在兽类和鸟类中有许多种类，雄雌之间的性关系相当严肃，配偶关系固定，一旦结为夫妻则终身不渝。它们对爱情的坚贞，可以说是"非君莫宿"。

令人讨厌的狡猾的狐狸，就是备受赞扬的模范夫妻。它们对爱情始终专一，坚守固定的对象，决不见异思迁、喜新厌旧。尤其是红狐和北极狐，夫妻感情极深，雄狐为了妻子、儿女，舍命与入侵之敌厮打，宁肯负伤甚至牺牲亦要保护家人安全。

雄狐对作为妻子的雌狐的忠贞感情，达到令人难以置信的程度。雄狐一旦有了配偶，是不肯再与其他雌狐交配的，除非妻子早亡，否则它是不会再娶的。饲养狐狸的人，总想用一只雄狐去与许多只雌狐交配，以求收到更多的经济效益。但是雄狐的"非君莫

"宿"的习性却打乱了人们的计划。假若雄狐与第一只雌狐同居太久,便不再与别的雌狐交配。为了叫雄狐与更多的雌狐交配生子,饲养人员采取分居法,让雌狐与雄狐同居3个小时,交配结束即将雌狐接出,别室独处。然后再送进第二、第三只雌狐……这个办法的关键是不让雄雌之间建立感情。

雌狐与雄狐相比,对忠贞就不那么重视了。在发情时期,它可以接纳几只公狐交配,目的当然是为了繁殖后代,保障种类的繁衍不衰。

动物弃婴之谜

俗语说:"虎毒不食子"。在人们的印象里,动物是不吃自己的后代的,实际上是这样吗?过去很多动物学家不敢回答这个问题,因为缺乏研究。后来,美国芝加哥大学有两位动物学家,到坦桑尼亚的原始森林研究野生动物。他们对狮子的行为做了详细考察,前后共计19次发现狮子扑杀自己生育的幼狮子。其中有17次是雄狮父亲将雌狮母亲一胎生出的未满4个月的幼狮子全部杀死。而几只稍大些的少年狮子竟然被雄狮撵出家门。怎样解释狮子的行为呢?

狮子"杀婴"杀后代是动物界仅有的例外现象吗?不是的。科学家在猿猴家族之中,也发现过这种"杀婴"的残暴现象。在印度的丛林,有许多猿猴家族。每一个家庭由一头雄猴和数头雌猴组成。猴群中的婚姻是不平等的。雄猴是威严的家长,独断专横,它占有几头雌猴,可以随心所欲地与其中任何一头雌猴交配。那些身体软弱的雄猴,却极难找到配偶,只好打光棍,在森林中流浪。作为家长的雄猴,有时会杀掉几只亲生的小猴。这真是有点骇人听闻。猿猴怎么也同狮子一样残忍?

对于雄猴为什么要杀死亲生骨肉的问题,科学家们长时间地进行了研究。1974年一位名叫赫代的科学家考察猿猴家族之后,向人们公布了他对猿猴杀婴的研究结果。

雌猴通常每胎能生下四五只小猴,如果全部喂养,雌猴的奶汁是不够它们吃的。只有除掉几只体弱的小猴,剩下的小猴才能吃饱。其次,孩子多了母亲的负担重,减少几只小猴,雌猴负担会轻些,哺育幼子不影响与雄猴交配。这正是雌猴与雄猴都需要的。生物学家分析说,惨遭杀害的那些小猴,都是体格羸弱、精神迟钝的,而那些身体健壮、跑得快、动作机敏的幼猴总能保留下来。这是符合生物界"优胜劣败"的自然规律,对动物进化与种族发展显然是极有益处的。

借胃怀胎的青蛙

青蛙的生殖方式已是尽人皆知,青蛙在水中产卵,受精卵孵化出的幼体——蝌蚪生活在水中,经变态发育后长成小蛙可以水陆两栖。在澳大利亚,有一种小蛙有着奇特的生育方式。其受精卵的孵化和幼体的变态都是在雌蛙胃中完成的,下一代的小蛙直接从母亲嘴里跳出来。这种奇特的小蛙叫胃蛙。

胃蛙的胃在平时用于消化食物;但到了繁殖季节,就会由消化器官完全转变为临时的"子宫"。当雌蛙排卵、雄蛙排精、卵细胞受精之后,受精卵会随着水流全部被雌蛙吞进胃里。受精卵便在胃中分裂、发育,并孵化成蝌蚪,再经变态成为成体的蛙。由于雌蛙的胃担负起子宫的作用,孩子不断长大,使雌蛙的胃也逐渐变得很大,甚至把肺完全压扁,而无法正常的呼吸。

最后,只能依靠皮肤代替肺进行呼吸,供给生存所必须的氧气。

胃蛙"怀孕"的时间大约为 8 个星期,当幼蛙从母蛙张开的嘴中被吐出来时,就可以在妈妈身边游动觅食了。等幼蛙稍长大些后才离开母亲自由生存。

夫妻恩爱的鸬鹚

鸬鹚夫妇情深意厚,恩恩爱爱。清晨,雄鸬鹚替妻子在巢中孵卵,雌鸬鹚出家捕鱼,它一边忙着捕获食物,一边时而回家瞧瞧,给孵卵的丈夫以慰藉。中午时分,雌鸬鹚捕鱼归来,满腹柔情地挨到孵卵的丈夫身边,用长嘴巴轻柔地啄它的羽毛,来表达自己对它的关怀和喜爱,并不时地用嘴巴推它,让丈夫到一旁休息,吃些食物。开始时,雄鸬鹚纹丝不动,它不舍得让妻子来受累。但后来经不起雌鸬鹚的百般劝说,只好慢慢地站起身子,极不情愿地让妻子代替它工作。待丈夫走出家门以后,雌鸬鹚立刻接班,走入巢内孵卵。就这样,它们是轮流值班养育后代。夫妻双方谁都想主动替对方多尽点义务。因此,在鸬鹚家庭里根本不存在互相推诿责任的事。

小鸬鹚出世,它身上长满了白色的绒毛,松松的,软软的,非常惹人喜爱。出世后的小鸬鹚在妈妈肚子下扬起脖子晃动,一方面想讨妈妈的喜欢,另一方面想向妈妈讨点东西吃。每当这时,妈妈便将经过半消化的鱼、虾吐到巢边,让孩子自己慢慢吞吃。一晃十几天过去了,小鸬鹚长大了许多,父母吐出来的食物已不能满足它的需要,它们把头伸到父母的嘴里要吃的,对此,父母一点也不厌烦,总是用力张开嘴巴,叫孩子吃个饱!

鸬鹚之间甜情蜜意,但对孩子却不能始终细心关怀,在家门以内,它们对孩子关怀备至,一旦子女离了家门,它们便不再相认了。假如一只小鸬鹚呆在巢里闷得慌,想到外面逛逛,但是由于它的羽毛没长丰满,腿上没劲儿,既不能飞,也不能走。因此刚一出家门,便翻落巢外,动弹不得。不久,鸬鹚夫妇外出归家,对在巢外挣扎的小鸬鹚视而不见,无动于衷。孩子向它求救,根本不理睬。是妈妈认不出自己的亲生骨肉,还是它对想跳巢的孩子不满意,至今还是个谜。

动物也打征婚广告

琵鹭有一张奇特的嘴巴,只要见过一次便会永生难忘。它的嘴巴长而且直,宽窄不一,中部狭窄,前端特别宽,而且扁扁的,极像乐器琵琶。所以人们才送它这样一个风雅的名字。

琵鹭不仅嘴巴形状特殊,它的繁殖习性更是别树一帜。通常鸟儿都是雄性追逐雌性,而琵鹭却相反,雌鸟去追求雄鸟,向雄鸟求婚。

每年来到繁殖季节,雌鸟开始忙碌起来。不停选择新郎。雌性琵鹭就首先寻找房址,即准备将来建造新房的地址。它停在那里耐心等候,嘴上叼着一根小树枝,有意向周围的琵鹭同伴挥动——这是它的征婚广告。一会儿工夫,有一只雄琵鹭来应征了。它弯曲着脖子,规规矩矩地站在雌鹭面前,像入伍的新兵在接受审查。雌琵鹭对它端详良久,假若对这位郎君并不反感,那么这个情郎便顺势蹲下,恭恭敬敬地向雌琵鹭求婚。雌琵鹭很欣赏面前的这位新郎官,让它蹲在那儿不动;假如讨厌这位痴情者,便立即挥动树枝儿将它赶跑。

结成佳偶、情投意合的雄雌琵鹭避开同伴,开始欢度蜜月。它们喜欢在沼泽地的灌木丛、树丛中筑巢。叼来树枝、草茎,作为建房材料,一根一根地搭窝垒巢。很快它们亲手营造的新居便宣告竣工。

琵鹭不喜欢寂寞,它有几家邻居。白鹭的巢就在琵鹭巢旁。白鹭建巢雄雌鸟同心合力共同施工的。虽然依靠自己的力量完全能够找到足够的材料营造家园,但是它们有时也想偷懒,顺手牵羊地从邻居琵鹭家里拿些树枝条儿。当然这是一种偷窃行为,又是在光天化日之下。日久天长,琵鹭忍无可忍,便开始自卫反击,与胆大包天的白鹭进行搏斗。但是琵鹭胆子太小,不敢恋战,生怕负伤。因此往往以败北告终。白鹭吃过甜头,再也不怕琵鹭虚张声势,有时居然明火执仗地去抢劫。琵鹭无法防御,只有卖劲地多叼些草茎,修补自己的房子。

漂亮的露天舞厅

露天舞厅是园丁鸟的杰作。它在繁殖时期专门修建一座露天跳舞场,用来与情人幽会,完成婚配,繁殖后代。园丁鸟是澳大利亚热带雨林的特产鸟类。它的奇特的繁殖习性吸引不少鸟类学家。每年进入繁殖时期,雄性园丁鸟首先开始修建跳舞场。它在森林中间选择食物充足、水源方便的一块空地,建造露天跳舞场。它开始平整、清理地面,用嘴巴衔走荒草、石块等杂物,使地面干干净净。然后衔些大小一致的树枝,插入跳舞场人口两侧,如同篱笆夹道。在夹道尽头朝阳地面上,再修建跳舞场。跳舞场的地面是用细树枝儿和嫩草茎铺垫的,又松又轻,而且散发一股清香味。还装饰着蓝色的野花和红色的野果。有时候还会点缀几根漂亮的彩色鸟羽,真有点像精心设计的娱乐场。直到满意为止,雄性园丁鸟才开始在自己设计、施工的跳舞场上,载歌载舞,尽情舞蹈。它用优美的舞姿和悦耳的歌声,吸引雌性园丁鸟儿。深居简出的雌性园丁鸟儿,对雄鸟的表演抱有深厚的兴趣,纷纷赶来欣赏。见到异性观众,雄鸟更加兴奋不已,拼命地跳呀、唱呀,不住地将跳舞场上的野果叼在嘴巴上,举起来向雌鸟炫耀。围观的雌鸟终于被它的歌声、舞姿打动了,忘情地跳入舞场,与意中鸟双双起舞,然后和它结成伉俪。

雄雌园丁鸟完成交配以后,雌鸟便与雄鸟分手,独自去筑巢、孵卵、抚育雏鸟。而雄鸟仍然在跳舞场上载歌载舞,招引新的配偶。对雄鸟的喜新厌旧,雌鸟一点也不嫉妒,因为抚育孩子任务非常繁重,它已无心思念爱侣了。

爱情的一半是坟墓

蜘蛛的生活方式一向十分隐蔽,极少叫人知晓。它们的恋爱、婚配、生育也是一个不易弄清的奥秘。

有人研究蜘蛛的生殖,向人们报告说,蜘蛛是运用唱歌、跳舞的方式求婚,追逐异性。这真令人难以置信。人们摇头说,蜘蛛整天在蛛网上爬来爬去,怎么会唱歌、跳舞呢?它只会捕捉飞虫罢了!其实在蜘蛛家族中,能够吐丝结网、捕捉飞虫的蜘蛛,不超过家族成员的一半,另一半是不会织网的。

不会织网的蜘蛛就用歌声来联络异性,表露爱心,达到配对交尾的目的。

蜘蛛的歌声从哪里来?这倒是一个普通人难以解答的问题。昆虫学家发现,它嘴边上有白色的"小棒"。小棒摩擦能发出双音节的颤音,知音者听到这特殊的信号,便向它奔来。有的雄蜘蛛用第一对足叩击地面,发出节奏明快的旋律,像车轮辗地的"轧轧"声,有的雄蜘蛛用肚皮撞击地面,上下一起一伏,每隔3~5秒钟撞击一次,这声音在雌蜘蛛听来如同最动听的华尔兹,爱心立刻为它所启动。

用跳舞来求爱是结网蜘蛛的专长。因为它们舞姿翩翩,但不大会使用歌喉。雄蜘蛛跳舞的舞台,当然是自己编织的那张网。它舞动细脚,用劲儿牵拉蛛网的辐射线,并且有节奏地踏动网丝,好像是节奏急促的小快步舞。雌蜘蛛对于这种快步舞蹈是很为之倾倒的,它对于雄蜘蛛的求婚,感到快活,它早就盼望这位年轻舞蹈家上门求爱。

生物学家认为蜘蛛的这些奇特的求婚方式,是在生存竞争中出现的。由于雌蜘蛛大多数是近视眼,生性又残忍,即使在相爱时也会凶相毕露,一口将情人吃掉,所以爱情生活对于雄蜘蛛来说,一半是"天堂",一半是"坟墓"。它们既然要爱,就需要做为求婚而勇于殉情的准备。长此以往,学得聪明了,不得不采取谨慎的方式,用歌舞试探对方,绝不敢贸然行事。只有当雌蜘蛛心境处在最佳状态时,才敢大胆去求婚。即使如此小心翼翼,还免不了遭到灭顶之灾,真使雄性蜘蛛举步维艰呢。

雄蜘蛛甘愿牺牲之谜

一些蜘蛛交配后雌蜘蛛就会把雄蜘蛛吃掉。但过去人们一直不清楚蜘蛛"新郎"是否自愿作出牺牲。日本科学家的最新研究发现,至少有一种蜘蛛,即圆网蜘蛛,是心甘情愿地让雌蜘蛛吃掉的。这种蜘蛛的雌性蜘蛛比雄性蜘蛛大得多,通常需要交配两次,其中第二次交配受精的可能性最大。当它们第一次交配后,"新娘"就想吃掉"新郎",但很难成功,因为"新郎"尽力地躲避这一厄运。而第二次交配后,当"新娘"再次尝试吃掉"新郎"时,"新郎"并不逃脱,有时还贴在"新娘"身上让其吃掉。科学家解释说,雄蜘蛛甘愿做此"壮举",是为了保证生育后代的营养。

雄蜘蛛甘愿让雌蜘蛛吃掉的行为,在生物学中称为利他行为。所谓利他行为,是指对其他动物有利,对个体本身不利、甚至有害的行为。利他行为又可分双亲行为、质粒行为和社会性昆虫的利他行为。像上述蜘蛛的行为便是双亲行为,这是最突出的一种利他行为。

慈爱又残酷的蝎子

一提起蝎子,常引起人们的恐惧心理,因为它们外形看上去可怕,常常又把人蜇伤产生剧痛,有时还会造成更严重的后果。但是许多人并不了解蝎子生活中的许多趣事,尤其是雌蝎,真可谓又残酷又慈爱的母亲。

蝎子的外表威武不凡,全身披甲,在不分节的头胸部,生有单眼和复眼,另有行动灵活的附肢。第一对在口的两旁,用来协助取食,第二对特别突出,形成巨大的螯肢,似螃蟹的双钳,平时高高举起,是捕捉猎物的工具。后面还有四对敏捷的附肢,是它们快速运动的步足。蝎子的腹部较长,末端逐渐变细,最末端有一尾刺,尾刺内有一个毒腺,生活时蝎子的尾刺常高高翘起,以炫耀自己的凶器。当遇到其他小昆虫时,用钳肢夹住,尾巴一转,将尾刺插入猎物身体,注入毒液,瞬时小动物毙命,成为蝎子的一顿美餐。

日常我们所看到的蝎子都是"未婚青年"一旦交配就意味着生命的结束。雌雄蝎子可以说是一见钟情,很快结成一对,在交配前,你推我让,彬彬有礼。雌雄蝎子常常交臂跳舞,这种举动可持续几个小时,被称为交配前的舞蹈。随后它们这一对"新人"会找一个僻静的地方作为"洞房"。可谁也不会想到,就是这样一对恩爱夫妻,会倾刻反目为仇。当雌蝎交配受精得到满足后,看到身体僵硬的雄蝎时忽然变卦,把雄蝎一口咬死并吞食其皮肉,像个谋杀亲夫的"罪犯"。但雌蝎这一举动从动物学上讲是为了得到怀孕所必须的营养而迫不得已。

雌蝎虽然残忍凶恶,但它在动物界中又是最慈爱的母亲之一。蝎子是胎生动物,雌蝎怀孕,大腹便便,步履艰难。这时雌蝎常深居在穴中,不轻易离开巢穴。数日后雌蝎的背面突然裂开,爬出许多黄色的幼蝎,这些小蝎攀在雌蝎的背上,逍遥自乐。雌蝎则常负子而行外出觅食,保护幼蝎,尽其母爱。一直到幼蝎成长到可独立生活时母子才分道扬镳,各自谋生。有时雌蝎为了让幼蝎尽快长大独立,会将自己的身体贡献出来,让众多的幼蝎吃掉自己以摄取更多的营养,尽快长大。蝎子真是一种又残忍又慈爱的动物,为了养育后代,雌蝎交配后吃掉雄蝎,而幼蝎为了生长又会吃掉雌蝎以报,"杀父之仇",这种奇特的繁殖行为,其目的都是为了更好的繁衍后代,延续种族。

动物学家还发现蝎子有一种奇怪的现象,它们特别怕火,不管是在自然界或是实验室里,一旦蝎子遇到火后,立即藏到隐蔽处,如果在蝎子的周围都是火时,蝎子会立即用毒刺插入自己的身体,自杀身亡。其原因现在仍然不能解释清楚。

雌螳螂吃掉丈夫之谜

螳螂的一对前足,犹如刀斧手高举的大刀,所以有些地区也称它为"刀螂"。无论在热带、亚热带和温带,都有螳螂生存着,其种数在1800种以上。

螳螂是食肉的昆虫，只要是活的小虫，它就捉来吃掉，绝不挑肥拣瘦。因此，就是它自己的"家族"和"晚辈"也一定要时刻留心，否则，就有被吃掉的危险。

螳螂的小嘴，生在三角形头部的下面，从上到下，越缩越小。它那两个"大牙"，既有力又坚硬。据文献记载，日本古时候，在民间曾广泛使用螳螂嘴咬的方法拔除脸上的小瘊子。所以日本民间也把螳螂叫做"拔疣虫"。

螳螂由于它的奇特外形和两种不同速度的生活方式——一个是纹丝不动的欺骗等待，另一个是闪电般地打击，总是被人们看作是一种令人极其迷信、敬畏的生物。

螳螂

在东方人的历史中，则是把螳螂作为勇猛的象征。日本人称它为镰刀，它们的好斗进取气概常与古代日本剑客的名字相关。中国武术中有模仿螳螂动作的拳术。

秋天是螳螂"结婚"的良辰吉日。结婚，按说是应该欢乐的喜事。可是，在螳螂世界里，"结婚"就意味着雄螳螂要大难临头了。在交尾时，雌螳螂会转过头来吃掉雄螳螂的头及前肢。没有了头的雄螳螂还可以继续交尾，因为其躯体中残存的神经组织尚能支配生殖器官的功能。

雌螳螂吃掉雄螳螂，是昆虫生态学中一个非常有名的插曲。如果雌螳螂摄取的食物中含有极为充分的蛋白质的话，雌螳螂本来就不一定要把雄螳螂吃掉。可是，在自然环境里，雌螳螂生理上所需要的蛋白质，光依靠它所能捕捉到的小虫，是远远不够的。雌螳螂为了产出饱满的卵，培育出健壮的后代，至少要吃掉4～5只雄螳螂那么多的蛋白质，才能满足它所需要的养分。尽管雌螳螂是那样"身强力壮"，但是，到了产完卵以后，也是精疲力竭地死去。可以说，它们"夫妻"双双都是为了下一代而献出自己的生命。

雄海马的"分娩"之谜

在热带和亚热带水域近岸地区的海洋中，栖息着一种奇特的小型鱼类，它具有马的面孔，龙的身躯，人们叫它"海马"亦称"龙落子"。海马属于鱼纲海龙科，是一种古怪而有趣的鱼类。

海马不仅长相奇特，它的生育方式也很有趣。雄性海马代替雌性海马担负起了怀孕及生育的职责。雄性海马的尾部下方有一个由两层褶皮连接形成的袋子，叫孵卵袋，到了生殖季节，许多雄海马互相靠近，继而分开，开始了旋转木马般的游动。这种行为是相互刺激而进行的,这样的表演要进行很长一段时间。当它们浮出水面时,孵卵袋由于摇摆的作用而胀起。如果雄性海马脑袋后扬,尾巴低垂并在水底游动,这表明雄性要开始交尾。雄性尾部向前弯曲,使孵化袋收紧,排出袋内的水。然后让水再次注满,这种过程会逐渐激烈而频繁。雌雄海马交配之前也要表演一番,它们作着旋转木马般的游戏,身体相互触碰,由水下至水上,再由水上至水下。这样的舞蹈要持续几个小时。交配时雌性海马把生殖乳头插入孵化袋中,10分钟后,当数百枚桔红色的卵塞满孵化袋,雄性海马便会沉入水底,找块安静的水域照顾它的后代。受精卵经过3周的发育,孵化出小海马,当小海马出生时,它们的爸爸用弯起的尾部缠住水草,身体前后摆动,孵化袋慢慢张开,依靠肌肉的收缩,把小海马一只只地挤出来。每批约1～20只。此时的小海马便要远离父母的保护,在海洋中独立生存了。小海马经过3个月的时间便可以长成成熟个体。

动物计划生育之谜

瑞典的一位动物学家经过长年考察后发现,该国南部生活着数量众多的野兔和以野兔为食的红狐。一旦某段时间里野兔的数量明显减少时,红狐们并不"背井离乡、远走高飞",也不是坐以待毙,而是采取积极的节育措施来减少本族的数量。它们减少参与交配的次数,比正常年景少了一半。那些无缘享受"蜜月"的红狐很顾全大局,自觉地散居在带有后代的狐穴旁边,并不争风吃醋。红狐就是用这种减少繁殖的办法来保存自己的。

蜣螂俗称屎壳郎,全世界共有14500多种,它们大多实行"计划生育"。在产卵之前,蜣螂就为后代的"口粮"忙碌起来。它们挖好一个直径约5厘米、深10～20厘米的地道,地道顶端是宽敞的"贮藏室"。蜣螂们在"贮藏室"里堆满粪球,然后,雌蜣螂开始产卵,它先将大粪球搓成6～7个小粪球,再在每个小粪球上产2～3粒卵,雌蜣螂产满20粒卵就停止了。对于蜣螂的这种习性,人们感到很奇怪,雌蜣螂卵巢内明明不止20粒卵,为什么不多产几粒呢?后来才弄明白,搬运粪球很吃力,小蜣螂又很能吃,为确保每个后代都能茁壮成长,蜣螂不得不用限制产卵的办法来"计划生育"。

栖息在埃及尼罗河两岸的非洲大象,它们非常能面对现实,根据实际情况来决定繁殖的数量。科学家发现,在尼罗河的一侧林木繁茂,野草遍地,生活在这里的大象用不着担心找不到吃的,这里的母象按正常的繁殖周期,每隔4年生育一胎;而在尼罗河的另一侧,沙石遍地,气候恶劣,植物稀少。对在这里生活的大象来说,食物短缺是经常困扰它们的一个大问题,除了减少生育,没有别的良策,它们与河对岸的大象虽是同一种类,但它们要隔9年才生育一胎,以降低"象口"密度来保持食物的供需平衡。

非洲羚羊也懂得"计划生育"其方法令人叫绝。有的母羚羊因一时疏忽,怀胎过早,分娩时将是寒冬腊月,对小羚羊的成长极为不利。母羚羊为了不使小宝宝一生出来就面临饥寒交迫的困境,它们竟能忍受艰苦的"负重",把即将分娩的胎儿留在腹内,推迟分娩时间。待到来年春暖花开时,再让小羚羊降生到这美好的世界。这种奇特的"晚生"本领在动物界是罕见的。

动物的"优生优育"

在大自然中,各种动物之间的生存竞争相当激烈。生物学家发现,一些动物为了更好地生存,也能采用优生、优育的办法来适应环境,有些方法简直令人惊讶。和人类一样,有些动物在选择交配对象时能避开有血缘关系的近亲,从而避免了因近亲繁殖而引起的退化等现象。

那么动物是怎样识别它们血缘关系的呢?科学家发现,动物主要是根据体味、声音等,靠嗅觉、听觉和视觉来辨亲的。英国伦敦医学研究所的布鲁斯博士早就发现,雄鼠尿里有一种特殊的气味,雌鼠一闻到它就能辨别这雄鼠是否为近亲。假如嗅出雄鼠是近亲,雌鼠就不会在雄鼠面前发情,它甚至停止排卵,这样就避免了近亲交配、繁殖。

与人类的进化有近亲关系的灵长类属于高度社会性的动物。它们群居在一起,但本群内不婚配。日本科学家对日本的一些猴群进行长期跟踪,发现几乎所有的雄猴到了性成熟时,都要从群体中离开,到别的猴群寻找配偶,成为人家的"招女婿";而雌猴一直留在群内,直到老死。

海洋中的虎鲸却与此不同,雄虎鲸终生不离开自己的家族。但在本家族内,雌雄兽不交配,只有在两群虎鲸相遇时,雌雄虎鲸之间才会交配。

生长在内蒙古北部草原的野盘羊,体躯健壮,个性凶猛。这种野盘羊本能地忌讳"近亲交配",即使在找不到同类异性的情况下,它们也不会马虎行事。雄性野盘羊如找不到合适的雌野盘羊,就混入家羊群中当"上门女婿"。这样产下的小羊具有家羊和野羊的双重优势。

动物通过这种"开放性"的社会,进行群体之间的交流,这就避免了因近亲婚配在遗传上给后代带来的种种危害。

驼鹿是世界上最大的鹿,每年8~9月是驼鹿的交配期,公驼鹿开始寻觅和追逐母驼鹿。为争夺母驼鹿,公驼鹿间要展开激烈的决斗。母驼鹿选择获胜者结缘交配,这样能保证生下健康的后代。

生息在我国新疆、甘肃荒漠地带的野骆驼,实行"一夫多妻"制。每到冬季婚配季节,一群中只择留一头最强健的雄骆驼为"新郎"。为了选"新郎",驼群内的雄驼要展开一场你死我活的恶斗和厮杀。最后胜者得婚,独占整群"新娘"。经过这样去弱留强的优选法,成立的家庭,生下的后代。无疑是比较强壮的,有利于传宗接代。

海狗聪明且理智,它们雌雄交配都选择在秋天进行,并将产仔控制在翌年开春。因为它们懂得,经过一个夏天大量的捕食活动,到秋天时海狗们都身强力壮,这时交配再理想不过了,有利于胎儿的生长发育。

母熊在夏天交配受精,经过一夏一秋捕食,在体内贮存足够的越冬能量,直到初冬,受精卵才开始发育,使胎儿能得到充足的营养;第二年春才产下一只健壮的小熊。

动物界的"好爸爸"

1. 蟾和鱼的好爸爸

在欧洲瑞士、比利时等国有一种助产蟾,它们的繁殖方式在蟾类中是独辟蹊径的。到了繁殖季节,雌雄蟾一起从河中登上陆地,雄蟾始终紧随雌蟾,不时发出高声鸣叫,激发和引诱雌蟾产卵。当雌蟾产卵时,雄蟾就伏在它背上,充当接生员,把产出的胶质卵粘在自己的腿上。雌蟾产完卵不辞而别,由雄蟾去孵化。雄蟾把长长的卵带缠绕在自己后腿上,爬到阴暗的地洞中。只有到夜间,才到河中洗个澡,顺便把卵浸在水中湿润一下。经过3~4个星期的发育,小蝌蚪即将出生,雄蟾到水中浸水时,把卵散放在水中。不用多久,小蝌蚪就出世了,雄蟾这才放心离去。

雄鲑鱼对儿女的照料可谓是呕心沥血。鲑鱼在河里出生,海里长大,最后又回到江河里产卵。雌鲑鱼一生只产一次卵,每次产下几千颗红色透明的卵,雄鲑鱼就在旁边射出水雾样的精液。然后,拨动沙子和砾石,把鱼卵遮盖起来。雌鱼在产完卵后即无情离去,回游到大海中。守护鱼卵的艰苦任务就落到了雄鲑鱼身上。它日夜守卫,废寝忘食,没有丝毫的懈怠。如有其他动物靠近,它会拼命地咬。3个月过去了,小鲑鱼孵了出来,此时雄鲑鱼也弄得精疲力竭,只剩下几根枯骨了,有的就此死去,有的成了大鱼、水獭的腹中之物,没有一条雄鲑鱼再能回到大海去。

雄刺鱼是鱼类中的慈父。每年春天是刺鱼的产卵季节,雄刺鱼用植物的根茎在浅水处筑好一个窝,在引诱雌鱼到窝里产卵后,就小心翼翼守护在窝旁,任何雄鱼和雌鱼前来,立即被驱逐出境。平时,雄刺鱼用它的鱼鳍频频扇动,以向窝内的卵提供平稳循环的富氧水流。待卵孵化成小鱼了,雄刺鱼就把窝的上部拆掉,方便小鱼出入。如果小鱼游得太远,雄刺鱼还会把它们衔入口中,送回窝里。小刺鱼长大了,雄刺鱼才让它们出去闯荡世界。

2. 鸟类的好爸爸

雄帝企鹅的父爱在鸟类中是很有名的。每年5月末至6月初。雌企鹅产下一枚蛋,把它交给雄企鹅后,向"丈夫"暂时告别,重又回到海洋觅食去了。雄企鹅于是就担当起育儿的重任。它用双脚将蛋捧住,使蛋同下腹部密合在一起,蛋因此免受严寒的侵袭。南极的气温很低,有时降到-50℃雄企鹅昂首伫立在冰上,寸步不移,不吃不喝,依靠体内脂肪的消耗来维持生命。这样坚持60多天,小企鹅终于破壳而出。令人惊讶的是,雄企鹅禁食那么长时间,此时竟能吐出一种蛋白质丰富的奶状汁液,供小企鹅一两天的食用。这无疑是小企鹅的救命粮啊!也恰在这一两天中,雌企鹅从海中归来,接替雄企鹅。获得解放的雄企鹅这才如释重负,立即奔向大海觅食去了。

雄营冢鸟对子女的关心是无微不至的。每年4月,雄鸟就开始大兴土木,它用大爪子不断在地面上挖掘,挖出一个深1米、直径为4.5米的大坑,然后收集来大量的干树叶、干草等放进坑里,上面盖土,一直堆到几米高。几个月后,雌鸟跑来产卵了。这时,在阳光和雨水的作用下,坑中的树叶、干草已腐烂发酵了。雌鸟在腐烂的树叶中间掘一个洞,往里产卵。雄鸟总是把蛋尖头朝下竖在烂叶中,利用树叶腐化的热量孵卵。坑中温度必须控制在 33～34℃,雄鸟每天要作检查。它把脑袋和上半身伸进洞中,就能测出温度的变化。如果温度太高,就扒开一些覆盖在上面的泥土,让里面的热量散发掉一些;如果温度太低,就多堆一些泥土。有时白天扒开泥土,晚上盖上泥土,真是忙得不可开交。经过7 星期孵化,小鸟终于出壳,雄鸟的使命才告结束。

雄秃鹫也是"好爸爸"。雌秃鹫在每年 3 月初产卵,每次产 1～2 枚,雌雄鸟轮流孵化。小鸟出壳后生长缓慢,要 3 个月才能长满羽毛。在此期间,雌鸟是不出巢的,一家的食物,全靠雄鸟张罗猎取。秃鹫的胃口很大,单是一只小鸟,每天就要吃很多肉。雄鸟每天辛辛苦苦四处寻觅,一回到巢边,便立刻张开大嘴,把吞下的食物全部吐出,先给雌鸟吃较大的肉块,然后再耐心地给幼鸟喂腐碎肉浆。雄鸟带回来的食物常常给妻儿吃光,自己只好饿着肚子,再出去捕猎,一直到太阳落山还在空中盘旋,寻找猎食的目标。

非洲的沙鸡生活在沙漠地带,水对它们是个严重问题。小沙鸡的饮水问题全靠沙鸡爸爸解决。刚孵出的小沙鸡还不会飞,只得留在巢中,沙鸡爸爸就飞出去为它们取水。黄昏时分,天气已不太热了,雄沙鸡们出发去远至 30 千米外的地方取水。一到水边,雄沙鸡将身子浸入水中,15 分钟后,带着饱浸水分的身子飞回巢穴。巢中的小沙鸡早已翘首以待了,迫不及待地把喙插入爸爸的胸部和腹部,美滋滋地吮吸羽毛上的水滴。雄沙鸡的羽毛有特殊的高吸水作用,据研究,鸽子般大小的沙鸡,其羽毛能吸入一小杯水。这是沙鸡对环境的一种适应。

3. 兽类的好爸爸

在哺乳动物中,绝大多数是由母兽照料幼仔的,雄兽能当好爸爸的机会较少。不过还是有两位:雄倭狨和雄狼。

生活在南美洲亚马孙河流域热带雨林的倭狨,是世界上最小的猴子,成年时最高也只有 15 厘米。这种小东西可以在人的手掌心里嬉戏,长尾巴盘绕在人的手指上,很受人们喜爱。

倭狨怀孕 150 天后生崽,常常一胎两崽。狨同其他猴类不同,新生下来的小狨是由"爸爸"照应的。雄狨背着小崽整天在热带雨林中活动,陪它玩耍,不时地给小狨理毛,保护它不受任何伤害。小狨要吃奶了,狨爸爸才将小狨送到雌狨身边。一直到小狨能独立生活时,雄狨才让它们离开自己身边。

在所有哺乳类家庭中,就对家庭的贡献来说,雄狼也许是首屈一指的。雌狼生下狼崽以后,雄狼也在洞穴中陪伴妻儿,只有捕猎时才离开洞穴。为使雌狼恢复健康,雄狼为它猎取食物。当小狼断奶之后,雄狼要为它们喂食。捕到猎物后,雄狼常常先把猎物身上的肉咽下,回洞后吐出来喂给小狼吃。在雄狼的精心照料下,小狼茁壮成长起来。

与众不同的"母爱"

1.兽类母子情深

河马长相令人生畏,但母河马对子女很温和,在育仔期间专心致志,时刻守卫在幼仔身边。母河马经常把小河马驮在背上或脖子上,这样小河马既感到安全,又十分惬意。休息时,母河马让小河马躺在自己嘴边,如有蚊子叮咬,母河马用大嘴向小河马身上浇洒河水,把蚊子赶走。当要上岸活动时,小河马摔倒了,母河马用嘴把它推扶上岸。在路上如遇汽车,母河马会以身护卫孩子,甚至向汽车发起袭击。万一有谁胆敢侵犯小河马,母河马会变得十分凶狠,张开血盆大口,把对方吓得落荒而逃。

河马

大熊猫爱独来独往,平时不做窝,等快要做妈妈的时候,母熊猫才找一个树洞或岩穴来作产房。刚生下来的小仔小得可怜,如老鼠般大小,只有150克。当母熊猫外出时,不会把小熊猫留在洞内,它或是叼在口中,或是用前肢抱着。

小熊猫长到半岁才能自己走路,这时熊猫妈妈就要教它学习本领了。母熊猫把小仔抱上大树,放在树杈上自己在树上爬上爬下,一遍又一遍地示范,不厌其烦,千方百计地让仔兽早日学会爬树的本领。

母熊猫常常带孩子到河边去,一边饮水,一边给它洗澡,还要教会它游泳的本领。回到竹林里,母熊猫总是掰又甜又嫩的箭竹给小仔吃。

大熊猫的性情十分温和,从不主动伤害人畜。但是,假若有谁胆敢招惹它的孩子,母熊猫也不讲客气。母子形影不离,又随时进行生活上的示范,直到小熊猫两岁后,母熊猫才让它独立生活。

母海象被认为是哺乳动物中最关心自己子女的母亲。母海象每胎产一仔,产下小海象之后,寸步不离地守护着。小海象在不吃奶的时候,就在母亲旁边玩耍;玩够了,就睡在母海象的背上,这里是最安全的地方。当带仔的母海象在冰上遇见渔民,就立即把仔兽抛入海中,自己也窜入水里,用前肢抱住仔象,潜向深处。有一次,一群海象在冰上休息,捕猎者开枪打死了两头小海象。当第一次枪响后,成年海象全都抬起头来,向四周环视;第二次枪响后,整个海象群都立起来向大海冲去。但两头母海象不愿离开已经死去的仔兽。其中一头母海象把仔兽嗅了一遍,然后用鼻子轻轻推推仔兽,它不明白发生了什么事。当它看见小海象头部流血时,便像人一样哭了起来。它把仔兽推向大海,自己也扑向大海,拼命似地向捕猎者乘坐的小艇游去。它会用獠牙刺进船帮,弄翻小艇为子报仇。捕猎者慌忙开枪,这位母亲也丧了命。如果仔象的母亲被杀死,而小海象侥幸存活,它们会被年轻的母海象收为"义子"或"义女",母海象会跟亲生母亲一样保护它们。

2. 雌鸟呕心沥血育子女

黄腹角雉在树上筑巢,巢的结构非常简陋。雌鸟每窝产卵 2～4 枚,卵比鸡蛋大一些。雌鸟单独承担孵卵和带领雏鸟的任务,担子实在不轻。孵卵季节经常是细雨绵绵的天气,雌鸟得整天伏在巢内给卵加温,常常是连续一两天不离巢,它微微张开双翅,用身体遮挡雨水,以保持巢内的温度。即使是好天气,雌鸟一昼夜也只离巢一次,出去觅食,最多不超过 2 小时。

经过 28 天辛勤的孵育,雏鸟终于出壳。它们一会儿从母鸟的肚皮下探探头,一会儿爬到母鸟背上,片刻之后,又赶快钻到母鸟肚皮下暖身体,因为这时它们还没有保持体温恒定的能力。这个时候,母鸟几乎到了"如醉似痴"的地步,整天紧闭双眼,片刻也不离巢。直到 3 天之后,才带雏鸟下地觅食。这种母爱实在令人感动。

秋沙鸭也是单亲制动物,雌雄鸭交配之后,就分手了。小鸭完全由雌鸭抚养。5 月初,雌鸭忙于筑巢,把巢筑在很隐蔽的河岸边的树根底下,不易被发现。在长达 1 个月的孵化期间,雌鸭每天只去抓一次鱼填肚,其余时间都用来孵卵。如有别的动物靠近鸭巢,它就伸长脖子以示威慑。

到 5 月底,小鸭出壳,它们可在巢内待 24 小时。就在这一天里,它们开始摹仿母亲的动作,它们得很快学会自己捕食。出壳的第二天,小鸭就要离巢。母鸭身先士卒飞到河里,然后呼唤小鸭下水。小鸭有点胆怯,但它们还是鼓足勇气下来了。有时,它们跳下来后过一两秒钟才能恢复清醒。小鸭总是紧随母鸭身后,亦步亦趋,与母鸭寸步不离。母鸭以身作则,不断示范,在水里来回游动,不时潜入水中抓鱼觅食。小鸭都学着妈妈的样子做。就这样,秋沙鸭一代一代地繁衍了下来。

蜂鸟是世界上最小的鸟,它们的生殖季节是在 1 月到 6 月。雌鸟单独担负孵育雏鸟的重任,而不要雄鸟的帮助。当小鸟孵化出来后,母鸟就更繁忙了,它得为儿女准备昆虫、花蜜等食物。由于鸟巢太小,不能在巢中喂食,所以母鸟只能在飞行中给小鸟喂食。这种精致的工作要求蜂鸟在这有限的空间内保持绝对平衡,因为一旦飞行不稳,就会伤害雏鸟。好在蜂鸟有像直升飞机那样悬停在空中的本领,只要小心从事,绝不会出差错。幼鸟的成长需要丰富的蛋白质,它们每天所吃的食物超过自己体重的 1.5 倍。母鸟要不停地去捕捉昆虫、采集花蜜喂它们,很少能停下来喘喘气。

3. 雌鱼含辛茹苦为后代

尼罗河中的淡水鲈,雌鱼产下数百粒卵之后,小心翼翼将卵一粒粒分离开来,然后衔入口中孵化。小鱼的孵化需要两个星期,在这段时间里,雌鲈鱼不吃不喝,光张着嘴艰难地喘气。饥饿使它们的腹部绷紧,肋骨内陷,脑袋越发显得肿大。

刚孵出的小鱼只有 2 毫米大,最初住在母亲口中。不久,雌鱼上下游动,侧着脑袋在河底磨蹭"肿起"的头部,以促使小鱼游出,到外面独立生活。一旦小鱼真的游出母亲的大嘴时,雌鱼又会追上去,重新将其吞入口中。直到雌鱼追不上它们时,雌鱼才放心让它们自己去谋生。每当危险来临时,雌鱼又会以与水面呈10°~20°的夹角低头的姿势向小鱼发出警报,小鱼迅速排成葡萄似的一串,蜂拥进入母亲的口中,雌鱼带着儿女迅速脱离险境。

鱼栖息在1000米深的湖底,体长而扁平,眼睛长在头的上方,嘴巴很小,身体无鳞。到了生儿育女的时候,鱼的慈母行为表现得淋漓尽致。"怀孕"的雌鱼腹中挤满了已经孵化出来的小鱼,它竭尽全力朝湖面游去,为的是能使小鱼顺利产出。由于湖底的压力很大,水面的压力小,当雌鱼接近水面时,压力猛地消失,其肚子爆裂,小鱼得以成群结队地游出,散入湖中。母鱼却为此付出了宝贵的生命。

非洲鲫鱼妈妈对自己的子女非常钟爱,堪称爱子模范。鱼类为了延续种族,一般繁殖力都很强。例如一尾十几千克的鱼,大约能产200万粒卵。但是,多数的鱼妈妈在产卵以后,对它们幼小的后代能否长大成鱼,都不去关心了。鱼卵在天然的水域中,常常遭到敌害的吞食和风浪的袭击,卵孵化率和幼鱼的成活率都很低;而非洲鲫鱼妈妈却与众不同,它们对自己的子女体现出少有的母爱。它们的口腔特别发达,在繁殖期间常把受精卵含在口中,让卵在口腔中孵化,这样既安全,又因呼吸时水流不断从口腔经过,保证了充足的氧气。当仔鱼孵化出来后,雌鲫鱼仍将仔鱼留在口腔里,直到仔鱼能游动时,才肯吐出来。但仍把仔鱼带在身边,一遇敌害,就张嘴一吸,把仔鱼迅速衔入口中。真可谓精心护理,关怀备至。

4. 雌章鱼是好妈妈

在海生动物中,雌章鱼(章鱼不是鱼,是一种软体动物)是位尽职的妈妈。它知道自己要产卵了,就游到一个隐蔽之处缝隙或一个岩洞,用海藻等植物,巧妙地编织成一条条长约15厘米的细绳,细绳附着在岩石上。然后雌章鱼开始在细绳上产卵,产卵期将持续两个星期。一条雌章鱼可产33万粒左右的卵。受精卵经过4~6个星期的孵化期,孵成小章鱼。从编绳这一天起,雌章鱼便不进食,它用全副身心一刻也不懈怠地守护着未来的子女,以抵御外来侵袭。它的警惕性很高,且极为严格,绝不允许别的动物靠近它的窝。有时雄章鱼误入窝边,雌章鱼也会毫不留情地把它咬死。同时,它又不时地用腕足去梳理细绳,以保证卵有足够的氧气。腕足上的吸盘像一只只小吸尘器,雌章鱼用它吸掉卵上的脏物,保持卵的清洁,可防止寄生虫附着。整整两个月,雌章鱼看着自己的子女一个个孵化出来,觉得自己已完成使命,便溘然离世而去。

植物未解之谜

第六章　植物未解之谜

第一节　植物的感觉之谜

植物的"情感"之谜

1966 年 2 月的一天,美国中央情报局的专家巴克斯特在给院子中的花卉浇水时,脑中突然闪出一个古怪的念头:用测谎仪的电极绑在植物叶片上,测试一下,看看水从根部上升到叶子的速度究竟有多快。结果他惊异地发现,当水徐徐上升时,电压渐渐下降,而指示曲线则急剧上升。更有意思的是,这种曲线图形,竟与人类在激动时测到的曲线图形相似极了。

巴克斯特的研究引起了科学界的巨大反响,可是在当时,许多科学家认为难以理解,他们表示怀疑,甚至认为这种研究简直有点荒诞可笑。

不久之后,一位原先根本不相信植物有"感情"的科学家弗格博士,在一次实验中发现,当植物被撕下一片叶子或受伤时,会产生明显的反应。于是,弗格一改原来的观点,在一次科学报告会上指出,植物存在着一种可测量到的"心理活动"。

通俗地说,就是植物会"思考",也会"体察"人的各种感情,假如我们在这一领域进行更深入、更广泛研究的话,还可以按照性格和敏感性对植物进行分类,就像心理学家对人类进行分类那样。

几乎在差不多的时间,前苏联科学家维克多,在探索植物"感情"的研究中,又向前迈进了一步。他先用催眠术控制一个人的感情,将处于睡眠状态的试验者右手,通过一只脑电仪,与附近植物的叶子相连。随后,他对试验者说一些愉快或不愉快的事情,使试验者高兴或悲伤。这时,从脑电仪的记录仪看到,植物和试验者居然产生类似的反应。后来维克多还发现,当处于睡眠状态的人高兴时,植物便竖起叶子,舞动花瓣;当说起寒冷而使试验者浑身发抖时,植物叶片也会索索发抖;倘若试验者万分悲伤,植物便会沮丧地垂下叶子。

一连串神奇的新发现,使科学家们感到越来越难以理解,假如植物确实有丰富的"感情",那么,它岂不是也会像人类那样产生活跃的"精神生活"? 人们对这项研究的兴趣日趋浓厚。

1973 年 5 月,加拿大渥太华大学生物学博士瓦因勃格,每天对一种叫莴苣的蔬菜做 10 分钟超声波处理,结果长势比没受处理的莴苣要好。后来,美国路易斯安那州的一名研究人员史密斯,有意对大豆播放《蓝色狂想曲》音乐,大约 20 天后,听音乐的大豆秧苗重量高出未听音乐的 1/4。显然,植物喜欢听轻松愉快的音乐,也许正是这类音乐激发起了植物的某种"感情"从而促使它们加快生长。

就算植物有"感情",可它们又是怎样表达出来的呢?1983 年,美国华盛顿大学两位生态学家奥律斯和罗兹,在研究受害虫袭击的树木时发现,植物在这样的情况下,不仅会产生"恐惧感",而且还会往空中传播化学物质,对周围邻近的树木传递警告信息。

以上的发现,使我们对植物"感情"的认识大大加深了。最近,英国科学家罗德和日本中部电力技术研究所的岩尾宪三,为了能更彻底了解植物如何表达"感情"的奥秘,特意制造出一种别具一格的仪器——植物活性翻译机。这种仪器非常奇妙,只要连接上放大器和合成器,就能够直接听到植物的声音。

根据大量录音记录的分析发现,植物似乎有丰富的感觉,而且在不同的环境条件下,会发出不同的声音。例如有些植物声音会随房间中光线明暗的变化而变化,当植物在黑暗中突然受到强光照射时,能发生类似惊讶的声音;当植物遇到变天刮风或缺水时,就会发出低沉、可怕和混乱的声音,仿佛表明它们正在忍受某种痛苦。在平时,有的植物发出的声音好像汽笛在鸣叫,有些却似病人临终前发出的喘息声。还有一些原来叫声很难听的植物,受到温暖适宜的阳光照射后,或被浇过水以后,声音会变得较为动听。

研究越来越深入,视野也越来越开阔。可是,尽管有以上众多的实验证据,但关于植物有没有"感情"的探讨和研究,依然没有得到所有科学家的肯定。不过在今天,不管是有人支持还是有人反对、怀疑,这项研究已成为一门新兴的学科——植物心理学,进入到科学殿堂的大门。当然,正因为它是一门刚刚诞生的新学科,里面便有无数值得深入了解的未知之谜。

植物喜欢针刺吗

十几年前,国外有两个生物化学家发现,香蕉、番茄、豌豆等类植物也会有"血脉堵塞"、"神经衰弱"的毛病,有了这些毛病,它们会生长迟缓、产量不高。这时,给植物"电疗"——通过微量电流,就可以使它们恢复健康,并使产量成倍地增加。"电疗"过的桃树,长出的桃子没绒毛,电疗过的黄瓜没有子,洋葱也不会有能使人流泪的辛辣气味。

山西省的果树专家发现,苹果树的"黄化失绿症"是因为缺铁。他们就配了一种补铁的药液,然后像给人打针那样,把药液注射进树的主根部位。不过 3 天,就使树叶重新恢复了绿色。这一成就在世界上居领先地位。

除了可给植物用电疗和打针治病外,试用的另一新方法是为植物针刺。我国江南有些老农民从经验中得知,若用两根很细的竹签,刺在玉米靠根茎部的"节巴"处,这玉米就能长得分外粗壮,结出的玉米棒子也比没有针刺过的玉米多得多。研究人员认为:从光合作用得来的营养物质,在针刺的作用下,较多地留给了开花结果的部位;同时,针刺也加速了植物的细胞分裂。所以,产量就高了。

巴西和别的一些国家的生物学家应用中国针灸的方法,在植物的栽培过程中施行针刺,也收到了良好的效果。他们用普通的小针或别针,"凭直觉"将针准确地刺在树与干之间形成的内角上,并把这针留在上面达两个月。这期间不再喷洒农药或其他化学杀虫剂。结果是,针刺后的植物,花卉开的花朵更多,果树的产量成倍增加,桉树、松树则生长得更加茂盛。看来,植物是喜欢针刺的。

为什么针刺能使植物长得好、产量高?科学家至今还没有更完善的解释。有志于研究植物的青少年朋友,希望你也来参加探索其中的科学奥秘吧!

植物也会"气喘吁吁"吗

当环境空气受到污染或气压发生急剧变化时,人们常感到胸闷或呼吸困难,年老体弱者甚至呼吸加快,气喘吁吁。植物在受到空气污染时会"气喘吁吁"吗?

国内外学者在研究空气污染对植物的影响时,发现污染物不仅能造成植物外部形态的可见伤害,如叶片伤斑、果实变小、植株生长减缓甚至死亡等,而且对植物叶片内部细胞的生理生化活动也会造成一系列看不见的影响,如光合能力下降、叶绿素含量减少、细胞膜透性增大、酶的活性改变等。特别有趣的是,多数植物在受到空气污染时,也会表现出呼吸强度增大的"气喘吁吁"现象。有人将多种植物置于一定浓度的有害气体(氯气)的环境中,经过一段时间的"熏气"处理后,绝大多数植物的呼吸强度有了明显的增加,其中雪松、桧柏、中山柏等植物叶片的呼吸强度在"熏气"后提高了一倍多,女贞、瓜子黄杨、铅笔柏等植物提高20%~60%。植物为什么在受到空气污染时也会"气喘吁吁"增大呼吸强度?目前还没有一个令人信服的解释,有待人们去进一步揭秘。

植物对空气污染的"气喘吁吁"反应,是植物对不良生存环境的应变反应。利用这种反应人们可以了解污染物对植物的危害和影响情况。

植物的音乐细胞

植物除了对营养物质的需求以外,也有对"精神生活"的"需求"。

加拿大安大略省有个农民,做过一个有趣的实验,他在小麦试验地里播放巴赫的小提琴奏鸣曲,结果"听"过乐曲的那块实验地获得了丰产,它的小麦产量超过其他实验地产量的66%,而且麦粒又大又重。

50年代末,美国伊利诺伊州有个叫乔·史密斯的农学家在温室里种下了玉米和大豆,同时控制温度、湿度、施肥量等各种条件,随后他在温室里放上录音机,24小时连续播放著名的《蓝色狂想曲》。不久,他惊讶地发现,"听"过乐曲的籽苗比其他未"听"乐曲的籽苗提前两个星期萌发,而且前者的茎干要粗壮得多。史密斯感到很出乎意料。后来,他继续对一片杂交玉米的试验地播放经典和半经典的乐曲,一直从播种到收获都未间断。结果又完全出乎意料，这块试验地比同样大小的未"听"过音乐的试验地，竟多收了700多公斤玉米。他还惊喜地看到，"收听"音乐长大的玉米长得更快，颗粒大小匀称，并且成熟得更早。

如果能在农田里播放轻音乐，就可以促进植物的成长而获得大丰收，这似乎不是遥远的事情了。美国密尔沃基市有一位养花人，当向自家温室里的花卉播放乐曲后，他惊奇地发现这些花卉发生了明显的变化：这些栽培的花卉发芽变早了，花也开得比以前茂盛了，而且经久不衰。

这是一株番茄，它的枝干上还悬着个耳塞机，靠近它可以听到里面正传出悠扬动听的音乐。奇迹出现了，这株番茄长得又高又壮，结的果实也又多又大，最大的一个竟有2公斤。原来番茄也喜欢听音乐呢。

那么，它到底喜欢听哪种音乐呢？人们继续做实验，对一些番茄有的播放摇滚乐曲，有的播放轻音乐，结果发现，听了舒缓、轻松音乐的番茄长得更为苗壮，而听了喧闹、杂乱无章音乐的番茄则生长缓慢，甚至死去。原来番茄也有对音乐的喜好和选择。

几乎所有的植物都能听懂音乐，而且在轻松的曲调中苗壮成长。

甜菜、萝卜等植物都是"音乐迷"。有的国家用"听"音乐的方法培育出2.5公斤重的萝卜，小伞那样大的蘑菇，27公斤重的卷心菜。

科学工作者还发现，不同植物有不同的音乐"爱好"。黄瓜、南瓜"喜欢"萧声；番茄"偏爱"浪漫曲；橡胶树"喜欢"噪声。美国科学家曾对20种花卉进行了对比观察，发现噪音会使花卉的生长速度平均减慢47%，播放摇滚乐，就可能使某些植物枯萎，甚至死亡。

植物听音乐的原理是什么呢？原来那些舒缓动听的音乐声波的规则振动，使得植物体内的细胞分子也随之共振，加快了植物的新陈代谢，而使植物生长加速起来。

植物的眼睛

20世纪初，欧洲的植物学家忽略了植物"眼睛"的作用，结果吃了大亏。起先，他们千方百计培育只长叶子不开花的烟草，以提高烟叶产量。但不开花就得不到好的烟草种子，人们只能在冬天到来之前把烟草搬入温室，让烟草在温室里开花结籽。烟草为什么只在温室开花？多次的实验证明，是光照的长短影响了烟草的开花。

20世纪50年代，我国东北的试验田曾试种过来自南方的水稻良种，它们长得像牧草那样茂盛，可就是不抽穗扬花，最后弄得颗粒无收。而东北的水稻良种引种到南方，往往连种子都捞不回来。这些都是忽略了植物"眼睛"的缘故。

近年来，植物学家加紧了对植物"眼睛"的研究，从而发现全世界的植物可分为白天光照需超过12小时和少于12小时的长日照植物、短日照植物以及对光照并不苛求的中性植物。科学家还发现植物"眼睛"比较喜欢天然阳光，而且各类植物偏好不同的光，譬如，清晨浅红色的阳光能使生菜籽发芽，黄昏时暗红的阳光则使发芽停顿。

经过不懈的努力，最近人们终于从植物细胞内提取出含量甚少（30万棵燕麦苗中只含几克)的感光视觉色素——一种带染色体的蛋白质,它就是植物的"眼睛"。染色体使蛋白质呈现蓝光,因而使"眼睛"具有吸收光的能力,对不同波长的光作出化学反应。如藻类能对红光、橙光、黄光和绿光都产生反应。清晨当太阳升起时,"眼睛"看到了浅红光就显得异常活泼。黄昏时分天边出现暗红色,视觉色素变得迟钝,植物就闭上了"眼睛"。

进一步研究还发现,因为有了"眼睛",植物的全身有着灵敏的感觉系统,对光产生各种反应:有一种藻类用"眼睛"根据光照的强弱和角度,在水中游动,甚至可以旋转90°。一些蓝藻为了寻找适宜的光照,还能在水中漫游,邻近的植株遮住了光线,"眼睛"就"命令"植物尽快生长,超过障碍,以求得充足的阳光。

人们利用细胞生物学的最新成果找到了植物的"眼睛",但对它的了解尚嫌粗浅,要彻底揭开这个秘密,还得依靠科学家们的不懈努力。

植物也有血型

人类与动物都有血型,这是人人皆知的。因为人和一些动物的血液是红色的,里面有红细胞,在红细胞的表面有一种特殊的抗原物质,它决定了血液的类型(即血型)。但是植物没有红色的血液,也没有红细胞,为什么会有血型呢?

科学家通过研究发现,植物体内有类似于人的附在红细胞表面上的血型物质,即血型糖。人体的血型也是由血型糖来决定的,O型血、A型血、B型血,分别由岩藻糖、N→乙酰→D→半乳糖、D→半乳糖所决定。植物体内也有和人类这些血型物质相同的东西,其中以红色果实的植物中数量最多。科学工作者还发现,大多数植物的种子和果实都含有血型物质,并且植物的血型物质在果实成熟和发育过程中,从无到有逐渐增多,到发育成熟后,血型物质便达到最高点。

植物血型之谜,虽然目前还没有全部揭开,但是已开始在侦破案件中应用。据报道,前不久在日本中部地区的某县里发生了一次车祸,一名儿童被撞伤,但是肇事司机把车开跑了。后来警察在一个乡村发现了这辆汽车,经过验证轮子上的血型,除了有被撞儿童的O型血外,还有B型血和AB型血。当时警察认为,这辆汽车除了撞伤这位儿童外,还撞伤或撞死过其他人,但司机只承认撞伤了那名儿童,不承认还撞过其他人。后来经过科学研究所的验证,原来其余两种血型是植物的血型,这样才使案件得到正确处理。此外,植物血型还能帮助破案。比如,根据遇害者胃里的食物化验结果,可以知道死者在遇害前吃过什么东西,从而可发现破案线索。

对植物血型的探索,还只是刚刚揭开帷幕,植物体内为什么会存在血型物质,血型物质对植物本身有什么意义等问题,还没有完全弄清楚,尚待科学家们去进一步研究和探索。随着研究工作的不断深入和进展,人们也将会揭示出植物血型在其他方面的广泛用途。

如何鉴定植物的血型

据生物学家研究,不同动物的血型也不同。比如,啮齿目动物有AB血型,食肉目动物有 OAB 血型，鱼类有 A 血型，等等。那么植物呢？由于植物没有红细胞，所以判断植物的血型只能用别的办法。这时，人们注意到人体的唾液。因为在人类的唾液中也存在血型物质，所以只要化验出唾液中的血型物质，同样也能判断出人的血型来，植物能不能通过化验体内某些成分来鉴定血型呢？答案是肯定的。植物的血型物质多半存在于种子的部分蛋白质中，因此只要用仪器检验蛋白质的类型，就能推断出植物的血型。

人们化验了 600 多种植物，结果发现约有 10% 的植物具有血型。这些植物的血型以 O 型居多，比方说，萝卜、芜菁、葡萄、卫矛、地锦草、槭、山茶都是 O 型血；而梧桐、玉米、葫芦等为 A 型血；罗汉松则为 B 型血；相当于 AB 型血的则有金银花、李、荞麦、香蒲、珊瑚、椴木等。但同是枫树，却有 O 型血和 AB 型血之分。秋天叶子变红的枫树为 O 型血，叶子泛黄的枫树则为 AB 型血。

植物中拥有 Lewis 血型的多达 40%，这些植物中，既有羌活、蒲公英、芹菜、芦苇、大虎杖和烟草，也有葱、咖啡和土当归。

更令人注意的是，在萝卜种子的成长过程中，原本不存在血型物质的种子，发芽以后竟然在幼叶和幼根上出现了活性很强的血型物质。然而，随着萝卜的继续生长发育，血型物质居然从萝卜的主根上消失了，产生这种现象的原因何在，人们还在探索。

此外，法国科学家克洛德·波亚德发现，在玉米、油菜、烟草等植物体中，含有类似人体血红蛋白的基因。这表明植物也有造血功能，如果再把铁原子加入其中，就可以制造出人体需要的血红蛋白。血红蛋白是红细胞的重要组成部分，它易于与氧结合和分离，因此具有输送氧的功能。

利用植物制造人体所需的血液如果变成现实，那么人类拥有的血库就是整个植物界，这个血库的血几乎对每一个人都是合适的，并且不带艾滋病毒、肝炎病毒等人血隐患。

植物的"朋友"和"敌人"

别看植物不会动作、不会言语，但很多脾气还同人类有相通之处呢。它们喜欢和朋友们生活在一起。同朋友们生活在一起的时候愉快、健康、茁壮成长；而一旦同不喜欢的甚至"敌人"相遇时，它们之间就会彼此厌恶、争斗，弄得个你死我活。如苹果和樱桃种在一起，大家都会长得很好；把铃兰和丁香放得很近，丁香就会很快凋萎；而芹菜和甘蓝碰在一起，谁也没有好下场。这是怎么回事呢？

原来，在植物的生长过程中，它们的根、茎、叶、花等器官会分泌出一些物质。这些物质对它周围生长着的其他植物都存在着一定的有利的或不利的影响。如大蒜发出的气味，蚜虫就很害怕，将棉花和大蒜种在一起，就会使棉花增产。洋葱有"田间大夫"的美名，它身上发出的气味能杀死小麦黑穗病孢子和豌豆黑斑病菌，它们种在一起会相处得很好。葡萄园里种植紫罗兰，彼此不仅能友好相处，而且结出的葡萄香味更浓。卷心菜与莴苣为伍，莴苣散发出的刺激性气味，会把卷心菜的大敌——菜粉蝶驱赶"出境"。

相反,有些植物性情不合,有的还不共戴天,这样的事例也不胜枚举。胡桃树分泌的胡桃醌会伤害相邻的苹果树和番茄、马铃薯等,严重者可造成死亡;苹果园里种芹菜,也会弄得两败俱伤;黄瓜和番茄也是对头,种在一起会同归于尽;柏树旁植梨树,柏树散发的气味能使梨树落花落果,一无所获;玫瑰花和木犀草相遇,玫瑰花便拼命排斥木犀草,木犀草则在凋谢后释放出一种特殊的物质,使玫瑰花也中毒而死;下小雨的时候,雨水从紫云英的叶面往下滴,紫云英叶上含有一种叫硒的物质也溶进水里,周围的植物接触到有硒的水滴,就会被毒死。

植物界这种例子还很多,我们可以利用它们之间的相互关系来进行科学的种植,取得最好的生态效应和经济效益。

植物的"特异感觉"

随着科技的进步,越来越多的发现证明植物是一种极其复杂的"活机体"。它们也可能得"感冒"、"消化不良"、"皮肤病"、"传染病"甚至"癌症"。

植物还具有模仿能力。为了在传粉期间吸引昆虫前来传粉,有的植物会散发出一种尸臭味,诱使苍蝇、甲虫等前来产卵,借机传粉,可在平时,植物则根本没有这种气味。植物的模仿也证明了植物存在"嗅觉"。

植物具有感觉。尽管工作原理不同,但是植物的感觉还是敏锐的,有的植物为了避免长时间光照造成的伤害,能使自己"休克",或者疲倦地睡着了。

同动物一样,植物也是自然发展的产物,尽管存在的形式不同,它们毕竟来自同一祖先——活细胞,因此植物具有疼痛感。当折断植物的枝、叶时,测定的电位差出现电压跃变,就好像受难哑巴的哀哭。如果用镇静剂处理伤口,植物居然神奇地安静下来。

植物运动也千姿百态,像合欢树叶的开合、含羞草叶的闭合、还有会跳舞的"舞草",都给人美妙的感觉。

另外,几乎所有的植物都可对磁场的微妙变化做出反应,有一种植物的叶子可指向四个标准方向。

植物的喜怒哀乐

科学家们经过研究发现,植物有类似"喜、怒、哀、乐"的现象。

"喜"美国有两名大学生,给生长在两间屋里的西葫芦旁各摆了一台录音机,分别给他们播放激烈的摇滚乐和优雅的古曲音乐。8个星期后,"听"古典音乐的西葫芦的藤蔓朝着录音机方向爬去,其中一株甚至把枝条缠绕在录音机上:而"听"摇滚乐的西葫芦的藤蔓却背向录音机的方向爬去,似乎在竭力躲避嘈杂的声音。你可以通过这个实验明显看出,植物对轻柔的古典音乐有良好的反应。

"怒"美国测谎器专家巴克斯特进行了一次有趣的实验:他先将两棵植物并排放在同一间屋内,然后找来六名戴着面罩,服装一样的人,他让其中一人当着一棵植物的面将另一棵植物毁坏。由于"罪犯"被面罩遮挡,所以,无论其他人还是巴克斯特本人,都无法分清谁是"罪犯"。然后,这6人在那株幸存的植物跟前一一走过。当真正的"罪犯"走到跟前时,这棵植物通过连接在它上面的仪器,在记录纸上留下了极为强烈的信号指示,似乎在高喊"他就是凶手!"可以说植物的这种反应,与人类的愤怒有些类似吧。

"哀"巴克斯特还做了另外一个实验,他把测谎器的电极接在一棵龙血树的一片叶子上,将另外一片叶子浸入一杯烫咖啡中,仪器记录反映不强烈。接着,他决定用火烧这片叶子。他刚一点燃火苗,记录纸上立刻出现强烈的信号反应,似乎在哭诉:"请你放过这片叶子吧,它已经被烫得很难受了,你怎么忍心再烧它呢?"

"乐"日本一些生物学家用仪器与植物"通话"获得成功,当他们向植物"倾诉""爱慕"之情时,植物会通过仪器发出节奏明快、调子和谐的信号,像唱歌一样动听。印度有一个生物学家,让人在花园里每天对凤仙花弹奏25分钟优美的"拉加"乐曲,连续15周不间断。他发现"听"过乐曲的凤仙花的叶子平均比一般花的叶子多长了70%,花的平均高度也增长了20%。现代科学技术的发展,不断给人们提出一些新的课题,按我们已有的知识仅仅能将这类现象归结于植物的应激性,但要说明各种现象的机理,恐怕还需要后人不断地探索。

植物能发出呼救信号

20世纪70年代的一天,一位澳大利亚科学家在一块旱情严重的大田里意外地听到了受旱庄稼"咔嗒咔嗒"的紧急呼救声,进一步测量后,人们发现呻吟声竟是由植物体内导管震动所引起的。一位英国教授重复澳大利亚人的实验,他将微型话筒放在植物基部,也听到了植物的呼叫声。

1980年,美国亚利桑那大学的威廉·金斯勒及其同事,在一个干旱的峡谷中用遥感装置监听植物生长发出的电信号时,发现植物在进行光合作用时会发出特殊的电信号。尔后,科学家在研究受害虫袭击的柳树时发现,这些植物会向周围树木呼救,其形式为散布挥发性的化学物质。

最近,英国学者罗德和日本专家岩尾宪三为了更彻底地了解植物"语言"的奥秘,特意制造出一种别出心裁的"植物活性翻译机"。这种机器只要连接放大器和合成器,人就能直接听到植物发出的形形色色的声音。当处在黑暗中的植物突然受到强光照射时,就会发出表示"惊讶"的声音;当植物遇到变天或缺水时即发出低沉、可怕、混乱而又"痛苦"的声音。原先叫声难听的植物经受阳光的照射或雨水浇灌后,声音就变得轻松多了。植物活性翻译机不仅可用于测量植物对环境污染的反应和诊断植物本身的疾病,而且还可用作人类与植物"对话"的工具。

植物也需要睡眠吗

每逢晴朗的夜晚,我们只要细心观察周围的植物,就会发现一些植物已发生了奇妙的变化。比如公园中常见的合欢树，它的叶子由许多小羽片组合而成，在白天舒展而又平坦，可一到夜幕降临时，那无数小羽片就成对成对地折合关闭，好像被手碰撞过的含羞草叶子，全部合拢起来，这就是植物睡眠的典型现象。

有时候，我们在野外还可以看见一种开着紫色小花、长着三片小叶的红三叶草，它们在白天有阳光时，每个叶柄上的三片小叶都舒展在空中，但到了傍晚，三片小叶就闭合在一起，垂下头来准备睡觉。花生也是一种爱睡觉的植物，它的叶子从傍晚开始，便慢慢地向上关闭，表示白天已经过去，它要睡觉了。以上只是一些常见的例子，会睡觉的植物还有很多很多，如酢浆草、白屈菜、含羞草、羊角豆等。

不仅植物的叶子有睡眠要求，就连娇柔艳美的花朵也要睡眠。例如，在水面上绽放的睡莲花，每当旭日东升之际，它那美丽的花瓣就慢慢舒展开来，似乎刚从酣睡中苏醒，而当夕阳西下时，它又闭拢花瓣，重新进入睡眠状态。由于它这种"昼醒晚睡"的规律性特别明显，才得此芳名"睡莲"。

各种各样的花儿，睡眠的姿态也各不相同。蒲公英在入睡时，所有的花瓣都向上竖起来闭合，看上去好像一个黄色的鸡毛帚。胡萝卜的花，则垂下头来，像正在打瞌睡的小老头。更有趣的是，有些植物的花白天睡觉，夜晚开放，如晚香玉的花，不但在晚上盛开，而且格外芳香，以此来引诱夜间活动的蛾子来替它传授花粉。还有我们平时当蔬菜吃的瓠子，也是夜间开花白天睡觉，所以人们把它俗称为"夜开花"。

植物睡眠在植物生理学中被称为睡眠运动，它不仅是一种有趣的现象，而且还是一个科学之谜。植物的睡眠运动会对植物本身带来什么好处呢？这是科学家们最关心的问题。尤其最近几十年，他们围绕着睡眠运动的问题，展开了广泛的讨论。

最早发现植物睡眠运动的人，是英国著名的生物学家达尔文。100多年前，他在研究植物生长行为的过程中，曾对69种植物的夜间活动进行了长期观察，发现一些积满露水的叶片，因为承受到水珠的重量而运动不便，往往比其他能自由自在运动的叶片容易受伤。后来他又用人为的方法把叶片固定住，也得到相类似的结果。在当时，达尔文虽然无法直接测量叶片的温度，但他断定，叶片的睡眠运动对植物生长极有好处，也许主要是为了保护叶片以抵御夜晚的寒冷。

达尔文的说法似乎有一定道理，可是它缺乏足够的实验证据，所以一直没有引起人们的重视。直到本世纪的60年代，随着植物生理学的高速发展，科学家们才开始深入研究植物的睡眠运动，并提出了不少解释它的理论。

起初，解释睡眠运动最流行的理论是"月光理论"。提出这个论点的科学家认为，叶子的睡眠运动能使植物尽量少遭受月光的侵害，因为过多的月光照射，可能干扰植物正常的光周期感官机制，损害植物对昼夜长短的适应。

然而，使人们感到迷惑不解的是，为什么许多没有光周期现象的热带植物，同样也会出现睡眠运动，这一点用"月光理论"是无法解释的。

后来科学家们又发现，有些植物的睡眠运动并不受温度和光强度的控制，而是由于叶柄基部中一些细胞的膨压变化引起的。例如,合欢树、酢浆草、红三叶草等,通过叶子在夜间的闭合,可以减少热量的散失和水分的蒸腾,起到保温保湿的作用,尤其是合欢树,叶子不仅仅在夜晚会关闭睡眠,在遭遇大风大雨袭击时,也会渐渐合拢,以防柔嫩的叶片受到暴风雨的摧残。

这种保护性的反应是对环境的一种适应,与含羞草很相似,只不过反应没有含羞草那样灵敏。

随着研究的日益深入,各种理论观点一一被提了出来,但都不能圆满地解释植物睡眠之谜。正当科学家们感到困惑的时候,美国科学家恩瑞特在进行了一系列有趣的实验后提出了一个新的解释。他用一根灵敏的温度探测针,在夜间测量多花菜豆叶片的温度,结果发现,呈水平方向(不进行睡眠运动)的叶子温度,总比垂直方向(进行睡眠运动)的叶子温度要低1℃左右。恩瑞特认为,正是这仅仅1℃的微小温度差异,成为阻止或减缓叶子生长的重要因素。因此,在相同的环境中,能进行睡眠运动的植物生长速度较快,与那些不能进行睡眠运动的植物相比,它们具有更强的生存竞争能力。

植物睡眠运动的本质正不断地被揭示。更有意思的是,科学家们发现,植物不仅在夜晚睡眠,而且竟与人一般同样也有午睡的习惯。小麦、甘薯、大豆、毛竹甚至树木,众多的植物都会午睡。

原来,植物的午睡是指中午大约11时至下午2时,叶子的气孔关闭,光合作用明显降低这一现象。这是科学家们在用精密仪器测定叶子的光合作用时观察出来的。科学家们认为,植物午睡主要是由于大气环境的干燥和炎热。

午睡是植物在长期进化过程中形成的一种抗御干旱的本能,为的是减少水分散失,以利于在不良环境下生存。

由于光合作用降低,午睡会使农作物减产,严重的可达三分之一,甚至更多。为了提高农作物产量,科学家们把减轻甚至避免植物午睡,作为一个重大课题来研究。

我国科研人员发现,用喷雾方法增加田间空气湿度,可以减轻小麦午睡现象。实验结果是,小麦的穗重和粒重都明显增加,产量明显提高。可惜喷雾减轻植物午睡的方法,目前在大面积耕地上应用还有不少困难。随着科学技术的迅速发展,将来人们一定会创造出良好的环境,让植物中午也高效率地工作,不再午睡。

音乐为什么能促进植物生长

我们都知道动物(包括人类)的体内有一块音乐区,能感受音乐的作用。法国的植物学家兼音乐家斯特哈默通过生动的试验证实:植物对音乐也相当敏感。他通过给番茄树每天弹奏3分钟的特定曲目,使得该树的生长速度提高了2.5倍,而且长出的番茄既甜且耐害虫。

那么,音乐为什么会促进植物的生长呢?

音乐能够促进植物生长是因为声波刺激的作用。我们都知道,植物叶片的表面分布了许多的气孔。气孔是植物和外界环境进行气体交换与蒸发水分的一个"窗口"。当音乐播放之后,音乐的旋律经过空气传播会产生有节奏的声波,这振动刺激植物叶片表面的气孔,可以增大气孔的开放度。气孔增大之后,植物增加吸收了光合作用的原料——二氧化碳,使得光合作用更加的活跃,合成的有机物质不断增加了:与此同时,植物的呼吸作用也得到了增强,为植物的生长提供了更多的能量,这样植物就显得生机勃勃了。

科学家们推测,植物所以会产生反应,是由于音乐的声波引起植物机体有节律地振动的结果。而这种低频率的振动,刺激了植物机体中细胞的分裂速度,加速了生长过程。例如,播送摇滚乐曲却使某些植物枯萎甚至死去。

知道了音乐可以促进植物的生长,科学家受到了启迪:假如摸索出各种植物在不同的生长时期对于音乐的爱好,再创造出适合于它们所需的各种乐曲。不就可以进一步的提高农业的产量了吗?目前,植物生理学家正在深入实地研究不同的植物对不同的乐曲旋律的感应,频率多少才适当,不同生长期对音乐的需求是否一样。

如果这个奥秘完全揭开,人们就可能通过某种途径,满足农作物对"音乐"的需求,来达到农作物增产的目的。甚至在培育农作物优良品种方面,开辟又一条"捷径"。

植物的针刺记忆之谜解疑

科学家们在一种名叫三叶鬼针草的植物身上,进行了一项有趣的实验。结果证明,有些植物不仅具有接收信息的能力,而且还有一定的记忆能力。

这项实验是法国克累蒙大学的科学家设计的。他们选择了几株刚刚发芽的三叶鬼针草,整个幼小的植株,总共只有两片形状很相似的子叶。一开始,科学家们用4根细细的长针,对右边一片子叶进行穿刺,使植物的对称性受到破坏。过了5分钟后,他们用锋利的手术刀,把两片子叶全部切除,然后再把失去子叶的植株放到良好的环境条件中,让它们继续生长。

大约5天之后,意想不到的有趣情况发生了,那些曾经受到针刺的植株,左边(没受过针刺的一边)萌发的芽生长很旺盛,而右边(受过针刺的一边)的芽生长明显缓慢。这个结果表明,植物依然"记得"以前那次破坏对称性的针刺,没"忘记"针刺给它带来的痛苦。

以后,科学家经过一次又一次实验,发现了更多的证据,他们甚至已经知道,植物的记忆力大约能保持13天。

植物怎么会有记忆呢?科学家们解释说,植物没有大脑,也没有中枢神经,它的记忆当然与动物有所不同,也许是依靠离子渗透补充而实现的,但这仅仅是推测,应当说,关于植物记忆的问题,在目前还是一个没有被彻底解开的谜。

植物的生殖器官

《论植物的性别》一书中提出植物有性别的观点,它的阴性器官的阴部、阴道、子宫及卵巢的功能如同妇女的生殖器。植物的阳性器官的阴茎、阴茎头、睾丸如同男性的生殖器官，也能射出数十亿的精虫撒向空中。但是这些具体名称很快被18世纪的权力机构用一套几乎不可逾越的拉丁用语掩饰下来。他们把唇形的阴门的名称改换成"柱头"，把阴道称之为"花柱"，阴茎和阴茎头改名为"花丝"、"花药"。这种偷梁换柱的行为便把植物的性别特点掩饰了。

植物性器官经过漫长年代的进化，由于常常面临瞬息万变的气候，创造了最灵活、最精巧的交配方式。如：夏天每粒玉米在玉米棒上都是一个小卵胚珠，围着玉米棒丛生的每根玉米丝就是一个独立的阴道，准备吸收由风带来的花粉精子，伸长的阴道可以蠕动，使棒上的每颗玉米受孕。植物上的每颗种子都是独立受孕的结果。烟草的每一个小囊平均有2500颗种子，它要受孕2500次，而所有这些均得在24小时内，在直径不到1.5毫米的空间里发生。

许多植物的花粉释放出一种香气，极像动物和人类射出的精液。花粉，像动物和人类的精液一样，几乎是以同样的形式精确地承担此功用的。它进入植物的阴部，沿着整个阴道(叶鞘)来回游动，直到进入子房与胚珠结合为止。花粉管用一种极巧妙的方法自行拉长。像动物与人一样，某些植物的性感是由气味引起。某些苔藓的精子是用晨露携带寻求阴性，它由一种苹果酸引导，导向一个精巧的杯状底部，在杯底有许多待受精的苔藓蛋。另一方面，蕨类植物的精子喜欢糖分，是在有甜味的水中寻找阴性。

一般草类和谷物的交配是由风做媒，其他大多数植物则由鸟、昆虫来帮助交配。花朵在准备好进行交配时，则散发出一股有力而诱人的香味，能招引大群蜜蜂、飞鸟和蝴蝶，以传播花粉。那些未得到交配的花朵，可以散发香味达8天之久，或者一直散发到枯萎凋零。然而一旦受孕，则立即停止散发香味，通常是不到几小时即停止。

有些植物在性方面的失意会逐渐将香味转化为恶臭。一株植物准备受孕时，其阴性器官内还会发出热来。法国著名植物学家布隆尼亚尔在测验一种栽培在暖房中的有美丽叶子的热带植物时，首先指出了这种现象。它种的植物在开花时温度增高。他发现，这种现象持续6天重复出现，每天是下午4~6时。布隆尼亚尔还发现，在受孕的时间内拴在阴性器官内的小小温度计测出：它与植物的任何其他部分的温度相比，增高11℃。

意大利自然科学家罗利斯，在尼日利亚丛林深处的印第安人居留地，发现了一棵奇异的树。它高约4米，茎长42厘米，茎的顶端竟长有一个"性器官"。罗利斯对它进行了18个月的观察。

这棵奇树没有花蕾，它的35朵花都是从"性器官"分娩出来的，就像动物生育后代一样。分娩后15天，鲜花开始枯萎，树的"性器官"也开始收缩。到12月，尼日利亚夏天来临时，才重新分娩。这棵树的果实也在"性器官"内成熟，就像母体内的胎儿，生长期长达9个月，它的外胎呈灰色，草质，内有果肉和几颗核，成熟后就离开母体。但种子没有生命力，不会发芽生长。罗利斯把这棵树命名为"妇女树"。他认为"妇女树"大概是印第安人从密林中其他同类树上切树芽移植到居留地，经过精心培育而成活的。为了证实这一设想,罗利斯在森林中徒步跋涉 500 多公里,终于发现了两棵同类的"妇女树",并证实了这种树非常稀有,濒于绝种。这种奇树已引起了植物界的重视,但它特异的生理机能,至今仍然是不解之谜。

第二节　植物的绝密档案

有会走路的植物吗

在一般人的概念中,似乎只有动物能动,植物是不会运动,更不能离开原地到处走动的。其实不是这样的,在植物界,植物除了会有向地性运动、向光性运动、向湿性运动等原地运动之外,还有一些草和树是可以整个离开原地移动的。

在南美洲秘鲁的沙漠中,有一种自己能徒步行走的植物——仙人掌。这种仙人掌的根是由一些软刺构成的,它能将自己的根系当成腿和脚。当在某一地区生活不下去的时候,它们只好随风一步一步地移动;当遇到适宜的生活条件时,再停下来,慢慢地向别处行走。

南美洲生长着一种即有趣又奇特的植物,名叫卷柏。每当气候干旱,严重缺水的时候,它会自己把根从土壤里拔出来,腰身一变,让整个身体蜷缩成一个圆球状。又轻又圆,只要稍有一点儿风,它能随风在地面上滚动。一旦滚到水分充足的地方,圆球就迅速地打开,恢复"庐山真面目"。随后,根重新再钻到土壤里,暂时安居下来。如果,它又感到水分不足,住得不称心如意时,它又继续的拨起根来,再过旅游的生活了。

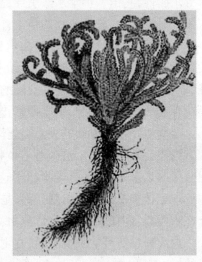

卷柏

卷柏的一生就是这样的旅游者,有水就住下,无水就滚走,所以难怪有人称它是植物王国中的"旅游者"。

在美国西部还有一种滚草,当天气干燥、风大、没有水的时候,整株植物能够连根拔起,卷成一个球形,随风滚动。滚动中遇到了障碍物,它就会停下来,把根扎进土里,重新开始生长起来,这也是靠风力滚动的。有的植物是靠其力量自己走动的。如禾本科的野燕麦就是一种靠适度变化走动的植物。

世界上的植物真是奇妙,像这样可以走动的植物还有很多。

为什么说铁树千年才开花

铁树的学名叫苏铁,又名凤尾松,是现存种子植物中最原始的种类,它的化石在距今2.8~3.5亿年的古生代石炭纪地层中已有发现。随着地质的变化,许多植物在漫长的自然选择和物种进化中销声匿迹了,而铁树却经受住了考验,生存至今。由于它四季常绿,主干直立挺拔通常不分枝,高大坚挺,故深受人们喜爱。

有人说铁树千年才开花,这其实有些夸张,在比较寒冷的地区,比如说生长在北方的铁树的确很少开花,甚至终身不开花。但是,生长在炎热的热带和亚热带地区的铁树,树龄在十年以上就可以年年开花结果。为什么铁树在北方安家后,它的生活习性就变了呢?

主要是生长环境条件的差异造成的。铁树原产于南方热带和亚热带地区,那里高温多雨,因而铁树养成了喜欢湿热的习性。而在北方天气较冷雨量又少气候干燥,对于已经习惯于湿热的铁树来说极为不利。因此,它一到北方生长发育就极为缓慢,往往需要几十年甚至上百年才能开花,有的终生也不开花。

铁树一般在7~8月间开花。雌雄异株,其花开在茎干的顶端。雄花是由许多小孢子叶密聚而成的长棒状球穗花;雌花是由一丛阔卵形散生的心皮所组成,表面有淡褐色或黄灰色的绒毛,心皮柄每侧有1~3个胚球。铁树10月种子成熟,种子是圆的,颜色鲜红,如同一枚红色的小鸡蛋,有"凤凰蛋"之称。

世界上现存的苏铁科植物,仅有10个属110种,间断分布在美洲、非洲、澳洲和东亚。我国仅有苏铁属的8种植物,分布在台湾、福建、广东、广西和云南等省。作为庭院和盆景观赏树栽培的,最常见的是苏铁和华南苏铁等。福州鼓山涌泉寺内的一株古苏铁,已有800年的树龄,国内罕见。在福建滨海山区,还保存着大面积的天然苏铁群落,这是在国内绝无仅有、在世界上也难以觅到的奇观。

空心的老树还能活吗

我们常常可以看到有些年久地老树,它的树干是空心的,可是枝叶仍旧那么茂盛。

老树空心并不是出于树木的本意,主要是外因造成的。树干年年增粗,树干中间的木质由于越来越不容易得到氧气和养料,可能渐渐死去,老树的心材也就失掉了它的功能。这个死亡组织如果缺乏"木材色素"等防水防腐物质,一旦被细菌侵入,或从树干伤口渗入雨水,就会逐渐腐烂,久而久之便造成树干空心。有些树种特别容易空心,老年柳树就是一例。

那么,树木空心之后还能活吗?

在多年生木本植物较粗的树枝和茎干的横切面上,可以看到占其绝大部分的是木材。粗视木材,又可分为两部分:外部靠近树皮的部分颜色浅,质地相对松软的是边材;内部靠近中央的部分颜色深,质地相对坚硬的是心材。边材主要具有输导功能,同时还具有储藏功能和一定的机械支持作用。心材不具备输导与营养的功能,而专营机械支持作用。所以,即使心材空了,它也不会影响植物的生存。

另外,树干空心对树木来说不是一种致命伤的原因是:树木体内有两条繁忙的运输线,生命活动所需要的物质都靠它们向各个"部门"调运。木质部有一条由下往上的运输线,它担负着把根部吸收的水分和无机物质送往叶片的任务;皮层还有一条由上往下的运输线,它把叶片制造的养分运往根部。这两条运输线都是多管道运输线,在一棵树上,这些管道多得难以计数,所以树干空心,只是木质部中心的运输管道遭到破坏,枝叶生长发育所需的各种养料,仍然能够通过四周的运输管道进行输送。所以,树干虽然空心,可是空心的只是木质部地心材部分,边材还是好的,运输并没有全部中断。

因此,空心的老树仍照常生长发育。

"太岁"到底为何物

太岁,本为道教神明的尊称,是对应天上地下的神煞领导。后被引用为"神煞论"来推断人的运程。

"在太岁头上动土"是中国的一句老话,它表明一种文化忌讳。过去人们认为,不信这种忌讳、真的会招致灾祸。在中国民间,"太岁"向来被人们看作是一种神秘莫测的力量,一种能在冥冥之中支配和影响人们命运的力量。它无影无踪,而又无处不在。中国有句俗话,叫做太岁头上动土。这句话的意思就是用鸡蛋碰石头,比喻触犯那些超出自己能力之外的人和事。这句话我们经常听说,但是我们并不知道出自哪里,那么,太岁到底有没有? 如果有的话,它又长成什么样子? 恐怕就更没有人说清楚了。但是在10多年前,在陕西周至县发现了一个不明生物体,当地人都把它说成是太岁出世。那么这个不明生物体是传说中的太岁吗?

1992年8月一天,陕西周至县农民吴凤莲和儿子到渭河边上去打捞浮柴,发现一块圆圆的扁形的肉团样东西,她把东西搬回,洗干净放到一口大铁锅里。当时刚搬回来的时候重量是20多公斤,一个星期后,发现长到了35公斤。后来他们试着食用了一点肉团,几天内都感觉神气清爽。而且,在蚊蝇多如牛毛的三伏天。放置这个"肉团"的屋子里一只蚊蝇也没有。且这个"肉团"原来割下来几块肉的地方没过几天便又重新长好。

那么,这个"太岁"究竟是什么东西呢?

据专家介绍,太岁是一种黏菌,是介于生物和真菌之间的一种原质体生物,既有原生物特点,也有真菌特点。李时珍在《本草纲目》中称之为"肉芝",并称其为"本经上品"。有专家认为,"太岁"是迄今为止发现的最古老的古生物活体标本,是"人类和一切动物的祖先"。

也有的专家认为,这个不明生物体是一种生命演化过程中介于原始菌类向植物动物演化过程中的黏菌复合体。但是这个大型粘菌复合体是否具有像人传说的延年益寿的功能呢? 为了进一步揭开里面的秘密,杨兴中进一步观察了它的物质结构。他发现这个大型粘菌复合体体内含有将近50%的蛋白质和核酸，这些物质对提高人体的免疫力十分有帮助。而且有时在它表面会形成一种类似塑料薄膜一样的物质。这个薄膜在手上捻就是光光的、黏黏的那种感觉，至少是一种多糖类的物质，而这个多糖类在免疫这一方面有非常大的作用。

但是对于这个大型粘菌复合体，为什么可以快速的生长，它生长的具体环境是什么样子，它的年龄有多大，是否真的具有可以开发利用的价值，杨兴中介绍，由于当时只是做了一个初步的研究，这些未解之谜没有揭开。

为什么木耳长在木头上

木耳，别名黑木耳、光木耳。国内有 8 个品种，云南就有 7 种。它口感细嫩，风味独特，是一种营养丰富的著名食用菌。木耳含糖类、蛋白质 10.6 克、脂肪 0.2 克、热量 306 焦、氨基酸、维生素和矿物质。有益气、充饥、轻身强智、止血止痛、补血活血等功效。此外，它富含多糖胶体，有良好的清滑作用，是矿山工人、纺织工人的重要保健食品。还具有一定的抗癌和治疗心血管疾病功能。因此，木耳深受人们的喜欢。

然而，你知道它是怎样长出来的吗？

雨后，我们常常可以看到死去的树枝、树干上长着一簇簇黑色柔嫩、形状似耳朵的"花朵"，这就是木耳。为什么木耳会长在木头上呢？

木耳是一种真菌，属于担子菌纲木耳目的低等植物。它没有叶绿素，因此，不能像一般绿色植物那样进行光合作用，只能依靠

木耳

吸收树木的养分来生活，因此它只能生长于栎、杨、榕、槐等 120 多种阔叶树的腐木上，单生或群生。

它是依靠菌丝、孢子和子实体来繁殖后代的。在环境条件合适时飘落在木头上的孢子萌发菌丝，菌丝能钻入木头内部分泌出各种酶类，逐步把纤维素和木质素分解成它所需要的养分并加以消化吸收，形成发达的菌丝体潜伏在树干内等待时机。一旦环境条件适宜，如下雨，水分充足，气温暖和，酶类加紧活动菌丝便迅速繁殖而蔓延到木头外面。营养菌丝产生很多的担子，担子分裂形成深褐色、花朵状的子实体，这就是我们在雨后看见的木耳。

现在，人们掌握了木耳的生长习性和条件，已经可以采用人工栽培的方法大批量的生产木耳了。

千年古莲为什么能发芽开花

一千多年前结的莲子，到现在如果不是早已腐朽，也已变成化石，早已没有生命，怎能发芽开花？千年古莲子能开花听起来真像是《天方夜谭》里的神话，是难以置信的。然而，这竟是事实！

多年来，我国报刊上曾多次报道，在辽宁省旅顺附近的新金县普兰店东五里处的泥炭土层中发现尚有生命力的古莲子，至今此古莲子的故乡被称为莲花泡。早在1923年，日本学者大贺一郎在我国辽宁新金县普兰店一带进行地质调查时，在当地泥炭层中采到古莲子，并使它发了芽。

直至最近，还有用普兰店古莲子播种后开出荷花的报道。1997年7月13日《羊城晚报》第4版报道，在北京香山脚下的中科院植物园中用普兰店古莲子种出的莲荷，于1997年6月下旬开始开花，到7月初已开了一百多朵。

一般植物的种子在常温条件下的有效寿命为二三年左右。埋在地下上千年的古莲子为什么能活着，经过处理、培育还能发芽开花，这确实是个谜。科学家说，莲子所以能有此惊人的生命力主要是因其自身的结构特殊。莲子外表的一层果皮特别坚韧，果皮的表皮细胞下面有一层坚固而致密的栅栏状组织，气孔下面有一条气孔道，果实（莲子）未成熟时空气可以自由出入。果实完全成熟后，此孔道即缩小，因而空气和水分的出入受阻，甚至微生物也不易进入，使果皮内成了一个"密封仓"。植物生理学家认为，种子失去生命的原因是由于种子里胚的原生质发生了凝固，如果种子的含水量保持不变，则种子的生命力就能延长。另一个重要的环境因素便是温度。地面一米以下泥土中温度比地面空气中的温度低，且较稳定，这些条件也都有利于种子长期保存其生命力。普兰店一带气温较低，雨量又不多（湿度低），氧含量在泥炭层里又很多，因此当地古莲子能保持其生命达十个世纪，可以得到解释。

此外，莲子胚芽内含有特别丰富的氧化型抗坏血酸和谷胱甘肽等物质，对保持莲子的生命力也起重要作用。当莲子萌发时，它所含的氧化型抗坏血酸逐渐转变为还原型抗坏血酸（即维生素C），这对莲子胚芽的萌芽有促进作用。在无氧、无菌、低温以及地质条件稳定的情况下产生，种子内部化学成分稳定，未遭受破坏，因此能发芽。

昙花为什么只能"一现"

昙花是仙人掌科昙花属，原产于南非、南美洲热带森林，属附生类型的仙人掌类植物。昙花的茎、叶都已发生了变态，老茎呈圆柱形且木质化，茎上有一层蜡质，叶子已退化成很细的针状。它喜温暖湿润和半阴环境，不耐寒冷，忌阳光曝晒。其花洁白如玉，芳香扑鼻，夜间开放，故有"月下美人"之称。

昙花的开花季节一般在6至10月，开花的时间一般在晚上8~9点钟以后，盛开的时间只有3~4个小时，非常短暂。昙花开放时，花筒慢慢翘起，绛紫色的外衣慢慢打开，然后由 20 多片花瓣组成的、洁白如雪的大花朵就开放了。开放时花瓣和花蕊都在颤动,艳丽动人。可是 3 ~ 4 小时后,花冠闭合,花朵很快就凋谢了,真可谓"昙花一现"!

那么,昙花为什么只能"一现"呢?

昙花原产于中南美洲的热带沙漠地区,那里的气候特别干燥。白天气温非常高,娇嫩的昙花只有在晚上开放才能避免白天强烈阳光的烤灼;而昙花又属于虫媒花,沙漠地区晚上 8、9 点钟正是昆虫活动频繁之时,所以,此时开花最有利于授粉。午夜以后,沙漠地区气温又过低,不利于昆虫的活动,就不利于昙花的授粉。昙花开花时间短可以减少水分的丧失。因此,昙花在漫长的进化过程中逐渐形成了这种特殊的开花习性。

而昙花究竟能开放多长时间,这与当时的气温有一定的关系。一般情况,7 ~ 8 月份多在夜间 9 ~ 10 点钟开,至半夜 2 ~ 3 点钟凋谢,花开 4 ~ 5 小时;如在 9 月下旬至 10 月份开花,则多在晚上 8 点左右开放,至凌晨 4 ~ 5 点钟凋谢,花开 8 ~ 9 小时。为了改变昙花这种晚上开花的习性,使更多的人更方便地观赏到昙花的真容,可采用"昼夜颠倒"的方法,使其白天开放。

另外,昙花还有一种特性,不开就一朵也不开,要开就整株或一个地区的同种昙花同时开花,因此,一株栽培管理良好的昙花,夏季往往同时开放几十朵花,开花时清香四溢,光彩夺目,蔚为壮观。

但是,为什么昙花开放的时间这么短? 为什么整株或一个地区的同种昙花会一齐开放? 这种信息又是怎样传递的? 这些问题目前还没有明确解释,有待于人们去揭示。

为什么竹子开花后会枯死

我们平常看见过许多植物的花,如菊花、牡丹花、桂花、月季花、玫瑰花等,看见这些花都已习以为常。可是,有些人一见到竹子开花便十分惊慌,说竹子开花是荒年之兆,还有些人给竹子开花这一自然现象蒙上了一层迷信色彩。

我们知道,植物的生长要经过发芽、生根、成长、开花、结实,最后产生种子,这叫完成一个生活周期。有的植物在一年或不到一年的时间里完成了一个生活周期,植株随之死亡,这类植物属于一年生植物;有的植物要经过几年生长以后,才开始开花结实,但植株却能活多年,这类植物属于多年生植物。竹子属于多年生一次开花植物。虽能生活多年,但不像

竹子

常见的多年生植物一样,在一生中可多次开花结实,而是只开花结实一次,结实后植株就死亡。

为什么竹子开花后成片枯死呢?这是人们长期感到迷惑不解的问题,科学家对此也持有不同观点。

有的科学家认为,竹子生长到一定的年龄,必然会出现衰老,为繁衍后代,在生命结束之前开花、结果。他们作了如下解释:植物的根、茎、叶叫做营养器官,它们的生长称为营养生长;植物的花、果实、种子叫生殖器官,它们的生长称为生殖生长。植物的开花习性可分为两大类:一类是一次开花植物,如稻、麦、竹子等;另一类是多次开花植物,如苹果、梨等。一次开花植物一生就开一次花,其特点是,生长前期营养生长占优势,当营养生长达到一定阶段后,生殖生长就渐渐转向优势,最后开花结实。因为开花结实要消耗掉大量的有机养料,而这些养料来自根、茎、叶,所以开花结实后,营养器官中贮存的养料大部分被消耗,不能再生活下去时,就逐渐枯死了。竹林或竹丛开花前出笋很少或不出笋;竹叶枯黄,或全部脱落,或换生短小新叶。竹体内的糖类物质增加、氮含量减少,预示花期即将来临。

开花不受竹株年龄限制,一年四季都可发生,但盛花时期因竹种而异,一般丛生竹的盛花期为3~4月,散生竹为4~7月。开花周期数年、十数年、数十年甚至上百年不等,主要取决于竹种的遗传特性,但也受环境条件影响。假如遇到特殊的劣质环境,例如特别干旱、严重的病虫害或营养不良等,竹子也会提前开花,通常竹子开花时竹叶制造的所有养分都用来开花、结籽。竹子尽其所能,把所有的精华全部浓缩到花和种子中。等到开完花结完籽,竹子中贮藏的养分也就耗光了,于是它也完成了自己的使命。开花后不久绿叶凋零、枝干枯萎而死。而种子呢,则重新孕育着希望。等到在环境条件适宜的时候,它可以重新长出新的竹子来。因此,一般来说竹子一旦开花就预示着它即将死亡。

动植物共存互益之谜

植物与动物之间,有的是你死我活的斗争,如动物吃植物,人们能看到的例子很多,这已不是什么新鲜事了。有的植物为了抵御动物的攻击,生长着锐利的刺或毛;有的溢放出怪味、臭味甚至有毒气体;有的植物还敢于"捕食小动物",如毛毡苔和狸藻等植物。

可是,植物与动物之间还存在着一种"友谊"关系,如大象给大王花植物传播种子,蜜蜂给无花果传粉。这只是"友谊"的一个方面,还有一种共存互益和更为亲密的"友谊"呢。

法国植物学家埃尔马诺·来翁1931年在古巴发现了一种棕树,并定名叫蝙蝠棕。它高15米左右,茎杆直立高耸,树顶集生着许多能蔽阴的羽状的又长又大的复叶,形成下垂潇洒的伞状树冠。由于它枝叶繁茂,白天枝叶间藏匿着成千上万的蝙蝠,夜幕降临,蝙蝠纷纷出窝找食,第二天早晨又重新回棕树栖息。就这样长年累月地往返,树下周围覆盖了9寸左右厚的蝙蝠粪便,成为蝙蝠棕树生长的最好肥料。蝙蝠和棕树之间,它们结成长期共存友好的"感情"，彼此理解，相得益彰。

在自然界中，动物与植物共存互益的"朋友"究竟有多少，它们之间有哪些微妙的关系，仍有待于人类进一步探讨和揭开。

仙人掌多肉多刺的奥秘

仙人掌类植物属仙人掌科，有 2000 多种，它的叶片退化成刺状、毛状，茎都变成多浆、多肉的植物体。形态变化无穷，千姿百态，有圆的、有扁的，或高、或矮，有的长条条，有的软乎乎，也有柱形直立似棒和短柱垒叠成山，真是形形色色，古怪奇特。

仙人掌类植物为什么会出现这种多肉多刺的古怪形状呢？这是因为仙人掌类植物的老家是南美和墨西哥，长期生长在干旱沙漠环境里，为了适应这种生存环境，多肉多刺的形状主要作用就是为了减少蒸腾和贮藏水分。

仙人掌

大家知道，植物生长需要大量水分，但吸收的水分又大部分消耗于蒸腾作用，叶子是主要蒸腾部位，大部分水分从这里跑掉。

据统计，植物每吸收 100 克水，大约有 99 克从植物体里跑掉，只有 1 克保持在体内。在干旱环境里，水分来之不易，为对付酷旱，仙人掌干脆堵住水分的去路，叶子退化了，有的甚至变成针状或刺状（一般把它看作变态叶），从根本上减少蒸腾面，紧缩水分开支。有人做过实验，把同样高的苹果树和仙人掌种在一起，在夏天里观察它们一天的失水量，结果是苹果 10 ~ 20 公斤，而仙人掌却只有 20 克，相差上千倍。另外，仙人掌的多种多样的刺，有的刺变成白色茸毛，可以反射强烈的阳光，借以降低体表温度，也可以收到减少水分蒸腾的功效。

仙人掌类植物一方面最大限度地减少水分蒸腾，一方面却大量贮水。沙漠地带水少，如果不贮备水分，就随时有干死的可能。仙人掌的茎干变得肉质多浆，根部也深入沙漠里，这是它长期练出的另一抗旱本事。这种肉质茎能够贮存大量水分，因为肉质茎含有许多胶状物，它的吸水力很强，但水分要想散逸却很困难。仙人掌之类植物正是以它体态的这些变化来适应干旱气候，才得以繁殖生存。

总之，仙人掌类植物的多肉多刺性状的作用就是为了减少水分蒸腾和贮藏水分，是它适应生存环境的需要。至于仙人掌类植物的多肉多刺是否还有其他作用？它的多肉多刺是如何演变的？怎样从沙漠环境下适应人工栽植环境的？在人工栽植环境下它的古怪形状有没有退化的可能？红色和黄色花只有靠嫁接才能生活吗？所有这些都有待于人们去研究。

远古开花植物横空出世

美国《探索》杂志最新报道《花儿的力量》，即在远古时代开花植物为什么能横空出世？报道称，约3.6亿年之前，在开花植物的"祖先"进化之际，当时的世界由通过孢子繁殖的类似蕨类的土褐色植物统治。1.4亿年前左右，开花植物突然横空出世并最终脱颖而出。其出现的原因至今仍是达尔文所称的"一个令人厌恶之谜"。

今天，孢子植物仅占所有陆地植物的3%，个中原因直到17世纪才被揭开。当时，诸如纳希米阿·格鲁（Nehemiah Grew）等博物学家利用最新发明的显微镜对开花植物的整个结构进行了研究。结果发现，植物的根本在于性，即植物的有性繁殖，开花植物之所以能茁壮成长，原因就在于它们比孢子植物更善于有性繁殖。而开花植物拥有的致命武器之一是一种称为种子的漂亮的小维管束（bun—dle）。

1. 花-苜蓿种子

在FirenyBooks出版社新近出版的一本名为《种子》的书中，英国克佑区皇家植物园的植物学家沃尔夫冈·斯塔佩（Wolfgang Stuppy）和视觉艺术家罗布·克塞勒（RobKes-selel）对植物有性繁殖的复杂性进行了仔细剖析。在大多数植物产籽之前，花粉必须控制花的专门入口，使位于末端的卵细胞受精。同之后发生的一切相比，这一过程相对而言容易理解：对生成的胚胎进行生产、养育、储存和分散。

开花植物随着胚胎的产生进化成受保护的"三组织"种子设计，即"lunch"（称为胚乳的营养组织）、保护层（硬硬的、保护种子的外层）以及胚胎本身。每个组成部分都是从受精植物的独特组织中产生的。

2. 黄花九轮草的种子

斯塔佩（Stuppy）将开花植物的种子进化过程比作陆地动物的硬壳蛋的出现过程。动物生活在海洋中时，它们通常在水中排卵和射精，而后在水中结合，如今的鱼类仍是如此繁衍的。硬壳蛋使得动物可以在远离水域，在干燥陆地上更为恶劣的环境中得以繁殖和成长。同样，大约2.5亿年前，当地球进入到更为寒冷、更为干燥的气候时，同早期那些在潮湿、温暖的沼泽地繁殖、结构更简单的孢子亲缘植物相比，开花植物具有明显优势。

种子植物也捉摸出多种更佳的传播方式。有些种子可以长出令人不可思议的细倒钩，以勾住来来往往的动物。还有相当一部分种子长出一种称为油质体（elaiosome）的小东西，诱使蚂蚁将它们挪出几英尺的距离。其他种子要么表面粗糙，要么轻飘飘的，可以借助风或水向不同地方飘散。

人类对种子的喜爱还导致多种新的传播方式。数千年前，人们开始收集和种植营养丰富的种子，如玉米、小扁豆、燕麦等。现代农业将某些种子挑选出来，使它们的种植获得令人难以置信的成功：看看美国平原一望无际的小麦，就知道这种做法有多成功。与此同时,斯塔佩等植物学家还为克佑区皇家植物园"千年种子银行"(Millennium Seed Bank)的种子收集传统带来新的变化。"千年种子银行"是储存在野外面临灭绝危险的植物品种的"国际仓库"。斯塔佩写道,尽管多样性已经丧失,但每种消失的植物将提供种子工作原理的更多线索:"它们的有性繁殖方法即便在今天看来也十分复杂,科学家并没有完全理解它们这种繁殖方式的原因。"

植物中的老寿星和短命鬼

俗话说:"人生七十古来稀",人活到百岁就算长寿了。但是人的年龄比起一些长寿的树木来,简直微不足道。

1. 最长寿的植物

许多树木的寿命都在百年以上。杏树、柿树可以活一百多年,柑、橘、板栗能活到三百岁,杉树可活一千岁,南京的一株六朝松已有一千四百年的历史了,但是,它并不算老。曲阜的桧柏还是两千四百年前的老古董呢。台湾省阿里山的红桧,竟有三千多年的历史。这是我国目前活着的寿命最长的树,但还算不上世界第一。

世界上最长寿的树之一是非洲西部加那利岛上的一棵龙血树。五百多年前,西班牙人测定它大约有八千至一万岁。可惜在 1868 年的一次风灾中毁掉了。

龙血树是常绿的大树,树身一般高 20 米,基部周围长却有 10 米,七八个人伸开双臂,才能合围它。此树流出的树脂暗红色,是著名的防腐剂,当地人民称为"龙之血",故名为龙血树。

2. 最短命的植物

在植物王国里,除了有银杏、红杉、巨杉、龙血树等能活四五千年的"老寿星",还有一些只能活几个月、几个星期的"短命鬼"。

有一种叫罗合带的植物,生长在严寒的帕米尔高原。那里的夏天很短,到六月间刚刚有点暖意,罗合带就匆匆发芽生长。过了一个月,它才长出两三根枝蔓,就赶忙开花结果,在严霜到来之前就完成了生命过程。它的生命如此短促,但是尚能以月计算。

瓦松是一种生长在瓦房顶上的草。在干旱的季节里,瓦松的种子躺在瓦沟里,耐心地等待着雨季的到来。雨季来了,瓦松的种子吸足了水分,迅速地发芽生根,长成植株,很快就开花结果,完成了自己繁殖后代的使命。雨季刚刚过去,它便枯黄死去。

生长在非洲沙漠里的木贼,也是一种短命的植物。它的种子在降雨后 10 分钟就开始萌动发芽,10 个小时以后,就破土而出,迅速地生长,仅仅两三个月就走完了自己的生命历程。

瓦松、木贼的生命旅程虽然很短,但还不是世界上寿命最短的植物。在非洲的撒哈拉大沙漠里,有一种叫短命菊的菊科植物,它才是世界上最短命的植物。在干旱的沙漠里,雨水十分稀少,只要有一点点雨滴的湿润,短命菊的种子就会马上发芽生长,在短暂的几个星期里,就完成了发芽、生根、生长、开花、结果、死亡的全过程。真是来也匆匆,去也匆匆。

神秘的无影森林

在澳大利亚旅行,如果正赶上炎热的天气,大家都想找个树林凉快凉快。不过,你千万别到杏仁桉树林里歇凉,因为林中并不像我们想像的那样遮天蔽日,而是几乎没有一点树荫,仍然是阳光普照。这是怎么回事呢?

要想弄明白无影森林的秘密,最好亲自到林子里去看看。

杏仁桉树是一种高大的乔木,可以长到100米以上。树形美丽潇洒,树干笔直挺拔,几乎没有枝杈,亭亭玉立如"林中少女"。

走进杏仁桉树林,那一棵棵桉树长得又直又高,直插云霄。想采几片叶子进行研究,可是树干的下部和中部没有一片叶子,它的叶子全部都集中在树顶了。只好找来一棵小树看看,原来它们的叶子在空中的方向与众不同,叶面不是冲着太阳的,而是"腼腆"地以侧面对着太阳,叶面正好跟太阳照射的方向平行,难怪它们挡不住阳光呢。所以,在杏仁桉树林里休息,仍旧会被太阳光烤灼。于是人们把杏仁桉树林称作"无影的森林"。

杏仁桉树的叶子之所以长成这个模样,跟气候条件有着密切的关系。澳大利亚的气候干燥,白天阳光暴烈,温度很高,树木的蒸腾量很大,而叶子表面跟光线平行,可以避免强烈阳光的烤灼,大大减少水分的蒸腾。尽管如此,一棵高大的杏仁桉树一年之中所蒸腾掉的水分还是非常可观,多达175吨。

第三节 植物的生活之谜

金橘树唱歌之谜

人类的歌声优美动听,虽有语言的间隔,但悦耳的旋律让彼此拉近;鸟儿也会唱歌,随山涧泉水滴答作响;可是,植物也会唱歌吗?

年过七旬的蒙古族退休干部百岁遇到了一件的稀奇事:家中养的一盆金橘树,每天半夜会发出一种像唱歌一样的声音,这让他十分震惊,植物也会唱歌吗?人们百思不得其解。

老人刚把金橘树抱回家的那会儿,这盆小金橘树也没什么特别,树上结的金橘并不多,除个别显黄色外,大多还是青绿色的。后来结了好多小金橘,大大小小有百八十个,并且许多开始变黄。小孩禁不住嘴馋,摘来吃,但一品尝,味道麻酸麻酸的,并不可口。于是全家人只好望橘兴叹了。

可是不久,老人竟惊奇地发现,小金橘树不知从哪里发出阵阵莫名其妙的声音。细细一听,一会儿像河边的青蛙在叫,一会儿像田野的蛐蛐在叫,一会儿听不出到底是什么声音。此后,老人一直打听还有没有人发现过金橘树会发出声音的怪事。

难道,这株小小的金橘树真的会唱歌?

金橘是柳州融安传统特产水果,有着"长寿果"的美称。金橘果实椭圆形或卵状椭圆形,单果重15.7克,皮橙黄色或金黄色,光滑且有光泽,油泡小而密生,瓤囊3~7瓣,果皮甘香,肉质味甜,含有人体所需的糖、酸、维生素C等多种营养物质,可作水果,也可入药,有消气化痰、止渴生津、除臭消炎之功效。宋代文学家欧阳修赞之为珍果。

金橘树会唱歌的消息引起了人们的关注。这一奇怪现象还有待于林业、花卉专家进行研究做出科学解释。

金橘树

植物联络之谜

动物之间的联络现象十分常见,而植物没有嘴巴、没有手脚,它们之间也会联络吗?

科学家们曾做过这样的实验:将盆栽的45棵白杨苗木放到两个大型玻璃箱中,并把其中一个玻璃箱内的两棵的叶子弄碎7%,52小时后,取玻璃箱中未弄伤的苗木叶子分析,发现叶子中的石碳酸化合物含量增加57.6%,而放在另外玻璃箱中的苗木却没有任何变化。用枫树苗做同样的实验,结果相同。

大家知道,白杨和枫树当受到害虫危害后,树木中的化学成分会发生变化,分泌较多的石碳酸化合物。石碳酸是有强烈气味的有毒物质,可阻止害虫的进一步危害。由此可见,植物之间也会通风报信的。

这种现象在植物界并不鲜见。柳树叶如遭受毛虫的危害,受害树叶中会分泌出一种生物碱,使毛虫的食欲大为降低,生长速度也放慢了。与此同时,尚未遭受虫害的邻区树叶,也发生了同样的变化。

植物之间的联络不仅表现为同伙之间"友好"地通讯联络,而且也表现为不同植物种类之间的"争夺地盘"。譬如:

俄罗斯的一些地区,生长着欧洲云杉和西伯利亚云杉。长期以来,"好战"的欧洲云杉,不断地把西伯利亚云杉挤逼向北方,以扩展自己的地盘。这一过程是通过分泌化学物质而实现的。

日本的一些城市郊区,入秋以后许多猪草生长地,常被绵状毛叶属的4种杂草驱赶。这是由于绵状毛叶属杂草能分泌出一种黄色油状物,这种分泌物能阻碍猪草的生长。

由此可见,尽管我们的肉眼无法看出植物之间的联络过程,但是植物间却悄悄地通过各种的分泌物等保持着联系。

可是,植物之间为什么会联络?其中的成因机制是怎样的?这些问题还需要进一步地研究方能确定。

杂草除不尽之谜

野火烧不尽,春风吹又生。我们知道杂草有很强的生命力,所以,人们用杂草形容一种锲而不舍的精神。可是,为什么杂草怎么也除不尽呢?

杂草不仅主要指草本植物,还包括有灌木、藤本及蕨类植物等,这些长错了地方的野生植物都是杂草。

杂草危害农作物和经济作物,它们与作物争肥、争水、争光照,有些杂草还是作物病虫害的寄主和越冬的场所。据调查,世界范围内的农业生产每年受杂草危害损失达 10% 左右,仅美国每年由于杂草造成的谷物损失就达 90 ~ 100 亿美元。我国因遭受杂草的危害。每年损失粮食约 200 亿千克、棉花约 500 万担、油菜子和花生约 2 亿千克。长期以来,杂草就是农业生产上的一大灾害。

可是,年年除杂草,岁岁杂草生。为什么杂草有这样强的生命力呢?

科学家研究发现,杂草有惊人的繁殖力。一株稗草能结种子 13000 粒,狗舌草能结 20000 粒,刺菜 35000 粒,龙葵 178000 粒,广布苋 180000 粒,加拿大飞蓬 243000 粒,日苋 500000 粒。我国东北地区水边滋生的孔雀草,茎秆只有 10 厘米高,却能结子 185000 粒,种子重量竟占全株总重的 70%。

杂草不仅产子多,而且种子的寿命长,可连续在土壤中多年不失发芽能力。稗子在水中可存活 5 ~ 10 年,狗尾草可在土中休眠 20 年,马齿苋种子的寿命是 100 年。在阿根廷一个山洞里所发现的 3000 年前的苏菜种子仍能发芽。而一般作物种子的寿命不过几年,要想找一株来年自生自长的庄稼,那是很困难的。

在一些干旱、寒冷、盐碱度高的地区,很多植物都不能存活。可是,杂草却能傲然挺立,显示了顽强的生命力。严重的干旱能使大豆、棉花等许多作物干枯致死,而马唐、狗尾草等仍能开花结子。热带地区的杂草仙人掌,在室内风干 6 年之后还能生根发芽。凶猛的洪水能把水稻淹死,而稗草以及莎草科的一些杂草却能安然无恙。多数杂草都有强大的根系、坚韧的茎秆。多年生杂草的地下茎,具有很强的营养繁殖能力和再生力,折断的地下茎节,几乎都能再生成新株。

同一株杂草结的种子,落在地上不一定都能迅速发芽,有的春天发芽,有的夏季萌发,甚至还有的隔很多年以后再发芽。这种萌发期的参差不齐是杂草对不良环境条件的一种适应。

利用风、水流或人及动物的活动广泛传播也是杂草春风吹又生的原因。蒲公英、刺菜、白茅等果实有毛,可随风云游;异型莎草、牛毛草和水稗的果实,能顺水漂荡;苍耳、猪秧秧、鬼针草、野胡萝卜等果实上的刺或棘刺等能牢牢地附着在人或鸟兽身上,借以散布到远处去。通过文化、贸易交流,杂草也会"免费"旅游全球。杂草到了新环境,一般说比在原产地生长得更旺盛。

人们对杂草生命力的研究还需要进一步深入，对于杂草为何有这样强的生命力，至今还是个谜。

树的"铠甲"

树皮，像是树的"铠甲"，它保护着树干不受虫蛀和外伤。

如果你仔细观察各种树木的树皮，恰似一套套古代武士们穿的铠甲陈列在你眼前。它们的颜色、厚度、花纹都各不相同。

从树皮的颜色上看：色彩暗淡的有暗灰色的，如槐树；灰黑色的，如刺楸；色彩鲜明的有亮白色的，如白桦；翠绿色的，如梧桐；红褐色的，如樱桃。最漂亮的要算是白皮松的树皮，颜色绿白相间，斑斓可爱。就是由于树皮的色彩新颖，再加上枝丫扭捩，奇姿天成，故白皮松又有蟠龙松、虎皮松等别名。

不同的树种树皮的厚薄也各有千秋。树皮较薄的如悬铃木、冷杉；较厚的如麻栎、油松；最厚的当推栓皮栎，可达40厘米，它的树皮就是软木的原料。老树的树皮上开裂的花纹也是形形色色的：像樱花的树皮，作圆环状浅裂；柿树，作小方块开裂；松柏，作长条纵裂；鹅掌楸，作交叉状纵裂；雪松、枫香树皮的花纹则别开生面，像是一片片鳞甲覆盖在树上。

树皮的色泽、厚薄、开裂方式、裂纹的形状和深浅等特征，虽然在不同的树种间有很大差异，但它们舶基本结构却是相同的。在植物学上木本植物的茎，从外到内的表皮、木栓层、皮层和韧皮部合称为树皮。剥掉树皮，就露出了茎内的木质部。因为韧皮部里面有筛管，筛管是树木运送有机养料的通路，所以新栽的小树，应该注意保护树皮不被损害。如果一棵幼树主干的树皮剥落了一圈，这样茎内输送有机养料的通路被切断，树冠叶子所制造的养料就不能通过筛管运送到根部，根部得不到养料就渐渐死去，最后导致全株树木枯死。

然而，也有相反的情况，比如枣树，为了使枣树多开花多结枣，人们往往在枣树开花时，在树皮上随意砍几刀，以使养分更集中用在开花结实上。

树皮除了对树本身有保护作用外，由于不同树种的树皮物理性质和细胞中所含的化学成份不同，又有种种不同的用途。栓皮栎树皮的细胞中充满了空气，细胞壁又包有不亲水的木栓质，使这种树皮既轻又有弹性，同时又有不传热、不导电、不透水、不透气、耐摩擦、耐腐蚀等性能，制成软木塞、软木砖、软木板在工业上用途很广。葡萄牙是世界著名的"软木王国"。每年夏季，是采剥栓皮最好的季节。人们用长斧迅速而准确地把栓皮割成一个个长方块，然后用斧柄把栓皮剥落下来。这时，树干会出现淡淡的血红色，是暴露的组织因氧化而变色。以后软木细胞（木栓形成层细胞）向外恢复生长，红褐色逐渐加深，变成灰色。每隔十年可剥一次栓皮，每棵树寿命长达150年以上。

许多树皮是造纸的原料，例如构树和桑树皮是制造打蜡纸的原料；青檀是我国制造宣纸必不可少的原料；樟子松、云杉、化香树、柳树的树皮中含有鞣质，可提制栲胶；黄柏的树皮可以做染料,灌木桂皮的树皮可做香料;纯肉桂、杜仲的树皮可以提取橡胶;金鸡纳、厚朴的树皮都是名贵的药材。此外,很多种树皮的纤维还能打绳子,制人造棉。树皮的用途说来真是不胜枚举呢!

植物的招蜂引蝶之谜

招蜂引蝶的花朵,不但有鲜艳的花瓣,还有香甜的花蜜。花蜜为什么那么甜呢?花蜜是花儿蜜腺细胞的分泌物,含有丰富的糖分。花儿为什么那么香呢?花香其实是一种叫"酯"的挥发性油液发出的香气。酯并无颜色,但很香。而且,越晒越香。

植物学家还发现,植物分泌花蜜的多少常跟天气有关。天气暖和、晴朗;花蜜就产得多。天气连阴下雨,气温低,花蜜不但产得少,而且稀薄。刮干冷大风的天气,花蜜的产量会很低很低。据统计,在我国,能产蜜的植物约有3000多种,其中,枣花产的蜜又甜又香又粘稠,质量最好,而油菜、紫云英、荆条、乌柏、龙眼产的蜜,质量也不错。

昆虫是怎样找到它所需要的花蜜的呢?除了花朵发出的香气以外,花的颜色也是很重要的。动物常常在很远的地方感觉到某地的花香,它们会不辞劳苦,远道而来,并根据花儿的颜色,采到满意的花蜜。有人作过试验,有八种颜色的花,其中,白花、红花和黄花的数量比较多,这三种花特别容易被传粉的昆虫找到。经过实验,人们还发现,蜜蜂对白花和黄花特别敏感,蝴蝶则对红花特别有好感。在温带地区,昆虫对鲜红色的花朵并不感兴趣,所以那里的花朵大多数是白色的、黄色的或蓝色的,而在热带地区,蝴蝶或蜂鸟,特别喜欢鲜红色的花,所以花的颜色中红色居多。

然而,大千世界无奇不有。有香花,也有臭花。这些臭花,靠逐臭的虫子来完成传粉作用。比如,一种叫土蜘草的植物,花开之后,臭不可闻,不留神走近它的人,常常被花臭熏得捂鼻而逃。而素有世界之最的最大的花——生活在印度尼西亚的大花草开的花,乍一开放,臭气尚不明显,待到花瓣全部显露,它就变得臭味刺鼻,吸引逐臭的蝇子前来吮吸花蜜。等蝇子就餐完毕,传粉作用也告完成。

花儿不论香臭,都能吸引动物前来采花蜜。动物在这朵花儿上采过蜜,又去那朵花儿上采蜜,不经意之中,就帮助花儿传授了花粉,为植物的雌雄交配充当了勤劳的媒人。被子植物的传宗接代就在这种互惠互利之中不断进行,植物界被子植物的繁衍也因此大大盛于裸子植物。

胎生植物

如果说某种动物是胎生的,大家决不会感到奇怪,但如果说某种植物是胎生的,就会觉得很新奇了。

一般植物的种子成熟以后,马上脱离母树,而且要经过一段时间的休眠,然后在适宜的温度、水分和空气的条件下,在土壤里萌发成幼小的植株。但是有一种叫红树的植物,种子成熟以后,既不脱离母树,也不经过休眠,而是直接在果实里发芽,吸取母树里的养料,长成一棵胎苗,然后才脱离母树独立生活。

为什么红树胎生呢?原来这和它特殊的生活环境有密切关系。红树是一种小乔木,高2～12米,生活在热带、亚热带沿海一带的海滩上。我国广东、海南岛、福建和台湾的沿海地区,都有它的分布。在这些地方,红树和别的树木一起,组成了红树林。红树林里有常绿的乔木和灌木,树林非常稠密。海滩上每天都涨潮和退潮,涨潮时,树木的树干全被海水淹没,树冠在水面上荡漾;退潮后,棵棵树木又挺立在海滩上,形成了海滩上的奇特景观。

红树所处的环境极其不稳定,潮水的涨落对它的威胁极大,如果没有非凡的本领,就休想在海滩上定居下来。就拿种子萌发来说,如果红树种子成熟后,马上脱落坠入海中,就会被无情的海浪冲走,得不到繁殖后代的机会。

可是,红树靠着种子胎生,却能世世代代在海滩上繁衍生息。红树每年开两次花,春季一次,秋季一次。一棵红树花谢以后,能结出300多个果实。果实细而长,长度一般在20厘米以上。每个果实中含有一粒种子。当果实成熟时,里面的种子就开始萌发,从母树体内吸取养料,长成胎苗。胎苗长到30厘米时,就脱离母树,利用重力作用扎入海滩的淤泥之中。几小时以后,就能长出新根。年轻的幼苗有了立足之地,一棵棵挺立在淤泥上面,嫩绿的茎和叶也随之抽出,成为独立生活的小红树。如果胎苗下坠时,正逢涨潮,便马上被海水冲走,随波逐流,漂向别处。但胎苗不会被淹死,因为它的体内含有空气,可以长期在海上漂浮,不会丧失生命力,有的甚至在海上漂浮二三个月,一旦漂到海滩,海水退去时,就会很快地扎下根来,成为开发新"领土"的勇士。经过几十年,又会繁衍成一片红树林。

红树在适应海滩生活方面,除了具有胎生本领之外,还能长出许多支柱根和呼吸根。它的一条条支柱根,从树枝上生出,直插海滩淤泥中,全力支撑着浓密的树冠,成为抵御风浪的稳固支架。一条条呼吸根,像手指一样,由土中伸出地面,吸收空气中的氧气和水气,为根系供应养料。红树就是依靠着这些特殊的本领,在海滩上顽强地生活着。

红树和红树林的其他树木,具有很大的经济价值。它的根和树皮,可以提取单宁。它们聚成丛林,可以护堤、防风、防浪,保护沿海农田不受海浪或大风的袭击,形成一道道坚不可摧的铜墙铁壁。而且它们那些纵横交错的支柱根,挡住了陆上冲来的泥土,加速了海滩淤泥的沉积,使海岸不断向大海延伸,所以红树林还是有名的造陆先锋呢!

在种子植物中,不只红树有胎生本领,红树林中的秋茄树、红茄冬和木榄等树木,以及不属于红树林的佛手瓜和胎生早熟禾,也都有胎生本领。

植物的全息现象

"全息",是1948年物理学家戈柏和罗杰斯发明了光学全息术后提出的一个概念。

植物的全息现象,在大自然中,已从形态、生物化学和遗传学等多方面找到了论证的实例。如:植物体上的每片叶子往往是整个植株的缩影。叶片顶端对应着植株上部,而叶柄一端对应着植株的基部。让我们看看棕榈树的叶子,有着长长的叶柄和蒲扇般的叶面,把它竖起来一看多么像一棵整株的棕榈树形啊!又如,菱叶海桐叶是聚生在枝顶端的,它的叶子也是上大下小,呈倒卵形;甘青虎耳草全株下部叶多且大,叶为卵形。再如,悬铃木叶片一般深裂为三,而它的分枝也是三个主要分叉。叶脉分布形式与植株分枝形式也与全息相关。如芦苇、小麦等平行叶脉的植物,它们都是从茎的基部或下部分枝,主茎基本无分枝;相反,叶脉为网状脉的植物,它们的分枝也多呈网状。在植物的生化组成上,也有明显的全息现象。例如,高粱一片叶子的氰酸分布形式与整个植株的分布形式相同。在整个植株上,上部的叶含氰酸较多,下部的叶含氰酸较少;在一张叶上,也是上部含量较多,下部含量较少。人们把这种叶的形状反映了植株体的全部的现象叫作叶的全息律。

更有趣的是,同一株植物在不同的生长发育时期,它的叶片形状,也正好反映出各个生长发育时期的植株的外形。如青菜,从苗期到抽苔、开花结实期,它的植株外形有明显的变化,从莲座形变成宝塔形,而青菜各个时期的叶片,也逐渐由倒卵形变为心脏形。柳树也是如此。第一年割去枝条,次年在基底新生枝上的叶是狭倒披针形的,因这时叶是在全株的上部,而成年的柳树,叶则为披针形。

不仅如此,当许多植物工作者把植物的器官组织进行离体培养时,也发现了植物的全息现象。比如将百合的鳞片消毒后进行离体培养,鳞片基部较易诱导产生小鳞茎,即使把鳞片从上到下切成几段,同样发现小鳞茎的发生都是在每个切段基部首先产生,且每段鳞片上诱导产生小鳞茎的数量,也呈现由下至上递增的规律,这种诱导产生小鳞茎的特性与整株生芽的特性相一致,呈全息对应的关系。在植物组织培养过程中,以大蒜的蒜瓣及甜叶菊、花叶芋和彩叶草等多种植物叶片为材料,进行同样的试验,都能观察到这种全息现象。

植物全息的规律应用于农作物的生产实践已产生了令人吃惊的效果。如栽种马铃薯时,传统的习惯是以块茎上的芽眼挖下作"种子"。人们根据植物全息原理推测:马铃薯在全株的下部结块茎,对于全息对应的块茎来说,它的下部(远基端)芽眼结块茎的特性也一定较强。为了验证这一点,他们选择几个不同品种的马铃薯,分别取远基端芽眼切块与近基端芽眼切块进行栽种对比实验,果然不出所料,前种处理(远基端)均获得增产。

其实,人们在长期生产实践中所采取的一些措施也是符合植物全息律的,只不过未意识到罢了。如农民留玉米种时,总习惯把玉米棒中间或偏下的籽粒留下作种,而这种方法是符合生物全息律的。因为玉米棒是在植株的中部(或偏下)着生的,而作为植株对应全息的玉米棒,其中间(或偏下)的籽粒,在遗传势上也一定较强。

会害羞的草

含羞草是一种很有趣的观赏植物,当你用手轻轻碰一下它的叶子,它就会像害了羞一样,把叶子合拢来,垂下去。你触得轻,它动得慢,折叠的范围也小;你触得重,它动得快,不到 10 秒钟,所有的叶子全折叠起来。

含羞草为什么会动呢?原来,在含羞草叶柄的基部,有一个充满水分的叶枕。当你用手触摸含羞草,叶子振动了,叶枕下部细胞里的水分立即向上部与两侧流去,于是,叶枕下部像泄了气的皮球似的瘪下去,上部像打足了气的皮球似的鼓起来,叶柄也就下垂、合拢了。当含羞草的叶子受到刺激作合拢运动的同时,产生一种生物电,将刺激信息很快扩散到其他叶子,其他叶子也依次合拢起来。不久,当这次刺激消失后,叶枕下部又逐渐充满水分,叶子就重新张开恢复原状。

含羞草的这个特点对它的生长很有利,是它对自然条件的一种适应。在草地或林间,当它受到触动时,它迅速闭合的叶片和突然下垂的小枝会使动物有所畏忌,这就防止了它可能被草食动物吃掉的危险。而在天气突然变化,在暴风雨即将到来的时候,它会在碰到第一滴雨、第一阵疾风时把叶子收起来,以避免狂风暴雨对娇嫩叶片的摧残。

另外,晴天里含羞草不受触动是决不"含羞"的,即使有人碰它,"含羞"的时间也很短。然而,在阴雨天气到来前一两天,由于空气湿度增大,一些小昆虫飞不高,碰撞含羞草的机会就大大增加了。这样一来,含羞草就失去了晴天里的端庄大方,而变得"羞羞答答",它那羽毛状的叶子总是合起来,叶柄也随之下垂,因此,气象工作者得知,含羞草"含羞"是阴雨天气即将来临的信号。

植物的跳舞之谜

一般认为植物和动物不同,动物会活蹦乱跳,而植物却是直立不动的。但在我国华南、西南广大地区的丘陵山沟或山沟灌木林中,却生长着一种叫做"舞草"的植物,也有叫电信草、鸡毛草的。顾名思义,这是一种会"跳舞"的植物,虽然称为"舞草",但不是草,而是一种小灌木。

舞草对阳光非常敏感,在阳光的照射下,大叶旁边两枚侧生的小叶会缓慢向上收拢,然后迅速下垂,像钟表的指针一样,不息地回旋运转。同一植株上各小叶在运动时有快有慢,但很有节奏,此起彼落,蔚为奇观,而且可以从太阳升起一直舞到太阳落山。

每当夜幕来临,舞草便进入"睡眠"状态,随着早晨的到来,它又开始翩翩起舞。关于舞草跳舞的原因,科学家们还没有研究清楚。至于舞草跳舞的作用,有人认为舞草跳舞可以起到自卫的作用,当它跳舞时,一些愚蠢的动物和昆虫就不敢前来进犯了,也有人认为舞草一般生长在阳光照射强烈的地方,为了不被强烈的阳光灼伤,两枚侧生的小叶就不停地运动,起到躲避酷热的作用。

舞草作为会动的植物,是一种有趣的观赏植物;同时,它还是一种草药,具有舒筋、活络、祛瘀等功效。

植物"吐水"之谜

夏天的早晨,你到野外去走走,可以看到很多植物叶子的尖端或边缘,有一滴滴的水珠淌下来,好像在流汗似的。有人说这是露水,可是滴下来的真是露水吗?让我们来细心地观察一番,研究研究。你看,那亮晶晶的水珠慢慢地从植物叶片尖端冒出来,逐渐增大,最后掉落下来;接着,叶尖又重新冒出水珠,慢慢增大,然后又掉了下来,一滴一滴地连续不断。显然,这不是露水,因为露水应该满布叶面。那么,这些水珠无疑是从植物体内跑出来的了。

这是怎么回事呢?原来,在植物叶片的尖端或边缘有一种小孔,叫做水孔,和植物体内运输水分和无机盐的导管相通,植物体内的水分可以不断地通过水孔排出体外。平常,当外界的温度高,气候比较干燥的时候,从水孔排出的水分就很快蒸发散失了,所以我们看不到叶尖上有水珠积聚起来。如果外界的温度很高,湿度又大,高温使根的吸收作用旺盛,湿度过大抑制了水分从气孔中蒸散出去,这样,水分只好直接从水孔中流出来。在植物生理学上,这种现象叫做"吐水现象"。吐水现象在盛夏的清晨最容易看到,因为白天的高温使根部的吸水作用变得异常旺盛,而夜间蒸腾作用减弱,湿度又大。

植物的吐水现象,在稻、麦、玉米等禾谷类植物中经常发生。芋艿、金莲花等植物上也很显著。芋艿在吐水最旺盛的时候,每分钟可滴下190多滴水珠,一个夜晚可以流出10~100毫升的清水。

木本植物的吐水现象就更奇特了。在热带森林中,有一种树,在吐水时,滴滴答答,好像在哭泣似的,当地居民干脆把它叫做"哭泣树"。中美洲多米尼加的雨蕉也是会"哭泣"的。雨蕉在温度高、湿度大、水蒸气接近饱和及无风的情况下,体内的水分就从水孔溢泌出来,一滴滴地从叶片上降落下来,当地人把雨蕉的这种吐水现象当作下雨的预兆。

树木的年轮之谜

年轮,代表着树木经历了所生长环境的一个周期的变化,通常气候是一年一个变化周期,所以年轮也就代表着一年中生长的情况。根据年轮的数目,可以推知树木的年龄,用来考查森林的年代。不过,由于形成层有节奏的活动,有时在一年内也有可以产生几个年轮的,这叫假年轮。像柑属类植物,一年可产生3个年轮。所以,由年轮计算出来的树木年龄,只能是一个近似的数字。

年轮不仅可用来计算树木的年龄,从年轮的宽窄,还可以了解树木的经历以及树木与当时当地环境气候的关系。在优越的气候条件下,树木生长得好,木质部增加得多,年轮也就较宽;反之年轮就窄。比如,树木最初的年轮一般比较宽,这表示那时它年轻力壮,生长力强;有时一棵树在出现了很多窄的年轮以后,突然出现有宽的年轮,这表明在年轮宽的那几年,环境气候适宜,对树木生长有利。另外,还有偏心的年轮,那就说明树木两边环境不同,通常在北半球朝南的一面较朝北的一面温暖,所以朝南的一面年轮较宽。

地球上气温冷暖的变化,大致有一个200年一循环的周期。通过对1900~1960年间年轮变化的研究,发现在200年的大周期内,还存在33年、72年、92年、111年的气候变化小周期，它们大多是 11～11.5 周期的倍数。而 11 年，刚好是太阳黑子活动的周期，这也表明，太阳的活动已经直接影响到地球气温的变化。

目前，已经有一种专门的钻具，可以从树皮一直钻到树心，取出一个有全部年轮的薄片。这样就可以不再需要砍倒树木来计算出树木的年龄了。

通过对年轮变化规律的研究和对它所在地区气候的了解，对制定超长期气象预报及制定造林规划等方面，都有指导意义。

花香健体之谜

许多花朵，不但有美丽的花冠，而且有芬芳的气味，这是因为花瓣的一些细胞中含有挥发性的油脂叫"芳香油"。

芳香油的合成常发生在花朵内特殊的腺体细胞——上皮细胞内。据观察，胡椒、薄荷的叶片表面腺毛分泌挥发油的过程中，首先在细胞质中形成小的油泡，然后油泡的内容物通过细胞壁释放到细胞壁与它上方起保护作用的角质层之间，逐渐在角质层下方积累，最后角质层破裂，挥发油就释放出来。

不同植物，挥发油的分泌方式也不同。

不管什么植物，所分泌的芳香油都带有气味。有的植物是随花朵的开放而逐渐形成与挥发，因而芳香的气味初开放时最浓，开放后不久，芳香渐散，维持时间较短，常见的茉莉、梅花、兰花、玫瑰、蜡梅等便是这样。而有的植物则是未开时或已开时均有浓浓的香气，花香维持时间较长，直到花瓣凋萎香气才尽，这是因为这类植物的芳香油以游离状态存在于花瓣中，所以得以逐渐散发气味，这类花常见的如白兰花、珠兰等。但是这两类花一般都是花初放时芳香油含量最高，是观赏和采摘的理想时间。雨天开放的"雨水花"，香味最差。

花香味的浓淡也受很多环境因素的影响，多数香花植物，开花时遇气温较高，日照充足，花朵芳香也较浓郁。如茉莉花以 7～8 月开放的"伏花"香味最浓，而"春花"的香味最差。

香花植物花期内，当遇光照不足或阴雨天气，花瓣组织内含水偏多，芳香油的积累量相对减少，花香就比较淡薄。如玫瑰花中的"雨水花"，质量就较差。一些对肥料要求较高的香花植物，当遇到土壤肥力充足时，芳香浓郁持久，如蜡梅或茉莉。

花卉散发出的浓郁香气，通过人的嗅觉可起到调节人的中枢神经系统的作用，从而改善人脑功能。因此，当人嗅到花香时，会产生一种心旷神怡的感觉。

此外，花卉的香气可杀菌，还可净化美化环境。如天竺花的花香具有镇静、消除疲劳和安眠的功效；菊花的香气中因含有龙脑等芳香物质，有祛风、清热、清肝明目之作用；桂花的香气不仅具有解郁、避秽的功效，且对一些狂躁型精神病人有一定的安静功效。研究还表明，花卉的香气通过人的嗅觉被上呼吸道粘膜吸收后，能增强免疫功能，提高机体的抵抗力。

会爬行的种子

野燕麦的种子有会爬的本领,它的种子外壳上有一根长芒,长芒分为芒针(上部)和芒柱(下部)两个部分。芒柱平常是扭曲着的,它有个特殊功能,即对空气干湿度极为敏感。空气相对湿度的增加,芒柱不断吸水膨胀,随后发生旋转。芒针在旋转的芒柱带动下也朝同一方向旋转,这时膝状弯曲部分会逐渐伸直,种子便向前爬行。如空气变得干燥,芒柱就会由于不断的失水而干缩,随之产生反向的旋转运动,长芒中间部分又形成膝状弯曲。由于长芒的伸曲运动种子便产生了向前的爬行动力。

植物"发烧"之谜

植物和人一样,热量是呼吸作用释放出来的。科学家们对此作了大量观测,例如一种叫斑叶阿若母的天南星科植物,当它们即将开花传粉时,在一片喇叭形的佛焰苞里直挺挺地伸出一根尖细的散发着臭气的佛焰花序。花序基部是分层着生的雌花和雄花,包在佛焰苞里,花序上部没有花,但呼吸作用却异常强烈。组织中每小时的耗氧量竟高达它自身体积的 100 倍,几乎和一只飞翔着的蜂鸟的耗氧量相当,这种呼吸与通常的呼吸作用不同的是,释放出的能量绝大部分转化成热能,所以是一种产热呼吸。产热呼吸足以使佛焰花序的温度升高 20℃,而这比环境温度整整高出 15℃,如果用手触摸花苞,你会感到非常温暖。天南星科的海芋开花时,也具有这种产热呼吸。

这类植物在开花期间,为什么要以如此高的速率来消耗掉自身的能源物质?科学家对此研究后认为,佛焰花序的发热原来是一种有益于其传粉的功能。"热"花可以引诱昆虫来传粉。因为这类植物的传粉主要依靠一些对热相当敏感的逐臭食腐蝇类。开花时发热有利于花序中的胺、吲哚和 3-甲基吲哚等带有臭味的化学物质四处挥发。热敏的食腐蝇类便会寻热逐臭而来,爬进花苞内,把雄花的花粉传给雌花,促进了植物的繁衍。

另外,在寒冷的条件下,这种产热呼吸可不必借助昆虫而完成授粉。在美国东部,气温通常在 0℃ 以下,有一种叫作臭菘的天南星科植物,它的佛焰花序在繁殖期间所散发的热量可比环境高出 20 多度。这些热量不仅使花保持温暖,而且还能融化花周围的积雪。更使人惊异的是,臭菘佛焰苞内外温度的差异形成一种空气的"涡流",佛焰苞内成熟的花粉随着热空气的"涡流",像受到一种引力似的,被从花序上部成熟的花吸到下部来传粉。也就是说,随着空气的运动,臭菘可不必求助昆虫来传粉,在冰冻三尺的酷寒条件下,凭借这种热气体传粉的方式,可顺利完成传粉。

树木过冬之谜

冬天来了,人们都不约而同地穿上了厚厚的衣服,戴上了手套、围巾和帽子,但我们看一看树木,除了松柏类依然树叶满枝、苍翠夺目外,其他的都显得光秃秃的。寒风一吹,枝条似乎都在发抖,它们怕冷吗?它们能抗得住冬天的寒冷吗?

很多年来，人们在不断地探讨树木过冬的秘密，最早的一些观点认为，树木可能与温血动物一样，本身也会产生热量。另外一种观点认为，冬天树木含水量少，即使在零度以下也不容易引起结冰而死亡。但我们知道，树木本身是不会产生热量的，而在零度以下结冰的柳枝、针叶也并没有因为冻结而死亡。那么，秘密究竟在哪里呢？

树木为了对付冬季的严寒，采取了"睡眠"的方法。我们知道，树木生长要消耗养分，春夏树木生长快，养分消耗也快，抗冻力也弱。到了秋天，这时白天气温高、日照强，叶子光合作用也强，而夜间气温低，树木生长缓慢，养分消耗少，积累多，于是树木便越长越"胖"，抵御寒冷的能力也越来越强。到了冬季，温度更低，树木的生长处于停滞状态，进入"冬眠"，这时体内积贮的养料也变成糖分甚至脂肪，这些都是防寒物质，能保护树木不容易受冻。

树木能不能进入"睡眠"，直接关系到它能不能过冬，"睡"得愈深的就愈有抗冻力，反之，那些进入不了"睡眠"状态的树木就很容易被冻伤或冻死，这就需要我们人类来帮助它们，给它们披上"衣服"或盖上"房子"。

植物耐寒之谜

当严寒到来，许多动物都加厚了它们的"皮袍子"，深居简出，或者干脆钻到温暖的地下深处去"睡觉"的时候，不少植物却依旧精神抖擞地屹然不动，若无其事地伸出它那绿油油的叶子，好像并没有"感觉"到严寒的来临。

难道植物当真"麻木不仁"，对寒冷完全无动于衷吗？不！过度的寒冷一样可以将植物"冻死"。比如，当植物细胞中的水分一旦结成冰晶后，植物的许多生理活动就会无法进行；更要命的是，冰晶会将细胞壁胀破，使植物遭致"杀身之祸"。经过霜冻的青菜、萝卜，吃起来不是又甜又软吗？甜是因为它们将一部分淀粉转化成了糖，而软就是细胞组织已被破坏的缘故。

不过要使植物体内的水分结冻，并不太容易。比如娇嫩的白菜，要在摄氏零下十五度才会结冰，萝卜等可以经受零下二十度而不结冰，许多常绿树木，甚至在零下四五十度还依然不会结冰，秘密何在呢？

如果说，粗大的树木可以用寒气不易侵入来解释，那么，细小的树枝和树叶，娇嫩的蔬菜，何以也不易结冰呢？白菜、萝卜、番薯等遇上寒冷时，会将贮存的部分淀粉转化为糖分，植物体内的水中溶有糖后，水就不易结冰，这也确是事实。但如果我们仔细一算，就知道这并不是植物耐寒的主要理由。

要知道，一千克水中溶解一百八十克葡萄糖后，水的结冰温度才会下降一点八六度，即使这些糖溶液浓到像糖浆一样，也只能使结冰温度下降七至八度。可见一定另有缘故。

原来植物体内的水分有两种，一种为普通水，还有一种叫"结合水"。所谓"结合水"，按它的化学组成而言，和普通水并无两样，只是普通水的分子排列比较凌乱，可以到处流动,而结合水的分子,却以十分整齐的"队形"排列在植物组织周围,和植物组织亲密地"结合"在一起,不肯轻易分开,因此被叫做结合水。有趣的是,化学家发现结合水的"脾气",和普通水大不相同,比如普通水在摄氏一百度沸腾,零度时结冰,可是结合水却要高于一百度才沸腾,比摄氏零度低得多的温度才结冰。冬天,植物体内的普通水减少了,结合水所占的比例就相对的增加。由于结合水要在比摄氏零度低得多的温度才结冰,植物当然也就比较耐寒了。

没有叶子的树

木麻黄是一种常绿的被子植物,乔木,高可达 20 米。小枝细软,灰绿色,小枝上有很多节,每节都有 6~8 枚极退化的鳞片状叶。初夏开花,花单性,雌雄同株或异株。木麻黄原产澳大利亚和太平洋的岛屿上,印尼爪哇岛上至今还有许多天然的木麻黄林。现在,热带和亚热带地区普遍栽种。我国福建、台湾、广东等地常用作行道树、观赏树及防风林树种,既美化了环境,又有效地控制了海风的侵袭。

木麻黄外貌有点像松树,又叫它"驳骨松"。其实,它和松树完全不同。松树的枝条上簇生着许多长长的针叶,而木麻黄的枝条上有许多节,节上轮生着细小的鳞片退化叶,而灰绿色的枝条代替叶子进行光合作用。

梭梭是一种耐旱的多年生木本植物,属藜科,产于我国新疆和青海西部盐海及沙漠地区。它可长成 1~9 米高的落叶灌木或小乔木,枝干绿色粗壮,叶子退化成极小的鳞片状物。它当年生的枝呈绿色,对生,可代替叶子进行光合作用。每当夏季干旱时,它的嫩枝可以脱落,以节约体内水分的消耗。这种现象是其他树木所罕见的。在炎热干旱的夏季,梭梭开花后,进入休眠状态,直到深秋,种子才长大成熟。落地的种子只要遇到合适的湿度,竟能在短短几小时之内就发芽生长,并且一经长成,便有很强的抗沙能力。梭梭的这种生活习性,使它能在荒漠中"艰苦奋斗",长期生存繁衍下去。

非洲干旱地区有种奇树,高 3~7 米,外形看上去满树都是光溜溜的圆柱状绿色枝条,不长叶子。偶然长了一些叶子也是在枝端,仅仅是几枚,而且很小,所以人们叫它光棍树。光棍树又叫光枝树或绿玉树,是大戟科植物。这种树,我国也有引种。广州作为庭院观赏植物,北京、上海等地在温室盆栽,供观赏。

木麻黄、梭梭和光棍树等,生活在缺雨的干旱地区。它们与仙人掌等多浆液植物相反,不善于贮存水分,因此植物体内含水量少,显得又干又硬。为了适应这种严酷的环境,它们尽量缩小叶片的表面积,以减少蒸腾,所以叶子退化了,或者干脆消失了,变成光溜溜的枝条。这是少浆液的旱生植物在长期自然选择中的结果。

盛开的太阳花

在我国四川省万源县大竹河有一种奇妙的太阳花。它高约 15 厘米,针状的绿叶柔软异常,花共有 5 个花瓣,呈深红色或嫩黄色,美丽极了。最奇妙的是:它早上日出时开花,而日落时花儿就收拢如笔头儿状了。因它随日出落而开闭,所以人们都叫它"太阳花"。

花中之最

最香的花:普遍认为是素有"香祖"之称的兰花。兰花还有"天下第一香"的美誉。

香气传得最远的花:十里香,属蔷薇科。

香味保持最久的花:一种培育的澳大利亚紫罗兰,这种花干枯后香味仍然不变。

最小的花:热带果树的波萝蜜花。平常看到的花是包含千万朵小花的花序。

最长寿的花:一种热带兰花,能开放80天才凋谢。

最短命的花:麦花,只开5～30分钟就凋谢。

最耐干旱的花:令箭荷花,又称仙人掌花。

最毒的花:迷迭香。闻之后令人头昏脑胀,神经系统受损害。

最臭的花:土蜘蛛草的花。其味如臭烂的肉,它利用臭味引诱苍蝇等传播花粉。

颜色和品种最多的花:月季花。全世界有上万种,颜色有红、橙、白、紫,还有混色、串色、丝色、复色、镶边,以及罕见的蓝色、咖啡色等。

最会变颜色的花:是石竹花中的一个名贵品种。这种花早上雪白色,中午玫瑰色,晚上是漆紫色。

咬人草

有一种小草叫荨麻,牧民们称之为"咬人草"。当你顺手抓它(从下往上顺毛捋)则不痛,逆手抓或撞上即奇痛难忍。"咬人草"茎上的螫毛,用以杀伤来犯的敌人而保卫自己。荨麻为荨麻科多年生的草本植物,春发冬谢,通常高为50～150厘米,茎直立,有四棱,全株密生螫毛,叶似大麻叶子。别看它其貌不扬,农牧民却把它视为珍宝。如果有人遭到毒蛇咬伤,将新鲜的全株荨麻捣烂取汁敷伤处,可迅速治愈;对于草原上常见的风湿性关节炎,寻适量荨麻煎水洗患处,相当有效。

九死还生草

到广东四大名山之一的粤北丹霞山旅游,在饱览山峦秀色的同时,你会发现一种神奇而美丽的小草——卷柏。这种小草生在岩缝、石头上,高二三寸,扁平四散的枝叶簇生在黑色小茎的顶端,每一分叶排列着四列细小的鳞片叶,酷似扁柏。有趣的是,每逢干旱,它枝叶收缩,卷如拳状,由绿转黄,如同死去;但当见得雨露时,它又还魂般地苏醒过来,青绿如初,并由此获得"九死还生草"、"长生不死草"等美称。还生草非但自身"长生不死",还能造福人类——它有收敛、止血功能,常用来治疗痔疮出血、尿血及脱肛等症。

邙山金鱼草

根对于植物来说太重要了! 它要从大地妈妈那儿吸收营养,再把营养和水分输送到植物的全身，让植物生机勃勃地生长。

金鱼草是生活在水里的一种植物，它可没根那重要的一部分，而且生活得挺好。那么它在没有根的情况下是怎么生长的呢？

金鱼草

金鱼草整天在水里漂荡着，由于长期生活在水中，就慢慢地产生了适应在水里生活的结构。

在金鱼草的茎和叶里，有许许多多的空洞。这些小洞洞里贮存的是什么呢？——空气。靠着它，金鱼草就可以进行呼吸，而不至于被淹死在水里了。

怎么吸收水分呢？金鱼草挺有本事，它的茎和叶子表面的任何部分的细胞都能吸收水分，体内也有"运输大道"，可以把水分和气体输送到全身。所以，没有根，金鱼草也能吸收到氧气和水。

秋天，陆地上的植物会落尽叶子，营养贮存在根部进入"冬眠"状态。

金鱼草到了秋天的时候，枝顶就会长出叶子很密集的芽，这些芽就好像营养仓库，里面积累了许多淀粉，这样金鱼草变沉了，就沉入水底去过冬了。

春天到了，芽子里的淀粉转变成脂肪，芽又变轻了，于是金鱼草又漂上来了。于是又开始了一年里的生长。

在河南省郑州市北部30公里的邙山坡上，竟然发现了一棵金鱼草。3年来，无论春夏秋冬，金鱼草季季开花，花期长，花带盛，花色多。耐暑抗寒性强是它的突出特征。

金鱼草为玄参科秋播一年生草本，因花似金鱼，故得名。金鱼草色彩丰富，除蓝色外，其余各色齐全。近年来培育出很多多倍体品种及优良的一代杂种，不仅花大而密、色彩艳丽、茎杆粗壮高大，而且耐寒性、抗病性都强，收成稳定。作为切花，金鱼草通常在12月—翌年4月上市。

国际上广泛将金鱼草用于盆栽、花坛、窗台、栽植槽和室内景观布置，近年来又用于切花观赏。因此，在金鱼草的品种改良上进展很快，以西欧尤为迅速，荷兰S&G种子公司在金鱼草的育种上很有成就。至今金鱼草有矮生种、半矮生种、高秆种以外，又有10厘米株高的超矮生种，有许多属四倍体品种。近来又选育出重瓣的杜鹃花型、蝴蝶型的新品种。在金鱼草的生产上，在欧洲的荷兰、丹麦、瑞典、挪威、比利时等国主要以盆栽和花坛植物为主，也有切花生产。在日本主要生产盆花，少量生产切花。我国金鱼草的栽培从20世纪30年代开始，主要用于盆花、花坛和花境，数量不多。新中国成立后虽然发展很快，主要在公园的花坛、花境中布置，品种老化，色彩单一。80年代后，引进金鱼草矮生种,广泛用于盆栽和花坛布置。

金鱼草的花语是：多嘴,好管闲事,因为如果用指尖压它的花朵会产生"叭! 叭!"的声音。金鱼草花形奇特,花色浓艳丰富,花期又长,是园林中最常见的草本花卉。

芳香扑鼻的茶香草

在湖南省新化县田坪区境内,发现一种格外芳香的多年生草本植物。这种植物茎皮上有4条很有规则的棱皮保护着。叶为互生,叶片状似茶叶,较茶叶嫩薄,茇多须根,长到尺许就开花,而且花开得奇特,它从尾部的叶柄处长出一根细条,顶端开花球,花为黄色。当地一些群众喜欢把这种植物的茎叶采摘回来,放到米饭上烹蒸,然后用手揉搓烘干,再置于米饭上烹蒸数次,米饭香味更浓。把它置于茶叶中,可使茶叶芳香扑鼻,因而被称之为"茶香草"。

会"流泪"的草

湖南黄双自然保护区有一种奇特的眼泪草,当地人叫它"地上珠"、又叫"叶上珍珠"。这种草的叶子能分泌一种粘糊状液体,像眼泪一样粘附在叶尖上。奇怪的是,这种带甜味的液体能招引小昆虫前来啜饮。当小昆虫碰上"泪珠"时,叶片就会突然收缩,把"顾客"擒住,粘液便裹住它,慢慢将其溶化,变为滋补自己的营养品。

香气袭人的五香草

湖南省绥宁县黄桑自然保护区有一种草,香气袭人,味似五香,人称"五香草"。这种草长在小溪旁边,高六七十厘米,形似菖蒲,茎节繁殖。当地人将它作为调味品食用。如煎一盘鲜鱼,放二三厘米长的一段"五香草",便味道极鲜美。

还魂草

安徽黄山的高峰石壁间,生长着一种奇特的"还魂草"。它枯黄以后,只要用开水烫过,再浸在冷水里,过一会儿,仍然变成青绿色,因叫"还魂草"。这种草是黄山的特产,很不容易采摘。

害羞的女儿树

在神农架林区茵丰乡万富村,有一棵5米高的"含羞树"。这棵树只在夜间开花,而且不结果。但更奇怪的是,老人、儿童、妇女无论怎样看它,它都叶茂花艳。可是,一旦青年男子看它时,哪怕稍看一眼,它便立即叶缩花萎,树枝下垂。故而,当地人给它取名为"女儿树"。

寄生植物

不含叶绿素或只含很少、不能自制养分的植物,约占世界上全部植物种的十分之一。

这类植物当中，一类是腐生植物，主要为细菌和真菌。它们以死亡的或正在分解的生物或在附近生长植物的死亡部分做为养分来源。水晶兰就是很少几种开花的腐生植物之一。透明的水晶兰繁茂地生长在被分解的树叶上，真菌包围着它的根，并以消化森林中的枯枝落叶得来的养分供应它。

与这些腐生者相反的是许多寄生植物，它们只以活的有机体为食，从绿色的植物取得其所需的全部或大部分养分和水分。而使寄主植物逐渐枯竭死亡。它们是致命的依赖者，植物界的寄生虫。

寄生植物家族中，有许多是恶性杂草。"破门而入"的菟丝子就是其中最典型的代表之一。它专门喜欢寄生在荨麻、大豆、棉花一类的农作物上。春天，菟丝子种子萌发钻出地面，形成一棵像"小白蛇"的幼苗。一旦碰上荨麻等寄主的茎后，马上将寄主紧紧缠住，然后顺着寄主茎干向上爬，并从茎中长出一个个小吸盘，伸入到寄主茎内，吮吸里面的养分。这样，它就和寄主长到一块了。不久，其根退化消失，叶子则退化成一些半透明的小鳞片，而主茎却生长迅速，一个劲儿地抽生出许多"小白蛇"似的新茎，密密缠住寄主。寄主渐渐凋萎夭折，成为菟丝子的牺牲品。而菟丝子却长出一串串花蕾，陆续开放出粉红色的小花，结出大量种子，撒落在地下。一株菟丝子，可以结出3万颗种子！好惊人的繁殖能力！翌年春天，它又会繁殖出新一代，继续作恶，危害其他植物。我国南方有一种分布广、危害严重的藤本寄生杂草叫无根藤，和菟丝子"长相"相似，常寄生在乔木、灌木及草本植物上。

在我国内蒙的乌兰布通沙漠、宁夏的腾格里沙漠和新疆的准噶尔沙漠等地，生长着两种著名的药用植物——肉苁蓉和锁阳。这是两种寄生在宿主植物根上的植物。

肉苁蓉是多年生肉质草本植物，其寄主很多，有梭梭、红沙、盐爪爪和怪柳等，尤其喜欢寄生在梭梭这种耐旱木本植物的根上。肉苁蓉真怪，一生中有三到五年是埋在沙土里生长的。出土后生长仅一个月左右的时间。它的茎黄色，高80～150厘米，肉质肥厚且不分枝，叶子则退化成肉质小鳞片，无柄，密集螺旋排列在茎上。5月间从茎顶端抽出穗状花序。肉苁蓉露出地面的部分，几乎都由花序组成。开花结果后，结出大量细小的种子。种子随着风沙一起飞扬，一旦深入土层与寄主根接触，便得到寄主根分泌物的刺激，加上适合的温度，就开始萌发，开始新一轮的寄生生活。

锁阳也是多年生草本植物。它全身无叶绿素，茎肥大肉质，呈黑紫色圆柱状，基部较粗，埋于沙中。叶退化成鳞片状，散生在花茎上。茎顶是一个圆棒状的穗状花序。开花结果期很短，而种子发育又需要大量养分和水分，粗壮多汁的肉质茎恰好担任了这个"角色"。果实球形，每株锁阳能结出二、三万个果实，可以说是"儿孙满堂"了。锁阳果实微小，但寿命却很长。把它放在室内保存12年后，仍有寄生的本领。原来，它的果皮非常结实，对严酷环境有惊人的适应能力。塔里木盆地的砾石戈壁上，阳光强烈，白天地表温度高达70℃以上，锁阳和肉苁蓉的种子仍可在那里顽强生长、繁殖。

锁阳喜欢寄生在固沙植物白刺的根上，也寄生在优若黎、盐爪爪和河冬青等植物的根上。

肉苁蓉是我国沙漠地区特有的名贵药材,也是传统的药用植物,早在《本草纲目》一书中就被列为滋补药草,具有养筋补肾之功效。锁阳也可全草入药,可补肾壮阳、润肠通便,还因其含淀粉可食用充饥,制糕点等。

离不开水的植物

植物界的水中居民是人们熟知的水生植物。在江河、湖泊里,水生植物是十分丰富的。有出污泥而不染的荷花,爽甜脆嫩的荸荠,别具风味的茭白、慈姑,水乡名产的菱、莼菜、芡实,廉价饲料水葫芦、水花生,禽畜饲料浮萍,还有水下栖生的眼子菜、金鱼藻、狐尾藻、苦草等等。这些植物生活在过量的水环境中,与陆地环境迥然不同。水环境具流动性,温度变化平缓,光照强度弱,氧含量少。水生植物是怎样适应于水环境的呢?

水环境里光线微弱,然而水生植物的光合性能并不亚于陆生植物。原来,水生植物的叶片通常薄而柔软,有的叶片细裂如丝呈线状,如金鱼藻;有的呈带状,如芳草。水车前的叶子宽大、薄而透明。叶绿体除了分布在叶肉细胞里,还分布在表皮细胞内,最有趣的是叶绿体能随着原生质的流动而流向迎光面。这使水生植物能更有效地利用水中的微弱光。黑藻和狐尾藻等沉水植物,它们的栅栏组织不发达,通常只有一层细胞,由于深水层光质的变化,体内褐色素增加呈墨绿色,可以增强对水中短波光的吸收。漂浮植物,浮叶的上表面能接受阳光,栅栏组织发育充分,可由 5～6 层细胞组成。挺水植物的叶肉分化则更接近于陆生植物。

水中氧气缺乏,含氧量不足空气中的 1/20,水生植物要寻找和保证空气的供应,因此那些漂浮或挺水植物具有直通大气的通道。如莲藕,空气中的氧从气孔进入叶片,再沿着叶柄那四通八达的通气组织向地下根部扩散,以保证水中各部分器官的正常呼吸和代谢的需要。这种通气系统属于开放型。沉水植物金鱼藻的通气系统则属于封闭型的。其体内既可贮存自身呼吸所释放的二氧化碳,以供光合时之需,同时又能将光合作用所释放的氧贮存起来满足呼吸时的需要。

水生植物很容易得到水分,因而其输导组织都表现出不同程度的退化。特别是木质部更为突出。沉水植物的木质部上留下一个空腔,被韧皮部包围着。浮水植物的维管束也相当退化。

在池塘和湖泊中,常可见到各种浮水植物安静地漂浮于水面。它们借助于增加浮力的结构,使叶片浮于水面接受阳光和空气。如水葫芦,它的叶柄基部中空膨大,变成很大的气囊。菱叶的叶柄基部也有这种大气囊。当菱花凋落的时候,水底下就开始结出沉沉的菱角。这些菱角本来会使全株植物没入水中,可是就在这个时候,叶柄上长出了浮囊,这就使植物摆脱了没顶的威胁,而且,水越深,叶柄上的浮囊也就越大。

植物的"免疫"功能

植物有没有免疫功能呢? 这是人们正在研究和探讨的一个新问题。

植物在地球上已经经历了漫长的岁月，不知有多少真菌、病毒、细菌等寄生物侵蚀过植物，但至今地球上的植物仍如此繁多，足以说明植物具有抵御外界病毒侵入的免疫机制。

一个世纪以来，人们对植物应用免疫方法抗病进行了一系列研究。把诱导因子接种在幼植株上，使植物整体产生免疫功能，以达到抗病的目的。方法就是将这些诱导物喷洒在叶子表面、浇灌根部或直接注射进植株体内。对同一种植物来说，诱导因子可以是多种的，诱导产生的抗病性也不局限于一种病原菌，防护具有一定的广谱性。德国人曾用灰葡萄孢浇灌菜豆的根，使植株免疫。美国人用瓜类刺盘孢和烟草坏死病毒诱导黄瓜免疫，使黄瓜对黑茎病、茎腐病、黄瓜花叶病和角斑病等10种病害产生了抗性。单一诱导可使植株免疫4~6周，若再次强化诱导，免疫效应一直可延续到开花坐果期。目前，人们使用免疫诱导已经在烟草、黄瓜、西瓜、甜瓜、菜豆、马铃薯、小麦、苹果等多种作物中获得成功。

免疫诱导可以降低病原菌进入免疫植株的穿入能力。免疫诱导还可使植株形成化学屏障，抑制真菌发育和细菌、病毒的侵入增殖。

免疫植株中的植物抗病毒素明显增多，植物抗毒素可以直接抑制病原菌的生长。

植物免疫有很大潜力，它不仅可以强有力地控制病害，而且有不污染环境的突出优点。由于植物免疫还有许多问题未解决，比如免疫所能控制的只是部分植物的部分病害，免疫机理也尚未完全搞清，免疫作用的稳定性和遗传性还有待进一步研究，等等，所以目前植物免疫大多还只停留在实验室阶段，极少投入田间应用。但是植物免疫的前景是广阔的，经过科学家们的不断努力，相信它会在不远的将来造福于人类。

植物变性

有趣，植物难道自己能改变自己的性别吗？它们是怎么变的？菠菜是雌雄异株的植物。人们发现，在高温影响下，雌株菠菜竟都变成了雄株菠菜。而在低温影响下，番木瓜的雌花在不断地增多，雄花却在减少。

在干旱的土地里，雌雄本同株的小麦、栎树和槭树越来越多地走向雄化，黄瓜种在湿度为80%的土壤里，要比种在湿度为40%的土壤产量提高好几倍，说明在水分充足的时候，雌花生得就多。

甚至，外伤也能改变植物的性别。如果番木瓜的幼苗被无意中砍伤，它就会开雌花；有些植物开出的花和刚结出的小果子被人摘了去，它反而会多开雌花。

这说明什么呢？

在自然条件下，像温度、水分等等诸多环境状况比较优越的情况下，就会出现植物雌性化的现象；而当环境条件比较恶劣的情况下，植物就会更多地出现雄性化的现象。

植物身体里有一种宝贵的东西，叫激素。在正常情况下，激素是可以保证植物的性别的。可是，环境条件一不正常，比如干旱、日照变化、植物受到损伤等等，激素就"乱了方寸"，不是多分泌，就是少分泌，这样也会导致植物的性别发生变化。

植物也会被麻醉

在动物世界中，那些高大雄壮的动物们只要挨了科学家的一枪麻醉，不一会儿就会老老实实躺在地上，死了一般。可植物与动物不同，它只有最原始的神经，它们也能被麻醉得一动不动吗？

大家都知道含羞草的叶子一触就"含羞"地合拢，科学家用乙醚或者氯仿对含羞草进行了麻醉，结果，怎么去触它，它也不再"害羞"，叶子一动不动。麻醉作用消失后，它又变得"害羞"了。

不仅是含羞草，捕蝇草被麻醉，也会麻木不仁，水生植物被麻醉后，在水中不再冒气泡了，麻醉作用消失，水泡又咕噜噜地冒了出来。

麻醉剂对植物的发育会不会带来影响呢？结果表明很矛盾，一般情况下，低剂量麻醉对植物的光合作用有抑制，然而又促进了植物的呼吸；大剂量麻醉会同时抑制这两个作用。

意想不到的是，麻醉剂对种子却有"唤醒"的作用。

种子好比一位沉睡的公主，而各种激素、光、温度和水是"唤醒"它的条件。麻醉剂可以模拟光照，起促使"公主""醒"来的作用。乙醇、氯仿和激素、光照、水分一样，是很好的催芽剂。

然而，巴比妥类的麻醉剂，却能起到阻止种子发芽和花粉管的生长，还能阻碍稻秧生长，使叶绿素减少，所以有些麻醉剂对植物是起破坏作用的。

奇怪的是，本身充满麻醉剂的罂粟类植物却能苗壮成长，这里面又藏着怎样的奥秘呢？

"超级植物"

由于现在森林资源遭到越来越严重的破坏，生态环境上因此出现了一系列不良的后果，人们更希望能有这样一种尽善尽美的植物：它能在短期内生长成树木，能保持土壤的肥力，还能防止森林火灾，甚至还担负起为人类提供燃料、食品和其他工业原料的重担……当然是好处越多越超级。

事实出乎人的意料，这种超级植物是存在的。而且已经生存了许多年，最近终于被发现了。

这类"超级植物"多属于豆科。它们的名字很美，比如朱缨花、银合欢、台湾相思等等。

这些植物实在不愧为超级植物。

在温带，这些植物能迅速生长起来，而且它们那"坚强"的身躯要以经受狂风暴雨的袭击和严重干旱的考验，为人类提供更多的木材。

在土壤里,它们的根系中拥有大量根瘤菌,根瘤菌把氮固定在土壤中,为特别需要氮肥的植物们提供了天然肥料,比人类照顾的还好呢!而贫瘠的土地慢慢地变得肥沃起来。

红色的朱缨花个子矮矮的,叶子很密。当森林起火时,它就是一道防火墙,不让大火继续蔓延下去;石梓树的树汁是柴油机很好的燃料,还能为造纸业提供纸浆;银合欢高达20多米,是真正的栋梁之材,叶子里含有丰富的蛋白质,可以加工成食品,而且生长极迅速。

看!超级植物为人类提供了多么光明的前景。

会"啃"石头的植物

植物既无伶牙也无俐齿,怎么会啃得动坚硬的石头呢?

如果到黄山去旅游,会见到许多奇石、奇松。在那些挺拔的松树脚下,有些岩石被松树的根紧紧包围着。那坚硬的石头变得痕迹斑斑,有些已经被那些密如蛛网的大根勒得"体无完肤"。

如果你有兴趣做个实验的话,不妨试试看。在花盆的底部放一块石头,上面再栽种上一种植物。等到这株植物长大的时候,再小心地刨出这块石头,你会惊奇地发现当初很光滑平整的石头被植物的根"啃"得痕迹斑斑。

根怎么会有这么大的力量呢?

这是因为植物的根在进行呼吸作用。呼出的二氧化碳遇到土壤中的水分就形成了碳酸,碳酸就有溶解矿物质的能力。再加上就还会分泌出柠檬酸、苹果酸、葡萄酸等等许多有机酸。这些"厉害"的有机酸慢慢地溶解那坚硬的石头,日久功夫深,等到我们看到那石头的时候,石头已不再坚硬如铁,而是伤痕累累了。

第四节 植物的工厂之谜

木豆树

海南岛有一种果实能制作豆粉、豆腐或豆沙馅的木豆树。这是一种分枝较多的灌木,高2~3米。它的花、荚果、种子的形状和圆粒大豆非常相似,几乎一年四季都开花结豆。用这种木豆制作的豆粉、豆腐或豆沙馅,含有大量的蛋白质,味道鲜美,营养丰富。

味精树

云南省贡山独龙族怒族自治县青拉筒山寨中,有一棵高约27米的奇特的大树,它状如古柏,叶大如掌,叶肉厚实,皮和叶具有类似味精的鲜味。人们煮肉或炒菜时,只要摘一片树叶或刮一点树皮放入锅内,菜肴便会格外鲜美。多少年来,当地居民把这棵树的叶和皮当做味精来使用,人们称它为公用的"味精树"。

泌油树

陕西省有一种叫"白乳木"的树,只要撕破它的叶子或扭断其枝条,破损处就会流出一种白色的油液。这种油既可食用,也可作燃料。云南省的勐海县等地,生长着一种叫"羯布罗香"的树,树叶大如手掌,树干上长有茸毛,只要在上面划一道沟或挖一个洞,用一根火柴一烧,马上就会流出一种油液,既可以点灯用,又可以涂在家具上起防腐防蛀作用。广东省怀集、台山及海南省等地,生长着一种竹柏。它高达20至30米,每年都开花结果,果实含油量达51%,加工后既可食用,又可作工业用油。

海里的庄稼

海带是一种长在海底岩石上的褐藻。因为它的叶片又长又厚,在海底随水流漂动,仿佛是舞动的绿褐色绸带,所以,被取名海带。

海带原是一种喜欢寒冷水流的海洋植物,原产日本和俄罗斯寒流海域,在我国是没有的。那么,海带是怎样来到我国沿海"落户"的呢?

上个世纪30年代,日本侵占我国东北时期,从北海道运木材到大连修筑海港码头。海带的孢子附着在木材上,便不声不响地跟着来到大连湾,并在大连海底的岩石上长成了海带。后来,从北向南,不断蔓延繁殖开去,先播散到了烟台、青岛,又传到了福建等沿海。

海带全世界大约有30多种,亚洲地区就有10多种。海带大多分布在温度较低、风浪较小的沿海和海湾,用固着器附着在浅海海底礁石、贝壳上,大量繁殖时形成一片水下森林。

海带藻体由三部分组成:下部是一些假根状的附着器。中部是圆柱形的短柄。上部是长而扁平的叶状体,一般长3米左右,有时长达7米,宽20~50厘米,边缘较薄,呈波状皱褶,表面光滑,绿褐色或棕褐色。

海带是海洋植物产量高、生产快、个体大、经济价值高的食用及工业用的海藻。海带是含碘量最高的海藻,含碘量一般在3%~5%,最多可达7%~10%。海带里的碘,人体能直接吸收。碘是人体必需的微量元素,缺少碘会得粗脖子病——甲状腺肿大。缺碘的山区,多食用海带,能防止和治疗这种病。

海带还是一种优良的蔬菜,营养价值很高。每100克海带干品,含有蛋白质8.2克,脂肪0.1克,糖57克,粗纤维9.8克,无机盐12.9克,胡萝卜素0.57克,钙2.25克,铁0.15克,维生素$B_1$0.69毫克,维生素C1.5毫克。营养够丰富了吧!

海带可以制海带酱油、海带酱、味粉。日本人用海带磨成粉,作为红肠等食物的添加剂,把海带茶作为表示喜庆的高贵食品。

工业上用海带提取钾盐、褐藻胶、甘露醇,用来代替面粉浆纱、浆布,制酒时用作澄清剂,还可作医药用品。

在生长季节,在叶状体基部靠短柄处的生长点,细胞不断分裂,海带也就不断长大。整个海带的表皮下分布有粘液腔,能分泌粘液润滑表面。

海带,被称为海上的庄稼。人工培育海带苗,是按照海带自然繁殖的特性,将室内育出的小苗,在长长的棕绳上,绑着竹筒或空心玻璃球,一排排地半浮半沉地吊挂在海面上,随波浪在漂荡。远远看去,宛如一方方、一块块的海上浮田。

海上庄稼同陆上庄稼不同,它不是扎根土壤中、茎叶向上,而是恰恰相反,海带的假根朝上,抓住浮在海面的绳索,长长的带状叶片,向海底伸展。庄稼靠吸收水分、肥料苗长,海带靠纱袋里的化肥,经水浸泡流放水田,或在海带田区域喷洒化肥,让海带吸收营养。养殖海带也不轻松,除了育苗、平日管理外,收获季节像秋收那样忙着抢收、抢晒和收藏。

出面粉的阿里树

在云南独龙江一带的原始密林中,生长着一种奇特的会出面粉的阿里树(独龙族语)。过去遇上天灾的年头,这种阿里树还救过成千上万难民的性命,他们亲切地将它称之为救命树、面包树。在当地,一棵上好的阿里树可以换一头独龙牛或三四头架子猪。一棵较大的阿里树可以采得200多斤的面粉,可供一个人吃上一年。

这种阿里树多生长在海拔1200米至1800米的山林里,又粗又高,高达10米甚至更高,茎粗够一个人合抱。阿里树茎秆直立,呈灰白色、不分枝,叶片特大,宽一米多、长足有三米。犹如是一扇巨大的芭蕉扇,遇上下大雨,取一片叶子可作雨伞用。

阿里树一生只开一次花,结一次果,结果之后,就慢慢枯死。似乎它一生的目的就是为了开这一次花、结这次果似的。阿里树结出的果实有葡萄大小,成熟之后呈黑褐色,一串足有一米多长,是一种上好的油料。挂果之期的阿里树,垂着长长的串串果实,十分好看。阿里树的树干触摸起来,十分的松而软,树心里含有大量淀粉。成熟时,砍倒树之后,用斧头或木棒敲打,淀粉就会一团团落下来。这种淀粉非常细腻,味道很香。这些淀粉比水重,为了取淀粉方便,当地人常常将阿里树砍成几截后,架在哗哗流淌的小河上方,然后在河中放上水桶,再轻轻敲打木头,淀粉就顺水流进桶里。水桶里沉淀了淀粉后,倒去水,晒干,就变成可口的面粉了。

用这种方式取得的面粉,是上好的营养品。吃起来非常方便,只要将两匙面粉放入口缸中,再加上适量的糖,用开水冲一下就成为非常甜美可口的稀糊了。在当地,每逢贵宾来临,主人就热心为客人端上一杯这种饮料。这实际上是一种当今难得的、从未受到任何污染的绿色食品。此外,这种阿里树面粉还可做可口的粑粑,入口松软、甜润。当地独龙族人将这种树的面粉当作最好的粮食,走亲串寨或出远门,总是要将阿里树的面粉带上。

阿里树,在独龙族人的心中是非常神圣的,甚至可以说是神树。可惜,这种树数量不多,且种植难,不容易推广。上世纪50年代初广州华南植物园曾经引种过面包树,可惜因气候的原因,未能很好成活。1999年在云南昆明世界花卉园艺博览会的温室有其身影。

盐碱地里的骄子

食盐是人的必需品,我们每天吃的粮食、蔬菜和肉类本身就含有一部分盐,可我们做饭时还得往菜肴里撒上些盐。运动过量或因天热出汗太多,就必须喝淡盐水来补充过多排出的盐分。我国人民吃的盐有四川自流井的井盐、青海咸水湖的池盐、沿海地区的海盐、还有岩盐等等。奇特的是,有些植物也能产盐。

在我国黑龙江省与吉林省交界处,有一种六七米高的树,每到夏季,树干就像热得出了汗。"汗水"蒸发后,留下的就是一层白似雪花的盐。人们发现了这个秘密后,就用小刀把盐轻轻地刮下来,回家炒菜用。据说,它的质量可以跟精制食盐一比高低。于是,人们给了它一个恰如其分的称号——"木盐树"。

树如何能产盐?说来话就长了。一般植物喜欢生长在含盐少的土壤里。可有些地方的地下水含盐量高,而且部分盐分残留在土壤表层里,每到春旱时节,地里出现一层白花花的碱霜,这就是土壤中的盐结晶出来了。人们把以钠盐为主要成分的土地叫作盐碱地,山东北部和河北东部的平原地区有不少这样的盐碱地。还有滨海地区,因用海水浇地或海水倒灌等原因,也有大片盐碱地。植物要能在这样的土壤里生存,的确得有些与众不同之处。否则,根部吸收水分就会发生困难,同时,盐分在体内积存多了也会影响细胞活性,会使植物被"毒"死。

木盐树就是利用"出汗"方式把体内多余盐分排出去的。它的茎叶表面密布着专门排放盐水的盐腺,盐水蒸腾后留下的盐结晶,只有等风吹雨打来去掉了。

瓣鳞花生活在我国甘肃和新疆一带的盐碱地上,它也会把从土壤中吸收到的过量的盐通过分泌盐水的方式排出体外。科学家为研究它的泌盐功能,做了一个小实验,把两株瓣鳞花分别栽在含盐和不含盐的土壤中。结果,无盐土壤中生长的瓣鳞花不流盐水,不产盐;含盐土壤中的瓣鳞花分泌出盐水,产盐了。所以,木盐树和瓣鳞花虽然从土壤中吸收了大量盐分,但能及时把它们排出去,以保证自己不受盐害。新疆有一种异叶杨,树皮、树杈和树窟窿里有大量白色苏打——碳酸钠,这也是分泌出的盐分,只是不同于食盐罢了。

我国西北和华北的盐土中,生长着一种叫盐角草的植物。把它的水分除去,烧成灰烬,结果一分析,干重中竟有45%是各种盐分,而普通的植物只有不超过干重15%的盐分。这样的植物把吸收来的盐分集中到细胞中的盐泡里,不让它们散出来,所以,过多的盐也不会伤害到植物自己,它们还能照样若无其事地吸收到水分。碱蓬也是此类聚盐植物。

阿根廷西北部贫瘠而干旱的盐碱地上有许多藜科滨藜属的植物，它们能够大量吸收土壤中的盐分。阿根廷人利用这一特点，在盐碱地上种了大片的滨藜，让它们吸收土壤中的盐分，改善土壤结构，增加土壤肥力。据报道，1公顷滨藜每年可吸收1吨盐碱。在此处建牧场真是合算，牛很爱吃滨藜，长肉又快。盐碱地上种草除盐碱，养牛产肉，这真是一举数得。

长冰草不同于木盐树、盐角草和滨藜，它虽然生活在盐分多的环境里，但它坚决地把盐分拒绝在体外，不吸收或很少吸收盐分。它的品性可以说是洁身自好、冰清玉洁。前三类植物表面上近朱则赤，近墨则黑，实际上它们坚持原则，不被"腐蚀"。

全世界种植粮食的土地受盐碱危害的面积正日益扩大，现共有57亿亩成了盐碱地。我国也有4亿亩盐碱土，黄淮海平原是重要的农业区，却有5000万亩盐碱地。利用盐生植物来治理盐碱地，是一个好方法。

我国海岸线很长，海滨盐碱地也很多，庄稼不易生长。现在，50万亩海滩种上了耐盐碱、耐水淹的大米草。不但猪、牛、羊、兔特别爱吃，而且能保护堤坝和海滩，促使海中的泥沙淤积，然后围海造田。在种过大米草的海滩上培育的水稻、小麦、油菜和棉花的产量，比不种大米草的海滩高得多。因此，人们把大米草赞誉为开发海滩的"先锋"。

产盐碱醋的树

盐是海边的盐场工人用海水晒制出来的。可是有一种树，它也能产盐。在我国黑龙江省和吉林省的交界处，生长着一种盐树，叫做木盐树，树高有六七米。每到春天，树干上便凝结出一层雪白雪白的盐霜，当地老百姓用刀轻轻地把它刮下来，它就像精制的盐一样，可以食用了。

在我国的新疆塔克拉玛干盐碱沙漠上生长着一种树，叫胡杨树，它能从土壤里吸收大量的盐分，吸收之后，再从树皮的裂缝中排出碳酸钠，这种碳酸钠是碱。当地的老百姓把这些碳酸钠收集起来，当成小苏打或碱面用，在蒸馒头和加工肥皂的时候，就会用到它。这种树被人们称作碱树，在我国是很少见的。所以我们把它也称为奇怪的树。

我们平时吃的醋都是用粮食做的。可是有一种树能产醋。在我国的华北、西北地区，生长着一种沙棘，又叫做醋柳或酸刺，是一种灌木状的小乔木。在秋天的时候，树上结出橙黄色的，或者是桔红色的小球形的浆果，这种果子压满枝头。当地的人们，把这种果子采集起来，把果汁压出来，再加工浓缩，做成醋来吃。这种果子不但能做醋，而且还能做果汁，它也是制作维生素食品的重要原料。这种产醋的树，的确是一种很罕见的树。

救命治病的树

希蒙得木是一种常绿灌木，呈灰绿色或蓝绿色，高达六英尺，大量生长于墨西哥以及美国亚利桑那州，叶子茂密美丽，最有价值的是其坚果所含的油。

就是这种并不起眼的植物成了珍稀动物抹香鲸的救星。几百年来，人类大量捕杀抹香鲸,提取鲸油制造重工业用的润滑剂,抹香鲸因此曾一度濒临灭绝。

自然资源保护组织多年来为此而不懈努力争取,终于在1970年,美国国会通过了"濒临灭种动物保护法令",禁止进口抹香鲸制品,抹香鲸才免遭灭顶之灾。

然而真正救了抹香鲸命的却并不是这个法令,而是上面所提到的植物——希蒙得木。希蒙得木中含有大量可以取代抹香鲸油的替代品,因而使得上述法令才能顺利实施。

据说希蒙得木坚果粉能治疗多种疾病,例如头皮屑、皮炎、产科疾病等;并且,希蒙得木还可以制成非常好的洗发剂,印第安女人总是用其坚果油来抹辫子。

直到20世纪,希蒙得木依然只是印第安人的"家中宝"。一次偶然的机会,亚利桑那州大学的一位研究人员看到了有关希蒙得木药用价值的资料并开始研究。

研究的结果表明,希蒙得木的坚果油并非脂肪,而是一种液态蜡。这一发现意义非常重大。因为坚果油不含脂肪,却比其他油类要纯净得多,加工程序也比较简单,这就可以节约大笔的加工费。进一步研究后又发现,希蒙得木坚果油的用途非常广泛,可用于食物的加工和防腐,可制造润滑剂、地板蜡、耐用和光洁度非常高的车油、消毒剂、树脂、抗腐蚀剂、木器和皮革制品的上光剂、沙拉油,还可以用作雪花膏、药膏和洗发剂的主要原料。

另外,希蒙得木坚果油对关节炎、风湿病、结核病都有特殊疗效。因此希蒙得木不仅是抹香鲸的救命恩人,也是全人类的共同财富,它可以为人类带来许多实际利益,可以使贫瘠的地区繁荣起来。

希蒙得木可以在干旱贫瘠的土地上种植,不必与其他作物争夺有限的土地资源,而榨油后的坚果渣滓还可以用来饲养牲口。美国、以色列、印度、澳大利亚等许多地方都建立了希蒙得木种植试验场,这一方面解决了许多人口的就业问题;另一方面也提供了大量价廉物美的希蒙得木坚果油。

最著名的灭虫植物——除虫菊

夏夜里,蚊虫嗡嗡,常搅得你不能入眠。挂一顶蚊帐,又使人憋气。如果临睡前点一盘蚊香,那袅袅上升的青烟,就会使蚊虫晕头转向,倒栽葱似地跌落下来,一命呜呼。你便可以睡一个甜甜美觉。

为什么蚊香能杀灭蚊虫?原来,它里面含有除虫菊的成分。除虫菊在其花朵中含有0.6~1.3%的除虫菊素和灰菊素,除虫菊素又称除虫菊酯,是一种无色的粘稠的油状液体,当蚊虫接触之后,就会神经麻痹,中毒而死亡。

除虫菊不仅可以除灭蚊虫,而且可杀灭农作物和林木、果树的害虫。它和烟草、毒鱼藤合称为"三大植物性农药"。在夏秋之间,把即将开放的除虫菊花朵采摘下来,阴干后磨粉,过120~150目的筛子。每斤除虫菊粉加200~300倍的水,并酌加肥皂做成悬浮液,搅匀后喷洒,可以防治农业上的多种害虫。即使把除虫菊草整个浸泡在20倍的水中,也有良好的防治效果。如果把50%的除虫菊粉,48%的榆树皮粉,1%的萘酚,1%的色粉配在一起,再加入一定量的水调成糊状,就可制成蚊香。

除虫菊是菊科的多年生草本植物。约有半米高,从茎的基部抽出许多深裂的羽状的绿叶,在绿叶之中簇拥着野菊似的头状花序,花序的中央长着黄色的细管状的花朵,外周镶着一圈洁白的舌状花瓣。看起来,淡雅而别致。

除虫菊的繁殖并不困难,用种子、扦插或分株都可。它喜欢排水良好、肥厚的沙质壤土,如果在比较优越的环境条件下,它可以健壮生长,而且除虫菊素的含量亦高。

除虫菊对蜈蚣、鱼、蛙、蛇等动物也有毒麻作用,但对人畜无害。因此使用安全,不污染环境,是理想的杀虫剂。此外,除虫菊还可药用,有治疗疥癣之功效。

能传递信号的茅膏菜

如果到森林沼泽地里,在绿色的青苔中,容易见到一种开白花的食肉植物,它就是茅膏菜。它每片叶上都长着一层浓密的绒毛,每根纤毛的顶端也都有一颗亮晶晶的"水滴"。蚊子或苍蝇若不小心停歇在叶片上,绒毛就向下弯曲,邻近的绒毛也跟着帮忙逮住猎物,而蚊蝇又因被"水滴"粘住而无法脱身,只好乖乖地就擒。

有趣的是,要是俘获品个头较大,那茅膏菜的叶子就会自动对折起来夹住它。假若一片叶子可能对付不了俘获品,别的叶子会前来相助,决不肯轻易让猎物逃脱的。这说明,茅膏菜是有神经那样的传递反应的。捉到猎物的信号沿着布满叶子的叶脉管(正如神经一样)向四方传递了。

科学家曾将长仅0.2毫米,重仅0.000822毫克的一段头发放在茅膏菜的叶子上,叶面的纤毛也会立刻弯曲,纤毛的这种感觉灵敏度叫人吃惊。

据研究,茅膏菜分泌出的消化液竟能消化肉类、脂肪、血、种子、花粉、小块骨头甚至是牙齿的珐琅质,真是不可思议!

茅膏菜还是一种药物,《本草拾遗》说它"主治赤白久痢"。《江苏药材志》说它可"止血、镇痛"。此外还用于治疗感冒发热、小儿疳积及瘰疬等症。

据《南方主要有毒植物》记载,茅膏菜的叶是有毒的,叶的汁液能使皮肤烧痛和发炎,接触它时应多加小心。

接骨树

在种类繁多的植物世界中,有一些非常普通的植物,它们虽然貌不惊人,但却有着神奇的药用价值。

接骨木是植物世界里毫不起眼的"居民"。它的个子并不高,株高一般不到6米,是落叶灌木或小乔木,叶对生,属忍冬科,因其生命力极强,故又被叫做扦扦活。

接骨木能舒筋血、活脉络。最早发现其药用价值的是我国古代劳动人民。比如,在我国的西南少数民族地区中就流传着有关接骨木的传说。

据说,早先有一位郎中,苦于找不到一种能帮助断骨愈合的药物,整天在山里寻找草药。一次他上山采药,砍伤了一条蜈蚣,结果发现另一条蜈蚣抬来了一片树叶,敷在受伤蜈蚣的创口上,伤口很快长好了,这树叶,就是接骨木的叶子。

传说固然是虚构的,但接骨木的作用却不容忽视,因为它对于跌打损伤确实有着奇特的治疗效果。接骨木的茎、叶都能入药,主治风湿痹痛、跌打损伤、筋脉不利。

辨认接骨木并不太难,接骨木的老枝髓心呈黄褐色,长有羽状复叶、卵形或椭圆形的小叶5~7枚,边缘还有锯齿,揉碎以后更有特殊臭气。据说,这种臭气对老鼠有着强烈的驱避作用。

接骨木于春季开花,花很小、黄白色,聚集在枝头成圆锥形,花开后结出红色的浆果。接骨木分布于我国华北、华东和东北各地。此外,欧洲和日本也有分布。

长棉花的树

不少人也许没见过棉枝上挂着一个个可爱的棉桃,但大家都知道,农民一年到头在棉田中辛苦劳动,才能够换来棉花的丰收。如果树上也能长出雪白雪白的棉花来,那当然是求之不得的好事,可是大自然会有这样慷慨的赠与吗?

有的!在我国南方就真有这种长棉花的树叫做木棉。

木棉生活在亚热带,是落叶大乔木,长成的树干足足有30多米高呢!

木棉的性格很独特,它总是先开花,再长叶。每年3~4月间,枝条上开满了花。成千上万只艳丽的红花犹如一股股瑰丽的火苗,把大地照耀得通红。人们热情地歌颂它:那木棉花哎,火一样红!

木棉的果实相当大,形状像织布的梭子,果皮开裂后,就会露出洁白的纤维。将棉毛和种子一齐拉出来,经过加工,就可能得到木棉毛。

木棉毛韧性差,不宜做纺织原料。但是,它的纤维浮力大,是海上救生衣、救生圈的优良填充料。

木棉树树干挺拔、魁伟,带着一股威武之气,所以这火一样的"红棉"也被人们赞为"英雄树"!

结"糖果"的树

提起糖果,人们立刻会想起各式各样诱人的糖果:洁白如玉的奶糖,美味的奶油巧克力,酸甜可口的水果糖……可是,树上怎么会结出糖果来呢?

在我国北方地区广泛种植的枳椇,俗名也叫鸡距子或金钩子,就能够结出可以生吃的"糖果"!

枳椇树大约有6~10米高,夏天开花结果,果实不能吃,但它是一种药材。可吃的是那粗壮的果梗,形状弯弯曲曲,肉质肥厚,样子很像生姜。果梗的外皮是紫褐色的,里面黄灰色,吃起来味道和葡萄干、枣子差不多,它的含糖率高达47%,可以想见,它该有多么甜了!

糖槭,也是一种产"糖果"的树!

在北美洲,每年春暖后,人们提着大桶,在糖槭的树干上挖一个洞,在洞里插上一根管子,让树液慢慢流到桶里。人们把那白色稀薄液体放在火上煮2~3天,将水分蒸发后,即可得到糖浆。

每一百棵糖槭,在一个季节里可以制成固体糖250斤,规模大的槭树制糖工业年产量已达百万磅计。

现在你明白树上也能结"糖果"了吧!

结番茄的树

在我国的云南,树上结"番茄"的事,确实千真万确。这种木本番茄与草本番茄是近亲,均属茄科,名叫"树番茄"。它是高达5米的常绿小乔木,干粗可达10厘米。但树冠不大,分枝整齐,粗壮的枝条上密被短柔毛。树番茄叶似茄,叶柄稍长,叶面深绿色,叶背淡绿色,叶密荫浓,很是壮观。近腋生,或腋外生,蝎尾式聚伞花序,呈2~3歧分枝。这种树,花冠幅状,粉红色,直径1.5~2厘米堪供观赏。浆果卵形,长5~7厘米,表面光滑,熟时呈桔黄色或带红色。每当果期来临,只见绿荫掩映赤橙黄绿的累累果实,宛若绿色的伞盖下悬挂着数百盏五彩缤纷的明灯,更加逗人喜爱。

树番茄的果实色鲜味美,营养丰富,与西红柿相近,既可作蔬菜又可以当水果食用,还可以作调料。在云南农村,常用其果代醋,拌凉菜吃,或用来代替酸菜烧汤,故俗称"酸汤果"。

树番茄原产南美洲秘鲁的安达斯山区。引种我国已有多年历史。树番茄不仅是一种果菜兼用树种,而且可作为城市庭园、公园和行道树的绿化树种。

转动叶片的槐树

盛夏,一棵古老的大槐树能给人们带来舒适的荫凉。仔细观察槐树,就能发现一个有趣的细节,槐树那碧绿可爱的小叶子能随着阳光转动!

清晨,旭日东升。在朝阳下的槐树叶一片片向两侧平展地舒展着,为大树制造着口粮——进行光合作用。

到了中午,强烈的阳光直射到槐树上时,小叶片就逐渐地动起来了,慢慢地向上竖起,但并不完全闭合。

下午,太阳快落山了,夕阳很柔和地照在槐树上,小叶片就又慢慢地张开了。晚上,它已完全恢复了水平伸展的姿态。

通常,植物的根部从土壤里吸收来的水分和无机盐,一部分参加了光合作用,另一部分为了保持叶子的温度,要从叶子上的气孔里蒸腾出来。但是如果蒸腾的水分过度,"支"大于"收",肯定会影响整株植物机体的正常运转。槐树叶子面积较大,叶片又很薄,上面也没有细毛或蜡层覆盖,这非常容易导致失水过多。可是槐树靠它的小叶片随着太阳而转动,避开了太阳那过于强烈的直射,降低了叶面温度,水分就不会"飞"得那么快了!

另外,在强光之下槐树叶的叶绿素也发生了变化,使叶子颜色变浅,也能起到减缓水分"飞"得快的作用。

这样的"本事"也是槐树在长期的生活中,不断适应环境,由一点点变化而积累出来的。

第五节　植物的特异功能之谜

改变世界的四种植物

越洋贸易是世界历史上的一件大事。一些原本只生长在某个地区的植物从此跨越万水千山,传播到遥远的异地。植物的传播看似波澜不惊,但却有着深远的意义。它们不仅改变了数十亿人口的日常生活,也影响了世界历史的进程。

1.让世界上瘾的烟草

烟草源自美洲,将之传播到世界的却是欧洲人。1492 年 10 月 12 日,在哥伦布踏上美洲海岸第一天所记的航海日志里,就写着几种当地人送来的礼物,其中之一就有"发出独特芬芳气味的黄色干叶"——烟草。只不过当时这些叶子被扔在甲板之上,无人问津。半个月后,哥伦布的船队到达古巴,水手们惊奇地发现一些土著在吸食那些卷成筒状的黄色叶子,口鼻中不时冒出缕缕青烟。不少水手也试着效仿,成为欧洲最早的烟民。

烟草随着哥伦布船队的返航最先来到西班牙,不久后传到葡萄牙,紧接着又迅速传到欧洲其他地区。1580 年,烟草经葡萄牙传入土耳其,随后辗转进入伊朗、印度、日本等国。1575 年左右,西班牙人用一艘大帆船将烟草运到菲律宾移植,烟草在那里迅速成为赚钱的作物。1600 年前后,福建的水手和商人又把菲律宾烟草带到中国。烟草的使用与栽培就像一大块石头扔进池塘后激起的涟漪那样,一波波扩散出去。到了 1620 年时,烟草已经成为不折不扣的全球性作物。

烟草之所以能被普遍接受,一方面是人们曾认为它有神奇的药效。16 世纪的欧洲,几乎所有医生都把烟草当"神药"使用,用它来医治牙痛、肠寄生虫、口臭、破伤风甚至癌症;更有一种迷信的说法认为烟草可以治疗黑死病,当年英国伊顿公学每天早晨都会用鞭子逼着孩子们吸烟以躲避瘟疫。另一方面,吸烟具有独特的自娱自乐功能,深受贵族和老百姓喜欢。上流社会的人士为保持优雅风度吸鼻烟和雪茄,一般民众则热衷于抽烟斗和卷烟。不管怎样,劳累一天后能叼着烟卷和朋友们一起喝上两杯啤酒,无疑是莫大的享受。

所以,当反对吸烟的人士不厌其烦地指出烟草的种种危害时,瘾君子们依然在悠然自得地吞云吐雾,所有的排斥情绪和法律手段似乎都不能阻挡全世界的吸烟风潮。今天,全球烟草制造业已发展成一个巨大产业,成为许多国家主要的税收来源之一。

2. 掀起两场重要战争的茶叶

茶叶,另一种让人上瘾的植物,但却没有危害。众所周知,中国是最早熟知茶的生产及加工技术的国家,但由于一直采取限制性贸易,饮茶在很长一段时间里,仅限于中国及其周边一些国家。茶的全球传播,得益于阿拉伯人的中介作用。大约公元 850 年时,阿拉伯人通过丝绸之路获得了中国的茶叶。1559 年,他们把茶叶经由威尼斯带到了欧洲。

在当时的欧洲,饮茶当属贵族生活的一部分,由于价格高昂,只有很少人能喝得起茶。到 17 世纪初,独具慧眼的英国东印度公司看准了茶叶贸易的商机,花了整整 66 年时间,最终取得了与中国人从事茶叶贸易的特许经营权。

此后,东印度公司每年都要从中国进口 4000 吨茶叶,但只能用白银购买。当时每吨茶叶的进价只有 100 英镑,东印度公司的批发价格却高达 4000 英镑,获得了巨

茶叶

额利润。不过,在英国国内,用于购买中国茶叶的银子却日渐稀少。为筹措白银,东印度公司竟向中国非法输入鸦片,对中国造成了巨大危害,最终导致了鸦片战争的爆发。

从 19 世纪中期开始,英国人决定在印度引种中国的茶树,自行生产茶叶。1848 年,东印度公司派经验丰富的皇家植物园温室部主管罗伯特·福琼前往中国。或许是福琼真的拥有好运气("福琼"在英文里就是好运的意思),他带回了 2 万株小茶树和大约 1.7 万粒茶种,并带走 8 个中国茶叶工人和茶农。此后,印度的茶叶开始取代中国的茶叶登上贸易舞台。到 1890 年,印度茶叶占据了英国国内市场的 90%。中国在这场贸易战和商业间谍战中完全落败,成为彻底的看客。

后来,美国独立战争爆发的导火索也同样是——茶叶。

茶叶在欧洲的风行,最终导致了欧洲人特别是英国人生活习惯的改变。比如,在下午 5 点钟喝下午茶成为许多英国家庭约定俗成的习惯。通常用银壶泡上足够的好茶,然后倒入精制的茶杯中慢慢品尝,当然还需要伴以精美的小点心。下午茶时间可以说是一天当中充满温馨、其乐融融和传情达意的美好时光。

3. 导致人类大迁徙的甘蔗

喝茶直接导致了对糖需求量的增加。糖是从甘蔗汁中提取出来的,最早的甘蔗种植

出现在亚洲。当亚洲人在品尝糖的甘甜时,欧洲人只能从蜂蜜中体验类似的感觉。直到11世纪,东征的十字军骑士才在叙利亚尝到糖的甜味。当时,只有在欧洲王室、贵族和高级神职人员的餐桌上才能看到糖,享用高价进口的糖成了一种炫耀财富的方式。

新航路开辟后不久,西班牙、葡萄牙等国开始在加勒比海地区种植甘蔗。甘蔗种植园如雨后春笋般地在这些岛屿上迅速增加。在英属巴巴多斯岛上,这个仅有430平方公里的弹丸之地竟有900多个甘蔗种植园。糖产量的增加导致糖的价格急剧下降,糖得以进入千家万户。

糖对世界产生的影响不仅是在饮食上,它直接导致了跨越洲际的人口大迁徙,不过这是在贩卖黑奴贸易的强制下发生的。相比烟草而言,甘蔗的栽培费时且费力,它需要大量的劳动力。所以,当欧洲国家在加勒比海地区的殖民地大肆兴建甘蔗种植园时,他们首先想到从非洲运进大量奴隶来进行劳作。结果,加勒比海地区乃至南美地区的人口构成,随着甘蔗种植园的不断增加而发生了惊人的变化。

据统计,16世纪以后的300年间,从非洲贩卖到美洲从事包括种植甘蔗在内的大种植园劳动的奴隶高达1170万人,最终仅有980万人活着到达目的地。所以说,糖的甜蜜是与奴隶的血与泪掺在一起的。

4. 养活了世界的土豆

曾几何时,"土豆烧牛肉"是一种让我们羡慕的现实生活标准。但从历史上看,土豆确实因为养活了更多的人而改变了整个世界。土豆产量高,适于各种生长条件,它所含有的丰富的淀粉可以提供一定的营养价值,成为世界范围内的重要农作物。土豆的原产地是南美洲的安第斯山区,新航路的开辟者们把它带到了欧洲,随后便传播到世界其他地方,并成为世界的第四大农作物。

土豆的出现弥补了谷物收成不足所带来的粮食短缺。在中世纪的欧洲,一亩土豆田和一头奶牛就可以养活一家人。1845年~1847年,一场突发的植物枯萎病横扫爱尔兰,几乎摧毁了当地的土豆种植业。短短两年内,就有一百多万人死于饥饿、斑疹伤寒和其他疾病。它甚至导致一百多万爱尔兰人移居美国。在战争年代,土豆的作用更不可小视。1756年~1763年,欧洲发生了"七年战争"。尽管法国、奥匈帝国和俄国多次入侵普鲁士,摧毁了地表的农作物,普鲁士人却靠生长在地下的土豆躲过了灾难。侵略国看到了土豆在普鲁士国家恢复中的重要作用后,它们的政府很快便采取措施引导农民种植这一神奇的作物。

土豆对世界的意义在于它养活了更多的人,其亩产量是谷物的3到4倍,因而能够代替谷物满足不断增长的食物需求。在俄国和东欧,土豆代替了面包成为贫穷百姓的主要食物。水煮和火烤的土豆比面包更便宜但具有同样的营养价值。在某种程度上,人们正是因为食用了土豆,才提高了健康水平,也因此能够产生更多合格的劳动力用于拓荒和补充不断因饥荒导致的人口下降。人类的生活和生产得以继续,土豆有着伟大的功劳。

植物可以返老还童

20 世纪初，德国植物学家哈勃伦脱在尝试培养植物细胞后，大胆提出，人们能够成功地从植物细胞培养出幼小的植物。这个科学的创见到 1958 年终于变成现实：一个名叫斯蒂瓦特的研究者首先用胡萝卜的细胞进行人工离体培养，产生愈伤组织，诱导分化成了完整的植株。现在，国内外通过植物组织培养，诱导分化形成完整小植物体的已达几百种，其中木本植物就有几十种。

植物体内成熟的细胞怎么会长出一棵小植物来呢？科学家对植物的这种"返老还童"现象作了长期艰苦的研究，发现它同植物激素关系很大，是植物激素中的生长素、细胞分裂素在发挥威力。一般认为生长素可以促使植物生长，细胞分裂有利植物生芽。这些植物激素虽然在植物体内含量极小，但它们在一定的条件下则神通广大——植物的生长发育都要受到它们的调节和控制。

在某些生产实践上，人们已经可以指挥植物"返老还童"了。例如，用花粉培养成完整的植株，为植物育种开辟了新途径；把不同种植物的细胞壁去掉，通过杂交，产生出杂交植株等等。现在世界上已获得烟草种间杂交种和矮牵牛间杂交种。我国也已用烟草和胡萝卜等作物的体细胞的原生质体，培育出了完整的植株。

植物体内的生物钟

我们知道，日历和钟表能准确地计算时间的流逝，那么生物体里是否也存在着一种类似钟表的时钟呢？

200 多年前，就有人用实验来寻求这个问题的答案，他们把叶片白天张开晚间闭合的豌豆，放在与外界隔绝的黑洞里，结果看到叶片依然按节律白天张开而晚上闭合。这有趣的实验，令人信服地说明：生物体内确实有一种能感知外界环境的周期性变化，并且调节其生理活动的"时钟"，这种时钟，人们把它叫做"生物钟"。

那么生物钟是否也能像钟表一样可以对时、拨动和调整呢？科学家用实验做出了肯定的回答。他们颠倒了白天张开晚上闭合的三叶草的光照规律，就是白天把它放在人造夜晚中，夜晚把它放在光照下，经过多次的摆布后，叶片的张合就和自然昼夜颠倒了，这说明生物钟的指针已经被拨动。但是，当把它再放在自然昼夜中的时候，原来的节律又很快地恢复，钟又调正校对过来了。不同的生物有不同的生物钟，植物体内的光敏素就是控制植物昼夜节律或者开花时间的生物钟。生物钟的机制远比当代最精巧的钟表复杂，但是其中的奥秘到现在还没有完全被揭开。

猎杀动物的植物

植物在自然界里，我们经常看到动物吃植物的现象。例如羊啃青草，鸟儿寻找植物种子充饥，蚕吃桑叶，菜青虫把菜叶咬得百孔千疮，大熊猫最爱吃竹子，非洲大草原上的长颈鹿伸着脖子摘树叶吃，等等。可一说世界上还有"吃"动物的植物，也就是食虫植物，是不是很稀奇呢？

其实，食虫植物还是存在的，主要分布在热带、亚热带地区，别的地方就少多了。据统计，全世界共有食虫植物 500 种左右，我国约有 30 多种。它们的生活环境不尽相同，有的生长在酸性沼泽地或泥炭地上，有的长在水里，有的分布在乎原，有的生活在丘陵和高山上。这些食虫植物居住的地方，都是些穷乡僻壤，养分很少，阳光也不眷顾，因此它们的生存面临着很大的困境。不过这些地方有很多昆虫，植物们不得不学会捕食昆虫的特殊本领，成了"足不出户"的植物猎手。

在这些植物"猎手"身上，有三件特殊的武器，一是对昆虫来说致命的诱惑，像气味、颜色、花蜜什么的；二是有用来捕捉昆虫的各种陷阱；三是能分泌溶化昆虫的消化液。

用叶子捕食虫类的植物很多，在印度洋中的岛屿上就发现将近 40 种。那些奇怪的"瓶子"有的像小酒杯，有的像罐子，还有的大得简直像竹筒，小鸟陷进去也别想飞出来。

此外，还有一种植物叫"毛毡苔"，也是一个超级猎手。毛毡苔生活在沼泽地带或潮湿的草原上。这些地方的小虫和蚊子特别多，它们就成为毛毡苔捕猎的对象。毛毡苔是一种淡红色的小草，它的叶子是圆形的，只有一个硬币那么大，上面长着许多绒毛，一片叶子有 200 多根。这些绒毛就像一根根纤细的手指，既能伸开，又能握起来。这些绒毛还可以分泌出一种粘液，挂在绒毛尖上像是一颗颗闪亮的小露珠，散发出蜜一样的香味。馋嘴的昆虫闻到香味就会迅速飞过来，当它落在叶子上碰到绒毛的时候，就会被绒毛上的粘液粘住。绒毛很快握紧"拳头"，紧紧地抓住昆虫，不让它跑掉。接着，绒毛又分泌出一种蛋白酶，消化分解昆虫，分解后的养料被叶细胞吸收到植物体内。用餐之后，它的绒毛又伸开了，等待着新的"猎物"陷入它的"魔掌"之中。

更有趣的是，毛毡苔还能辨别出落在它叶子上的是不是"猎物"。有人曾经做过试验，把一粒沙子放在它的叶子上，起初它的绒毛有些卷曲，但很快它就发现落在叶子上的不是美味的猎物，于是又把绒毛舒展开了。

帕克·诺依曼是美国陆军 74 团少校军官。该团遭到越南游击队的进攻，有一名上校、两名中校被俘，进入了保安县境内的腾娄森林。帕克·诺依曼少校带着 27 名富有战斗经验的官兵进行追击。他们追击了一天多，深入丛林百里，早已疲惫不堪。忽然看见方圆千米的平坦地带，上面没有丛林中常见的灌木丛、榕树及藤本植物，而是一片十分美丽的紫色草苔，如同铺着豪华的地毯。诺依曼少校下令就地休息，派出麦克·西弗等三名士兵去寻找干柴、水源。麦克·西弗等三人走出两里地才发现一条溪涧，他突然对另外两个同伴说了一声不好，连忙往回奔。当他们走近那个平如毡的地面时，都惊呆了。帕克·诺依曼少校等 24 名官兵消失无踪，那紫色的草毯上只剩下一些枪械刀刃。原来，他们都被这片美丽的毛毡苔吞食了。

那里除了紫色的草苔，什么树都不长，而且那上面干净得像清洗了一样，我怀疑是一个不可预料的危险境地，因此要马上去报告诺依曼少校。哪知还是晚了一步。20 世纪

90 年代，几位生物学家在腾娄森林进行考察，证实了麦克·西弗的讲述。他们捕捉了一只野兔，放在那上面，转瞬之间，野兔就被毛毡苔消化了。

然而，毛毡苔是亚洲、非洲和北美洲的一种常见植物，属茅膏菜科，多年生草本，叶均基出，呈莲座状，叶柄细长，叶片近圆形，生满红紫色腺毛，分泌粘液，能捕食小虫。一般的花都是白色，是著名的食虫植物。但是毛毡苔居然能一次消化 24 名美军官兵实属一桩奇闻。

与毛毡苔相似的食虫植物很多。生长在我国江苏、浙江一带的芽膏菜和生长在葡萄牙、西班牙和摩洛哥沿海地带的捕虫花，都是靠叶子来捕食虫子的。有一次，有人在一株捕虫花的叶子上竟找到 235 个昆虫的残骸。

食虫植物为什么吃人？有待植物科学家们去解开这个奇谜。

还有些"吃"虫植物生长在水中。北京颐和园的池塘里有一种叫狸藻的小水草，它的茎上有许多卵形的小口袋，口袋的口子上有个向内开的小盖子，盖子上长着绒毛。水里的小虫游来触动了绒毛，小盖子就向内打开了，小虫一游进小口袋，就再也出不来了。

这些植物一没有牙齿，二没有胃，怎么能"吃"掉昆虫呢？经科学家研究发现，这些食虫植物所分泌出来的粘液都和动物的消化液差不多，含有胃蛋白酶和胰蛋白酶，能够分解小动物体内的蛋白质，其消化能力几乎赶上了动物的胃。"吃"虫植物还有个怪脾气，就是不喜欢"吃"油脂。对于味道甜或酸的食物，也不感兴趣。

为什么这些食虫植物靠吃虫来满足自己的需要呢？原来氮是构成叶绿素的重要成分。植物需要的氮，主要是来自土壤。可是有些地方，比如酸性的湿地和沼泽地带，土壤中含的氮就极少极少。生长在那里的植物，就得从其他方面来获得它们所必需的氮，来适应这缺乏氮的生活环境。这些植物经过许多年的变化，吸收氮的功能变得更强了，逐渐产生一套完整的捕虫器官，能够分泌出一种粘液来消化昆虫体内的含氮物质，满足自己对氮的需要。这样就形成了"吃"虫的植物。

"植物报时钟"报时之谜

各种花开放的时间不相同。18 世纪，著名的植物学家林奈，对花开的时间做了多年的观察，后来在自己的花园里培植了一座有趣的"花钟"，把开放时间不同的各种花有次序地种植在园子里，只要一看现在开的什么花，就知道大约几点钟了。

蛇床花：黎明 3 点钟左右开放

牵牛花：黎明 4 点钟左右开放

野蔷薇：黎明 5 点钟左右开放

龙葵花：清晨 6 点钟左右开放

芍药花：清晨 7 点钟左右开放

半友莲：上午 10 点钟左右开放

鹅鸟莱：中午 12 点钟左右开放

万寿菊：下午 3 点钟左右开放

紫茉莉：下午 5 点钟左右开放

烟草花：下午 6 点钟左右开放

丝瓜花：晚上 7 点钟左右开放

昙花：晚上 9 点钟左右开放

花开有时，这个有趣的自然现象，人们很早就知道了。很多植物的开花都有明显的季节性，例如紫罗兰、油菜花春天开，菊花秋天开。是什么因素支配着植物的开花时间呢？

1920 年，加纳尔和阿拉尔特发现植物的开花主要是受光周期的控制。光周期是指一天中昼夜的相对长度。通过多方面的实验，他们证明了植物的开花与昼夜的相对长度（即光周期）有关。植物对昼夜相对长度的反应叫做光周期现象。

光周期现象的发现，使人们认识到了光作为"信号"的作用。人们现已知道光周期不仅与植物开花有关，而且对茎的伸长、块茎

牵牛花

与块根的形成、芽的休眠、叶子的脱落、甚至对一些动物行为例如鸟类迁徙、鱼的洄游、昆虫的变异等都有影响。

从发现光周期与植物开花的关系以后，人们发现不同种类植物的开花对日长有不同的反应，它们对日长的要求有一最低的或最高的极限。例如有的植物开花，要求日照长度必须在某一极限之上，短于这个极限，植物就不能开花。这种植物为长日植物；短日植物则是要求日照长度必须在某一极限之下，长于这个极限，植物也不能开花。这最低的或最高的极限是诱导植物开花所需的极限日照长度，称为临界日长。例如，长日植物菠菜的临界日长为 13 小时，它至少得到 13 小时的光照才能开花，短于 13 小时就不能开花，长于 13 小时促进开花，也就是说菠菜开花有一最低极限（即 13 小时）；相反，短日植物北京大豆，它的临界日长为 15 小时，它开花需要的日长不能超过 15 小时，即 15 小时是短日植物北京大豆开花的最高极限。但也有的植物对日长要求不那样绝对，它们在不适宜的日长条件下（即长日植物在短日下；短日植物在长日下），最终也能开花，在适宜日长条件下促进开花。

那么接受光能信息作用的部位，经研究证实是在叶子，叶子就好比"雷达天线"，接收到光周期的信号后形成开花刺激物传导到茎端形成花的部位。

关于开花刺激物到底是什么,科学家正在进一步探索。

会变色的花

世界上著名的观赏植物王莲,它的花很大,暮开朝闭。傍晚时,刚出水的蓓蕾绽出洁白的花朵;第二天清晨,花瓣又闭合起来,待到黄昏花儿再度怒放时,便由白色变成了淡红色;最后,又由淡红色渐渐变为深红色。

金银花,在春夏之交时开花,花朵初开放时色白如银,但过了一两天之后,却变成了色黄如金了。在一藤之上,黄白花相映,非常有趣。因此,人们给它起了一个美名——金银花,也有人叫它双花或二花。

杏花,在含苞待放时是红色,开放后却渐渐变淡,最后几乎变成了白色;有一种菊花却刚好相反,初开放的花为白色,到了快要凋谢时,又变成了红色。

棉花,是变色花中最典型而又常见的例子。它刚绽开的花朵是黄白色,当受精后却变成了粉红色,以后越变越红,慢慢变成紫红,最后又变成灰褐色。由于变色时间先后不同,所以同一棉株上往往呈现出色彩缤纷的花朵。

在变色花儿中,最奇妙的要数木芙蓉了。一般的木芙蓉,刚开放的花朵为白色或淡红色,后来渐渐变为深红色。三醉木芙蓉的花可一日三变,清晨刚绽开的花为白色,中午变成淡红色,而到了傍晚却又变成了深红色,真是越开越艳。弄色木芙蓉更是变色花中的佼佼者,它的变色本领毫不亚于动物界的变色龙。花朵刚绽开时是白色,第二天变为淡红色,第三天变成黄色,第四天变成深红色,最后又变成了紫色,一朵花儿竟能变化五种颜色。

花色的神奇变化,看起来似乎很玄妙,其实这是花中各种色素变的"戏法"。因为花中的色素可随着温度和酸碱度的变化而改变其颜色。

我国有一种樱草,当春风吹暖了大地时,它便开放出美丽的花朵。在 20℃ 左右的常温下,它的花是红色;当把花放到 30℃ 的暗室里,花却变成了白色。

八仙花(绣球),生长在一些土壤中(酸性土),开出的花为粉红色;而生长在另一些土壤中(碱性土),却开出蓝色的花朵。

牵牛花,早晨呈蓝色,而到了下午逐渐变成了红色。这是因为牵牛花中含有的花青素,在碱性溶液中呈现蓝色,而在酸性溶液中为红色。一天从早到晚随着空气中二氧化碳浓度的提高,牵牛花对它的吸收量逐渐增加,花中的酸性也不断增大,所以花的颜色也就从蓝色变成了红色。

"植物猫"驱赶老鼠之谜

老鼠是人们生活中的一大公害,在同鼠害作斗争的过程中,植物也发挥出它不同寻常的威力被称为"植物猫"。

我国地大物博,疆域广阔,驱鼠和治鼠的植物种类很多,驱鼠植物有稠李、"鼠见愁"、接骨木等;治鼠植物有闹羊花、玲珑草、天南星、黄花蒿等。

植物驱鼠治鼠各有高招。叫"鼠见愁"的植物,经太阳照晒以后,能散发出一种很难闻的气味,老鼠对这种气味十分厌烦,闻到这种气味转身就逃,只要在农田周围和房前房后种上它,老鼠就会远远地避开。还有一种叫"芫荽"(俗称香菜)的植物,它有一股极其强烈的气味足以使老鼠生畏。北方生长的接骨木的挥发性气体对老鼠则有剧毒。而"老鼠筋"更有一番特殊的驱鼠本领,它的茎叶上有锐利的硬刺,如在鼠洞多的地方布放一些"老鼠筋"的枝条,老鼠便会逃之夭夭。

植物预报地震有奇招

古语云:"草木知运,不时而发,必有妖孽。"那么现实生活中,植物是不是真的具有这种能预测"天灾人祸"的超能力呢? 如果有的话,它又是如何获得这不同寻常的能力的呢?

实际上,植物预知"天灾"的本领常见于报端,有相当多的科学家对这一有趣的问题,进行了大量的观察和研究。

有人发现含羞草能预知地震的发生。含羞草的叶子排列整齐、对称,轻轻地触动一下它的叶尖,整片叶子都迅速合起来,真像低眉顺目、含羞自持的少女一般。通常情况下,含羞草的叶片是白天打开,夜晚闭合。日出前30分钟舒展枝叶,日落30分钟后,枝叶收拢,非常有规律。假如一反常规:白天闭合,夜晚舒展,则表示大自然将发生变异,这种变异很可能是地震发生的前兆。有人观察到,如果周围60公里的范围内将发生大地震时,约40分钟前,含羞草会发生行为改变,会在白天将叶子闭合起来。

含羞草不仅能预知地震,台风、低气压的逼近、雷雨的袭击、火山爆发等等,都会使它发生变化。

日本科学家通过实验和研究发现:有些植物具有预报地震的特殊本领。东京大学有位教授,通过采用高灵敏的记录仪,发现合欢树能预报地震。他指出,在没有地震的正常情况下,合欢树发出的电信号具有固定的形状;在大地震来临之前的50~10小时,合欢树发出的电信号为"锯齿状";在中小地震开始前50小时左右,发出的电信号变成"波状"或"胡须状";当海底火山喷发时,发生的电信号为"尖刺状";在发生像日本海中部地震和宫城县近海地震这样一类特大地震肘,合欢树发出的电信号夹杂有"锯齿状"、"波状"和"胡须状"。

1970年初冬,在宁夏的隆德县,蒲公英提前开了花,一个月后66千米外就发生了5.1级地震;1972年,上海郊区的不少甘薯反常开花,不久,长江口地区即发生4.2级地震;1976年,唐山地区和天津郊区出现了竹子开花、柳树枝梢枯死等异常现象,稍后就发生了损失惨重的唐山大地震;1976年七八月份,号称"熊猫之乡"的四川平武县境内大面积箭竹开花死亡,8月16日附近的松潘地区发生了7.2级地震。种种迹象表明,地震发生前能引起植物异常的生长发育。

　　科学家们观察到,地震发生前,许多植物的生物电位会发生变化。1983 年 5 月 26 日,日本秋田发生 7.6 级地震。震前 20 小时左右,日本观测点上的合欢树生物电位开始激烈地上下波动;震前 10 小时,又平静下来;震前 6 小时,再次异常。地震之后,异常消失。除了合欢树以外,还有一些植物能产生与合欢树一样的生物电位变化,像桑树、女贞、凤凰木、漆树等等。

　　印度尼西亚的爪哇岛上,有一种植物,人们称它为"地震花",可能是属于樱花草一类的植物,它们生长在火山坡上,火山爆发之前,便会开花。岛上的居民把这种植物当作观测装置,只要发现它开花了,马上就要作出应急准备,采取应付火山爆发的措施。

　　对于植物预测地震,日本的鸟山教授倾向于生物电流学说,并认为,生物体内的细胞犹如一个个活电池,震前伴随而来的地球物理、化学变化,其中包括地温、地下水、大地的电位、电流以及磁场变化,将使生物电池两极间产生电位差,出现电流,因而发生异常。一连好几年,鸟山都用高灵敏度记录仪记录下合欢树的生物电位,发现这种植物能感觉到打雷、火山活动和地震等前兆刺激,而出现明显的电位和电流变化。

　　美国哥伦比亚大学的研究植物年轮的专家戈登·雅各比利用观察年轮长得整齐与否来推测地震。他发现一棵松树的某些年轮长得没有规律,有的地方彼此挤在一起。结果发现这些年轮反常生长的时期正好跟 1857 年大地震发生时期相符。

植物预报天灾之谜

　　青冈栎又叫青冈树,是一种常绿乔木,在我国的分布很广。熟悉它的人都知道,它的树叶会随天气的变化而变色,是名副其实的"气象树"。晴天,树叶呈深绿色;久旱将要下雨前,树叶变成红色;雨过天晴,树叶又恢复原来的样子。根据树叶颜色的变化,人们便可以预测天气是晴天还是阴雨天。这是为什么呢?

　　我们知道,一般树叶中含有叶绿素、叶黄素、花青素等,在一般情况下,叶绿素的合成占了优势,其他色素都被叶绿素掩盖了,所以叶片呈绿色。而青冈栎对气候条件非常敏感,当久旱将要下雨前,光强、干旱、闷热,叶绿素的合成受到抑制,花青素的合成占了优势,因而叶色变红;当雨后转晴,叶绿素的合成又占了优势,所以树叶又变成了绿色,于是树叶颜色的变化就成了预报天气的晴雨表。

　　在新西兰有一种花也能预报天气,当它的花瓣呈现萎缩包卷状时,便会出现阴雨天气,当地居民看花出门,如花开得很精神,就预示着不会下雨,而当花瓣呈现伸展大开形状时,便会出现晴空万里。这种花的花瓣是随着空气中湿度的变化而变化的,湿度越大,花瓣越卷缩;湿度越小,花瓣越伸展。

　　人们从花瓣的蜷缩和伸展中便可预知天气是晴天还是雨天。

　　在瑞典南部还有一种名叫三色鬼的草,人们管它叫天然的"寒暑表"。因为这种草对大气温度的变化反应极为灵敏。在 20℃ 以上时,它的枝叶都斜向上方伸出;温度若降至 5℃ 时,枝叶向下运动,直到和地面平行为止;当温度降至 10℃ 时,枝叶向下弯曲;如果温度回升,则枝叶就恢复原状。

在我国西双版纳生长着一种奇妙的花,当暴风雨将要来临时,便开放出大量的花朵,人们根据它的这一特性,可预先知道天气的变化,因此大家叫它"风雨花"。风雨花又叫红玉帘、菖蒲莲、韭莲,是石蒜科葱兰属草本花卉。它的叶子呈扁线形,很像韭菜的长叶,弯弯悬垂。鳞茎呈圆形,较葱兰略粗。春夏季开花,花为粉红色或玫瑰红色。风雨花原产墨西哥和古巴,喜欢生长在肥沃、排水良好、略带粘性的土壤上,不耐寒冷。

那么,风雨花为什么能够预报风雨呢?原来,在暴风雨到来之前,外界的大气压降低,天气闷热,植物的蒸腾作用增大,使风雨花贮藏养料的鳞茎产生大量促进开花的激素,促使它开放出许多的花朵。

花儿知晴雨,草木报天气。多年生草本植物结缕草和茅草,也能够预测天气。当结缕草在叶茎交叉处出现霉毛团,或茅草的叶茎交界处冒水沫时,就预示要出现阴雨天。

有趣的是,草不仅能预报天气,而且还能测量气温。在瑞典南部有一种气温草,它竟能像温度计一样测量出温度的高低。这种草的叶片为长椭圆形,花为蓝、黄、白三色。它的叶片对气温反应极为敏感,当温度在20℃以上时,叶片向斜上方伸出;若温度降到15℃时,叶片慢慢向下运动,直到与地面平行为止;当温度降至10℃时,叶片就向斜下方伸出。如果温度回升,叶片又恢复为原状。当地的居民根据它的叶片伸展方向,便可知道温度的高低。

在安徽和县大滕村旁的一棵奇树,当地人叫它朴树,株高7米,树围3米多,树冠覆盖面积达100多平方米。根据其发芽的早迟和树叶疏密即可知道当年雨水的多少。如谷雨前发芽,且芽多叶茂,即预示当年雨水多,往往有涝灾;如正常发芽,且叶片分布有疏有密,即预示风调雨顺;如推迟发芽,叶片也长得少,则为少雨年份,常常出现严重旱灾。

实践证明,它的预报很准确。例如,1934年这种树推迟到农历6月份才发芽,结果和县出现特大旱灾;1954年它发芽又早又多,那年和县发了大水;1978年它推迟到端午节才发芽,果然又是大旱年;1981年它发芽时间正常,全株树叶有疏有密,当年和县风调雨顺,五谷丰登。

科学家对这棵奇妙的气象树进行了研究,发现它对生态环境反应特别敏感,所以能对气候变化做出不同的反应。"物竞天择,适者生存"。这棵树的这种奇特作用,也许是它对环境条件的巧妙适应性的表现。

植物的预测力

植物具有监测环境的超能力,是大气污染的报警器。在某些特定的情况下,植物的这种监测能力比人造的器械还要灵敏呢。

据说在南京一工厂附近种植了很多雪松。雪松树姿优美,常年碧绿,深受人们喜爱。一年春天,正当雪松萌发新枝的时候,针叶却发黄、枯焦。这是怎么回事呢?谁是"谋害"雪松的"凶手"?后来查明,让雪松受害的是两种有害气体:二氧化硫和氟化氢。刚好,附近工厂里常常会放出这两种气体，雪松对它们特别敏感。后来，人们只要看见雪松"犯病"了，一对号，发现是同一种"症状"，就知道在它周围的大气中含有二氧化硫或氟化氢。

敏感植物对于二氧化硫的反应非常灵敏，它们在二氧化硫的浓度只有百万分之 0.3 时，就能产生反应。而人只有当二氧化硫的浓度为百万分之 1 ~ 5 时，才能闻出气味，百万分之 10 ~ 20 时，才会引起咳嗽和流泪。

具有监测大气污染能力的植物种类相当多，它们组成了一支保护人类健康的卫兵队伍。如花苜蓿、胡萝卜、菠菜可以监测二氧化硫的污染；莒兰、郁金香、杏、梅、葡萄可以监测氟的污染；苹果、桃、玉米、洋葱可以监测氯的污染等等。

植物对于有害气体的预报，往往采取一种富于牺牲精神的表达方式，它不会拉警笛，更不知道亮红灯，而是以自己的枝叶伤势做出无声的呼吁，呼吁人们警惕来自身边的毒害，呼吁人们赶紧采取措施，否则人也会同它们一样伤痕累累。

不同的植物对于不同的气体污染，所产生的反应也不一样。

虽然多数是从叶片发生"症状"开始，但"症状"的形态、位置却大不一样。有经验的科研工作者，只要根据植物叶片伤斑的位置、形状，就可以大致知道导致污染的来源是什么，程度如何。由于它们的灵敏度很强，很有典型意义，一旦发现，便给环境保护提供了极好的依据。

奇花异草能寻找地下矿藏

奇花异草为什么能充当报矿员呢？这是因为植物根植于地层，靠吸收土层的养料生存，而养料中却有各种丰富的矿物质，每种植物情况各异，吸收的矿物质也有所选择，由此就可以判断此地有无矿物或是些什么矿。异极草喜欢吸收锌，所以异极草聚集处地下准有锌矿；石松生长的地方有铝矿；紫云英、褐云英、海洲香蕾密集的地方有铜矿；铃形花遍布的地方有磷灰石矿，锦葵丛生的地方有镍矿，还有紫苜蓿密集的地方有钽矿。

有奇草必有异花，凭花的颜色也可判定矿物内容。铜矿能使花朵染上蓝色和蔚蓝色，镍使花瓣失掉色泽，锰却能使花序变成红色。

有的动物以植物为粮食，所以植物身上所含的矿物质也不自觉地转移到它们身上，结果有些动物也成了"报矿员"。有一种蜜蜂因为采集苜蓿的花粉，所以酿制成的蜂蜜中也含有钽质。还有一种金龟子，因为吃了含有黄金的植物，所以它的身体也储藏着黄金，在 1000 克金龟子灰里能找到 25 毫克黄金。

在我国的长江沿岸，生长着一种名叫"海州香薷"的植物，凡是这种植物生长特别茂盛的地方，附近就可能找到铜矿，因此人们叫它"铜草"。海州香薷的花是蓝色或蔚蓝色，科学家研究证明，这种植物花朵的颜色是铜矿给染上去的。因为海州香薷的根扎入有铜矿的土层中，将铜离子吸收到体内，当形成铜的化合物时便显现出蓝色，所以就把花朵染成了蓝色。我国安徽铜陵，从海州香薷大量生长的地方发现了铜矿，大洋洲最大的铜矿也是从铜草茂盛生长的地方发现的。在挪威有一种石竹科植物，也可以帮助人们找到铜矿。又如,异极草、林堇菜聚集生长的地方可能有闪锌矿,铃形花聚集生长的地方可能有磷灰石矿,在针茅大量生长的地方可能有镍矿,在喇叭花大量生长的地方可能有铀矿,在七瓣莲大量生长的地方可能有锡矿,在鸡脚蘑、凤眼兰生长的地方可能有金矿。此外,在美国有一种豆科植物,可以预报方铅矿的存在,在瑞典和德国有一种十字花科植物,可以帮助人们找到锌矿。

根据一些植物花的颜色变化,也可以作为寻找地下矿藏的重要标志。例如,锰可以使花朵呈现红色,镍可以使花失去色泽,依据这些现象,便可以找到锰矿和镍矿。

科学家对植物探矿之谜进行了研究,原来有些植物在生长发育中特别需要某些矿质元素,而深埋在地下的矿物,在漫长的地质年代里,一部分元素逐渐变成了能被植物吸收利用的离子状态,因此一些植物便喜欢生长在富含某种它们特别需要的矿质元素的土壤上,这样它们便成为人们寻找矿藏的重要依据了。

指示植物还可以预报地下水,如在苔草、木贼、水灯心等生长的地方,一般地下均有泉水;而在芦苇、宽叶香蒲生长的地方,往往有缓流水或滞流水。随着地下水层深度的增加,就会被莞草、黑琐琐、骆驼刺等所代替。

指示植物还能帮助人们判断土壤的酸碱度。一些植物生长在一定酸碱度范围的土壤上;石松、小米柴、芒萁等植物喜欢生长在酸性土壤上;而南天竹、凤尾草、蜈蚣草、枸杞等,却喜欢偏碱性的土壤。这样,前面几种植物就成为酸性土壤的指示植物,后几种植物就成了碱性土壤的指示植物。更为有趣的是,一些植物还能较准确地指示出土壤的酸碱度(PH 值)。如有算盘子、映山红、铁芒萁等生长的地方,土壤的 PH 值一般在 4.5~5;在牙疙瘩、齿鳞青木香等生长的地方,土壤的 PH 值一般为 5.5~6;有贯众、野花椒、牛毛草等生长的地方,土壤的 PH 值一般为 8 左右;生长有碱灰菜、麻落藜等植物的土壤,其 PH 值一般为 8.5~9。

综上所述,可见指示植物与人类生活有着密切的关系。由于自然现象的复杂性和多样性,指示植物的应用,还只是作为一种辅助手段。但是随着人类探索自然规律的不断进展,指示植物的应用必将更加广泛。

第六节　千奇百怪的植物

树木与真菌为何相互依恋

树木和真菌相互依恋的现象,很长时间都是个难解之谜。在 100 多年前,一种叫水晶兰的植物引起了科学家的广泛兴趣。水晶兰的身上没有叶绿素,茎上不长叶了,而是覆盖着无色的小鳞片,形态上很像某些寄生植物。它不具备叶绿素,显然只能摄取现成的有机养料,那么它是如何得到有机养料的呢?是像腐生植物那样完全依靠自己获取营养,还是如同寄生植物那样从树根上获取呢?

经过研究发现水晶兰不是寄生植物,完全是从土壤里获得有机营养。水晶兰根的整个表皮覆盖着密密麻麻的某种真菌的菌丝,菌丝体比表皮本身厚 1～2 倍。小根的末梢是在真菌鞘里,单独或成束的菌丝从四面与真菌鞘分开,这与寄生真菌有所不同,因为后者菌丝只在根的表面,而不会侵入到根的组织中去。显然,水晶是由菌丝承担了供水营养的任务,在生理上取代了根毛的作用。

水晶兰中的奇妙现象,使更多的学者开始对兰科植物进行全面研究。他们发现,兰花的种子异常微小,外面有厚膜包着,里面几乎没有任何贮存的营养物质,而且它在人工条件下根本不萌芽。植物学家贝纳尔在偶然的机会检查了巢兰的一个果实,看见里面有几个已经发了芽的种子,其实严格地说,它们已不是种子,而是极小的幼苗。贝纳尔在显微镜下解剖巢寺功芽,发现幼芽细胞里都有极细的小纤维团,这是进入到兰花种子里的某种真菌的菌丝。当时,兰花和真菌共生的现象已为人所知,但谁也没料到,长在梭状茎上的真菌菌丝能穿过茎,传到里面成熟的种子内。为此贝纳尔提出假设:真菌进入到兰花的幼芽里绝非偶然,而是兰花种子萌芽必不可少的条件。

为了证实自己的假说,贝纳尔从兰花根上取得真菌小团,分别放在营养冻胶上进行培养,形成类似霉菌的东西。与此同时,他在严格消毒条件下对兰花种子进行人工培养,但没有发芽,后来他往培养基中加了一小块"霉菌",结果很有效,当真菌菌丝一进入种子里,种子便开始萌发,几个月后长出了正常的兰花。这样他第一次证明了兰花种子萌芽时一定要有共生真菌才行。

那么,除了兰花以外,真菌对别的植物是否也具有必不可少的作用? 或者,由于它的介入会不会使某些重要的经济作物丰产高产呢? 法国另一位学者康斯坦丁做了一个有趣的实验,他在法国阿尔卑斯山 1400 米高的山坡地同时种了(用种子而不是块根)两组马铃薯,一组是未施过肥的但有各种真菌的处女牧地,另一组是没有真菌的普通土壤地,以了解真菌对马铃薯有些什么样的影响。结果第一组的马铃薯受重叠真菌的严重感染,高质量的块根大丰收,而第二组的马铃薯却连一个块根都没结,显然,用种子栽种的马铃薯离不开共生菌根真菌。

今天,菌根真菌与植物生长发育关系的迷雾正在一层层拨开,但是在树木与真菌为什么要互相依恋的生理机制探索中,仍有许多难以解释的谜团有待于科学家们去努力探索。

植物为什么会落叶

一夜秋风之后,便是遍地黄叶,为什么植物会落叶呢?

早在 40 年代,科学家们就认为衰老是有性生殖耗尽植物营养所引起的。不少试验都指出,把植物的花和果实去掉,就可以延迟或阻止叶子的衰老,但问题并不是那么简单,如果有兴趣不妨做这样一个实验,在大豆开花的季节,每天都把生长的花芽去掉,你会发现,与不去花芽的植株相比,去掉花芽的大豆的衰老显著地延迟了。

进一步观察还发现,许多植物叶片的衰老发生在开花结实以前,比如雌雄异株的菠菜的雄花形成时,叶子已经开始衰老了。

随着研究工作的逐步深入,现在知道,在叶片衰老过程中蛋白质含量显著下降,RNA含量也下降,叶片的光合作用能力降低。在电子显微镜下可以看到,叶片衰老时叶绿体被破坏。这些生理变化和细胞学的变化过程就是衰老的基础,叶片衰老的最终结果就是落叶。

从形态解剖学角度研究发现,落叶跟紧靠叶柄基部的特殊结构——离层有关。在显微镜下可以观察到离层的薄壁细胞比周围的细胞要小,在叶片衰老过程中,离层及其临近细胞中的果胶酶和纤维素酶活性增加,结果使整个细胞溶解,形成了一个自然的断裂面。但叶柄中的维管束细胞不溶解,因此衰老死亡的叶子还附着在枝条上。不过这些维管束非常纤细,秋风一吹,它便抵挡不住,断了筋骨,整个叶片便摇摇晃晃地坠向地面。

说到这里,你也许要问,为什么落叶多发生在秋天而不是春天或夏天呢?

其实,走在马路上就可以找到答案。仔细观察一下最为常见的行道树法国梧桐。你会发现,深秋时节,大多数的梧桐叶已落尽,而靠近路灯的树上,却总还有一些绿叶在寒风中艰难地挺立着。因此我们可以得出这样的结论,影响植物落叶的条件是光而不是温度。实验证明,增加光照可以延缓叶片的衰老和脱落,而且用红光照射效果特别明显;反过来缩短光照时间则可以促进落叶。夏季一过,秋天来临,日照逐渐变短,是它在提醒植株——冬天来了。

经过艰苦的努力,科学家们找到了能控制叶子脱落的化学物质。它就是脱落酸,脱落酸能明显地促进落叶,这在生产上具有重要意义,在棉花的机械化收割中,碎叶片和苞片掺进棉花后严重影响了棉花的质量,因此在收割以前,人们先用脱落酸进行喷洒,让叶片和苞片完全脱落,保证了棉花的质量。还有一些激素的作用正好相反,赤霉素和细胞分裂素则能延缓叶片的衰老和脱落。

虽然解开了植物落叶之谜,但是还有很多问题依然在等待我们不断去探索,去研究。也许有一天,一夜秋风以后,推开窗户,人们见到的还是满园的绿色。

植物的数学奇趣

人类很早就从植物中看到了数学特征:花瓣对称地排列在花托边缘,整个花朵几乎完美无缺地呈现出辐射对称形状,叶子沿着植物茎秆相互叠起,有些植物的种子是圆的,有些是刺状,有些则是轻巧的伞状……所有这一切向我们展示了许多美丽的数学模式。

创立坐标法的著名数学家笛卡尔,根据他所研究的一簇花瓣和叶形曲线特征,列出了 $x^3 + y^3 - 3axy = 0$ 的方程式,这就是现代数学中有名的"笛卡尔叶线"(或者叫"叶形线"),数学家还为它取了一个诗意的名字——茉莉花瓣曲线。

后来,科学家又发现,植物的花瓣、萼片、果实的数目以及其他方面的特征,都非常吻合于一个奇特的数列——著名的斐波那契数列：1、2、3、5、8、13、21、34、55、89……其中，从3开始，每一个数字都是前二项之和。

向日葵种子的排列方式，就是一种典型的数学模式。仔细观察向日葵花盘，你会发现两组螺旋线，一组顺时针方向盘绕，另一组则逆时针方向盘绕，并且彼此相嵌。虽然不同的向日葵品种中，种子顺、逆时针方向和螺旋线的数量有所不同，但往往不会超出34和55、55和89或者89和144这三组数字，这每组数字都是斐波那契数列中相邻的两个数。前一个数字是顺时针盘绕的线数，后一个数字是逆时针盘绕的线数。

雏菊的花盘也有类似的数学模式，只不过数字略小一些。菠萝果实上的菱形鳞片，一行行排列起来，8行向左倾斜，13行向右倾斜。挪威云杉的球果在一个方向上有3行鳞片，在另一个方向上有5行鳞片。常见的落叶松是一种针叶树，其松果上的鳞片在两个方向上各排成5行和8行，美国松的松果鳞片则在两个方向上各排成3行和5行……

如果是遗传决定了花朵的花瓣数和松果的鳞片数，那么为什么斐波那契数列会与此如此的巧合？这也是植物在大自然中长期适应和进化的结果。因为植物所显示的数学特征是植物生长在动态过程中必然会产生的结果，它受到数学规律的严格约束，换句话说，植物离不开斐波那契数列，就像盐的晶体必然具有立方体的形状一样。由于该数列中的数值越靠后越大，因此两个相邻的数字之商将越来越接近0.618034这个值。例如34/55＝0.6182，已经与之接近，这个比值的准确极限是"黄金数"。

数学中，还有一个称为黄金角的数值是137.5°，这是圆的黄金分割的张角，更精确的值应该是137.50776°。与黄金数一样，黄金角同样受到植物的青睐。

车前草是西安地区常见的一种小草，它那轮生的叶片间的夹角正好是137.5°，按照这一角度排列的叶片，能很好地镶嵌而又互不重叠，这是植物采光面积最大的排列方式，每片叶子都可以最大限度地获得阳光，从而有效地提高植物光合作用的效率。建筑师们参照车前草叶片排列的数学模型，设计出了新颖的螺旋式高楼，最佳的采光效果使得高楼的每个房间都很明亮。1979年，英国科学家沃格尔用大小相同的许多圆点代表向日葵花盘中的种子，根据斐波那契数列的规则，尽可能紧密地将这些圆点挤压在一起，他用计算机模拟向日葵的结果显示，若发散角小于137.5°，那么花盘上就会出现间隙，且只能看到一组螺旋线；若发散角大于137.5°，花盘上也会出现间隙，而此时又会看到另一组螺旋线，只有当发散角等于黄金角时，花盘上才呈现彼此紧密镶合的两组螺旋线。

所以，向日葵等植物在生长过程中，只有选择这种数学模式，花盘上种子的分布才最为有效，花盘也变得最坚固壮实，产生后代的几率也最高。

夫妻树

妇女树奇特，夫妻树更有趣。我国云南素有"植物王国"的美称，那里生长着各种奇花异木。在江城县有一种非常奇特的"夫妻树"，开始是两棵稍微分开的小树，一年后它们便紧紧靠在一起而形成"人"字形，长成一棵完整的树，所以人们叫它"夫妻树"。

有趣的是,这种树不能单独生长。若是把它们稍微分开栽,便会慢慢靠在一起长成一棵树;如果单独一棵,就很难成活。

更奇的是,我国四川省石柱土家族自治县洗新乡添坪村境内,生长着一棵共生不同春的"夫妻树",它有30多米高,树干直径达1米。这株树分为两叉,一雌一雄。单年,雌树树叶茂盛,而雄树却光秃秃不长绿叶;双年,雄树发叶成荫,雌树则不生绿叶,真是一棵罕见的奇树。

神秘的粘膏树

粘膏树普遍生长在广西南丹县白裤瑶村寨的周围,树干最高达20米,树龄最长的在200年以上。粘膏树是当地人的称谓,一些植物学家曾多次深入到瑶乡对粘膏树进行考察,始终找不到该树的学名,只好把它定性为椿科类植物。

粘膏树是一种极赋灵性的植物,凡是白裤瑶居住越密集,风俗越古朴,习性越原始的地方,粘膏树就长得越多,越高大,产的粘膏也就越好。

没有粘膏树可以说就没有白裤瑶,因为白裤瑶的称呼主要缘于他的服饰,如果没有粘膏树,白裤瑶的服饰根本无法制作,那么以服饰为特征的白裤瑶也就不复存在了。

1. 制作服饰的必需品

粘膏树的粘膏是白裤瑶制作服饰的必需品,他们将取下的粘膏用特制的画笔蘸画在白土布上,把布面绘制成一幅幅图案,经染、煮、浸泡、晒干等若干工序后,布面黑、白、蓝相间分明。随后,心灵手巧的瑶族妇女就根据纹路,用五颜六色的花线在布面上精心刺绣。做一套白裤瑶衣裙要经过30多道工序,制作时间长达半年之久。没有粘膏,永远不可能制作出斑斓的白裤瑶服饰,即使是在科学发达的今天,粘膏的作用也还没有任何化学物品能够取代。

粘膏是白裤瑶家里的常年必备品,在白裤瑶村寨,哪怕是最贫困的家庭,都收藏有粘膏。粘膏不仅供白裤瑶自己用,而且还有一定的市场,许多白裤瑶同胞把收取来的粘膏除了留下足够自己使用外,剩余部分就向外出售。在白裤瑶村寨中,粘膏树从来没有公有化过,即使是在大集体的年代也是如此。因此,有的上百年的粘膏树成了祖宗树,作为祖上的产业一代传给一代,瑶族人便年复一年从不间断地在每一棵树上砍凿着、呵护着。白裤瑶历来对粘膏树护理周到,关爱有加,他们从来不使用这种树起房造屋和制作木具,也不把它作为薪炭柴砍来烧掉,而是让其自生自灭。

2. 必经砍凿才出粘膏

粘膏虽然出自粘膏树,同时也出自于白裤瑶的智慧、辛勤和汗水。一株粘膏树要想永远产生出粘膏,必须经过白裤瑶一代又一代的用钢刀利斧在树干上不断地砍凿,不经砍凿的粘膏树是永远长不出粘膏的。

里湖乡有个白裤瑶居住的寨子叫怀里屯,该屯村头有一棵需3个人才能合抱的粘膏树,树龄长达百年,由于没有经过砍凿,至今没有流过一滴粘膏。白裤瑶非常懂得粘膏树的习性,他们砍凿粘膏树也很有讲究。当粘膏树长到2米多高时,他们就从1.5米以上的部位进行有规则地砍凿,砍凿的时间选在每年的三四月份,砍凿的形状像蜜蜂筑巢一样。这些经过砍凿的树干,到第二年春暖花开的时候就有粘膏从砍凿的部位自然流出。年年砍凿,年年流,砍凿越多越久,流出的粘膏就越多,膏质就越好。如果中间少一年不砍凿,膏树就会自然枯死。一棵初次被砍凿的粘膏树,第一年只能生产几两粘膏,随着树龄的增长和不断地砍凿,粘膏的产量也逐年提高,一棵百年粘膏树可产粘膏10公斤。粘膏均呈淡黄糊状,不溶于水,因此,用它绘成图案煮泡后,还可以回收再用。一般一个白裤瑶家庭一年需要用粘膏五六斤,富裕的家庭多达20斤。在南丹县大约有七八千户白裤瑶家庭,粘膏用量十分惊人。

3. 粘膏树与白裤瑶村寨共生共存

一些壮、汉族村民曾多次移植过粘膏树,但是都没有成功,有的虽然勉强成活下来,却像铁树一样,永远也长不大。粘膏树形状独特,有别于其他树木,每棵树的树干都是中间大两头小,中间部位要比两头大出七八倍,有的甚至十多倍,远看如同两个底部重叠的巨大葫芦。当夜幕降临的时候,人们走进白裤瑶村寨,那一棵棵奇形异状的粘膏树恰似一个个腆着大肚的孕妇,因此,许多外地游客又把它称为母亲树。粘膏树是一种人性化的树木,它始终离不开白裤瑶祖祖辈辈生息的土地,古往今来都是如此。

2001年,上海一个开发商来到广西南丹县里湖乡的白裤瑶村,以每棵1.5万元买下了4棵粘膏树,打算运至上海栽作风景树,正当起运时被当地政府没收。没收后的4棵粘膏树就地移栽在乡政府附近的小广场旁边,虽然指定人经常护理,却没有一棵能成活下来。也在同年,南丹县旅游局搞了个旅游开发区,又从白裤瑶村寨挖来了10多棵粘膏树,移栽到开发区内,结果全部枯死。为什么这些粘膏树一旦离开白裤瑶村寨就不能成活呢?让人百思不得其解。

由于长期以来人与树的和谐相处,所以在白裤瑶村寨周围,一棵棵粘膏树高大挺拔,百年老树随处可见,形成了白裤瑶山乡一道亮丽的风景线。

会"说话"的古树

人有语言,动物有"语言",默默无闻的树木也有语言吗?天下之大,无奇不有,古树也会"哼——哼——"说话。银杏树被称为植物活化石,是一种古老而神奇的树种,经历了沧桑巨变之后的古银杏树似乎有点耐不住寂寞,竟然开口"说话"了。在山东省莒县浮来山上的定林寺,有一株古银杏树,号称"天下银杏第一树",也有人管它叫"银杏之祖"。它阅尽沧桑三千载,扬名世界。这株古银杏树高24.7米,干围15.7米,虽然已经有3000岁了,但至今仍保持着强大的生命力,虽然树干苍老,嶙峋斑驳,但新枝苗壮,冠如华盖,年年籽实累累。

这株古树不仅因树龄大令人称奇,更令人奇怪的是,自1996年夏天以来,这株古银杏入夜之后便会发出"嗯——嗯——"的呻吟声,好像一位老人在自言自语。这一奇特的古树发声现象,吸引了不少人前来观看。多时千余人,少时数百人在夜间云集于此,倾听其"嗯——嗯——"声。开始时入夜即响,并且声音较大,在距古银杏树300米的地方仍能听到。后来,这株古银杏的"嗯"声就不那么准时了,有时是入夜即响,有时需待至中宵,有时则在凌晨发声。

无独有偶。在湖南张家界国家森林公园,距锣鼓塔不远的地方也有一株会说话的古银杏树。这株雌银杏树高49.5米、胸径1.83米,已有1200年的历史。每当炎热的夏季到来时,也同样会发出"嗯——嗯——"的声响,距树百米仍可听见。当你走近它时,感觉声音似乎是从树梢发出的;等你远离时,其声音又好像发自根部。游人到此,无不由远及近倾听这株古银杏树奇特的"嗯——嗯——"声。

能发声的古银杏树,在四川省奉节县吐祥乡龙全树村也有一株。这棵高30米,树干要3人才能合抱的古银杏,每到夜间便会发出沉重凄怆的呻吟声,方圆四五百米之内都能听见。正因为如此,人们给它起了一个形象的名字——"哼哼"树。

不光银杏树会"说话",古枫杨树也能发出呻吟声。在武汉以北70千米处,有一座方圆36平方千米的木兰山,山中一个叫做西磨针涧的地方,有一棵参天而立的古枫杨树,高达30米,树干苍老有空洞。据考证,这棵树已经有470多年的历史了。

1982年冬天的一个夜晚,木兰山林场的一位职工经过西磨针涧时,偶然间听到这棵古枫杨树内发出类似老年病人呻吟的"哼——哼——"之声。这株古枫杨树不仅会说话,而且"话"还很多,可以从天黑开始一直"说"到天亮,声音还具有一定的节奏——每40~50秒钟哼65~85次,间歇40秒左右后又开始,零点后间歇的时间会稍长一些。树内发出的声音急促、清晰,在百米之外的空旷山谷里都能听到。每过一段时间,树内发出声音的部位有所变化,听到的"哼哼"声强弱也就有所不同。

有报道说,目前"说话"时间最长的古树要算湖北省谷城县南河镇油坊沟村境内生长的一棵300多年的古枫杨了,每当夜深人静,此树便发出阵阵低沉而阴森可怕的"哼——哼——"声。至今已说了30多年。

古树为何会"说话"?多年来,经过植物学工作者的实地调查和多方考证,归结出三条结论:一是可能树洞内藏有动物;二是由于古树根系发达,吸收地下水时发出声响;三是由于风的吹袭,树干之间因摩擦发声。

但这些结论都没有十分确凿的科学依据,似是而非。近来,有关专家对木兰山的古枫杨树又做了一些考证,认为木兰山枫杨古树内发出的声音,是藏身于其中的巨蜈蚣在作祟。

蜈蚣是节肢动物,昼伏夜出,是一种冬眠动物。木兰山的这株古枫杨树位于山谷背风向阳处,树洞内温度较为稳定,所以冬眠的蜈蚣在古树内没有完全进入休眠状态。蜈蚣用气管呼吸,身体两侧有9对气门口暴露于体外。当它在古树内活动时,其呼吸声与树内空洞产生共鸣,声音从树干的空洞或缝隙传出,在寂静的夜晚格外响亮。而在白天,蜈蚣潜伏不动,呼吸微弱,加上杂音大,所以一般听不到古树说话的"声音"。虽然如此,但古树发声仍是一个难解的自然之谜。

其实在自然界中，不仅古树会"说话"，一些树还带有人的感情，有它们的"喜怒哀乐"。

在巴西，生长着一种名叫"莫尔内蒂"的灌木，属木本类植物。白天，它会不停地发出一种委婉动听的乐曲声。到了晚上，它又会连续不断地发出一种哀怨低沉的哭泣声，等到天亮时，它又变为悦耳动听的乐曲声。一些植物学家认为，这种树能昼夜发出不同的声响，可能与阳光的照射有着密切的关系。但也只是科学家的推测，还没有找到确凿的证据。

我们常说，人类一思考上帝就会发笑，那么当我们真正向大自然追问的时候植物也会"发笑"、"说话"。所以我们现在不得不承认，我们与植物之间的交流和沟通途径是匮乏的，以致于我们还无法解释古树为何会"说话"，树木为何会有"喜怒哀乐"。

预报降雪的"奇树"

在我国福建省中部尤溪县台溪乡盖竹村，有一棵奇特的百年古松，这棵古松高 8 米，直径约 90 厘米，主干弯曲，枝桠丛生，形似虹虬，浓荫蔽日，四季常青。这棵古松在降雪前半个月就开花，其色粉白，状如喇叭，遥遥望去，宛如玉树琼花。花开几次，当年就降雪几次。树梢开花，雪降落在高山处；而满树开花，则漫天大雪纷飞。花开愈多，雪降越大；如果树不开花，当地即无降雪。因此该树被当地百姓称为"报雪松"，并根据此树有无花开，来做降雪之前的御寒防冻准备。

另外，在湖南省西南的黔阳县，也有三株可预报降雪的"雪花树"。这三株树每年都在下雪前一星期左右，就开满树的大白花；一年下几次雪，其树就开几次花。在三棵树中，最大的一棵树胸径有 1.1 米，高达 10 米以上，树叶繁茂，四季常青。

目前，"报雪松"与"雪花树"为何能预报降雪，还有待人们来研究。

"弹跳"的花果

花儿争奇斗艳早已为人所知，殊不知植物的果实和种子同样也争强好胜，令人叹为观止。

著名的德国诗人歌德曾经叙述过发生在家里的一件趣事："有一天夜里，我听到噼啪的响声，好像有些小东西跳到天花板和墙上去了，我当时并不知道这是怎么回事。后来才发现，我采集的蒴果都裂开了，采集箱没有盖，种子蹦到各处去了。房间里太干燥，种子在几天内成熟就有这样大的弹跳能力，真使人不敢相信！"

歌德叙述的现象在野外普遍存在。有些植物就是靠这种方式传播种子的。一碰就炸的果实，最有名的要算凤仙花，它的果实成熟之后，用手指轻轻碰一下，就会"爆炸"开来。即使是遇到一阵小风，凤仙花果实也会突然"痉挛"，部分果实扭曲的力量使得 5 片果瓣裂开，用力把种子弹出 1 米开外，因而博得"别碰我"的别名。除了凤仙花外，碰不得的果实还真不少,酢浆草的果实也碰不得,只要在蒴果的底部轻轻一捏,种皮便纵裂开来,将种子弹射出去。在欧洲南部有一种叫喷瓜的植物,果实成熟之后,它的种子会在里面粘液的压力下,连同浆汁一同喷射到 6 米远的地方。其实,碰不得的果实在豆科植物中比比皆是。绿豆、黄豆、豌豆,因果荚内有一层斜向排列的纤维,果实干燥后,纤维收缩变短。当收缩力量超过了果荚连接处的力量时,果荚立刻破裂,并蜷缩成螺旋形,种子就被弹射出去。在自然界里,种子弹射距离的世界纪录是原产于北非的沼泽木犀草创造的。沼泽木犀草是木犀草科一年生灌丛状草本植物,开黄绿色小花,能散发麝香气味。沼泽木犀草的果实成熟后能自行裂开,像手枪射击一般把种子射到 14 米开外。美洲沙箱树的果实也很有能耐,它成熟开裂时,发出巨响,能把种子弹到 10 多米远的地方。

不管是凤仙花、酢浆草,还是喷瓜、豆类和沼泽木犀草,它们的果实和种子的喷射"装置"都是进化的产物,是为了繁殖后代经长期自然选择的结果。

奇树树身开花两个月

你见过树身也能开花的树木吗? 在兰圃东区的花木丛中,长有一株 3 米高的奇树,居然树身开花,远远望去,如成群紫色的蘑菇附着其间,色彩绚丽、丽质天成。此树开花已有两个多月了,一直吸引着不少游客观赏。

据了解,这种树身开花的植物名为叉叶木,原产墨西哥,其花紫色,状如小高脚杯形,花直接生于主枝或老枝上,夏季开花繁多,秋季少量开花。目前,全世界只发现 8 种,我国仅此一种,由于此树花果生长方式奇特,受到园艺家的重视,目前在我国已成为珍贵的园林树种。

据兰圃工作人员介绍,居于闹市的兰圃虽以种兰花为主,但经过半个多世纪的发展,现共种有各种乔木灌木达 5000 多株。除了叉叶木之外,还栽种有不少广州市内很少见到的奇树异木,如巨大的墨西哥落羽杉及四季有花的红千层树。此外,兰圃还有两棵树龄均在 200 年以上的罗汉松,这在广州也属罕见。

植物代谢的奥秘

人生存所需的能量、营养是通过"代谢"获取的;一旦某种"代谢途径"出了问题,健康就会受到影响。同样,由"代谢产物"决定的蔬菜、水果的营养、色泽、口感、抗病性等不同品质也是这样。同样是西红柿,有的皮厚耐贮藏,有的皮薄易烂;有的偏酸富含维生素 C;有的偏甜口感好。到底是哪些"代谢物"引起的这些差异? 谁是真正的控制因子?

如何才能获得理想的品质? 中外科学家的一项最新研究,首次在世界上揭开了植物代谢的奥秘。

中国农业科学院留荷学者、荷兰格罗宁根大学生物信息中心傅静远博士和荷兰瓦赫宁根大学的 J. J. B. Keurentjes 和 C. H. R. deVos 博士联手,创造性地将遗传基因组学的新理论,运用到代谢组学上。他们揭示出 75% 的代谢产物的差异性是遗传因素引起的,而不同生态型间的"代谢物"组成的巨大差别,表明了代谢物对提高植物对环境适应性有着重要作用,也决定了作物的营养、抗性和其他重要品质。

这一最新研究成果发表在本月英国出版的最新一期世界顶尖科学杂志《自然遗传学》上。

研究人员选用了被称作植物界的"小白鼠"拟南芥作模型。傅静远博士说,对拟南芥的研究,可推广到粮食以及花卉、蔬菜等作物。研究发现,类黄素代谢的新基因只存在生态型"Ler"中。

研究人员在对拟南芥14种生态型和160个"Ler"和"Cvi"生态型杂交形成的杂交重合体,进行了非特异性代谢产物分析后,共分离出2500种代谢化合物。其中,只有13.4%的代谢物存在所有14种生态型中,而706种代谢物是各生态型特有的,有853种代谢物只在杂交重合体中发生。

研究证实,在单一植物不同生态型中存在着显著的代谢差异,而杂交过程可以导致代谢物组成和数量上的变化。这一发现,对传统育种的代谢工程的改造和生物技术的发展有着重大意义。

用这种方法,研究人员全面掌握了代谢调控的主要基因位点,通过这些位点的筛选、变异,可大大提高育种效率。对全面、整体研究代谢途径提供了可能,并有助于发现新的代谢物和代谢途径。

傅静远博士说,此前,一直是对代谢途径作"窗口式"的研究,如今,用遗传学、生物信息学的方法,却打开了"一扇门"。

由此,寻找出水稻、小麦、玉米等粮食作物及各种蔬菜、花卉的同位基因,从而提高了育种效率以及加快了农业生物技术的进程。

植物界的"大熊猫"——金花茶

山茶花是我国特产的传统名花,也是世界性的名贵观赏植物。据统计,总数约有220种。而经自然杂交及人工培育的品种当在数千种以上。但以前,人们没有见到过花色金黄的种类。1960年,我国科学工作者首次在广西南宁一带发现了一种金黄色的山茶花,被命名为金花茶。

金花茶的发现轰动了全世界的园艺界,受到了国内外园艺学家的高度重视,认为它是培育金黄色山茶花品种的优良原始材料。

金花茶属于山茶科山茶属,与茶、山茶、南山茶、油茶、茶梅等为孪生姐妹。金花茶为常绿灌木或小乔木,高约2~5米,其枝条疏松,树皮淡灰黄色,叶深绿色,如皮革般厚实,狭长圆形。先端尾状渐尖或急尖,叶边缘微微向背面翻卷,有细细的质硬的锯齿。金花茶的花金黄色,耀眼夺目,仿佛涂着一层蜡,晶莹而油润,似有半透明之感。金花茶单生于叶腋,花开时,有杯状的、壶状的或碗状的,娇艳多姿,秀丽雅致。金花茶果实为蒴果,内藏6~8粒种子,种皮黑褐色,金花茶4~5月叶芽开始萌2~3年以后脱落。11月开始开花,花期很长,可延续至翌年3月。

金花茶喜欢温暖湿润的气候,多生长在土壤疏松、排水良好的阴坡溪沟处,常常和买麻藤、藤金合欢、刺果藤、楠木、鹅掌楸等植物共同生活在一起。由于它的自然分布范围极其狭窄,只生长在广西南宁市的邕宁县海拔100~200米的低缓丘陵,数量很有限,所以被列为我国一级保护植

金花茶

物。为了使这一国宝繁衍生息,我国科学工作者正在通力合作进行杂交选育试验,以培育出更加优良的品种。近年来,我国昆明、杭州、上海等地已有引种栽培。

金花茶还有较高的经济价值。其花除作观赏外,尚可入药,可治便血和妇女月经过多,也可作食用染料。叶除泡茶作饮料外,也有药用价值,可治痢疾和用于外洗烂疮;其木材质地坚硬,结构致密,可雕刻精美的工艺品及其他器具。此外,其种子尚可榨油、食用或工业上用作润滑油及其他溶剂的原料。

最大的精子

生物的雄性生殖细胞叫精子。动物有,植物也有。植物中苏铁精子积是所有生物中最大的。那么,它究竟有多大呢? 长0.3毫米,视力好的人,不用放大镜也可以看见。生物界最大的精子,只有那么一点点大,其他的精子,可以想象是多么的微小了。

苏铁的精子,形状像陀螺,它的前端着生很多的鞭毛,排成一环一环的能够在花粉管的液体内自由游动。它与雌花中的卵子结合,发育成胚胎,以后长成幼小的苏铁。

最大的植物细胞

自然界生长着形形色色的植物,细草巨木,绿叶红花,它们的形态、结构、大小相差很远,可是如果用显微镜仔细观察,我们即可发现,所有的植物都是由细胞构成的。

一般的植物细胞都很小,长度通常在20~100微米之间,1微米等于千分之一毫米。一颗芝麻约有3毫米即3000微米,也就是说,要30~100个细胞排成队,才有一颗芝麻那么长,因此,必须借助显微镜放大60倍以上,才能看见他们的大体模样。但是也有例外,有少数植物细胞,用肉眼就可以看见。如我们切开成熟的"沙瓤"西瓜,就可以看见瓜瓤中的细胞,"沙瓤"中的每一个"沙粒"就是一个细胞,直径达1毫米左右,它可以算是植物细胞中的大个子。一条条雪白的棉花纤维,每一根纤维也是一个细胞,最长的可达到75毫米,差不多有成年人的手指那么长,西瓜瓤细胞同它相比,真是小巫见大巫。更有甚

者,苎麻茎的韧皮纤维细胞,最长能超过半米,真是植物细胞中的"巨人"。它是最大的植物细胞。

最大的孢子

采蘑菇时,只要你稍稍触及老熟的蘑菇,在它那雨伞般身躯翻面的皱褶里,会落下很多细细的"粉末",随风飞扬。这就是蘑菇繁殖后代的孢子。像蘑菇这样的孢子植物,不会开花结子,它们都以孢子繁殖后代。

孢子的个儿一般很细小,直径只有几微米到几十微米,肉眼一般看不见它们。可是,也有例外情况,像高卷柏的孢子就很大,它的直径竟有1.5毫米,也就是1500微米,约有芝麻大小。

在三亿年前石炭纪的地层中,地质学家发现了世界上最大的孢子化石,它叫大三缝孢子,直径竟有6~7毫米,比赤豆粒还要大。而红蘑菇孢子的直径只有10微米,也就是0.01毫米。

花粉家族中的老大

如果你的眼力很好,又有适当的背景衬托,你用肉眼能够见到单粒西葫芦花粉,因为西葫芦花粉直径有200微米,是花粉中最大的一员。可是,你要看清它的"庐山真面目",也非得借助显微镜不可。

花粉是植物体中蛋白质和维生素含量较高的部分,它富有营养价值,是蜜蜂的主要食料。花粉还可以制成药剂,能增强体质,防治慢性前列腺炎、出血性胃溃疡、感冒等疾病。近年来,国外将少量玉米花粉加入猪、牛、鸡的饲料,有提高猪、牛的生产率和鸡产蛋率的效果。

花粉中的小不点

如果你的视力很好,在白纸上能看见大小大约100微米带深色的东西。一般把比这更小的东西都归到"微观世界"。

微观世界与宏观世界一样,也是十分丰富多样的。种子植物的繁殖器官——花粉,就是微观世界的一个大家族。在显微镜下它们形状各异、千态百姿。如果你度量一下它们"身材"的大小,你又会惊叹不已。除了极少数"大个儿"之外,一般都只有10~50微米。如水晶兰呈扁球形,有点像桔子,它的直径只有26微米左右。单侧花的花粉粒有点像橄榄,它的直径只有18微米左右。开蓝色小花的观赏植物勿忘草,它的花粉粒只有4.5微米,要在高倍显微镜下才能看见。把它放大300倍,也只有芝麻般大小。它的外形似长圆形,但是中间略细,有些像肾脏。直到现在,还没有发现比它更小的花粉。

飘得最高最远的花粉

植物开花后,要结出果实,必须把雄蕊的花粉传给雌蕊,使雌蕊受精。

美丽的鲜花可以用花蜜引诱昆虫，替它们当传送花粉的"媒人"，可是玉米、杨树、松树的花，又瘦又小，有谁来给它们当"媒人"呢？它们不能吸引昆虫，只得由风来做"媒人"了。

由风来传播的花粉，又小又多。一朵花或一个花序上的花粉粒，少则数千，多则成万甚至数十万。所以一阵风来满天飞扬，似下雾一般。它们身小体轻，能够随风飘扬，飞得又高又远，近的几里，远的几十里、几百里。

花粉飞得最高、最远的记录，是松树的花粉创造的。它的花粉生有气囊，能够帮助飞行，使它可以升高几千米，越过山岭，跨过海洋，飘出几千里之外！

降落最快的花粉

一阵微风，就可以把许多风媒花的花粉卷扬起来。这种花粉一般可被风带到距离地表面 200~500 米的空中，少数也可达到 2000 米的高空。当风速减弱，这些随风飘荡的花粉就徐徐下降，下降的速度各种花粉是不同的。紫杉的花粉每秒不过下降 1 厘米。云杉的花粉下降得比紫杉快得多，每秒下降 6 厘米。虽比下落的雨滴或石块慢得多，但却是各种花粉中下落得最快的花粉。

寿命最长的种子

过去曾经有过一个消息，说是埃及的金字塔里，发现了千年前的小麦，种下去仍然能够发芽生长。后来才知道，这是不法商人为了骗取钱财搞的一个卑劣的骗局。

植物种子的寿命，短的只有几天，甚至几小时，一般的有几个月、几年，寿命超过十五年，已算是长命的了。

世界上有没有千年不死的最长命的种子呢？有的，那就是我国的古莲子。这是 1951 年在辽宁省普兰店泡子屯村的泥炭层里发现的。人们推断它们已在地下静静的睡了一千年左右，但是它们并没有死亡。我国科学工作者用锉刀轻轻地把古莲子外面的硬壳锉破，然后泡在水里，古莲子不久就抽出嫩绿的幼芽来了。北京植物园 1953 年栽种的古莲子，在 1955 年夏天就开出了粉红色的荷花，沉睡千年的古莲子被人们唤醒了。不少国家的植物园从我国要去了这种莲花种子，并已栽种成活。

古莲子的寿命为什么有这样长呢？原来植物种子离开它的"母亲"之后，它就有了独立生存能力。生命的长短，与种子本身的构造及贮藏条件的好坏，有着密切的关系。古莲外面这层坚韧的硬壳，把自己保护得好好的，又深深埋藏在较干燥的泥炭层里，这是古莲子长寿千年的秘密。

在自然界里，古莲子还不算是最长寿的种子。我国科学家又在辽宁岫岩县大房身乡的黄土层里，发现了将近 400 粒狗尾草的种子，经同位素测定，这些种子的埋藏年代已经有一万年以上了。狗尾草出现于地球的白垩纪时代，是恐龙的"邻居"，至今还在大自然中茂盛地生长着。更惊奇地是，那些古代的狗尾草种子已经发芽、开花而且还结了籽。

这一发现,为古代植物、古代地理和古代气候环境的研究,提供了新的资料。

植物学家们正在想方设法延长种子的寿命,为农业和林业生产服务。

随着生物科学的不断进步,种子的寿命之谜一定会水落石出。

发芽最快的种子

人们赞誉梭梭树是征服沙漠的先锋。

盛夏的中午,烈日炎炎,无边无际的戈壁大沙漠被烤得滚烫,这时只有迎着热风顽强挺立的梭梭树丛,才给沙漠带来了生命的活力。

梭梭树能在自然条件严酷的沙漠上生长繁殖,迅速蔓延成片,这与它具有适应沙漠干旱环境的本领是分不开的。

梭梭树的种子,是世界上寿命最短的种子,它仅能活几小时。但是它的生命力很强,只要得到一点水,在两三小时内就会生根发芽。因此,才能适应沙漠干旱的严酷环境。

复椰子种子的发芽时间很长,在合适条件下,要二年之久。常见的稻、麦、棉等种子,发芽的时间也得论天算。能在两三小时内发芽的种子,世界上只有梭梭树的种子了。

花生的果实为何长在地下

在植物王国里,花生是独有的地上开花、地下结果的植物,而且一定要在黑暗的土壤环境中才能结出果实,所以人们又称它为"落花生"。

花生是一年生草本植物,从插种到开花只用一个月左右的时间,而花期却长达 2 个多月。它的花单生或簇生于叶腋。单生在分枝顶端的花,只开花不结果,是不孕花。生于分枝下端的是可孕花。每株花生开花,少则一二百朵,多则上千朵。花生开花授粉后,子房基部子房柄的分生组织细胞迅速分裂,使子房柄不断伸长,从枯萎的花萼管内长出一条果针,果针迅速纵向伸长,它先向上生长,几天后,子房柄下垂于地面。在延伸过程中,子房柄表皮细胞木质化,逐渐形成一顶硬帽,保护幼嫩的果针入土。当果针入土达 2 ~8 厘米时,子房开始横卧,肥大变白,体表生出密密的茸毛,可以直接吸收水分和各种无机盐等,供自己生长发育所需。靠近子房柄的第一颗种子首先形成,相继形成第二、三颗。表皮逐渐皱缩,荚果逐渐成熟。

地上开花,地下结果是花生所固有的一种遗传特性,也是对特殊环境长期适应的结果。花生结果时,喜黑暗、湿润和机械刺激的生态环境,这些因素已成为荚果生长发育必不可少的条件。所以,为了生存和繁衍,它只有把子房伸入土壤中。

为什么植物总在一定的时期开花

一般说来,一种植物的生活习性总是经过长时期的适应选育和淘汰而遗传下来的。同时,更多的情况是由于植物本身受到光照、温度等外界条件的影响而引起的。植物开花总要两个阶段,即花蕾形成阶段和花蕾开放阶段。

植物在长出花蕾时,是植物发生重要变化的时期。在此期间,植物会受到各种条件的影响,其中最重要的是温度和日光的照射时间。植物在花蕾形成期间,按对光照时间的要求可分成三类:一类是短日照植物,这种植物需要有一个在一定时间内没有光照的周期;另一类是长日照植物,这种植物需要有较长时期的光照;还有一种植物,它的花蕾的生长与日照长短无任何关系。

另外,植物在花蕾开放阶段需要适宜的温度。有的需要高温,有的需要低温。例如,牵牛花既需要阳光又害怕强的阳光,清晨的温度正好适合它的要求。另一些植物,它们害怕强烈的阳光,总是白天闭合,晚上才开花。如夜来香、月光花、昙花等。有的植物花蕾长出后不一定很快就开放。像郁金香,樱花等,就是秋天长花蕾,等到来年春天才开花。

植物为了在各种条件下顺利生长,便适应了环境,将花期固定下来。所以说植物的花在一定的时期开放,是适应外界生活条件而形成的一种习性。

水果色香味的奥秘

在自然界供给我们的众多食物中,水果因其具有绚丽的色泽、诱人的香气和甜酸可口的风味而备受人们的厚爱。那么,水果的色香味是怎么来的呢?

果实成熟后颜色的变化,是由各种色素决定的,它们主要有叶绿素、类胡萝卜素、花青素以及类黄酮素等。叶绿素经常处于破坏和重新形成的动态变化中。果实幼嫩时,叶绿素含量大,果实呈绿色;果实成熟后,叶绿素被逐渐破坏丧失绿色,而此时类胡萝卜素含量大,使果实呈黄色,或是由于花青素的形成而使果实呈红色。柑桔类果实的颜色是由于细胞中含有胡萝卜素和叶黄素;西红柿含有番茄红素;菠萝和番木瓜的颜色是由于细胞中含有叶黄素的缘故。

花青素存在于细胞质和细胞液中,随细胞液酸碱度的变化而呈不同的颜色。当细胞液为酸性时,呈红色;碱性时,呈蓝色;中性时则呈淡紫色。这样,便使果实呈现出各种不同的颜色。

光照对果实的上色也有影响。紫外光对上色有利,但紫外光常被尘埃、小水滴吸收。所以,雨后空气中尘埃少,有利于上色;海拔高、云雾少的地区果实上色也好。

幼嫩的水果通常是不具备香气的,随着果实的发育成熟,一些物质(主要是氨基酸和脂肪酸)在酶的作用下发生急剧变化,从而生成醇、醛、酮、酸、脂、酚、醚及萜烯类化合物等微量挥发性物质。由于这些化合物的持续挥发便使水果发出香气,而它们在组分及浓度上的差异又使得各种水果各具自己独特的香气。

果肉质地(硬度)由细胞间的结合力、细胞构成物质的机械强度和细胞的膨压所决定。随着果实的成熟,果实细胞间的结合力减少或消失,细胞分散,这时吃起来就感到果肉松软。若保持细胞间的这种结合力,果实吃起来则感到硬度大、脆。果实细胞壁的纤维素含量高则硬度大;反之则硬度小。同一品种中,大果常比小果硬度低,因为大果组织疏松,细胞间隙也大。所以要贮藏的果实不要选个儿大的。

采收时间和采收后温度对果实硬度的影响较大。要保持水果的硬度,采收后必须尽快人冷库或在空调库保存。氮肥、钾肥、水分过多也会降低果实硬度。果实成熟过程中,乙烯增多,则硬度下降。

果实中的糖是由淀粉转化来的。在未成熟的果实中贮存许多淀粉,果实无甜味。随着果实的成熟,淀粉逐渐水解,由果心向外消失,糖含量迅速增加,使果实变甜。果实中的糖主要有葡萄糖、果糖和蔗糖。果糖最甜,蔗糖次之,葡萄糖再次之。不同树种的果实所含糖的种类不同。樱桃主要含葡萄糖和果糖,桃、杏和柑桔中蔗糖占优势,葡萄含葡萄糖较多,苹果、梨、柿、批杷三种糖均有,但蔗糖含量少。

未成熟的果实中含有很多有机酸,主要是苹果酸、柠檬酸和酒石酸,所以有酸味。苹果、梨和核果类果实主要含苹果酸;柑桔类和菠萝含柠檬酸较多;葡萄含酒石酸、苹果酸较多。柠檬酸的酸度比苹果酸要高。随着果实的成熟,有机酸含量逐渐下降,甜味增加。

人们吃水果时感觉的甜度不决定于糖的含量,而是取决于果实中的糖酸比例。糖酸比例大则水果甜,同样的糖酸比而绝对含量高时,人们感到果味浓厚,相反则果味淡。

神奇桃树:长四种叶开三种花

在拉萨市北郊色拉寺以西约8公里处的西藏著名古迹,有一棵神奇的桃树。这棵树能长4种不同叶子、开3种花,据说有上千年的历史。

这棵神奇的古树位于帕邦喀的玛如堡宫殿以西50米处,远看这棵两人合抱粗的“神树”与普通的桃树没有任何区别。其神奇之处在于:它的树叶有的呈圆形,有的呈椭圆型,有的则呈倒三角形;有的叶片呈深绿色,有的则呈淡绿色;更让人百思不得其解的是,有的树叶是直接从树干上长出来的,有的树枝像是藤本植物,缠绕或攀沿在其他树枝上。

这棵树在3~5月间开花,能开出红、黄、紫三种颜色的花,其中一种还有淡淡的牛奶味道。这棵“神树”附近有一座建在巨石上的宫殿。松赞干布、文成公主和尼泊尔公主都曾在这里居住过。值得一提的是,这里也是藏文字的创始地,藏文字创始人吞弥桑布扎去印度学习梵文和佛学后来到修行圣地帕邦喀,结合藏语声韵创造了藏文。

神奇桃树的发现,吸引了不少旅游者来此参观。而其“神奇”的原因,还有待专家解释。

开在“世界屋脊”的花

在我国的西南地区,有一个被称为“世界屋脊”的地方——青藏高原,由此名可以想见它的高度了。这里林立着高大雄伟的大山,山上终年覆盖着白皑皑的雪,将这里变成个永远的银白色世界。爬到海拔5000米以上,就会发现植物越来越少,只能看到一些生命力极顽强的地衣。这里自然条件很不适宜植物生长:岩石风化,土壤质量恶劣,即使夏季也是狂风怒号,雨水也在很短的时间内变成冰冷的雪。

可是,就在这个贫瘠的地方,却意外地看到在这银白色的世界里,紫红色的雪莲花正在怒放!那巨大的花瓣格外美丽。

雪莲花为什么能在这环境恶劣的"世界屋脊"上这样顽强地生长,开放出美丽的花朵呢?

首先,雪莲把自己个子缩得矮矮的,紧贴在地面上,这样就可以顽强地躲过高山上特有的狂风摧残;它的根又柔韧又长,深深地扎进石块缝间的土壤之中,为雪莲尽可能地多吸收一些水分和养分;雪莲身上还穿着一身白色"棉衣",那厚厚的绒毛从花茎到叶,从头到尾把雪莲包裹起来,这白色绒毛反射掉一些高山上的强烈日光,又防寒冷,又能保湿,把雪莲很好的保护起来。

雪莲能在"世界屋脊"上生长、开花,是它长期同这恶劣环境做顽强抗争,经过大自然的选择才做到的。

雪莲是一种名贵中草药。它可以帮助人们除寒痰,壮阳补血、治疗脾虚等。

在叶子上开放的花

大多数植物的花朵从来都是高高立于枝条顶端或者在叶腋的地方。

然而自然界里无奇不有。有的花竟长在叶子上。山茱萸科的青荚叶是小灌木,叶子碧绿,呈卵形,边缘还有一个个小细齿。每年四五月间,就会有大约 3 朵白中带绿的小花从叶面上冒出来,绿叶作衬,花朵显得更注目、更可爱。秋天,小花结出黑色的小核果,好像碧绿的荷叶托着几颗黑珠子,格外惹人喜爱。它的果子和叶片还都具备医药作用。除了青荚叶,还有一个有名的"叶上花",它的名字很有趣,叫百部,属于百部科。每年五六月间,它的叶片上会长出淡绿色的花朵来,四朵花瓣,紫色的花蕊很漂亮,百部也是很有名的药用植物。

这些植物的花为什么开在叶面上呢?

这就需要我们仔细观察了。青荚叶的小花生在叶片正中央的大叶脉上,而从枝条到花的这段叶脉非常粗,原来竟是两条粘合在一起。其中一条是真正的叶脉,另一条是花梗和脉合并起来的。

青荚叶和百部花都很小,开在叶面上就会显得更显眼,容易被昆虫察觉到,所以很有可能"叶上花"是为了适应昆虫传粉,才努力"变"成这个样子的。

无花果的花

没有花能结果吗?有一种植物,它的名字叫"无花果",看来它是不开花就结果了。真会有不开花就结果的植物吗?

一般的花都是由花托、花被、雌蕊、雄蕊 4 个部分组成的。比如:桃花、苹果花等,它们的花托把花被、雌蕊、雄蕊"抬"得高高的。而无花果的花却悄悄地"藏"在新枝叶腋间。由于总花托把雌蕊、雄蕊包起来了,人们看不见,因此就认为无花果不开花。

无花果的果实肉质柔软、香甜,是良好的水果,可以制成果干。干果还可入药,能开胃止泻、治咽喉痛。

无花果可作为盆栽观赏植物,这样既可以仔细看看它的花,还可以吃到香甜的果子呢!

稀有的黑色花

自然界纷繁复杂,在庞大的植物界中,有各种奇花异草。每到夏季,各种花朵盛开,争芳斗妍,装点着大自然。可是,你若仔细观察一下,在这些花中很少见到黑花。那么,自然界中黑色花为什么稀少呢?有关专家经过长期的观察和实验,终于弄清了其中的缘由。原来太阳光是由7种光组成,分别为红、橙、黄、绿、青、蓝、紫光。它们的波长不同,所含的热量也不同。我们知道,花的组织,尤其是花瓣,一般都较柔嫩,易受高温伤害。自然界中红、橙、黄色的花较多,这是由于它们能反射阳光中含热量较多的红光、橙光、黄色光,不引起灼伤,自我保护的结果。而黑色花则相反,它可以吸收全部的光波,这样,在太阳光下升温快,其花组织容易受到灼伤。所以,在长期的进化过程中,经过自然选择,黑色花的品种越来越少,所剩无几。有关专家对4000多种花进行统计,发现只有8种是黑色的。在植物界黑色花如此之少,反倒使黑色花被园艺家视为名贵品种,成为花中珍品。

"石头"也会开花

石头是不会开花的,人们为了形容做一件事非常之难,会说,如果这件事成功了,石头也就开花了。可见,谁也没见过石头开花。

可是在北京植物园多浆植物温室,却让人惊讶地看到在一堆又圆又可爱的小河石中有几块"石头"开出了花。这花货真价实,金黄色的细花瓣舒舒展展,极像我国的野菊花,仔细看,这花确实是从"石头"上长出来的,这是怎么回事?

原来这是一种多浆植物。但是植物怎么会长成石头模样呢?

这种多浆植物的老家在炎热的非洲热带沙漠地区。这种植物长期适应着这里的干旱条件,茎、叶都渐渐地退化了,身体圆鼓鼓的,那浅淡的颜色和形状极像河里卵石样子。可这"石头"里却贮存着大量的水分,像水壶似的,在干旱条件下,这"石头"开花生长,生命力旺盛。所以,在非洲热带沙漠地区旅行的人,在仙人掌丛生的地方,常常能看到许多奇怪的小石头上开美丽鲜艳的花朵。

一般,每个小"石头"只开一朵花,生在茎的顶部,花期挺短,不过24小时。

现在,世界上许多植物园里都有这种植物,植物学家还给它起了个好听的名字——生石花。

没根、茎、叶的花

大花草,就样子来说,应该叫它大花朵。这种植物没根,没茎也没有叶,一生只开一朵奇大无比的花。每朵花有五个又厚又大,沉甸甸的大花瓣,每瓣长30~40厘米,薄的地方有5毫米,厚的地方竟有15毫米,直径1米多。在五个花瓣之间有一个圆形的花糟,像只大脸盆,高30厘米,直径33厘米,可以盛5~6升的水。一朵花足足有六七公斤重,最重达14公斤,世界上再也没有比它更巨大的花了!

这种植物是欧洲的植物学家阿尔诺里德于1818年在印度尼西亚的爪哇和苏门答腊的密林里发现的。看它长得这么惊人,就给它取了个"大花草"的名字,有的人还叫它"大花王"。

没有根、茎、叶,怎么生活呀?植物学家发现,大花草原来是一种寄生植物。它就寄生在跟野葡萄相似的野生植物白粉藤的根和茎上,花柄短的就像没有一样,靠吸取白粉藤的养料把自己养成这么肥硕的一朵大花。

其他植物为确保子孙昌盛,都把自己各部分器官生得完完整整,而像大花草这样全株植物就只是一朵花的,实在是罕见。可见,大花草确实是与众不同!也许大花朵是把发育其他器官的能量都用在供养这朵大花上了,所以花才那么大吧!大自然里的生物真是千奇百怪。

为了引诱飞虫来吸蜜,帮助它传花粉,它的花瓣生成艳丽的红色,上面还有不少淡黄色的斑点。刚刚开时还有点淡淡的香气,不到几天就散发出一种特别令人恶心的恶臭,这股臭气就引来了苍蝇来为它传花粉。

"关门草"之谜

人们为什么给"关门草"起这个名字吗?要解这个谜,还要从"关门草"的生活习性说起。

"关门草"长得很漂亮,枝条亭亭玉立,随风荡漾。它会随着太阳出没,关门、开门。在太阳没出来时,它的叶子好像一扇小门,紧紧地关着。当太阳慢慢升向天空时,它这扇小门轻轻地打开,朝着太阳微笑。在太阳落山时,这扇小门又要轻轻地关上,进入甜蜜的梦乡。你说它是不是名副其实的"关门草"。

"关门草"还是一种药材。有趣的是,白天采摘与晚上采摘的作用还不一样。白天摘的做成的药可治"夜眠症"。晚上采摘的叶子入药可以治"失眠症"。它里面还含有胡萝卜素、维生素A等成份。利用它可以清热明目,消肿止痛。

关门草

与螨虫共生的植物

螨虫的个头很小,只有在显微镜下才能看到它的真面目。然而经过长时期观察,美国昆虫学家却惊异地发现在月桂、冬青、咖啡……许多种植物身上都生存着螨虫。

这些"小家伙"住在哪儿呢?

在多种植物的叶片上,小小的螨虫总可以找到许多可以供它们栖息的微小的隐蔽处。这些"微型小屋"大体上位于木本植物叶片背面的主、侧叶脉的汇合的地方。小坑、小凹穴,或者一簇短毛,都是螨虫很好的避难所。螨虫若是寄生在人身上,只会带来害处。那么,植物为什么会与螨虫共同生活,还提供了那么多"微型小屋"而不遭伤害呢?

原来,寄生在植物身上的螨类中大约70%是益螨。最常见的益螨有两类,第一类益螨运动迅速,吃起害螨和其他害虫来胃口特别好!第二类益螨胃口更好,除了吃害螨、昆虫和昆虫卵之外,还吃病原真菌的孢子、菌丝。

科学家们研究了植物与螨类的相互影响后指出,植物的叶片为益螨提供了非常好的隐蔽之处;而这些益螨又吃掉了害螨、食叶昆虫和寂虫,使叶片避免了害螨、昆虫和病原真菌的侵害,使得它们相得益彰。

不论是螨类还是植物,都从这种共同生活中获得了好处。但又并不完全依赖对方而生存。所以在核桃、樱桃、橡胶树等等1000多种树上,都为螨类准备了"微型小屋"。

百年不落叶的植物

人们也许会问:"除了百岁兰,你还忘记了松柏和万年青,它们也是一年四季常绿,不掉叶子的。"

这话有一部分是对的。松柏与万年青一年四季,不论炎热酷夏还是寒瑟秋风,它们的叶子都碧绿挺拔,确实四季常绿。但是,仔细观察它们,你就能发现它们是掉叶子的。在松柏树下,常常会看到散落在地的枯黄松针。原来,松柏的叶子寿命较长,可以活3~5年,老叶一部分一部分地枯死,春夏之间,又长出代替老叶位置的新叶,所以松柏叶子的长落是以不易被人觉察的替换方式来进行,人们误以为它是不落叶的。

万年青的叶子的寿命当然不会万岁的,不过8~10年的光景,老叶子就从尖端开始枯黄了。其他的常绿树木,比如女贞的叶子能活200天,紫杉叶子能活6~10年,冷杉的叶子可以活12年。

然而生活在安哥拉海岸的沙滩上的"纳多门巴"一生只长两片叶子,这两片叶子一直伴随着整株植物,足足能活上一百多年。它不是兰花,然而人们还是为它取了个好听的名字——"百岁兰"。

"百岁兰"的个头很矮,茎高不过20厘米,叶子相对而生,可以长到3米长。那朝相反方向生长的宽大叶子趴在地上,曲曲折折,好像两条巨大的绸带。

这两条"大绸带"长出后,就再不凋落,也不长新叶,而忠心耿耿地伴随"百岁兰"稳度百年生涯。

这么大的"绸带"为什么百年不落呢?

原来,百岁兰的根又直又深又粗壮有力,它能充分地吸收到地下水;地面上会有大量海雾形成露水重重落下,使叶片保持湿润,所以整株植物一年到头都能保持活跃的生存状态,那好不容易长出的两片大叶子也就不会因缺乏水分而凋落了。

"太空植物"

小球藻生活在水里,是一种比较低级的植物,它圆圆的模样就像个球,可是非常小。在显微镜下把它放大到 600 倍的时候,它才有一粒米那么大。直径只有 3~5 微米的小球藻,1000~2000 个手拉手排起来才有 1 毫米长。多么微型的袖珍"小球"啊!

可是,在世界各地淡水里、海水里、池塘、沟渠、沼泽甚至水槽、水缸、很深很深的土壤里都有它们或者它们亲戚的身影。湖水为什么呈现出一潭碧绿呢?那是由于小球藻大量繁殖的结果。

更令人刮目相看的是,小球藻的营养成分顶呱呱。一般小球藻干粉约占 40%~50% 的蛋白质(奶粉蛋白质含量为 26%,瘦猪肉为 20%);10%~30% 的脂肪;还有糖、矿物质、11 种维生素,还特别富有甲种、丙种维生素;蛋白质是大米的 6 倍,脂肪是大米的 25 倍,看!多富有。人们高兴地叫它"人造鸡蛋"、"水中猪肉"。最棒的是,它所含的蛋白质中有 40% 的氨基酸是人体需要而无法自身合成的。

可是,小球藻为什么被称作太空植物呢?

人类的航天技术正在高速度发展,飞行的时间越来越长,"宇宙食物"有待更好的解决。

在长期宇宙飞行中,要携带大量食物是有困难的,而小球藻如果用来做"宇宙食物",比一般食品要少带得多;氧气供应和废品处理必须在宇宙飞船内自行解决,由于小球藻强烈的光合作用,可以吸收宇航员排出的二氧化碳,而放出人所需要的氧气,它在生长过程中还可以利用排泄物作为养料而制成人所需要的营养物质,问题不是能得到解决了吗!

个体小、营养高,放出氧气数量大,使小球藻有可能在太空中大显身手。

向上生长的根

不久之前,几位植物学家到南美洲的委内瑞拉考察,在那里的丛林中发现了 20 多种根部朝天生长的植物。这是怎么一回事呢?在人们印象中,植物的根是向下生长的。原来,植物的根之所以向下生长,是因为地心引力的作用。生物学家达尔文很早就发现,在根尖末端的 1~2 毫米处正是这种感应力的集中之处。19 世纪时,就有人做过这样一个实验,把一棵植物栽种在一个花盆中,等它生长一段时间,再把盆绑在小车的轮子上,让轮子绕着轮轴沿着水平方向不停地转动。一段时间后,发现盆中幼苗的根竟朝着轮子转动时的离心力方向生长。而委内瑞拉的植物又是如何克服地心引力向上生长的呢?原来,当地的土壤所含的无机盐极少,为了生存,植物被迫将根靠向周围的树干,从那些树干的树洞里摄取含矿物质的储留雨水,从而形成向上生长的趋势。科学家为了证明自己的论断,故意将含有大量无机盐的溶液反复浇向树干,根部朝上生长的现象果然加剧了。

其实根部向上生长的植物还真不少。它们的根部由于种种原因,能克服地心引力伸向空中。比如,生长在我国广东、福建沿海一带的海桑,它又叫剪包树,属海桑科,高可达5米。它生活在缺氧的淤泥中,经常受到海水的侵袭,因呼吸困难而长出了专供呼吸的呼吸根。为了吸取到新鲜氧气,海桑的呼吸根拼命挣出淤泥,就像冒出地面的春笋一样。

怪树集锦

地球之大,无奇不有。除了你见到的各种树木,还有很多没见过的怪树。

"五谷树":我国江苏省东台县内有一棵树,叶子长得像竹叶,花呈白色,结的果实形状有的像稻,有的像麦,还有的像黄豆、玉米、高粱等。所以大家叫它"五谷树"。

"异果树":我国山东省夏津县境内有一棵明代的老枣树,它的果实有10多种形状,分别呈棱角形、圆柱形、鸡蛋形、纺锤形、扁圆形、秤砣形、磨盘形、葫芦形等。

"灯笼树":在我国井冈山地区,有一种常绿的阔叶树,它的树叶能够释放出微量的磷化氢。在夜晚,磷化氢在空气中自然产生淡蓝色的光彩,所以人们叫它"灯笼树"。

"酒树":生长在我国海南省的树头棕,果实含糖特别丰富,糖分在果实内转化成酒,像米酒一样鲜美醇香,喝多了还能醉倒人呢!

"电树":印度有一种带电的树,树身带有电荷,人碰上它就有电击的感觉。

"怕痒树":湖北省蒲圻南屏山上有一种"怕痒树"。这种树木树干光净,叶椭圆形,夏季开淡红、紫、白色花。如果触动树干,枝叶即婆娑起舞沙沙作响,就像怕搔痒而发出的笑声,而且笑声随用力大小而大小,树枝叶的抖动也随其用力而不同。

这多种多样的怪树,完全是大自然的杰作。

倒地而起的奇树

云南是孔雀的故乡,那里常年青山苍翠,云雾缭绕。每年都吸引着世界各地的人们来参观游览。而自1993年初,云南南部地区的一棵普通而又离奇的大树,却成了成千上万好奇的人们最为关注、最感兴趣的焦点。

这棵大树位于普洱县宁洱镇南口村旁,从树种看来,这只是一棵在当地几乎随处可见的百龄老椿树。1993年1月27日,在云南南部地区盛产茶叶的普洱县发生里氏6.3级以上的大地震,地震对当地百姓的房屋设施和日常生活造成了很大的破坏。而大地震的震中就在距大椿树不到10千米的地方,当地村民的房屋不少倒塌,大椿树居然没有被震倒。地震刚刚过后的2月18日下午4时,一场10级大风又突然袭击了普洱县大部分地区,这一次,这棵百年老树没能逃过浩劫,在狂风中轰然倒地。老椿树倒了的消息在村里不胫而走。因为过去这一带的村民总习惯在这棵大树下乘凉、休憩。第二天一早,很多伤心的村民不约而同地来到横躺在地的大椿树旁,老人们一边不停地摇头惋惜,一边围着老椿树转来转去。当有人心疼地蹲下去抚摸这棵老椿树的树根时，人们才惊异地发现，这棵树冠如此巨大的老树，竟然没有直穿地层深部的主根，只有无数在老椿树倒地时已折断的支杈根和气根。

树冠巨大的椿树倒地后恰巧阻断了通往村头的小路。村民们出来过去十分不便，几经磋商，人们最后决定将其分段砍伐后当柴烧。2目20日中午，有不少村民带着各种工具来砍树，当这棵大树的树冠和不少树根被砍断运走，主干也肢解到只剩1米左右时，突然"哗"的一声，大树猛然拔地而起，端正地矗立在原来的位置上，如同从未被刮倒过一般。这转眼之间发生的奇迹，把正在锯树身的3个农民吓得目瞪口呆，"啊"的一声惊叫着转身掉头就跑，旁边的许多人也不知所措，有的人甚至下意识地给老椿树磕头作揖。"神树"的消息从此迅速传开，以至于滇西南一带许多农民翻山越岭，带着干粮，前来朝拜这棵"神树"。

随着"神树"消息的越传越广，此事引起了有关方面的高度重视，云南省、思茅地区、普洱县科委的科技工作者对这棵椿树进行考察、研究。有人推测，当时大树倒地后，有部分气根未折断仍在地里，正因为震中离大椿树很近，地震过后，地壳的整合形成拉力，将老树的气根重新拉紧，在有人砍树时，气根拉起了余下的树干。也就是说，如果当时整棵树包括树冠还在，也许是拉不起来的。

但是另一些人不同意这种说法，他们认为气根毕竟不是主根，而且也断得差不多了，单单靠这些残缺的气根怎么能拉起来大树呢？

也有人认为，这一带地质情况非常复杂，大椿树倒地而起的原因，可能和地下极为复杂的地质情况有关。然而到底是什么样的地质情况呢，连他们自己也说不清楚。

当地一些有迷信思想的老人认为，这棵大椿树百年来，为当地百姓挡风遮雨，避暑纳凉，做尽了好事，是上苍让它命不该绝，这种说法当然不足为信。

1995年4月，有关人员再次来到这个地区考察这棵大椿树时，只见它依然树干直挺，虽然树干上由于当年砍伐时造成了树干刀痕累累，但仍然充满活力。当年倒地时被砍去树冠、上半部树身后余下的1米多高的树干，竟从光秃秃的顶端，又抽出了若干枝树干。

世界之大，无奇不有，至今这棵倒地又起的大椿树仍然默默无语地每天迎送着出来进去的当地村民，那哗啦啦的树叶在春风中似乎又不停地低声诉说，只是我们听不懂它的谜语。

无花也能结籽的植物

植物传宗接代的一般规律，是先开花而后结籽。可在"植物王国"里，也有不"循规蹈矩"者，花不开就结籽，照样可以传宗接代。

堇菜科的一些植物，它们的花朵就从来也不开放，在花内偷偷地喜结良缘，所以，人们见不到它的花朵盛开，却见它结出了种子。这种植物的特殊生理现象，在植物学里叫做"闭花受精"。为什么这些植物不开花就能结籽呢？

美国有两位植物学家，通过两个有趣的实验，揭开了植物闭花授粉的秘密：植物有花不开，闭花授粉，是它们的一种巧妙的节能办法。

在美洲生长着一种叫"大花寇洛玛草"的植物。这种植物生长有能开放的花朵，通过媒介开花授粉；也生长有不开放的花朵，能闭花授粉，两种授粉现象兼而有之。两位植物学家研究发现：当气候干燥，植物缺少水分时，这种植物能开的花朵就减少，不能开的花朵则增加，这时主要靠闭花授粉；而在水分充足，植物不缺水时，能开的花就增加了，闭花授粉则减少。他们还发现：当缺水时，植物体内的一种激素——脱落酸明显增加。由此他们推测：是不是脱落酸在控制着植物的闭花授粉呢？于是，他们用稀释的脱落酸激素喷洒在供水充足的植物上，结果，这些并不缺水的植物也像缺水时一样，产生大量闭花授粉的花朵。设想得到了证实。他们进一步设想：脱落酸与植物体内的另一种激素——赤霉素是互相抵抗的激素。那么，赤霉素会不会控制植物开花授粉呢？他们用赤霉素水溶液喷洒干旱的植物，结果干旱缺水的植物开出大量的花朵，闭花授粉明显地减少。试验揭开了控制植物开花的谜，原来，在缺水时脱落酸大量增加，使得植物闭花授粉；水分充足时，植物体内赤霉素增加，使得植物开花授粉。

那么，为什么干旱时植物大量依靠闭花授粉呢？两位植物学家在研究中发现：植物开花授粉要比闭花授粉能量消耗得多。植物开花后，要使花朵维持到完成授粉，这一过程要消耗相当多的能量。在缺水的情况下，植物体内发生"能源危机"，无法供给开花所需要的能量，这时通过闭花授粉，甚至在花芽时就完成了授粉，就可以缩短花期，节约能量，保证后代的繁殖。这种高明的节能办法，是植物通过长期进化、自然选择的结果。

因动物而命名的植物

传说，宋代的一位大文学家偶然见到一句"五狗卧花心"的诗，他觉得非常可笑，五只狗怎么能卧在小小花心中？于是，他将诗改成"五狗卧花荫"。当他被皇帝贬谪到海南岛之后，看见当地有一种叫"五狗花"的植物，这花的花心恰似五只小狗蹲卧在其中。他才恍然大悟，明白自己错改了诗。

五狗花的家乡在海南岛，是萝藦科的灌木，高达 2 米，叶子相对而生，质地像厚纸一样。花呈美丽的淡紫色。

许许多多的植物的名字都与动物有密切关系。

蝴蝶树的种子上长着"翅膀"，当树结满了种子的时候，活像一群蝴蝶落在树上。外形与动物相近的植物还有铺地蜈蚣、山乌龟、蚕豆等。

有的植物涉及到动物的利害关系，像百合科的山菅兰，鼠类吃了它就会被毒死，所以人们都叫它山猫。马如果吃了一种叫马醉木的植物叶子，就像真的喝了酒一样，晕晕乎乎的。其他还有除虫菊、山鸡谷、鹅不食草等。

杜鹃花与杜鹃鸟有什么关系呢？原来杜鹃鸟啼唱的季节正是杜鹃花要开放的时候。蟋蟀大量出现时正是蟋蟀草花开时，像雁来红、禾雀花也是这个意思。

而能捕虫的植物猪笼草是因为它捕虫的袋子像南方人运猪用的笼子方得以出名的。龟背竹叶子的缺裂颇似乌龟背上的纹路。

春兰结奇果

四川成都金牛区苏坡乡一兰园内，一株春兰的一根叶片上结了三颗状似"葡萄"的果状物，引起有关专家的极大兴趣。该乡村民范某在兰园翻草时，意外地发现这一奇特现象：三颗"葡萄"长在同一根叶片的叶背中下部，从上到下依次排列，相距约三至四厘米，初看时似毛个小蜂巢，细看如"奶子葡萄"。范某将两颗稍大的"葡萄"摘下吃了，自觉其味美纯甜，与葡萄无异，内有油菜籽样硬核一粒。

据记者实地观察，发现这株奇兰仅存的那一颗"葡萄"，长约1.5厘米，肉质富弹性；表皮极薄，上有褐色细点；以手电筒光透照，果内半透明，可见一细小不动黑影；以放大镜观察，见其表面光滑，有花纹；其上部可见约0.5厘米长的细柄。在兰园周围未见葡萄类植物生长。四川大学有关专家对此进行了考察，昆虫学教授初步认为："葡萄"状物可能是一种"虫瘿"，即是由于某些昆虫，比如蚜虫或瘿蜂的幼虫寄生在植物上。幼虫唾液中的某些酶可以刺激植物表皮细胞不断增生，并将幼虫包裹起来，形成一种囊性赘生物。但是，这株春兰上结出的这种果状物与一般虫瘿的形状特征也有些不同，即在赘生物与叶背脉间有一明显的小柄，而一般虫瘿应直接在叶子表皮上附着，不应有柄。植物化学教授认为，除了昆虫寄生刺激外，也可能是某些物理、化学因子，如某些激素和药物导致而成。

白蚁造就的美味

在菌类植物中，鸡枞的名气是很响的。

鸡枞的别名很多，如四川人称其为伞把菇，闽南一带称之为鸡肉丝菇，广东一带的人们称之为豆鸡菇和白蚁菰。

其实，在诸多别名中，白蚁菰的名称最为确切，因为鸡枞恰恰是雨季时节从白蚁穴上长出的一种菌类植物。

在植物学上，科学家将鸡枞归入担子菌亚门，层菌纲，伞菌目，伞菌科。它的地上部分高约20厘米，刚出土时菌盖呈圆锥形，伸展以后中央微凸，直径最大可达20厘米。鸡枞的菌肉极厚，呈白色，与灰白色的菌柄一样可食。

鸡枞味美，且兼具脆、嫩、香、、鲜和甜的特点、因此可与马铃薯、鸡蛋、猪肝、猪腰、鸡、乌鱼等炒食，做成椒盐鸡枞、鸡枞炒乌鱼、鸡枞炒猪肝等菜肴。

据营养学家分析，每100克干鸡枞就含有28.8克蛋白质、67克糖类，4克脂肪和维生素B2及麦角甾醇等物质。所以它不仅仅是一种美味，而且还可以作补药。

早在明代，书籍中就已出现了鸡枞这个名字，有人称它为"鸡宗"，因为鸡枞的滋味如鸡肉般鲜美。据说，明朝皇帝想吃鸡枞，派人专程马不停蹄地从云南送到北京。而清朝文学家赵翼曾评价鸡枞为"无骨乃有皮,无血乃有肉,鲜于锦鸡膏,腴于锦雀腹"。

鸡枞为什么会长在白蚁穴上呢?原来,鸡枞是白蚁的杰作。早在清代,就有人在云南观察过鸡枞的生长情况,发现"鸡枞所生,下有白蚁聚如蜂房,又名'蚁夺'。"如今,人们已弄清楚,是白蚁将鸡枞的孢子带入蚁穴。由于那里的温度和湿度都比较适宜,白蚁的排泄物又富含腐殖质,孢子很容易萌发,菌丝纵横交织成菌丝体。当菌柄形成,伞状菌帽长出,便形成了鸡枞。

在白蚁穴中,鸡枞靠白蚁的排泄物为生,而白蚁则吃鸡枞的菌丝为食,它们形成一种十分奇特的共生关系。

鸡枞的产地,除了云南以外,还有贵州、四川、广东、广西、福建、江苏、台湾等地。在云南,鸡枞的产地有蒙自、楚雄、大理和丽江。根据颜色人们又可把鸡枞分为黄皮鸡枞、黑皮鸡枞和白雨帽鸡枞等。

经进一步研究得知,鸡枞所含的糖类分子,组成了一种被称为"膳食纤维"的大分子。这种"膳食纤维"能加速粪便排出,降低血液中胆固醇的含量,预防肠癌的形成。

植物界的"骡子"

骡子是马和驴交配后产生的后代。由于这个原因,骡子的表现特别出色。个子高高大大,力气特大,身体强壮,极能吃苦,是最受农民欢迎的好家畜。

植物界的骡子是谁?它的"父母"又是谁?它是不是受人欢迎的好品种呢?

它叫玉米稻。一看它的名字你就猜到了,它的母亲是叫"长丰稻"的水稻,父亲是叫"英粒子"的玉米。人们从1966年开始精心培养。经过好几代的选育,终于得到了玉米稻这个新品种。

它长得高高大大,茎秆也显得格外粗壮,那穗子上的颗颗粒子饱满,而且穗子的一部分往往被苞叶抱住。它的种子长得像稻子妈妈,可个头,还有壮实劲儿都像它的玉米爸爸。

它除了水栽,还能旱种。在旱种的时候,不管多么贫瘠的土地,它都可以达到亩产800~1000斤,高产田亩产可以达到1275斤呢!比它的水稻妈妈表现还出色。

受"玉米稻"的启发,人们又陆续培育出了高粱稻、高粱蔗、大小麦、小黑麦等优良品种。这些植物界的"骡子"们全都高大健壮,不仅产量高,成熟快,而且还不怕什么虫害、寒冷,优点特别多,人们说,它叫"杂种优势"。

杂种植物的优势就因为它们的父母品种不一样,性细胞就有差异,差异越大,它们就表现得越出色。

所以,植物界的"骡子"们有着这么多的优点。随着科研的深入发展,"骡子"们走向更多更广阔的田地,人们必定会喜欢它们的。

吞屋的古树

香港新界锦西区水头村有一棵"吞吃"了一个房屋的老榕树。老榕树的树干十多个人才能合抱,奇大无比,树冠形成的浓荫覆盖了数百平方米的面积,树龄已有五六百岁。树身周围的气生根一条条垂下来,深深地扎入土地。这些气生根有粗有细,粗的如鸭卵,如碗口,细的仅如筷子。

令人吃惊的是,此树曾将一间面积为 50 平方米的房子吞得"尸骨无存"。走进老树的"腹部"仍然还能发现这间房子的痕迹。房子的四壁早已不见踪影,仅留门口两根石柱孤零零地站着,地上还留有炉灶的痕迹。树腹的南面存有一段高约 4 米的砖墙,砖墙上还有一扇窗子。在离地二三米的树干处,一根粗粗的气生根巨蟒般紧紧抱住一小段断墙,那情景活像一只大章鱼用巨大的腕足死死缠住溺水的人,使人看了不禁心惊肉跳。

许多村民都不知道如此一间大屋子是在什么时候、什么情况下被吞噬的。

然而,植物学家说,这是一种发生在榕树身上的自然现象。老榕树之所以能够吞屋,是因为它的生命力特别旺盛。榕树生活在热带和亚热带地区,它的身上常会长出一些大大小小的根来,有人称它作气生根,这种根入地后能起支持作用,故也称支持根。一棵榕树,长出的气生根少则 100 多条,多则上千条,甚至数千条。气生根生出的时间有先后,所以气生根有粗有细。它们悬在空中,形成一片气生根的世界。

这些气生根一旦接触到地面,便马上钻进土里,贪婪地吸收养料。随着气生根数目的增多,榕树吸收的营养也越来越多,身子便越长越大,终于长成一片"独木森林"。在榕树的生长过程中,如果正好碰到一间废弃的屋子,榕树便将气生根不断地伸向屋顶或墙壁,时间久了,屋子倒塌了,砖块被路人捡走了,便形成"老树吞屋"的现象。

第七节　奇异植物之谜

白石海子变红之谜

2004 年的 8 月,神秘的红色生物又出现在了白石海子。这让人们再次想起了三年前的那一天。2001 年 7 月 12 日,四川省茂县叠溪松坪沟的白石海子,一向清澈透明的湖面出现了几缕红色的水带,宛如血丝在蔓延。随着时间的推移,红色水带逐渐增多,原来清晰的红色丝絮状水体也逐渐散开,最后整个湖面都成了鲜红的。

湖水为什么会突然变红? 有人传言说看到了一只三个头的水龟。而且在湖水变红的时候,湖里的鱼大量聚集在海子的入水口,其中有很多鱼是村民们从未见过的。巨大的恐惧笼罩着人们,人们纷纷望向湖边,祈求神灵保佑。这里究竟发生了什么?

血红的湖水,奇怪的大鱼,是祖先和神灵在向人们昭示着什么吗? 这些怪现象难道是一场大地震即将来临的前兆? 地震前,一些动植物会相当敏感并做出种种异常反应,这种现象在湖泊、水库里会表现得更加明显,当地壳断层的气体或化学物质溢出,导致水里溶解氧变少时,湖水就会变浑,发白发红,水里的鱼就会成群结队地上浮或者跃出水面。

历史上叠溪曾多次发生地震。据茂县县志记载,1933年8月25日15时50分30秒,叠溪发生7.5级的特大地震。当时群山崩塌,巨石如雨,整个叠溪镇下沉了70余米。为此一支专家组迅速赶赴现场进行调查。考察后认为,湖水发红的现象比较罕见,直观上很像地震前的宏观前兆。

但随后又发现了个奇怪现象:湖水并非一直都是红色的。早晨湖水清澈透明,随着日照增强气温升高,颜色也逐渐变红。到了下午,湖水又会逐渐恢复清澈。而且即便在最红的时候,湖水也并不是通体变红,而只是表层湖水呈红色。

不仅如此,更令人费解的是,湖水发红也不是从固定的一个点逐渐向四周扩散,而是随着水流、风力等环境因素的变化而不断变化。这种现象和地震前兆现象又有很大区别。那么白石海子湖水发红到底是什么原因呢?专家们对海子不同部位的湖水进行了抽样化验。在化验中发现湖水有机质含量非常高,却没有发现反映地壳异常变化的化学物质。这样发生地震的可能性被排除了,村民们悬着的心终于放了下来。

一场虚惊就这样平息了,可是这红色微生物究竟是什么?为什么会突然出现在风光秀丽的白石海子?

正当人们准备深入研究的时候,白石海子的血红色突然神秘消失了,而且在之后的两年里再没出现过。就在人们以为谜团将永远难解时,神秘红色微生物于2004年8月再次出现在白石海子。

有关专家对白石海子的情况作了详细了解后,认为在淡水湖泊出现这种现象极为罕见。那么,这种红色的微生物究竟是什么?从叠溪海子的水质和环境来看,他们初步认为这种红色水生生物很可能是一种叫血球藻的微型藻类。

血球藻是绿藻类中的一种单细胞的微型藻类,其特点是细胞内含有一种红色类似于胡萝卜素的色素:虾青素,这种色素具有很好的抗癌作用,一些发达国家已经将其用于商业化生产。如果这种藻类就是血球藻,这对叠溪人来说无疑是个福音。但随着进一步观察,专家们发现这种藻类运动速度非常快,而这种特性是血球藻所不具备的。

那么它究竟是什么生物呢?在高倍显微镜下这种引起轩然大波的神秘微生物终于露出了真面目。这种微型藻类的细胞核呈紫红色,在其身后拖着一条尾巴样东西。它确实不是血球藻,而是微生藻类的另外一种——甲藻。

甲藻是很特殊的一种生物,它具有植物和动物的双重习性,植物学家认为它是一种光合植物,它有叶绿素能够进行光合作用,能够把无机碳变成有机营养,这完全符合植物的生物特性。但它却又长有鞭毛,也就是那个尾巴样东西,它能感受一些环境的刺激,可以游动,所以动物学家把它看成是动物。

由于甲藻这种独特的生物特性,所以它们在光线充足时就大量聚集到湖面,在阳光下摄取了足够营养后又会迅速游回湖底。通常微生藻类在一个水体里大规模的爆发,或多或少和当地环境污染有关。

为什么甲藻只在2001年和2004年出现呢？专家发现，在2001年和2004年这两年当地气候有个共同特点，整个茂县地区出现历史上少有的干旱少雨，导致湖水水位急剧下降和水流减缓。正是这些原因给甲藻的生长提供了有利条件。白石海子湖水变红之谜终于露出了真相。一向清澈透明的白石海子湖面突然出现几缕红色水带，宛如血丝蔓延，有村民称曾见到湖里有水怪出没湖水突然变红原是因为这种名为"甲藻"微生物的大规模爆发。

西双版纳的奇特植物

热带雨林是个绚丽多姿、丰富多彩的植物王国。这个王国中的每一分子，无论它是一棵参天的大树还是一片嫩嫩的幼芽，都充满了勃勃的生机。2004年7月，中国科学家深入被誉为"地球之肺"的亚马孙河雨林地区进行了为期一个月的考察。这一地区是世界上生物多样性最丰富的地区之一，堪称世界最大的热带植物基因库。其实，在我国也有一个可以与之相媲美的基因库——西双版纳热带雨林。

西双版纳地处北回归线，在地理位置上属于亚热带的范畴。所以，在20世纪60年代以前，没有到过西双版纳的国际上一些知名植物学家、生态学家，都不知道这里的独特地形、地貌，并且认为"中国无热带雨林"，在世界热带雨林分布图中，也没有西双版纳的位置。然而我国著名植物学家蔡希陶教授，自20世纪30年代以来，曾多次到西双版纳考察植物，并于1959年由他带领奠基、创建了中国科学院西双版纳热带植物园。此后，经过近半个世纪的科学研究，西双版纳的热带雨林被证实了，并找到了大量证据。在诸多证据中，令科学家们最信服的就是高达七八十米的望天树。这种被人们称为"巨人"的大树如鹤立鸡群一样，把巨大的树冠高举于一般仅有三四十米高的热带雨林冠层上，似乎在向人们宣称：我就是版纳热带雨林的活见证！

大千世界无奇不有，雨林中的植物更是千奇百怪。在西双版纳的热带雨林中，不仅有"害羞"的草、想"吻天"的树、还有能"吃虫"的花、会"变味"的果、会"蓄水"的藤……

腹中囤粮的乔木

粮食，是禾本科草本植物的子实，并且只能由人工栽培获取。如果有人告诉你乔木产粮，你也许不会相信。然而，热带森林里，确实存在能产粮食的乔木，只是它的粮食并非稻谷、玉米般的子实，而是一种淀粉。这种淀粉长期囤积在树心之内，盼人收获。

这种具有自行生产、囤积粮食的乔木，是一种野生野长的棕榈科植物，学名叫做童棕，树形和椰树、槟榔树一样，树干笔直高大，株高可达20米左右。别看它可以长到20米的高度，处于幼年的童棕的嫩心还可以作为蔬菜食用，味如新鲜甜笋。老树则年年开花结果，可惜的是果实味涩而麻，不能食用。

童棕在长成高大笔直的树干以后，便暗暗地在茎干中"生产"粮食，囤积于树心内。它"生产"的粮食是结构紧密的海绵体，色白如雪，形状好像人们用米面制作的沙糕。开始产粮以后,童棕树干就会渐渐向外膨胀。树心内囤积的粮食越多,树干的膨胀形状越明显,渐渐地就有了大腹便便之状,如待产的孕妇一般。如果人们要取童棕腹内的粮食,只要伐木破壳,将沙糕似的海绵状树心取出就可以了。春细后放在清水中浸泡、漂洗、沉淀,便可得到雪白的淀粉。童棕的淀粉可做糕做饼供人食用,同时也可加工成米粒上市。盛产童棕的东南亚一些国家,利用童棕淀粉制作出有名的西米打入了国际市场,使童棕粉成为名副其实的粮食。

会"气死"的树

有人说妒忌是女人的本能,其实植物也有"妒忌"之心。在版纳的热带雨林中就有这样一种善妒的树,它会因为自己没有"邻居"旺盛,便哀怨而死。

这种会自己"气死"的树,名叫檀香,是一种珍贵的小乔木。檀香树的根因缺乏从土壤中吸收养料的本领,所以为了生存只有吸食与它为邻的某些树木的养分供自己消耗。当它们处于幼年时,只要吸附在草本植物飞机草、长春花的根部,就可以满足它的寄生牛活。

当小檀香长大以后,光靠从草本植物根部吸取养分已不能满足需要,于是又把带有吸盘的根伸向紫株、南洋楹等,以相连的一些树木作为寄主,盘剥友邻的养分。所以只要有檀香生长的地方,那些与之相邻的树木,都是一副"面黄肌瘦"的样子,怎么也长不旺盛。假如被檀香"盘剥"的树木,竭力与檀香抗争,抑制它的"盘剥",树势比檀香长得旺盛,檀香便会"生气"。最终因为得不到足够的养料而哀怨地死去。

芳香四溢的香草

版纳的热带森林里,不仅有千姿百态的乔木,还有各种各样的香花芳草。有些芳草不动不香,稍一揉捻便芳香四溢;有些芳香草鲜时不觉芬芳,干后香气浓郁,沁人心脾。

香茅草,是西双版纳最常见的香草之一。这种草全身都是具有柠檬香气的挥发油,经揉捻或加温煮、煎,香味便从叶内溢出。在民间除了将其成片栽培用于提取香茅油外,还植于房前屋后,以鲜叶为配料,制作各种民族风味食品。揉而有香的草本植物,常见的还有一种俗称水香菜的水生植物。它的茎叶有肉感,揉而有香,煮后有薄荷香味,民间常采幼嫩尖叶煮汤或蘸酱生吃。嚼时清香满嘴,并有清凉感觉。

除了众多揉而有香的芳草外,西双版纳的山野里还有一种会像鲜花般吐露芬芳的小草——"晃母"。这种小草集中分布在一条沟谷中,进入谷中一股浓烈的糯米香味便会迎面袭来,沁人心脾,会使人产生林中有人在蒸制糯米香饭的错觉。让人感到惊奇的是,香气不是从花朵上散发出来的,因为这种小草无花无蕾,但是它叶片内散发出来的香气,比许多香花还要浓烈。更特别的是,这种傣语称"晃母"的绿叶虽有香味飘逸,但不及干叶浓烈。如果在竹楼上放一枝"晃母"的干叶,楼上楼下都会充满糯米的香气。如果在衣袋里或书本内放上一片"晃母"的干叶,同在一间办公室内工作的人,也会闻到它的气息。

颜色多变的花

世间花朵色泽五彩缤纷，不拘一色，但花的颜色一般比较固定。然而，能自行改变颜色的花朵却很少见到。在西双版纳的花海中，就有一些一天变几色或隔日变一色的变色花。

嘉兰，是一种蔓生草本花卉。嘉兰花初放之时是一片淡淡的绿色，但过了一夜以后，绿色便被黄色代替，嘉兰树上便出现了隔夜的黄花和初放的绿花。随着时间的延长，黄色的花瓣中间逐渐变红，使久放的花瓣变成黄边环红心。然后，又变为橙红和鲜红。

水生植物王莲，也是一种花色会起变化的花。这种花原产南美洲亚马孙河流域。王莲的花形与荷花一样，但颜色与荷花不同。初放之日，花瓣逐片展开，散发出袭人芳香，颜色为乳白色。次日清晨，开放的花瓣重又成花苞，黄昏时再次展开，色泽从乳白变成深红色，花茎弯曲垂首，花瓣慢慢凋零，受过粉的花托弯垂入水，藏于清水之内。

这种水生植物不仅花美而香，而且叶巨而奇。王莲的叶片边沿直立，形如托盘。盘状巨叶的直径，一般在六七十厘米左右，有些巨叶的直径还会超过一米。叶盘上放木板或玻璃，或让婴儿躺在中间也不会下沉。

会飞的果实

"天高任鸟飞"，说的是鸟类因长有善飞的翅膀而能任意翱翔在天空。那么植物有没有能自由飞翔的翅膀呢？

许多植物的果实也长有翅膀，凭借翅膀，它们成了"飞将军"。植物的"飞行装备"还相当不错，有的是翅膀或翅膜，有的是针芒，有的是羽毛或绒毛。有飞行装备的果实、种子随风运送到遥远的地方安家落户。榆树和枫杨树在初夏开出黄绿色的花朵，到秋天才结实。枫杨树的果实上长着两只翅膀，一左一右。风一起，它们就像灵巧的燕子飞上天空。榆树的翅果上则长着两张翅膜。大风一刮，便纷纷离开榆树，随风飞到很远的地方。这些长翅膀的果实或种子极轻，飞起来相当轻松。

科学家专门观察、研究了长翅膀的果实和种子，发现桦树的翅果能飞到1千米以外的地方；长着酷似船帆翅膀的云杉种子能飘到10千米以外。果实或种子上长"翅膀"的植物种类非常多。如百合和郁金香的种子本身就长成薄片状，在风里像滑翔机一样滑翔；白蜡树和槲树的种子长着翅状突起，好似长翼的歼击机；蒲公英种子头上长了一圈冠毛，风把它托得高高的，瘦果垂在下面，像一顶降落伞；生长在草原上的羽茅，果实顶上长着羽毛，被风吹得很远，风停了，它就像降落伞一样竖直落地，颖果旋转着插入土中。有些植物种子本身的分量非常轻，风一刮就像长了翅膀一样到处飞，例如列当属的植物，每粒种子的重量不超过0.001毫克，小得像灰尘；梅花草的种子，每粒只有十万分之三克，天鹅绒兰的种子更轻，每粒仅重五十万分之一克，微风一吹，它们都会飞到很远很远的地方。

许多植物经长期的自然选择,它的果实或种子成为"飞将军",让风力帮助它繁衍后代,正是大自然优胜劣汰的又一体现。

能载人的叶子

一片小小的树叶放在手心,我们几乎感觉不到它的重量。可是,你可知道世界上最有力量的叶子有多"厉害"吗?

王莲,它那碧绿厚实的大叶子直径在 2 米以上,甚至达到 3 米多,静静地浮在水上,好像一张绿色的大圆桌。它到底有多大力量?做个实验就清楚了。人们请一个重约 60 斤的小孩子坐在王莲的叶子上,结果安稳得连一丝摇晃也没有。

一片叶子,怎么会有这么大的载重力呢?答案在叶子的背面。

翻过王莲的叶子,就可以看见一条条像桥架般的粗壮叶脉,而且这些叶脉排列成肋条状,这样的排列就使得王莲的大叶子能承受得起六七十斤的重量。

就因它又大又有"力气",人们都称它为"大王莲"。

王莲是水生植物,每年八月开花。花的样子很像荷花,可是个头却是普通荷花比不上的。花柄和花托上的刺毛,一根根就像大钉子一般粗。

它的花很有趣,会按时按点地开放和"休息"。第一天晚上开放出一朵美丽的白花;第二天上午就闭合了,到了傍晚才又打开,此时花瓣已由白变红了,最后竟成了深红色。

王莲的果子圆圆的,因为每个果实中约有二三百粒种子,种子又含有大量淀粉,所以人们又称它为"水中玉米"。

草中"杀手"

野草往往不被人注意,然而,它们之中,有些是人们非重视不可的,如有"杀手"之称的豚草、紫茎泽兰、蝎子草、荨麻、毒芹和一种叫轮藻的藻类植物,等等。它们有的对人畜有害,有的对人类有利。

马的"杀手"

紫茎泽兰是和豚草一样属于菊科植物的毒草。它在我国热带地区可长成高大的半灌木,株高达 0.5~2 米,最高的可达 5 米。紫茎泽兰的外形恰如其名:紫红的茎干,上披灰色的茸毛,叶片对生呈菱形。

紫茎泽兰对人和动植物会产生极大的危害。人若是吸入紫茎泽兰的花粉,会产生与误吸豚草花粉类似的症状。牲畜若是误食了紫茎泽兰或是不小心吸入紫茎泽兰的花粉,就会引起腹泻、气喘、鼻腔流脓溃疡。在诸多家畜中,马对紫茎泽兰最为敏感,一旦误食紫茎泽兰,死亡率也最高,因此有人将紫茎泽兰称作马的"杀手。"

紫茎泽兰的繁殖能力和再生能力都十分惊人。紫茎泽兰开花以后,常结出五棱状的瘦果。这种果实的身上长满刺状冠毛,沾在人和牲畜身上,便随着主人到处走,落地就生根，开花结果，繁衍后代。

紫茎泽兰对别的植物影响也很大，由于它们的适应能力极强，既能耐干旱，也能耐贫瘠和低温，能够适应山地酸性土、棕色森林土、紫色土、砂石地，甚至能够在墙缝中生长，所以它们已经渗透到每一个角落。在我国云南省，紫茎泽兰几乎占领了一半以上的土地。目前，它们正以每年平均100千米的速度向四川、广东、广西等地传播。这种情况已引起了有关方面的重视。

"恶魔之叶"

蝎子草生长在我国的江南一带，它的叶子大大的，全身长满了白色茸毛，看起来浑身毛乎乎的。

这种草本植物属荨麻科，浑身长满螫刺。这种螫刺像皮下注射器一样，扎进动物的皮肤内，不容易脱落，与此同时，螫刺的基部器官上释放出甲酸一类的毒素，使患处马上红肿起来，因此它有"恶魔之叶"之称。

与蝎子草相比，荨麻科的荨麻更不含糊。荨麻的全身布满螫刺，螫刺基部隆起的地方竟然饱贮氢氰酸。人畜一旦被螫，氢氰酸注入人体内，全身就似火烧，二三天内疼痛无比，有的人甚至被活活螫死。

蝎子草和荨麻等植物为什么能分泌毒素呢？原来，不同的植物，代谢产物也不同。蝎子草和荨麻在新陈代谢过程中，体内会积累多种物质。这些物质除了无毒的之外，还有很多诸如植物碱、糖苷、皂素、毒蛋白、氢氰酸等是有毒的。一旦这些毒素通过某种途径分泌出来，人畜碰到就会被它螫得鼻青脸肿，狼狈不堪。

致人于死地的毒芹

毒芹又叫走马芹、野芹菜花，外表很像我们平时吃的蔬菜——水芹，但外形比水芹粗壮。毒芹的茎干粗大、直立、中空，高达70～100厘米；叶互生，呈三角状披针形。开白花，许多花形成复伞形花序；结的果呈卵形，绿色有粗棱。它一般生长在沼泽地带、水边或沟渠边，是一种极为可怕的植物。

毒芹的全身都有毒，其中以叶子和未成熟的果实中含毒量最高。毒芹含有芹毒素和多种毒芹碱。毒芹碱和芹毒素都会对人和动物造成毒害，误食后轻则头晕、恶心、呕吐、手脚发麻，重则全身瘫痪、昏迷、呼吸困难，直到死亡。

毒芹虽然很可怕，但鉴别也并不困难：毒芹长有褐色的根状茎，根状茎位于地下，有节且散发香气；切断后用舌头舔一舔，会尝到甜味；根状茎切断后流出的液体像树脂，呈黄色，遇空气会发暗等都是毒芹的特征。

在植物分类学上，毒芹属伞形科毒芹属，全世界约有20种毒芹属植物分布在北温带地区。我国只有毒芹一个种和宽叶毒芹一个变种，全部生长在北方。

甜蜜的"杀手"

龙葵是一种开白花、结黑果、卵形叶互生的草本植物。人们常常可以在一些田边、坡前、屋后看到这种有名的植物。

龙葵属茄科，与茄子、辣椒有着较近的亲缘关系，它们是一年生的草本植物，株高可长到50~90厘米。

有人把龙葵叫作黑甜甜，这是因为龙葵的浆果成熟以后，吃在嘴里有甜味，因此，龙葵的成熟果实可供食用或酿酒。

当然，也有人把龙葵叫作"甜蜜的杀手"，这是因为在龙葵的植株里和未成熟的果子里含有许多毒素，这些毒素包括茄碱、澳洲茄碱和边茄碱。人畜误食以后往往导致恶心、呕吐、腹泻、呼吸和脉搏加快，严重的会发生站立不稳和惊厥死亡。

近来，龙葵对大豆的危害变得日益严重起来。这是因为农民常在大豆田里大量使用杀灭禾本科杂草的除草剂杀除禾本科杂草。由于龙葵不怕这类除草剂，杂草除掉了，它会长得更好，因此龙葵的危害变得越发严重，它不仅与大豆争阳光、水分和肥料，还会在收割时堵塞收割机。它们的浆果粘在大豆上会严重影响大豆的品质。

由于龙葵的繁殖能力极强，在不同的情况下都能开花结果，每个浆果含有20~50粒种子，种子埋在土里30多年后还能发芽，5年后种子的发芽率竟为90%。从春天到夏天，只要土壤的温度适宜，龙葵就会萌发生长。因此，要彻底去除龙葵不是一件容易的事情，得费一番功夫。

蓖麻和巴豆

蓖麻属大戟科植物，是一种有名的油料作物，它的种子可以榨油，但蓖麻油却不能轻易食用，因为蓖麻的种子有毒，它不仅含蓖麻毒蛋白，还含蓖麻碱，这些都是极毒的成分。一旦误食了7毫克蓖麻毒蛋白，胃部就会感到剧烈疼痛，最后会因呼吸麻痹而死亡。蓖麻的枝和叶也非常毒，含有剧毒的氢氰酸。

属大戟科的有毒植物还有巴豆。它全身都长有白色的短毛，叶呈卵圆形，花为黄色，果为黄褐色。它的全身皆有毒，但种子毒性最大。巴豆的种子内含巴豆素，吃了会引起强烈的呕吐、腹泻、血压下降，直至休克。巴豆四季常绿，植株可长到3~4米，主要生活在长江以南、福建、云南、广东、广西一带。

第七章　艺术未解之谜

第一节　史前石像艺术

石头之城佩特拉

在死海和阿克巴湾(今约旦国境内)之间的山峡中,隐藏着一个神秘之都——佩特拉城。它是从岩石中雕凿出来的,并因岩石的色彩而闻名于世。它犹如一位矜持的蒙纱少女,不愿轻易将美貌示人。要见到她,你必须经受大自然派来的守卫者西克山峡的考验。西克山峡深约2千米,蜿蜒深入,直达山腰的岸石要塞。里面漆黑一片,回声荡荡,令人毛骨悚然。如果你退缩了,故事也就到此为止了。如果你经受住了考验,绝对会有峰回路转的惊喜:阴森可怖的岩石窄道尽头,别有一番洞天。

首先映入眼帘的是一座位于广场正面的宏伟宫殿——哈兹纳宫。它是佩特拉最负盛名的建筑。宫室雕凿在陡峭而坚固的岩石上,共上下两层,高50米,宽30米。底层由6根直径2米的大圆柱支撑着前殿,构成堂皇的柱廊。顶层6根圆形石柱附壁雕成,柱与柱间是神龛,供奉着圣母、带翅武士等神像。这些像比真人还要大,栩栩如生,威严肃穆,颇具神韵。左右殿堂上是造型独特、左右对称、线条粗犷的壁画。

然而,真正使哈兹纳宫声名远扬的还是其独特的色彩,由于整座建筑雕凿在沙石壁里,阳光照耀下,粉色、红色、桔色以及深红色层次生动分明,衬着黄、白、紫三色条纹,沙石壁闪闪烁烁,神奇无比。美国考古学家斯蒂芬斯在初次见到突然展现在眼前的哈兹纳宫美景时,称其为"一座神庙,精致清晰,宛如一颗嵌在岩石壁上的浮雕宝石。"在约旦人眼里,这是一座法老的宝库,顶端的瓮是藏财宝的地方。他们幻想着有朝一日大喊一声"阿里巴巴芝麻开门",紧闭的财富的大门忽地在他们面前打开。

西克山峡南面的半山腰上是欧翁石宫。令人惊奇的是,几百平方米的大殿内居然没有一根支撑的柱子,真是巧夺天工。欧翁宫的两侧是石窟群,向东西两侧延伸,远远看去,密密麻麻,如蜂巢一般。石窟内有住宅、寺院、浴室和墓窟。悬崖顶部的洞室白云缭绕,诗意盎然;置身其中,飘飘然恍若进入仙境。

欧翁宫的斜对面是一座罗马式露天大剧场。看台依托山坡呈扇形散开。舞台用巨石铺砌而成,由几十层阶梯石座环护着,犹如众星捧月。更神奇的是,在音响系统尚未发明的久远年代,可容纳6000人的剧场居然有天然的音响效果!只要站在舞台前的中心点击掌、说话,便能形成强烈的回音,而且声音可以清晰地扩散,即使坐在最后一排也能听得一清二楚。剧场内每隔10层阶梯就筑有一个通道,整个剧场可容纳几千名观众。

再就是包围中的巨大广场。人们猜测,上面有许多民居陋室,只是无情的岁月早已使之荡然无存。遍地岩景天生自然,远远望去,悬崖绝壁环抱,形成天然城墙;壁上两处断口,形成进出的通道;中间则是一个巨大的广场。垒垒石窟构成片片楼群,在阳光照耀下发出夺目的玫瑰色光芒,宛如天上琼楼仙阁。这真是一座名副其实的"玫瑰色石头城"!"佩特拉"在希腊语中也恰恰就是"石头"的意思。

以上所述并非佩特拉城的全部,在佩特拉城博物馆,还收藏着该城的文物:顶水少女婀娜多姿,壮硕武士威武不已,咆哮的雄狮威猛无比,温驯的绵羊惹人怜爱……一尊尊雕塑上的人物或动物形象呼之欲出。

佩特拉古城这项杰作究竟出自何人之手?是大自然的鬼斧神工吗?它有一段怎样的过去呢?历史学家并没有将它遗忘。

这座石城是2500年前纳巴泰民族鬼斧神工的见证。纳巴泰人是阿拉伯游牧民族,约在公元前6世纪从阿拉伯半岛北移进入该地区(今天约旦和南叙利亚境内)。佩特拉是他们建造的最引以为豪的安居地。

历史上的佩特拉是一个安居乐业的好去处:第一,它易守难攻,唯一的入口是狭窄的山峡,敌方无法调集大军攻城,可以做到"一夫当关,万夫莫开"。第二,资源丰富,环抱城市的高地平原上森林繁茂,木材丰富,牧草肥沃,利于游牧。第三,水源充足,一股终年不断的喷泉提供了可靠的水源。

到了公元前4世纪,纳巴泰人又充分利用另一地理优势大获其利。由于佩特拉地处亚洲和阿拉伯去欧洲的主要商道附近,来自世界各地的商人们押运着满载货物的骆驼队经过佩特拉门前——阿拉伯的香、经波斯湾输入的印度香料、埃及的黄金以及中国的丝绸,源源不断地运往大马士革、泰尔以及加沙等地的市场。

与此同时,佩特拉还是通往希腊和地中海各地的门户,接近商道线的纳巴泰人得天独厚,赢利不少。他们有时也采取不法的海盗行径,但大多数时候是靠收取途经货物的税和过路费获利的。他们有时也为旅客、商队及牲口做向导,提供食物和饮用水等有偿服务。当时的佩特拉可算是个文化交流中心。

可是,到了2世纪末,交易的中心转移到幼发拉底河,纳巴泰人便逐渐被人淡忘了。公元4世纪,地震毁坏了这座古城,许多人丧生,还有许多人逃离此地。公元636年,古城终被废弃。从此,佩特拉由生机勃勃的贸易中心变成一座死城,12世以后更是如同从人间蒸发掉一样销声匿迹了。

消失了的佩特拉仿佛中了魔鬼的诅咒,接近它的基督徒往往难得生还。1806年,一位名叫尤尔里奇·西特仁的德国学者装扮成阿拉伯人穿越奥斯曼领地,从当地的居民口中获悉了"佩特拉废墟"的所在地。好奇的西特仁试图悄悄溜进佩特拉,可是不幸伪装被识破,惨遭杀害。这是因为统治此地的奥斯曼帝国是一个穆斯林国家,几个世纪以来,与信仰基督教的欧洲各国战火不断。因此,奥斯曼土耳其人以及他们遍布中东和北非的臣民们对欧洲人都颇怀戒心。独身途经穆斯林地带的基督教徒会很容易被当地人当作奸细,或被驱逐出境,或遭杀害。

然而,上帝不会让如此人间奇景长眠下去,终于有一天,一个人将它从昏睡中吻醒。此人就是约翰·路德维格·贝克哈特,历史将永远铭记他。

贝克哈特1784年生于瑞士,在德国和英国接受教育并潜心学习阿拉伯语,热衷于对阿拉伯文明的研究。1809年,他作为"非洲内陆地区研究促进协会"的成员奉命前往非洲亲自考察尼日尔河和尼罗河,以揭开两河是否同源之谜。这是一个非常富有挑战性的任务,因为必须要穿越西亚的阿拉伯世界。为此他精心地拟订了计划:先去叙利亚,花上几年时间完善自己的阿拉伯语,同时学会适应当地的饮食习惯;然后前往埃及的开罗,化名加入穿越撒哈拉沙漠去尼日尔地区的商队。一路上,他讲一口流利的阿拉伯语,对伊斯兰的宗教信仰、典礼仪式无所不晓,了如指掌。渊博的学识使他在旅途中处处受人尊敬,穆斯林人都误把他当成了博学多才的伊斯兰法学家,若知道他的真实身份定会震惊不已。

在从大马士革去开罗的途中,他听说一个被群山环绕的城市竟遭至难以置信的毁灭性破坏,出于对地质学知识的求知欲,一种难以遏制的好奇心驱使他奔向这座自12世纪以来少有或者说根本没有欧洲人涉足过的城市。他在日记中写道:"我因此试图达成一个目标,来表示对亚伦(《圣经》中人物)的敬意,我要寻找谷地尽头的亚伦墓。"这里所说的谷地就是传说中被群山包围的佩特拉。不知是伪装术比较得当,还是运气比较好,他竟然未受任何伤害便到达了佩特拉城。千年古城终于重见天日,贝克哈特成为第一个证实传说中的佩特拉尚还存在的西方人,这一天是1812年8月22日。此后,许多人慕名而来,只是要多加小心。到了20世纪,此城终成旅游宝地,游人纷纷来此采风。

当游人们置身奇景的喜悦溢于言表之时,考古学家们却还在思索着:佩特拉为什么被遗弃?即便它失去了对商道的控制权,仍然可以幸存下来,那么为什么它又没有幸存下来呢?

据分析,导致佩特拉城衰亡的可能是天灾。公元363年,一场地震重击了佩特拉城,许多建筑沦为废墟,房屋的主人们无能力或者无心思将它们修复。公元551年,佩特拉城再次遭受严重地震。也许这次地震震塌了拜占庭教堂;随后教堂又受到震后蔓延全城的大火袭击,羊皮纸卷也就在火灾中被毁坏了。

这一解释并不令人满意,为什么许多城市都能在地震和火灾之后重建,而佩特拉却不能呢?1991年,一群亚利桑那的科学家们在《贝冢》一书中给出了答案:环境恶化是导致佩特拉衰亡的因素之一。科学家们研究了大量的佩特拉贝冢,发现在早期的纳巴泰人时代,橡树林和阿月浑子林遍布佩特拉四周的山地;然而到了罗马时代,大量的森林消失了。人们为了建房和获取燃料砍伐了大量的木材,致使林区衰变成为灌木林草坡带;到了公元900年,这种衰退进一步恶化,过分地放牧羊群使灌木林和草地也消失了,这个地区遂开始逐渐沦为沙漠。当周围的环境再也无法为庞大的人口提供足够的食物和燃料时,城市就彻底消亡了。

佩特拉带给人们的疑惑还远不止此。为什么要修建一座这样的城市?它又是如何修建的?它有什么用途?有人猜测,纳巴泰人继承和吸收了早期居民的风俗习惯,公元前3世纪定都佩特拉后,在岩石中开凿建筑物成为一种风俗。一些学者认为这些建筑是当时纳巴泰人从峭壁的顶端开始向下凿刻而成的,是用来给国王、武士或官员作墓穴的。他们相信该民族可能把已故的国王们视为神灵,把他们的陵墓视为神庙。

然而,这些都仅仅只是猜测。佩特拉就像一本只翻开了几页的书,谜团重重,有待人们耐心地、细心地去品读,去感悟。

哈卡斯巨石之谜

在人们的印象中,太平洋复活节岛上的石像历史已经足够久远。可是,在俄罗斯哈卡斯地区的直立粗长巨石石雕比它们还要早2000年。

大约4000年前,居住在俄罗斯哈卡斯的一些部落在米努辛斯克谷地竖起了不少神秘的直立粗长巨石石雕。这些部落到底是些什么人呢?他们为什么要竖起这么些超乎今人所想象的粗大石雕?那些重量有时达50吨的巨大石块又是怎么从山上弄下来的?

哈卡斯的石雕有各种各样的形状,有的呈圆柱形,有的是扁的,有的形状不规则。在太阳初升或夕阳西下时候,有些突然呈现出人脸的轮廓:眼睛、鼻子和嘴。石头上的人脸部分凿出好些深槽,不少都刻下很多横向条纹,头顶上镌刻的是兽角或古里古怪的"皇冠"。

哈卡斯巨石

所有的雕像看上去都像是用同一种办法凿出来的:石匠挑好石料之后,先将要刻在上面的图形勾画一遍,然后凿出槽,再用坚硬的石头打磨。不仅白色和灰色的花岗岩,就连褐色砂岩上的图像都看得一清二楚。

但并不是所有的"脸孔"都一模一样。有些是圆形和椭圆形,眼睛是两个小坑,嘴是一个椭圆形凹槽,鼻子是两个小点;另一些是尖尖的下巴颏儿,直溜溜的鼻子。不过最经常看到的是面孔略图。别具一格的兽形头饰和横切额头的线条赋予这些偶像一种神话色彩。

但奇怪的是,这些石头上有些人脸图像跟真人一模一样(长长的鼻子,吊眼梢,高颧骨),有的却是极简单的粗线条:眼睛是两个小点,嘴巴是一条槽,干脆就没有鼻子。为什么会有这些不同呢？研究人员认为，这是因为这些图像是不同时期居住在这一带地方的西伯利亚不同民族所加工制作的。

石头上所镌刻的到底是上帝还是人呢？脸上的条纹、头顶的"皇冠"和兽角又意味着什么？据民族学家所掌握的资料，原始民族经常往脸上涂抹赭石、木炭和草木灰。有时是出于美学考虑，有时是为了遮住脸，以防被打死野兽的报复，当然也不排除哈卡斯偶像上的条纹是一种化妆手段。考古学家们曾在当地古墓残存的颅骨上发现红赭石的遗迹。

哈卡斯的直立粗长巨石有些叫人想起北美印第安人的图腾崇拜石柱，也像美拉尼西亚雕刻有人图像的木柱和石柱。印第安人的图腾柱代表神话中的祖先，美拉尼西亚人的木柱和石柱代表现代人的祖先。同样，哈卡斯的石雕显然也是刻的祖先或氏族的保护人。可怪就怪在几乎所有的偶像表现的都是妇女，它们被称之为石妇，有石头老妪和石头姑娘。因此完全可以想象，这片土地先民的保护人是故去的女萨满或老太巫师。

关于哈卡斯直立巨石的用途，科学家们至今一直没有定论。长期来都认为，既然绝大部分石雕都立在墓地，说明它们只是普通的墓石而已。可后来发现，石雕和坟场分属不同的历史时期，而且有些偶像是晚些时候才搬到坟场上去的。

这些直立巨石最初很可能就是祭祀设施。人们怕它们，想讨它们的好，千方百计想求得它们的保护，将它们奉若神明。一直到了 19 世纪，尽管几千年来经过风雨和时间的剥蚀，当地居民还是对它们既害怕又敬仰。人们称这些石头为神像，向它们敬献供品。

但是，在哈卡斯走过一遭之后，发现有些直立巨石被摆放得乱七八糟，甚至还会倒立着的，这很可能是当地人不知什么原因对其中的一些不再敬仰，还有把它们当成建筑材料用的。专家们发现，如果石像不帮打猎，不帮治病或解决其他困难，人们会向它们投去责备的目光，还会啐上一口唾沫，甚至还会用鞭子抽打。

尽管如此，今天哈卡斯的不少直立巨石还是备受人们的尊敬，因为他们认为这些祭石能帮人治病，能除去他们身上的负能和增强他们的生命力，甚至有不少教授、医务人员和银行职工都对此深信不疑。他们认为，既然公认金字塔在释放地能，那哈卡斯的不少直立巨石照样也在吸收宇宙能，因此它们的治疗效果极佳。当地居民于是有去求它们中的一些送子的，据说还相当灵验。

科学对那些石像能否送子暂时还无法证实，不过对另一些是否有医疗功能相当有兴趣。萨尔贝克斯谷地的一座小丘上有两块石头，一块象征女人，一块象征男人。人们认为第一块释放的是负电，第二块释放的是正电。根据生物能场原理，人只须到跟前去站上一会儿，触摸一下它们，几次下来本人的生物能场就会有所改善。连地质学家也认为这有一定的道理。

如今，每年都有成千上万的人涌向这里，因为他们都听说这里有石头在同宇宙进行直接交流，将从太空获取的能再释放出来。实情究竟如何，没有人能够说得清楚。

兰州奇石之谜

在兰州收藏爱好者王志林家中，珍藏着一块神奇的石头。他是在甘肃和新疆交界处的马鬃山地区旅游考察时发现并收藏的这块奇石。

整个石头呈梨形球状，外表光滑，石质坚硬异常，通体的黑色散发着幽幽的神秘之光。奇石长轴长约 8 厘米，短轴长约 7 厘米，重约 466 克。令人称奇的是，石头内部竟然藏着一块长约 6 厘米的呈圆锥形金属棒，金属棒上有明显的加工螺纹痕迹。神秘的奇石受到众多地质专家及收藏家的极大关注，2006 年，甘肃省国土资源厅、省有色地勘局、中科院兰州分院地质矿产研究所、兰大资环院等 10 余位地质、地球物理学专家汇聚一堂，试图揭开这块奇石的神秘面纱。在对其人为造作的可能性及成因进行了现场讨论后，专家们一致认为这块奇石极具收藏、研究及考古价值，不仅是全国第一，也是世界第一。

在现场讨论会上，专家们对奇石的形成进行了多方面假设均觉不可思议。因为奇石中的螺纹金属棒与周围的黑色石质包裹物结合紧密，入口处和尖部裸露处的痕迹均不像人为造作而成，而且金属棒从粗到细螺纹本身粗细一致，没有因生物生长而形成的螺纹本身粗细的变化。

有专家当场提出设想，地球在当今文明的形成之前，有过相当于当今文明的地史文明时期，此奇石也有可能是地史文明时期遗留下来的遗迹。

还有专家提出，此奇石可能是陨石，它带来了地球外文明的信息。但令在场专家们迷惑的是，这块神秘的奇石的年代究竟在何时？又是如何形成的？其内含的螺纹金属棒到底是不是金属？……

这一系列的问题要经过进一步的研究确认后，才能揭去这位"天外来客"神秘的面纱。

罗德岛巨像

罗德岛上的太阳神巨像被誉为"世界七大奇迹"之一。它从建立到被毁只有短短的 56 年，但有关它的传说却远播四方。这座神奇的雕像是如何建成的？它的形状怎样？倒塌之后又去了哪里？

罗德岛位于爱琴海与地中海交界处，西距希腊大陆 450 千米，北距土耳其大陆 19 千米，面积 1400 平方千米，人口 7 万。这个弹丸之地的北端就是罗德市，它是全岛的首府，全岛 60% 的人口集中在这里，举世闻名的太阳神巨像就坐落在罗德市的码头边。游人一登上码头，就可看见两座圆形石柱和柱上的两个铜雕小鹿，孤零零地矗立在那里，渺小、空荡，并没有想象中的那种雄伟气势。鹿是罗德岛的象征，当年巨像曾屹立在它的上方，看千帆竞逐。

关于罗德岛，有一个美丽的神话传说。在远古时代，希腊诸神为争夺主神之位展开了大战，宙斯最后获胜，成为万神之王。志得意满的宙斯登上宝座后开始论功行赏，分封诸神，但独独忘了给当时正出巡天宫的太阳神阿波罗留下一块封地。阿波罗回来后大为不悦，宙斯乃施展神力，指着隐没于爱琴海深处的一块巨石分封给阿波罗，巨石欣然浮出水面，欢迎阿波罗的到来。这块晚到的封地被蔚蓝色的海水所围绕，风光秀丽，气候温暖,阿波罗颇为满意,便用爱妻罗德斯(爱神阿芙罗狄蒂之女)的名字,命名为罗德岛。他的3个儿子卡米诺斯、莫诺利索斯和林佐斯被分封在岛上各处,各自建立起自己的城邦。

这虽然是神话传说,但在罗德岛确实存在过3个城邦,即卡米诺斯、莫诺利索斯和林佐斯。它们凭借罗德岛处在东西方交界处的地理优势,以及岛上肥沃的土壤,良好的气候,逐渐发展起来,成为地中海上重要的商务中心。公元前408年,这3个城邦联合成统一的罗德国,并在岛的北端建立联邦首都,这就是后来的罗德市。

罗德岛的繁荣富庶,吸引了希腊大陆上的人们争先恐后地到这里经商、定居或办学,岛上的文化也很快繁荣起来。正是在这个时候,岛民皮桑德罗斯写下了史诗《伊拉克利亚》,其后希腊的大哲学家亚里士多德也曾来罗德岛招收弟子,讲授哲学;雅典的大演说家艾斯霍尼斯也在岛上办过学校。罗德岛文风极盛,成为当时著名的文化中心之一。

公元前4世纪前半期,希波战争进行得如火如荼,作为希腊世界的一员,罗德国自然不能置身事外。公元前377年,罗德加入了雅典组织的第二次提洛同盟,共同抵御波斯的侵略,但是在别人的煽动下,罗德不久后(公元前356年)又退出同盟。希波战争后,希腊内部发生了旷日持久的伯罗奔尼撒战争,在内讧中实力大大削弱,为随后兴起的马其顿亚历山大所征服,希腊世界从此衰落。小小的罗德国在亚历山大势力如日中天之时勉强维持了独立,但它的富裕却令周边大国虎视眈眈,必欲据之而后快。亚历山大、波斯都曾入侵过罗德,罗德国势岌岌可危。

亚历山大不幸英年早逝后,他的部将们争权夺利,帝国最终一分为三,安提柯、塞琉古、托勒密各据一方。罗德由于在经济上与埃及联系密切,乃与托勒密一世保持了良好的关系。公元前305年,对罗德垂涎已久的马其顿国王安提柯一世派儿子达摩瑞斯率领4万军队,大举入侵罗德岛。强敌压境,全岛居民撤守至岛东端海岬上的林佐斯城堡,进行殊死抵抗。林佐斯城堡建在突入海中的山丘上,三面陡崖高达100米,城墙依崖而建,城垛上有炮台镇守,易守难攻。这样,全岛居民凭借天险同仇敌忾,终于击败了入侵者。马其顿军队丢盔弃甲,大败而走。公元前304年,双方签署和约。

罗德居民为纪念这次胜利,把马其顿军队丢弃的铜制枪械收集起来,统统予以熔化,由雕刻大师哈列塔斯负责铸造一座太阳神阿波罗(罗德居民也称为赫利阿斯)神像,因为传说中阿波罗是罗德岛的保护神,当地居民以此来感谢阿波罗对他们的保佑。哈列塔斯用了整整12年时间(前294年~前282年)才把巨像塑成。

据记载,此神像高约33米,重12.5吨,手指比人高,大脚内部可作居住的窑洞。雕像是中空的,里面用石头和铁的支柱加固,外包青铜壳。传说太阳神雕像头戴太阳光芒的冠冕,左手执神鞭,右手高擎火炬,两脚站在港口的石座上,船只可以从其胯下进出。太阳神的台座上还镌刻着一首赞美诗:

我们竖起你,赫利阿斯。

直达奥林匹亚山巅。

多利斯山区的罗德人敬仰太阳神,

你使小岛免遭横蛮。

世界如此瑰丽，

自由不容涂炭。

在古希腊，建造10米左右高的雕像并不罕见，但建造如此巨大的神像却是空前绝后的。怪不得巨像建成之初，便被同时代的罗马哲学家安蒂培特誉为"世界七大奇迹"之一。

如此巨大的雕像是如何铸成的？在缺乏起重设备的远古时代又如何把它竖立起来的？这些都是令人难以想象的事，也是太阳神巨像让人迷惑惊奇的原因之一。

巨神像体积太大，无法像建造一般雕像那样，先制出模型，然后分成几部分铸造，最后再进行整合和竖立。据文献记载，巨人像是分步建造起来的：首先，在建好白色的大理石基座后，把已铸好的脚到踝关节这一部分安装固定好。由于神像体积高大，所以神像的脚设计得比较大，使它能承受上部神像的压力。完成这一步后，雕像家指挥工匠在已完成部分的周围堆起巨大的土堆，然后站在上面接着做下一部分工作，这样一步一步向上发展。在每一步进行之前，雕塑家都先用一种铁制的框架和一些方形的石块从内部加固雕像，以保证雕像的稳定。就这样，在耗费大量人力、物力、财力后，哈列塔斯创造了一个与真神相似的神像，"给了世界第二个太阳"。

然而，罗德岛巨大铜像只矗立了50余年就惨遭不测。公元前227年至公元前226年（一说前224年），罗德岛连续发生毁灭性的大地震，岛上的城市建筑遭到严重破坏。太阳神像也从它最不牢固的地方——膝盖处断裂开了，倒塌在地，只留下台座和两条小腿。古罗马著名的自然学家普林尼在《自然史》一书中赞叹道："即使躺在地上，它也仍是个奇迹。"埃及法老托勒密三世向罗德岛人伸出了援助的双手，准备提供一笔巨额款项帮助罗德岛人修复太阳神巨像，但罗德人谢绝了托勒密三世的好意。

神像巨大的身躯横在地上，任凭风吹雨打，秋去春来。约900年后，即653年，阿拉伯人侵入罗德岛，发现了躺在地上的巨像残骸，他们费了九牛二虎之力把残骸运送到叙利亚，卖给了一位商人。据说那个商人用了880头骆驼才把残骸运完，以后巨像就不知去向。又有人说，巨像倒塌不久后就被人盗走，但贼船在海上遇风暴沉没，铜像埋在深深的海底。铜像究竟去了哪里？恐怕是无从知晓的了。

罗德岛的太阳神巨像已不复存在，但有关这个神奇雕像的传说和猜测却经久不衰。人们以史书中的简略记载为根据来构思它的规模，再加上自己的揣测，"设想"出了一个又一个的"太阳神巨像"的形象。

早在11世纪，人们就对传说中的罗德岛神像外形作出这样的推测：巨像右手举着投枪，左手按着长剑，柱脚是很高的圆柱，四周环绕着起伏的海浪。但有人提出异议，说太阳神阿波罗像应该是头戴太阳光环，驾驭着马车，马车上载着一轮鲜艳的红日，而且传说中巨像的胯下能进出轮船。由于谁也拿不出确凿的证据驳倒对方，争论不了了之。

到了文艺复兴时期，灿烂辉煌的古希腊文明使处在沉闷黑暗时代的人们目眩神迷，罗德岛的太阳神巨像又一次激起人们强烈的好奇心。他们找出那些尘封已久的古代文献，仔细研究后认定：罗德岛的太阳神巨像两脚宽宽地叉开，横跨在罗德港的两岸。阿波罗手持火把，威严地注视着往来船只。在这里，罗德岛巨像被设想成灯塔，它为进出罗德港的船只起着导航和保护作用。

这个设想在崇尚科学、理性的近代遭到质疑。理由是：罗德岛巨像高达33米，按力学原理，巨像两脚间间隔最多只有10米宽，这样的跨度，稍具规模的船只进出都有困难；而且若是这种姿势，巨像的整体格局就会失去平衡。而据普林尼的记载和人们的传说，罗德岛太阳神巨像布局合理，气势非凡。

进入20世纪，史学家对罗德岛巨像的推测和争论还在继续。1919年，法国史学家弗·普洛萨提出，罗德岛巨像应该是太阳神驾驭二轮四马车，矗立在罗德港口。反对意见称，据现有的残迹看，太阳神绝非驾车姿势，而且从力学角度看，这个底座根本无法支撑没有根基的四匹飞马的重量。

1932年，另一位名叫阿里别尔·加布里埃尔的法国史学家宣称模拟出了罗德岛的太阳神巨像：巨像为立正姿势的裸体像，右手高擎火炬，左手紧贴体侧夹着长矛。这不由让人联想起纽约港口的自由女神像姿势，据说法国雕塑家奥古斯都·巴托尔迪正是受到罗德岛太阳神巨像的启迪，创作了举世闻名的自由女神像。此外，有人提出疑问：罗德岛巨像作为世界七大奇迹之一，难道就是如此简单的浇铸而成吗？而且，这种立正姿势，也完全与原始的脚的站立姿势相矛盾。

争论还在继续。1956年，英国历史学家盖尔别尔特·马力安根据他在罗德岛找到的一块浮雕，把巨像设想成这个形象：太阳神站在地上，右手挡在前额，双目远眺，左手背搭着一件长衫，长衫一直拖到地上，形成巨像的另一个补充支柱。但有人嘲笑说，马力安把太阳神当成了一位角斗士，或者干脆是牧羊人，哪里有神的气势和威严？

考古学家的努力似乎为了解真相带来了一线希望。随着对罗德岛考古发掘的深入，越来越多的文物被发掘出来。一枚出自公元前3世纪的钱币引起了人们的注意，这枚钱币上有太阳神的头像，经专家鉴定，这个头像正是太阳神巨像作者哈列塔斯作品的临摹画。但遗憾的是，铜币上只有太阳神的头像，却没有身体，巨像的姿势依然无法推测。

也许将来有一天，考古学家们能为我们解开这个千古之谜。

美利坚神秘石像

1991年，美国科学家在北卡罗来纳州山谷发现了大量神秘的石头巨像。消息传开之后，考古学家们为之震惊不已。因为根据传回来的图片，这些石头像与远离美国8045千米的南太平洋复活节岛上的大型石雕像基本相同。

更加奇怪的是，这种在整块巨石上雕刻的雕像用的是松软火山岩材料，在美国是罕见的。唯一一比较让人信服的结论就是：这些石像是在哥伦布1492年发现美洲新大陆前1世纪，由人从复活节岛移到美国的。

"这是考古学上一项惊人的发现!"理查德·克拉特博士说,他所率领的考古小组于1994年10月28日首先发现这些"神秘石像"。鉴于两地石像十分相似,使考古小组相信它们出自同一批雕刻者之手。

两地石像都以某种复活节岛特有殊的火山岩为材料,而美国却没有。由此,人们得出有人把石头像移到了美国的结论。然而,如此巨大石像究竟是怎样移至美国的,这是一个谜。

这些石头像大小不一,小的高3.05米,大的却高达12.19米,足有50吨重。克拉特博士及他的考古队在离公路31千米处一个封闭的山谷里发现了第一个石头像,它面向北方。不久,考古队又发现了一个埋在土石下的石头像。最后在特种扫描仪的协助下,他们发现了山谷里埋藏着的23个石头像,排列成半圆环形状。这种排列似乎与宗教有关,但却无法证实。克拉特博士说:"复活节岛上的石像也排列成一种特殊队形,而人们无法考证为何要把石像排成如此队列?"

专家们猜测,包括波列尼西亚人和神秘的远东人在内的有关民族于1300年前发现复活节岛,在岛上立起石像,其目的是为吓唬入侵者和讨上帝欢喜。但这些人或他们的后代会去美国东部冒险吗?

克拉特博士不想向外界透露石像的确切位置,以免遭到记者和游客干扰。随着寒冬来临,他决定暂搁置挖掘工作,直至来年春天。

与此同时,专家们则可利用这段时间研究印第安传说,看看此间是否有外来者涉足这个山谷,以及美国石头像与复活节岛上石像有何联系。

无论结果如何,人们都期待着这项研究工作能有新的发现。

伊卡刻石之谜

在秘鲁纳斯卡平原北部,有一座名为伊卡的小村庄,每年都有不少喜爱猎奇的游人不辞辛苦来到这里,不过,此处吸引他们的可不是美丽的风景,而是一座神秘的石头博物馆。

这座博物馆的主人是加维尔·卡布瑞拉博士,馆中陈列着1万多块刻有图案的石头,据考证,这些图案很可能出于远古人类之手,但图案的内容却展示着一种极其先进的文明:器官移植手术,输血,望远镜,医疗器械,追逐恐龙的人……更令人惊奇的是,有几个图案甚至描绘出了1300万年前从太空中看到的地球。

卡布瑞拉博士将这些石头称为"刻石",他相信刻石上记录的是一个业已消失的远古文明,过去的40年间,他一直致力于破解刻石上的神秘图案。

40多年前,卡布瑞拉博士收到一份很特别的生日礼物,那是一块刻有奇怪图案的镇纸石。他记起父亲也有一块类似的石头,据说是三十年代在自家的地里发现的,只是后来那块石头不知了去向。卡布瑞拉对这种怪石头发生了兴趣,开始了长达30多年的收集和研究工作。

迄今为止，卡布瑞拉博士已经收集了大约11000多块刻石，其中，大部分来自伊卡附近的一座小山。几年前，一场洪水过后，当地的一位农民宣称，他在小山上发现了一处洞穴，里面存有大量刻有图案的石头，但他不愿透露山洞的位置。

有关刻石的消息一经传出，吸引了众多专家的关注，全世界的目光都转向了伊卡。为维护国家文物保护法，秘鲁政府逮捕了那个向外出售石头的农民。由于害怕坐牢，那个农民谎称那15000块石头都是他自己刻的。随后他被释放，而那些石头也因此被贴上"骗局"的标签，秘鲁政府宣布闹剧结束，有关刻石的传言也到此为止，伊卡逐渐恢复了往日的平静。

然而，许多专家依然持有疑问，试想一个几乎没有受过教育、不具备丰富科学知识的人，怎么能够如此精确地刻画出这样的图案，这与刻石上显示出的高科技背景是相互矛盾的。事实上，只要细心一算就会发现，即使那个农民能一天刻一块石头，那他也需要耗费40多年才能刻完那15000块！

另外，在早期的西班牙编年史中，也有关于古墓中发现刻石的记载，西班牙人还曾陆续将这些石头运回欧洲。如此看来，那位农民尚未出世，就已经有人发现刻石了。

专家将刻石进行了化验，结果表明，这些石头是产于当地河流之中的一种安第斯山石，表面覆有一层氧化物。经德国科学家的鉴定，石头上的刻痕历史极为久远，而发现刻石的山洞附近，遍布着几百万年前的生物化石。

博物馆里的刻石依照图案的类别，被划分为太空星系，远古动物，史前大陆，远古大灾难等几类。卡布瑞拉博士称那些刻石头的远古人类为"格里托里西克人"。从刻石的图案上看，他们具有极为先进的文明，掌握了高超的医疗技术，例如大脑移植，以及如何克服移植过程中的器官排斥反应，而这些技术的应用在我们的现代医学中才刚刚起步。其中有一幅刻石的图案，描绘的就是从孕妇的胎盘中分离和提取某种泡沫状物体，并且注入等待移植的病人体内，以减小器官移植后可能造成的排斥反应。

石刻中还描述了医疗手术中，利用针灸进行麻醉的技术。有些石头甚至篆刻着有关遗传基因及延长生命的图案。

博物馆中，有4块刻石的图案酷似世界地图，一些专家认为，这些地图上描绘的陆地就是至今仍为谜团的远古大陆——亚特兰蒂斯大陆、姆大陆和雷姆力亚大陆。关于远古大陆是否存在，学者们已经争论了上百年。

作家詹姆斯·彻奇沃德，曾经发现了一块西藏的圣碑，上面描绘的美洲大陆的两侧，各两片不知名的大陆。探险家威廉·尼文在尤卡坦半岛发现了一处岩画，其间雕刻的地图中，在大西洋与太平洋的位置上，都有两片神秘的陆地，人们怀疑那就是传说中的亚特兰提斯大陆和姆大陆。柏拉图也曾提到过消失的亚特兰提斯大陆，而在东方发现的古文献中也有关于远古沉没大陆的描述。然而，直到最近，科学家才认同了大陆板块漂移学说，承认远古时期的美洲、亚洲、非洲都与现在大不相同。

经过地质学家的测算证实，这4块石头的确是1300万年前的地球地图，而且非常精确。

卡布瑞拉博士认为，格里托里西克人知道在其他遥远星系中存在着智慧的生命，他们拥有高超的太空技术，无需使用我们所知的能源，就能够进行星际旅行。一块刻石上描绘出一个人手持望远镜观察天空的情形，他似乎能够通过某种方式影响宇宙中天体的变化。

还有一块石头上刻画的是银河系，上面有彗星、日环食、木星、金星，以及包括昴宿星系在内的13个星座。

更为奇妙的是，一些刻石的图案与纳斯卡平原上的某些巨型图案相同，平原上上千条由卵石砌成的线条，是何人杰作，又有何意义，至今仍是个难解的谜题，而这些线条与伊卡刻石之间有无联系，更是无从考证。

对于秘鲁政府而言，伊卡刻石的争论或许已经结束，但是这15000块石头确实存在，石头博物馆之谜还远远没有到收尾的时候！

纳玛托岛石柱之谜

密克罗尼西亚群岛共有500多个岛屿，像一把珍珠，撒在蔚蓝的南太平洋上。其中最大的岛屿名叫波纳佩岛，面积约500平方千米。在波纳佩岛对面，有一个很小的岛屿，名叫纳玛托岛。

1595年，葡萄牙海军上尉佩德罗·费尔南德斯·德·库伊罗斯乘"圣耶罗尼默号"帆船来到这个小岛，他惊讶地发现，岛上虽然荒无人烟，但却有无数巨型石柱整整齐齐码放在那里，堆成了一座10多米高的石头山。

后来的地质学家和考古学家们到岛上进行了研究，发现这原来是一处远古时代的建筑废墟。这些石柱是加工过的玄武岩柱，由冷却的火山熔岩凝成，每根重达数吨。瑞士人冯·

纳玛托岛石柱

丹尼肯试着数过这些石柱，堆砌起来的石山共由4328根石柱组成。连同各处地上散乱的石柱、若干墓室和一道860米长的石柱围墙，总计纳玛托岛上的古建筑废墟共用了约40万根石柱。

岛上的建筑没有浮雕，没有装饰，没有南太平洋建筑常见的繁丽花纹。只有数不完的玄武岩石柱和交错纵横的运河水道。这是一座什么建筑呢？

更令人不解的是，纳马托岛本身并不产这种玄武岩，石柱是从波纳佩岛运来的。两处距离虽不远，但只有水路通航。人们认为是用当地一种叫做卡塔玛兰斯的独木舟来运输的。这种独木舟一次只能运一根石柱。有人计算了一下，如果一天运4根，一年才能运1460根。照这样计算，波纳佩的岛民要工作296年，才能把40万根石柱统统运到纳玛托岛。

波纳佩土著人把纳玛托遗址叫做"圣鸽神庙"。传说300多年前,一只鸽子驾船穿过水道来到这里。在鸽子来到之前,岛上的统治者是一条喷火的巨龙,它吹一口气就挖好了运河,石柱也是它从邻岛运到这里的。

传说或许有过多的神话色彩,但究竟是谁建造了纳玛托岛上的石柱建筑?太平洋岛民慵懒、散漫而自足,这样一个巨大的工程,以他们来说,没有特殊的动力是难以想象的。

更令人难以理解的是,岛上的建筑显然并未完工,留下一部分城墙还没来得及造好,就由于某种原因突然被放弃了。散乱的石柱扔得到处都是。

到底是谁在这个岛上建造了这奇怪的建筑?它是什么时候建造的又有什么用途?为什么尚未完工又被突然放弃了?纳玛托岛的石柱,又一个不可理解的谜。

南马特尔建筑之谜

在南太平洋波纳佩岛东南侧有一个名叫泰蒙的小岛。泰蒙小岛延伸出去的珊瑚浅滩上矗立着一座座用巨大的玄武岩石柱纵横交错垒起的高达4米多的建筑物,远远望去怪石嶙峋,好像是大自然留下的杰作,近看又仿佛是一座座神庙。这就是太平洋上的"墓岛"。

据说,它们是波纳佩岛上土著人历代酋长的坟墓,大大小小共有89座,散布在长达1100米、宽450米的海域上。它们之间环水相隔,形成了一个个小岛礁。

当地人把这一巨大的石造遗迹叫做"南马特尔",按波纳佩语有两个意思:一个是"众多的集中着的家",另一个是"环绕群岛的宇宙"。这些遗迹一半浸没在海水之中,为此,人们只有在涨潮时才能驾着小船进入;退潮时,遗迹周围露出了一大片泥泞的沼泽地,小船根本进不去。与同在太平洋上的复活节岛的石像相比,南马特尔遗迹鲜为人知。但它那充满离奇的传说,使它蒙上了一层神秘的色彩;而它是怎样建造起来的,更是一个难以解开的谜。

据当地人说,这些古墓的来历,从来没有文字记载,而是完全靠口授,从当地酋长的世系中一代一代地口头传下来。口授的内容,只有酋长本人和酋长的继承人才知道,且不得向外人泄露,否则就将遭到诅咒,死神将降临到他们的头上。

在第二次世界大战期间,日本人占领了波纳佩岛。日本学者杉浦健一教授曾利用占领者的权势,强迫酋长说出古墓的秘密,几天后,酋长遭雷击身亡。而那位杉浦教授正打算将记录的古墓秘密整理成书出版,也不幸突然暴死。后来,杉浦家族委托泉靖一教授继续整理出版,奇怪的是泉教授不久也突然暴死,从此再也无人敢去完成死者的一这遗愿。

类似的怪事早在1907年德国占领波纳佩岛时也曾发生过。据说当时波纳佩岛第二任总督伯格对南马特尔遗迹发生了兴趣,根据酋长的口授对伊索克莱尔酋长的墓进行发掘,可是下令还不到一天,总督就突然暴死。19世纪时德国考古学家长伯纳曾到波纳佩岛发掘文物,结果同样遭到暴亡的下场。

为了解开南马特尔遗迹的建造之谜,近年来,不少欧美学者到波纳佩岛做过调查,他们都认为,这项宏伟工程远非当地人力所能完成。整个建筑用了大约 100 万根玄武岩石柱。这些石柱是从该岛北岸的采石场开凿,加工好后用筏子运到墓地的。

学者们估计,如果每天有 1000 名壮劳力从事这项工作,那么光是采石就需要 655 年,将石料加工成五边形或六边形棱柱需要 200～300 年,最终完成这项建筑总共需要 1550 年时间。波纳佩岛现有 2.5 万人,而在建造古墓时人口还不到现在的 1/10。据此,1000 名壮劳力实际上是该岛的全部劳动力,而为了生存,还得用一部分人去从事农业和渔业劳动。据用 C_{14} 对遗迹进行年代测定,表明该遗迹是在距今约 800 年前建造的。因此,学者们设想,这项工程不可能凭借人力来完成。

美国的一个调查小组经过详细调查,认定南马特尔遗迹是在公元 1200 年前后建造的。公元 13 世纪初是萨乌鲁鲁王朝统治波纳佩岛的时期。所以美国调查组设想环绕海岛的南马特尔遗迹也许是作为王朝的要塞修建的。

但是萨乌鲁鲁王朝创始于公元 11 世纪,经历了 200 多年就灭亡了。因此,在这样短的时间内就完成了南马特尔建筑,怎么也不能使人相信。于是,南马特尔建筑也就成了一个至今尚未解开的谜。

马耳他巨石遗迹之谜

作为古文明的一部分,巨石遗迹遍布世界各地。例如埃及的金字塔、复活节岛上的巨石建筑、英格兰的巨石阵、法国布列塔尼半岛的巨石遗迹……凡此种种,不一而足。据考证,这些巨石遗迹约建造于公元前 3500 年至公元前 1500 年间的石器时代。

自从有文字记载以来,关于这些古怪巨石建筑的来历和用途就引起了人们的种种猜测。中古时代的人们普遍相信,是魔鬼或巫师建造了这些巨石建筑,或者它们是由大洪水前地球上出现的巨人所建。也有人认为它们是古代塞尔特人的督伊德教祭司所建。

另外一些人则认为,欧洲的巨石建筑是由失落的亚特兰蒂斯帝国所建。这些巨石遗迹究竟何时建立? 由谁而建? 因何而建? 是庙宇、坟墓,还是所谓的古代“计算机”? 学者们上穷碧落下黄泉,始终无法找出一个合理的解释。

在所有的远古巨石遗迹当中,马耳他岛上的巨石建筑独具特色。与目标明显的英格兰巨石阵不同,马耳他岛巨石建筑的发现纯属偶然。马耳他岛是地中海上的一个小岛,面积 246 平方千米,位于利比亚与西西里岛之间。就在这个微不足道的小岛上,20 世纪以来人们却接二连三地发现了 30 多处史前巨石建筑遗迹。其奇特的设计和宏大的规模,引起了人们强烈的兴趣,在欧洲掀起了“史前巨石建筑研究热”。

1902 年,马耳他岛繁荣兴旺的佩奥拉镇发生了一起轰动世界的大事。当时一群建筑工人正在为一家食品店盖房,其中有几个工人为建造一个蓄水池正满头大汗地凿着地下的岩石。突然,脚下的岩石露出一个洞口,待凿开一看,竟是一个通过凿通硬石灰岩而建成的宏伟的地下室。

起初，工人们并没有在意，只是把凿下来的碎石、废泥以及垃圾堆放在洞穴里面，但其中一个颇有头脑的工人认为此事非同寻常，便向当地有关部门作了汇报。闻讯赶来的考古学家们对洞穴仔细地进行了挖掘和清理，一个规模宏大、设计独特的史前建筑逐渐清晰地呈现在世人面前。沉寂的马耳他岛由此一时名声大噪。

这座巨大的石制地下建筑共分三层，最深处距地面12米，错综复杂，仿佛一座地下迷宫。它由上下交错、多层重叠的多个房间组成。里面有一些进出洞口和奇妙的小房间，旁边还有一些大小不等的壁孔。中央大厅耸立着直接由巨大的石料凿成的大圆柱、小支柱，支撑着半圆形的屋顶。整个建筑线条清晰、棱角分明，甚至那些粗大的石架也不例外，没有发现用石头镶嵌补漏的地方。它的石柱、屋顶风格与马耳他其他许多古墓、庙宇如出一辙，但别的庙宇都建在地上，这座建筑却深藏于地下的石灰岩中。由于构造奇特，人们借用希腊文"地窖"一词来形容它，意为"地下建筑"。

这座"地下建筑"是"庙宇"还是"坟墓"？在生产力极其落后的石器时代，马耳他的岛民为何耗费如此巨大的精力来建造这座庞大的地下建筑？

有人认为它是一座地下庙宇。在这座地下建筑中，有一个奇妙的石室，人们称之为"神谕室"。由于设计独特，石室内产生了一种神奇的传声效果，因此石室又被称之为"回声室"。这个石室的其中一堵墙被削去了一块，后面是状似壁龛、仅容一人的石窟，一个人坐进去照平常一样说话，声音会传遍整个石窟，并且完全没有失真。由于女人声调较高，不能产生同样的效果，设计者就在石室靠顶处沿四周凿了一道脊壁，女人的声音就沿着这条脊壁向外传播。正是因为有这个石室存在，考古学家断定这座地下建筑是一个在宗教方面有着特殊用途的建筑物，说不定它就是祭司的传谕所。

此外，考古学家在发掘过程中发现了两尊侧身躺卧的女人卧像，还发现了几尊丰乳肥臀也许以孕妇作为蓝本的女人卧像。据此，考古学家推测，这里或许是崇拜地母的地方。由于整个建筑埋在地下，不见天日，因而显得阴森怪异。设想一下，当一个虔诚的原始人置身于这样一个诡秘幽玄的地下石室时，突然传来隐身人的说话声，他能不毛骨悚然从而对其产生敬畏之情吗？

然而，这座建筑真的就是一座地下庙宇吗？事实并非如此简单。越往地下深层发掘，考古学家发现它越不像是庙宇所在，尤其是在一个宽度不足12米的小石室里竟然发现埋藏有7000具骸骨。这些骸骨并不完整，骨殖散落在狭小的空间中，说明是以一种移葬（即初次土葬若干年体腐烂成了骷髅后，捡拾骨殖到别处重新安葬）的方式集中起来的，这种埋葬方式在原始民族中很普遍。地下室难道是善男信女们的永久安息之地吗？

根据挖掘出来的牛角、鹿角、凿子、楔子、两把石槌以及做精工细活用的燧石和黑曜石判断，再根据其建筑风格推测，此地下建筑约建于公元前2400年前后，当时岛上正处在石器时代。那么，岛上居民什么时候把骨殖放到这个地方来的？马耳他的居民又为什么要如此安放骸骨？没有人知道。也没有人知道这座地下建筑在什么时候变成了墓地。

兴许初建时它就兼有庙宇和坟墓的双重用途。也许这是一座仿效地上建筑而建的一座地下庙宇,也许它就是死者的安息之地。这些问题均无从回答,难以确定。很多解释也都在两可之间。

继发现地下建筑后,马耳他岛又陆续发现了另外一些石器时代的石制建筑。1913年,在该岛一个名叫塔尔申的村庄发现了巨大的石制建筑。经考古学家鉴定,这是一座约在5000多年前建造的庙宇。庙宇占地达8万平方米,是欧洲最大的石器时代遗址。站在这座庙宇的废墟面前,首先映入眼帘的是一道宏伟的主门,通往宽敞的厅堂和有着错综复杂走廊的各个房间。整个建筑布局精巧,雄伟壮观,好多个祭坛上都刻有精美的螺纹雕刻。

这种精心设计的巨石建筑遗迹在马耳他岛上不止一处。在哈加琴姆、穆那德利亚、哈尔萨夫里尼,考古学家们也发现了几座经过精心设计的庞大建筑物。它们都用石灰岩建成,有的雕琢粗糙,有的琢磨光滑,有的建筑物的墙上有粉饰,有的则精雕细刻,各有特色。哈加琴姆的庙宇用大石块建造,里面发现了一些石桌,它们排列在通往神殿门洞内的两侧,有些石桌至今未能肯定究竟是祭台还是柱基。考古学家在神殿里还发现了多尊母神的小石像。这座建筑是最复杂的石器时代遗迹之一,许多谜团有待进一步考证。

穆那德利亚的庙宇又是另一番景象。它大约建于4500年前,由于建在海边的峭壁上,可以在上面俯瞰苍茫无际的地中海。它的底层呈扇形,是典型的马耳他巨石建筑的特征。那些大石块由于峭壁的掩护,很少受到侵蚀风化,保存得相当完好。

最令人感到神秘莫测的是名为"蒙娜亚德拉"的一座神庙。这座庙宇又被称为"太阳神庙",它的结构很奇特,人们在惊叹之余又觉疑雾重重。

一位名叫保罗·麦克列夫的马耳他绘图员曾对这座庙宇进行了仔细的测量,根据测量出来的数据,他提出一个惊人的假设:这座庙宇实际上是一座相当准确的太阳钟!保罗·麦克列夫指出,根据太阳光线投射在神庙内祭坛和石柱上的位置,可以准确地显示夏至、冬至等一年中的主要节令。

更令人震惊的是,这座神庙是在公元前10205年建成的,也就是说离现在已经1.2万年了。在那个遥远的年代,神庙的建造者居然有那么高深的天文学和历法知识,能够周密地计算出太阳光线的位置,设计出那么精确的太阳钟和日历柱吗?

不少学者的研究表明,马耳他岛上的巨石建筑的建造者们在天文学、数学、历法、建筑学等方面都有极高的造诣。这些庙宇有的本身就是可以判断节令的历法标志,有的甚至还可用作观测天体的视向线。另外还有人提出,这些庙宇能当作一部巨型计算机,准确地预测日蚀和月蚀。这是庙宇的真实面貌还仅仅是一种巧合?

马耳他石器时代的巨石建筑遗迹使人们对名不见经传的马耳他岛刮目相看,同时又疑窦丛生:石器时代的马耳他岛居民真有这么高的智慧吗? 如果真是这样,那么他们是怎样获得这些知识的? 为什么他们在其他领域却没有相应的发展呢? 是什么原因激发了他们建造巨石建筑的热情? 这些"知识"又为什么莫名其妙地中断了? 这一切至今仍没有人能够圆满回答。

第二节　文学未解之谜

荷马之谜

　　古代希腊的荷马史诗是世界文化的瑰宝,是古希腊人留给后世的一份重要的精神财富和文化遗产。对此,马克思曾给予很高的评价,认为希腊的艺术和史诗"仍然能够给我们以艺术享受,而且就某方面说还是一种规范和高不可及的范本"。荷马史诗包括两部叙事史诗:《伊利亚特》和《奥德赛》,这两部出色的作品相传为荷马所作,所以后世又统称为《荷马史诗》。但是,有否荷马其人及"荷马的史诗",在西方文学史上却是一个聚讼纷纭、争论不休的疑案。近代以来,论述荷马其人其作的著述,可谓汗牛充栋,展开了一场旷日持久的激烈争论,形成了学术史上众所周知的"荷马问题"。

　　所谓"荷马问题",归根结底是这两部史诗的作者问题。目前,我们对荷马的生平所知甚少,虽然流传到现在的荷马的传记共有9部,但这些传记充斥虚构,而且相互之间矛盾百出,时至今日显然已失去它可资参考的文献价值。

　　西方古典作家对这位诗人的时代说法不一:古希腊作家认为,荷马大体与赫西俄德同时,即是公元前8至7世纪之交的人,但也有人认为应早于赫西俄德,有些人则说他晚于赫西俄德。古罗马史学家塞奥彭帕斯说荷马生于公元前686年,说得如此肯定而又确切,但人们并不知道他的根据是什么,另一个古代传说,称荷马生于公元前1159年,这个说法似乎又太早了一点。以上诸说,不可尽信,也不可完全不信,传统上人们倾向这样一种意见:荷马生活的年代大约在公元前9至8世纪之间,相传为盲诗人,因此才叫他"荷马"。

　　关于荷马的出生地,说法也各异。由于荷马史诗在古代所具有的巨大影响,一个城邦被看作荷马的故乡似乎成了一种荣誉,因此曾有密而纳、希俄斯、科洛丰、皮罗斯、阿尔戈斯、雅典等许多城邦争着要荷马当它们城邦的公民。事实上,在古希腊世界,几乎所有的城邦都声称荷马就生在它们那里,这是由于这些城邦都看到荷马史诗中某些词句、词组乃至个别方言俗语,都是来自它们那个地方的。

　　在古代,尽管对荷马其人颇多异说,但古典作家并不否认他的存在,也承认荷马是《伊利亚特》和《奥德赛》两部史诗的作者,著名的古希腊历史学家希罗多德、修昔底德,哲学家柏拉图、亚里士多德等人大体都持有这样的观点,而且他们都毫不例外地受到过荷马史诗的巨大影响,柏拉图在《理想国》中指出,当时希腊人崇敬荷马,认为"荷马教育了希腊"。从中古时代直到18世纪的欧洲,传统一直认为荷马是历史上确实存在过的远古时代的一位伟大的诗人。

到了近代，"荷马问题"骤起。法国僧正多比雅和意大利历史学家维柯率先发难。1725 年维柯的《新科学》一书问世，作者在该书第 3 卷《发现真正的荷马》中，根据这两部史诗本身一些语言学上的证据和他在《诗性智慧》部分所奠定的一些原理，做出了如下的"发现"：

此前人们一直置信的荷马并不存在，他不过是希腊各族民间神话故事说唱人的总代表，或是原始诗人的想象性的典型人物，希腊各族人民自己就是荷马；两部史诗之间的间隔相距有数百年之久，所以它们不可能出于一人之手，《伊利亚特》当然先于《奥德赛》，如果前者是荷马少年时的作品，后者则是他晚年的产物，这个"他"只能代表早晚年代不同的整个民族，而绝不是同一个人。

这一"发现"，石破天惊，极大地震动了西方学术界。1795 年，德国学者沃尔夫在《荷马史诗研究》一书中做出了更详尽的论证，指出史诗从公元前 10 世纪左右开始形成，经过了几个世纪的口头相传，直至公元前 6 世纪雅典僭主庇西特拉图当政时，才正式用文字记录下来。

他断言，两部史诗各分成若干部分，每一部分都曾作为独立的诗篇由歌手们演唱，经过多次的整理加工，史诗才成为我们今天看到的样子。因此，《伊利亚特》和《奥德赛》并非出于同一个诗人的笔下，而是许多歌手的集体创作。后来，他的同胞拉赫曼更明确地阐述了前者的观点，谓两部史诗乃是由口头相传的单篇的民间诗歌作品汇编而成的，如他曾把《伊利亚特》除最后两卷外，分成了 16 首互相独立的诗篇。这种观点，通常被称为"分解说"，即"小歌说"。

与上说相对立的是"统一说"。"统一说"实质上是古希腊有关荷马传统看法的复活，它以德国学者尼奇为代表，主张荷马其人有历史的真实性，生卒年代应不晚于公元前 9 世纪；史诗有统一的艺术结构，他批评了"分解说"的一些论点，认为荷马史诗中的矛盾是微不足道的，这类细小的矛盾不足以证明两部史诗是由几个诗人参与创作的。

介于这两者之间的是"基本核心说"，这是一种调和折中的观点。在这派人看来，荷马史诗最初的基础可能是一些短篇，后来以这些短篇为核心，逐渐加以扩大，如德国学者赫尔曼认为，有关阿基里斯的愤怒的文字是《伊利亚特》的基本核心，俄底修斯渡海返乡的漂泊奇遇故事则是《奥德赛》的基本核心，其余部分都是后来添加上去的。因此，史诗既保持了基本的统一，同时存在不少脱离布局甚至自相矛盾的地方。

德国学者基希霍夫、英国史家格罗特等人基本上都持这样的见解：两部史诗既不是一连串各自分开创作的民间诗歌的汇编，也不是出于一位大诗人的手笔，它们经历了很长的历史时期，古老的神话传说与特洛伊战争的英雄故事，是它最原始的素材，在漫长的流传过程中，势必由许多民间诗人对它不断地进行增删、修饰，最后似应由一位大诗人（如荷马）进行加工整理而成，这种综合性的说法已日益为学术界更多的人所接受。

当然，"荷马问题"的疑案并没有就此解决，20 世纪以来，学者们对它投入的热情仍有增无减，最有代表性的是美国学者帕里对荷马史诗的研究。他从语言学的角度，仔细研究了这两部史诗中重复出现的词组、短语,尤其是每个英雄和神的名号的组合与使用,发现史诗具有一整套程式化的语句。他认为,史诗不是诗人简单地运用一个个字或词创做出来的,它还由大量程式化的词组和诗句结合而成。

据统计,荷马史诗中有1/5是由重复使用的诗句构成的,总共2.8万行诗中有2.5万个重复出现的短语。这些程式化的用语符合配乐咏唱的古希腊诗歌的特有规律,也便于在没有文字的条件下口头传诵和即兴创作。

如此大量而固定的程式用语,显然不能出自一个诗人的创造,那是经过世代民间歌手不断口舌相传、不断积累筛选而约定俗成的。帕里的发现被学术界认为是20世纪荷马研究中最重要的成就,他因此被誉为"荷马研究中的达尔文"。

对荷马史诗及其作者的研究与争辩,如同这两部史诗具有永久的魅力一样,也许永无休止,但再多的争论也改变不了这样一个事实,即《伊利亚特》和《奥德赛》是世界文化史上的一部伟大的史诗。

《奥赛罗》主题之谜

莎士比亚的戏剧分为三种:历史剧、喜剧和悲剧。他在历史剧中描述英国的过去,特别是蔷薇战争时期。这类剧本(《理查二世》、《亨利四世上下篇》、《亨利五世》、《亨利六世上中下篇》、《理查三世》、《亨利八世》)显示他有本事使庞杂的历史资料合于舞台的要求。

他的喜剧所采文体颇广,《错误的喜剧》、《驯悍妇》和《温莎的风流妇人》等着重闹剧成分;《仲夏夜之梦》、《如愿》和《第十二夜》是浪漫的喜剧;而《皆大欢喜》、《恶有恶报》和《脱爱勒斯与克亚西达》内容比较严肃,常被称为阴沉喜剧。但莎士比亚最伟大的天才是表现在他的悲剧上,虽则他在悲剧上也采用广泛的题材与手法。人类有史以来最伟大的悲剧中一定要列入他写的《罗密欧与朱丽叶》、《哈姆雷特》、《朱丽阿斯·西撒》、《麦克白》、《奥赛罗》、《李尔王》和《安东尼与克利欧佩特拉》。

不过,对《奥赛罗》一剧的认识国内外专家至今很不一致。《奥赛罗》被称为莎士比亚的四大悲剧之一,戏剧题材来源于16世纪意大利的一个短篇小说。原是一个平常的爱情故事,莎士比亚把它改编为一出具有深刻时代意义的悲剧。

摩尔人奥赛罗是威尼斯大将,他和一个元老的女儿苔丝德蒙娜成了婚。元老歧视奥赛罗的肤色,反对这桩婚事并诉诸于威尼斯公爵。

这时土耳其人入侵威尼斯领地塞浦路斯,公爵需要奥赛罗领兵御敌,因此对婚事不加追查。奥赛罗统帅军队去塞浦路斯,并任命凯西奥为副将。旗宜伊阿古嫉恨凯西奥的地位,诬陷凯西奥与苔丝德蒙娜有私。并利用苔丝德蒙娜的天真,设下许多圈套,引起奥赛罗对妻子的怀疑。奥赛罗中计将苔丝德蒙娜扼死。

这时,伊阿古的妻子哀米利霞揭发了丈夫的罪行。奥赛罗发现真情,也悲愤自杀,伊阿古被押回威尼斯,受到应得的惩罚。

有人认为，作者通过奥赛罗以莫须有的怀疑而杀害心爱妻子的悲剧，提出了关于种族的大问题。作者以赞美的心情叙述了白种人苔丝德蒙娜如何战胜了元老院的反对，冲破了封建枷锁，同勇敢而品质高贵的摩尔人结婚。同时也看到尽管奥赛罗轻信谗言，上当受骗，但他是光明磊落的，而白种人伊阿古则是阴险可怕的毒蛇。

有人认为《奥赛罗》抨击了新兴资产阶级的极端利己主义。而一般的都认为《奥赛罗》叙述摩尔人统帅奥赛罗受骗杀妻后悔而自尽的故事，表现了人文主义者对于人与人之间真诚关系的破灭，是一出人文主义理想幻灭的悲剧。

也有人认为《奥赛罗》是"一出人文主义理想幻灭的悲剧"这一结论是不正确的。这种观点认为，人文主义者普遍把"理性"视为人的最高品质；这也是人文主义理想人物的核心精神。但是奥赛罗却是一位明显欠缺理性的人物。他对人心的险恶，对时代环境特点，懵懂无知，醉心于自己的军功冒险生涯；以简单的真诚原则对待一切人，以至于轻信谣言，铸成大错。这种为事物直觉表现所支配，为个人情感所主宰的人物，怎么可以称作是人文主义的理想形象呢？人文主义呼唤"理性英雄"，而奥赛罗却是位"感性英雄"。因此，他是一位生不逢时的上古英雄的精灵，他的毁灭宣告了上古英雄法则的崩溃。莎士比亚在此剧中，表现的是具永恒价值的主题：人的最古老的主体意识——英雄观念的失落。《奥赛罗》是一曲为上古英雄唱不尽的挽歌，也表现了莎翁对社会文化性质的强烈质疑。

直到现在，关于《奥塞罗》的主题之谜依然是众说纷纭，莫衷一是。

《彼得大帝遗嘱》真伪之谜

1836 年，法国一个名叫德奥的人出版了一本回忆录。在这本回忆录里，德奥首次披露了一份令世人震惊的《彼得大帝统治欧洲的计划》，因而引起轰动，回忆录立刻一售而空。

这份《计划》亦称之为《彼得大帝遗嘱》，其正文部分有 14 条。主要内容有：1. 俄国长期保持战争状态；2. 罗致各种人才；3. 积极参与欧洲事务；4. 瓜分波兰；5. 征服瑞典；6. 王室联姻；7. 与英国结盟通商；8. 沿黑海、波罗的海向南北扩张；9. 挺进君士坦丁堡与印度；10. 对奥地利行使某种保护；11. 挑动奥地利与欧洲各大国作战；12. 全面统治希腊；13. 利用法、奥中的一个制服另一个；14. 征服日耳曼和法国。

《遗嘱》暴露了沙俄妄想通过称霸欧洲进而达到征服世界的野心，涉及到欧洲 10 多个国家的安全。许多国家对此表示密切关注，《遗嘱》先后被译成多种文字出版。

《遗嘱》的真实性如何？这是许多国家关注的热点。德奥在回忆录中描述了他窃取《遗嘱》的详细经过。

德奥是法国机要局成员，奉命打入俄国宫廷窃取情报。当时的俄国，由彼得一世的女儿叶丽萨维塔·彼得罗夫娜（即伊丽莎白）雄踞沙皇宝座。伊丽莎白是一个荒淫无耻的女人，她在宫廷里豢养了一批"面首"供她随时玩乐。德奥投其所好，成了一名走红的

"面首"。

德奥凭借这样的身份，不仅可以任意出入宫廷，还可以随意翻阅历代沙皇绝密档案，这为他的情报工作提供了极大的方便。有一次，在圣彼得堡城郊的沙皇夏宫里，德奥在堆积如山的档案中意外地发现《彼得大帝统治欧洲的计划》。他阅读后，深知《计划》的价值，于是将全文完整抄录。

1757年，德奥将抄件全文呈递法国国王路易十五，引起了法国政府的重视。

德奥的回忆并非杜撰，他确实奉命打入沙俄宫廷充当间谍，完全有可能获悉沙俄宫廷内部的绝密消息。更为重要的是，在德奥将《彼得大帝统治欧洲的计划》呈递法国国王42年后，一个流亡法国的波兰将军索科尔斯基向法国执政府提交了一份据称从

彼得大帝

沙俄档案中发现的《俄罗斯扩张计划概要》，内容竟与德奥的抄件相同，真是无独有偶。这么一来，《遗嘱》的真实性几乎不容人怀疑了。

但是，最有权威的苏联历史专家说，《遗嘱》纯系伪造，断然否定它的存在，对于流传世间的种种传闻，表示不屑一谈，不值一驳。曾经关注过《遗嘱》的许多国家经过长年考证，亦认为《遗嘱》是伪造的。

据史料载，1724年冬，沙皇彼得一世巡视芬兰湾后暴发肺炎，竟至一病不起。次年1月7日下午，彼得已处于弥留之际，他勉强写下了"将一切传给"几个字后便无法再提笔。彼得令唤公主，拟口授遗嘱。可是当公主来到榻前时，彼得已昏迷不醒，此后一语未发，直至1月8日凌晨死去。

实际上，彼得既没有留下书面遗嘱，也没有留下口头遗嘱，甚至连继位的遗嘱也未留下，所谓《彼得大帝遗嘱》有头有尾、有条不紊、读之成章、顺之成理，何来之有？

从《遗嘱》的发现经过看，高度机密的国家文件竟会夹在堆积如山的一般档案里，这是令人怀疑的。再则，依据德奥提供的线索，有关人员在沙俄档案中没有检索到所谓《遗嘱》原件。

从《遗嘱》内容本身看，全文的表述方式过于露骨，也是令人怀疑的。各国翻译的《遗嘱》文本，其内容虽大体相同，但文字与细节有较大出入。关于《遗嘱》的起草与修改时间，各种文本说法不一。

中国学者刘存厚在《百科知识》（1980年第四期）撰文说："根据以上分析，我们毋宁相信，所谓《彼得大帝遗嘱》，并非出自彼得一世本人之手，而是他人的杜撰"。

谁是《遗嘱》的杜撰者呢？专家们认为，只能是德奥本人。德奥出于邀功的目的，杜撰了《遗嘱》。流传于世以后，法国、波兰、土耳其等国的一些人可能又进行过加工和补

充。至于波兰将军索科尔斯基发现的《俄罗斯扩张计划概要》，或许是与德奥不谋而合，或许另有幕后戏。专家们认为，《遗嘱》的文字虽然是杜撰，但内容完全可能是真情。

17世纪的俄国是一个远离海洋的内陆国家。彼得代表了俄国农奴主和新兴商人的利益，要求夺取出海口，开辟新市场。彼得上台以后，立即着手制定了征服世界的蓝图。彼得发动了长达21年之久的北方大战，战胜了瑞典，夺取了波罗的海出海口。接着与波斯一决雌雄，获得里海沿岸一带。此外，又设谋瓦解了波兰武装力量，两次对土耳其作战。

1712年，彼得下令将沙皇的宝座由莫斯科移至彼得堡，窥视整个欧洲。彼得还命令俄国海军总司令阿普拉克辛找到一条经北冰洋到中国和印度的航线。彼得的一生是穷兵黩武的一生，他尽毕生之力，终于使沙皇俄国从一个完全的陆地国家变成一个濒海帝国。

从彼得大帝一生的所作所为看，与《遗嘱》是十分吻合的。刘存厚先生在文章中说："《彼得大帝遗嘱》作为一份反映沙俄统治集团对外扩张野心的文件，还是有着极大的真实性。"

哈姆雷特之谜

《哈姆雷特》是莎士比亚的重要作品之一，也是被后人研究得最多的作品。几个世纪以来，《哈姆雷特》一直是评论家争论不休的剧目，对其评论不计其数，各种解释层出不穷。时至今日，对此剧目的探讨仍有深化的必要。

在汗牛充栋的评论著作中，大多涉及剧中男主人公哈姆雷特拖延复仇的问题，复仇任务决定了哈姆雷特的整个命运。哈姆雷特在什么时候、用什么方式复仇？或者有没有过复仇行为？为什么拖延复仇？与此有关的一切就决定了全剧的中心内容，并且成为引起诸般探讨和争论的根源。

《哈姆雷特》是一幕世界闻名的复仇剧。它是莎士比亚依据传说中丹麦王子哈姆雷特的故事，借鉴当时复仇剧曾运用过的情节如鬼魂、延宕、装疯、戏中戏和杀人流血等，并赋予它深刻的真实性和哲理性，使之成为具有重大典型意义的时代的镜子这样一部作品。复仇剧的主人公实际上往往不能迅速行动，因为他一时之间找不到最恰当的复仇时机。目前，关于哈姆雷特拖延复仇是否真有其事尚有争论。

有学者认为，虽然哈姆雷特在他的独白中几次谴责自己拖延复仇，但在行动上并未拖延复仇。英国文学家陈·吉阿也认为，拖延复仇的感觉是莎翁有意造成的，莎翁在剧中有意拖长时间，增加人物与情节，以便有更多的篇幅来表现主人公复杂矛盾的内心活动。

另一位莎士比亚戏剧的研究者吉·克拉福德也持同一观点。不过，大多数学者都承认，哈姆雷待的确拖延了复仇计划，但对他拖延复仇计划的原因所作的解释则众说纷纭，莫衷一是。

关于哈姆雷特拖延复仇的原因之争论,目前大致可以分为三类:即内因论、外因论和综合论。内因论是从主人公的性格或思想上着手分析;外因论则从主人公所处的客观环境去发掘;综合论认为应将上述两说进行综合分析。

专注哈姆雷特性格的"心理派"理论认为,哈姆雷特拖延复仇的主要原因是他自我矛盾的忧郁性格所致。哈姆雷特的命运和无法消除的内心矛盾时刻缠绕着他:他的遭遇和处境、他对复仇任务的反应、为父报仇及"整好时代"——装疯和耍疯、无穷的忧郁和一再地拖延(几大段独自)、他最后的表现———一定的平静(意识到命运与必然)和无限悲苦中的荣誉感。哈姆雷特的性格和精神是斑驳复杂的:他具有崇高的理想和责任感、却又是个注定不能实现他理想的"理想主义者";他看上去既能行动、又不能行动;既要行动的时机、又放过了难得的机会;他深爱过奥菲利娅、又对她极其严酷;他厌恶生命、却又向往人生的作为和美好;他既不能迅速复仇、又不能理解自己为何拖延复仇,每当他想到复仇义务时,他就一再强烈地却又总是无效地谴责自己。

"心理性格"理论是哈姆雷特拖延复仇内因论的核心。相关的拖延复仇原因的解释有17种。文化伟人歌德认为:哈姆雷特拖延复仇的原因在于性格太软、难当大任;A·W·史雷格尔和柯尔律治认为:哈姆雷特过分地沉思损害了行动,或者心灵总被内在世界占据,失去了对外界事物的真实感;别林斯基的看法是:哈姆雷特正经历精神发展过程的中间的或分裂矛盾的阶段;A·C·布拉德雷持下述观点:不幸的命运强加于哈姆雷特的病态的忧郁是其障碍,良心问题使他不能行动;L·C·奈茨主张:哈姆雷特的意识已被腐蚀到不能肯定什么的程度;萨拉瓦多·德·玛达雷戈的观点为:哈姆雷特是一个无情的自我中心主义者,除他自己之外,他不关心任何人与事;伊撒克·罗艾觉得:按病理学诊断,哈姆雷特完全是疯了;恩奈斯特·琼·恩斯以为:按弗洛伊德心理学分析,哈姆雷特患了男孩亲母的奥狄浦斯情结,其心思并未放在复仇上。

与内因论及心理性格派理论对立的是外因论的解释:即哈姆雷特和外部世界的矛盾冲突以及各种客观因素是他拖延复仇的主要原因。以普劳曼、瑞特逊、克兰和威尔德等为代表的学者们认为,由于外部条件对哈姆雷特不利,如当时克劳狄势力很强大,且此人又很狡猾阴险,使哈姆雷特在没有确切无疑的证据时不能贸然行动。

还有的学者主张从社会历史和其时代局限性的角度来考察这一问题,他们援引了主人公在第一幕第五场的结束语:"这是一个颠倒混乱的时代,唉,倒霉的我却要负起重整乾坤的责任……"以此说明"一件伟大的事业担负在一个不能胜任的人身上,……这重担他既不能扛起,也不能放下"。这一主张的代表者有歌德多顿和阿尼克斯特等人。

目前较有影响的则是综合论派理论。这一理论的评论家认为,只从主观上或客观上分别去寻找哈姆雷特拖延复仇的原因都各有其价值,但两者都难免失之偏颇。要彻底弄清哈姆雷特拖延复仇的原因,必须从主客观两方面加以综合分析。

造成哈姆雷特拖延复仇的并非是单纯的时机或方式,而是远为复杂深刻的主客观因素:作为文艺复兴时期的新人,哈姆雷特从思想上与本能上已经不能热衷于封建传统的复仇任务,而他所向往的"整好时代"和实现人文主义理想的要求,又只能是一番空想。

从主观上来说,哈姆雷特性格稳重、谨慎、内向甚至有些多疑,但他并非是不善行动的人。他善于观察,敢于思考社会问题,深知自己有责任改造这个"颠倒混乱的时代",但又拿不出具体可行的措施。他知道复仇意味着他不得不马上着手治理国家,但他又感到准备不够,因此信心不足,至少在潜意识里他并不想过早处死国王,于是,他的复仇计划便一拖再拖,最终导致自己与敌人同归于尽,酿成悲剧。

早在 1898 年,A·H·陶尔曼就列举了当时已经提出的十几种主要的解释拖延复仇的观点。这一问题至今仍困扰着评论界。究竟哪种见解更能说明问题,哪种观点更令人信服,还有待专家学者们继续探讨。

"黑肤夫人"原型之谜

十四行诗是莎士比亚留给人类的重要文学遗产,后人有关的论著,其数量仅次于莎氏的代表作《哈姆雷特》。他的作品虽然很多,但生平资料却极为有限,因为在当时剧作家是不为人们所重视的,这就为人们研究莎氏的生平、死因、作品等问题带来了一定的难度。

以十四行诗为例,最初出版是否出于莎氏本人的意愿? 卷首献辞中的 Mr. W. H. 到底是谁? 诗中的年轻朋友、情敌诗人和黑肤夫人是否实有其人,他们是谁? 在所有这些有争议的问题中,无疑要算"黑肤夫人"这个谜最引人注目、最富浪漫色彩了。

的确,这位夫人年轻,擅长音乐,黑头发、黑眼睛,甚至是黑皮肤,具有一种特殊的魅力;在爱情上她却不够忠实,轻浮放荡,既欺骗了自己的丈夫,又背叛了情人,暗中投入诗人的朋友、那个英俊青年的怀抱。

莎氏在诗中对她寄托了很深的感情,总是萦绕在诗人的心头,对她的热情一生都没有冷却过,而是一直在塑造她的形象。在诗人的笔下,她简直成了真正的倾国倾城的绝代美人。对这样一位充满诱惑力的美人,自然引起后世研究家们的极大兴趣,并努力在现实生活中去寻找这个真人。

莎士比亚

在几百年的长期考证研究过程中,人们提出的黑肤夫人的原型人选不下七八名,但似乎还没有真正找到这位具有独特风格的女人。

18 世纪的莎氏全集编者马龙开始寻找诗人的这个情人,他认为这个"黑肤夫人"就是当时的英国女王伊丽莎白一世,并提出了许多论据。莎氏在不少作品中无保留地歌唱了自己的时代,并在伊丽莎白女王身上寄托了作者对贤明君主的理想。

马龙的同时代人卡尔迈认为:"很明显,所有十四行诗都是写给伊丽莎白女王的。"从莎士比亚劝他的可爱的女王朋友结婚生子，以及伊丽莎白此时已超过60岁等事实都没有使诗人感到为难来看，诗人和女王的私人关系是很好的，因此女王很可能就是"黑肤夫人"的原型。

有的研究者从1594年出版的《威罗比，他的艾薇姗》一书中发现了新线索，认为达夫南特的母亲可能就是十四行诗中的迷人的"黑肤夫人"。书中的故事主要讲一个客栈老板的妻子如何拒绝许多求爱者，而只把爱托付给一位熟悉的朋友W.S.莎士比亚的名字正好是William Shakespeare。

据传说，莎氏往返斯特拉特福和伦敦的途中，往往住在一个酒商开的客栈里，时间一长便成了这家人的朋友，漂亮的客栈夫人对他特别殷勤，其儿子（后来成为17世纪著名戏剧家、桂冠诗人的达夫南特）和莎氏也有着特殊的感情。

据莎士比亚最初的传记作者奥伯雷记述，达夫南特本人在醉酒时常常在人面前暗示自己可能是莎士比亚的私生子，并以此感到光荣。为此，一些评论家就做出了上述的猜想。但后来著名的莎学评论家威尔逊提出了疑问："达夫南特是1606年生，而事实上酒商1605年前还没有得到开业执照，这样时间对十四行诗中的事件来说是太晚了。"

19世纪名学者W·约丹根据十四行诗第130首中"我的情人当她走路时，是脚踏实地"这句话推断"她一定是扁平足"；根据她的音乐才能和擅长卖弄风情，以及其他线索，约丹得出这样的结论：黑夫人来自西印度殖民地、出生于西印度群岛的欧洲人后裔，带有非洲混血，可能是黑人和白人的混血儿，或是白人与混血儿生的。

这种说法一直延续到1933年。同年，莎学家G·B·哈里森又提出一个实有其人的女人，那就是住在伦敦的黑人露茜，一个伺候朝臣贵族和富家的妓女。1964年，P·昆奈尔也附和此说，认为"黑夫人不是宫廷中的贵妇……而是一个出名的宫妓，诨名叫"黑人露茜"，她的黑色面貌受到人们赞美。另一方面，莎士比亚告诉我们，在欺骗他和勾引他的朋友之外，她也不忠实于她的枕边盟誓。因此，我们或者可以指出她是某个富商的妻子。"

比较可信的一种说法是"黑肤夫人"就是玛丽·菲顿。由于她和青年贵族赫尔伯特的爱情故事，许多批评家常常提出这种说法，维多利亚时代的人特别热衷这一说法。1890年，泰勒首先提出了这一假设。

他先肯定莎氏的十四行诗是写给赫尔伯特的，那么"黑肤夫人"自然是菲顿了。她于1595年17岁时，成为伊丽莎白女王的一个宫女，1600年成了赫尔伯特的情人，并给他生了一个孩子，但不久即夭折。为此事，赫尔伯特被送进舰队街监狱、菲顿被开除出宫。菲顿后来的命运也很不好，先是给莱夫逊爵士生了两个私生子，后来又嫁给了泼尔摩尔船长。有人曾描绘过菲顿大胆而轻率的举动：敞开头巾，卷起衣服，拿着一件宽大的斗篷，像男人一样，大踏步走去和赫尔伯特幽会。后人萧伯纳还根据这个故事写了一个有趣的剧本《十四行诗里的黑肤夫人》来肯定这一主张。但是这一论断也受到人们的怀疑，因为十四行诗中的黑肤夫人是一个有夫之妇，而菲顿被撵出宫门后很久才正式与人结婚。更为致命的一点是，后来发现菲顿的画像是个金发碧眼白皮肤的美人，虽然她的教堂纪念碑说她是个黑种妇女。

到了 1973 年 1 月 29 日,情况又有了新的进展:英国《泰晤士报》以显著篇幅刊登了著名历史学家、莎学家饶斯的文章《终于真相大白——莎士比亚的黑肤夫人》,此文立即轰动了世界。原来饶斯在牛津波斯莱茵图书馆研究西蒙·弗芒的资料时,发现"黑肤夫人"极有可能是艾米丽娅·雷尼尔。

弗芒生于 1552 年,死于 1611 年,是个医生、占星家和好色之徒。艾米丽娅是巴萨诺和玛格莱特·约翰逊的女儿,父亲死时才 6 岁,1587 年 17 岁时成了孤儿,只有 1130 镑遗产。为了挽回厄运,她成了韩斯顿勋爵一世的情人。在发现自己怀孕后,她为了掩饰真相,就找了宫廷乐师威廉·雷尼尔做丈夫。艾米丽娅曾于 1593 年找弗芒算命,告诉他,丈夫对她不好,挥霍了她的许多钱财,弄得她现在很穷。

弗芒描绘她是"褐色、年轻",故意卖弄风情,后来她派女佣人来接他幽会。他在日记中写道:"我跟她们去了,在她那儿过了一整夜。"

但有人提出了两点异议:1. 艾米丽娅实际上是嫁给了奥尔方苏·雷尼尔,而不是威廉·雷尼尔;2. 莎士比亚辞典的编者、莎学专家韦尔斯指出饶斯说的"褐色、年轻"也不对,据仔细研究,发现这个字不是 brown(褐色),而是 brave(鲜艳华丽),这就是说艾米丽娅"年轻漂亮",而不是说她为"黑肤色"。因而,饶斯向人们提供的仍是一个模糊不清的夫人。

也有少数批评家根据莎氏特别钟情于"黑肤夫人"的事实,证明这位令人销魂的女子不是别人,就是莎士比亚自己的妻子安娜·哈莎薇,称她为"可怜的安娜",或"斯特拉特福的美人"。

有一种现象不容否认,就是在莎诗研究中存在着把诗中所写的都当作真人真事的倾向,爱到历史资料中去探本求源,寻找这个真人。当然,莎氏的不少作品都有历史事实作依据,但并非全部如此,更何况现实和文学形象是有很大区别的。这种在文艺研究中探本究源、穿凿附会的做法是不足取的。迈凯尔说过:"花在这方面的所有劳动纯粹是浪费。"莎诗编者布斯也说:"不必再去举例说明了。"

总之,不管这位"黑肤夫人"是实有其人,还是幻想中的产物,这个美人之谜恐怕永远也无法解开了,诚如本世纪初莎学专家道顿所说:"我们永远不会发现这个女人的名字。"

《呼啸山庄》的作者是谁

在文学界,大多数人都认为,《呼啸山庄》的作者是英国作家艾米莉·勃朗特。然而,谁又能证明这一点呢?《呼啸山庄》一书的初版是在 1847 年 12 月问世的,作者当时的署名是"艾莉斯·勃哀尔",出版商是托马斯·科特雷·牛比。

这部小说描写了 18 世纪末英国北部约克郡偏僻地区弃儿出身的希斯克利夫被恩肖家收养后的辛酸经历。他热爱恩肖的女儿凯瑟琳,但遭到恩肖一家的强烈反对和歧视。当凯瑟琳嫁给了富商林顿之后,希斯克利夫蓄意对这两个家庭进行报复,并一直延续到他们的第二代。这部小说结构非同一般,富有奇特的想象和戏剧性的构思安排,笔法流畅而细腻,因而深受广大读者的喜爱和青睐。

当艾米莉谢世之后的1850年10月,她的姐姐夏洛蒂·勃朗特(《简爱》的作者)主持再版《呼啸山庄》这部小说时,出版商已经把原稿不慎丢失了。当小说刚开始发行时,就有人对交口称誉的《呼啸山庄》一书的真正作者产生怀疑了;当小说原稿不复存在之后,《呼啸山庄》一书的著作归属问题就更是成为人们争论不休的谜题。

有人主张《呼啸山庄》的真正作者不是艾米莉·勃朗特,而是她的同胞哥哥布兰韦尔·勃朗特。当时,已故布兰韦尔的一位名叫威廉·迪尔顿的旧友,在英国《哈利法克斯报》上撰文,肯定《呼啸山庄》是布兰韦尔写作的一部成功之作,称艾米莉是《呼啸山庄》作者的说法是失实的。

在当时,有一位英国作家盖斯凯尔夫人在写作《夏洛蒂·勃朗特传》一书中提到《呼啸山庄》系妹妹艾米莉所著,为此,迪尔顿还专门为此书的作者问题公开责难盖斯凯尔夫人。迪尔顿回忆说:他曾和布兰韦尔决定各写一出戏或一首诗来比试各人的水平高低,他们还约定了聚会的时间和地点,并且找了另外一位朋友来当仲裁人。那天布兰韦尔到会之后,说是要当场朗诵自己写的一首名叫《死神》的长诗,但当他伸手去找随身带来的诗稿时,发现自己错拿了自己正在写作的一部小说的原稿。迪尔顿在文章中十分肯定地说:"布兰韦尔这部小说开始部分的人物和背景与《呼啸山庄》中描写的人物和背景是一模一样的"。

1879年,布兰韦尔·勃朗特的另一位朋友弗朗西斯·格兰特也在报章上发表文章,宣称布兰韦尔当年曾亲口告诉他正在创作一部小说,当我拿到《呼啸山庄》一开始读这部小说时,就已经预知故事中所有的人物情节了,因为布兰韦尔曾经在我面前一而再,再而三地念过这部小说的手稿了。所以,《呼啸山庄》的著作权应归布兰韦尔名下。

对此,勃朗特一家的观点则是一致肯定《呼啸山庄》是艾米莉创作的,她在此书最初出版时署名"艾莉斯·勃哀尔"正是她本人姓名的笔首英文字母,同时也承认了此书的著作权归她所有。

老勃朗特先生说过,他的儿子完全不可能写出这样一部作品来,布兰韦尔既没有写过《呼啸山庄》的任何文字,也未插手过该书的构思编排。布兰韦尔的文风与艾米莉迥然不同,如果人们了解到布兰韦尔的生平思想和写作风格,就不会枉费心机地把他和《呼啸山庄》的作者等量齐观了。只要熟读了艾米莉创作的其他大量文学作品,也就不难看出《呼啸山庄》的真正作者非她莫属。

艾米莉的姐姐夏洛蒂·勃朗特也在《呼啸山庄》第二版序言中指出:《呼啸山庄》的主题构思与情节安排在勃朗特一家人中间,只有艾米莉是最熟悉最有体验的。艾米莉幼年丧母,父亲是一位偏僻乡村的穷牧师,她在童年时代曾在专门为穷苦牧师的子女寄读的学校上过学,也曾与姐姐夏洛蒂一同远赴比利时异国他乡学习法语和德语,准备将来自己开办学校,但这个愿望始终未能实现。

为生活所迫,艾米莉还担任过待遇菲薄的家庭教师。艾米莉性格倔强,文风简洁明快,是一个不信教,罕言寡语而具有强烈自我感的人,她的几位哥哥姐姐在性格上都比她怯弱得多,这正是艾米莉能够创做出这部撼世之作的不可或缺的前提条件。同时艾米莉也是一位卓越的诗人,一生中写下了大量清丽而深刻的隽永诗文。《呼啸山庄》既是一部感人心腑的不朽小说,也是一首完美动人的叙事诗。

《呼啸山庄》在世界文学宝库中是一颗璀璨的星座,尽管其中的人物情节已经为成千上万的读者所熟悉,长久地留在人们永恒的记忆之中。但是,这部不朽之作的作者究竟是谁呢?

神秘的《一号日记》

俄国近代诗人普希金是俄罗斯文学兴盛和发展的开拓者。1820 年,普希金根据民间故事和传说写成的第一部长篇叙事诗《鲁斯兰和柳德米拉》,被看作是近代俄国诗歌转变的奠基之作。诗人短暂的一生,给后人留下了异常丰富的文学遗产,诗人生前的大量手稿现在基本上收藏在前苏联的"普希金博物馆"和"普希金故居"里。但令人费解的是,普希金的《一号日记》一直杳无下落,几十年来世界各地的专家学者和"普希金迷"们一直孜孜不倦地寻找着诗人当年的《一号日记》的踪迹,试图揭开覆盖在《一号日记》上的神秘面纱,使普希金《一号日记》之谜早日大白于天下。

有关诗人普希金《一号日记》之谜首先是由诗人的孙女叶莲娜·亚历山大德罗芙娜·普希金娜引起的。

1920 年,侨居国外的叶莲娜突然向外界公众宣布:"她祖父普希金生前留的一部分日记手稿现在正由她收藏着。"

1837 年,诗人普希金在决斗中不幸身亡之后,人们在整理他的遗稿时,发现诗人一部日记的扉页上注明编号为第二号。所以消息一出,研究专家们把叶莲娜收藏的诗人当年的日记称为普希金的《一号日记》。

然而,诗人究竟有没有《一号日记》? 普希金《一号日记》的真相如何? 国内外的普希金研究人士说法不一,孰是孰非,难下论断。

有人断然否定诗人普希金《一号日记》存在的可能性。苏联一位造诣颇深的普希金学专家莫扎列斯基曾经十分坚决地声称:"我愿用头颅作保,除了现有的日记之外,根本不存在普希金的其他任何日记手稿。"

叶莲娜的外甥女纳·谢·梅泽卓娃亦赞同地说:"叶莲娜舅妈根本不可能有普希金的日记资料,因为诗人当年留下的全部文稿都保存在诗人的长子那里,但我多年来从未听说过诗人写的《一号日记》。"

叶莲娜的兄长尼古拉·亚历山德罗维奇则认为:"叶莲娜凭空臆造出关于普希金《一号日记》一事,其目的仅仅是为了提高自己的身价和地位。"

但是,另有一些研究人士和学者专家认为肯定存在普希金的《一号日记》。著名普希金专家法因贝格在所撰的《失落的日记》一文中断言：普希金《一号日记》实有其事，而且认定目前正收藏在侨居国外的普希金后代手中。

普希金《一号日记》这份手稿最早曾由诗人的长子亚历山大·普希金掌管，尔后几经辗转又到了他的女儿叶莲娜手里。苏联另一位著名的普希金学家戈富曼在《再论诗人普希金之死》一文中写道："诗人当年写作的《一号日记》将使人们全面了解导致普希金决意参加这场悲剧性生死决斗的所有事委真相，这些未公开的材料远比现在所掌握的史料更为丰富完臻。"

1923年，叶莲娜在给友人信函中还特别申明自己手中还保存着爷爷当年没有发表过的一部分日记以及其他一些手稿，这些资料根据她父亲的嘱咐，在诗人遇害100周年之前不得公开发表，公布于众，因为诗人在《一号日记》中提到及抨击的那些人至今还活在人世。为了使普希金留的珍贵文稿不致流散各地，苏联"普希金博物馆"和"普希金故居"的工作人员千方百计竭力收找普希金的各种遗稿。但是，由于一直未能找到叶莲娜在国外的确切行踪，寻找普希金《一号日记》的种种努力始终一无所获，每每空手而归。

虽然，普希金《一号日记》的疑案没有令人信服的确切答案，但是时至今日，各界人士及其研究专家为此投下的热情仍有增无减，欲探踪索隐者还大有可为。覆盖在《一号日记》之上的神秘面纱，至今未能揭开。

《白鲸》主题之谜

《白鲸》是美国著名作家赫尔曼·麦克维尔创作的长篇小说，1851年第一次出版。此书是作家根据其亲身经历写成的，但也涉及到鲸类动物学和其他捕鲸者的冒险行为。

《白鲸》是作者用第一人称写的。故事叙述者是伊斯梅尔，他有时很像作者本人。伊斯梅尔受雇于一艘破旧捕鲸船《皮库特号》上，船长是阿哈。阿哈计划捕捉在以前航行中咬掉其一条腿的白鲸，以报仇雪恨。他拖着用鲸鱼下颌骨作成的假腿蹒跚而行。他的身体瘦长，像遭到雷击的枯树一般，他满身的伤痕是如何造成的，他的船员谁也不知道。

麦克维尔写的这样一个故事究竟象征什么或寓意如何，长期以来却是历史学家和文学家争论的焦点。许多评论家称作品的主人公阿哈是普罗米修斯式的英雄，为人类献出自己的生命，并企图揭示善与恶之间的矛盾和奥秘。但阿哈更像莎士比亚戏剧中麦克佩斯或李尔王，拥有某种异乎寻常的意志和力量，但有时又十分脱离实际。他不可避免地会遭到挫折，然而他总是不屈不挠，一往直前。作为悲剧的英雄，他也毁灭了他的追随者。《白鲸》的戏剧性的净化作用不仅来自阿哈的英雄行为，而且也来自于最后时刻的自我意识。

但是，还有的文学家认为，《白鲸》所拥有的意义，还要更加广阔和深刻。美国著名文学家评论家理查德·布罗黑德就是坚持这种观点的代表性人物。

他认为，《白鲸》描述的人类的哲学是人类最基本的欲望，而不是爱情、野心或贪婪，更象是其他欲望——尤其是关于人类生存于大地的欲望，驾驭人类本身的欲望，不管当时的形势如何,人类坚持不懈地关心世界如何被约束和治理,阿哈是此种欲望的最明显的受害者。但阿哈的毛病是他不能把局部的经验延伸到宇宙的复杂环境中——未能看到基本力量,未能看到疯狂。

因此,阿哈所感到的欲望是如此不适宜,以致强烈地表现在各种情况下。当然,这完全是由作者构想的。而这种欲望又贯穿于全书之中,由思想变为实践。文学的能量是如此与哲学真缔之能量结合起来而扩散,以致使本书提出了一种世界的模式。

著名文学家莱昂·华德则另有自己的见解。他认为可以根据作者麦克维尔的生平事迹,并从心理学或哲学角度来解释主人公阿哈的思想立场。故事的叙述者伊斯梅尔是从哲学角度来解释主人公的思想和行为的,认为阿哈是在精神不正常情况下,是以居心叵测的思想对付鲸鱼的,并把鲸鱼作为实现其思想的目标。从书中和当时作者写的信件中都可以得到故事叙述者和作者具有相同思想的重要证据。

麦克维尔在书中有意识地采用寓言并得出如下结论:对象征性的普遍规律的信念只是精神错乱的表象。他的合理的判断显然与霍桑一致:白鲸是自然界的野兽,它的罪恶是从阿哈的心灵中产生的。但是,此时麦克维尔个人的哲学并非是切题的。麦克维尔曾经说过:"所有人的悲剧式的壮观是如此通过病态而造成的。"重要之点是阿哈的病态,不管是清醒的意识,还是罪恶的情绪,都是其性格中的悲剧性的缺陷,而其性格指导他表现出具有破坏性的英雄行为。

中国台湾学者叶晋庸在充分肯定《白鲸》具有积极意义的同时,却提出了更为明确而又不同于莱昂·华德的见解。他认为,小说的作者麦克维尔拥有丰富的航海和捕鲸经验,所以描写船只、航行、水手的生活和性格,鲸鱼的身体构造和生活习惯,捕鲸的过程和危险,各地的风土人情等,样样都绘景传神,引人入胜。

麦克维尔笔下的阿哈,认为白鲸不但是伤害了他身体的仇敌,而且应当对给他思想和精神上造成的一切痛苦负责。他认为白鲸是折磨人类的魔鬼的化身,所以才下定决心不顾一切地同它斗争。因此,《皮库特号》捕鲸船远航太平洋之行,不但是非凡的航海冒险故事,而且是善与恶的宗教性的斗争,白鲸仿佛是撒旦的化身,阿哈好像是替天行道的悲剧式的英雄。但另一方面,阿哈又为个人复仇的意念所驱使,不惜牺牲全船人的生命和幸福去追逐白鲸,这也充分表现了他的独裁和专制。

尽管如此,作者麦克维尔本人似乎并不赞成上述意见。在他给纳詹尼尔·霍桑夫人的信中拒绝承认,他有意识地写了寓意,只是由于明显的象征性的内容贯穿于全部《白鲸》之中,使人很难不作寓意性的解释而已。

但其寓意是什么呢? 每个读者都会有自己的发现,这也是人们对麦克维尔这部名著不断进行探索的理由之一。

有的人甚至认为阿哈是美国人心灵的化身,其意图十分明显,只是有时出现的恶劣的先人之见除外。

不管麦克维尔在思想上有无此种想法,他分担了阿哈的不幸,但是他的悲观主义并未得到 19 世纪大多数美国人的接受，因此，《白鲸》在 20 世纪之前并未得到广泛的承认。这确实是美国文学史上的一大疑团。

《章鱼》有什么寓意

美国著名作家弗兰克·诺里斯创作的长篇小说《章鱼》，出版于 1901 年，是作者计划创作的"小麦史诗"三部曲中的第一部，第二部《地狱》在作者去世的第二年即 1903 年出版，第三部《狼》到诺里斯逝世前还尚未完稿。

如今，《章鱼》首版已经一个多世纪了。在这段漫长的岁月中，无论是历史学家，还是文学家，对这部书的寓意始终存在着明显的分歧。一般人认为，作者的创作动机与美国麦农们对铁路托拉斯斗争的失败有关。小说揭露了政治家和法官对铁路界的操纵以及铁路公司对农民土地的掠夺。但是，许多学者认为《章鱼》具有比此更为广泛和深刻的内容和意义。

美国著名文学评论家威·弗罗霍克从书中接触到的各种力量来分析小说的意义，并得出了比较深刻的认识。他认为，该书是根据南太平洋铁路公司历史创作的，并对其犯下的罪恶进行了公开揭露。《章鱼》描写的核心内容是铁路公司，它的触角伸延到整个加利福尼亚，且十分厉害，其接触到的每样东西都会遭到毁灭。尽管如此，作者的立场和观点似乎是矛盾的。

诺里斯在纽约期间遇到过像伊达·塔伯尔那样的恶人，但他很难成为旗帜鲜明的揭露腐败的人。作者实质上不仅对大企业，甚至似乎对当时成功的这类人物还表示钦佩，但他更喜欢谈论美国平民主义的往事，尊重像他本人一样的属于中产阶级的人民大众，然而当他看到他所同情的平民百姓突然间遭到难以控制的庞然大物——铁路公司的掠夺时，他对普通群众的同情心增强了。

在《章鱼》描写的各种力量中，除了农民和惨无人道的铁路公司之外，就是小麦本身了。诺里斯对小麦的播种、萌芽、培养和收获作了详尽的描述。与此同时，作者还对自然生态的破坏感到惋惜。他认为一方面，即使农场主不用恶劣的种植方法，也能把这种自然财富耗尽；另一方面，铁路公司采用了常人不可能采用的办法霸占广阔的土地。毁坏了自然生态，是真正的犯罪。当许多异教徒把自然界崇尚为一种力量时，铁路界不少人却用大幅帐篷占领自然界，破坏景观，而且规模之大是前所未有的。因此，从某种意义上来说，《章鱼》是一本具有法国小说家左拉特色的书。

还有的文学评论家把铁路公司的头子奈尔格里姆视为诺里斯的代言人。这位社会达尔文主义的辩护者宣称，事件的发生是他无法控制的，经济规律按其需要自行控制并最终导致其必然的结局。他对普瑞斯利说："年青人，当你讲到小麦和铁路的时候，你在与一种力量抗争，而不是人。"

另外一些评论家则认为，诗人及其良师益友、神秘的牧师瓦纳米则与诺里斯的观点更为近似。两者对圣华金河谷的灾祸和居民的生活问题作了中肯的回答。瓦纳米对死亡、穷困和个人受辱等罪恶作了幻想式的说明,普瑞斯利则说得更直截了当。两者都认为,圣华金河谷发生的事件的实质,是"善"与"恶"的斗争,而"善"总是占主导地位的。根据这些思想和议论,有的文学评论家断言,在《章鱼》中,诺里斯对人类的苦境做出了"超自然的"回答。

还有一些文学评论家认为,《章鱼》这个标题本身就含有比喻铁路拥有者的贪得无厌,拼命剥削和压迫农场主的意义。作者在"小麦史诗"三部曲中虽然计划详尽地描绘小麦的生产、销售和分配的过程,以及最终支配全世界小麦分配的社会和经济力量,但在第一部中已使其许多情节和场景都得到有力的描绘,而且在深度和广度上都给人留有深刻印象。

在诺里斯去世后出版的他的评论集《小说家的责任》(1903 年)中,诺里斯认为,小说家的责任不是对文人小集团负责,而是对最广大的读者——人民负责。只有在这种情况下,小说才有普遍意义,受到读者的欢迎。像他的小说一样,此篇论文把热情和浪漫主义因素与决定人类行为的压力结合起来,具有强烈的说服力。

或许最重要的是《章鱼》所表现的乌托邦思想倾向。美国政治史学家斯彭塞·欧林对此作了较详细的分析。有趣的是,美国这一时期的乌托邦实验主要发生于加利福尼亚。许多著名的加利福尼亚作家在某种程度上成为此一时期乌托邦实验的鼓吹者,他们在小说中以赞美的态度表现了乐观主义思想和至善论,弗兰克·诺里斯就是其中之一。

尽管严格来讲他不是乌托邦小说家,但他描写了乌托邦理想在现实社会中的幻灭以及传统价值与产业界新兴力量之间的冲突和斗争。例如,旧金山在诺里斯的长篇小说《麦克梯格》(1889 年)中得到了充分描绘,渴望保护田园诗般的自然风光。而且,在《章鱼》中,诺里斯精神抖擞地攻击了铁路公司和大土地所有者的权力。小说中的两个主要人物——诗人普瑞斯利和牧师瓦纳米具体表达了作者的主要思想:一定的社会和经济力量是不受人类干预的,而是必将按照自然法则不可抗拒地运行的。

诺里斯与许多乌托邦主义者一样,具有与政治无关的宇宙观;他通过诗人普瑞斯利表达了这样的意向:"在世界生活的每次危机中,……如果你的视野足够广阔,并不是'恶'而是'善',才会成为最后的结局。"

诺里斯似乎在说,作家有责任拯救自己的人民,但不能控制宇宙本身的伟大力量。他的代表作《章鱼》及其本人的思想难道也是如此吗?

谁是世界上第一位女诗人

世界上最早的一位女诗人是谁? 有人认为萨福可以说是古代希腊、也是世界上第一位有史可查的女诗人。这一观点在西方似乎已成定论,我国不少专著也赞同此说。

萨福,据史书记载,约生于公元前 612 年左右,这时正是希腊文化极盛时期,其诞生地是爱琴海上莱斯博斯岛的一个叫伊锐索斯的城市,6 岁时随母迁移至岛上最大的城市密蒂林,并在那里定居。萨福 17 岁开始写作,直到 55 岁逝世,著有诗集九卷,每卷有

1000 行以上，她的诗以抒情为主，风格朴素自然，感情真挚强烈，在古希腊备受推崇。古希腊人称她是"无与伦比的女诗人"，就像人们称颂荷马为"无与伦比的诗人"一样。人们又称她为第十司艺文神女，在古希腊神话中司艺文的神女共 9 人，那萨福即是第十诗神。

由于萨福在诗中歌唱自由，歌唱爱情和友谊，歌唱人类幸福，所以受到中世纪禁欲主义者的嫉恨，她的大部分作品都在中世纪被基督教会焚毁了，如今保留的只有两三篇较完整，其余都是片断，总共不到 500 行，仅为她全部著作的百分之五左右。

不过有中国学者以为，这个观点值得商榷。其实，在我国第一部诗歌总集《诗经》里，已有女子所作的诗篇了。南宋著名理学家朱熹在集注《诗集传》中就曾指出《诗经·鄘风·载驰》的作者就是女子，她就是春秋时代的许穆夫人。

从《诗经》中可知：

《载驰》一诗因为有特殊记载，又参之诗歌的内容是可以确认的，因此称该诗作者许穆夫人是我国历史上第一位女诗人是客观的。从先秦的有关著作中可知，许穆夫人是春秋时卫国宣姜之女和卫戴公之妹，因为嫁给许国国君穆公为夫人，故有此称。纵观我国文学发展史上女诗人和女词人所作，大多描写个人身世、不幸遭遇、离愁别绪、婚姻不谐以及对婚姻自由的热烈向往、对幸福生活的强烈追求等等，而许穆夫人早在 2000 多年前的诗作《载驰》中就为我们留下了一篇充满爱国激情的不朽诗章。

春秋时代，群雄并起，列国纷争。公元前 660 年，狄人伐卫，朝政不理、专好养鹤的卫懿公迅速失去民心，狄人大败卫师于荥泽，并诛杀卫懿公。与卫懿公交厚的宋桓公连夜率师将卫国的败亡之众约 5000 人接到黄河，居于漕邑，并立懿公之子戴公为君。第二年，戴公不幸而死，文公即位，不久又死。《载驰》一诗即作于许穆夫人返回漕邑吊唁卫文公期间。

卫国的生死存亡已经到了紧急关头，许穆夫人毅然决定返卫吊唁兄长卫文公，并与祖国人民商讨对策。恰在这时，许国君主特意派大夫赶来劝阻。在古代，女子出嫁后一切都受丈夫家管束，毫无行动自由，况且她又是君之妻，处事更要慎重。她明白，倘若坚持返回卫国，则有违犯君命之罪，虽为君妻也有被杀的危险；如果不返回卫国，那又置危亡之中的祖国于何地？强烈的爱国之情，终使她坚定了返回祖国的决心：任何人任何力量都无法阻止我回到卫国去！从全诗来看，《载驰》和《诗经》中的许多优秀诗歌一样，已具备了诗歌创作的一些基本规律和特征，体现了她那高超的艺术表现技巧。

这首动人心魄的爱国主义诗作，在当时就被广为传诵，所以被收入在《诗经》中。西汉末年，刘向在编《古烈女传》时，就曾专为许穆夫人立传，盛赞其"慈惠而远识"，对她倍加推崇。

那么，这一事实为何不被后人所重视呢？原因大致有两点：

1.《诗经》中各篇诗歌的作者，绝大部分都已不可考。一些贵族文人的作品，除少数在诗中偶尔留下名字外，大多数也无作者可考。汉代《毛诗小序》在解释各篇诗歌时，往往把诗说成是某王、某妃、某公以及其他历史人物所作,如说《关雎》是周文王后妃所作、《七月》是周公旦所作等等,实际上均不可靠。因此,即使是正确的记载,也会引起人们的误解。

2.有关《诗经》作者问题的研究,在我国一直是薄弱环节,至今尚无专文发表,没有引起人们的重视。翻开一些中国文学发展史专著或大学教材,均一笔带过,对许穆夫人更是略去不说。这样,自然不会产生什么影响。

除此之外,其他一些国家还有不同的说法。看来,世界第一位女诗人的桂冠究竟花落谁家还需要进一步地研究、探讨。

《水浒传》的作者是谁

《水浒传》,又名《忠义水浒传》。关于《水浒传》的作者,自来异说纷纭。

流传较广的说法,认为此书的作者为施耐庵。

历史上确有宋江其人。宋江等三十六条好汉聚义的故事,南宋时即在民间广为流传,有的说书先生将其逐渐演绎成评话。宋末元初,有一本叫《大宋宣和遗事》的书,其中记载了宋江故事的轮廓。到了元末明初,施耐庵将长期流传于民间的故事,话本加以艺术加工和创造,完成了百回本《水浒传》。胡应麟《少室山房笔丛》认为《水浒传》系施耐庵所作。

但是,有的学者提出来,元末明初决不会出现长篇白话小说《水浒传》。《水浒传》最原始的本子应是郭勋的百回繁本《忠义水浒传》,这是郭勋指使他的门客编写而成的。在创作过程中,著者参考了宋元人的话本、笔记、诗词、元杂剧等。据考证,郭本《水浒传》中若干地名均为明代建制。明初以前无人提及《水浒》,而可考的早期述及《水浒》的文献已在嘉靖以后。《水浒传》成书当在明嘉靖十一年～十二年(1531～1532年)。嘉靖时还没有公开署真名于小说卷端之例,所以施耐庵并非真实姓名,而是《水浒传》原作者为逃避文网委托的姓名。

有的学者认为,施耐庵确有其人,并非伪托之名,《兴化县续志》载"施耐庵墓志",说他原籍苏州,后迁居淮安。元朝至顺年中进士,卒于明洪武初年,年75岁。现在兴化县新垛乡施家桥村尚有施氏墓地。根据新发现的《施氏长门谱》和《施廷佐墓志铭》,可以说明江苏省大丰县白驹镇是施氏故居和宗族所在地。

从《施氏长门谱》和《施廷佐墓志铭》两件文物史料看,元末明初年间,兴化白驹有过一位名叫施彦端的人。《施氏长门谱》记,"第一世始祖施彦端",旁注"字耐庵"三字。

施彦端是不是就是《水浒传》的作者施耐庵呢?学者们看法不一,各执一词。

《施氏长门谱》乾隆四十二年序言中说,自明迄清所传族谱已消亡,此谱系后人"访诸耆老,考诸各家实录"修辑而成。根据此谱体例,各代姓字均书写在正文行丙,独"字耐庵"三字写于行侧。有人经仔细辨认,认为"字耐庵"三字笔迹墨色与他字有异,可能是抄录后增添的。《施氏长门谱》与《施氏族谱》均附录了杨新的《故处士施公墓志铭》。咸丰谱中记"先公耐庵,元至顺辛未进士,高尚不仕。国初,征书下至,坚辞不出,隐居著《水浒》自遣",这段至关重要的话却不见于乾隆谱。据考,施耐庵著《水浒》的说法很可能是咸丰五年施氏后裔在建立施氏宗祠,重新修谱时添加进去的。

关于施氏的历史记载不仅零零星星,且多有自相矛盾之处或伪造之嫌。施氏家谱出自清咸丰年,不足为据。再据版本分析,施耐庵不可能是元末明初人。一些人士认为,施彦端就是《水浒传》作者施耐庵的论断难以成立。

另一些人士认为,《施氏长门谱》中"施彦端字耐庵"的记载不能轻易否定。施彦端就是《水浒传》的作者施耐庵。《施廷佐墓志铭》不仅有关于始祖施彦端的记载,所列几代谱系与《施氏长门谱》也大体相合。兴化、大丰一带不断发现有关施耐庵的文物史料,又流传许多关于施耐庵的传说,这种现象不是偶然的。

另一种说法认为,《水浒传》的作者为罗贯中。

论者认为,罗贯中创作《三国志演义》于前,创作《水浒传》于后,两书存在的明显差异恰好表现了作者在世界观方面发生了变化,在创作上也日趋成熟。

罗尔纲在《学术月刊》上撰文《从罗贯中〈三遂平妖传〉看〈水浒传〉著者和原本问题》,也认为《水浒传》的作者是罗贯中。他说,罗贯中的老师施耐庵是不会来抢劫他的学生的著作的。

罗尔纲将《三遂平妖传》和《水浒传》两书中的赞词、叙事以及对待人民大众态度等相互对勘,发现《三遂平妖传》全部赞词二十一篇,其中有十三篇插入《水浒传》中十五处。罗尔纲认为,这种情况表明,只有同一作者的著作才会如此。

罗贯中塑像

《三遂平妖传》为罗贯中所作,世无疑问。据以上考证,《水浒传》也是罗贯中所作。

关于罗贯中为《水浒传》作者的说法,王圻在《续文献通考》中也有记载。

罗贯中是一位小说家,他撰写的长篇小说除《三国志演义》、《三遂平妖传》外,尚有《隋唐志传》、《残唐五代史演义》及杂剧《风云会》等。罗贯中生年约为元天历三年(1330年),卒年约为明建立二年(1400年),是元末明初人。持《水浒传》成书于嘉靖年间的学者断然否认罗贯中是《水浒传》的作者。因为到嘉靖年间,罗贯中去世已百年:有余了。

还有一种说法,认为《水浒传》的作者不光是施耐庵,也不单是罗贯中,而是施耐庵、罗贯中二人。

持此说的论者认为,《水浒传》所见最早本应是天都外臣序本,其题署为"施耐庵集撰,罗贯中纂修"。明代高儒《百川书志》著录其所见本,曰:"《忠义水浒传》一百卷,钱塘施耐庵的本,罗贯中编次。"郎瑛《七修类稿》所记与此略同。根据此说,《水浒传》是施作罗编,由施耐庵、罗贯中二人通力合作而成。

历史上有没有施耐庵这个人？施彦端是不是《水浒传》的作者施耐庵？学者们有争议。罗贯中一生写了许多小说,是不是写了《水浒传》？缺乏史料记载。至于施作罗编、二人合作撰《水浒传》说,学者们也议论纷纷,不以为然。

《水浒传》的作者究竟是谁？看来还得寄希望于发掘新的有价值的文物史料,方能解开作者之谜。

《红楼梦》的原作者是谁

产生于"乾隆盛世"的文学名著《红楼梦》,是我国一部伟大的现实主义小说,是一部反映中国封建社会的百科全书。作者在继承民族文化的传统基础上进行巨大的创造和发展,融散文、诗、词、曲、联为一炉,并以丰富的思想内容和精湛的艺术特色,登上了我国现实主义小说的艺术高峰,受到了很高的评价。不仅在中国文坛,而且在世界文坛上也占有重要的位置。它现在已被译成了三十多种文字,成为世界文学宝库中不可多得的奇珍。并形成了一门专门的学科——"红学"。

一般人认为《红楼梦》前八十回是曹雪芹写的,高鹗续了后四十回。鲁迅先生说:"《红楼梦》的作者,大家都知道是曹雪芹,因为这是书上写着的。"这种看法在有关史料(如《八旗画录》和《八旗艺文编目》)中亦有记载。还有几乎和曹雪芹同时代的清代著名诗人袁枚,在《随园诗话》中也这样写着:"康熙年间,曹栋亭为江宁编造……其子雪芹,撰《红楼梦》一书……"所以,自清乃至近代鲁迅、胡适等都认为《红楼梦》的作者是曹雪芹无疑。

曹雪芹

但是,"红学"研究者在对《红楼梦》进行长期研究中,透过对许多历史资料的真伪辨析,认为《红楼梦》除了曹雪芹这样一位卓绝的"披阅"、"增删"整理加工者外,还应该有一位原作者。因此,"红学"研究者在《红楼梦》的作者问题上,发生了争论。多少年来,一直众说纷纭,没有一个统一的定论。

第一,脂砚斋眉批设疑问。脂砚斋在庚辰本第十三回有一条眉批曰:"读五件事未完,余不禁失声大哭,三十年前作书人在何处耶？"曹雪芹是壬午(1762 年)除夕去世的,而庚辰本是乾隆二十五(1760 年)秋年定的。当时曹雪芹尚在世。如果其作者是曹雪芹的话,脂砚斋在评书时是绝不会"失声大哭"的,也决不会问出"三十年前作书人在何处耶"?再把时间倒推三十年,当时曹雪芹只有十几岁,按常理讲,一个十几岁的孩子是根本写不出这样一部伟大的文学名著的。

第二,《红楼梦》成书过程作证明。在《红楼梦》自述中有这样一段文字:"……空空道人因空见色,自色生情,传情入色,由色悟空,遂名情僧;改《石头记》为《情僧录》。东鲁孔梅溪题曰:《风月宝鉴》。后因曹雪芹于悼红轩中披阅十载,增删五次,纂成目录,分出章目,又题曰:《金陵十二钗》,并题一绝,即此便是《石头记》的缘起。"这显然告诉读者,《红楼梦》的原作者是"空空道人",又名情僧;曹雪芹只不过是对该书进行"披阅"、"增删"而已。又在《红楼梦》甲戌本第十三回的一条批语中有"命芹删去"的说法。这就证明了《红楼梦》的成书,有一个原作者,又有一个进行"披阅"、"增删"的,他们不是同一个人,而是两个人。

第三,《随园诗话》有误影响深。袁枚在《随园诗话》中关于《红楼梦》作者的记载显然不确。别的不说,把曹雪弃和曹栋亭之间的辈分都弄错了,芹和亭之间本是祖孙关系,而袁氏却把他们说成是父子关系。并把《红楼梦》说成是"备记风月繁华之盛",专写妓女和妓院生活的书,这岂不有点贻笑大方的味道,这也说明袁氏说法是难以令人置信的。所以成书于《随园诗话》后的《八旗画录》和《八旗艺文编目》两书,显然受到袁氏说法的影响。《八旗画录》不得不实事求是地说:"对曹雪芹此人并不了解","惜文献无征(即证)不能详其为人"。

另外,在《红楼梦》的最早的几个版本中,都有戚蓼生、程伟元和椿高等人写的序,他们都未肯定曹雪芹为《红楼梦》的作者。戚、高的序连曹雪芹的名字都未提。程伟元的序也只说:"《红楼梦》小说作者相传不一,究未知出于何人,惟书内记曹雪芹先生删改则过。"

第四:当代学者探本源。鉴于以上原因,当代"红学"研究者对《红楼梦》的原作者进行了这样的推测(见《求索》1986年第1期):

其一,《红楼梦》原作者年龄应比曹雪芹大6—10岁的样子,这样他才能了解曹家鼎盛繁华生活,而在小说中重现。再者,他的辈分应比曹雪芹高一辈,这样才符合"自传"说法的人物辈分关系。

其二,那些评书者,在谈到《红楼梦》的作者时,大都讳莫如深,不敢直书其名,只用了一个化名——"空空道人"。在写曹雪芹时,毫无讳忌,直书其名,这恐怕不是没有原因的。因而,《红楼梦》原作者可能是一位戴罪的朝廷命官,后被削职隐匿民间或出家为僧。

尽管如此,曹雪芹为《红楼梦》的成书"泪尽而逝",将自己的全部精力和心血,投入到对《红楼梦》的伟大而艰巨的"披阅"、"增删"的再创造中去,他的光辉业绩是名垂史册的。

现在仍然湮没在历史长河中的《红楼梦》原作者,像一颗埋在泥土中的璀璨的珍珠一样,他的业绩也是同样永放异彩的。

《红楼梦》的原作者到底是谁？"三十年前作书人在何处耶"？

《三国演义》成书之谜

三国的故事最早记载在史书上面，如两晋人陈寿所写的《三国志》，那是二十四史中的一部，是学者所写的"正史"。作为小说的《三国演义》并不是由某一个文人独立创作的，它的成书过程很漫长。

三国的故事在民间开始流传，至少在晚唐时就已开始。晚唐有位大诗人李商隐有一篇《骄儿诗》上记载了当时讲三国的事："或谑张飞胡，或笑邓艾吃"。宋代时，说书唱戏很发达，因为三国故事的内容很生动，就自然成了艺人们喜欢采用的素材。北宋时，有个专门说"三分"的专家霍四究，很受人欢迎。说"三分"也就是讲说"三分之国"的故事。南宋到元，三国故事开始大量被搬上舞台，金元时代演出的三国剧目就有《三战吕布》、《赤壁鏖兵》、《隔江斗智》等三十多种。元代还产生了一部气《全相三国志平话》，它是三国故事最早的写定本，是根据口头说唱写下来的。但由于没有经过文人的加工，写作上粗糙，文词鄙陋不通，人名、地名也多谬误。

以上这些说唱和本子，基本上都是拥戴刘备、张飞一伙而反曹操的，不管如何简陋粗糙，却为更精备完整的《三国演义》的诞生奠定了基础。罗贯中正是通过改编、整理，并参阅陈寿正史而写出影响深远的《三国志通俗演义》的。这本书最早的刊本是嘉靖本，全书二百四十则（节）。自从《三国志通俗演义》出了之后，新的刊本也纷纷上市。一般都以嘉靖本为底本，做了些插图、考证、评点和文字上的增删，以及卷数和回目上的整理工作。古人没有"版权"一说，因而怎么改，怎么出都没关系。有的就将嘉靖本的两"则（节）"，合并成了一回，以至形成了后来的一百二十回的构架。

清朝康熙年间，毛宗岗以嘉靖本《三国志通俗演义》为底本，经过辨正史实、增删文字、更换论赞、改回目为对偶，使全书水平又一次提高，封建"忠"、"义"思想也更增加。这就是后来通行的一百二十回本。

《三国志通俗演义》写的是从东汉灵帝建宁二年（169年）起，到西晋武帝太康元年，（280年）长达近百年的历史故事。通过对魏、蜀、吴三国之间政治、军事、外交等复杂斗争的艺术描写，反映了当时社会的黑暗腐朽和人民在动乱时代的苦难，表达了反对战争分裂，向往国家统一和歌颂忠义仁政、谴责暴政奸诈的尊刘抑曹的思想倾向。作为以政治军事斗争为中心的历史小说，凝聚了在漫长封建时代中所积累下来的丰富的军事、政治斗争知识和实际经验，反映了以智者为中心的英雄史观。善于描写战争是它艺术上突出的成就。在描写战争时以人物为中心，着重描写双方的战略战术、形势对比和地位的转化，从而使大大小小的战争千变万化，各具特色。人物塑造也十分成功。笔法富于变化，对比映衬摇曳多姿。所写四百多个人物，大都刻画得栩栩如生，尤其注意把人物放到现实斗争的尖锐矛盾中，通过各自的言行，表现其思想性格。关羽、诸葛亮、曹操、张飞、刘备、周瑜等，已成为中国文学画廊中的著名艺术典型。其中不乏浪漫主义成分，惟人物性格缺少发展。作品结构宏伟、布局严谨。头绪纷繁却又剪裁得当,情节曲折,场面壮观。采用半文半白的浅近文言,语言简洁生动。清初毛宗岗假托金圣叹之语,称之为"第一才子书"。

《三国演义》标志着历史演义小说的辉煌成就。在推动历史演义小说的繁荣及对戏剧、评话等创作,均产生过巨大和深远的影响,成为中国古典文学名著之一。

《西游记》作者之谜

《西游记》是中国文学史上的一部奇书,不但唐僧师徒西天取经的故事脍炙人口,《西游记》本身也给人们留下许多不解之谜,《西游记》作者到底是何许人也? 至今还是个谜。

中国古代读书人,大多遵循孔子"古之学者为己,今之学者为人"的教诲,著书立说大多是"代圣人立言",对于署名一事本无所谓,至于像《西游记》这样被当时的人们称为"小说家言"的著作,则署名与否更非必要之事了。对于《西游记》的作者,仅据目前我们掌握的材料,已经很难说清了,由此产生了一系列不解之谜。

关于《西游记》的作者,长期以来聚讼不止,焦点逐渐集中在两个人身上,一个是金元之际,借成吉思汗之力将全真道教发展到全盛时期的长春真人丘处机,另一个是早已湮没无闻的明代嘉靖中江苏淮安贡生吴承恩。

我们现在所能见到的明代《西游记》刊本,都不署撰人。清初有位西陵残梦道人汪澹漪,在大略堂古本《西游释厄传》中找到了一篇被明代金陵世德堂在万历二十年刊刻的《新刻出像官版大字西游记》中删去的第九回唐僧出身事迹,编著了一部笺评本《西游证道书》。在这本书里,汪澹漪首次将《西游证道书》署上全真道龙门派创始人丘处机的大名。此后又有人用《大学》和《周易》解释、研究《西游记》,在谈到《西游记》作者时,都毫不含糊地认为就是丘处机所作。

清代同治元年刊本《山阳志遗》的作者吴玉搢对丘处机说首次提出疑问,但他又提出另一位作者吴承恩,他的理由有两个:一是《淮贤文目》一书中的吴承恩名下有吴的著作书目,其中有《西游记》的名目,但篇幅、卷数皆无;二是认为《西游记》"书中多吾乡方言"。但这些都不足为证,由于吴玉搢拿不出更确切的证据,所以只是怀疑而已。

清末冒广生著的《射阳先生文序跋二》中,断言"其(吴承恩)所著《西游记》风靡一时,盖振奇之士也。"他的证据是他见到了丘处机的《长春真人西游记》,乃是一篇游西域的游记,因而证明丘处机不是《西游记》作者,确认吴承恩才是《西游记》作者。

1923 年,胡适根据上述材料,在没有提出任何新的证据的前提下,"大胆假设",将《西游记》的著作权正式授予吴承恩,迄今出版的各种《西游记》版本都无一例外的署名吴承恩。吴是否就是《西游记》的作者呢? 当代仍有许多学者对此提出异议。

关于吴承恩,我们知之甚少,李安纲先生在《苦海与极乐》一书中,从各种角度深入探讨了《西游记》的文化内涵,得出结论:"吴承恩绝不是《西游记》的作者,因为他也根本不懂中国儒、道、释三教的传统文化精髓。"那么,《西游记》作者到底为谁? 还须有心之人不断探索。

孙悟空的原型是什么

我国明代问世的著名神话小说《西游记》，前人曾有古今"第一奇书"之论。其中孙悟空这个极富英雄气概的浪漫艺术形象，人们历来在他的"血统"、"国籍"，亦即"模特儿"的问题上议论不止。原来，还在20世纪20年代，就有人研究发现：印度古代叙事诗《罗摩衍那》中那个聪明会飞，不怕困难，智勇双全且乐于助人的"哈奴曼"神猴，很可能就是中国小说中"孙悟空"典型形象的"一个背影"。

《西游记》中的孙悟空形象（局部）

据三国时代从印度译入的《六度集经》与南北朝期间输进的《出三藏纪要》、《杂宝藏经》等佛书印证，早在一千多年以前，印度神话传说中"人王与猴王共战邪龙"、"猴猿大闹天宫"的故事，就已在僧徒和民众间广为流传了。

自唐宋后，更因玄奘只身出走西域，取"丝绸之路"遍访天竺（印度）的真实经历被人们神异宣扬，口碑传闻，于是引来一位曾经"博及群书"而酷爱"野言稗史"的饱学之士加以佐撰，他就是"性敏多慧"的《西游记》作者"射阳山人"吴承恩。

不言而喻，这位杰出的文学大师在艰苦的艺术构思并搜集材料的再创造过程中，不仅认真参考研究了《大唐西域记》之类的文献名著，也必然了解过五代宋元以来广泛流行于市井的《大唐三藏取经诗话》等"俗讲"宗教文学。这当中，他或许听及过佛道友人为其转述的那些天竺"神猴法身"的奇闻故事。正如鲁迅先生《中国小说史略》所阐明的："魏晋以来，渐开释典，天竺故事亦流传世间，文人喜其颖异，于有意或无意中用之，遂蜕化为国有……"这便是孙悟空何以依据哈奴曼的由来之猜。

然而有人却认为在远古盛传的中国神话篇内，已早有禹的儿子启，是天地间裂石而生之人。又据《国语·鲁语》，也记载着"夔一足，越人谓之操，人面猴身能言"的野人轶事。此外又如《吴越春秋》、《搜神记》、唐宋传奇及后来的话本说唱，都不乏关于猴人、淮涡水神无支祁等白猿成精作怪的种种神异典故。

那么，如此众多的记述，是否就能够完全地推却掉"猴子的故事""引进"哈奴曼之嫌呢？其实也很难肯定。因为在中外古今文化与科技的研究实践业已表明，世界各民族之间的相互影响与往来交流是可能的，也是不断发展和变化着的。这在今天若借鉴比较文学的观点来看，则孙悟空不仅可以"引进"，其实也早就"输出"去了。据最新的消息报告：人们在非洲西部偏远的尼日利亚进行考古挖掘时，竟然在深埋于地下3.5米的古代陵墓里，出土了一个威风凛凛的"齐天大圣——孙悟空"雕像。他头戴发光的皇冠，身披金箔制成的战袍，右脚踏着一块象征云雾的翡翠雕刻。碧玉猴王无论从衣饰和神态来看，都酷似我国传说中的美猴王孙悟空形象。

好奇者兴许会抉疑发问：孙悟空怎么会飞到遥远的非洲西部去了呢？有人据此猜想，它可能正是中国古代文化对外巨大影响的反映。也有人提出：这个"猴子的典型"，恐怕是中外文化所共有的"综合"形象。但更有人不置可否。孰是孰非，尚有待于学者、专家们作出进一步的探究与考证。

《聊斋志异》成书之谜

《聊斋志异》的作者是蒲松龄，这是没有什么异议的。但他是在什么背景下写成此书的呢？一般认为，此书是蒲松龄在广采民间传说、野史逸闻的基础上，加以亲身见闻，经过艺术加工再创造而成。而且这部"孤愤之书"是作者有感而发，借谈狐说揭露封建社会政治的黑暗和官场的罪恶，歌颂被压迫者的反抗；歌颂青年男女的纯真爱情，批判不合理的婚姻制度。果真如此吗？

蒲松龄（1640～1715年）出生于一个地主兼商人的家庭，从青年时代起，为了求得科举进身，"日夜攻苦，冀得一第"。19岁初应童子试，考取秀才，在县、府、道的考试中连得第一，补博士弟子员。但此后却屡试不第。他31岁开始出外谋生，先在江南宝应县知县孙蕙处当了一年幕宾，以后便长期在缙绅家设馆教书，70岁撤帐家居。直到71岁，才援例选了岁贡生，四年后，他就去世了。学者们据其生平，广征史料，论证其写下此宏篇巨著的原因。综合起来，有以下几点：

其一，家境贫困。蒲松龄一辈子生活在农村，过着"家门暂到浑如客，瓮米将空始欲愁"的穷愁潦倒的日子。蒲松龄生于小康之家，稍长家境败落。他才富五车，也只好穷守蔽庐。为养家糊口，蒲松龄到外乡坐馆，以"舌耕"度日。在此期间，他多次为人代笔，写寿屏锦幛、叙跋疏表，无所不包。康熙十二年淄川大旱，眼看要过年了，孩子们闹着要吃要穿，而家里却无隔夜粮，甚至连给灶王爷供奉的祭品都没有。蒲松龄呼天唤地，悲从中来。绝望之中，他只能把搜神志怪、神异故事当做自己的精神食粮，勉强撑持着活下来。

其二，科场失意。蒲松龄一生接受的是封建主义的传统教育，他始终把金榜题名、荣宗耀祖当做正统的人生道路，而把科场失意看成是遗憾终身的大事。因其父蒲磐的影响，蒲松龄从小喜爱读书，经、史、诗、文皆过目成诵。19岁时，在县、府、道连考三个第一，中了秀才。但此后几十年，屡次考试总以"病鲤暴腮，飞鸿铩羽"结束。康熙十七年，他再次落第，和朋友李文贻泛舟大明湖，借以消愁。面对良辰美景，他愁上加愁，泪水潸然而下。之后，写下了《大江东去·寄王如水》一词，感叹自己固然是抱玉卞和，无奈考官是糊眼冬烘鬼，也难以进身。在历尽辛酸之后，蒲松龄逐渐清醒。八股文的重压、科举考试对读书人的荼毒，功名不就的失意，考官的愚智不分，一股脑儿涌上心来，他满腔悲愤，似骨鲠在喉，必求一吐为快。他的创作具有明确的目的，即为了反映自己生活的时代，抒发自己的情怀。他在《感愤》诗中说："新闻总人夷坚志，斗酒难消磊块愁。"在《聊斋自志》中写道："集腋为裘，妄续幽冥之录；浮白载笔，仅成孤愤之书。寄托如此，亦足悲矣！"因此，从《聊斋志异》里，人们不仅可以看到他的胸中磊块，而且透过作品的狐鬼精灵、奇人异事，还可以真实地看到清代顺治、康熙王朝的时代冈石。

其三，知识渊博、广具才能。年轻时，蒲松龄和朋友张笃庆、李希梅、王鹿瞻等，曾结为"郢中诗社"，以求在学问、道德、文思方面有所发展。他们赋诗酬答，相互磨砺。由此练就了文字功夫。康熙年间，蒲松龄曾住进青云寺苦读，晨诵夕读，不遗余力。青云寺以它的甘泉春雨、朝霞彩虹陶冶了蒲松龄的文学灵性。他不仅擅长短篇小说创作，而且精通诗文词曲。他毕生写下了大量的作品，著有《聊斋志异》四百九十余篇，诗九百余首，文四百余篇，词一百余阕，俚曲十四种，戏三出，杂著数种。在他的许多不同体裁的作品里，可以看到一个突出的主题，就是揭露官府豪绅同人民群众的矛盾，反映社会黑暗和民生疾苦。如诗《空城雀》、《日中饭》、《道殣》，文《纪灾前编》、《纪灾后编》，词《贺新凉梦》等。《聊斋志异》是蒲松龄的代表作。它在作者四十岁前后就基本写成，以后又经过长期的修订增补。虽然它的题材多数来自口头传说，但是大多经过作者的再创作，赋予新的内容和思想意义。

其四，幕宾生涯，增广见识。康熙九年九月，蒲松龄应朋友之邀，做了扬州府宝应县知县的幕宾。在此，他多次随知县视察民情，治理河道，欢宴游历，应付上司。大半生身居穷乡僻壤的蒲松龄，惟一一次混迹官场，见所未见，闻所未闻。一方面，他目睹了吏治的黑暗，另一方面，南方山水的钟灵秀气也使这位老夫子陶醉其中，欲发泄而后快。他是一个平生很少出远门的人，看起来仅仅登过泰山和崂山，多次到过济南而已，所以有机会到淮南游历就不免感受特深，沿途的景物他都写进诗篇中去。形成了他的诗的特点，进而也就形成了文章的特点，甚至影响到《聊斋志异》的风格特点。蒲氏在南游时已经在搜集故事，先用诗的形式写出试看，然后再写成小说。蒲氏有《独坐怀人》诗一首，中有句云："途穷书未著，愁盛酒无权。暮笛惊残梦，深窗坐小年"，虽说是"书未著"，其实"书"的内容已经在残梦后的深窗下酝酿了。假如蒲氏不曾有南游的亲身经历，没有多少篇七言律诗的试写，小说是不容易写到这种境界的。

其五，胞妹不幸。蒲松龄的妹妹，嫁了一个吃喝嫖赌、不务正业的丈夫。蒲家经济窘迫又无权势，无法顾及其妹。后来，妹妹来求胞哥帮忙，兄妹相对无语，只有泪长流。聪明、善良的胞妹的不幸遭遇，使蒲松龄对下层妇女的生活境遇、社会地位有了进一步认识，成为其描写妇女不幸和抗争的主要契机。

以上只是蒲松龄写成《聊斋志异》的外在、内在原因。其实，蒲松龄整整花费了三十余年时间，写成四百九十余篇聊斋故事，大概不会像写一部辞书那样有着明确的目的性。如果非要说是有什么原因的话，那应该是生活，是不如意的生活硬从强烈希冀科场进身的蒲松龄身上挤出一部流芳百世的《聊斋志异》。

《镜花缘》的作者是谁

嘉庆二十三年(1818年),清人李汝珍将费时十数载写就的《镜花缘》稿交由苏州一刻坊刊行。以后几十年,7次刊行。1955年,张友鹤又据苏州原刻本校注,由人民文学出版社将《镜花缘》重新印行。但是,在前后一个多世纪时间里,关于《镜花缘》作者问题却争论不休,成了一大疑案。

《镜花缘》苏州版初刻未就,就先有人据《镜花缘》二稿传抄本于江宁桃红镇私刻售行。接着,在一般市民和知识阶层中便陆续出现了关于《镜花缘》作者的种种口头传说。

到20世纪20年代,知识界正式展开了争论。先以江苏海州的吴鲁星,继而有江苏板浦的许绍蘧,力主《镜花缘》作者并非李汝珍,实为板浦"二许"(许乔林、许桂林兄弟。他们是李汝珍的子舅)。提出了"许作"说(《镜花缘》为"二许"所作)及"许凑"说(《镜花缘》不是李汝珍一人作,而是李与二许一起凑趣而成。)与此相反,孙佳讯先生等,连续著文,据实一一驳述,力主《镜花缘》确为李汝珍一人所作。其间,鲁迅、胡适、郑振铎等人,也分别就《镜花缘》的文学价值、著者及版本问题发表了很有见地的意见。

《镜花缘》脱稿后,李汝珍曾附信将稿送给许氏"斧正",实意是要许氏为之写序。当时许氏兄弟在海州地区声望较高,几乎妇孺皆知。许乔林遂为之作序一篇,篇末署"海州许乔林石华撰"。囿于当时文禁尚严,《镜花缘》书并未署李汝珍的姓名。直至道光元年(1821年)本,书末才增刻《松石歌》("松石"即李汝珍)。阅读者未见著者姓名,只见书序撰者,率说《镜花缘》著者是许乔林是完全可能的。这就是民间传说的主要起源。

其后,吴明星等人又据许乔林所作序文内容指出两个疑点:序文中有"相传北平李氏以十数年之力成之"的字句,"许和李同时之人,又姻而兼友,岂有李作一百回的大著,他不知道,用'相传'二字轻轻地说过去呢?""况且又未指李氏为何人?"这是疑点之一;另外,序文中又用"昔人称""同时之人所作的书,'昔人'如何得而批评呢?"这是其二。据此,吴认为:《镜花缘》实在是许氏托名李氏以传其书。

对于序文所引起的疑点,孙佳讯认为,许乔林写此序时,鉴于文禁尚严,思想上不无顾虑,这和李汝珍既亲自出马到苏州监刻《镜花缘》,却又不署姓名同出一种"文禁尚严,动笔墨岂有不小心"的心理。用"相传"可给人留下序文作者与书著者素昧平生的印象,又用"昔人"以给人隔世之感,这是为万一"劈版禁书"追查责任留有回旋余地。

"许作"说的主要证据是说"许氏事迹与此书内容有类似的暗示",譬如《镜花缘》中"妙算谈天"好似许氏所著《算牖》内容。其实,李汝珍算学虽不如许氏,但李有通算学的老师凌廷堪指导。即使书中吸收许氏算学方面的谈资,作小说也并非是犯忌的。

另外,《镜花缘》道光元年本附"题词"十四家,这些题词人都和作者同时,从评语、眉批看起来和作者关系还甚为密切。不少"题词"都或明或暗地点出了《镜花缘》的作者,总括起来,可以结论:该书作者姓李,字松石,籍贯北平。譬如从《镜花缘》第七十三回"看围棋姚妹谈弈谱"为例,该处眉批有"作者本系高手,谈棋自得精微"。而许氏却不知棋道。许乔林曾自言:"余不知弈"。这种从同时期人所作眉批中说明作者是李汝珍的证据不乏其例。更明显的是,作者李汝珍假书中人物之口,数次提及一百回《镜花缘》故事系"士人李某"、"老子后裔"所编。

至于"许凑"说,仅据李汝珍小说与许氏著作内容有某些相似之处,就推论《镜花缘》为李、许所凑,无论怎样自圆其说,也是很难令人信服的。例如小说中用到的关于"打灯谜",似与许氏所著有关。这些知识性的资料,并非自成一家之言。李、许关系密切,相互为引是完全可能、也是完全允许的。很难说谁凑谁。况且,这些内容李汝珍并非门外,他"枕经葄史,子秀集华,兼冠九流,旁涉百戏,聪明绝世,异想天开",也是许氏对李汝珍的评价。

《金瓶梅》的作者是谁

《金瓶梅》的作者究竟是谁?聚讼纷纭近400年之久,迄今仍无定论。

《金瓶梅》问世时,由于种种原因,作者并没有署上自己的真实姓名。但因此书丰富的思想内容、娴熟的艺术手法,在我国文学的发展史上,日益引起人们的注目。因此学者们对于探索它的作者问题,始终抱着很大的兴趣。

从现有的各种材料记载来看,晚明就有人提出了《金瓶梅》为"某大官家中的教师绍兴老儒"、"金吾戚里门客"、"某孝廉"等所作,由于这些看法纯系传说,并未受到人们的重视。但沈德符在《万历野获编》中说过《金瓶梅》一书乃"出于嘉靖间大名士之手"的话,而研究者们一时又找不出更为确凿的材料来证明这种推测性论断的不可靠性,因此,尚能迷惑一些人。入清以来,"嘉靖间大名士"如徐渭、卢楠、薛应旗、赵南星、李卓吾等人,都曾被假定为《金瓶梅》的作者。不过最为流行的看法,则是指嘉靖年间的大文学家王世贞。据传王世贞的父亲王忬,因献《清明上河图》的赝品,为唐顺之识破,因而得罪于权臣严嵩和严世蕃父子,最后被残害致死。王世贞为报父仇,特作小说《金瓶梅》献给严世蕃投其所好。书的内容隐射严嵩父子,揭露他们的种种丑行,而书上又涂有毒药,书阅毕,严世蕃即中毒而亡。这个故事后来成了"寓意说"、"苦孝说"的根据。

1932年,山西省发现了《金瓶梅词话》,书前刻有"欣欣子序,兰陵笑笑生作,明万历四十三年"字样。它比原来的明崇祯天启年间的刻本——《绣像金瓶梅》和在康熙三十四年张竹坡根据崇祯本批点的《第一奇书金瓶梅》都早。由于这一新版本微露了作者的端倪,因而研究者们对《金瓶梅》作者的考辨更为重视。1933年10月10日《文学季刊》创刊号上,发表了吴晗《〈金瓶梅〉的著作时代及其社会背景》一文,率先对上述旧说提出质疑。该文用严谨的史学考证方法、查阅了大量的正史、野史、笔记,以翔实的史料作依据,剖析了前人据以立论的主要根据——《清明上河图》与王世贞家族的关系,得出历史上的王世贞之父并非献假图受害,严世蕃亦非中毒身亡的结论,就有力地否定了牵强附会的"寓意说"和"苦孝说",也否定了《金瓶梅》为王世贞所作的传统看法。吴晗还从书中大量运用的是"山东方言"这一点来看,认为王世贞虽在山东做过三年官,但要像当地土著一样使用方言写出如此巨著是不可能的。他明确提出,《金瓶梅》应为万历十年—三十年的作品,作者绝不可能是所谓的"嘉靖间大名士"。时隔不久,有不少研究者撰文支持吴晗的观点。例如,王采石在《民治月刊》第二十期上发表《王世贞未作＜金瓶梅＞之确证》,说:"《金瓶梅》叙宋代之事俱不得要领,与王世贞'博雅'的史学修养存在矛盾。"赵景深也发表了《谈＜金瓶梅词话＞》一文,确定"笑笑生"为山东峄县人。这样,王世贞非《金瓶梅》作者,在当时似乎已成为定论。然而,"笑笑生"究竟是何人,却仍然是一个难解的谜。

解放后,特别是近年来,我国学术界关于《金瓶梅》作者的研究更趋活跃,呈现出"百家争鸣"的局面。归纳起来,大致可分为以下六说:

其一,王世贞说。有的研究者主要根据《明史·王世贞传》和《万历野获编》以及有关王世贞的身世、生平、籍贯、爱好、文学素养、社会经历、思想风貌、创作时间、生活习惯等,"与《金瓶梅》全书对勘,认为作品所描写的内容与王世贞的各种情况都'很对口径'、'王世贞的影子完全摄在《金瓶梅》中',所以,"王世贞是最有条件写此书的作者"。

其二,李开先说。有的研究者认为,李开先的身世、生平和"对词曲等市井文学的极深的爱好和修养"等,与前人对《金瓶梅》的说法不谋而合;作品本身证明它同李开先关系密切;把《金瓶梅》和李开先的《宝剑记》作比较,就会发现有不少相同之处。所以,《金瓶梅》和《三国演义》、《水浒传》《西游记》一样,都是在民间艺人中长期流传之后,经作家个人写定的,而这个写定者是李开先。

其三,贾三近说。有的研究者从新发现的《三希堂法帖》第一册中王羲之《快雪时晴帖》后的四篇题跋中,纠正了《万历野获编》的作者沈德符的两处错误,从而也否定了王世贞说。持此观点的人认为,以前有关《金瓶梅》作者的各种说法,都有一个共同的大破绽,即籍贯不是"兰陵"(即山东峄县)。《金瓶梅词话》序中的"兰陵笑笑生",是峄县人无疑,而此"笑笑生"是贾三近。因为在嘉、万年间贾三近的生平经历、文学素养、世界观和精神气质、笔名和《金瓶梅》全书所反映的内容较为相符。贾三近所作《左掖漫录》当是《金瓶梅》的原稿。

其四,"吴侬"说。所谓"吴侬",是"生长在吴语地区,或是受吴语影响较深的人"的昵称。有的研究者从《金瓶梅》书中多次运用吴语词汇这一点来证明"改定此书的作者当为一吴侬",并不一定是山东人。还有人曾将《忠义水浒传》与《金瓶梅词话》两书进行欢照,从作者所用的方言中发现了许多疑问。特别是作者对山东的地理知识,"似乎十分模糊",说是"山东人"的可能性不大。

其五,民间艺人集体创作说。有的研究者从明人有关《金瓶梅》的记载、词话源流及书中保留的说唱文学特点的例证认为,《金瓶梅》不是哪个大名士、大文学家个人创作出来的,而是"在同一时间或不同时间里",由许多民间艺人参加的,到过多人加工整理的作品。还有人更进一步指出:在《金瓶梅词话》以前,应该有一部《金瓶梅说唱词话》,后来却把这一部《金瓶梅说唱词话》改写为《金瓶梅词话》,虽保留了词话的名称,实际上是普通小说。

其六，屠隆说。有的研究者认为《金瓶梅》成书的确切时间"当在万历十七年至二十四年间"，这样，作者定非"嘉靖间大名士"。从《金瓶梅》的内容来看，作者应是一个很不得志，看穿世事，不满现实，玩世不恭，而又做过京官，"好叙男女情欲和熟悉小说戏曲游戏文字"的人。明代万历年间文学家屠隆在《开卷一笑》中曾用过"笑笑先生"的代名，"笑笑先生"当为"笑笑生"，而"兰陵"应为江苏武进，是屠隆祖先居住过的地方。他的书斋是"婆罗馆"，正是取名于武进的古巷。从屠隆的籍贯和生活习惯看，符合著《金瓶梅》的作者条件。万历十二年，屠隆在京师正意气风发之时，被讦与西宁侯纵淫而罢官，使他看到世态的艰险，同时更纵情于诗酒声色。这种遭遇和身

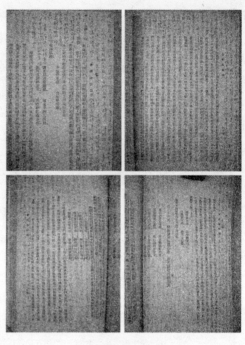

《金瓶梅》书影

世以及对社会的认识，都和《金瓶梅》中所揭露、鞭挞的相一致。屠隆对人欲的看法是"既想治欲，又觉得欲根难除"，这与《金瓶梅》既"企图否定过度的淫欲"，又"不自觉地流露出赞赏"的观点也是吻合的。屠隆认为文学作品可以"善恶并采，淫雅杂存"，不必对"淫"的描写躲躲闪闪。这些都是产生《金瓶梅》的特殊思想基础。

《金瓶梅》是我国古代"四大奇书"之一。对其著作权问题的各种研究，都有助于深入探讨此书的思想意义和美学意义。这对中国文学发展史的研究也是大有裨益的。

《西游记》中"女儿国"消失之谜

一位美丽痴情的女王、一条喝了其中的水就能生孩子的子母河，《西游记》中描写的"女儿国"曾经留给人无数的幻想。"女儿国"究竟是吴承恩全凭天马行空的想象力虚构出来的理想乐园，还是历史上果真有过这样一个"女儿国"呢？

1. 史书中记载的东女国是否就是传说中的"女儿国"呢？

"'女儿国'在历史上的的确确存在过，而且现在有一些村寨一直将'女儿国'的古老习俗留存至今。"任新建说。任新建是四川省社科院历史所研究员、四川康藏研究中心副主任，他经过长期研究和实地考察发现，今天四川甘孜州的丹巴县至道孚县一带就是《旧唐书》中记载的东女国的中心。

东女国是否就是传说中的"女儿国"呢？据《旧唐书》第一百九十七卷《南蛮西南蛮传》记载："东女国，西羌之别称，以西海中复有女国，故称东女焉。俗以女为王。东与茂

州、党项接,东南与雅州接,界隔罗女蛮及百狼夷。其境东西九日行,南北二十二日行,有大小八十余城。"

据任新建解释,按照《旧唐书》的记载,东女国南北长 22 天的行程,东西长 9 天的行程,如果按照过去一天骑马 40 公里或者步行 20 公里,那么东女国应该南北覆盖 400 ~ 800 公里,东西覆盖 180 ~ 360 公里。

据史书记载,东女国建筑都是碉楼,女王住在九层的碉楼上,一般老百姓住四五层的碉楼。女王穿的是青布毛领的绸缎长裙,裙摆拖地,贴上金花。东女国最大的特点是重妇女、轻男人,国王和官吏都是女人,男人不能在朝廷做官,只能在外面服兵役。宫中女王的旨意,通过女官传达到外面。东女国设有女王和副女王,在族群内部推举有才能的人担当,女王去世后,由副女王继位。一般家庭中也是以女性为主导,不存在夫妻关系,家庭中以母亲为尊,掌管家庭财产的分配,主导一切家中事务。

2. 历史上的东女国后来难道已经消失了?

《旧唐书》关于东女国的记载是十分详细的,但是到了唐代以后,史书关于东女国的记载几乎就中断了。难道东女国的出现只是昙花一现吗?

任新建说,唐玄宗时期,唐朝和土藩关系较好,土藩从雅鲁藏布江东扩到大渡河一带。可是到了唐代中期的时候,唐朝和土藩关系变得紧张,打了 100 多年仗,唐朝逐步招降一部分土藩统治区的少数民族到内地,当时唐朝把 8 个少数民族部落从岷山峡谷迁移到大渡河边定居,这 8 个部落里面就有东女国的女王所率领的部落。

当时东女国女王到朝廷朝见,被册封为"银青光禄大夫",虽然是虚衔,但是品级很高,相当于现在的省级官员。后来到了唐晚期,土藩势力逐渐强大,多次入侵到大渡河东边,唐朝组织兵力反击,在犬牙交错的战争中,东女国的这些遗留部落,为了自保就采取两面讨好的态度。

后来,唐逐渐衰落直至分裂,土藩也渐渐灭亡。土藩崩溃后,曾经被他们统治的青藏高原重新回到了原来的部落时代,唐代分裂后,也没有力量统一管理,到了后来的宋、元、明三代,对于青藏高原地区的统治很薄弱,因此基本没有史料记载,一直到清代才把土司制度健全。而东女国的遗留部落有些由于靠近交通要枢,受到外来文化的影响,女王死后没有保留传统习俗,逐渐演变成父系社会,而有一些部落依旧生活在深山峡谷,保留了母系社会的痕迹。

3. 扎坝依旧保留着东女国的古老习俗

根据任新建的考察,历史上的东女国就处在今天川、滇、藏交汇的雅砻江和大渡河的支流大、小金川一带,也是现在有名的女性文化带。"而扎坝极有可能是东女国残余部落之一,至今保留着很多东女国母系社会的特点。"任新建说。

扎坝过去是一个区,现在有 7 个乡,5 个乡在道孚县境内,2 个乡在雅江县境内,一共生活着将近一万人。任新建在扎坝调查时发现,女性是家庭的中心,掌管财产的分配和其他家庭事务,与东女国"以女为王"相似,有的家庭有 30 多个人,大家都不结婚,男性是家中的舅舅,女性是家中的母亲,最高的老母亲主宰家中的一切。"很明显是母系社会的残余,经过现代社会的冲击,已经和原始的母系社会不完全一样,只是保留了一些基本特点。"任新建说。

扎坝人依然实行走婚,通过男女的集会,男方如果看上了女方,就从女方身上抢来一样东西,比如手帕、坠子等,如果女方不要回信物,就表示同意了。到了晚上,女方会在窗户边点一盏灯,等待男方出现。扎坝人住的都是碉楼,大概有10多米高,小伙子必须用手指头插在石头缝中,一步一步爬上碉楼。此外,房间的窗户都非常小,中间还竖着一根横梁,小伙子就算爬上了碉楼也要侧着身子才能钻进去,就好像表演杂技一样,这个过程要求体力好,身体灵活,这其实也是一个优胜劣汰的选择。第二天鸡叫的时候,小伙子就会离开,从此两人互相没有任何关系。男方可以天天来,也可以几个月来一次,也可以从此就不来了,他们之间的关系叫作"甲依",就是伴侣的意思。女方可以同时有很多"甲依",但也有极少数姑娘一辈子只有一个"甲依",两个人走婚走到老。女方生小孩后,"甲依"一般都不去认养,也不用负任何责任,小孩由女方的家庭抚养。但奇怪的是,当地的小孩一般都知道自己的父亲是谁。

明朝为何盛行色情文学

除了具有中国第一"色情小说"之称的《金瓶梅》和其他明朝色情小说之外,明朝春宫画的出现和流行,也并不亚于色情文学。据汉学家高罗佩考证,明朝时的春宫画在其鼎盛时,印刷时使用了五色套印,其水平之高,画面之美,至今令人叹为观止。这些色情文学,在四五百年之后的今天还能见到,足见当时的印数之多,流行之盛。

明朝主流文化的台面上高唱着"存天理、灭人欲"的高调,而它的背后流行的却是宣扬欲望的色情文学。虽然也时有遭受焚书毁版的查禁,可一部又一部的色情小说还是不断出现和流行。在同一片天空下,有着与理论上如此相悖的事情,岂不县有点儿匪夷所思吗?

原因一:文字狱吓破了书生们的胆

明朝定国之后不久,朱元璋便大开杀戒,忌惮功臣们功高盖主,担心自己死后子孙们压服不住他们,便在他当政的20余年间,把与他一起打天下的功臣们大多杀掉了,且用的都是满门抄斩的法子,连门生故交都不放过。一面杀功臣,一面则是杀儒生。写诗做文章,凡是触犯了朱元璋忌讳的"光、贼、则"等字眼的,一律杀掉,其他就更不用说了。他的四儿子朱棣从侄子手中夺过天下后,又接着杀了一阵,其中仅"读书种子"方孝孺一案,就杀了800余人。面对这样的现实,谁还愿意拿自己的脑袋和皇帝开玩笑?公开地做学问不行,科举的路又窄得吓人,书生们还要吃饭,还要养家糊口,就是做风流才子也还要一些小钱的,所以,他们只好去寻别的活命的法子。

原因二:"床笫文学"成为"畅销书"能赚钱

在明朝中后期的长江中下游一带,商业气息已是较浓的了,经济繁荣后便出现了一些有钱又识字的闲人,于是出版业便随之发达起来。书商们要赚钱,书生们要吃饭,有了闲钱的人们要惬意,通俗文学便出现并流行起来,流行得久了自然便流向了色情文学,因为"床笫文学"最能切中人性的欲望,最能成为畅销货。所以,色情文学一旦出现,很快就走上"畅销书"的排行榜,自然也就是顺理成章的事。

此外,在明清两朝,文字狱十分盛行。然而,考证这些文案,就会发现这些案件中,没有一件是因为创作了色情文学而兴的。大约在政治家们看来,色情文学流行,虽然有伤风化,危及道德,不可不管,但也不必一概禁绝,像对付研究历史、揭皇家短处的历史学家,以及议论朝政的学者那样严酷。原因在于政治家们明白,把聪明人的心思引到女人身上对统治者的政权要安全得多。

群经之首《易经》:姬昌囚禁演周易之谜

《周易》即《易经》,我国群经之首,是一部用阴阳学说揭示和描述宇宙内在本源规律的书。民间又称无字天书。《易经》分本经和大传两部分。本经包括八卦、重卦、卦辞,为易有主体,故称为经;大传包括上象、下象二、上象三、下象四、上系五、下系六、文言七、说卦八、序卦九、杂卦十,此十者合称十翼。

《周易》揭示和描述了宇宙万事万物运动变化发展的内在规律,这个规律最通俗最本质地说就是生老病死的规律。《周易》用两种方式揭示和描述了这种规律,一种是以图的形式即太极图标示,白的为阳,黑的为阴,阳死阴生,阴死阳生,阳盛阴衰,阴盛阳衰,物极必反,循环不失。另一种以文字即命理十二宫所描述,万物由长生、沐浴、冠带、临官、帝旺、衰、病、死、墓、绝、胎、养,再到长生而循环不已,这种生老病死的规律。根据这种规律就可以大体上对万事万物进行预测。

《周易》相传为周文王所作。周文王姬昌施行德政,发展生产,广纳贤才,在当时引起了其他诸侯的瞩目。商朝诸侯崇侯虎在自己的封地得知,西面岐山下的周文王在大行仁义之道,势力扩张的很快。崇侯虎不敢怠慢,连忙向纣王汇报。

纣王听后命令周文王觐见。随后将其囚禁监牢,一关就是七年。

周文王被囚期间,每日闭门待罪,便将伏羲所创的八卦演变为六十四卦,并且作了卦爻辞,代表世间万物蕴藏的阴阳规律之变化。于是,形成了《周易古经》。

古籍文献《春秋》:作者孔子质疑

《春秋》作为古籍有着不可估量的研究价值,是我国最早的一部编年史,记载了从鲁隐公元年(前722年)到鲁哀公十四年(前481年)的历史事件。

几千年来,《春秋》一直受到学者的重视,但是《春秋》的作者是否为孔子所作,人们对此有不同的看法。

一种观点认为,《春秋》由孔子所著。

周游列国的孔子,晚年回到鲁国集中力量把古代相传下来的文献加以整理,参考了大量各国的史书,着手编写了历史著作《春秋》。孟子在《孟子·滕文公下》中直接指出孔子作《春秋》的目的:"孔子惧作《春秋》。……孔子成《春秋》而乱臣贼子惧!"

另外,从春秋时期的社会背景来看,诸侯割据争霸,礼法遭到践踏,孔子希望靠《春秋》以正名分,给诸侯、大夫以严正的褒贬,以安定天下秩序。孔子曾对自己作《春秋》一事说:"知我者其惟春秋乎!罪我者其惟春秋乎!"意思是说,后人知道我孔丘的,将因为这部《春秋》;后人责骂我孔丘的,也将因为这部《春秋》。

另一种观点认为,《春秋》并非孔子所著。

支持此观点的人指出,《春秋》诸多地方笔调不一致,风格不统一,可能是由鲁国各个时期的多名史官撰写而成的。

还有一种观点认为,《春秋》是孔子参与整理的。

《史记·孔子世家》记载:"子曰:'弗乎弗乎。'君子病没世而名不称焉。吾道不行矣,吾何以自见后于世哉?乃因史记作《春秋》。上至隐公,下讫哀公十四年,十二公。"司马迁认为,《春秋》是孔子根据鲁国和周王室以及其他诸侯国的史官的记载略加修改编辑而成的。

《诗经》的形成:"孔子删诗说"质疑

《诗经》是我国第一部诗歌总集,共收入自西周初期至春秋中叶约500年间的诗歌305篇,所以又称《诗三百》。由于《诗经》年代已久,关于其内容历代有"孔子删诗"之说,又有质疑和反对"孔子删诗"之说。

"孔子删诗"这种说法最早起源于汉代。《史记·孔子世家》载:"古者诗三千余篇,及至孔子;去其重,取可施于礼义……三百零五篇,孔子皆弦歌之,以求合翻武雅颂之音。"《汉书,艺文志》说:"孔子纯取周诗。上采殷,下取鲁,凡三百零五篇。"这些文献都认为《诗经》是由孔子选定篇目的。

支持此论点的史学家认为,孔子从前人已收录的多篇诗中选取305篇编为集子,作为教科书是十分可信的。所谓删诗,并不一定全篇都删掉,或者是删掉篇中的某些章节,或者是删掉章节中的某些句子,或者是删掉句中的某些字。《诗经》中有全篇未录的,也有录而章句不用的,可见这种情况与删《诗经》相吻合。

但是,持异议者提出一些反驳的理由。周代各诸侯国之间邦交往来,常常赋《诗》言志。如《左传·定公四年》载,吴攻楚,楚败几亡,楚将申包胥到秦国朝廷请求援兵,痛哭七日七夜,秦哀公深为感动,赋《诗经·无衣》,表示决心相救,恢复楚国。如果当时《诗经》没有统一的篇目,赋《诗》言志就无法进行。

据《论语》记载,孔子说:"吾自卫返鲁,然后乐正,《雅》《颂》各得其所。"孔子自卫国返回鲁国之后,时年近七十。在此之前,他均称《诗三百》,可见在于孔子中青年时期,《诗经》已为三百篇。所以,孔子只是对已经散乱的《诗经》进行了整理,用它来教育学生。

屈原诗中人物湘君湘夫人：娥皇女英原型之疑

浪漫主义诗人屈原的《湘夫人》抒发女子对湘君的爱慕，《湘君》则寄予男子对湘夫人的思念。然而，"湘君"和"湘夫人"究竟指代何人，却引起世人种种揣测。

《山海经》中有记载："又东南一百二十里曰庭之山，其上多黄……帝之二女居之，是常游于江渊。澧沅之风，交潇湘之渊，是在九江之间，出入必以飘风暴雨。"后人便因"交潇湘之渊。是在九江之间"而认为"二女"即"湘夫人"。如此便有了"湘夫人即尧帝之女娥皇、女英"之说。而《史记·五帝本纪》中有关于"尧用二女妻舜"的记载，所以据此推论"湘君"便是舜。但有不少赞同"湘夫人即娥皇、女英"的人对"湘君即舜"的说法提出异议，认为从屈原以往的作品中皆能看出他将舜帝堪比天神，而不是湘水之神。"湘君"就是一个思念着娥皇、女英的湘水之神。

也有人认为，"湘君"即娥皇，"湘夫人"即女英。"湘君"与"湘夫人"分别是尧的两个女儿。此说源自《山海经》。不同的是，将"湘夫人"一人代之以娥皇、女英变为"湘君""湘夫人"共代之。

而从《湘君》中的"望夫君兮未来，吹参差兮谁思"和《湘夫人》中的"闻佳人兮召予，将腾驾兮偕逝"来看，明显表达的是对异性的思念与爱慕。所以，将"湘君"与"湘夫人"理解为娥皇、女英两女子的说法也遭到了驳斥。

琴歌《胡笳十八拍》：创作者是蔡文姬还是董庭兰

琴歌《胡笳十八拍》是由十八首歌曲组合的声乐套曲，由琴伴唱，描写主人公饱受战乱之苦，抒发爱国思乡之情、骨肉分离之亲。千百年来成为我国传统音乐作品中的珍品，深受人们喜爱。

据传《胡笳十八拍》的作者是东汉著名文学家蔡文姬。蔡文姬，名琰，是东汉末年大名士蔡邕的女儿，在文学和音律方面有造诣。战乱的时代，蔡文姬被南匈奴掠去，因思念故乡加上自己的音乐天赋创作了《胡笳十八拍》。

《胡笳十八拍》歌词分为十八章，一章为一拍。其中既有"乱离"背景的描述，又有思乡之情的惆怅。《胡笳十八拍》的艺术价值很高。明朝人陆时雍在《诗镜总论》中说："东京风格颓下，蔡文姬才气英英。读胡笳吟，可令惊蓬坐振，沙砾自飞，真是激烈人怀抱。"现代学者郭沫若对《胡笳十八拍》中歌词加以考证，也断言非蔡琰莫属，并称赞说："这实是一首自屈原《离骚》以来最值得欣赏的长篇抒情诗。"

然而，自唐以来，有学者对蔡文姬创作《胡笳十八拍》提出质疑，认为这部作品的作者是唐代著名琴师董庭兰。

唐代进士刘商《胡笳曲序》（《乐府诗集》卷五十九转引）序文曰："蔡文姬善琴，能为离鸾、别鹤之操。胡虏犯中原，为胡人所掠，入番为王后，王甚重之。武帝与邕有旧，遣大将军赎以归汉。胡人思慕文姬，乃卷芦叶为吹笳，奏哀怨之音。后董生以琴写胡笳声为十八拍。今之胡笳弄是也。"从序文中"后董生以琴写胡笳声为十八拍,今之胡笳弄是也"推断:《胡笳十八拍》乃唐代琴家董庭兰(即董生)所作,是为据。

琴歌《胡笳十八拍》作者到底是谁?这一问题的讨论自唐代至今,文学界见仁见智,音乐界也未有定论。但无论作者是蔡文姬还是董庭兰,抑或其他人,都不影响我们对作品的喜爱和推崇。

古代预言《推背图》:宋太宗为何不禁反推广

《推背图》是中国古代著名的政治预言书,据传是唐朝太宗皇帝时期天相家李淳风和袁天罡所著,本来是用以推算大唐国运的书籍。相传李淳风某日日观天象,得知武后将夺权之事,于是一时兴起开始推算起来是否属实,竟推算到唐以后中国两千多年的命运脉络。袁天罡见状推了李淳风的背一下,神秘地说道:"天机不可泄露。"于是李淳风再没有敢继续推下去。但《推背图》却因袁天罡这一推而得名。

《推背图》最初并没有得到重视,但经过几百年的见证,上面所写口诀竟与真实历史有八分切合,这使历朝历代的统治者胆战心惊,一直将其列为禁书。但是到了宋太宗赵光义的时代,《推背图》不仅没有遭禁,反被大肆推广。

据民间传言说,《推背图》预示了大宋王朝会在宋太宗这一朝灭亡。而当时的宋王朝经济和军事正如日中天,显然民间的谣言是非常荒诞的。但百姓容易受到愚弄,京城开封更是人心浮动。宋太宗暗道必定是有人借《推背图》危言耸听,制造危害宋室的言论,如果事态继续发展下去,一定会引起内乱,于是立刻下令查禁《推背图》。

但宋太宗的这种做法并未安定民心,《推背图》越是被禁,就越在民间私下发行。一时间不但没有把《推背图》的事情压下去,反而更激起民间的舆论热潮。于是便有大臣向太宗皇帝进言,查禁不宜,应当另行寻找对策。宋太宗向来心思缜密,略一思考,对臣子道:"大禹治水,不禁而疏,效果极佳。查禁一事可以效仿,不必再禁《推背图》,索性大肆发行,让百姓随意购买,自然能止谣言。"大臣依太宗之言照做,最后无论京城内外家家有一本《推背图》。此后百姓对《推背图》的神秘性开始质疑,逐渐也就忘记了《推背图》预言,传于宋王朝即将灭亡的谣言也随之平息了。

画作《韩熙载夜宴图》:名画竟成谍报图

《韩熙载夜宴图》是我国历史上著名的画作之一。此画卷分多幅,如同一幅连环画,绘制了南唐著名官员韩熙载家开宴行乐的场景。整幅长卷线条流畅,工细灵动,层次分明,神韵独特。

然而这样一幅绝世画作,在当时却有人提出,其实这卷名画是一份"谍报"。为什么名画竟成了谍报图呢?可从画作的成因来看。

李唐末年,各路节度使、太守、军阀趁势而起,韩熙载生活在南唐国君李煜在位时期,是权倾朝野的大臣。时值国势衰微之际,李煜新娶小周后周薇,大臣们纷纷恭喜,韩熙载却写了一首讽刺诗。韩熙载为人耿直,李煜对他是又爱又恨。

不久,赵宋于中原兴盛起来,南唐岌岌可危,韩熙载终日在家饮酒作乐,夜夜笙歌。此事传到李煜耳中,于是叫了两个非常有名的画室去参加韩熙载的夜宴,并将夜宴的场景细细刻画出来。

《韩熙载夜宴图》花了数月的时间终于画好,李煜吩咐将此画送给了韩熙载。目的想借画告诉韩

韩熙载夜宴图(局部)

熙载,作为重臣不可如此堕落。可是韩熙载似乎并未领会李煜的用意,依然过着放荡不羁的生活,李煜在失望至极中决定将韩熙载迁至洪州。韩熙载这才知道李煜的用心,慌忙借此机会告老还乡,再不摄政。李煜念在他对南唐江山有功的份儿上,将他放逐出了金陵。但《韩熙载夜宴图》是否真的是份谍报,却没人能肯定回答出来。

行书楷模《兰亭序》:王羲之真迹质疑

《兰亭序》也称《兰亭宴集序》《兰亭集序》《临河序》等,是王羲之在东晋永和九年为朋友的诗作所写的序文手稿,全文共28行324个字,有"天下第一行书"之称。

1600多年前,三月初三日,绍兴西南兰渚山下,王羲之等一群文人墨客正饮酒作诗。有人提议将所作的诗编辑成集以作纪念,这个想法得到了大家的一致赞同,并推举王羲之写序。王羲之处于酒酣兴浓之时,遂提笔写下了流传千古的《兰亭序》。

然而,《兰亭序》是否为王羲之所写,历来颇有争议。

20世纪60年代,曾经发生过一场关于《兰亭序》真伪的大讨论,争论双方代表为郭沫若和高二适。1965年6月,郭沫若在《文物》杂志上发表了《从王谢墓志出土论＜兰亭序＞的真伪》一文,该文列举诸理由推断《兰亭序》并非王羲之的原作。这篇文章发表后,被江苏省文史研究馆馆员高二适看到,于是写了一篇《＜兰亭序＞的真伪驳议》的文章,坚持《兰亭序》仍为晋代王羲之手笔,并非后人之伪作。

在后来章士钊给毛泽东的来信上,毛泽东对此以及阅读了所附高二适的文章后,次日即复函给章士钊说:"高先生评郭文已读过,他的论点是地下不可能发掘出真、行、草墓石。草书不会书碑,可以断言。至于真、行是否曾经书碑,尚待地下发掘。但争论是应该有的。我当劝说郭老、康生、伯达诸同志赞成高二适一文公之于世。"于是,在毛泽东的支持下,《光明日报》和《文物》杂志先后刊载了高二适《＜兰亭序＞的真伪驳议》一文和影印的手稿。而郭沫若即针对高文发表了《驳议的商讨》和《＜兰亭序＞与老庄思想》两文,与之辩论。尔后,高二适也再次写了《＜兰亭序＞真伪之再驳议》一文回敬郭沫若。

一时间，学术界呈现出"百家争鸣"的繁荣景象，从中央到地方的报刊也都刊登了有关《兰亭序》真伪的论文。以郭沫若、高二适为首的两派展开了一场持续半年之久的争论，但因双方都没有充足证据，这场争论最终未分对错。

中华神品《清明上河图》：对"春景清明说"的质疑

《清明上河图》是我国北宋画家张择端绘制的一幅长卷风俗画，全长 528 厘米，宽24.8 厘米，全面细致地描绘了北宋都市生活的各个方面，对了解和研究当时的人文风俗具有重要价值。自从它问世以来，受到上至当朝皇帝，下至文人学士的赏识和珍藏，现藏于北京故宫博物院。

《清明上河图》的创作年代及"上河"的涵义曾有过一些争论，但对画中描绘的是清明时节，自金代以来似无异议。近年来随着研究的深入，一些研究者和收藏鉴赏者却对以往的"春景清明说"提出了不同意见。

一是"清明节"说。一般都认为《清明上河图》所描绘的是宋徽宗时期京都汴梁以及汴河两岸，清明时节的繁华热闹景象和自然风光。明代《味水轩日记》中有记载，这幅画最早的收藏者是宋徽宗赵佶，画上有宋徽宗亲笔的瘦金体题签"清明上河图"和双龙小印，还有宋徽宗的题诗，诗中有"水在上河春"一句。根据《东京梦华录》对清明节的相关记载，北宋时期清明时节不但要祭扫亡灵，还要举行盛大的郊游活动，这与画中所描绘的景致相吻合。近代及当代美术史家郑振铎、徐邦达、张安治等也均主张春景之说。

二是"清明坊"说。到了 20 世纪 80 年代，有人认为《清明上河图》所绘的是秋景，而不是北方初春的清明时节。

清明时节，北宋京都应是乍暖还寒的，然而画中带着扇子的，光着身子在街头嬉戏玩耍的，以及商贩的草帽、竹笠等细节描写却违背了自然环境，并不是清明节之景。

据北宋孟元老的《东京梦华录》记载，每年农历十月，汴京始"进暖炉炭，帏前皆置酒作暖会"，如果清明节前后进暖炉炭，则违背宋人生活习俗。画面上有酒肆多处，酒旗上写着"新酒"二字，《东京梦华录》中记述："中秋节前，诸店皆卖新酒……"说明"新酒"不是在清明时节出现的。

另外，分析画中的"城门楼"，设想《清明上河图》应该是描绘的从"清明坊"到汴河口这一段上河的繁华热闹的景色。"清明"是指汴京城中的地名"清明坊"，而不是清明时节。

三是寓意"承平"说。有人认为"清明"既非时令又非地名，是称颂"太平盛世"之意。

《诗经·大雅》中有"肆伐大商，会朝清明"的说法，《后汉书·班固传》有"固幸得生于清明之世"之句，这里的"清明"都有政治开明有度、人民安居乐业之意。当时，张择端是皇家御用画院待诏，因此他用"清明"一词创作这幅画敬献给宋徽宗，进行歌功颂德是很有可能的。

画家选取汴河秋景入画，因为"汴水秋风"是汴城八景的第一景。汴水以"秋风为胜",而汴城又以汴水两岸最为繁华。这正透露出张择端的作画意图,描绘汴河的升平景象,寓示盛世清明而非清明时节。

比较以上三种说法,第三种说法似乎更有说服力。

千古绝唱《满江红》:作者岳飞质疑

长期以来,人们认为《满江红》的作者是宋代抗金将领岳飞,他在写这首词时,正值中原遭受女真铁骑蹂躏的岁月,岳飞怀着一腔热血,矢志抗金,而这首词真实、充分地反映出岳飞精忠报国的英雄气概。对此,没有人怀疑它的真实性。

但是,近些年来。有关专家对这首词的作者产生了疑问。

坚持《满江红》是岳飞所作的主要根据是,宋代人陈郁在其《藏一话腴》中涉及岳飞时,记载有武穆"又作《满江红》,忠愤可见",说明在当时的著作中已有《满江红》的记载;其次,在河南省汤阴县的岳飞庙碑林中有一碑刻,碑上刻有《满江红》全词,碑刻于明天顺二年(1458 年),由岳飞的同县庠生王熙所书。另外,就词中一些具体句子,一些学者也回答了持否定说的人的质疑。如台湾学者李安根据史实同《满江红》中的词相考证得出结论:《满江红》词乃岳飞"表达其本人真实感受,于公元 1133 年秋季 9 月下旬作于九江"。

但也有一些学者认为《满江红》并非岳飞所作。

现代古文献学家余嘉锡根据对《四库提要辨证》的考证提出了两点疑问。岳飞的孙子岳珂所编《金伦粹编·家集》中没有收录这首词。《满江红》这首词最早见于明代嘉靖年间徐阶所编的《岳武穆遗文》,是根据弘治十五年(1502 年)浙江提学副使赵宽所书岳坟词碑收入的,赵宽也未说明这首词的来龙去脉,而且赵宽碑记中提及的岳飞另一首诗《送紫岩张先生北伐》经历史学家考证也是伪作。在此之前,宋、元时期的相关记载和题咏中并未发现它的踪影。

此外,在其他同时代人的作品中,也从来没有提到过这首词。直到明朝中后期,该词才被发现,这是否有可能是明朝人为了鼓舞士气,才假托岳飞之名而伪造的呢?

另外,词中有一句"驾长车,踏破贺兰山缺",这与当时的历史情况有出入。贺兰山在今内蒙古河套之西,南宋时属西夏,并非金国土地,而金国黄龙府在今吉林省境内。岳飞不可能以在西夏境内的"贺兰山"来比喻攻打金国黄龙府的志愿。岳飞曾与将士们相约"痛饮黄龙府",所以他进攻的方向应是今天的吉林省农安县。实际上是明代北方鞑靼族常取道贺兰山入侵甘、凉一带。因此,《满江红》可能并非出自岳飞之手。

第三节 悠久的渊源寻根

中华民族何时称为"华夏"

相传,我国历史上第一个朝代是夏朝。古时候,黄河流域一带的先民自称"华夏",或简称"华"、"夏"。"华夏"一词最早见于《左传》:楚失华夏。唐孔颖达疏:华夏为中国也。从字面意思来讲:华,是为"章服之美"也;夏,是为"礼仪之大"也。

这两大修饰"美好"的形容词,强强联手,其涵义不言自明,就是好得不能再好的意思。虽然"华夏"一词本义只是指中原诸侯,也是汉族前身的称谓,但因为它意义很好,再加上人们用惯这个词,日久生情、约定俗成了,所以"华夏"因此至今仍是中国的别称。

华夏族的祖先,原是生活在黄河流域的黄帝和炎帝,后由于合并融合,蛮、夷、戎、狄等民族相继融入华夏族,构成后来汉族的主体,汉族因汉王朝而得名,此前称华夏族,所以汉族本身就是由不同民族融合而成的,其主体是华夏族,这就是中国之所以称为"华夏"的缘由。

当今的人认为,一个民族的形成,要经过漫长岁月的磨合、融汇、甚至牺牲,才能凝结成一个有共同语言、共同情感、共同文化、共同经济、共同疆域的整体。可以说,民族的形成完全是一部野蛮的争斗史,也是一部文明的团结史。

而秦汉时期所说的中国人,实际上来源于华夏、东夷、南蛮三大民族集团。而三大集团中的华夏集团的代表,一个叫炎帝,一个叫黄帝。炎帝神农氏没落时期,黄帝轩辕氏"习用干戈,以征不享",经过阪泉之战和涿鹿之战后,黄帝排除了异己,兼并、融合、统一了中原地区的诸多民族,形成了华夏族主体。华夏、东夷、南蛮三大集团是构成华夏族的核心部分。华夏集团发祥于今陕西省的黄土高原上,在有史以前已经渐渐地顺着黄河两岸散布于中国的北方及中部的一些地方。

东夷氏族的代表人物是太昊氏。传说中的黄帝与诸侯中最粗暴的蚩尤战于涿鹿,并且擒杀了蚩尤,这蚩尤就属于东夷集团。东夷集团所居住的地域,北至山东北部,西至河南东部,西南至河南的极南部,南至安徽的中部,东至海滨。南蛮集团的代表人物是伏羲与女娲。这一集团所处的地域以湖北、湖南、江西等地为中心。华夏族的形成过程就是华夏、东夷、南蛮三个部落集团长期斗争、相互融合的过程。经过战争,使得胜利者越来越强大。《史记》称,黄帝"东至于海,登丸山,及岱宗。西至于空桐,登鸡头。南至于江,登熊、湘,北逐荤粥,合符釜山,而邑于涿鹿之阿"。就是说,黄帝使炎帝以及其他一些部落臣服,势力东达渤海,西至甘肃,南到长江,北到幽陵,并在今河北省涿鹿县建了"帝都",形成了一个势力强大、相对稳定的早期"国家"。随着时间的推移、历史的发展,黄帝及其后裔的华夏集团与其他部落不断融合。虞氏虞舜与陶唐氏帝尧的两个女儿的通婚,意味着华夏集团与东夷集团的进一步融合。舜帝征服三苗,就意味着一个亲善大于仇视,友好大于争夺,联合大于离乱,世世代代通婚,不断繁衍生息的民族大融合的共同体——华夏族基本形成了。

据前面所说,华夏族早在尧舜时期已经形成。但是史学界也有持不同意见者,他们认为华夏族是在夏朝时才形成的。持这种观点的学者认为:一个民族的形成是以破坏氏族部落为目的,淡化血缘概念为条件的。这个民族共同体的形成与夏代国家的建立是一个同步的历史进程。而原始社会末期,炎黄时代的社会结构是由家族、氏族、胞族和部落构成的,不符合民族发展形成的规律。

传统观点认为,华夏族在夏朝才形成的这个观念,是以国家的形成为根据的。但是,根据现代考古发现和研究,国家的形成应该从夏代往前推千余年。那么,还认为华夏族是在夏代才形成的观念就显得落伍了。长期以来这种落伍的观念来自于我们对夏代以前的历史不了解,而又不愿深入研究,只认识商代的甲骨文,就以为中国以前只有传说,没有历史。这种观念一直束缚着中国史学界的思维,很多创新观点被迫裹足不前,这无疑是一种文化的认知缺陷。当然,其间也有学者发出不同的声音,认为华夏族起源于商、周或战国时期。

事实上,一个民族的形成过程是漫长而艰难的,往往要经历分裂、统一、再分裂、再统一的反复磨合的过程,因此很难准确地说明这个民族诞生在哪朝哪代。譬如,汉民族的形成就是尧舜时期在华夏族形成的基础上,历经夏、商、周、春秋、战国、秦、汉几代的民族统一,以及与周边的少数民族不断融合,才得以发展成为拥有灿烂的古代文明和广大人口的汉民族。

到了公元前1600年,居住在今商丘北部的商部落灭了夏朝,成了中原的主人,领土比夏朝时多了徐州和山东西部。商部落有东夷血统,但是语言上操一种汉语方言。东夷属于北亚人种与北方远东人种的过渡人种,他们的语言属于汉藏语系而不属于汉语。经过几百年的统治,商部落完全华夏化。但作为华夏族在关中的移民,血缘和文化上他们仍然是以华夏族为主体。

总结以上的观点,第一种看法是,"华夏"是民族的名称。其中,这种观点又有两种认知的分歧,一种观点认为我国古代以"夏"为族名,而"夏"这个名词则由"夏水"而得——"华夏族定居在华山之周,夏水之旁,故而得名";另一种观点认为,"华夏"实际是历史上夏族的一个分支。古老的夏族曾生活在甘肃、河南、山西一带,后来这个民族不断向四周迁徙,逐渐形成"东夏"、"西夏"、"大夏"三部分,后来大夏变为夏族的总称;第二种看法则认为,"华夏"是地域文化概念,认为它是以文化的高低定名,谁的文化程度高,谁就是老大;文化程度低的俯首称臣,做了小弟。

"华夏"这一文化疑案至今还存在争论,没法最终定案,仍需要等待后来者去解开。

女娲传说

女娲又称为女娲娘娘,是传说中人类的始祖,她创造了万物。《太平御览》中,说女娲在正月初一创造出鸡,初二创造狗,初三创造羊,初四创造猪,初六创造马。初七这一天,女娲用黄土和水,仿照自己的样子造出了一个个小泥人。她造了一批又一批,后来觉得太慢,于是用一根藤条沾满泥浆挥舞起来,一点一点的泥浆洒在地上,都变成了人。

为了让人类永远的流传下去,女娲创造了嫁娶之礼,自己充当媒人,让人们懂得"造人"的方法,凭自己的力量传宗接代。女娲不仅创造了人类,而且炼石补天,让人们免受天灾,是被民间广泛而又长久崇拜的创世神和始祖神。

然而关于女娲其人,却有不少待解之谜。

女娲是男还是女?这个问题看起来未免令人发笑。因为从古至今,人们一般认为女娲无疑是一位女子。

大部分人根据上古神话,传说女娲是伏羲的妹妹,或者根据其名字、所处的母系社会而断定她是女性,且为创世之母。

诸多古籍,如《太平御览》、《山海经》中,都有关于女娲为女性的记载。女娲娘娘,又称女阴,风姓,生于成纪(甘肃秦安县),是中国历史神话传说中的一位女神。

然而有人却认为女娲原为男性,被后人讹传为女性。清代赵翼考证,女娲本为风姓,号为女希氏,是上古时帝王中的圣贤者。因当时没有文字,在人们口口相传中,因音成字,写作女娲,并不是指其性别为女。

女娲炼石补天的故事在我国广为流传。传说远古时候,火神祝融和水神共工打起仗来。共工把撑天的柱子不周山撞倒了,天塌下半边来,地也陷成一道道大裂纹,山林烧起了大火,洪水从地底下喷涌出来,龙蛇猛兽也出来吞食人民。

为了拯救万物,女娲先是炼制了五色石头,一块一块把天补好了。对于女娲补天的传说,后人对此作了解释。有人认为,五金有青、黄、赤、白、黑五色,皆生于石中,女娲首先识别它们,并用火锻炼出来,制为器物工具之类,后传为炼石补天。据此,女娲补天又被解释为原始冶金的发明和应用。

还有学者认为女娲补天的神话实际上可能是远古时期的一次陨石雨灾害,并以河北望都白城村洼地遗址为据。也有人认为,女娲补天的传说源于济源。

而对于女娲埋在哪里,她的陵墓在何处,说法也颇多。女娲作为一个充满神秘色彩的女神,关于她的文化源远流长、博大精深,而由于她所处的时代距现在太遥远了。因此要想解开她的这些谜实属不易。

伏羲始祖

相传伏羲人首蛇身,与其妹女娲成婚,生儿育女,成为人类的始祖。也有相传他是古代华夏部落的杰出首领,是我国古籍中记载的最早的王。

据说伏羲聪慧过人,根据天地万物的变化,发明创造了八卦,即以八种简单却寓意深刻的符号来概括天地之间的万事万物,从而结束了"结绳记事"。据说这是一组代表自然界天地水火山川雷电的象形文字,也是中国文字的起源。而其中所蕴含的博大精深的文化内涵,则成为古代东方哲学的标志。

此外,他还模仿自然界中的蜘蛛结网而制成网罟,用来捕鸟打猎,并教会了人们渔猎的方法。他还发明了瑟,创作了《驾辨》曲子。

伏羲的活动标志着中华文明的起始,也留下了大量关于伏羲的神话传说。而关于伏羲的记载在古籍中很常见,但又说法不一,给世人留下许多难以弄清的问题。

伏羲有许多名称,如宓羲、庖牺(也称庖牺氏)、包牺、伏戏、牺皇、皇羲、太昊,史记中称伏牺。而在先秦可靠的典籍中,言太昊则不言伏羲,言伏羲则不言太昊,太昊与伏羲并无任何瓜葛。到了汉代,《汉书·律历志》始,已称太昊伏羲氏了。西晋称伏羲为太昊伏羲氏。因此关于太昊、伏羲是两个人还是一个人,也是一个谜。

其实,伏羲名称的差异也反映着人们对伏羲职能看法的不同。

《易·系辞传》中,把伏羲列为中国历史上第一个王,讲他"仰则观象于天,俯则观法于地,观鸟兽之文与地之宜,近取诸身、远取诸物,于是作八卦,以通神明之德,以类万物之情。作结绳而为网罟,以佃以渔"。如果他能察天地之象,那他就是最早的天文学家;能推算八卦六十四复卦,他就是最早的数学家;能教人结网捕鱼、耕田种植,他还是最早的渔翁和农夫。

在其他一些典籍记载中,有说他"制以俪皮嫁娶之礼",可谓最早的礼仪大师;有说他"斫桐为琴、绳丝为弦,织桑为瑟",堪称最早的乐器制作师;有说他"禅于伯牛,钻木作火",堪比希腊神话中的普罗米修斯;有说他"取牺牲以充庖厨",被视为最早的大厨师。《吕氏春秋》还以他为"苍精之君"、"东方之帝"、"木星"等等。

自春秋战国以来,关于伏羲的外貌形象一直是"人首蛇身",尤其在汉代以后,伏羲"人首蛇身"的图案更是被作为装饰图案广泛地运用到人们的日常生活中,在人们心中根深蒂固。

在汉代画像砖上的伏羲,腰身以上是人形,穿袍子,戴冠帽,下面是和女娲紧缠在一起的蛇躯。这和《帝王世纪》中的"庖牺氏……蛇身人首"记载相吻合。

而在河南南阳汉墓中我们看到的伏羲则又是人身龙躯。据《玄中记》记载,西汉鲁恭王灵光殿内的石刻伏羲形象也是这样。

也有专家认为伏羲"人首蛇身"的形象是人们的一种误解。其实,应该是"人首龙身",而这个龙则是从大鲵演变而来,伏羲部族也以鲵为图腾。在甘肃天水武山、甘谷曾出土了两件人首鲵鱼纹瓶,似乎也证明了这点。

在甘肃天水市有一组明代建筑群——伏羲卦台,这里的先天殿里供奉着一座三米多高的伏羲像:粗黑的浓眉,滚圆的双眼,棕黄色的皮肤,披着满身绿色的鳞甲。在王延寿的《鲁灵光殿赋》中也有这样的描写:"伏羲鳞身"。

除此之外,民间敬奉的伏羲,还有脚踩猛虎或身边带着猛虎的人像的形象。

伏羲与女娲通婚之谜

中国古代"三皇五帝"的传说一直流传至今。伏羲和女娲都位居"三皇"之列,他们是传说中人类的始祖。

伏羲、女娲兄妹通婚的故事，在中国古代传说中也流传得较广。据传，伏羲和女娲是一对兄妹。天降洪水，他们在一个大葫芦里躲过了劫难，然后兄妹结婚，人类便是他们的后代。这个故事是真是假，没有太多的历史记载。唐末李元的《独异志》中有这样详细的记载："昔混沌初开之时，有娲兄妹二人于昆仑山咒曰：'天若遣我兄妹二人为夫妻，而烟悉合。若不，使烟散。'于是烟即合，其妹即来就兄。"

河南唐河曾出土了一幅《伏羲女娲图》，其前均有两朵烟，这是夫妻可以结合的象征。

还有的汉墓画像石上有作交尾状的伏羲、女娲像。伏羲被画成鳞身，女娲被画成蛇躯。他们被比喻成人格化的蛇神和女神。有的汉墓画石上有分别手捧着太阳和月亮的伏羲和女娲。这就是说伏羲是太阳神，是阳精；女娲是月亮神，是阴精，取阳光雨露滋育着万物生长之意。

如今，在陕西省临潼骊山有一座人祖庙里，仍供奉着女娲。这里每年要举行两次祭礼，一次在农历三月三日，一次在农历六月十五日。当地的人们又把这两次庙会称为"单子会"。很多不育的妇女往往趁庙会之时，夹着床单，怀里藏着布娃娃，先到骊山的人祖庙给女娲烧香许愿，然后再偷偷地夜宿附近的树林中。附近各村的青壮年男子在晚饭后也多上山，遇到这些不育的妇女，便可就地同居。次日清晨，这些妇女回村时，只能低头走路，不可回顾，否则会"冲喜"。

这种奇异的"野合"风俗，恐怕也是从远古伏羲、女娲兄妹通婚的传说中遗传下来的。

中国远古时，兄妹为什么可以通婚呢？人类最原始的婚姻状态可以对此做出一定的解释。婚姻和家庭观念最初并不存在于人类的头脑之中。当时人类之间是一种杂乱的两性关系。采集、狩猎经济发展起来后，古人们在劳动中开始按照男女、年龄进行分工。随着人类思维的进步，父母开始不愿与自己的子女发生两性关系。最后杂乱的两性关系终于被人类摒弃了。比较固定的血缘群团，又称"血缘家庭"或"血缘公社"发展了起来。作为一个生产、生活单位，它同时又是一个内部通婚的集团。在这里面，祖辈与少辈之间、双亲与子女之间发生两性关系是不允许的，而兄妹之间互相通婚并没有被禁止。这种血缘群婚在人类发展史上经历了以百万年计的漫长岁月。据人类学家考证，在我国发现的云南元谋人、陕西蓝田人均属于分类学上的直立人阶段，大致都处于血缘公社时期。

在我国的少数民族中，如纳西族、傣族、苗族、侗族、壮族、黎族和高山族等，现在还都流传着兄妹通婚的神话。此外，在一些少数民族地区，现在还或多或少地保留着血缘婚的残余。

现代的历史学家至今还不能断定出伏羲和女娲的年代距今有多长时间。但是他们一定是生活在原始社会的血缘公社时期，这一点是可以肯定的。而这一时期距今有百万年之久，伏羲和女娲究竟是否兄妹通婚，现有的史料还无法充分证明。

王母娘娘身份

王母娘娘在道教里被称为西王母，简称王母，又称金母、金母元君，道教中的全名为白玉龟台九灵太真、金母元君或太灵九光龟台金母元君。王母娘娘只是老百姓叫的俗称。在正统道教神系中，西王母是先天阴气凝聚而成，是所有女仙之首，掌管昆仑仙岛。而所有男仙之首为先天阳气凝聚而成的东王公，其掌管蓬莱仙岛。玉皇大帝是群仙之首、众神之主。西王母本来与玉皇大帝不是夫妻，只有在中国民间的故事和小说里，才认为他们是夫妻，甚至还有七个如花似玉的女儿。

从汉代以来，道教的传播加上口耳相传的民间故事的演绎，西王母在民间受到广泛信仰。她不但作为道教的一位大仙为道家所信奉，享受人间的烟火，而且经常出现在各类文学作品中，为人们所乐道，具有广泛的影响。那么王母娘娘的形象是怎样嬗变而来的？让我们一起揭开她的身份之谜。

《山海经》是先秦古籍，是一部富于神话传说的最古老的地理书。其中提到的西王母被说成是半人半兽的怪物。"西王母，其状如人，豹尾虎齿而善啸，蓬发戴胜，是司天之厉及五残。"意思是说，西王母的外形像人，长着一条像豹子那样的尾巴，一口老虎那样的牙齿，经常大声吼叫，满头乱发，还戴着一顶方形帽子，是上天派来负责传布病毒和各种灾难的神。她住在昆仑之丘的绝顶之上，有三只叫做"青鸟"的巨型猛禽，每天替她叼来食物和日用品。

据说西王母半人半兽的怪模样，源于我国古代的动物崇拜和图腾崇拜。

《穆天子传》中，西王母是商周时期西方一个图腾部落的领袖。相传，周穆王曾乘坐"八骏马车"，不远万里到西方拜见西王母。西王母在瑶池宴请穆王，双方诗酒唱和，约定三年后再见面。这里的西王母早已不是"豹尾虎齿"那样的异相，而是一位具有君王风范的妇人。这个西王母部族，也有说是中国最早有女儿国的记载。然而，穆王拜访之后，这个部族也就失踪了，由此留下不少神话传说。

《汉武帝内传》中，西王母已经升华为神仙中人，是一个容貌绝世的女神，头上梳着太华髻，戴着太真晨婴（缨）冠，穿着黄金丝织成的衣服，脚穿凤纹鞋。她赐给汉武帝三千年结一次果的蟠桃，吃得汉武帝齿颊留香、通体舒泰。这里的西王母住在昆仑山的瑶池，园里种有神奇的蟠桃。小桃树三千年一熟，人吃了体健身轻、成仙得道；一般的桃树六千年一熟，人吃了白日飞升、长生不老；最好的九千年一熟，人吃了与日月天地同寿。因为西王三母送汉武帝仙桃以延寿，从而她被定位为赐福、赐寿的女仙。道教在每年的三月初三庆祝王母娘娘的诞辰，此日举行的隆重盛会，俗称为蟠桃盛会。

至此，经过原始神话、传说和后来人不断的加工、创造，王母娘娘的形象逐渐被人格化、故事化，日渐完善了起来。

观世音性别

观世音菩萨俗称观音菩萨，是与中国民众结缘最深的一位印度菩萨，中国民众对她的崇信远在其他佛教神祇之上。《妙法莲华经·观世音普门品》说："观世音以何因缘名'观世音'？佛告无尽意菩萨，善男子，若有无量百千亿众生受诸苦恼，闻是观世音菩萨，一心称名,观世音菩萨即时观其音声,皆得解脱。"观世音菩萨大慈大悲,拯救一切苦难众生,故全称"大慈大悲救苦救难观世音菩萨"。在唐代,因为避唐太宗李世民的讳,又简称"观音"菩萨,沿用至今。

观世音菩萨崇拜产生的历史非常久远,可以上溯到3000年前,观音菩萨信仰很早就是亚洲文化的中心信仰。据婆罗门教经典《梨俱吠陀》记载,在印度固有的婆罗门教中,已经存在观音崇拜。释迦牟尼佛创建佛教以后,把婆罗门教的观世音纳入佛教,成为观世音的自性身。在大乘佛教典籍中记载,释迦牟尼佛介绍观音的历史时说:观世音菩萨在远古以前,早已成佛,他的名号称为"正法明如来",他与唐代中叶传入日本的佛教密宗的昆卢遮那佛(又称大日如来),几乎有相等的久远历史,他又是密宗莲花部的本尊,诸如马首明王、准提佛母、千手千眼大悲观世音等都是他二而一、一而二的分身现象。

观音菩萨传入中国大约是在魏晋时代。随着佛教中国化的发展,印度的观音形象在中国逐渐发生了重大变化。观音传入中国之初,还是以"伟丈夫"男菩萨的形象高坐佛堂,在中国早期的佛教造像中,如敦煌莫高窟的壁画、南北朝时期的木雕等,观音形象种类很多,但大多是以男身出现,甚至还留有两撇小胡子。南北朝以后,特别是在唐宋以后,观音几乎完全变成女菩萨模样,其面庞妩媚秀美,姿态端庄华贵,又不失稳重的气质。

中国佛教对观音菩萨的改造,不仅体现在造像上,更突出表现在编造观音菩萨新的身份上。印度的男观音变成了中国春秋时期楚庄王的三公主,这就是流传广泛的观音菩萨为妙善公主的传说。这种女观音的身世最早见于宋·朱弁的《曲有旧闻》,其后宋末元初的管道升著《观世音菩萨传略》成为完整的传记,此后又陆续出现了一大批观音故事书,遂使观音故事广泛流传,甚至完全取代了印度佛典中的"正宗"观音菩萨。

那么观世音菩萨到底是何种性别呢?如何看待一位在印度具有种种身世,传入中国后又由男观音变为女观音这种现象呢?到底具有哪一种说法才是观世音菩萨真身世呢?这些问题在一般人来看确实是个不解之谜,但据佛经的解释,却是完全合理的。《妙法莲华经·观世音普门品》就具体描述过观世音菩萨所能显现的各种救度众生的化身,如有众生应以佛身得度,观音就显现佛身去救度;若是众生应以罗汉身得度,观音就显现罗汉身去说法;观世音还能随时显现男身、女身、国王身、宰官身、和尚身、道士身……甚至为百兽飞禽。这就是《妙法莲华经·观世音普门品》说的:"应以何身得度者,即现何身而为说法。"观世音菩萨既然可以随意变化,那么他由男菩萨变为女菩萨应当就是正常的了。南怀瑾先生认为,依佛法的道理,一切菩萨成就菩提时,皆是非男非女相,这种相不是医学观念中的阴阳人,而是超越男女相的限制,不执著于任何一边,可做完全自由的变现,也就是"即男即女",随缘示现,应化无穷。

为何观世音菩萨的形象在中国佛教中以女身出现,有如此广泛的影响呢?有人认为,大慈大悲的观世音菩萨就像母亲呵护儿女一样对待芸芸众生,所以显现的是慈祥端庄的女身相;还有人认为,南北朝时期女性佛教徒日益增多,而佛教四大菩萨中,唯有观世音菩萨最具女性心肠,另外"男女授受不亲",在家修行的女性教徒供奉男性菩萨,也不成体统,于是观世音菩萨就变成女身了;也有人认为,观音与净土宗信仰和西方宗教信仰有关,在西亚有母神那那衣亚,直到现在仍留存于以色列犹太教的礼仪之中,她手执带叶柳枝作为繁殖的象征,据认为与中国的杨柳观音、水月观音的观念有关,中国的观音变为女性,应与此有关;现代高僧印光法师则认为,观世音菩萨,久已成佛,特以慈悲心切,现九法界身(九法界即菩萨、缘觉、声闻、天人、阿修罗、饿鬼、畜生、地狱也)种种方便,度脱众生,于人法界,又复种种不一,……了无一定。但以菩萨之像,微妙庄严,世人不能形容,以故多类女像,非菩萨原是女身也。

二郎神原型

二郎神是道教神话中的一位神仙。在我国民间,有些地方崇拜二郎神,还修建有二郎庙。那么二郎神的原形是谁,这是一个迷雾重重的难题。

有人说二郎神的原型叫李二郎。这种说法与开凿都江堰的水利家李冰确关。秦蜀郡守李冰在任期间,带领民众建成了功德绵延千年的都江堰,将成都平原变为天府之国。而蜀中民间传说,李冰的次子"二郎"有协助父亲凿离堆、开二江的大功,因而也被民众作为神灵奉祀。

有人说二郎神的原型是杨二郎。凭借小说的力量,杨二郎成为明清以来人们最熟悉的"二郎神"。《西游记》第六回称他是"显圣二郎真君,见居灌洲灌江口"。《封神演义》更明指其名叫杨戬,是玉鼎真人的徒弟。其实杨戬本系北宋徽宗宠信的一个宦官。宋元时代,民间流传有一些关于他的轶闻,其中一则后来被编进明话本小说《醒世恒言》第十三卷"勘皮靴单证二郎神"中,大意是徽宗后宫有一韩夫人因患病,奉旨借居杨戬府中休养。某日,韩夫人由杨戬内眷陪同去清源妙道二郎神庙里拈香,庙官孙神通窥其貌美,假扮二郎神,趁夜潜入杨府,诡称与韩夫人有仙缘,诱其苟合。后被杨戬识破,设计捉拿治罪。有人认为,故事中孙神通所冒充的清源妙道二郎神,就是赵昱。但未知有意或无意,这个杨戬捉拿假二郎的逸闻在辗转流传的过程中走样了,最终杨戬变成了二郎神,再经《封神演义》"落实",遂成定论。所以在民间俗信中的各种二郎神里,这个产生于小说的"杨二郎"是最不足为据的。

此外,学者中尚有认为"二郎神"的原型是白族传说中"二楞神"、羌族传说中"罗和二王"、彝族传说中"支格阿龙"等多种说法。二郎神到底是谁,人们至今还没有形成一个统一的意见,有待于进行更深入的考证。

财神爷形象

财神俗称财神菩萨,是掌管天下钱财的。因此每逢新春佳节,全国各地的人们都会祭祀财神,人人满怀发财的希望,祈愿在新的一年里大发大富,而各地祭祀的方法却各有千秋。

北方地区春节时,家家请回财神,供奉财神像,焚香上供品。正月初二清晨祭焚财神像。祭祀时边行礼边诵祝词："香红灯明,尊神驾临,体察苦难,赐富百姓。穷魔远离,财运亨通,日积月累,金满门庭。"供品一般是公鸡、猪头、活鲤鱼等。

南方在敬祭财神供品上非常讲究,供品共分三桌:第一桌为果品,有广橘,示生意广阔。第二桌为糕点,多用年糕,意为年年高;糕上插有冬青枝,意为松柏常青。第三桌为正席,有猪头、全鸡、全鸭、全鱼等,有招财进宝、鱼跃的吉意。祭祀时,主人点燃香烛,众人顶礼膜拜。

全国各地都有祭祀财神的踪迹,可见财神在人们心目中的重要地位。由于中华历史悠久,不同时代对于财神的认知也有所区别,因此出现了不少财神爷的形象。

通常财神都是指赵公明。传说赵公明原是瘟神,主管秋瘟,与其他四位瘟神——春瘟张元伯、夏瘟刘元达、冬瘟钟士贵、总管中瘟史文业——主管世间瘟疫。

旧时年画中,赵公明的形象多为头戴铁冠,手持宝鞭,黑面浓须,身跨黑虎,面目狰狞。直到《封神演义》问世,赵公明才不再像昔日那样浑身充满邪气、鬼气和瘟气。姜太公奉元始天尊之命按玉符金册封神,封赵公明为"金龙如意正一龙虎玄坛真君",职责是专司金银财宝,迎祥纳福。

从此赵公明开始掌管天下财富,做了财神爷。凡做买卖求财,只要对赵公明祈祷,便无不称心如意,故而民间奉其为正财神。

除正财神外,还有偏财神,这是就财神所在的神像位置而言的。民间的偏财神经常是指"五路财神"。

与赵公明所辖的同时受封的还有招宝天尊肖升、纳珍天尊曹宝、招财使者姚少司、利市仙官陈九公。在民间,人们通称他们为"五路财神"。

每年正月初五是五路财神的生日,因此民间在这天放鞭炮、摆供品,分别到东南西北中五方财神堂迎接财神,五位财神接齐后,挂起财神纸马,点燃香烛,众人顶礼膜拜,拜罢,将财神纸马焚化。

"文财神"财帛星君也称"增福财神"。他的形象一般是脸白发长,手捧一个宝盆,"招财进宝"四字就是由此而来。他的绘像经常与"福""禄""寿"三星和喜神列在一起,合起来为福、禄、寿、财、喜。

有人说比干就是文财神。比干是殷纣王庶兄,官居少师,忠耿正直,因为得罪纣王被剖心。传说后来因吃了姜子牙送给他的灵丹妙药,并不曾死去。因为没了心,也就无偏无向、办事公道,所以深受人们爱戴、称赞,被人们敬为财神。

也有人说春秋末期的越臣范蠡也是一名文财神。他在辅佐勾践灭吴称霸,在举国欢庆之时,急流勇退。他辞去相职,驾着小船到山东齐地经商。他化名陶朱公,没有几年,就积累了数千万家产,成为当时有名的大富翁。后来,他广散钱财于百姓,天下人都赞美陶朱公,拜其为财神。

也有人说关羽是"武财神"。关羽一生忠义勇武、坚贞不二,为佛、道、儒三门崇信,有"武王"、"武圣人"之尊,因此人们视他为"武财神",民间各行各业都对他顶礼膜拜。人们之所以奉关公为财神,大概是因为关羽不为金银财宝所动,与一些世间贪利妄义之徒形成鲜明的对比。而且他重义气,更易于招财进宝。

在中国民间信仰的众多财神中,有一类只能算作是准财神,即没有得到财神封号,但由于此神能为人们带来一定的财运,承担了一部分财神的职责,于是人们就将其作为财神看待。

刘海蟾就是其中最具代表的一位准财神。他原名刘海,五代时人,以宰相之职辅佐燕主刘宗光。后来,他拜吕洞宾为师,得道成仙。刘海后来成为财神,也许是源于他的道号"海蟾子"。当时,人们曾把蟾蜍当成避五病、镇凶邪、助长生、主富贵的吉祥物,是有灵气的神物。因此,刘海是以"蟾"为道号而闻名。

刘海戏金蟾,金蟾吐金钱。他走到哪里,就把钱撒到哪里,救济了不少穷人,人们尊敬他,感激他,称他为"活神仙",因此他被抬上了财神的宝座。

此外,也有把太上老君当做财神。在道教著名的三清尊神中,以太上老君出现最早。原型为春秋时思想家、道家学派创始人老子。太上老君是道教最高神之一,东汉的张道陵(后来的张天师)创设师教(五斗米教),为了和佛教抗衡,便抬出老子为祖师,并尊称为太上老君。

凡此等等,在民间各个行业里,崇拜的财神也都不一样。那么财神究竟有多少个形象,只有凭人们自己理解和认知了。

灶神形成

灶神又叫灶君,俗称"灶王"、"灶王爷"。旧时每到腊月二十三或二十四,家家都要祭灶神,他是我国民间祀奉最普遍、历史最悠久的家堂神之一。远古时期每家都有五位家堂神:门神、井神、厕神、中雷神和灶神,负责其家人的安全和幸福,不准闲神野鬼来骚扰,称为"五祀"。这是远古"泛灵信仰"的遗迹,后来其余四位有亏职守,渐渐地被人忘记了,只有灶神一直被人祭祀。

有关祭祀灶神的最早记载见之于《礼记·月令》:"孟夏之月,……其祀灶。"汉班固《白虎通》也有"夏祭灶,灶者,火之主,人所以自养也。夏亦火主,长养万物"的记载。可见最初祭灶是在夏日举行。腊月祭祀灶神始于汉代。《后汉书·阴识传》说:"宣帝时,阴子方者至孝有仁恩,腊日晨炊,而灶神形见。子方再拜受庆,家有黄羊,因以祀之。自是以后,暴至巨富……至识三世,而逐繁昌,故后常以腊祀灶而荐黄羊焉。"从此人们竞相效法,相沿成俗。传说灶神是玉皇大帝派到人间监视每户人家行动的,每年腊月二十三都要上天向玉帝报告所在人家的善恶,玉帝据此决定此户人家来年的吉凶祸福。因为灶神的嘴决定了人们的命运,所以在送灶神上天前,总要摆些酒菜和糖果加以祭祀,希望他上天多说好话,同时在灶龛两旁贴上一副小对联:"上天言好事,下界保平安"。少数地区也有在腊月二十四祭灶神的,还有"官三民四蛋五"的说法,也就是官府在腊月二十三日,一般民家在二十四日,水上人家则在二十五日举行送灶。接灶一般都在除夕,仪式较为简单,在灶龛前燃香,换一幅新灶神像就可以了。

家家户户所祭祀的这位灶神是谁呢? 关于灶神的出身来历,自古至今说法各不相同。

第一,帝王及其后裔说。《淮南子》有"黄帝作灶,死为灶神"的说法。《淮南子·氾论》曰:"炎帝作火死而为灶。"高诱注:"炎帝、神农,以火德王天下,死托祀于灶神。"《礼记》载:"颛顼有子曰黎,为祝融,祀以为灶神。"

第二,浪子说。唐·段成式《酉阳杂俎》载,灶神姓张名单,字子郭。夫人忌卿,有六女,皆名察洽。张单是个负情浪子,因羞见休妻而钻入灶内,后成为灶神。

第三,虫变说。《庄子·达生》载有:"灶有髻"司马彪注:"髻,灶神。着赤衣,状如美女。"所以古人也将灶神看成美女。"髻"是什么? 据《广雅·释虫》说,髻是一种虫。长栖灶上,夜间多集于灶旁。有学者分析说,这种常见于灶上的小生物,古以为神物(或鬼物),崇而祀之,将它做了灶神。

第四,老妇说。《礼记》中有"燔柴于奥"的记载。原注说,奥或作灶。《疏》曰,奥即灶神。春秋时"孟夏之月"祭祀,"以老妇配之",其祭"设于灶陉"。可能因为过去都是老妇看火、做饭,所以灶神就成了老妇。

除此以外,在我国民间还流传着许多种有关灶神的说法。灶神究竟是谁呢? 是男、是女、是老、是少,确实是个难解之谜。

吕洞宾墓中女尸

吕洞宾姓吕名岩,道号纯阳,是唐代京兆人,也有说他是河中府人。他曾经在终南山中修道,后来又浪迹江湖,自称为"回道人"。关于他的故事,在民间流传的很多,道教信徒尊称他为"吕祖",他被传说成为神仙大概是在宋代中叶以后。

在今天的山西省芮城县西20千米,永乐镇的峨眉岭下,有一幢道教古建筑——永乐宫。在永乐宫门外东约200米处,有一座引人注目的墓,上面题刻着"大唐纯阳吕公祖墓"。这就是著名的吕洞宾墓。可是一次意外的发现,使这座道教圣墓成了一个谜。

1959年12月至1960年1月期间,为了迁建永乐宫,山西省文物考古部门对吕祖墓进行了发掘和整理。谁也没有料到,吕祖墓打开后,人们看到墓室一具松木棺椁中有两具尸骨,左为男、右为女,都是仰身直体而卧,头向着北方。

世代相传的吕祖墓竟然是男女合葬墓,这让人惊诧不已。根据我国丧葬习俗,只有夫妻死后才能合葬,那么这座古墓就很有可能不是吕洞宾的墓。在古墓中发现的铜钱,更使人堕入迷雾之中,因为这些古钱是宋代流通的货币。其中,开关通宝4枚;祥符通宝2枚;女尸口中所含的1枚是天圣通宝。这告诉世人,墓室的主人只能是在宋代天圣年间(1023~1031)或者在那以后才下葬的,与唐代吕洞宾活动的那段时间相隔了近200年。

这些发现都使吕洞宾这个人物更富有神秘感了。如果根据从古墓中得到的发现否定它是吕祖墓,那么与之矛盾的是,此地的旧方志中却记载了永乐镇在唐代就修建了吕公祠,而且还记录了唐以后历朝历代,包括宋和元两代所进行的祭祀。这些难道都是假的?结论确实不能轻易地下。可是谁都无法肯定地说:生命的极限不能达到或者超过200年。所以,用年龄问题去排除吕祖墓中有吕祖是说服不了人的。

而墓中女尸也有可能是二次迁葬,因为在迁葬时完全有可能把一切工作做得很细致、认真,让后人看不出破绽。而实际上目前还是有些可疑之处的。比如,铜钱都是从女尸身上和周围找到的,男尸身上或周围为什么没有?这就完全有可能是男、女尸不是同一时代的人,或者丧葬习俗不同。那么很有可能这座吕祖墓中就真的埋葬的是吕洞宾。至于女尸是谁,又是为什么被放进去,很可能另有隐情。

当然,这些论断的"可能"、"也许"用得太多了,因为吕祖墓现在毕竟还是一个谜。虽然不能轻易地否定它,但是要肯定它的真实性现在也是很难做到的。看来,"神仙"的墓还是充满了神秘的色彩。

董永其人

黄梅戏《天仙配》讲述了这样一个故事:天上玉帝有七个女儿,她们久住天宫,寂寞烦闷。一天,经七姐妹商议,众姐妹决定趁父王大宴四海神仙之际,出宫同游天河。她们一行来到天河上的鹊桥,极目远眺,非常羡慕自由逍遥的人间生活。突然间,七仙女瞥见一个男子哭哭啼啼,大姐告知,此人叫董永,父子二人原本以种田为生,因家境贫寒,父亡后没有棺木安葬,只得卖身葬父,因而心中忧愁才哭泣。

七仙女对孤单无靠的董永不禁产生怜爱之情,并有意结为夫妇。大姐不顾天庭戒律,毅然促成七妹下凡,又将一把白扇赠给她,以解日后危难。

七仙女来到人间,路遇董永,自许终身,由槐树为媒,双双结成伉俪,同去傅员外家做奴。东家不愿收留眷属,以一夜织就10匹云锦来刁难她。七仙女召来众姐妹助织。傅家无奈,于是将董永3年的长工改为百日。期满,夫妻正欲归家,不料玉帝得知七仙女私自下凡,命她立即返天,否则就要降灾董永。这时七仙女已有身孕,为免丈夫受苦,她只好含泪忍悲与董永在槐树下痛别。

20世纪80年代,安徽怀宁开展文物普查,在洪镇野圹(今洪铺镇野圹村)见到村南半山腰上有一深不可测的山洞,名"雪山洞"。传说此洞可以通长江,不过从来没有人走到洞的尽头。明朝时有人依洞建庙,名曰普陀寺。

该庙前有一棵枝繁叶茂的参天古树,当地有位姓裴的长者说:"当年董永与七仙女就是在这棵大树下由土地老爷主婚喜结良缘的。七仙女被玉帝逼归天庭后,还来这里送子。往日,这周边的老百姓逢每年的四月初五、七月十三,纷纷到庙里烧香磕头。"

这个故事在洪镇一带广为流传,世代沿袭。董氏宗谱记载与裴老先生的口述相吻合,不过董氏宗谱记载是一位手巧的普通民间女子"织女",而裴老先生说的是七仙女。看来,经过历代口头传说,普通民间女子巧手织布的故事渐渐演化为人与仙的爱情故事。

董永与仙女的故事诞生在怀宁,黄梅戏及黄梅戏《天仙配》也是,怀宁因黄梅戏、《天仙配》的美丽传说而出名。故事的真伪无从考证,但仍留下了许多美好的东西。

古人崇尚黄色之谜

对于某种颜色,有人喜欢,有人厌恶,洵属常理。比如,黄色,西方人就很厌恶它。他们讨厌黄色,有史记载的,可以追溯到公元8~10世纪的泛日耳曼时期。很多欧洲学者认为黄色让人看着很不爽,心里不待见的事,不免会形诸于色。日耳曼民族为什么会对黄色如此厌恶呢?他们将黄蜂的尾巴与黄色联系在一起——黄蜂尾上针,黄色因此也成了危险的标签。除了这个,西方人还经常用"黄色"来指称带有明显色情意味的东西。1894年,英国创刊了一家杂志,名字就叫《黄杂志》,一批有世纪末文艺倾向的小说家、诗人、散文家、画家等,围绕该杂志形成一个被称为"颓废派"的文艺集团。他们的作品,有时带有一点色情意味,但不能算淫秽。

在第二年4月3日,当时极负盛名的英国剧作家王尔德,因同性恋的罪名遭到逮捕。而逮捕他时的一个小插曲,使得《黄杂志》名声大受损害。当时报纸上说,王尔德在被捕时胁下还夹了一本《黄杂志》,于是人们想当然地认为这杂志和王尔德同样是不名誉的,第二天就有人到《黄杂志》的出版商门前示威,用石头将橱窗玻璃砸得粉碎。

其实王尔德被捕那天,胁下夹的书是法国作家比尔·路易的小说《爱神》,碰巧这本小说和当时法国的许多廉价小说一样,也是黄封面的。这种小说称为"yellowback",也被认为是不登大雅之堂的。于是本来代表危险的黄色处境更加尴尬,被加以猥亵淫秽的寓意。

被西方视为猥亵淫秽的黄色,在古代中国人的眼中,却极受待见,不但宝之而且专之,甚至直接把它定为最高权力的专用色调。这一个"黄"字,可谓是怎一个"贵"字了得。

为什么黄色会成为皇家的禁脔呢?有人认为,这是因为在古代中国被推崇,起始于远古社会,封建社会时期因"黄"与"皇"谐音,于是黄色成为了皇家的专用色,虽然没有什么明文规定。到了唐代,这种趋向进一步加强,而到了宋代,官家直接开始立法,规定黄色是皇家的专用品,其他闲杂人等一概禁用。至此,黄色那至高无上的尊贵地位得以用立法的方式获得承认。

那么,在宋立法确认黄色的官家地位之前,黄色的地位如何呢,有史料表明,中国人一直很待见黄色。因此,在重大物事上,国人一般都喜欢加上"黄色"这个修饰语,似乎不如此,就不能言其尊贵、品级。于是,寻常的钟、花、发,加一黄字——黄钟、黄花、黄发,就立即提升了级别,长了身价,甚至海,也要加上一个黄字,黄在这里并不是指颜色,而是指其重要——黄海(即中央之海)。看来,国人的眼中,无论如何寻常的东西,一旦著一"黄"字,则境界全出。甚至就连寒气森森阴气逼人的阴间,取上一个叫"黄泉"的别名,也变得不那么恐怖了。

在我们中国文化的许多年头中,黄、青、白、赤、黑五色,一直以正色的身份接受着世人的膜拜,而黄色,则名列这五种正色的榜首,毫无争议地坐在带头大哥的宝座上。

黄色的老大地位,并不是信口开河而是言有所据,从历朝史料和小说戏曲中,我们都能看到许多关于黄色被当做君权神授的象征色和御用色的记载,黄钺(它可不是一般的劈柴的家用斧子,而是一种用黄金为饰的斧),一旦它抹上了黄金的色调,身价一下子就来了一个鲤鱼跃龙门,倍增指数高得怕人——因为它贴上了作为君王权力的标签。

在《尚书·牧誓》中,古人用"王左仗黄钺"来显示武王伐纣的英武相。黄龙,是帝王的服饰上的专用图案;黄袍,是帝王专用服装。如果"黄袍加身"了,就意味着你就是真龙天子——宋太祖赵匡胤坐上当时政坛上的一哥宝座,就是因为他身披黄袍了。黄袍这件马甲,是最高权力的象征。同样,不是皇帝的臣子,如果误用了黄色,下场是不妙的。清雍正时大将年羹尧可谓功绩卓著,但他被判死罪,其中就有擅用黄色包袱和出门时用黄土填道等罪名。

黄色的尊贵,显然是其间赋予了更多的政治社会学的涵义,那么,中国人何以非要崇尚黄色呢?有人认为,那是因为黄色是中和之色,它介于黑白赤橙之间,是诸种颜色的中央之色,这种中和的色调,与中国人"执两用中"的调和油的处世风格有着一个相通的契合点,因此它被选为高贵的象征。

这种"中和之色",正是中国人性格的比德之物,不过,有人提出这样的质疑:人们为什么一定要选用黄色作为黑白赤橙的中间之色,或者说,偏偏选用了黑白赤橙这么四种恰好能放进"中央之色"的四方之色?这是一种巧合呢,还是有意的安排?是上古的人们意识到这一点并照此做的呢,还是后人理解出来的?

不过呢,另一种观点不是这么看的,以为,黄色被如此尊崇,显然与中国人的生存方式及生活态度有大关联。因为中国历来是农耕社会,人们视土地为本,而华夏民族世代息居黄土高原,对黄土大地也有浓厚的依恋与崇敬。这种崇敬也是一种黄色情结。这些说明了由对养育自己的土地敬仰进而崇尚土地之色的心理基因。

而在《淮南子》、《山海经》、《太平御览》等文献中都记载了"女娲以黄土造人"的传说。这些"黄土"造的子孙有着"黄皮肤",是"黄帝"的子孙,其生长繁衍的摇篮"黄河",几千年来耕种的黄土地……使得汉民族自古以来就和黄色结下了不解之缘。

还有一种观点是人种说,提出这种观点的是刘师培。他认为,中国"古代人民悉为黄种",因此崇奉黄色,而"黄帝者犹言黄民所奉之帝王耳",他主张,中国人崇尚黄色是出于对自家肤色的待见。反对此说的学者则认为这种见解有想当然的成分在,他们认为,上古时代,对外交流很闭塞,人们很难意识到自己是黄色肤种的人,因此也不会特意把黄色当做国色。

以上种种说法,各有道理,但到底应怎么解释中华民族崇尚黄色的原因,至今尚无定论,这个谜还有待继续研究解决。

夏朝是否存在过

近年来,有一个朝代的存在与否问题,一直让考古学家们很头大,为什么呢?说不信吧，可有号称西周初期的文献《尚书》与"信史"——《史记》屡次说：真的有；说信吧，但想把它找出来，还特费劲。它就是历史上的"有夏"或"夏"。

在大多数人的常识中，"夏"是上承三皇五帝，下接商朝的中国的第一个朝代。最初是治水的大禹打下基础，获得帝位；然后大禹的儿子启破坏禅让制，继承了帝位，从而建立夏朝。太康失国，少康中兴，孔甲养龙……最后因为夏桀的无道，导致民众反抗，商汤起兵灭掉夏朝，建立商朝。

关于"夏朝是否存在"的讨论，从来没有停止过。维护正统的史学家和考古学家，竭力想要证明夏朝是真实存在的朝代，却始终不能说服对方。

质疑者认为，周公与司马迁都说有的事，本来应该是可信的，但按照历史研究的一般规则，当时人记当时事的第一手资料价值最高。所以，像《尚书》、《史记》这样已晚了上千年的记载，可信度不太大。

还有，他们对支持者提出一个让这些人很不好回答的问题："你们不是说是商朝人推翻了夏朝，建立了自己的王朝吗？那么，对于这样一件改天换地的大事，商朝人是不是应该在乌龟壳和牛骨头上大书特书呢？按理说应该是这样的，为什么商朝人似乎根本不知道有夏朝的存在这回事呢？甲骨文虽是卜辞，但涉及面极广，几乎包括商王朝社会生活的各方面，简直可以称之为商代的'百科全书'。但遗憾的是，已经出土的十万片甲骨文，上面记载的事情五花八门，竟然连'夏'这个字都没出现过。这也太不合乎常理了。"

据史书记载，商汤是灭夏建商的开国之君，然而甲骨文中祭祀他的卜辞有 600 余条，都是歌颂其功绩的词语，却丝毫不提推翻夏朝这么了不起的丰功伟业。很多甲骨片上还记载了商朝建立以前商人的先王们，按照史书上的说法，当时他们还只是夏朝的诸侯，可是这些甲骨片仍然没有提到任何有关夏朝的事情。

所以，他们说："这不是很荒谬吗？你能想象周王朝、秦王朝、汉王朝等在他们的政府文件和档案中不记载他们的前一代'王朝'的任何情况吗？"于是，他们得出了除非商王朝是第一个王朝才会出现这种情况的结论。

近来，还有人考证说，《尚书》中提到夏朝的那几篇文章其实是春秋战国时期的人伪造的，而当时夏朝已经灭亡将近一千年了。简单来说，历史学界确定一件事情，大致需要两方面的证据：其一是文字记载，其二是文物。类似于法庭的"人证物证"。

其实，以上的怀疑来源于一个很简单的西方理论：没有考古学上的证据，就不能明确证明。西方的这个理论并非自古就有，而是西方近现代考古学形成之后出现的。近代欧洲的一系列考古发现，大大增强了这种理论的底气。

没证据的记载，不但给后世的研究带来了困难，也给斤斤计较的外国史学家提供了怀疑的机会。近期出版的《剑桥中国上古史》坚持不列"夏朝"一章，就是这种怀疑所产生的结果。"反对派"认为夏朝不存在，或者说"夏文明"不存在，主要也就是基于以上的理由。

而拥趸者则认为，司马迁的人品是值得信任的。他或许会用春秋笔法去为尊者讳，但涉及到具体的事情，却绝少无中生有，更别说编造一个数百年的朝代了。这是其一。

晚出文献记述的古史内容愈来愈丰富，曾被疑古派说成是"层累地造成"，这也是需要重新讨论的。虽然战国以后确实存在以古相高的风气，但按常理推测，当年司马迁撰写《史记》时所看到的史料肯定要比我们现在知道的史料多出许多，如果当时的那些材料都能保存下来，历史事件也能按时代先后加以排比，恐怕也不至于陷入只有记载没有证据的尴尬处境了。这是其二。

历史记载多为综合性的。周公作为政治家谈夏商史，主要着眼于总结历史的经验教训；孔子作为教育家、思想家谈到夏商，则在于强调其礼制的传承；历史学家司马迁的笔下，诸如朝代的兴替、世系的先后、史事的轮廓、人物的褒贬等，都不是此前周公、孔子等人尽所言及的，这是因为历史记载是综合性的，各方面的内容都需要涉及。对各种历史文献的性质不加细化分析，只顾一味考量它们时代先后的排比，就直接断言某时某事存在与否，进而推论晚出文献在蓄意伪造古史，其实并不具备真正的说服力。这是其三。

在世界学术史上，早就有运用民族学的方法揭示其背后隐藏的原始巫术和宗教信仰的方法与事例在，而在我国的传世文献中，叙述古史同样也常常表现出浓厚的人——神化色彩，所以，有些学者因此说它是虚妄地连带否定了相关的古史。其实这样做未必就很科学。对于商周以前的古史研究，要善于从那些人——神化资料找寻出事实的真相来。这是其四。

位于河南省偃师的二里头，是一个重要的夏商时期考古遗址，中国学者与持反对意见的外国学者在这里就"夏朝是否存在"的问题又进行了尖锐的交锋。在二里头考古现场，发掘出来了青铜器，以及王宫遗址。中国学者据此认为二里头有可能是夏朝的遗址。而外国专家则说，二里头只有青铜器，没有车，没有文字，只能作为部落文明，还谈不上"夏朝"这个国家。

争论还在不停地奔跑着，让它止步的方法，是令双方都能信服的证据闪亮出场。

"万岁"何时成了皇帝的专称

在中国传统政治文化中，"万岁"是一个具有特殊意义的词语。"万岁"一词，今人都认为它专属于皇帝一人，其他闲杂人等动它不得。一动，没二话说，死罪。要说这话，对，也不对。因为，从战国到西汉，这个词语并不是皇帝的专利。如果某位草根一族生个儿子或过个生日，喊个"万岁"，以示庆祝与开心，听到这话的人，也只视这个为寻常事，不去管它。自然，这里所谓的"万岁"，并不是我们现在理解的"皇上"，它只是一种欢呼语，具有庆贺之意。

司马迁在《史记》中提及，蔺相如捧着有名的和氏璧到达秦国，秦王大喜，传以示美人及左右，左右皆呼万岁。这里的"万岁"让人产生歧义也容易理解，毕竟，秦王本身就是"万岁"一族，然而，这里的"万岁"只是表示欢呼与祝贺之意。另外，田单为了麻痹燕军，"使老弱女子乘城，遣使约降于燕，燕军皆呼万岁"，其中的"万岁"显然是指欢呼声，没有别的用意。

所以，在古代的某个历史阶段，人们虽常呼"万岁"，却并非专对帝王而呼。清人赵翼考证，在后周、隋、唐时的民间，老百姓的名字，仍偶有称"史万岁"、"刁万岁"的。宋朝以后，"万岁"成为皇帝专用，但并不是长命百岁的意思。而且包括唐律、明律、清律那样严密的封建法典中，也没有皇帝即"万岁"，臣民必须"山呼万岁"、以及不呼"万岁"即以大不敬罪论处的条文。

那么，"万岁"一词究竟在什么时候归帝王专用的呢？史学界意见并不一致。当代学者王春瑜写过一篇《万岁考》，认为，至少在商代，没有"万岁"之说，商代保存的大量甲骨文字，皆无"万岁"，亦无"万岁无疆"的记载。而在西周中、晚期的金文中，屡见"眉寿无疆"、"万年无疆"，并亦有"万岁"的记载。但是，它并不是专对天子的赞颂，而是一种行文款式。

有人则不同意王春瑜的看法，认为，汉高祖刘邦临朝时，"殿上群臣皆呼万岁"。这时的"万岁"，与战国时作为一般欢呼语的"万岁"不同，是与一整套朝廷礼仪连在一起的。刘邦在得天下、登上皇帝宝座后，仍时常露出草莽英雄本色。名臣叔孙通认为，没有礼制就不利于维持天子的尊严，于是制定一套御用礼仪，使"自诸侯王以下莫不振恐肃敬"，也使刘邦感到"吾乃今日始知为皇帝之贵也"。后来这套礼仪为后世礼制不断补充、修订，越来越完善。因此，"万岁"成为皇帝的专称，应是从刘邦开始的。

清人赵翼也持"刘邦"说，他认为，至汉武帝时，随着儒家被皇帝定于一尊，"万岁"也被儒家定于皇帝一人。

但同样也有人不认可这种说法，以为，"万岁"一词虽然汉武帝用过，但并非皇帝专用，只是到了宋朝以后，皇帝的专用性才逐步加强。因为汉朝时，除了皇帝以外使用"万岁"一词的人，还是有的。比如汉朝礼仪规定，对皇太子亦可称"万岁"。当时皇族中还有以"万岁"为名的，汉和帝的弟弟就叫"刘万岁"。还有，从汉代到唐代，对臣子称"万岁"的事例，也是不胜枚举的。不仅在汉代，"万岁"没有真正成为皇帝的专有私物，就是在隋朝也是如此。比如隋朝战功卓著、屡挫突厥，打败达头可汗后被杨素诬陷而死的史万岁，唐高祖时和尉迟敬德一同降唐的刘武周部将张万岁，唐高宗时任梓州都督的谢万岁，唐玄宗天宝年间周玄珞之子周万岁，安史之乱时坚守平原的颜真卿部将刁万岁等。

如《后汉书·李固传》记载，名士李固被权臣梁冀诬陷入狱，门生故旧上书申诉，"太后明之，乃赦焉。及出狱，京师市里皆称万岁"。唐郭子仪与回纥会盟，"执酒为誓，子仪酹地回大唐天子万岁，回纥可汗亦万岁，两国将相亦万岁"。然而在唐玄宗以后，文献中再也看不到以"万岁"为名者。

直到宋朝，"万岁"才真正成了皇帝的私人用语，违者格杀勿论。北宋时，寇準误被一精神病患者"迎马呼万岁"，此事立即被寇準的政敌上书告发，结果，寇準的官职从"部长"直降为"州长"。大臣越礼尚且如此，那平头百姓更是不成了，无论你是"主叫"还是"被叫"，只要你"联通"了"万岁"这个词，就必须被处死。因此，持这种观点的人认为，从北宋开始，万岁才真的叫"万岁"了。

至此，万岁成了"万岁"，有"刘邦"说、"刘彻"说，还有"北宋"说。那么，"万岁"这个词到底是从什么时候开始真正成了皇帝的专用名称呢？这仍是一个值得探讨的问题。

中国人的龙崇拜之谜

说到龙，人们可能条件反射地想到一个名字：中国。龙作为中国人的图腾，已被全世界所认知。龙是吉祥的象征。喜欢什么谈什么，就像中国人取名字一样，中国山川城池的名字中带有"龙"字的，那叫一个多：龙城、龙泉、龙门、龙塔……；与龙有关的民俗也是指不胜屈：龙舟、龙灯……中国文化就是"龙文化"，中国人也自谓是"龙的传人"。

但一个问题跳了出来，都说自己是龙的传人，从古至今，无数的学者与探险家、爱好者组成了一支庞大的队伍，在浩瀚的天地里，希望能找到龙存在的证据。那么，龙是真实存在的吗？

由于龙历来过于神秘，从来就没有人看到过，以致质疑者讥嘲说，"不要迷信龙，它只是一个传说"。不能说这话全无道理，从古至今，关于龙的传说史不绝书，但真正见过龙的，恐怕一个也没有。因此，龙到底有没有，成了中国文化史上遗留下来的最大的谜团之一。

龙，作为中国人崇拜的图腾，由来已久，久到什么时期呢，推而寻之，至少是在原始社会就有了，那么，龙究竟是一种什么样的动物呢？它是确有其物吗？大多数学者认为，龙是我国古代先民的图腾，是一种虚无的动物。

那么，龙最早期的原型是什么呢？许多学者认为，中国古代的龙的形象源于鱼或者蛇。据考古发现，最原始的龙的形象当推西安半坡仰韶文化遗址出土的陶壶龙纹，它的造型与后世的龙有很大的差别，是蛇身鱼形，它是仰韶文化氏族居民的图腾形象。在山西襄汾夏墟遗址也曾发现与仰韶文化遗址相似的龙纹。这说明，中华民族的龙崇拜至少已有五千年的文化渊源。2000 多年前的战国时期，龙多次被生动地描绘在帛画上。到了汉代，龙的样子就跟我们今天见到的龙差不多了。

在原始人的信仰中，认为本氏族人都源于某种特定的物种，大多数情况下，被认为与某种动物具有亲缘关系。例如，"天命玄鸟，降而生商"（《史记》），玄鸟便成为商族的图腾。作为一种最原始的宗教形式，动物化成的图腾与氏族的亲缘关系常常通过氏族起源神话和称呼体现出来。如匈奴人以狼为图腾。上古时代，各种各样的动、植物占据着人们的信仰与精神的中心，对龙的崇拜就是从那个百兽共争的时代开始的，到今天至少有 8 000 年的历史了。

但龙在那个时候并不是主流图腾。先秦时期，龟的地位远高于龙。龟鼎代表国家政权，龟代表天子，以拥有龟的大小标识贵族等级：天子龟一尺二寸，诸侯一尺，大夫八寸。汉帝刘邦说，他是母亲与龙交配所生。后世文人和方士就把前代帝王都改造成"龙颜"。而先秦古籍中，没记载任何帝王有"龙颜"，没有任何帝王出生与龙有关，而龙的出现往往伴随灾难。陶阳、钟秀根据全国搜集的神话编辑的《中国神话》一书中，从开天辟地到大禹治水这一阶段，关于龟的故事有七个：龟都是善的，保护人类的。关于龙的故事有十七个：其中十五个龙是恶的；另一个是被龟降伏，改恶从善的；还有一个是帮黄帝灭蚩尤的应龙，它所到之处就发大水，所以灭蚩尤后，黄帝就叫它到南方去了。就是说，华夏氏可能都不是把龙当做图腾的部落。

据此，有学者指出，后世所见的龙的形象与造型，是由半坡长鱼纹演变而来的。根据从半坡到夏墟的原始龙纹来看，龙起初是一种生活于水中的蛇状长鱼，夏人和仰韶文化古人之所以把它作为图腾族徽，反映了他们常常面临洪水灾害，希望人类能像龙鱼那样在水中生活，于是把龙鱼当做民族保护神来崇拜。

何新在其《诸神的起源》一书中，曾怀疑过龙真实存在的可能性，并假定龙的真相和实体实际上是云。但他在其后出版的《龙：神话与真相》一书中却认为，"龙"在古代确实是存在的，它就是现代生物分类学中一种巨型鳄——蛟鳄，或者说，它是古人眼中鳄类、蝾螈类以及蜥蜴类动物的共名。他认为，在远古人类所面对的各种猛兽中，巨型蛟鳄无疑是最神秘和最具有威胁性的，远古人类既恐惧之，又崇拜之，故而常把鳄看做地神、水神和战神。也有人认为中国人信仰的龙就是远古时期的翼龙。在 2011 年举行的古脊椎动物学会年会上，美国匹兹堡查塔姆大学的生物力学家发表研究论文称，6 500 万年前最大的巨型翼龙一次可不间断地飞行 1 万英里（约合 16 093 公里）。其中的一个例子就是得克萨斯的北方风神翼龙。根据 7 000 万年前的化石记录，它们站立时的高度大约相当于现代长颈鹿的高度。跃向空中飞行时，翼展宽达 10 米。研究表明，在温暖的白垩纪，较高的气温也为翼龙飞行提供了更多的热量，如果在现代气候条件下，它们的飞行能力可能要差很多。会飞的龙，再加上其他的一些想象，或许就成了中国龙的形象。

1987 年，考古学家在河南濮阳西水坡的一处距今 6 500 年左右的古墓中，发现了墓主人身旁有一件用白色蚌壳摆塑的"龙"的文物。在甘肃也出土过绘有鲵纹的彩陶，在东北的辽河流域发现过距今约 5 000 年的玉龙。山西出土过带有蟠龙纹的彩陶。当然，这种"龙"与今天我们见到的龙的形象还有很大的差距。

据专家考证，这些所谓的龙图腾，实际上是与后来的龙形象相近的蛇、鳄、蜥蜴等动物。这些动物在氏族的祭祀中，被赋予了神圣的意义，在形态上也被神化。在漫长的远古岁月中，动物图腾形象与其他原始宗教中崇拜的动物形象融合在一起，形成了原始的龙形象。

"龙"脱掉"原始"二字，即由原龙纹变成真正的龙纹，约在商代。商王朝非常重视宗教与巫术，也十分重视宗教活动中必不可少的礼器——青铜器的铸造。青铜器作为沟通天地的礼器，本身就有宗教的意义，青铜器上的纹饰则具有更浓郁的宗教色彩，即通过各种象征性的纹饰，向人们展示应崇拜的神灵，求其保护，免受怪物的侵害。这种纹饰中，原龙纹成为主要的部分。

以后，经过各个朝代的加工，龙的样子越来越威武神气了。从红山文化到汉代的几千年时光里，龙就这样作为一种从遥远的上古一路走来的神奇动物，频频在中国浩如烟海的文化中亮相，一步一步地走向了我们民族神性的深处。

既然今人已经无法从文学作品中窥视出龙这一神秘物种的真实面貌或者找到直接的证据，那我们只好到官方的史料中去找寻有关龙的只言片语了。儒家经典"十三经"中的《左传》有这样的记载，伏羲氏时，有龙呈瑞，因而以龙纪事，创立文字。而《竹书纪年》记载伏羲氏时各氏族中有飞龙氏、潜龙氏、居龙氏、降龙氏、土龙氏、水龙氏、青龙氏、赤龙氏、白龙氏、黑龙氏、黄龙氏，这些应该都是以龙这种动物为图腾的部落。《左传·昭公二十九年》中有"公赐公衍羔裘，使献龙辅于齐侯"的记载。《拾遗记》也说："舜时，南浔之国献毛龙，一雌一雄，放置豢龙之宫，至夏代，豢龙不绝，因以命族。"说明夏朝有着饲养龙的习俗和以龙为族名的氏族集团。《礼记·礼运》也有豢养龙的记载："故龙以为畜，故鱼鲔不淰。"《疏》云："鱼鲔从龙者，龙既为人之畜，故其属见人不谂然惊走也。"以上这些记载都说明，从虞舜时期到夏代确实都存在世代专以驯养龙为业的氏族，称为豢龙氏，在夏代或被称为御龙氏。

那么谁是这个宫廷里养龙的饲养员呢？《左传·昭公二十九年》记载晋国太史蔡墨说："昔有飂叔安，有裔子曰董父，实甚好龙，能求其耆欲以饮食之。龙多归之。乃扰畜龙以服事帝舜。帝赐之姓曰董，氏曰豢龙。"这就是说在舜帝的时候，有个叫董父的人，喜欢并且能够饲养龙。舜帝就赐他姓董，赐他这个氏族叫豢龙氏，专为舜帝养龙。后来夏王孔甲也很喜欢龙，有一天雄雌两对龙自天各降于黄河与汉水之上，孔甲视为天赐神物，欣悦不已，令人捕之，但无人能饲养。尧帝的部落有一个后代叫刘累，随豢龙氏学习了驯养龙的技术，然后跑到孔甲那里承包了养龙这个项目，孔甲很喜欢他，就赐给他的氏族叫做御龙氏。后来有一条雌龙死了，刘累偷偷地把龙做成肉酱给孔甲吃了，孔甲吃后觉得味道不错，吃完后还想吃，刘累一看要坏事，就逃到了鲁县这个地方，并改姓为范氏。

故事里的董父就是今天"董"这一姓氏的祖先，而刘累就是今天"刘"这个姓氏的祖先。《左传·襄公二十四年》记载范宣子自称其祖在夏为御龙氏，在商为豕韦氏。《国语·郑语》也有"豢龙氏"、"豕韦氏"等记载。这些均可证明蔡墨之言绝非子虚。而且，《史记·夏本纪》也有同样的记载。

这时所记载的龙，还并无太大的神力，最多是"其血玄黄，斗于洧渊，谓之四灵，颔下藏珠"而已。甚至能饲养，会死，肉还可以吃，味道似乎还很鲜美。那个时代的文字只有国家的高级文职官员才能掌握，而他们往往都是一些品德高尚的精神领袖，是一些知识渊博的学者。当时的一切文字记录都是相当严肃的，因为要作为国家或者宗教信仰的记录传承。今天出土的大量甲骨文已证明了这一点。

可是到了春秋时代，天下大乱，礼崩乐坏，宫廷里的学者官员们都背着鼓磬，抱着书简，流落江湖。又经过教年之后，战国秦汉年间神仙方术之风大盛，然而味道却慢慢地变了。于是灵兽们也一起变得能腾云驾雾起来。比如《山海经》提到的一种"人面蛇身，体长千里，两眼立生，就如两条直缝"的"烛龙"，很多人并没有把它当作神话故事，而是当做

"历史故事"口口相传着,而据专家考证,所谓"烛龙",实际上是北极光。

中国古代一直有祥瑞这种说法。古人认为每当皇帝登基的时候,太平盛世的时候,或者政治混乱、天灾人祸的时候,大自然就会发生各种征兆,而这种征兆都是要记录在案的。

"龙"的角最早见于商代,那时龙角的形状还不固定。为什么商以前的龙形象中并没有角,在商代龙却生出角来呢?有专家一语道破天机:商人崇拜角。在动物之中,有角的一般是雄性,它是威武有力的象征,商代尚武,自然对象征强力的角很是膜拜,因此,商人给本来无角的原龙加上各种角,是因为他们认为角有神性,可能他们还觉得这种装饰单一,又把象、虎、猪、鳄等动物的不同器官加到龙的身上,这种经过艺术改造加工后的龙与我们现在见到的龙大体就差不多了。

但是,另一个问题又出来了,为什么不仅在古代中国,龙是最重要的图腾之一,而且在英国与加拿大也流传着关于龙的故事?远在古代巴比伦、印度和玛雅文化中,均发现了蛟鳄崇拜的遗迹。这种神秘的动物为什么总是出现在世界不同民族的历史文化中呢?

英国曼彻斯特博物馆的古生物学家菲尔·曼宁认为,龙与恐龙渊源颇深,龙或许也是生物进化史中未被发现的一个环节,古人或许曾发现这种古老物种的化石,根据化石而推断生物原貌,并作为集体记忆流传下来。

一个只有图画留存的动物,一个被隔阂了千年的传说,一个灌注了亿万人幻想的神话。在现代科学如此昌盛的今天,中国龙,你真的存在吗?要想找到这个问题的答案,我们只有细细地拂去历史的灰尘,剥开一层层神话和传说,最后等待时间来揭晓答案了。

帝王为何被称"九五之尊"

北京故宫作为中国最后两个封建王朝的宫廷建筑,处处体现着帝王的至高无上。民间大都知道"九五之尊"的说法,故宫的建筑的确与"九"和"五"两个数字有关联,如天下闻名的天安门城楼其城台设5个门洞,面阔9间,进深5间。故宫中许多建筑物的开间多为9间或5间,唯独太和殿的面宽是11开间,在整个故宫是独一无二的。这是为什么呢?

一种简单的说法为:中国古代把数字分为阳数和阴数,奇数为阳,偶数为阴。阳数中九为最高,五居正中,因而以"九"和"五"象征帝王的权威,称之为"九五之尊"。

另一种说法认为"九五"一词来源于《易经》。现在流传下来的《易经》版本据说为周文王所演,因此也称为《周易》。《周易》64卦的首卦为乾卦,乾者象征天,因此也就成了代表帝王的卦象。乾卦由六条阳爻组成,是极阳、极盛之相。从下向上数,第五爻称为九五,九代表此爻为阳爻,五为第五爻的意思。九五是乾卦中最好的爻,乾卦是64卦的第一卦,因此九五也就是64卦384爻的第一爻了,成为了帝王之相。

这里的"九"本不是具体的数字,而是判别数字阴阳属性的符号。后来人们把"九"和"五"作为具体的数字来运用,可以认为是为了契合代表帝王的"九五"之爻;再者,"九"和"五"两个数字在建筑上的使用也是非常符合美学原则的。《周易》的释义词句有

"乾道变化,各正性命,保合太和,乃利贞"。太和殿名字的由来据说就源于此。

既然"九"和"五"是封建帝王的象征,为何太和殿面宽为11间呢?有关资料显示,太和殿在明朝时叫做奉天殿,面阔9间,进深5间,李自成进京后被毁,清康熙八年(1669)重建时改为11间。为何改为11间,据说是当时找不到上好的够长度的金丝楠木,建成9间的话木材的跨度不够,只好改成了11间,以缩短跨度。

不管这种说法是否属实,太和殿作为紫禁城的第一建筑,采用11开间这种独一无二的形式达到了在建筑群落中脱颖而出、鹤立鸡群的效果,突显出至高无上的尊贵地位。9开间的形式在故宫中被多次运用,在9之上增加一个数字单位只能是11。因为要保持建筑物正中开门的特征,其开间数必须是奇数。在美学效果上,11开间还是可以被接受的,13开间以上除非是长廊,对屋宇建筑来说是太多了点。

"东道主"来历之谜

鲁厘公三十年(前630)九月十三日,晋文公和秦穆公的联军包围了郑国国都。郑文公在走投无路的情况下,只得向老臣烛之武请教,设法解围。当夜,烛之武乘着天黑叫人用粗绳子把他从城头上吊下去,私下会见秦穆公。

晋国和秦国是两个大国,他们之间本不和谐,常常明争暗斗。烛之武巧妙地利用他们的矛盾,对秦穆公说:"秦晋联军攻打郑国,郑国怕是保不住了。但郑国灭亡了,对贵国也许并无一点好处。因为从地理位置上讲,秦国和咱郑国之间隔着一个晋国,贵国要越过晋国来控制郑国,恐怕是难于做到的吧?到头来得到好处的还是晋国。晋国的实力增加一分,就是秦国的实力相应地削弱一分啊!"秦穆公觉得烛之武说得有理,烛之武于是进一步说:"要是你能把郑国留下,让它作为你们东方道路的主人。你们使者来往经过郑国,万一缺少点什么,郑国一定供应,做好充分的安排,这有什么不好?"

秦穆公终于被说服了,他单方面跟郑国签订了和约,晋文公无奈,也只得退兵了。秦国在西,郑国在东,所以郑国对秦国来说自称"东道主"。后来,它泛指招待迎接客人的主人。

称妻父为"泰山"之谜

以前,丈夫对妻子父母的称谓,一般在口语中称为丈人、丈母。"丈"在古代有"长"的意思。"丈人"原来是对老年人、长辈的尊称。

《论语·微子》中说:"子路从而后,遇丈人,以杖荷蓧。"这里的"丈人"就是"老汉"之意。王充《论衡·气寿》中,也有"名男子为丈夫,尊公妪为丈人"的说法,也讲"丈"之本意,原是尊敬他人,尤其是尊敬老年人的意思。

不过,在王充所处的汉代,对老年人不分男女,无论公妪均可称为"丈人"。那么,对妻父尊称"丈人"源于何时何地呢?有人以为此说从汉代匈奴那儿传来。班固所著《汉书·匈奴传》中,有匈奴单于谓汉天子为"我丈人"的说法,当时汉朝历代皇帝对匈奴实行

"和亲"政策，以公主或宗室女(也有以宫女假冒的)嫁给匈奴单于为妻，故有此称。这大概就是对妻父尊称"丈人"说法的起源。

而对妻母则尊称为"丈母"，最早的记载大约要算北齐颜之推所著《颜氏家训·风操》。其中有"丈人之妇，猥俗呼为丈母"的说法，之后对妻子父母尊称为"丈人"、"丈母"的记载屡见不鲜。唐代柳宗元祭祀妻杨氏之父母，著有《祭杨詹事丈人独孤氏丈母文》，可见"丈人"、"丈母"之称的来源比较简单，除上面所述之外，至今还没有找到过其他的说法。

书面语中，人们又有称妻父为"泰山"、"岳父"、"岳翁"的。这"泰山"之称从何而来？最早应该来源于唐代的《酉阳杂俎》，唐明皇封禅泰山，张说封为禅使。张说的女婿郑镒本是九品官。按照旧例，封禅以后，自三公以下都能迁升一级，只有郑镒靠了丈人张说骤迁五品，兼赐绯服。玄宗看见郑镒的官位腾跃，怪而问之，镒无词以对。黄幡绰曰："此泰山之力也。"

此事很快在百姓中间逐渐传播开来，但是人们并不十分责怪张说的过失，反而觉得他提拔自己的女婿情有可原，以为他重情重义。街头巷尾开始议论此事的人多了，人们便开始把男子的妻父称为"泰山"，因为泰山又是"五岳之尊"，因此，在"泰山"的基础上又派生出"岳父"的叫法。

而因为有这么一段历史，再加上泰山"东方万物始，故主人生命之长短"(汉代纬书《孝经援神契》)等特殊意义，妻子的父亲也乐于接受"泰山"或"岳父"的称呼。不想这两个称呼一叫便是千余年。

还有一种说法，"泰山"之称乃是从传讹转化而来。清代赵翼著《陔余丛考》一书，其卷三十七中说，晋人乐广为卫厘父，卫厘尊其为"乐丈"、"乐"讹为"岳"，"乐丈"讹为"岳丈"，又从"岳丈"变化为"岳翁"、"岳父"，"岳"又使人联想起"五岳之首"的东岳泰山。因而妻父又被称为"泰山"，为了与"岳父"之"父"相应并称，人们将妻子之母尊称为"岳母"，也有一些人，为了与"泰山"相应并称，便将妻子之母尊称为"泰水"。

古人同姓不结婚之谜

同姓不婚，即同一姓之男女不相嫁娶。据传，这一规定始于西周初期，是周民族实行族外婚时遗留下的规定。春秋时，人们对同姓婚配会造成后代畸形及不育已经有了进一步的认识，但同姓婚配仍在贵族中时有发生。战国以后，以氏为姓，汉代以后，姓氏不分，因而同姓不婚多有不禁。至唐代，对同姓配婚又循古制，予以禁止。明、清时地域更大，人口众多，早成为以地域为基础的社会，取代了原先以血缘为基础的氏族。

据《魏书·高祖纪》记载："夏殷不嫌一姓之婚，周制始绝同姓之娶。"古代违反这一规定者，轻则受到舆论谴责，重则受到法律惩处。唐律规定：同姓为婚者徒二年，同姓又同宗者以奸罪论。明、清律规定：凡同姓为婚者各杖六十，离异。但上古的姓和后世不同。上古时代，同姓必同宗，后世则同姓不一定有血统关系。所以清末《大清现行刑律》

删去了这一规定。

这段记载已经明白无误地告诉我们：在周代以前，夏、商时期还有同姓成婚的存在，而从周代开始，从制度上严格禁止同姓成婚。另据史料记载，从周代往后，诸朝历代都对"同姓不婚"有严格的规定，这些规定大多以法律条文的形式确定下来，凡违反规定者，都要对其采取强制措施，其中不乏一些体罚、判刑或勒令离婚等条例。

为什么要禁止同姓结婚呢？对于这个问题似有多种看法存在。其一，不利遗传基因。同姓结婚在很大程度上会造成近亲繁殖，这与遗传基因有着密切关系。据说，在周代，人们就已经懂得了这个道理，认识到近亲繁殖的危害。《左传·僖公二十年》称："男女同姓，其生不蕃，""不蕃"意即不健康、先天不足。《国语·晋语》又称："同姓不婚，恶不殖也。"这句话说得也很中肯，同姓不婚，意在避免婚后不育。

其二，出于政治需要。禁止同姓成婚，在客观上会促进与异姓之邦的联姻，以此扩大和加强与异姓集团的政治合作及军事联盟。其目的在于扩充势力范围，向一统天下迈进。应该肯定"同姓不婚"的政策，在政治上还是起到了积极作用的。

其三，崇尚伦理道德。古时大多把同姓看成血亲，因此把同姓成婚与至亲、嫡亲兄弟姐妹通婚等同看待。《通典》一书，就将同姓嫁娶视为兽行，故而当绝。另外，《白虎通·嫁娶》也称："不娶同姓者何，重人伦，防淫佚，耻与禽兽同也。"这里所说，似乎比较严重，因为它把同姓成婚视为乱伦。

其四，宗法原则考虑。持这种观点的人认为，禁止同姓成婚是出于宗法原则考虑。其目的在于维护以男权为中心的宗族利益。在周代盛行自上而下、完整有序的宗法制度，当时社会的基本组织是宗族，同一祖先的后辈们根据与其祖先血缘关系的亲疏，形成严格的尊卑贵贱的等级，并由此享有相应的社会政治地位。

因此，由血缘关系而产生的尊卑等级，成为整个社会统治秩序的基础。为了维护这种秩序，周代采取一系列的措施。其主要表现在婚姻制度上，即作出了同姓不婚的规定，以避免同姓结婚给这种等级秩序带来的混乱。因为同姓为婚，自然不能亲兄弟姐妹结婚，而只能是嫡、长、亲者与庶、幼、疏者之间通婚，但是，通过这一方式结成婚姻之后，"夫与妇齐"，就可能把同姓内部原来的嫡庶、长幼、亲疏、尊卑秩序打乱。相反，实行异姓通婚，则可以把两姓间的嫡庶、长幼、亲疏相对应，而又不损及本姓内的嫡庶、长幼、亲疏秩序。并且异姓通婚结成两姓间的姻缘关系后，两姓间还可以借此友好相处、相互支持、相互依靠。所以《礼记·郊特牲》说："夫婚礼万世之始也，取于异姓，所以附远厚别也。""附远"即指异姓间的依托，"厚别"即指同姓内的区别。

古代缠足之谜

缠足是中国封建社会特有的一种装饰陋习。其具体做法是用一条狭长的布带，将妇女的足踝紧紧缚住，从而使肌骨变形，脚形纤小屈曲，以符合当时的审美观。在缠足时代，绝大多数妇女大约从四五岁起便开始裹脚，一直到成年之后，骨骼定型，方能将布带解开;也有终身缠裹的,直到其老死之日。

缠足,是一种摧残肢体正常发育的行为。缠足后的一双小脚,不仅在实际生活中有种种不便,而且在整个裹脚过程中,妇女要承受极大的伤残痛苦。这种毫无实际效用又使承受者极端痛苦的事,竟然普遍流行,成为社会风俗,绵延数百年。

司马迁的《史记》称:"临淄女子,弹弦,跕缠。"其中"跕缠"可能指缠足,或许仅限于少数风月场所中的女性所特有。唐朝白居易的诗中有一句"小头鞋履窄衣裳",可能描写的是缠足女性。杜牧诗中"细尺裁量约四分,纤纤玉笋裹轻云",则刻画妇女用布带缠足的情况。但是,五代以前,缠足并不流行。马王堆古墓出土的汉代妇女是天足,五代时,韩熙载《夜宴图》中的侍女也都是天足。

也有人说,缠足始于隋朝。相传隋炀帝东游江都时,征选百名美女为其拉纤。一个名叫吴月娘的女子被选中。她痛恨炀帝暴虐,便让当铁匠的父亲打制了一把长三寸、宽一寸的莲瓣小刀,并用长布把刀裹在脚底下,同时也尽量把脚裹小。然后又在鞋底上刻了一朵莲花,走路时一步印出一朵漂亮的莲花。隋炀帝见后龙心大悦,召她近身,想玩赏她的小脚。吴月娘慢慢地解开裹脚布,突然抽出莲瓣刀向隋炀帝刺去。隋炀帝连忙闪过,但手臂却被刺伤。吴月娘见行刺不成,便投河自尽了。事后,隋炀帝下旨:日后选美,无论女子如何美丽,"裹足女子一律不选"。但民间女子为纪念月娘,便纷纷裹起脚来。至此,女子裹脚之风日盛。

还有人说,缠足得以流行,南唐皇帝李煜的"推广"功不可没。《道山新闻》记载:"后主宫嫔窅娘,纤细善舞。后主作金莲高六尺,饰以宝物细带缨络,莲中作品色瑞莲,以帛绕脚,令纤小屈作新月状。素袜舞云中,回旋有凌云之态。"

上有所好,下必仿之。通过缠足,窅娘的体态更加轻盈,如弱柳扶风,备受皇帝赞赏与宠幸。为了争宠,后妃们竞相模仿,缠足便在皇宫内流行起来。

只要许多人卷入其中,那么,从众的情形就将是强烈的。一旦模仿作为一种策略被采纳,那么,它就可能转变为一种日常的惯例或者习俗。由此,皇宫内流行的缠足,被贵族士大夫阶层的家眷所模仿,进而蔓延到普通阶层。

可是,到了清代,却禁止女子缠足了,因为满族统治者认为这是一种陋俗。顺治元年(1644年),孝庄皇后谕,有以缠足女子入宫者斩。顺治二年后,民众所生女子禁缠足。以后,到了康熙七年(1668年),却对女子缠足开禁,于是缠足又风靡全国,不仅汉族女子缠足,连不少满族妇女也纷纷学样了。

女子缠足以后,她的三寸金莲就变成了一个最隐私的部位,绝不可让陌生男子看见。除了丈夫以外的男子,如果不小心碰了女子身体的其他部位(包括胸部)还不大要紧,如果碰到小脚是万万不行的。

女子缠足一直延续到20世纪的民国初年才逐渐禁绝,但是直到全国解放后,少数边远地区仍有存在。不过,现代女子均为天足,缠足现象已然绝迹。

十二生肖之由来

十二生肖，是由十一种源于自然界的动物即鼠、牛、虎、兔、蛇、马、羊、猴、鸡、狗、猪以及传说中的龙所组成，用于纪年，顺序排列为子鼠、丑牛、寅虎、卯兔、辰龙、巳蛇、午马、未羊、申猴、酉鸡、戌狗、亥猪。

用十二生肖纪年，在我国至少在南北朝时便开始了。《北史·宇文护传》中，记载了宇文护的母亲写给他的一封信，信中说："昔在武川镇生汝兄弟，大者属鼠，次者属兔，汝身属蛇。"表明当时民间已有十二生肖的用法了。

但是，十二生肖的来历又是怎样的呢？我国古籍中记载，古代的中原地区，最初使用的是"干支纪年法"，即用 10 个天干符号（甲、乙、丙、丁、戊、己、庚、辛、壬、癸）和 12 个地支符号（子、丑、寅、卯、辰、巳、午、未、申、酉、戌、亥）相配合来纪年。在我国西北地区的少数游牧民族，则以动物来纪年。《唐书》中记载："黠戛斯国以十二物纪年，如岁在寅，则曰虎年。"另外，《宋史·吐蕃传》中也有记载，吐蕃首领在叙事时，以物纪年，所谓"道旧事则数十二辰属日，兔年如此，马年如此"。以后，在中原同少数民族的交往中，两种纪年法相互融合形成现在的十二生肖。正像清代赵翼在《陔余丛考》中指出的那样，"盖北俗初无所谓子丑寅卯之十二辰，但以鼠牛虎兔之类分纪岁时，浸寻流传于中国，遂相沿不废耳"。这种关于十二生肖来历的解释，已经被许多人认可。

另外，关于十二生肖来历还有其他说法：洪巽的《阳谷漫录》中说，十二地支中位居奇数者，以动物的指或蹄也为奇数相配，如子位居首位，与它相配的鼠为 5 指，地支中居偶数位的，则取相属之偶数以为名。如牛与丑相配，为 4 蹄。叶世杰在《草木子》中，把十二生肖的来历解释为：术家以 12 肖配 12 辰，每肖各有不足之形焉，如鼠无牙、牛无齿、虎无脾、兔无唇、龙无耳、蛇无足、马无胆、羊无瞳、猴无臀、鸡无肾、犬无胃、猪无筋、人则无不足。其他的说法还有种种。诸如：黄帝要选拔 12 种动物在天上按时值班。通过竞赛而选中了鼠、牛、虎等 12 种动物；十二生肖来源于原始社会一些氏族的图腾崇拜；十二生肖可能是从天竺引进的；或 28 个星宿分布周天，以值 12 个时辰。每个星宿都以一种动物命名。从每个时辰值班的动物中，挑选某种常见的用做某一年的代称等等，不一而足。

尽管人们不能确定十二生肖的确切来历，但因为它的通俗、方便又具有趣味性，所以一直沿用至今，成为古人留给我们的一种仍有实用价值的宝贵遗产。

十二生肖的由来，还流传着一个神话传说：当年轩辕黄帝要选 12 个动物担任宫廷卫士，猫托老鼠报名，老鼠给忘了，结果猫没有选上，从此与鼠结下冤仇。大象也来参赛，被老鼠钻进鼻子，给赶跑了，其余的动物，原本推牛为首，老鼠却跑到牛背上，猪也跟着起哄。于是老鼠排第一，猪排最后。虎和龙不服，被封为山中之王和海中之王，排在鼠和牛的后面。兔子又不服，和龙赛跑，结果排在了龙的前面。狗又不平，一气之下咬了兔子，为此被罚成为了倒数第二。蛇、马、羊、猴、鸡也经过一番较量，一一排定了位置，最后形成了鼠、牛、虎、兔、龙、蛇、马、羊、猴、鸡、狗、猪的顺序。

汉族生肖中的十二种动物的选择并不复杂,它们与汉族人的日常生活和社会生活密切相关,大致可将其分为三类:第一类是已被驯化的"六畜",即牛、羊、马、猪、狗、鸡,它们是人类为了经济或其他目的而驯养的,占十二种动物的一半。"六畜"在中国的农业文化中是一个重要的概念,有着悠久的历史,在中国人的传统观念中"六畜兴旺"代表着家族人丁兴旺、吉祥美好。春节时人们一般都会提"六畜兴旺",因此这"六畜"成为生肖是有其必然性的;第二类是野生动物中为人们所熟知的,与人的日常、社会生活有着密切关系的动物,它们是虎、兔、猴、鼠、蛇,其中有为人们所敬畏的介入人类生活的,如虎、蛇;也有为人们所厌恶、忌讳,却依赖人类生存的鼠类;更有人们所喜爱的,如兔、猴;第三类是中国人传统的象征性的吉祥物——龙,龙是中华民族的象征,是集许多动物的特性于一体的"人造物",是人们想象中的"灵物"。龙代表富贵吉祥,是最具象征色彩的吉祥动物,因此生肖中更少不了龙的位置。

"三皇五帝"究竟是谁

中国历史的早期,现在称为先秦时期,可以划分为皇、帝、王、霸四个时代。中国早期最高统治者称"皇"和"帝",他们在位的时间就是中国开国之初,古人称之为"三皇五帝"时代。

古人理解的"中国"具有"天地人"静态结构和"五行"运转模式。因此,"三皇"指天皇、地皇、人皇。"五帝"指木帝、火帝、土帝、金帝和水帝。

后代学者习惯把个人推崇的古皇古帝人选,放入以上八个"座位"中,于是就形成了不同的"三皇五帝"组合。田野考古学所见的中国各地文化面貌,有史以来第一次趋同的时代就是龙山文化时代。中原龙山文化时代就是"三皇五帝"时代。

有人说,"皇"的原意是"大"和"美",不当名词用。战国末期,因上帝的"帝"字被作为人主的称呼,遂用"皇"字来称上帝,如《楚辞》中的西皇、东皇、上皇等。在《周礼》、《吕氏春秋》与《庄子》中也开始有指人主的"三皇五帝",《管子》并对皇、帝、王、霸四者的不同意义作了解释,但都没有讲出其中的人名。

还有人说,"三皇五帝"是中国在夏朝以前,出现在传说中的"帝王"。现在看来,他们都是部落首领,由于实力强大而成为部落联盟的领导者。秦始皇为表示其地位之崇高无比,曾采用"三皇"之"皇"、"五帝"之"帝"构成"皇帝"的称号。但是不同的史学家对"三皇五帝"都有不同的定义。

"三皇"是谁,"五帝"是谁,存在多种说法。基本上,无论是按照史书的记载,还是神话传说,都认为"三皇"所处的年代早于"五帝"的年代。三皇时代距今久远,时间在四五千年至七八千年以前,乃至更为久远,时间跨度也可能很大;而五帝时代则距夏朝不远,在4 000多年前。

由于《古微书》的影响力而得到推广,伏羲、神农、黄帝成为中国最古老的三位帝王。后来在道教中又将"三皇"分初、中、后三组:初三皇具人形;中三皇则人面蛇身或龙身;后三皇中的后天皇人首蛇身,即伏羲,后地皇人首蛇身,即女娲,后人皇牛首人身,即神农。

关于"五帝"的说法有:黄帝、颛顼、帝喾、尧、舜,这一说法来自《大戴礼记》;还有的说是庖牺、神农、黄帝、尧、舜,这一说法来自《战国策》;另外,也有说是太昊、炎帝、黄帝、少昊、颛顼,这一说法来自《吕氏春秋》。

《通鉴外纪》里却说是黄帝、少昊、颛顼、帝喾、尧。《尚书序》里说的却是少昊、颛顼、帝喾、尧、舜;因为以其经书地位之尊,以后史籍皆承用此说。于是这一"三皇五帝"说,被奉为古代的信史;还有的说是黄帝(轩辕)、青帝(伏羲)、赤帝又叫炎帝(神农)、白帝(少昊)、黑帝(颛顼)统称五方上帝。

至于神话中的天神,《山海经》中皆称帝,其后亦有"五帝"之称,如《楚辞·惜诵》有"令五帝"之句,与"指苍天"、"戒六神"并举,皆是指神。《晏子春秋》又有"楚巫请致五帝以明君德"之句,显然皆指天帝。故《史记,封禅书》记载汉高祖刘邦说:"吾闻天有五帝。"即述战国末年流行之说。同时有五色帝之说,秦设祭祀白、青、黄、亦四上帝祠,汉高祖增祀黑帝之祠。至《春秋纬·文耀钩》,五色帝始有名字:"苍帝曰灵威仰,亦帝曰赤熛怒,黄帝曰含枢纽,白帝曰白招拒,黑帝曰汁光纪。"郑玄注《礼记·大传》中有"王者禘其祖之所自出"之句,即引此诸名为"太微五帝",谓"王者之先祖皆感太微五帝之精以生"。把地上五帝说成是天上五帝所感生,提出了"感生帝"之妄说。

大抵"三皇"说所指诸人,是中国祖先处于史前各个不同文化阶段的象征。有巢、燧人、庖牺(伏羲)分别代表蒙昧时期的低级、中级、高级三个阶段;神农代表野蛮时代的低级阶段;女娲则是更早的创世纪式的神人,在神话中又和伏羲结合创造人类。"五帝"说所指诸人,主要是父系家长制的部落联盟鼎盛时期,及其解体时实行军事民主制时期的一些部落酋长或军事首长人物。

孟姜女哭长城之谜

民间流传的关于孟姜女哭长城的故事,是我国古代著名的民间传说。它以戏剧、歌谣、诗文、说唱等形式,广泛流传,可谓家喻户晓。

据说,在秦始皇统治的时候,有一对新婚夫妇,男的叫范喜良,女的叫孟姜女。结婚刚三天,范喜良就被征去修长城,不久因饥寒和劳累而死去。他的妻子孟姜女,历尽艰辛,万里寻夫到了长城,在得知自己丈夫的死讯后,不由得伤心地放声大哭起来。谁也没有想到,她哭着哭着,竟然"哗啦"一下子,就哭倒了八百里长城。这就是我国古代著名的民间传说——孟姜女哭长城。

然而,历史上到底有没有孟姜女哭长城这回事呢? 故事流传到现在已2 000多年了,但因为没有找到足够的资料,所以这个故事仍是一个谜。

有人说,孟姜女哭长城确有其事,这个故事就发生在齐国。因为齐是姜太公的封国,凡读过《东周列国志》的人都知道,书中只要出现了"x姜"这个名字,便总是齐国人。孟姜者,姜氏之长女也。她的故事最早见于《左传》。

孟姜为齐国大夫杞梁之妻,杞梁于公元前550年在莒战死,齐庄公在郊外见到了孟姜,便安慰了她一番。但是,孟姜认为郊野不是吊丧之处,因此拒绝接受齐庄公的安慰。于是庄公接受她的意见,专门到她家里进行了吊唁。

孟姜除了知礼外还有善哭的记载,淳于髡曰:"杞梁之妻善哭其夫而变国俗。"在齐地产生了孟姜哭调。西汉时已有了孟姜女"夫死后向城而哭,城为之崩"的记载。至于哭崩的城墙在何处,虽然有"莒城"说、"杞梁"说和"梁山"说,各说不一,但均在齐地,而非秦之万里长城。郦道元《水经注》认为孟姜女哭崩的是莒城的长城。

大约到了唐代,这一题材演变成了孟姜女千里寻夫、哭崩万里长城的故事,具备了今天的雏形。《周贤记》把故事搬到了燕国,孟姜名孟仲姿,杞梁变成杞良。杞良为逃筑城之役,误入孟超后园。孟女仲姿正在洗澡,古人贞操观念极重,信守女儿之体只能为丈夫所见,故二人乃结为夫妻。

后来杞良回到长城工地后被处死,埋尸长城之下,于是仲姿千里寻夫,哭崩长城,又于累累白骨中滴血验骨,终得丈夫遗骸。古代战争频仍,徭役繁重,征夫离妇之怨,乃为传统主题。汉末陈琳即有《饮马长城窟行》:"饮马长城窟,水寒伤马骨。往谓长城吏,慎莫稽留太原卒……君独不见长城下,死人骸骨相撑拄。"其后历代诗人,皆有咏叹这个故事的人出现。唐代诗僧贯休,则有《杞梁妻》,歌咏孟姜女哭长城之事。其后这一题材乃进入许多诗人笔下,为这一故事的广为流传,起了推波助澜的作用。从元代起,孟姜女的故事开始搬上舞台。

也有人认为,孟姜女哭长城的故事是不存在的。因为山海关以前是没有长城的,到了秦朝以后才开始修长城,且那里的长城也不是秦始皇筑的。秦始皇所筑的长城距山海关北去有数百千米。历史上有过哭倒城墙的记载,但故事发生的时间比秦统一六国要早得多,因此和秦始皇根本风马牛不相及。并且在封建社会的中国,战事连绵,民不聊生,哭夫的题材十分常见,《左传》中也不无记载,因此单凭"哭夫"这一论据,不能令人信服。况且好端端的长城,竟然被一位妇女哭塌了,也太不现实了。再说,把齐国的孟姜捏造成秦国的孟姜女,把攻打莒城改为修筑长城,是有意往秦始皇身上栽赃。

也有史书记载,在孟姜女去寻夫之时,长城真的无端地垮塌了八百余里,是修筑长城时质量不过关而垮,还是孟姜女哭垮的呢,不得而知。总之,孟姜女哭长城是不是真的,到现在依然没有定论。

牛郎织女传说之谜

牛郎织女是中国最有名的民间传说之一,也是中国人民最早关于星星的故事。

农历七月七日之夜,称"七夕",民间传说,七夕是牛郎织女鹊桥相会的日子。据说,牛郎是南阳城牛家庄的一个孤儿,依靠哥嫂过活。嫂子马氏为人刻薄,经常虐待他,他被迫分家出来,靠一头老牛自耕自食。这头老牛很通灵性,一天,织女和诸仙女下凡游戏,在河里洗澡,老牛劝牛郎去取织女的衣服,织女便做了牛郎的妻子。婚后,他们男耕女织,生了一儿一女,生活十分美满幸福。

不料天帝查知此事,派王母娘娘押解织女回天庭受审。老牛不忍他们妻离子散,于是触断头上的角,变成一只小船,让牛郎带着儿女乘船追赶。眼看就要追上织女了,王母娘娘忽然拔下头上的金钗,在天空划出了一条波涛滚滚的银河。牛郎无法过河,只能在河边与织女遥望对泣。他们坚贞的爱情感动了喜鹊,无数喜鹊飞来,用身体搭成一道跨越天河的彩桥,让牛郎织女在天河上相会。王母娘娘无奈,只好允许牛郎织女每年七月初七在鹊桥上会面一次。

由于农历的七月初七正当雨季,所以这一天常常下雨,人们便说这是牛郎织女的眼泪。农村的一些少男少女还会趴在豆角架的下面,据说可以听到牛郎织女的悄悄话。因为牛郎织女的故事美妙动人,所以直到今天,人们还常常以"牛郎织女"来描述夫妻的恩爱。

但也有人说,不少传说都有起源,那么牛郎织女的传说应该也有起源。据史书记载,当年汉武帝在首都长安开凿了中国历史上第一大人工河——昆明池,汉武帝把它比喻成天上的银河。为了上应天象,就在河两岸特地雕塑了牛郎和织女像。有了人形化的牛郎织女,也就逐渐演绎出了牛郎织女的民间爱情故事。

东汉时就有"迢迢牵牛星,皎皎河汉女。纤纤擢素手,札札弄机杼;终日不成章,泣涕零如雨。河汉清且浅,相去复几许?盈盈一水间,脉脉不得语"的古诗描述他们的爱情。随着时间的累积,历代咏颂他们爱情的诗歌越来越多,七夕节也就逐渐变成了中国的"情人节"。

《汉书》作者班固的《西都赋》记载:"集乎豫章之宇,临乎昆明之池。左牵牛而右织女,似云汉之无涯。"《淮南子》、《三辅皇图》、《岁时广记》都有相关记载。唐宋时期,伟大的唐明皇和杨玉环"谈恋爱"都要选择在七月初七那天晚上对月盟誓。

还有人说,牛郎织女的传说起源于沂源。"天上银河,地下沂河。"这是流传于山东省沂源县境内的一种民间通俗说法。这里说的"银河"是天上的银河,"沂河"是发源于山东省沂源县境内的一条全长574千米的河流。这个说法源于中国民间一个凄美的爱情故事:牛郎织女的传说。

沂源还有一个景区,名为牛郎织女景区。牛郎织女景区内的大贤山海拔532米,森林覆盖率达96%,悬崖如削,巨石嵯峨,松柏森列,生态环境优良。大贤山下沂河如带,"地上银河"水景长3公里,形成了50多万平方米的水面。由于各种自然资源与人文脉络高度和谐统一,山东沂源被专家称为"牛郎织女故乡"。

梁山伯、祝英台是否真有其人

梁山伯和祝英台,是《梁山伯与祝英台》传说中的男女主角。但有人说,据历史上考证,确为真人。据史书记载,梁山伯东晋时任宁波地方官。位于市区西郊5公里处的梁山伯庙、梁祝合穴冢及夫妻桥、寝宫等文化遗址,被中国梁祝文化研究会专家确认为梁祝故事的正宗发源地。

梁山伯庙是国内唯一的纪念梁祝"爱情神"的庙宇。梁山伯庙位于宁波城西5公里处的高桥乡邵家渡，内塑有梁山伯坐像，祝英台凤冠霞帔坐右侧，后殿为梁祝寝宫，内置朱木床。寝宫后为梁祝坟墓。

祝英台，生于东晋孝武帝太元二年，即公元377年。祝家也是由于北方出现"五胡乱华"的局面而南迁的士族，定居在山明水秀的上虞，即今天浙江北部，在一处荒僻的梅溪源头聚族而居，人们都把这里称之为祝家庄，传到祝英台已是南迁之后的第四代了。

这个传说故事是这样的：祝英台说服了父母，女扮男装，到杭州求学，这年她十四岁。正值阳春三月，祝英台邂逅了由贸城而来的梁山伯，双方一见如故，于是结为异性兄弟。不久便到了杭州城外的"崇绮书院"，拜师入学，朝夕勤苦攻读诗书。三年时间，弹指一挥，长祝英台一岁的梁山伯，竟然没有发觉祝英台是个女孩。

三年时间不算短，祝英台多次显示爱恋之意，又恐稍有不慎便会弄得不可收拾；而梁山伯只有兄弟之情，并没有特别的感受。恰好祝英台的母亲生病，祝英台仓促回乡。梁山伯依依不舍地送了一程又一程。不久，梁山伯风闻祝英台居然是个红粉佳人，而且回乡后便许配给了贸城姓马的人家。梁山伯迫不及待地赶到祝家，没想到木已成舟。

怪只怪梁山伯太不解风情，怪只怪祝英台没有把自己对梁山伯的情意适时地告诉父母，在男大当婚、女大当嫁的情况下，答应了门当户对的马家求婚。既然有了婚约，便不能随意更改。祝、马两家都是由北方迁来的体面人家，祝家是不可能因照顾小女儿的情意，而丢掉脸面的。

祝英台明白自己是深深爱着梁山伯的，她以为梁山伯并不爱她才答应马家求婚，现在梁山伯向她一吐衷肠，她早已肝肠寸断。梁山伯实在想不出什么充分的理由来横刀夺爱。因爱故生忧，忧心如焚，闷闷不乐的梁山伯终于一病不起，溘然而逝。

就像是晴天霹雳，祝英台先是目瞪口呆，继而放声大哭。既哭梁郎的可怜，也哭自己的可悲，更哭梁郎的无能。这边是愁云惨雾，了无生趣；那边是催婚使者不断。祝英台的父母用尽了方法，一面好言相劝，一面苦苦哀求，祝英台万念俱灰，而且也再没有理由加以搪塞，于是心思一横，答应了择吉日出嫁马家。

梁山伯死后，他的亲友遵照他的遗愿，将他葬在贸城西郊邵家渡山麓，意思是要一睹祝英台出嫁时喜船路过的风采。祝英台自然是为了情郎，非要在出嫁时经过邵家渡不可了。更提出要到昔日的同窗好友梁山伯的墓上去祭拜一番的要求。

其实，祝英台在答应出嫁的时候，便抱定了以身殉情的决心，她想过投江自缢，总觉得不及亲自到梁山伯的坟前撞碑为佳，本来是打算祭拜以后，一头向墓碑上撞去以结束自己的生命，不料却天从人意，省去了许多周折。当时的人都认为是天意，如果仔细探究起来，那天大概是龙卷风加地震与祝英台拜墓的事巧凑在一起，这就叫"无巧不成书"。这事确是很感人。

但是，关于梁山伯与祝英台这两个人，还有其他版本的传言：梁山伯是明代人，祝英台是南北朝人,两者相隔千年。祝英台本是侠女,劫富济贫,曾三去马太守家盗银,最后中了马太守之子马文才埋伏死于乱刀之下。百姓将其厚葬并在坟前立碑,年久,该碑下沉于地下。梁山伯为浙江宁波府鄞县县官,清正廉洁,中年丧妻,无子,死后入葬时刨出祝英台之墓碑,众人惋惜之余又不忍拆除祝墓,可是,为梁山伯择地而葬又似不妥,故合葬,立碑,黑者为梁山伯,红者为祝英台。从此衍生出动人的传说,据查证,此记载最初版本为浙东民间百姓口头故事,并非历史资料记录。

第四节　感受奇妙的风俗

阎罗王的原型之谜

在中国长江中游地区,濒临三峡的酆都小城,有一个神秘所在。为什么这样说呢,据说这里是阎罗王地府的所在地。

在那里,从唐宋时代开始,历朝都有参与地府建造的持续性工程,于是,由人建造的鬼府,还连成一个系列,有诸如"玉皇殿"、"阎王殿"、"阴阳界"等大大小小48座庙宇,多少朝代的叠加,这里就形成了人尽皆知的"鬼城"。

既然有"阎王殿"、"阴阳界",按照中国人敬死如敬生的文化传统,酆都城的"阴曹地府"同样也设立了与人间大致一样的官僚机构,比如:有司理各曹的判官,也有牛头马面差役人等,民间通常把其最高领导人称为阎罗王。

不过,阎罗王并不是"阴曹地府"的男一号。按照道教《玉历宝钞》等说,阎罗王并非是"阴曹地府"的大当家,在唐朝末年有地府十王之说,称整个阴间有十个主宰分居十殿,

阎罗王

即通称的十殿阎王。其中第五殿主宰就是阎罗王。这位阎罗王,据说他"本居第一殿,因怜屈死,屡放还阳申雪,降调此殿"。

所以,按这个说法,阎罗王在整个地府中。只坐第五把交椅。也许基于这种说法,人们通常把五殿阎罗王说得尤为正直、刚毅,简直就好比宋代铁面无私的包青天。

阎罗王必须是铁面无私的,这主要是因为中国传统文化注重因果现世报,阳世善恶未了,只有到阴间彻底、完全和圆满地解决。好有好报,恶有恶报,是没有宗教信仰的中

国人的最后救赎。因此,阎罗王在平民百姓心里是最有威信的神祇,人们对他寄以无限的理想和希望。

这一点,在《说岳全传》中体现得很具体:书生胡迪游地府,亲睹秦桧及其党羽和岳飞父子对案,阎罗王把岳飞奉为上宾,而将秦桧作为阶下囚犯。这个段子显然体现了民间小传统对忠奸观的一种认知,表现了平民百姓的情感倾向。

在百姓看来,阎罗王是必须站在平民与忠臣这边,为他们主持公道的,否则,他不能主宰阴司。胡迪所说"愚生若得阎罗做",也可证阎罗王并非是一成不变的角色定位。胡迪在和阎罗王答辩中,就曾提出:阎罗王不是定位于某某的,他人是可以顶替的。

胡迪在和阎罗王答辩中,还对这个森罗殿主宰的原来身份作了猜测,他提到了韩擒虎、寇准和江丞相,说是此三人在生前都分别讲述过自己死后做阎罗王的话。

可见隋唐至清代,就有诸家阎罗王之说。一是隋将韩擒虎。韩擒虎是隋初大将。在隋王朝统一中国的灭南陈战争中,首先渡江进入建业(南京),由此立下了大功。《隋书》记述韩擒虎"生为上柱国,死做阎罗王"的传奇故事。这《二十四史》很正统,一般都按孔圣人的教诲办事,很少言怪力乱神,而这回,竟然例外地提到韩擒虎死做阎罗王的传说,还正经八百地列了本传。由此可见,初唐时这个段子是非常有名的。所以在晚唐敦煌变文《韩擒虎话本》中,也讲了韩擒虎在灭陈后,五位将军持天符请他出任阴司之主事。当然,这个故事的母本仍是《隋书》。

二是北宋名相寇准。寇老西以刚正不阿名世,这当然是他身后能入选阎罗王的一个原因,但这个显然不是最重要的原因,他能顺利入选阎罗王主要得益于一个桥段,传说他的爱妾茜桃临死前说"公当为世主者阎浮提王也"。这个段子出自《涌幢小品》,后续的故事则见于《翰苑名谈》的一个故事:寇准死后,有一个叫王克勤的人,见公于曹州境上,就问他的随从者寇准在干什么,对方回答说"阎罗处政"。就在当时,已有人在驿舍侧挂起寇准图像,上面写有"今做阎罗王"字样。

三是南宋丞相江万里。其为人刚直,也是传说中的阎罗王之一,他触犯权奸贾似道,回乡,后来元兵攻陷江西都昌,他投水自杀。后传言他当了阎罗王,这些阎罗王有一个共同点,都是刚正不阿之辈。

阎罗王不过是传说中"十殿阎"的第五殿的殿主,"阎罗王"说之所以一直被人们所追捧,主要是因为人们在现实世界里,是很难按善有善报、恶有恶报的意向如愿的。由此寄希望于阎罗王的正直、公正,从而出现了各种文化环境下产生的阎罗王。

财神是怎样炼成的

中国人对神的态度最有趣:求神极类似一种行贿送礼的行为。用投机贿赂的办法,求得心灵的安定。比如,人们给神上炷香,可不是白上的,最终的目的是让神帮助自己实现升官发财、多子多福、长命百岁等愿望。再看看中国人祈求的东西吧:几炷香、几样点心,简直就是以小搏大的交易!如果是做生意,相信既然能为神,就不会做如此蚀本的生意。

中国人从不只信一个神(不信神的唯物主义者除外)。往往家里的大门上贴着道教的门神,会看家护院;正堂上挂孔子像,会保佑仕途平坦;内室里供奉观音菩萨、送子观音,是保佑多子多福的。但是,在中国人创造的华夏诸神里,有一尊神的香火是最旺的,这位神仙是谁呢?财神呗!

财神,俗称财神菩萨,是掌管天下钱财的神祇。旧俗年初五是迎财神的好日子。在旧银钱行业,每逢旧历正月初四深夜,就有迎财神仪式,商店全体人员都要向中堂张贴的财神像顶礼膜拜。这种拜神仪式,其实反映了中国人的实用主义态度。

财神爷

财神不仅是在现代的社会被人们尊崇,在农耕社会同样也很走红,他是各阶层人等最普遍的崇拜偶像。财既然能"解严毅之颜,开难发之口",掌管财的神的香火之旺,自然是"宾客辐辏,门常如市",享尽大众的抬举。但由于中华历史悠久,财神的起源颇为难考,不同时代对于财神的认知有差别,不免出现了多尊财神。

财神,一般认为有所谓的"正财神"赵公明,"文财神"比干、范蠡,"武财神"关羽,"偏财神"五路神、利市仙官,"准财神"刘海蟾。这些财神,又可分为文财神和武财神两大类,最为人们熟知的财神,则是"正财神"赵公明。

相传,赵公明原是瘟神,后来替龙虎山张天师看守丹炉,可见其混得不咋样,直到《封神演义》问世,赵公明开始了咸鱼大翻身,不再像昔日那样浑身充满邪气、鬼气和瘟气,姜太公封赵公明为"金龙如意正一龙虎玄坛真君",当时职责并不是专司金银财宝,迎祥纳福,可不知是从什么时候起,赵公明开始掌管天下财富,做了财神爷。民间从此广泛敬祀赵公明,而他原来作为冥神、瘟神、鬼帅的身份反而被人淡忘了。

他出现的地方,周围常附之聚宝盆、大元宝、宝珠、珊瑚之类,更加强了财源茂盛的效果。民间所供财神赵公明皆顶盔披甲,着战袍,执鞭,黑面浓须,形象威猛。故又称其为武财神。

旧时财神有文武之分,崇文尚武的人家各有所司。尚文的人家供奉文财神,尚武的人家敬祀武财神,文武之道虽不同,却都各有财发。除了武财神赵公明外,还有文财神比干。按民间传说,比干摘心后,来到民间,广散财宝,他虽然没了心,但因吃了姜子牙送给他的灵丹妙药,并不曾死去。因为没了心,自然也没有偏心之说,成了公道老儿,是符合财神规格的。民间年画中,比干的神像为文官打扮,头戴宰相纱帽,五绺长须,手捧如意,身着蟒袍,足登元宝。面目严肃,脸庞清烁。

除了"主财神"说,还有"五路财神"等说法。《封神演义》中,与"金龙如意正一龙虎玄坛真君"赵公明同时受封的招宝天尊肖升、纳珍天尊曹宝、招财使者姚少司、利市仙官陈九公,合称为五路财神,专司迎祥纳福、商贾买卖。所以有的财神庙并不专祀赵公明。

关于五路财神还有另外两种说法:一说是指元代人何五路,说他因御寇死,民间因而祀之。后来,他的名号又与五显、五通相淆,因而世间又有所谓"五路财神"之说。至于另外一说是取"出门五路皆得财"之义。

关于财神还有"五显财神"说,这种信仰流行于江西德兴婺源一带。兄弟五人封号首字皆为"显",故称"五显财神"。生前劫富济贫,死后仍惩恶扬善,保佑穷苦百姓。北京安定门外有五显财神庙。五显财神和五路财神不是一回事儿,但是许多人会将他们混为一谈。

财神也有关羽的份儿,关羽在传统文化崇拜中是多功能的神,据说旧典当业即供奉"三财"(赵公元帅、关羽、增福财神)。在过去,关羽和赵公明都是被称为武财神的,现在他逐渐替代赵公明的第一号财神位置,尤其在香港、台湾,商界多有供奉关羽为主财神的,这可能是因为关羽是出名的义气哥,有情有义,更有招财进宝的亲和力。

范蠡也是财神说中的一位,春秋末期的越臣范蠡,在辅佐勾践灭吴称霸后离开了,驾着小船到山东齐地经商。他化名陶朱公,发了大财,成为当时有名的大富翁。范蠡做财神出于何典,无考,但范蠡能发家致富又能散财,在人们心目中是位难得的偶像,故其成为文财神,也就名正言顺,理所当然了。

财帛星君也是一尊财神爷,其全称是"都天致富财帛星君",即太白金星,俗名李长庚者。好事者以为他带有"金"字,又经常做制作金丹的买卖,就把他与发财联系到一起了,由此推演为财神,尊奉为财帛星君,并以阴历七月二十二日为他诞辰。

他的绘像经常与"福"、"禄"、"寿"三星和喜神列在一起,合起来为福、禄、寿、财、喜。财帛星君脸白发长,手捧一个宝盆,"招财进宝"四字由此而来。一般人家春节必悬挂此图于正厅,祈求财运、福运。

藏传佛教各大教派普遍供养的五姓财神,梵名为瞻巴拉、阇婆罗、雾神、旧译布和禄金刚。这五姓财神的身色,分别是绿、白、红、黄、黑财神。在多神崇拜的旧中国,财神究竟有多少个形象,他们为什么各有各的信徒,谁才是最值得信赖的财神,那也只能是,如人饮水,冷暖自知了。

"八仙"到底是何方神圣

"八仙过海,各显神通",这是一个在中国知名度极高的成语,名头之大,不下于孔子。这个成语,是用来比喻在共同从事某项工作时,各人有各人的本领。

显然,这样一个名头段位如此之高的成语,自然也是大有来历的。据民间传说,这里的"八仙"分别为汉钟离、张果老、韩湘子、铁拐李、吕洞宾、曹国舅、蓝采和、何仙姑。

不过,中国民间传说中的"八仙"。起初并没有定位在这八位身上。"八仙"的传说起源,明代以前始终是众说不一。最早的是六朝时代的"蜀之八仙"。即容成公、李耳、董仲舒、张道陵、庄君平、李八百、范长生、尔朱先生八人,道教传说他们均在蜀中得道成仙。谯秀的《蜀记》一书中,把他们称为"蜀之八仙"。

在唐代,有八位因共好酒而成挚友的士大夫,是指李白、贺知章、李適之、汝阳王李琎、崔宗之、苏晋、张旭、焦遂。《新唐书》中称他们为"酒中仙人"。杜甫的《饮中八仙歌》更是脍炙人口。

在元朝马致远的《岳阳楼》、范子安的《竹叶船》和谷子敬的《城南柳》等杂剧中,也都有八仙的踪迹,但当时的八仙名单没有最终成型,时有变动。比如,马致远的《吕洞宾三醉岳阳楼》中,并没有何仙姑,而出现的是徐神翁。在岳伯川《吕洞宾度铁拐李岳》中,有张四郎却没有何仙姑。明人的《三宝太监西洋记演义》中的八仙,则以风僧寿、玄虚子取代张果老、何仙姑。

直至明代吴元泰作《八仙出处东游记传》,铁拐李等八仙过海的故事日渐流传,八仙人物也在流传中定型了,八仙正式确定为汉钟离、张果老、韩湘子、铁拐李、吕洞宾、何仙姑、蓝采和及曹国舅。

而民间传说中八仙的最初起源,大概可追溯到东汉牟融的《理惑论》,泛指赤松、王乔等众仙,数字也没有以八为限。像后世流传的《八仙图》画的那样,把汉钟离、吕洞宾、铁拐李、张果老、曹国舅、韩湘子、蓝采和、何仙姑凑在一起称做"八仙"并最终固定下来,是金元时期全真道兴起之后的事。

唐朝以前的神仙异人,差不多都能从一本名叫《太平广记》的书中找出来,而后世八仙中除了张果老、蓝采和外,其余六人均不见于《太平广记》。由此可知,此六人的传闻应该出现于唐朝之后,至于为何会出现这样的情形,其渊源还要从道教传承发展中寻找。

刘海虽然现在不在八仙当中,但在许多地区仍位于八仙之列。明《列仙全传》用刘海顶替了张果老,在江西某些地区的"跳八仙"中,也有以刘海代替汉钟离的,而台湾亦有用刘海替代蓝采和的。

日本也有类似的神明组合,称为"七福神",但其中多为印度教、佛教神明。由于中日两地文化相互影响,加上七福神搭宝船的形象与八仙过海类似,也有学者认为七福神是由中国八仙演变而来。

有关八仙这个问题,基本认定今人观念中的"八仙"群体大致形成于金元时期。虽然与秦皇汉武寻仙访药已相隔千年,但八仙跟发轫于先秦时期的神仙观念和神话传说,尤其是汉末以来逐渐形成并不断衍变的道教文化却是一脉相承的。

道教内丹炼养兴起于唐末,两宋自神宗朝开始空前兴盛,形成了以内丹修炼为主旨的教派——主要流传于南宋的金丹派南宗和兴起于金朝的全真道。今天文献中留名的有百余人,其师派多数可溯源于汉钟离、吕洞宾。南宋末李简易的《玉溪子丹经指要》卷首载《混元仙派图》列举了汉、吕一系的传承系谱,虽不可尽信,却不失为最早、最系统的内丹传承史料。从这里可以看出，汉钟离、吕洞宾、曹国舅、铁拐李这四位道教人物都是后世"八仙"之原型。

北宋初，内丹大家吕洞宾、陈抟、刘海蟾等活跃于秦晋一带，力倡内丹并享有高寿的汉钟离、吕洞宾、刘海蟾在北宋时期可以说是大名鼎鼎。全真道是宋元道教中形成的最大、最重要的道派，奉汉钟离、吕洞宾等为全真五祖。当全真道兴盛并对社会产生重大影响之后，数位跟该教派有关系的人物名号也逐渐深入民心。加上民间传闻以及笔记、小说、戏曲、民俗画等等的想象附会，逐渐衍生出了"八仙"群体。

"八仙"原型除了前述汉钟离、吕洞宾、曹国舅、铁拐李几位道教人物之外，还得看看张果老等另外四位的身份。现存最早关于张果老的记载是唐朝李德裕的《次柳氏旧闻》一书，记载了张果老见唐玄宗的事，该书写成于唐文宗大和八年左右。也就在这一年，一个名叫郑处诲的人中了进士，随后当了校书郎。在当校书郎期间，他写成了《明皇杂录》一书。其中记载的张果老故事带有更多的传奇色彩，后世八仙中张果老的形象在这本书中基本定型了。韩湘子，历史上实有其人。名韩湘，字北渚，又字清夫，韩老成之子，韩愈的侄子。韩湘于唐穆宗长庆三年中了进士，后来韩愈流放潮州时韩湘随行。韩湘一生无学道成仙事迹，他之所以能成仙，完全是民间传闻附会而成。何仙姑是一个众说纷纭的人物：元代赵道一的《历代真仙佛道通鉴后集》说她是唐朝武则天时广州增城县何泰的闺女；北宋魏泰的《东轩笔录》、曾达臣的《独醒杂志》、刘斧的《青琐高议》、张舜民的《画墁集》以及明代王世贞的《四部续稿》和《题八仙像后》等都说她是永州的民女；宋代《云麓漫钞》记述了北宋时扬州的何仙姑，且与汉钟离、吕洞宾有来往，但并非师徒关系……直到明清时期，何仙姑的传闻仍有较大变化。蓝采和的事迹最早出现在五代十国时期南唐沈汾的《续仙传》里，这本书是沈汾据自己的见闻写成的，可见在这之前民间已有蓝采和的传闻了，但沈汾对蓝采和也是"不知何许人也"。

然而，道教的宣传归宣传，始终没能把八仙的名号确定下来。真正担当了这一重任的却是明代的那部脍炙人口的小说《东游记》。看来民间通俗文学的力量还真不能低估了，自从明代吴元泰的小说《东游记》面世之后，对民间关于"八仙"传闻的影响实在不小，后来的八仙群体就是因为这么一本书的流传而基本上固定下来了。

八仙原型大多是些道教人物，不管怎么说都不能摆脱道教的关系。如果更直接一点说，那就是由于金元以来修炼内丹的全真教的缘故。在全真教形成之前，汉钟离、吕洞宾等修炼内丹得道成仙的高人在民间的传闻已是不少，而后来全真教的成员正是汉、吕的徒子徒孙，全真教因得天独厚的师承关系而尊奉汉钟离、吕洞宾等为祖师爷，又加上元朝当政者的支持，使得全真教对当时社会影响极大，以至于后世"八仙"基本都是这个道派圈儿内道行高深的道士。可以说，唐末以来道教修炼内丹的钟、吕一系的几个道士——汉钟离、吕洞宾、曹国舅、铁拐李、刘海蟾、张侍郎、徐神翁等，构造起了后世八仙群体大致的原型框架。

另外，还有人注意到"八仙"与王重阳及全真七子之数相对应。如，王重阳先习文后习武，与汉钟离的经历相同，而装扮也都与汉钟离相仿；八仙中何仙姑为女性，而全真七子中孙不二就是个女的；七子中的谭处端"风眩瘫痪"，与铁拐李的形象正相吻合；全真"七祖之迹皆在东海崂山"，而八仙仙迹也多在崂山，且传说八仙过海去蓬莱也是从崂山起步的……。除此之外，吕洞宾众多徒弟当中最著名的是施肩吾和刘海蟾，且刘海蟾与汉、吕一样都是全真教尊奉的五祖之一，为什么八仙中没有施、刘这两位却偏偏选了铁拐李，这是否真的是为了对应谭处端，这个暂时还没有好解。

如果说八仙群体的形成，起初是由于全真教的倡导和抬举，那么，关于八仙个体的种种传说以及八仙群体的最终定型，则要归结为民间传闻的推波助澜。应该说，八仙群体不完全为道教人物，而引入张果老、韩湘子、何仙姑、蓝采和等民间流传的神异人士，当是民间老百姓的意愿。在"民间选择"中最终胜出的"八仙"，是因为他们的身份与传统文化中的"和合"观念相合。再加上八仙济贫救弱、惩恶劝善、除暴安良、不畏权势等等的传说流行，最终深入了人心。

当然，也有人认为这八人之所以会最终被选为八仙，不但与绘画有关，与庆寿戏的角色分配也大有关系。元明戏剧中的神仙戏很多，其中不少是用来庆寿的，现存明代八仙庆寿剧目就有十二种，如《瑶池会八仙庆寿》等等。"戏班角色分生、旦、净、丑四种，而生分为生、小生、外；旦可分为旦、贴、老旦。如此其数适得八。汉、吕等八人，个性各别，用之于绘画，则如元美所言，相映成趣；用之于戏剧，则可尽班中角色，纳于同场，而分配平匀矣"。但也说不准是因为八仙容易分配角色才被戏班选中的。

还有人说，八仙只是八个颇享盛名的民间艺人。怀抱渔鼓的汉钟离，是演唱道情的鼻祖；手执简板的张果老，也是个有名的说唱家；韩湘子擅长吹箫；而何仙姑、蓝采和则是先后从宫廷逃出的两名歌伎；吕洞宾是个善于编写唱词的艺术家；一瘸一跛的铁拐李，却另有来历，他年幼时是一位宰相家的书童，由于年少好学，博览群书，竟被打断一条腿后赶出相府，成为游方艺人；其貌不扬的曹国舅，据说先是个连年不第的秀才，后沦落民间成为专替大家婚丧喜庆喊礼的礼生。

就这样，每人都有一段辛酸史。他们自愿结合，游方献艺，由于技艺高超，遂被誉为"八仙"。八仙中的每一位都能找到其历史背景，唯独蓝采和的真人背景无从考究，近日在辽宁大英县卓崗井镇一个蓝氏姓氏的村落里找到了一本有400多年历史的蓝氏家族族谱，是明朝时候开始记录的，记载了蓝氏家族从隋朝到民国时期的所有家族成员的兴衰历史。其中有一段专门介绍了蓝采和的简历、妻子李氏及其子孙们的事迹。

如此众多的历史渊源，如此众多的扑朔迷离，让八仙的起源变得错综复杂，但是，如果我们能立足传统，从历史的民俗的视角入手，最终一定能揭开笼在八仙身上的神秘的起源红盖头来。

戏曲形成于何时

这里所谓的戏曲，所指的范畴仅限于中国，是中国传统的戏剧，它是一种包含着唱念做打，综合了对白、音乐、歌唱、舞蹈、武术和杂技等多种表演方式，且不同于西方歌剧、舞剧、话剧的艺术。

以上戏曲的定义是有了，且没有什么争议之处，因为它比较准确地定位出戏曲的内涵。但中国戏曲艺术究竟形成于何时，历来莫衷一是。

中国戏曲的起源，历来有各种不同的看法。或认为起源于巫觋歌舞，或认为起源于傀儡戏，或认为起源于战国时期出现的雏型歌舞剧《九歌》，或认为起源于梵剧，或认为萌芽于原始时期的歌舞，或认为起源于"百戏"。其实，中国戏曲是一种高度综合性的艺术，它的发展线索不会是单线，来源也不止一个，它的孕育和萌芽有一个缓慢过程，并有或多或少的渊源关系。从先秦到魏晋南北朝是中国戏曲的酝酿和萌芽时期。

如果上溯戏曲的源头，可以探寻到十二三世纪，在中国的南北方分别涌现出南戏和北杂剧这两种戏种，无论在思想内容和艺术表演形式上都脱离了中国戏剧刚出道的青涩，而趋向老练成熟。一般认为，它们是中国戏曲最早的成熟形式，但是，这两种戏曲到底谁先谁后呢？

南戏，又被称为"温州杂剧"或"永嘉杂剧"，明人祝允明认为，"南戏出于宣和之后，南渡之际"，而大艺术家徐渭对此看法与祝允明有所不同。他认为，"南戏始于宋光宗朝，永嘉人所作《赵贞女》、《王魁》二种实首之"。这么一来，他的这种说法就比祝允明的"南戏出于宣和之后"的年代要晚80年上下。对此，今人是如何看的呢？

目前而言，南戏出于南渡之际说法的市场很大，从戏曲研究的权威人物周贻白肯定了"宋光宗赵惇时期便产生了温州杂剧"这一说法来看，他显然倒向徐渭这一边。有争论不休的，自然也会有调和的，有人干脆将祝允明与徐渭那两种相互掐架的说法，来个各取一半的折中，说，宣和之后南渡之际，出现了南戏的前身，宋光宗朝南戏趋于成熟。

理由是，祝允明当初的所见，是一种误读，他看到的榜禁中的赵闳夫，有人考证后认为，是宋室的宗族，实际上是宋光宗赵惇时代的人，那么祝允明看到的赵闳夫榜禁的名目很可能就是宋光宗朝的东西。这样一来，南戏出于南渡之际的说法就有点不太可信，"南渡"说的让步多少让徐渭的"始于宋光宗"说显得有了一些可信度。不过，从温州一带"尚歌舞"、"多敬鬼乐祠"、社火、说书等民间艺术盛行的情况来看，南戏出于南渡之际也属可能。

何况徐渭出生在祝允明之后，对先前的历史掌握未必就比祝允明多。有事实可证，他本人对自己的"南戏出于宋光宗朝"也不敢确信，所以又在同书中补充了另一种说法："或云宣和间已滥觞，其盛行则自南渡。"可见，"南渡"说还是很有一定市场的。

与此同时，又有人提出了另一种观点，认为南戏在宋光宗朝已有《王魁》这样成熟的戏文出现，并已从村坊小戏进入城市，流传到赵闳夫当时可能做官榜禁的杭州，那么南戏的真正产生，当还在宣和之前。有关早期南戏的资料，由于历史上的记载非常少，以致我们目前基本上只能根据祝说和徐说来推断南戏的大致产生年代。而祝允明和徐渭毕竟都是明中叶人，距离他们推断的南戏产生年代已有数百年之久，他们对南戏产生年代的论说又如此简略、含糊，这就使人对二者之说产生种种疑问。因此，有人根据南宋初期缺乏南戏的有关记载和当时南方一带宋杂剧盛行的情况，提出南戏产生年代可能在南宋末的观点。

另外，日本著名戏剧家青木正儿对南戏的概念也提出了截然不同的看法。他在《中国近世戏曲史》一书中提出。南戏即南宋杂剧的别称，因欲与北方杂剧相区别，乃更新以戏文之名，非仅对温州戏给予狭义称呼，元以后之南戏，才是真正的南戏。这就将南戏和南宋杂剧混为一谈，从而将南戏的产生年代推后到元代去了。

有关南戏形成年代的问题相当复杂，各家之说，难以统一。而对于北杂剧产生年代的看法，同样也很不一致，一般说来，有这么两类：一些人认为，北杂剧形成于金末元初。就是说，金代是北杂剧的孕育演变时期。不过，至金代末年已出现了杂剧这种形式，只不过当时还掺杂在金院本中没有独立出来，到了元代则脱颖而出，形成了成熟完整的戏剧样式。所以，他们不同意明人朱权在《太和正音谱》中将关汉卿列为"杂剧之始"的说法。因为元代初期关汉卿剧作已相当成熟，元杂剧已很兴盛，这中间应有个发展成长时期。但是北杂剧在金院本中怎样脱胎演变，现在仍缺乏有力的论证。

另有一些人则认为，北杂剧的产生年代应在元初。顾肇仓在他的《元代杂剧》一书中就提出，宋、金两代虽然有杂剧，但所包括的内容都不是纯粹的戏剧，只有到了元初，各种条件才具备和成熟，由此才得以正式形成北杂剧。还有很多学者对于中国戏剧的起源与形成发表了各种见解。其中任二北在专著《唐戏弄》中提出"中国戏剧起源于春秋、完成于唐代"的观点；许地山在《梵剧体例及其在汉剧上的点点滴滴》一文中提出"中国戏曲受印度梵剧影响而形成"的观点；王国维在《宋元戏曲考》中提出"中国戏曲起源于古巫，宋元时期形成真正的戏剧"的观点。

中国戏曲的形成。历来就存在较大分歧。有的认为形成于元杂剧，有的认为形成于南戏，或认为形成于"百戏"，还有的认为形成于唐戏，等等。之所以众说纷纭，因为有对戏曲的概念、形成的标志在理解上的不同，对戏曲史料有不同的发掘和解释，更主要的是忽略了戏曲是受多种因素的影响这一点。我们说，唐代出现了小型歌舞剧、说白等剧种，并且出现了剧作家和两种稳定角色，这些都使戏曲的独立性愈发明显。因此，可以认为唐代是中国戏曲的发端。到了宋金，出现了专供演戏的瓦子、勾栏，出现了以编剧为职业的"才人"和专供演出的杂剧本子，并有了固定的演出体制，戏曲角色已发展到五人，还出现了大量的宋杂剧和金院本，更重要的是出现了完全以表演故事情节为主的温州杂剧（亦称"南戏"），这些都是戏曲形成的标志。因此，认为戏曲形成于宋金时期是较为合理的。

众说纷纭，中国戏曲究竟形成于何时，应该说至今仍是一个谜。

凤凰的原型是什么

经常与龙联袂出场的，是一种神奇的图腾——凤凰。凤凰是中华民族传统文化的象征,它是中国古代传说中的百鸟之王,在中华文化中的地位仅次于龙。凤凰的羽毛非常美丽,雄的叫凤,雌的则叫凰,常用来象征祥瑞。

据古籍记载,凤凰特征是:鸡头、燕颔、蛇颈、龟背、鱼尾、身高六尺许,是天下太平的象征。"凤"的甲骨文写法和"风"的甲骨文字相同,即代表风的无所不在,及灵性力量的意思;"凰"即"皇"字,为至高至大之意。

凤凰的传说,最早源于东方,因此有东方神鸟、长生鸟之称。古埃及同样也有凤凰的传说,不同的是,他们心目中的凤凰。与鹰一般大小,长有金色的羽毛、闪闪发光的翅膀、斑斓的外表,鸣声悦耳,能给人降福添寿。

与中国人的凤凰分雄雌的看法不同。他们认为世界上只有一只凤凰,而寿命为五百年。在临死之时,凤凰会采集芳香植物的树枝、香草筑成一个巢,然后点火自焚,在熊熊火焰中,一只幼凤凰诞生了。新生的幼凤凰就将老凤凰的骨灰装进药蛋中,在蛋上涂上防腐的香料油,带着它飞到太阳神那里,由太阳神将它放在太阳庙的神坛上。

中国北方的"龙"文化和南方的"凤凰"文化是中华文化传统的两大渊源。荆州历史文化悠久,素有"文化之邦"、"鱼米之乡"的美誉,是楚文化的发祥地,是凤凰文化的故乡。凤凰不仅是楚先民乃至炎黄子孙神圣的精神图腾,而且是体现民族精神的活性象征。自古以来,凤凰文化就在荆楚大地薪火相传相习,形成楚人尊龙崇凤的传统。

今日所见关于凤凰的最早记录,可能是在《尚书·益稷》中。书中叙述在大禹治水后举行的大型盛典中,由夔龙主持音乐,群鸟群兽在仪式上载歌载舞。最后,凤凰也来了——"萧韶九成,凤凰来仪"。凤凰来仪,即凤凰来跳舞,以此道贺。在这里,凤凰被古代人视为一种象征吉庆的神鸟。

然而,凤凰的原型究竟是什么?对此,历来说法不一。中国学者何新发表了《谈龙说凤》一书,他认为:龙和凤凰的原型动物都是大型鸟类,主要是大鸵鸟。上古三代以前,中国古陆气候暖湿,此两类动物在中国大陆多所存在,旧石器、新石器遗址都有鳄鱼及鸵鸟化石、鸵鸟蛋壳化石的发现。

可以为他这种观点佐证的是秦汉的某些史籍。《汉书》记载,凤凰数至,鸟身"高五、六尺";《后汉书·光武纪》则曰,"凤高八尺";《京房易传》也说,"凤皇高丈二"。

两汉虽是谶纬大行其道的时代,故而许多祥瑞奇异都属于不靠谱的事,但我们从古人对于凤凰的形态描述中,却可以筛选整理出如下一些印象:形体约六尺至一丈,具有柔而细长的脖颈;背部隆起;喙如鸡,颌如燕;羽毛上有花纹;尾毛分叉如鱼;以植物为食;雌雄鸣叫不同声;不善飞行;凤鸟穴居;足脚甚高,且善于舞蹈。符合以上特征的——从古生物学观点看,这种鸟类,可能是大鸵鸟。

但如果我们细加考辨后会发现,鸵鸟之属我国根本没有,说它是某种早已灭绝的巨鸟也欠证据,它们都不可能成为凤凰的原型。

也有人说凤凰是极乐鸟——但我国没有极乐鸟,很难相信会成为凤凰的原型,于是,有人主张凤凰的原型应是与其形状较相似的孔雀。主要依据是《尔雅·释鸟》的记载:

"鸥凤其雌皇。"郭璞注曰:"鸡头、蛇颈、燕颔、龟背、鱼尾,五彩色,高六尺讲。"可见,凤凰和孔雀形状有相似之处。但反对此说的人似乎也有比较充分的理由,既然凤凰的原型是孔雀,那么古人为何极少将两者联系在一起呢?

而且,在先秦时代,黄河流域和长江中下游根本没有孔雀,上古先民不会按照没有见过的一个动物原型去想象出凤凰;从形状看两者也有区别,孔雀的尾羽又长又大,很华美,而凤凰的尾羽却是修长雅丽的,尽管孔雀也确实在外形的某些特征上与凤凰有些相似,但古人却很少说凤凰像孔雀。

还有人提出,凤凰的原型可能是雉类,此说的主要理由是:一、两者形貌十分相近。《说文解字》云:"凤之象也,五色备举。"即凤凰的羽毛五彩斑斓,而雉类也是"丰采毛之美丽兮有五色之名"(《文选·射雉赋》);凤凰之首为鸡头、蛇颈,而雉类之首也如此;凤凰之尾羽修长、雅丽,而雉类与之相同。

二、从古代留传的字画中,可见两者非常相近。古代卜辞中的一些象形"凤"的字,与雉类接近。又据郭沫若《关于晚周帛画的考察》介绍,战国时楚国的一幅帛画中绘有一只凤凰,其整个体态极像雉类。

雉类种种的良善品貌。为上古人民所珍视,被幻化为一种吉祥的神鸟——凤凰,当然凤凰的形象还融合了其他一些禽鸟类的特征,如鹰、鸿、鸳、燕等等,使其具有百鸟之王的特征。

现在我们面临的问题是,凤凰真的存在过吗? 这是一个让考古学家们很头大的问题,对于这个问题,正如对于龙的问题一样。学术界过去的观点倾向是,不要迷恋凤凰,它只是一个传说。但是在商代甲骨文中却曾发现过如下一条记载:"甲寅卜,呼鸣网,获凤。丙辰,获五。"这条甲骨文的意思是:商王指令臣鸣用网捕鸟,于丙辰这天捕了五只凤。

由此看来,在商代,中国确曾有过凤鸟。那么这条甲骨文是否只是一个孤证呢? 无独有偶,在早期金文《中鼎》铭辞中,我们还可以读到如下一则记载:"……归生凤于王。"文中所提到的"生凤"一词,郭沫若亦曾断定正是指活凤凰。据此,无论甲骨文、金文都有材料确切无误地表明,直到商周之际,凤凰还是一种虽然稀见、但却并非不存在的鸟类。

看起来个个都像,然而还是没能寻到凤凰真正的原型到底是哪一种动物,是华美的孔雀、雅丽的雉类,还是大鸵鸟呢? 考古学家们仍在寻寻觅觅,然而至今还没有一个定论。不过,如果换一种视角来看,且不论凤凰的原型是什么,至今凤凰这个意象的能指与喻指,已成为了中国传统文化最美丽多彩的画卷之一。

相声是怎么来的

相声,于中国人,从来就没有发生过情感上的距离,它是用诙谐的语言,尖酸、讥讽的嘲弄,以达到惹人"捧腹大笑"的娱人目的的曲艺艺术。它的最早形式是由"俳"这种杂戏派生出来的。相声,主要是一种口技作业,故而被老外称为中国的脱口秀。

相声起源于华北地区的民间说唱曲艺,在明朝即已盛行。经清朝时期的发展直至民国初年,相声逐渐从一个人摹拟口技的象声发展成为单口笑话,名称也就随之转变为相声。相声在我国有着悠久的历史传统,它的可溯之源虽然很长,但可证之史却甚短,而且记载贫乏。关于它的起源,不免会众说纷纭。

有人认为,相声来源于"象声"或"像声"。象声,其实就是一种口技。《清稗类钞》的戏剧类里说到"口技":"口技为百戏之一,或谓之曰口戏,能同为各种音响或数人声口,及鸟兽叫唤,以悦座客。俗谓之隔壁戏,又曰肖声,曰相声,曰象声,曰像声。"历史上口技多在布幔中演出,所以叫"隔壁戏"或"象声之戏"。隔壁戏是在声音摹拟中穿插人物故事,制造笑料,跟今天的相声不但声音相同,而且意思也很接近。

康熙年间李声振《百戏竹枝词》里有《口技》一首,作者自注道:"(口技)俗名'象声',以青绫围,隐身其中,以口作多人嘈杂,或象百物声,无不逼真,亦一绝也。"乾隆年间翟灏辑的《通俗编》"相声"条下按语说:"今有相声伎,以一人作十余人,捷辨而音不少杂,亦其类也。"这里,"口技"、"象声"又写成了"相声",相声之来源于"象声"、"像声",又多了一条证据。

有人因此认为战国时孟尝君的门客学鸡叫以解其危,就是相声的祖师爷。这种简单的口技,经过历代演绎加工,能者辈出,逐渐形成一种艺术。比如,蒲松龄《聊斋志异·口技》一文中所写的表演者,已具有相声之雏形。

也有人直指它的源头始于唐代的参军戏,认为相声艺术是由参军戏发展而来的。罗常培、吴晓铃、林庚等人都有类似的看法。参军戏有两个主要演员,一个叫"参军",性格比较痴愚;一个叫"苍鹘",性格比较机灵。两人的表演就和相声一样,一个是逗哏的,一个是捧哏的。这种诙谐笑谑的形式,是相声的老祖宗。

还有人则认为,相声是相貌之"相",声音之"声",是摹拟形态和摹拟声音这两方面的结合物。这种看法在1908年出版的《也是集续篇》里就已提到。此书称相声演员为"滑稽传中特别人才",是继续发展了古代俳优幽默讽刺传统的优秀代表,"其登场献技并无长篇大论之正文,不过随意将社会中之情态撷拾一二,或形相,或声音,摹拟仿效,加以讥评"。

此后,乾隆年间蒋士铨的《京师乐府十六首》、嘉庆年间佚名者的《燕台口号一百首》和捧花生的《画舫余谈》,都有类似的记载,直到光绪年间,富蔡敦崇《燕京岁时记》里还记载着这样的说法,"像声,即口技也,能学百鸟音,并能作南腔北调,嬉笑怒骂,以一人而兼之,听之历历也"。可见,相声来源于清代以来以摹拟声情之态为特长的象声或像声。今天的相声艺术不仅受到以口技为内容的象声的影响,而且它的名称就是由象声转化而来。

有的学者认为,尽管摹拟人言鸟语、市声叫声之类的因素在相声里占有重要地位,但还不是主要地位。因此,他们提出了第四种观点:相声来源于"像生"。

董每戡认为,相声可能是通过"像生"以讹传讹的方式而得来的,可能在吴自牧之前的唐代便有此称呼。唐代是否已有"像生"尚缺论据，但至少在吴自牧之前的北宋就有了"像生"，到南宋还出现了"像生叫声社"这样的艺术团体。赵景深在《中国古典喜剧传统概述》里说，所谓相声，实在是宋代"像生"之遗。宋代，"像生"一词作技艺解释，经常跟"学"、"乔"连用，即"学像生"、"乔像生"，是当时很盛行的瓦肆技艺，吴自牧《梦粱录》里说："旧有百业皆通者，如纽元子，学像生、叫声、教虫蚁、动音乐……"这里的"学像生"是一种摹拟声音的口技，跟"叫声"等技艺是很接近的。高承《事物纪原》说："京师凡卖一物，必有声韵，其吟哦俱不同，故市人采声调，间于词章，以为戏乐也。"就是说采集市场上那抑扬顿挫的叫卖声，进行艺术加工，加以美化，成为"像生"技艺。元代以来的杂剧中也出现过"像生"一词。如杂剧《风雨像生货郎旦》等。在《风雨像生货郎旦》里，已经穿插了说唱艺术的成分，并有较浓郁的喜剧色彩。而这些特点，包括"像生"这个词儿，都是相声所继承、发展了的。

这么多种说法，每种都有一定的道理，到底信哪个才是呢？看来，相声到底是怎么来的，还要费一番力气去考证，才可能得出最正确的答案。

何谓"生、旦、净、末、丑"

有首歌叫《说唱脸谱》，它是一首京剧与流行音乐相结合的戏歌，借鉴京剧唱腔和旋律，将我国的传统戏曲元素巧妙地融入到现代流行歌曲之中，其中唱到的"生、旦、净、末、丑"，正是中国人耳熟能详的角色名称。

中国京剧脸谱文化博大精深，而脸谱的彩妆运用之妙更是值得称道的。从戏剧的角度来讲，它是性格化的；从美术的角度来看，是图案式的。脸谱是中国戏曲独有的，不同于其他国家任何戏剧的化妆。戏曲脸谱有着独特迷人的魅力。

中国戏曲中人物角色的行当分类，按传统习惯，有"生、旦、净、丑"和"生、旦、净、末、丑"两种分行方法，近代以来，由于不少剧种的"末"行已逐渐归入"生"行，所以通常把"生、旦、净、丑"作为行当的四种基本类型。每个行当又有若干分支，各有其基本固定的扮演人物和表演特色。其中，"旦"是女角色的统称；"生"、"净"两行是男角色；"丑"行中除有时兼扮丑旦和老旦外，大都是男角色。

关于这五种角色名称的由来，目前有这么一个说法是："生、旦、净、丑"是用"反喻"取名的，在传统戏剧中，人们往往根据人物在剧中的不同身份和作用，把角色分为"生、旦、净、末、丑"五种行当。

"生"是生疏的意思，而演员演戏最忌讳的就是"生"。取"生"字，意在要求生角的演出要老练成熟。"生"又分为"小生"（书生）、"武生"、"须生"（文的挂黑胡子，武的挂红胡子）、"老生"。不过，也有人指出它并不是正解。明代文学家祝枝山特地为这事较上了真，他说："生、净、旦、末等名，有谓反其事而称，又或托之唐庄宗，皆谬云也。生即男子，旦曰装旦色，净曰净儿，末曰末泥，孤乃官人，即其土音，何义理之有？"这就明明白白地否定了戏曲角色"反喻"的说法。

旦——按"反喻"说，天晓为旦，阳盛时也。旧时常以男盛为阳，本应以男为旦，而称女角为旦者，也是取其相反之意。但戏曲史家周贻白认为，"旦"字是由"姐"字演变而来。顺序是先有"姐"，由"姐"讹为"妲"，再由"妲"简笔为"旦"。"姐"历来是对女性的称谓，既然"旦"即"姐"之讹，那么旦角专演女性也就很好理解了。

净——俗称大花脸。脸上涂着各种颜色，本不"净"，而反言之曰"净"。而元人柯丹丘则认为"净"即"靓"之讹。他解释说："傅粉墨献笑供谄者，粉白黛绿，古谓之靓装，今俗讹为净。""净"所用脸谱，确是粉白黛绿，符合"靓"的含义，可见柯丹丘的说法还是很有道理的。

末——即末将也，俗称二路老生，常常出现于开场戏中，故反言之为"末"。而在北杂剧中，"末"称"末泥"或"末尼色"，泛指末本正角。而宋元南戏所称之"末"，实为"副末"，除担任报台，介绍剧情梗概和剧目主题的开场外，还在戏中扮演社会地位低下的次要角色。

丑——丑为牛。牛性笨拙、缓慢，但戏中的丑角，不论其所饰角色身份高低贵贱，各个聪明伶俐、活泼风趣、滑稽可爱，而反言之为"丑"，故不能以"丑"角鼻子上涂有"白方块"而为"丑"也。不过，也有人认为，"丑"，按属相，丑属牛，牛性笨。"丑"即成了"笨"的代名词。而演丑角，则要求性格开朗、聪明伶俐，取"丑"字，意在提醒演员不要像牛那样笨。"丑"又分为"文丑"、"武丑"和"小丑"。

由于寄寓在角色中的涵义不同，再加上"生、旦、净、末、丑"所蕴涵的意义会随着时代的推移而有所不同，其最初的意义也因此会变得更加扑朔迷离，不过，随着研究工作的进一步深入，相信最终会有一个令人满意的答案。

贴春联之谜

过年时，人们习惯在大门上贴起崭新的春联，以庆祝新春，表达人们对新的一年的美好愿望。春联作为一种独特的文学形式，在我国有着悠久的历史。它从五代十国时开始，明清两代尤为兴盛，发展到今天已经有一千多年了。那么，过年贴春联的习俗究竟是从何而来的呢？这还要从一个神话说起。

相传，有一个鬼蜮的世界。当中有座山，山上有一棵覆盖三千里的大桃树，树梢上有一只金鸡。每当清晨金鸡长鸣的时候，夜晚出去游荡的鬼魂必赶回鬼域。鬼蜮的大门坐落在桃树的东北，门边站着两个神人，名叫神荼、郁垒。如果鬼魂在夜间干了伤天害理的事情，神荼、郁垒就会立即发现并将它捉住，用芒苇做的绳子把它捆起来，送去喂虎。因而天下的鬼都畏惧神荼、郁垒。于是民间就用桃木刻成他们的模样，放在自家门口，以辟邪妨害。后来，人们干脆在桃木板上刻上神荼、郁垒的名字，认为这样做同样可以镇邪祛恶，这种桃木板后来就被叫做"桃符"。

早在秦汉以前，我国民间每逢过年，就有在大门的左右悬挂桃符的习俗。这种习俗延续了一千多年。到了五代，人们才开始把春联题在桃木板上代替了降鬼大神的名字。

后蜀之主孟昶在公元 964 年除夕,在卧室门上写了"新年纳余庆,嘉节号长春"的一组句子,后人认为它是我国最早的一副春联。

宋代以后,民间新年悬挂春联已经相当普遍了,所以王安石的《元日》诗中写的"千门万户曈曈日,总把新桃换旧符"就是当时春联盛况的真实写照。

春联普及盛行于明朝。据《簪云楼杂说》记载:"春联之设,自明太祖始。帝都金陵,除夕忽传旨,公卿士庶门上须加春联一副。太祖微行出观,以为笑乐。"而且,他还为王公大臣们御书春联,赐给中山王徐达的对联是:"破虏平蛮,功贯古今人第一;出将入相,才兼文武世无双。"赐给陶安的对联是:"国朝谋略无双士,翰苑文章第一家。"由于皇帝身体力行,当时的文人也把题联作对当成文雅的乐事,写春联便成为一时的社会风尚。春节贴春联便作为风俗习惯流传下来。

入清以后。乾隆、嘉庆、道光三朝,对联犹如盛唐的律诗一样兴盛,出现了不少脍炙人口的名联佳对。

随着各国文化交流的发展,对联传入了越南、朝鲜、日本、新加坡等国。这些国家至今还保留着贴对联的风俗。

除夕放鞭炮之谜

除夕守岁是中国最重要的年俗活动之一。中国人在除夕之夜必要家家放鞭炮。这个习俗到底是从何时兴起的呢?相传,中国古时候有一种叫"年"的怪兽。头长触角,凶猛异常。它长年深居海底,每到除夕才爬上岸,吞食牲畜伤害人命。因此,每到除夕这天,村村寨寨的人们扶老携幼逃往深山,以躲避"年"兽的伤害。

有一年除夕,桃花村的人们正扶老携幼上山避难,只见从村外来了个乞讨的老人来这里讨饭。村东头一位老婆婆给了老人一些食物,并劝他快上山躲避"年"兽,那位老人却说自己可以把"年"兽撵走。

半夜时分,"年"兽闯进村时,发现村里气氛与往年不同:村东头老婆婆家,门贴大红纸,屋内烛火通明。"年"兽浑身一抖,怪叫了一声,就在它要进门时,院内突然传来"砰砰啪啪"的炸响声,"年"兽浑身战栗,再不敢往前凑了,转身逃走了。

原来,"年"这种怪兽最怕红色、火光和炸响。第二天是正月初一,避难回来的人们见村里安然无恙,十分惊奇。这时,老婆婆才恍然大悟。赶忙向乡亲们述说了乞讨老人的话。

从此,人们都知道了驱赶"年"兽的方法。每到年三十晚上,家家都包饺子,放鞭炮,还在门上贴上用红纸写的对联。大年初——见面都要恭喜"年"被赶跑了,人人可以平安过了"年"关。

因此,每年除夕,中国人家家贴红对联、燃放爆竹;户户烛火通明、守更待岁。初一一大早,还要走亲访友道喜问好。这风俗越传越广,成了中国民间最隆重的传统节日。

从这种传说中,可以得知一个很有趣的文化现象:中国在面对邪恶时,会采取驱逐的办法,而最好的驱逐办法莫过于响声——这大概出于人类的一种心理暗示,在恐惧时会自己吹口哨或发出声响来为自己壮胆助威。

据考证,除夕之夜放爆竹已有两千多年的历史,南北朝时即有记载:"正月一日……鸡鸣而起,先于庭前爆竹,以辟山魈恶鬼。"宋朝王安石亦有诗云:"爆竹声中一岁除,春风送暖入屠苏。"但古时放爆竹是焚竹发声,名曰"爆竹";后人以纸卷的筒子代替竹子,内装火药,并用麻茎编成串,称为"编炮"。因声音清脆如鞭响,也叫"鞭炮",其作用都在于驱鬼镇邪,以壮底气。

门神由来之谜

汉语与外语有着明显的不同,前者灵动、双关、转注。有专家因此说外语是法治的,汉语是人治的。比如一个"门"字,除了本初意义,更有许多引申意义。"门"有一层含义是防守。除了守护安全外,它还可以隐蔽深幽,掩饰内里,显曲折之道。

所以,《红楼梦》的大观园一进去,就有一道石屏障掩住了别人的视线。它是一道"门中门"。除了"出入与防守",门在实际功能之外又衍生了另外的称谓:朱门与柴门。繁华街道上的"朱门",多为社会上有"门脸"的大人物所拥有;而那些"柴门",多为社会上没有"门脸"的小人物谋生之用。

在门之上,经常还站立着一个神——门神。在中国各地,过年都有贴门神的风俗。在中华传统文化中,门神是一个引人注目的文化现象。

门神是道教和民间共同信仰的守卫门户的神灵。在民间,门神是正气和武力的象征。古人认为,相貌出奇的人往往具有神奇的禀性和不凡的本领,所以民间的门神永远都怒目圆睁,相貌狰狞,手里拿着各种传统的武器,随时准备同敢于上门来的鬼魅战斗。

最初的门神是以桃木刻为人形,挂在门的旁边,后来,人们嫌这样太麻烦了,干脆就画一张门神人像张贴于门上。那么,门神是由谁来充任的呢?传说中的神荼、郁垒兄弟二人专门管鬼,有他们守住门户,大小恶鬼不敢入门为害。

汉代王充在《论衡·订鬼》中,引《山海经》的说法,"门户画神荼、郁垒与虎,悬苇索以御,凶魅有形,故执以食虎"。《山海经》中关于门神的神话,流传甚为广泛。汉代应劭所著《风俗通义》中认为神荼与郁垒是黄帝时人,是最早的门神。

然而,这只是民间的传说,史书并不是这样记载的,史书中没有神荼、郁垒之说,而说门神是古代的一个叫做成庆的勇士。班固的《汉书·广川王传》就有如此记述,成庆的扮相也是武士,短衣、大裤、长剑,样子十分酷。

很有意思,门神也不是终身制的。还真应了"一朝君主一朝臣"的老话,到了唐代,门神又易主了,它被陕西西安户县钟馗故里欢乐谷的"赐福镇宅神君钟馗"和两个历史人物——秦叔宝、尉迟敬德替换下来了。

为什么会是这两位历史人物为新的门神呢?其中的缘由并不见史册,倒是《西游记》中有这么一说:泾河龙王犯了天条,罪该问斩,玉帝任命魏征为监斩官。泾河龙王向唐太宗求情,太宗最终答应了龙王的请求,到了问斩龙王的那个时辰,太宗想用与魏徵下棋的办法绊住魏徵不让其监斩,结果魏徵对弈期间打了一个盹儿,元神出窍,最终把龙王斩了。泾河龙王怪唐太宗做人不守信,要跟他讨命。太宗生惧,大将秦叔宝主动请命,与尉迟敬德立门外替主上护驾。那一夜果然无事。之后,太宗不忍这二将如此辛苦,就让会画像的人,把二将的模样画下来,贴于门上,当做门神。

对于以上二位门神的来历,《三教源流搜神大全》则有不同的记载,其中说:唐太宗李世民早年降瓦岗、扫窦建德、镇杜伏威等起义军,其间杀人无数。即位后,身体极差,夜间梦寐不宁,多做噩梦,常见邪祟在寝殿内外抛砖扔瓦,鬼魅呼叫,使前后殿宇夜无宁静,李世民惧之,告诉群臣,但是宫内殿外上下却全然不知,仅唐太宗李世民一君有感而日夜恐惧。月余后,太宗终受不住恶鬼的折磨,召众将群臣商议。众将提出让元帅秦琼与大将军尉迟恭二人每夜披甲持械守卫于宫门两旁。是夜,果然无事,太宗和朝廷上下文武官员齐声喝彩。但久而久之,太宗念秦琼、尉迟恭二将日夜辛劳,便让宫中画匠绘制二将之戎装像,怒目发威,手持鞭锏,悬挂于宫门两旁。此后邪祟全消。后世沿袭此法,遂将二将永做门神而使他们在民间得以成为流传最广、影响最大、威望最高、普及性最强、贫富皆爱的门神,至今长盛不衰。

秦琼与尉迟恭两位门神的神像在北京的民宅中,其样式也最多,有坐式、有立式、有披袍式、有步战式、有骑马式、有舞单鞭双锏式、有执金爪式,但绝无手持弓箭之象。持弓箭的门神只有大唐开国元勋神箭手谢映登和金兰之友温侯后裔王伯当两位门神。

门神信仰由来已久,除了以上的几位,还有道教崇奉的青龙白虎,一些地区信奉的赵云、关羽、张飞、赵公明、孙膑、庞涓等。

钟馗是在民间影响最深的门神之一,出现在唐代。据说他捉鬼的本领及威望比以往的门神高得多。相传,钟馗因为丑陋的相貌,在科举考场上遭受歧视,最终选择了死,但之后他出现在唐玄宗的梦中替他驱走了小鬼,而被画匠描绘下来,玄宗将之挂于宫门之上,作为门神。后来道教吸收了这种信仰,常将钟馗视做祛恶逐鬼的判官,于是钟馗便成了驱鬼捉鬼的神将。关于钟馗的来历,前人在作过详细的考证后,认为,钟馗并不是人。在中国古代曾称一种棒槌为终葵。古人在举行驱疫逐鬼的大傩仪式时,总要挥舞终葵。久而久之,它成为驱鬼的象征,从而在人们的心目中,具有辟邪的神通。自魏晋以至隋唐,常以钟(与终音同)葵为名、字,如北魏尧暄本名钟葵,字辟邪。葵或作馗,亦同音字。唐代文人有做游戏文章之习,遂有虚构的钟馗故事出现。

元末明初,又出现梁山好汉小温侯吕方和赛仁贵郭盛。明清至民国期间的武将门神在全国各地各有不同,和北京民居中的门神在人物上是有区别的。如河南人所供奉的门神为三国时期蜀国的赵云和马超,河北人供奉的门神是马超、马岱哥俩,陕西人供奉孙膑和庞涓,黄三太和杨香武,而汉中一带张贴的多是孟良、焦赞这两条莽汉子。

北京民居中供奉的除秦琼、尉迟恭外,还有《水浒传》里的解珍、解宝、吕方、郭盛。因为北京的院落较大,占地面积往往延至后面的胡同。所以,在北京的住宅里,还有一种专贴在后门的门神。

因为北京是座古老的城市,是元、明、清数朝的政治、文化、商业中心,这里天南海北的人都有。同时,他们家乡的门神也被他们携往这里,以保佑他们平安。所以,在北京民宅的大门上,各地门神应有尽有。归纳一下,北京住宅院中所贴的门神多取自中国古典名著中的英雄好汉,或武艺出众、仗义疏财、精忠报国的英雄。

至于其他地方,还有把刘胡兰、赵一曼、董存瑞、黄继光等,抗日战争、解放战争、抗美援朝战争时期的战斗英雄、民族英雄的画像,逢年过节,贴在大门上。这样一来,门神便不为门神,而演变为门画儿了。

由此可以得知,这世上本来没有神,所谓神大都是人造神。历代门神职务随时代的换位,想来大致也是如此。

中秋节的来历

每年农历八月十五日,是传统的中秋佳节。就像月亮只有月缺没有月圆是一种遗憾,如果中国人没有中秋节同样也会有这种感受。因为这个时令的月亮之圆已成了合家团圆的一种意象,而中国人最渴望能过上"现世安稳,岁月静好"的生活,因此,中国人非常重视这个节日。

因此,吃圆圆的月饼自然也就成了节日的另一习俗。月饼象征着团圆。月饼的制作从唐代以后越来越考究。苏东坡有诗写道:"小饼如嚼月,中有酥和饴。"清朝杨光辅写道:"月饼饱装桃肉馅,雪糕甜砌蔗糖霜。"

中秋是一年秋季的中期,所以被称为中秋。在中国的农历里,一年分为四季,每季又分为孟、仲、季三个部分,因而中秋也称仲秋。八月十五的月亮比其他几个月的满月更圆、更明亮,所以又叫做"月夕"、"八月节"。但关于中秋节的来历,历来说法不一,归纳一下,大约有如下几种:

最为世人认同的一个说法是,中秋节的来历源自古老神话——嫦娥奔月。嫦娥为能成仙偷服不死之药,奔月成了月亮之神,成神的代价是终生不能返回人间。嫦娥起初觉得月宫很好,后来终耐不住寂寞,在每年八月十五日的晚上,返回人间与老公团聚,但在天明之前必须回到月宫。后人为纪念这个日子,每逢中秋。年复一年,人们把这一天作为节日来庆祝。

八月十五日为中秋节,还有另一种说法。根据史籍的记载,"中秋"一词最早出现在《周礼》一书中,周代每逢中秋都要举行迎寒和祭月。早在三代时期我国就有"秋暮夕月"的习俗。夕月,即八月十五日祭拜月神。

相传,古代齐国丑女无盐,幼年时曾虔诚拜月,长大后,以超群品德入宫,但未被宠幸。某年八月十五日赏月,天子在月光下见到她,觉得她美丽出众,后立她为皇后,中秋拜月由此而来。月中嫦娥,以美貌著称,故少女拜月,愿"貌似嫦娥,面如皓月"。

有人则不承认八月十五日定为中秋节是源自以上两则传说。他们认为,唐朝初年,中秋节才被正式册封为固定节日。这种观点的依据是《唐书》记载了"八月十五中秋节",其观点无非是,中秋节是由唐明皇赏月开始的,此事见于唐代《开元天宝遗事》,说唐明皇每年八月十五日,必要赏月一番。之后百姓也来效仿,结果,成了一种风俗习惯沿袭下来。从此,始于唐朝的中秋节盛于宋朝。比如,南宋时,民间以月饼相赠,晚上,有赏月、游湖等庆典。

还有人对以上的说法都不以为然,他们认为,虽然唐诗中出现了"中秋节"的字样,但唐朝的类书里却没有有关"中秋节"的记载,真正第一次对中秋节作了明确记载的是南宋人吴自牧,他在《梦粱录》一书中说:"八月十五日中秋节,此日三秋临半,故谓之'中秋'。此夜月色倍明于常时,又谓之'月夕'。"书里还描写了南宋京都临安(今杭州)赏月逛夜市的盛况。可见,八月十五日为中秋节,始于宋代。

还有人提出另一种看法:中秋节原本是推翻元朝统治的一次起义纪念日。在元朝末年,老百姓不堪忍受官府的压迫,就把写有"杀鞑子、灭元朝;八月十五家家齐动手"的字条藏在做好的小圆饼内相互传递。到了八月十五日晚,许多百姓相约起事,推翻了元朝的统治。后来,每逢八月十五这一天,老百姓都吃月饼来纪念这次历史性的胜利。中秋节由此得名。

至明清时,已与元旦齐名。成为我国的主要节日之一。这也是我国仅次于春节的第二大传统节日。许多地方形成了烧斗香、树中秋、点塔灯、放天灯、走月亮、舞火龙等特殊风俗,来庆祝这个节日。

今天,月下游玩的习俗,已远没有旧时盛行,但设宴赏月仍很盛行,人们把酒问月,庆贺美好的生活,或祝远方的亲人健康快乐,和家人"千里共婵娟"。中秋节的习俗很多,形式也各不相同,但都寄托着人们对生活无限的热爱和对美好生活的向往。现在,祭月、拜月的活动已被规模盛大、多彩多姿的群众赏月游乐活动所替代。

除了这些看法,另外有人提出,中秋节的起源和农业生产有关。秋天是收获的季节。"秋"字的解释是"庄稼成熟曰秋"。八月中秋,农作物和各种果品陆续成熟,农民为了庆祝丰收,表达喜悦的心情,就以"中秋"这天作为节日。

虽然以上的说法都各有各的依据与道理,但在真正权威的定论出来之前,中秋节的起源,依然需要我们进一步探讨,以还原其本来面目。

清明节的来历

清明,是我国的二十四节气之一。清明最开始是一个很重要的节气,清明一到,气温升高,正是春耕春种的大好时节,故有"清明前后,种瓜种豆"。

但是,清明作为节日,与纯粹的节气又有所不同。节气是我国物候变化、时令顺序的标志,而节日则包含着一定的风俗活动和某种纪念意义。我国传统的清明节大约始于周代,约有两千五百年的历史。

按照旧的习俗,扫墓时,人们要携带酒食果品、纸钱等物品到墓地,将食物供祭在亲人墓前,再将纸钱焚化,为坟墓培上新土。折几枝嫩绿的新枝插在坟上,然后叩头行礼祭拜,最后吃掉酒食回家。唐代诗人杜牧的诗《清明》:"清明时节雨纷纷,路上行人欲断魂。借问酒家何处有? 牧童遥指杏花村。"

清明节是最重要的祭祀节日,即是祭祖和扫墓的日子。现如今已成为法定节日。汉族和一些少数民族大都有清明节扫墓的习俗。清明节一般是在公历的四月五日,但其节期很长。清明节又叫踏青节,此时正是春光明媚、草木吐绿的时节,也是人们春游的好时节。

直到今天,清明节祭拜祖先、悼念已逝的亲人的习俗仍很盛行。人们在这个节日慎终追远、缅怀先人,因此清明节可以视为民族的复活节。

关于清明节的起源,据传始于古代帝王将相"墓祭"之礼,后来民间亦开始仿效,于此日祭祖扫墓,历代沿袭而成为中华民族一种固定的风俗。

清明节源于春秋战国时代,是我国汉族的传统节日之一,为中国二十四节气之一,时间约在每年的阳历4月5日前后。清明节后雨水增多,大地呈现春和景明之象。这一时节万物"吐故纳新",无论是大自然中的植被,还是与自然共处的人体,都在此时换去冬天的污浊,迎来春天的气息,实现由阴到阳的转化。

古有清明前一天为"寒食节"之说,相传起于春秋时期晋文公悼念介子推"割股充饥"一事,后清明、寒食逐渐合二为一。唐代扫墓日期一般在寒食节,宋代后移到清明。传说寒食节的起源地就在山西中部介休,介休一名的来历即是为纪念介子推"割股充饥"而不图回报,最终在此因大火烧山而亡,绵山也因此又称"介山"。

相传大禹治水后,人们就用"清明"之语庆贺水患已除,天下太平。此时春暖花开,万物复苏,正是春游踏青的好时节。踏青早在唐代就已开始,历代承袭成为习惯。踏青时人们除了欣赏大自然的湖光山色、春光美景之外,还开展各种文娱活动,增添生活情趣。

明清时期,清明扫墓更为盛行。古时扫墓,孩子们还常要放风筝。有的风筝上安有竹笛,经风一吹能发出响声,犹如筝的声音,据说风筝的名字就是这么来的。

清明节还有许多失传的风俗,如古代曾长期流传的戴柳、射柳、打秋千等,据史书记载,辽代时期最看重清明节,上至朝廷下至庶民百姓都以打秋千为乐,仕女云集,踏青之风也极盛。

新中国成立后,人们都在这天祭扫烈士墓,缅怀革命先辈。

端午节的源头在哪里

农历五月初五,是中国民间的传统节日——端午节,它是中华民族古老的传统节日之一。端午也称"端五"、"端阳"。此外,端午节还有许多别称,如:午日节、五月节、浴兰节、女儿节等等。时至今日,端午节仍是中国民间一个十分盛行的隆重节日,该民俗经国务院批准列入第一批国家级非物质文化遗产名录。而关于它的得名和起源,历来有所争议,一般来说,以下几种说法最为人所知:

一、"浴兰节"说。古人五月采摘兰草,盛行以兰草汤沐浴除毒之俗。此习俗流传至唐宋时代,又称端午为浴兰之月。《大戴礼记》中记载:"五月,……煮梅,为豆实也,蓄兰为沐浴也。"此书成书的历史很久远了,它是汉文帝时礼学名家戴德选编的,也是研究上古社会的第一手资料。如果此说成立的话,端午节在先秦时代已出现了。

二、"屈原"说。端午节始于春秋战国之际。关于其由来。说法不一,但以纪念屈原之说影响最广、最大。正是由于屈原的缘故,端午节也因此被称为"诗人节"。唐末江南僧人文秀写过一首《端阳》诗,诗云:"节分端午自谁言。万古传闻为屈原。堪笑楚江空渺渺,不能洗得直臣冤。"表达了人民大众对屈原的同情与怀念。

三、"龙节"说。闻一多先生认为端午是龙的节日。据闻一多先生的《端午考》和《端午的历史教育》列举的百余条古籍记载及专家考古考证,端午的起源,是中国古代南方吴越民族举行图腾祭的节日,比屈原更早。他从节日的竞渡和吃粽子都与龙有关,进而推论端午是龙的节日。自他得出论证后,学术界大多沿用此说。

四、"恶日"说。有人指出,把端午节的主要内容说成是纪念屈原,是后世好心人附会而成,端午应起源于恶日。比如,像《论衡》、《后汉书》等古书都有"不举五月子",即不将五月所生的孩子抚养成人的内容。于是,五月初五,就成了古人忌讳的"恶日"。战国时齐国显贵田文五月初五出生,其父不让家人养之,说明那时五月初五已为俗忌。败死时屈原还活着。东晋大将王镇恶、宋徽宗等人亦有同样经历。持这种观点的人认为,民间流传的吃粽子是祭屈原之尸,竞龙舟是拯屈原之体,挂艾草是招屈原之魂,其实都是附会。艾草、菖蒲都是草药,都与夏季各类疾病瘟疫孳生为灾有关,都因五月初五这个"恶月"、"恶日"而来。粽子只是民间普通食品,龙舟竞渡是一种节日活动,最初并不固定在端午。

五、"伍子胥"说。在我国江苏、上海、浙江一带,一般认为端午节是纪念春秋时期的伍子胥。据史书记载,伍子胥为楚国人,因父兄为楚平王所杀,乃投奔吴国,助吴王阖闾伐楚,五战而攻入楚都郢。吴太宰受越贿赂,谗言陷害子胥,夫差信之,赐子胥一把剑,要他自尽。伍子胥于死前交代邻舍:"我死后,请挖出我的眼睛,悬挂在东门上,我要亲眼看着越国军队入城灭吴!"说毕,自刎而死。夫差听到伍子胥死前之言,大怒,令人取他的尸体装入皮革中,于五月初五投入大江。伍子胥含冤死后,人们"遂划龙舟,作救伍员状"。传说伍子胥变成了"波涛之神"。从此,在江浙一带,端午节就成了纪念伍子胥的日子。

六、"夏至"说。有人认为"有文字可考的端午起源应该是夏至"。他们的理由是,从端午的两个主要风俗看,在权威的岁时专著《荆楚岁时记》中,五月初五的节日风俗并没有吃粽子。而吃粽子却明明白白写在夏至节中——"夏至节日食粽。周处谓为角黍,人并以新竹为筒粽"。关于竞渡,隋朝杜台卿曾在岁时专著《玉烛宝典》中提出,竞渡是夏至节的娱乐活动,不一定是打捞投江的屈原。而端午风俗的另一些内容,如"踏百草"、"斗百草"、"采杂药"、"以五彩丝系臂"等,均和屈原无关。若再查阅别的史籍,不仅在夏至的风俗中可找到后来五月初五风俗的端倪,而且还能找到记录夏至是五月初五风俗起源的内容。司马彪在《礼仪志》中的见解更明确：汉代五月初五的风俗是来自夏、商、周时期的夏至节，著名的岁时风物的著作《岁华纪丽》对端午的第一个解释是："日叶正阳，时当中夏。"意思是端午节正是夏季之中，太阳正合于正阳的位置。因此，从端午节又名"天中节"来看，端午的最早起源的确就是夏至。

七、"纪念"说。六朝以前五月初五那天纪念的对象并不限屈原一人：山西一带纪念介子推；吴、楚两地纪念伍子胥和屈原；浙江绍兴、会稽一带纪念曹娥；岭南一带地区梧州人追念以诚信、孝道治郡的太守陈临。虽然今天有人认为这种纪念伍子胥、介子推，或者曹娥、陈临、屈原等说，是后世附会之辞，难以置信，但由于人们寄托了自己的理想、愿望，表达了对先人慎终追远的情感，所以中国人对端午节还是很看重的。不过呢，端午节的由来到底源自何处，至今还没有一个正解。

元宵节形成于何时

农历正月十五夜，是我国民间传统的庆典——元宵节，俗称"灯节"。旧习元宵之夜，城里乡间，到处张灯结彩，观花灯、猜灯谜，盛况空前。在这个节日里，盛装男女乐而忘返，尤其是女性，平日养在深闺，不能随便出门；只有元宵之夜，才可以随意走动，嬉笑不禁。更在于元宵之夜男女相聚无人干涉——"月上柳梢头，人约黄昏后"，这段时光成为青年男女间谈情说爱的黄金时刻，从这一点上看，把它比做是中国人的"情人节"，这个比喻可能也不算太跛足。

正月十五为什么叫"元宵"？有一种观点认为是指"第一个月圆之夜"。正月是一年之元月，初一旧称元旦，原意是新年的"第一个白天"；不称正月初一之夜为元宵，是古人认为满月的夜晚才是最吉利的，而正月十五之夜是一年中的第一个月圆之夜，因此称为元宵。

今天，元宵节放灯、观灯，仍是中国广大地区人民喜欢的民俗娱乐活动。特别是近几年，随着人们的生活水平的大幅度提高后，元宵节出现了空前繁荣的景象。但这里始终存在一个疑问，人们如此喜欢元宵节，可它究竟是什么时候起源的呢？

有一种观点是元宵节是汉代传下来的。有人根据《曲洧旧闻》记载的"唐沿汉武帝祠太乙自昏至明故事"，认为元宵节看来是"成于汉初的一种特殊事体，并不认为是一种娱乐"。《中国年节》一书也认为："汉文帝是周勃勘平'诸吕之乱'以后上台的。勘平之日是正月十五。每逢这天夜晚，汉文帝都要出宫游玩，'与民同乐'。'夜'在古语中又叫'宵'，于是，汉文帝就把正月十五这一天定为元宵节。不过，当时还没有放灯的习俗。到了汉明帝永平十年，蔡谙从印度求得了佛法，汉明帝为了提倡佛教，敕令在元宵节这天点灯，以表示对佛教的尊敬。这是元宵节放灯的起源。"

而明人郎瑛则认为元宵节形成于唐代，他这个观点可不是信口开河的，他本人是一个出名的书痴，一生唯读书是务，他是在翻阅大量史料后得出这个结论的。在《七修类稿》中他写道："元宵放灯，起唐开元之间，从十四至十六夜，后增至五夜。"该书考论范围极为广阔,以类相从,凡分七门。内容或测天地之高深,或明国家之典故,或研究义理,或辨证古今,以至奇怪诙谐之事,无不采录,考论严谨详明,能驰骋古今。其内容有很高的史料价值。所以,他的这种说法应该有很高的采信度。

另有一种观点的知名度更高,认为元宵节源于宗教活动。《涅槃经》曰:"如来维讫,收舍利罂置金床上,天人散花奏乐,绕城步步燃灯十二里。"而《岁时杂记》记载,这是沿道教的陈规。元宵之称源自道教的上元节,道教有"上元"(正月十五)、"中元"(七月十五)、"下元"(十月十五)三个节,上元节之夜就称元宵。而太一(主宰宇宙一切之神)主管上、中、下三元的分别为天、地、人三官,而这天官是个老顽童,特别喜欢玩,所以,他主管的上元节要燃灯,图个乐子。

近来,有专家在梳理各种说法之后,提出一种全新的看法,他们认为,元宵节"最早起源于对火的崇拜","原始人发明了火之后","认为神秘的火能驱赶走一切妖魔鬼怪"。相沿习成,最先形成仪式活动的便是"傩","傩"是一种持火驱鬼的习俗活动,其原始形态,可追溯至久远的上古时代。

关于元宵节的起源,民间传说中也没有一个固定说法。民间相传,元宵节源于汉武帝。当时宫女元宵正月过后思念家中父母,宫深禁严,如何与家人见上一面呢?足智多谋的东方朔得知此事后很同情她们,便设计成全她们。他先散布谣言,说火神君将派员火烧定安城,城里宫内一片恐慌。后又向武帝献计,十五晚上宫廷内人员一律外出避灾,城中大街小巷,庭院屋门,都挂上红灯,好像满城大火,以骗过天上观望监视的火神。武帝允诺,宫女们遂趁机与家人相会。从此,每逢正月十五都要放灯。之后这种佛教礼仪节日逐渐成为民间盛大的节日,汉文帝时,已下令将正月十五定为元宵节。

也有人说元宵是隋炀帝误打误撞给惹出来的。相传,他色迷心窍想娶自己的妹妹。他的妹妹实在没办法,就托辞除非正月十五出现繁星满地的奇迹,才可成婚。这隋炀帝为了一己兽欲就下令京城四周百姓到十五日晚每户燃灯火,违令者斩。至十五日晚,他的妹妹登楼见满地都是灯火,误以为真是繁星落地,纵身投河自尽。为了纪念这位不甘凌辱的女子,民间百姓每逢正月十五都燃起了灯火。

除了以上两种传说,另外还有元宵灯会源于民间的"放哨火"等农事习惯的传说。每年正月十五左右,春耕即将来临,各地农民忙于备耕等工作。一些地区的农民就在这天晚上到地里把枯枝杂草拢在一起,放火烧掉,以除虫害。

虽然关于元宵节起源的各种说法不少,但事实上,元宵节的起源只有一个,所以,在无法确定它最早源于何时之前,仍是一个谜。

白蛇传说从何而来

白蛇传说源远流长,家喻户晓,是中国著名的民间传说之一。据明末《警世通言》记载,宋代时,有一千年修炼的蛇妖,化为人形后取名白素贞,与青蛇精小青,在杭州西湖遇书生许仙,白蛇顿时生出欲念,想嫁给书生。

后经历诸多是非，许仙得知白素贞、小青都是异类，并受白蛇威胁，惊恐难安，便求法海禅师救度。于是白蛇被法海收入钵内，镇压在雷峰塔下。许仙看破红尘情愿出家，礼拜禅师为师，就在雷峰塔剃度为僧。修行数年，一夕坐化而去。众僧买龛烧化，造一座骨塔，千年不朽，临去世时，亦有诗八句，留以警世，诗曰：祖师度我出红尘，铁树开花始见春。化化轮回重化化，生生转变再生生。欲知有色还无色，须识无形却有形。色即是空空即色，空空色色要分明。

后世根据此传说又添加了一些情节，使得故事更加平民化，符合大众的口味，并得以流传至今。内容大致如下：在宋朝时的镇江市，白素贞是千年修炼的蛇妖，为了报答书生许仙前世的救命之恩，化为人形欲报恩，后遇到青蛇精小青，两人结伴。

白素贞施展法力，巧施妙计与许仙相识，并嫁与他。婚后金山寺和尚法海对许仙讲白素贞是蛇妖，许仙将信将疑。后来许仙按法海的办法，在端午节让白素贞喝下带有雄黄的酒，白素贞不得不显出原形，却将许仙吓死了。后来，白素贞上天庭盗取了仙草灵芝将许仙救活。

法海将许仙骗至金山寺并软禁了起来，白素贞同小青一起与法海斗法，水漫金山寺，却因此伤害了其他生灵。白素贞因为触犯天条，在生下孩子后被法海收入钵内，镇压于雷峰塔下。后来，白素贞的儿子长大得中状元，到塔前祭母，将母亲救出，全家团聚。还有可爱的小青也找到了自己的相公。

据说，《白蛇传》起源于一千多年前的北宋时期，发源地在河南汤阴（今河南鹤壁市）黑山之麓、淇河之滨的许家沟村。许家沟所倚的黑山，又名金山、墨山，古为冀州之地，是太行山的余脉之一。这里峰峦起伏，淇水环流，林木茂盛，鸟语花香，环境清幽，赛过桃源。早在魏、晋时期，左思就在《魏都赋》里记载了"连眉配犊子"的爱情故事传说："犊子牵黄牛，游息黑山中，时老时少，时好时丑。后与连眉女结合，俱去，人莫能追……"后来这一典故衍化为"白蛇闹许仙"的故事，故事的女主人公也由"连眉女"演变为白蛇。

"白蛇闹许仙"里的白蛇精，当年曾被许家沟村一位许姓老人从一只黑鹰口中救出。这条白蛇为报答许家的救命之恩，嫁给了许家后人牧童许仙。婚后，她经常用草药为村民治病，使得附近金山寺的香火变得冷落起来，也使黑鹰转世的金山寺的长老法海和尚大为恼火，决心破坏许仙的婚姻，置白娘子于死地。

于是引出了人们熟悉的"盗仙草"、"水漫金山寺"等情节。白娘子因为水漫金山而触动胎气，早产生下儿子许仕麟。法海趁机用金钵罩住分娩不久的白娘子，将其镇压于南山雷峰塔下。通过此事，许仙心灰意冷，便在雷峰塔下出家修行，护塔侍子。18年后，许仕麟高中状元，回乡祭祖拜塔，才救出母亲，一家团圆。

目前，白蛇传说已被列入国家级非物质文化遗产。

田螺姑娘的传说是怎么来的

田螺姑娘是福州民间传说中的人物。据说，从前，有个孤苦伶仃的青年农民，靠给地主种田为生，每天日出耕作，日落回家，辛勤劳动。一天，他在田里捡到一只特别大的田螺，心里很惊奇，也很高兴，便把它带回家，放在水缸里养着。

一天，那个农民照例早上去地里劳动，回家却见到灶上有香喷喷的米饭，厨房里有美味可口的鱼肉蔬菜，茶壶里有烧开的热水，第二天回来又是这样。两天，三天……天天如此，那个农民决定把事情弄清楚。第二天鸡叫头遍，他像以往一样，扛着锄头下田去劳动，天一亮他就匆匆赶回家，想看一看是哪位好心人做了那一切。他远远就看到自家屋顶已炊烟袅袅，他加快脚步，要亲眼看一下究竟是谁在烧火煮饭。可是当他蹑手蹑脚，贴近门缝往里看时，家里毫无动静，走进门，只见桌上饭菜飘香，灶中火仍在烧着，水在锅里沸腾，还没来得及舀起，只是热心的烧饭人不见了。

第二天，那个农民又起了个大早，鸡叫下地，天没亮就往家里赶。家里的炊烟还未升起，他悄悄靠近篱笆墙，躲在暗处，全神贯注地看着自己屋里的一切。不一会儿，他终于看到一个年轻美丽的姑娘从水缸里缓缓走出，身上的衣裳并没有因水而湿。这位姑娘移步起到灶前，便开始烧火做菜煮饭。

年轻人看得真切，连忙飞快地跑进门，走到水缸边，一看，自己捡回的大田螺只剩下个空壳。他惊奇地拿着空壳看了又看，然后走到走灶前，对正在烧火煮饭的年轻姑娘说："请问这位姑娘，您从什么地方来？为什么要帮我烧饭？"姑娘没想到他会在这个时候出现，大吃一惊，又听他盘问自己的来历，便不知如何是好。年轻姑娘想回到水缸中，却被年轻人挡住了去路。青年一再追问，年轻姑娘没有办法，只得把实情告诉了他，她就是田螺姑娘。青年非常喜欢田螺姑娘。后来他们就结了婚。

但是，蚂蝗精也非常喜欢田螺姑娘，看到田螺姑娘和农民这么好，很妒忌，决定抢走田螺姑娘。于是假扮算命先生，从她瞎眼婆婆那里骗去田螺壳，有了田螺壳，田螺姑娘就被蚂蝗精收到他的洞内出不来了。农民和他的伙伴为救田螺姑娘，去了蚂蝗精的洞中，但却被蚂蝗精打败了，后来他们想了个办法，用盐撒在蚂蝗精身上，蚂蝗精最怕的就是盐了，终于痛苦地死去。

田螺姑娘和农民过着幸福的日子，一年后生下了一个男孩。这个男孩转眼5岁了，一次在河边玩水嬉戏，被同伴们骂是田螺精的孩子。男孩听了人家的话，把母亲的壳藏起来了，田螺姑娘就再也变不回田螺了。

据考，田螺姑娘的传说，出自《搜神后记》：晋安帝时，侯官人谢端，少丧父母，无有亲属，为邻人所养。至年十七八，恭谨自守，不履非法。始出居，未有妻，邻人共愍念之，规为娶妇，未得。端夜卧早起，躬耕力作，不舍昼夜。后于邑下得一大螺……这便是田螺姑娘。

明朝冯梦龙所著《情史类略》卷十八"白螺天女"中也有类似记载，不同的是其中谢端说成是常州义兴人，谢端也不再是个农夫，而是一名性恭谨顺从上司的县吏。

另外还有一种说法是，田螺精的故事，表达了古代人对神的一种执着的信仰，宣扬的是一种只有信念坚定的人，才能得到神的恩惠的观念。只要你坚定信念，你的身旁，无论是田螺、蛤蜊,还是年画中的人物,这些原本没有灵性的东西,都会给你带来意想不到的幸福,这些异类实际上都是神灵的临时化身。这恐怕是一些传播神鬼故事的人,为了吸引人们而虚构出来的,使人们相信,对神笃信,神便会通过各种异类赐予他们幸福,或者帮助他们解决难题,并且获得人间难以想象的美好婚姻。

第五节　探索掩埋的真相

殷墟人种之谜

　　只要对人种学稍微有点了解就可以知道,中国的南方人和中国的北方人本身就是同一个人种下面的不同亚种。中国的北方人属于蒙古人种北亚型,中国的南方人属于蒙古人种马来型,还有一种蒙古人种海洋型,部分高山族人属于这种。

　　殷人人种问题涉及商族起源的问题。因此,它是世界各国专家学者长期关注的学术问题。殷墟出土的一件玉人头像,额突鼻高,脸长口小,不似东方人种,这更给殷人人种问题蒙上了神秘色彩。

　　我国汉魏时代的史学家司马迁等人都认为商族发祥地在我国西北,即陕西省的关中平原。而近代的王国维等人却有不同的意见,他们认为商族起源于东方,地点或在河南商丘与山东曹县,或在河北东部至渤海湾一带。到了当代,又有学者提出商族起源于北方,地名为“番”(被认为即是“毫”)和“砥石”,在古之燕地或今内蒙古昭乌达盟白岔山一带。还有学者提出商族起源于山西,仍属“北方起源”说。综合上述族源所涉皆没有跑出过蒙古人种亦即黄色人种的圈子,没有涉及其他肤色人种。

　　考古材料中的颅骨是人种学家们给古代居民与物质文化归属定性的主要依据,在人类的颅骨之间设立诸多的测量标准必然是为了使其产生差异,以便分类。中国的体质人类学家早就对人种学的科学性提出质疑,人种学者对具体人种的描述性措辞中充斥着含糊性与歧义,同一具头骨会随着测量标准的改变而显示出不同的人种特征。如一具头骨的鼻高接近欧罗巴人种,头型接近蒙古人种等;如某项指标落入蒙古人种范围内,另一项指标却接近尼格罗人种数值。

　　可是研究结果表明殷人人种问题的复杂性远远超出人们的预想。三百余具头骨,有属古典蒙古人种(黄色人种),有属海洋类尼格罗人种(黑色人种),有类似高加索人种(白色人种),还有类似爱斯基摩人等等。有专家据此判定,殷人人种当是多元异种系族群。

　　这下可乱了套,这么多头骨混在一起,是不是真的意味着多元异种呢? 有人对此论不以为然,认为,这种论证的材料缺乏典型性,他们的理由是,只拿出祭祀坑的头骨来研究当时的人种问题,有点过于宽泛。因为,那些头骨中可能有武丁时期四处征伐、掠来的人口杀以祭祀的。所以，其来源自然很复杂，不能用来指证殷人人种。最终专家们得出结论："很早以前，华北平原是许多不同民族的支系汇集的地方，而原始的中国人群就是由这些民族集团中的一部分融合而成的。虽然如此，我们应当记住，在这些支系中占优势的无疑是蒙古人种集团。"

在武丁的王妃妇好墓被发现时，人种学家曾希冀能够发现殷王室成员遗骨，以对殷人人种作出最具权威性的揭示。可惜的是，墓中尸骨无存。所幸出土了十五件玉石人物雕像。这些人物雕像的形象尽管各异，但仍多属于鼻阔颧高的蒙古人种。这为殷人是蒙古人种的见解提供了新的证据。需要提到的一点是，我们不能从遗传学上证明现代中国人与本土智人（如山顶洞人、北京人等等）之间的关系，也就是说，我们和史前时代的本土智人并不同种。

其实在"中国文明西来"说和"中国文明本土"说中，如果我们能找到夏朝文明或者更早的文明遗迹和确切的物证来证实"中国文明本土"说的话，疑点不难自破，但是迄今为止，我们拿不出能得到专家认可的商朝以前的物证。

如果殷墟时代的辉煌是凭空突然出现的，倒是不难解释为何其器物等均带有欧洲及中亚青铜时代的痕迹。因某种原因东进的一支文明，一路上势如破竹，不仅挟裹了各个地区不同人种的人民，还剿灭了中国本土的原住民。这次融合，造就了中华民族的雏形。

到目前为止，已经有若干个商墓中的遗骨经过 DNA 分析，但是结果却没有公布。从骨骼形体学分析，商墓中有各种亚洲人和白人遗骸。殷商统治者王室 Y–DNA 单倍体型到目前仍未公布，也许是结果不好公布。

中国学者正通过对殷墟王陵区祭祀坑人骨的同位素鉴定等方法，推断商代甲骨文中的"羌"与今天"羌民族"的关系。商代甲骨卜辞中，人祭卜辞约 2 000 条，记载"人牲"总数 14 000 余人，其中近 8 000 人为羌。但学术界对羌是专指羌族地区的一个方国或羌族，还是商土以西各部族的泛称，一直存在争议。

殷墟的考古发现证明，卜辞中的"人牲"主要埋藏在西北冈王陵区，研究人员正在采集上述地区若干次商代"祭祀活动"的人骨，对其进行锶同位素和氧同位素试验，观察这些人骨的同位素水平是否有"聚类"的特性。如果羌是专指，占"人牲"一半以上的羌人骨会有聚类的相似性；如果不聚类，那么羌就是泛指商土西部各族。考古研究者采集两地出土的人骨标本进行试验，观察人骨同位素水平的差异后，得出这个结论。

此外，有专家认为，贵州水族系秦时自岭南迁来，与百越族群有着千丝万缕的联系。根据相关资料，水族族源最早可上溯至商周之际，在殷商亡国后由中原一带向南转移，脱离中原文化而逐渐融入南方百越族群。

还有人根据象征古代埃及文明的金字塔的筑造者并不是后世白色人种的埃及人，而是头发卷曲、皮肤黝黑的黑色人种，提出象征中国古老文明的殷商青铜器的建造者，是否也有其他肤色的人种？然而，迄今殷人人种问题还不能"盖棺论定"，尚有待专家们进一步研究。

巴蜀古国之谜

对于巴蜀古国,历来看法不一,有人以为它就是一个神话传说,虽然传得像孙悟空那样有名,却不是真的。有人却以为它是真实存在的。两方为这事掐得不亦乐乎,罗伯特·巴格雷编辑和其他七名学者仔细研究了 1986 年中国四川三星堆出土的文物(包括青铜器、玉器和陶器等),著了《古巴蜀:消失文明的宝贵财富》一书,以清晰的陈述和详尽的事实,力图解开这个被誉为"世界第九大奇迹"的文明之谜。

在三星堆遗址出土之前,中国的考古学家已经在成都平原上发掘出了很多有价值的文物。其中,13 个出土青铜像以世人从未见过的造像让学者目瞪口呆,那些铜像的面部轮廓极具棱角,方下巴、阔耳朵,看上去像大刀阔斧风格的木雕。一些青铜面具以巨大突出的眼部为特征,让人联想到非洲风格的雕像,似乎和远东任何艺术风格都无直接联系。这些"不速之客"究竟具有什么特殊含义呢?

其实,两个祭祀坑本身就是一个不解之谜,大多数学者倾向于把坑里的遗物归于"火烧的祭品",根据是一号坑里的动物骨灰和残余骨片。其他一些假说,如"火葬"说和"储藏"说,因为缺乏依据不被大多数人所信服。

祭品可以揭示出青铜器的大致年代。一些样式精美的花瓶与湖南、湖北的出土文物风格相符。这些花瓶中的大多数被认为是从外地运入的。由于它们和中原地区公元前12 世纪的容器类似,学者们认为那些人像也产生于那个时期。

但是,知道产生年代也很难揭示出它们的确切含义。最神秘的莫过于一座大型青铜立人像。它全身长 172 厘米,加上厚重的底座,总高度为 260 厘米,重约 180 公斤。人像所穿着的华美服饰与当时中国中原风格迥异。在长长的斗篷之外,是一件短袖及膝的束腰外衣。头饰则是用硬质材料制成的环状物,上面插有标志性的鸟羽。"他"是一位国王、王子,还是一件普通祭品呢?人们无从知晓。

同样,其他塑像以及那些奇怪的眼部突出的青铜面具也是千古之谜。有人猜测,第一代蜀王蚕丛之所以眼睛像螃蟹一样向前突起,成为纵目,可能就是因为缺盐而患甲亢造成的,所以,才会出现那种不合常理的面具。

与古蜀国联系最密切的是生活在长江三峡地区的巴族和巫蠿人。远古的羌人在成都平原发展成蜀族以后,遭遇了一个始料未及的大问题:四川盆地食盐缺乏。从一号坑出土的 K1:2 青铜头像可以获悉,此像脸型轮廓及鼻子处理十分圆润,近乎现代写实手法,这在当时的中国绝无仅有。如同卡通造型的铜像各部位变形,如双目突出、双耳阔大,明显是人为的夸张。这种夸张不仅是雕塑家的刻意经营,还受到了统治者认可。其中有两副面具是镀金压膜的,不用说人们也能猜到它们象征着什么。

这些对中国中原文化来说陌生的艺术形式是"成都平原文明"的重要构成。由此可见,在公元前 316 年被秦始皇统一之前,古代四川与中原分属不同的文化体系。而且,那些外来的青铜器皿揭示出,这一消失的古老文明与中原文明是具有联系的。在被秦攻克之前,这个地区还没有正式的文字记载。中原的资料则把它的东部称做"巴",中部称做"蜀"。"巴"和"蜀"的文化与政治含义并不清楚。但学者仍把这一古老文明称为"巴蜀文明"。

蜀国早在商朝时期就有了,背景神秘莫测,蜀人的象形文字也是原创的,不同于中原。它的玉器、青铜器、漆器制作甚精,可媲美中原也异于中原。蜀人的模样也很特别,三星堆出土的那个浓眉突眼阔嘴扁腮方脸招风耳的青铜人最为知名。这张棱角分明的脸与传统的团和的中国人的脸并不相似,反倒像西方人,一同出土的金杖、金面膜也是西方货,难道他们是从西方迁徙来的?

在战国以前的历史文献里,巴与蜀是分称的,不论在地域范围、人类群体,还是在古国、古族等方面,巴、蜀之间都有着清楚的分野。在战国时代的文献中,才开始出现巴蜀合称的记载,从地域相连的角度反映了巴与蜀文化和人类群体的交流融会。"巴"字的本义,按照东汉学者许慎《说文解字》的解释,原为"食象它(蛇)",是一种吞食大象的巨蛇。此外还有一些关于"巴"字含义的不同解释,但多无确据,没有取得公认。至于"蜀"字的本义,许慎《说文解字》解释为"葵中蚕",再从其他古代文献综合考察,"蜀"就是桑蚕,它是现代家蚕的直接前身。

据文献记载,古蜀国最早的先王是蚕丛、柏灌、鱼凫,三代而下是望帝杜宇、鳖灵,其后是开明。这些帝王名号怪异,史料匮乏,正如诗人李白喟叹道:"蚕丛及鱼凫,开国何茫然!"长久以来,古蜀国的历史一直是云遮雾罩,成为困扰着人们的难解之谜。

有关古蜀国与他国的战事,并无传世记载,但考古实物却证明确有其事。在殷墟和周原的卜辞中,出现了"蜀受年"、"征蜀"、"至蜀有事"的记载。可见,当时商朝与古蜀国之间曾经多次爆发战争,因此商王才会进行占卜,向上天询问吉凶、对策。

在三星堆众多的文物中那些清晰的鸟形纹、鸟形的变体纹与金沙遗址出土的太阳神鸟金箔饰图案极其相似。逆向飞行的神鸟,引颈伸腿,展翅飞翔,首足前后相接,围绕在内层图案周围,排列均匀对称。杜甫在蜀期间写过这样一句诗:子规夜啼山竹裂,王母昼下云旗翻。对诗中出现的"子规",大家知道是杜鹃、杜宇、布谷鸟,而对"王母"许多人不能理解,其实只要读过《文选·思玄赋》(张衡):"戴胜愁其既欢兮,又消余之行迟。"就会得到答案。因为李善注:"戴胜,谓西王母也。"翻译过来,"戴胜"就是指西王母。而在许多典籍中布谷鸟泛指戴胜鸟。

杜甫在字里行间,无不反映出戴胜鸟是古蜀先民敬日的图腾崇拜观念,也暗示了子规与戴胜之间,杜宇与西王母之间的姻缘关系。综合所述,能否大胆地作出这样一个设想:在五六千年以前,也就是人类大洪水的时代,以鸟为图腾的氏羌部落进入四川,带来了高度的文明,并与蚕丛部落结成了犹如炎黄部落般的联盟,并取代了当地较为落后的文明,也就是说,代表氏羌文化的柏灌取代蚕丛,创造了古蜀文明。当然,这种说法同样因缺少必要的史实作支撑,目前也只能聊备一格,作为存疑之说。

"真假太子"的三百年悬案

明崇祯帝共有七个儿子，其中四个早殇，至明亡时，仅存周皇后所生太子慈烺、定王慈灿和田妃所生永王慈焕。崇祯帝死后，他的皇太子及两个王子的下落自然成了明朝百姓、遗老遗少关注的焦点，可这三人一直下落不明，但到后来，崇祯三子又反复出现，难辨真假。南明弘光和顺治、康熙三朝都因崇祯太子案，杀戮株连了许多人。

顺治元年(1644年)十二月，忽有一少年，自称是太子，在常侍太监陪同下来到北京城内原周皇后之父周奎家。周奎开始相认，后来觉得事关重大，不敢隐瞒，就向清朝当局报告。于是朝廷派人将此太子带去，召集有关大臣和原来的明宫中内监审查。刑部主事钱凤览和御史赵开心等人认为太子是真的，而旧侍讲谢升等认为是假的。这事引起了百姓的不满，有人上书指出，如果太子是假的，为何周奎留宿两日始报？据此要求重新审核。摄政王多尔衮亲自审问，又经法司复勘，断定此太子为假冒，将其处死，同时被杀者还有钱凤览等15人。"北太子"一案就此收梢。

几乎与北京出现"北太子案"同时，南京也有一少年自称为崇祯太子。得知这个消息，福王把他带到内宫后，立即召集马士英等大臣对他进行盘问。此人从容讲述故宫之事，并能叫出某些询问他的大臣的名字，从北京逃到江南的原宫中小内监也认为他是真太子。而左御史杨维垣认为他是驸马王昺的侄孙王之明所假冒，少年反问道："为何不叫我明之王？"诸大臣对他进行刑讯，少年坚不改口。南明在外地的一些将领得知此事，纷纷上疏要求保全"太子"，左良玉发起兵变欲攻打南京，据说也是为了拥立此太子。福王为了自己已得的帝位，坚决否认太子是真的，有言太子为真者皆处死。数月后，清兵攻下南京，豫王多铎把这个太子、弘光及潞王都押送北上，三人都被清廷处死。"南太子案"于此了断。

以上就是明史上有名的"南北太子"案，今人以土默热为代表的许多人甚至认为《红楼梦》中的真假宝玉即是影射真假太子案。理由是，宝玉当指玉玺，红楼即为朱楼。

对于南北真伪太子案，历来说法不一，但是无论如何，南北同时出现两个太子，至少有一个是假的。不少史学家认为北都被杀的太子是真的，南来的太子为假：北边是长平公主亲口承认的，甲申年她已经十五岁，崇祯子女不多，她怎么会把自己的弟弟认错？这话很有生活的道理。

美国人魏斐德有一本书叫《洪业——清朝开国史》，他在正文中主要引用《明季南略》的观点(支持"北太子是真"说)作为叙述主线，又在注中明确表明自己信服孟森考证的北太子为真的结论，这就意味着，他相信南太子是假的。同样的，顾诚的《南明史》也力言南太子为假，并结合童妃案，认为这是东林复社党人造谣生事，以动摇弘光朝廷的合法性。他认为，因福王与马士英的历史背景，受原有党争影响，再次翻出万历朝郑贵妃的老账，大肆排挤东林和复社人士，因而东林复社党人也还其颜色，故意借题大做文章，硬是强调南来太子是真的，与福王及马士英作对。以至于有人甚至针对太子及童妃两案弘光的态度，怀疑太子和童妃是真，福王是假。

另一种观点则认为，以上的看法可能出于自己明显的主观倾向，都有偏颇之处。他们认为，"北太子"未必就是真的，而"南太子"也未必就是假的。

他们的意见大体如下：南太子案中，王铎力斥太子为伪，然而王铎这人侍奉幼太子时间太短，又离朝多年，已经分辨不出成年太子的模样，且人品公认的不端，所以，他的话很难让人相信；庭审太子时，所用之人都是马、阮党人与诸内侍，这些人无论从其人品的角度，还是从其与太子的关系来看，都让人对他们的证言打上一个大问号。

还有就是，杨维垣挖苦说王昺的侄孙王之明貌似太子，后竟称此人就是王之明，杨维垣由于附逆案被赶出权力圈子十七八年，国家大事几乎没有沾过边，又能知道什么呢？至于方拱乾，情形也跟他差不多，由于方拱乾当时是戴罪之身，不免有以此求荣的嫌疑。

其实，能断定太子真伪的，主要是人证，既然当时的人证没法让我们信服，看来，只能采信体貌了。在诸家对明太子的记载中，他的体貌特征主要有"眉长于目"，或有内侍说他"腿骨双生"，异于常人，但王铎、方拱乾、袁妃这三个认识真太子的重要人物从来都没有提到这些明显的特征，弘光朝参与审核太子真伪的人，也根本不相信这些特征，所以，这种忽视，让人感觉有"故意"屏蔽事实真相之嫌。

至于"有虎牙，足下有黑痣"之说，则是出自陷于清廷的袁妃之口，而袁妃所述，实与同时发生的北京伪太子案有关，她所提供的这个特征，是向清政府报告验证北京伪太子的。当然，这并不能排除她是故意误导清朝以维护真太子的可能性。但是，也有人认为，这袁妃也是假的，她是清政府用来设伏陷害明太子的。

人们至今还对南北两位太子的真伪持有不同态度，那么，明末这位皇太子到底走失何方？当我们打开有关史籍，就会发现关于太子慈烺的去向有这样几种记载，一说他在永平被李自成杀害；二说他被李自成挟出北京带回陕西；三说他被明太监高起潜收留；四说他被舅父周奎交清廷处死；五说在广东灵光寺为僧；六说"不知所终"。而正史则是这样记载的："今伪太子不一，史臣执笔，其何所适从哉？"这话直译过来即是："明太子案至今没有最后定夺，我们做史官的实在不知道如何下笔写这段历史才好！"

根据明末清初有关著录的综合分析，清兵入关，李自成败退南阳地区淅川荆紫关时，太子走失，不知所终。接着出现上面所述的北京和南京的真假太子案，三百多年来，始终没能解决这一历史悬案。

董鄂妃是不是董小宛

明末清初的历史大片谲波云诡，其中就有由后世名头很大的一代美女董鄂妃担纲的"身份证谜案"。公允地说，这件事本来也不至于成为一个不解之谜，但由于正史需要给自己某些不便为外人知晓的家事捂一个盖子，既然正道的路径有些不明不白，小道的八卦自然就蜂拥而出，再加上数百年来许多文人墨客要把这事与另一个名女人董小宛挂上钩，于是，此事的结局不免会显得云山雾罩，至今看不清它的庐山真面目。

关于董鄂妃的身世，流传最广的说法是，她原是襄亲王的福晋，后被顺治帝纳入宫中成为宠妃。但钦天监监正汤若望却讲了这样一个段子，说"顺治皇帝对于一位满籍军人之夫人，产生了倾慕之情。当这位军人因此申斥他的夫人时，他竟被对于他这申斥有所闻知的天子亲手打了一记耳光。这位军人因此怨愤致死，或自杀而死。皇帝紧接着就把这位军人的未亡人收入宫中，封为贵妃。这位贵妃后来生了一个男孩，皇帝打算立他为将来的皇太子。可就在几个星期后，这位皇子不幸夭折了，他的母亲可能因悲伤过度不久也去世了"。但《爱新觉罗宗谱》载，襄亲王嫡福晋为孝庄皇太后的弟弟满朱锡礼之女博尔济吉特氏，并无侧福晋，这在一定程度上排除了"襄亲王福晋"说。另外《清世祖实录》及其他清代史料均无襄亲王率军出征的记载，他既然未曾经历战阵，也就够不上是"一位满籍军人"。可见汤若望所说的"一位满籍军人"应是另指他人。但正如上面所述，正史不一定就那么可信，它为了掩饰某些不好说出口的事实真相，有时也是要弄虚作假的——也正是因为这个，英国卡莱尔的那句"历史都是假的，除了名字"，才会引起许多人再三的点头认可。

关于顺治孝献皇后董鄂妃的前身是何人，社会上有各种传说，最普遍的一种说法是，她是明末清初的秦淮名妓董小宛。对此，自然是有人反对有人认可。反对的人认为，这种说法很不靠谱。赞同的人则说，《清宫演义》、《清宫十三朝》等小说，都将董鄂妃说成是秦淮名妓董小宛。明降将洪承畴攻占江南时，生擒秦淮八艳之一的董小宛，为邀宠将董小宛献入皇宫，成为了顺治帝的宠妃。

有人说这一说法属于误解。那为什么要将董鄂妃与董小宛扯在一起呢？是因为她们俩的姓中都有一个"董"字，加之二人又都是倾国倾城的绝代佳人，野史文人为了情节离奇需要或出于对满清皇帝的故意中伤，于是便移花接木，将董小宛说成是董鄂妃。他们说，其实这董鄂妃的"董"是满语译音非汉姓董，"董鄂"也有译为"栋鄂"、"东古"、"冬古"、"东果"的。

但笔者对此说不以为然，这主要是从冒辟疆的《影梅庵忆语》里寻查线索的。有人说，"董小宛生于明天启四年甲子，故顺治出生时，董小宛已十五岁了；顺治七岁即位。董小宛已二十一岁了；顺治八年正月二日董小宛死，年仅二十八岁，而清世祖那时还是一个十四岁的小孩子。小宛比清世祖年长一倍，断无入宫邀宠之理。董鄂妃却是在董小宛逝世五年之后的1656年才入宫的。由此可见，董小宛并非董鄂妃。董小宛根本没有进过清宫"。这话看起来似乎很有道理。但是要知道，上述的董小宛的出生时间是冒辟疆在《影梅庵忆语》中提供的。而冒辟疆的话不一定就那么值得采信，因为冒辟疆在记述董小宛时有其自身的牵强，比如：他这边说，董小宛"与余形影交俪者九年"，另一边又说"数人强之去"。当然，他这么写是有苦衷的：签语是"数人强之去"那年写的，所以才有"到底谁知事不偕"之句。亦即在顺治八年，冒辟疆为了要说董小宛与他"形影交俪九年"，才将董小宛的诗说成是"签语"，并移到崇祯十五年，此间恰好是九年。

《清史稿·后妃传》记载："董鄂妃年十八入侍。"若将她在顺治八年被掠入侍的真实年龄加上冒氏所说结成连理已九年的虚数，恰是他为董小宛卒年安排的年纪，二十七岁。二十七再去九，所得也恰好是董小宛入侍宫中的年纪，十八岁。冒辟疆说与董小宛"结成连理"已有九年，董小宛卒年二十七岁，目的是避开顺治，让董小宛与董鄂妃无关。这么一上推九年，恰恰推到顺治即位前面一年。冒辟疆为什么要如此苦心安排呢，顺治为了董小宛，连同父异母的十一弟襄亲王都下得了手，若知道董小宛曾是冒辟疆刚娶的侧室，能放过他吗？

同时代人对此事的隐说也是有的，吴梅村《古意六首》其六："珍珠十斛买琵琶，金谷堂深护绛纱。掌上珊瑚怜不得，却教移作上阳花。""上阳"是指什么地方呢，大内皇宫。吴梅村虽然连续用以石崇之金谷园藏绿珠，晋武帝以绛纱系女臂等典故，来暗喻冒辟疆罩不住董小宛，终被顺治纳入宫中。这样做，一是写诗贵在含蓄；二是，躲在典故的大使馆内向外面扔爆料的炸弹，要安全得多。

吴梅村在《题冒辟疆名姬董白小像八绝》诗的后面有这样的四句："江城细寸碧桃春，寒食东风杜宇魂。欲吊薛涛怜梦断，墓门深更阻侯门。"后人公认这就是歌咏董小宛的事。他又写道"乱梳云髻下妆楼，尽室仓黄过渡头，钿合金钗浑弃却，高家兵马在扬州"，这诗一出，有许多人都认为这就是记述董小宛被掳走一事。"欲吊薛涛怜梦断，墓门深更阻侯门"，这话已说得再明白不过了，几乎就明说出董小宛是被掳走并卖给豪门世家的事。他有四首《清凉山赞佛诗》，诗中有"可怜千里草，萎落无颜色"的句子。草头下面一个"千"字，"千"字下面一个"里"字，合起来，便是董小宛的"董"字。若嫌这个曲隐，还有更明了的呢：龚鼎孳的《题影梅庵忆语贺新郎》下阕："碧海青天何限事，难倩附书黄犬，籍棋日酒年宽免。搔首凉宵风露下，羡烟霄破镜犹堪展，双凤带，再生茧。""碧海青天"、"附书黄犬"、"破镜堪展"，三典皆生别语，非悼亡句。可见，所谓的小宛死，只是冒辟疆的"讳饰之辞"，入宫才是真相。

别人都如此大张旗鼓地说这事，失去心爱之人的冒辟疆会选择永远沉默吗？不，他也曾借《金人捧露盘词》寄托自己的哀思："……莺莺远去，盼盼楼空。倩女离魂，萍踪莫问。……能所双忘，色空并遣；长歌寄意，缺月难圆。"这个用典，明见就是生离，而不是死别。由此可知，董小宛不是死了，而是被掳了。

有意思的是，《红楼梦》也没放过这事。第十五回中，智能儿走去倒了茶来。秦钟笑说："给我。"宝玉叫："给我！"智能儿抿着嘴笑道："一碗茶也争，我难道手里有蜜！"宝玉先抢得了……这或是暗指顺治与冒辟疆争一小宛（碗）吧。

后来还有人考证《红楼梦》中有影射顺治与董小宛故事之嫌：贾宝玉即是清世祖，林黛玉即是董小宛。"世祖临宇十八年，宝玉便十九岁出家；世祖自肇祖以来为第七代，宝玉便言：'一子成佛，七祖升天'，又恰中第七名举人；世祖谥'章'，宝玉便谥'文妙'，'文章'两字可暗射"，"小宛名白，故黛玉名黛，粉白黛绿之意也。小宛是苏州人，黛玉也是苏州人；小宛在如皋，黛玉亦在扬州。小宛来自盐官，黛玉来自巡盐御史之署。小宛入宫，年已二十有七；黛玉入京，年只十三余，恰得小宛之半，小宛游金山时，人们以为江妃踏波而上,故黛玉号'潇湘妃子',实从'江妃'二字得来"。

而对于董鄂妃,正史是这样记载的:"董鄂妃(1639～1660年)实为内大臣鄂硕女,也可谓出身满洲贵族。十八岁入宫,因其美貌和贤良,颇受宠爱,刚入宫一个月就晋封为皇贵妃。顺治十五年(1658年)生皇四子荣亲王,不久爱子逝,董鄂妃体弱多病,加之丧子之苦,于顺治十七年(1660年)逝于承乾宫,年仅22岁,追谥孝献皇后,为鄂妃之丧,福临用蓝笔批奏章长达4个月之久。康熙二年(1663年),董鄂妃与福临合葬孝陵。"

对于两种截然不同的说法,我们到底该信谁的呢?董鄂妃与董小宛,是同一个人,还是两不相干呢?在真相的底牌没亮出来之前,一时还真说不清道不明。

浩浩愁,茫茫劫,一缕香魂无断绝,扑朔迷离谁说得?是耶非耶,仍无定论。

"传国玉玺"的传世之谜

"传国玉玺"本是秦统一中国后,始皇命丞相李斯以"和氏璧"磨刻成的一方玉玺。一般来说,历史上的玉玺,就是秦朝以后历代帝王相传的这个印玺。中国历史上的第一个皇帝秦始皇在统一中国后下令镌造一枚皇帝玉玺。称之为"天子玺"。据史书记载,此玺用陕西蓝田白玉雕琢而成,方圆四寸,螭虎纽,一说龙鱼凤鸟纽。玉玺正面刻有丞相李斯以大篆书写的"受命于天,既寿永昌"八个字,作为"皇权神授、正统合法"的信物。从此,历代帝王无不把传国玉玺当做权力的重要象征,当做一统天下的象征。

传国玉玺不仅成为了很多权谋家觊觎和割据君王争夺的目标,也是中央王朝后宫的珍宝,国之重器。一旦得到玉玺就被视做此人"受命于天";而一旦失去玉玺则被视做王朝"气数已尽"。如果哪个皇帝登基的时候没有把传国玉玺捧在手里,就会被讥笑为"白版皇帝"。打个比方说,如果皇帝的龙椅是私家车的座椅,那么,"玉玺"就好比是一个人开车的驾照。没有驾照就开车的驾驶员,是得不到法律与公众的认可的,因此,没有驾照便开车的驾驶员,内心是很虚的,所以,他们想尽一切办法搞那张驾照,来赢得大众的认可。

当秦始皇用命途多舛的和氏璧来打造至高无上的玉玺时,他本来希望这个皇权的象征能够世世代代在嬴姓子孙手中传下去,从此万代不易。但他却没想到,这个传国玉玺与和氏璧的命运一样,离不了一个颠沛流离。其实,这也不能怪它是用不祥之物——和氏璧制造的,任何物事与最高权力沾上边,都不免会有这样的结局。

公元前206年的10月,刘邦的人马打到了咸阳霸上,秦王子婴心不甘情不愿地将传国玉玺献给了刘邦。刘邦在西汉王朝建立后将它作为了新王朝的传国玉玺。刘邦也希望玉玺能够在刘家世世传授,将它称做"汉传国玺"或"汉传国宝"。传国玉玺珍藏在长乐宫。

西汉末年,一直潜伏在西汉王权龙椅边的王莽终于要改朝登基了,因为抢了姓刘的权力之车,他更需要一张叫玉玺的驾照来证明自己是一个有行车证的驾驶员。他派人强迫自己的亲姑妈——当时掌管传国玉玺的汉孝元太后王政君交出玉玺。王政君哭骂着将玉玺掷到地上,玉玺被摔掉了一角,不完整了。王莽等人用黄金将缺角给补上,但玉玺还是留下了瑕痕。

王莽的新朝政权垮台时,传国玉玺开始一路颠沛流离,从更始帝刘玄到小皇帝刘盆子到东汉的刘秀、孙坚再到袁绍、汉献帝。从玉玺流浪轨迹来看,它最终又回到了刘家人的手中。

公元220年,曹丕逼汉献帝禅位给自己,建立了曹魏。传国玉玺自然顺延成为了曹魏的皇权象征。曹丕夺人家的财产,到底心虚,最后玩了这样一招,在传国玉玺的肩部刻下隶字"大魏受汉传国玺"。三国一统于西晋,玉玺归晋。西晋末年,中国北方陷入了所谓的"五胡乱华"时代,朝代更迭频繁,动荡不安。传国玉玺开始了最为剧烈的颠沛流离。公元936年冬,后唐末帝李从珂被后晋大兵围困,李从珂遂与后妃于天星楼自焚而死。据说,李从珂当时便随身携带着"传国玉玺"。可是大火过后,人们从灰烬中却不见此玺的踪影,甚至连一块外形稍像此玺的石头也没找到一块。

后周太祖郭威登基时,几乎翻遍所有地方也没有寻到传国玉玺,最后只好刻了"皇帝神宝"等两方印玺,来个冒充了事。这两方印玺一直到北宋都是皇权的象征。而宋朝一直没有放弃重新发现传国玉玺的希望。宋哲宗绍圣三年,咸阳有个人叫段义。他声称自己在修房舍时从地下掘得"色绿如蓝,温润而泽"的玉印就是失踪多时的传国玉玺,献给朝廷。朝廷很重视,翰林学士蔡京等十三名官员认真考证,认定这是"真秦制传国玺"。

可惜的是,《宋史》的几处记载都令人生疑。《宋史》虽然一一列举了"玉玺"身上的刻字,但没有提及"大魏受汉传国玺"等刻字。而李公麟与蔡京等人的考证方法臆想成分大于于严肃的考证。后人更愿意将这个"重见天日"的玉玺看做是想当然的玉玺,认为是蔡京等人为期骗皇帝而玩的把戏。

元成宗铁穆耳时,又发生了一次"发现玉玺"的闹剧。1294年,元世祖忽必烈病死,由皇太孙铁穆耳遵遗嘱回朝即位。当时,铁穆耳以皇太孙的身份和丞相伯颜镇守上都。回大都的路上。右丞相张九思献上"传国玉玺"一枚,说是秦朝相传的国玺,在宋元交界的乱世为元朝大将军木华黎所得。现在木华黎的后裔因家境衰落而卖出。铁穆耳郑重地将玉玺收下后即位。但这个玉玺没有被其他人看到过,更没有经过任何考证,可信性可想而知。

到了明朝,明太祖朱元璋也打过玉玺的主意。他派遣徐达深入漠北,穷追猛打远遁蒙古的元朝残余力量,主要目的就是寻找传国玉玺,最终还是无功而返。明孝宗时,又有人进献"传国玉玺"。但明孝宗很肯定地宣布自己看到的"玉玺"是赝品而未采用。在明末改朝换代的时候,多尔衮率八旗部队出征蒙古察哈尔部,据说意外地从察哈尔部林丹汗的遗孀苏泰太后那里得到传国玉玺。多尔衮凯旋回师将玉玺交给皇太极。皇太极于得到玉玺的第二年改国号金为大清,建立清王朝。当然这个玉玺的出现可能也是出于政治需要而炮制的。乾隆皇帝好考据。曾对大臣高斌献上来的玉玺进行仔细考证后,钦定其为赝品。他说:"朕谓此好事者仿刻所为,贮之别殿,视为玩好旧器而已。"乾隆将这个假货当做工艺品放在宫殿中储存起来,视做玩物。

明清两代,不时会出现"发现传国玉玺"的传闻。但经专家过眼之后,认为这些所谓玉玺无一例外都是仿造的赝品。1924年11月,冯玉祥等人驱逐末代皇帝溥仪出紫禁城时,警察总监张壁和鹿钟麟等人曾在宫中追索镶金的传国玉玺,终究没有找到。至此,人们才相信,真正的传国玉玺早已经被漫漫的历史黄沙所湮没了。

它究竟还在不在这个世上呢?这传国玉玺是材质奇特的和氏璧所制,应该万年不坏。说不定它正静静埋藏在某个不为人知的地方,等待有心人去考证发现。可是目前,它的最终下落却仍是一个难解的千古之谜。

秦朝十二铜人的秘密

凡是游览过阿房宫的人,对宫前两侧12个笔直挺立的巨大的铜人塑像,一定印象深刻。只是,这些足有4人高的铜人,并不是2 000多年前秦始皇铸造的十二铜人的真件,而是仿品。真的十二铜人,至今下落不明。

史料记载,秦始皇扫六合、兼天下、筑长城、通直道、书同文、车同轨、统度量,完成了他的统一中国大业后,于秦始皇二十六年(公元前221年)收缴天下兵器,冶铸了十二个重各千石的大铜人,立在阿房宫的前殿。

秦朝十二铜人

这十二铜人到底是怎么回事呢?《三辅黄图》记述过这件事,"可车行酒,骑行炙,千人唱,万人和,销锋镝以为金人十二,立于宫门"。又据史书记载,铜人背后铭刻着李斯篆、蒙恬书"皇帝二十六年初兼天下,改诸侯为郡县,一法律,同度量"等字样。

相传,这铜人造型很别致,制作非常精巧,有人研究后认为:现在摆在阿房宫的道具铜人与秦铜人其实有着不少差别:第一,秦铜人比道具铜人高;第二,秦铜人的服饰应是狄族等少数民族的服装,而道具铜人却是汉服;第三,秦铜人全部是男性,而道具铜人中有两名女性;第四,秦铜人没有手持乐器的艺人乐工,道具铜人中却有。关于秦铜人的重量,史料中有"重各千石"、"钟小者皆千石也"、"各重三十四万斤"、"各重二十四万斤"等记载。秦时的一斤等于现在的256.26克,如此计算下来,最小的一尊铜人重量也在30吨以上,大的则在87吨以上。

王根权认为,史料记载有三说,"高三丈"、"坐高三丈"、"有大人长五丈,足履六尺,皆夷狄服……"这就是说秦铜人的高度有三种可能,一种是三丈合今8.12米;另一种是五丈合今13.7米;第三种是合今16.24米。根据相关资料考证,秦铜人应为16.24米高。

至于中国第一位封建皇帝秦始皇为什么要铸造这12个铜人,有一种说法是:秦始皇为了巩固第一个封建王朝的政权,在平定天下不久,除了在原来政权机构的基础上调整和完善统一的、中央集权的封建国家机制外,还采取了一系列其他措施,其中有一条就是下令收缴天下兵器,铸成十二铜人,立于咸阳。这样做的原因是,他想要江山永固首先要解决的一个问题就是,应该收缴和销毁流散在民间的各种兵器。于是,就想到这个办法。

十二铜人的"十二"这个数字蕴涵着什么呢?有人研究后认为,古时把大地分成十二地支。十二地支统合起来就是大地。大地还有一种分法,先分成东南西北四个方向,每个方向再分出两个方向,这就是四面八方。四面八方也是十二。可见"十二"这个数字是能够代表大地的,而且是一个统一的大地。大地不就是天下吗?秦始皇所建立的不就是一个天下统一的封建王朝吗?因此,秦始皇铸造十二铜人的"十二"第一层意思就是"天下统一"。还有,一年四季,一季三月,一年十二个月,如此往复便是千秋万代。二者合一,"十二"这个数字解密后就是:天下统一,千秋万代。而秦铜人应该是中国历史上中华民族第一座和平统一纪念碑。

可惜的是,今人已见不到这十二铜人的踪影了。它们究竟到哪里去了呢?目前,主要有以下几种不同的说法:

一、有人认为,楚霸王项羽在攻克秦都咸阳、火烧阿房宫时,连同这十二个铜人也一起烧毁了。由于此说史无明载,故赞同者甚少。

二、有的学者指出,这十二个铜人毁于董卓、苻坚之手。东汉末年,董卓率兵攻入长安,便将其中的十个铜人销毁、铸成铜钱。剩下的两个被他迁到长安城清门里。至三国时,魏明帝曹叡下令把这两个铜人运往洛阳。当工匠运到灞城时,由于铜人太重难以搬动而终止了运行。到了东晋十六国时,后赵的石季龙又把这两个铜人运到邺城。到了前秦的秦王苻坚统一北方后,又从邺城将这两个铜人运回长安销毁。至此,前后经历了约600年的铜人全部都销毁了。

三、另有一种说法是,这十二个铜人并未被毁掉。由于这十二个铜人是秦始皇生前喜爱之物,所以在秦始皇陵墓营造好后,这十二个铜人和其他精美的物品一起被当做随葬品而葬于陵墓之中。由于秦始皇陵墓的发掘工作还不能展开,因而十二铜人的下落问题没办法两面对案。姑且备此一说罢了。

秦朝建国时间很短,留存下来的史料也很有限。那么十二铜人在当时的技术条件下是怎样铸造的?在什么地方铸造的?是谁铸造的?又是怎样消失的?有没有重新发现的可能性?这些问题均成为了千古之谜。

秦人的发源地的"东西"说

"六王毕,四海一"。公元前221年,秦始皇拿下了其他对手,一统中国。从此,千年的统一梦想毕功于一朝,我国历史上第一个统一的、中央集权制的封建国家是由嬴姓的秦国人建立起来的。但与此同时,人们不禁会有一个疑问,这些对祖国历史作出重大贡献的秦人到底是什么来头呢,他们的祖先是什么人,他们的起源在何处?

司马迁给我们提供了一个答案,《史记·秦本纪》说:"秦之先,帝颛顼之苗裔,孙曰女修。女修织,玄鸟陨卵,女修吞之,生子大业……"这种记载,显然有太多的神话色彩,没能给我们一个"秦人到底出自何方,祖上何人"的准确说法。那么,秦人祖先究竟是谁呢?自古以来,史学家都在为这事大费周折,至今也没能得出一个令人信服的说法。

对于秦人的祖先源自何方,历来说法有异,有人认为是起源于我国西北地区的土著戎族,有人则认为是来自东部齐鲁地区与殷人密切相关的东夷部族。

这事看起来似乎让人觉得很费解,按理说,想知道一个国家的种族起源并不难,只要翻开这个国家的历史记载,上面肯定会有许多关于先人的故事,那么,为什么秦人的发源地竟成了一个不明不白的"葫芦案"呢?

对于这个问题,司马迁给出的回答是,由于当时的秦是一个经济文化十分落后的后起之国,他们对于自己祖先的历史并没有系统地记载下来,直到秦文公十三年(公元前753年)才"初有史纪事",这样,就造成了某种历史的断代。由于没有一个确切的记载,人们只好依靠《史记》中的相关内容来推测秦人的祖先何人、祖居何地。

国学大师王国维对这个问题的看法是,"秦人是西北地区的古代部族成员"。王国维在《秦都邑考》中指出:"秦之祖先,起于戎狄。"也就是说,王国维认为秦人的祖先夹自西北地区。历史学家蒙文通也著有专文《秦为戎族考》与《周秦少数民族研究》,为王国维的"秦为西方戎族"的观点助拳,当然,蒙文通的学术态度是很严谨的,他支持王国维的上述看法是来自《史记·秦本纪》与《汉书·律历志》中一些关于"秦人先人源于戎狄"的记载。

能为两位大师的观点作旁证的是一些先秦古籍。这些古籍虽然没有明确指出秦人源于何方,但有些地方也提到了秦人为"狄"或"戎狄"。这些记载,与王、蒙两位大师的看法有互证作用。

历史学家吕振羽虽然也认为秦人源于西方,但不同的是,他主张秦与周同属一脉,是由夏族而不是戎狄发展起来的,双方所述的地点虽然同属西方,但所主张的种族则不相同,这两种学术观点,在某段时间内,一直占据着秦人起源说的主流。

一波未平,一波又起。关于秦人的起源,又有人提出秦人并不是来自西方,而是与殷人同来自东方。这样一来,秦人的起源整个掉了一个向度。

这种观点的依据是,在一时找不到地理方面证据的情况下,可以另辟蹊径,从文化传承上做文章,他们认为,秦人与殷人在观念信仰上有着很大的相似度:一、他们都供奉"玄鸟"为祖先,即都是以"燕"为图腾的氏族;二、在经济生活上,他们有着游牧的共性;三、在墓葬形式上,秦人继承着殷制。所以,在殷商时期,秦人应该是从属于殷人的一个氏族部落,秦人的祖先早年应该是生活在山东半岛的齐鲁一带,殷亡后,他们集体沦为周人的奴隶。周成王时,秦人参加了反周的大叛乱,被周人镇压后,秦人被迫西迁,成为后来秦国人的直接祖先。

而另有一些学者则不同意这种说法,他们虽然也承认关于秦人祖先的"东方"说,但认为,秦人祖先原是上古时代住在齐鲁淮海一带的氏族部落,发祥地在今山东境内的莱芜泰山。这个嬴姓部落以女性为中心,是一个善于牧马、用马的游牧部落氏族。在夏商时期,嬴姓的氏族部落发展规模很是了得,地域跨越今天的山东、苏北、皖北、豫东乃至鄂东、河北、山西、陕西的广大地区,并建立了不少部落国家。后来,因为不敌周的强势入侵,最后只得放弃自己经营多年的地盘,被迫迁徙西方图求发展,由于与当地人长期杂处,最后,不知不觉变成了一种和西戎人没有区别的部族。

虽然近年来的秦人"东方"说占据了主流,但同样有人仍坚持秦人"西戎"说。这种观点否定了秦人源于东方而西迁于陕甘的看法,最给力的证据是逻辑与史实,因为从史书记载中,还真找不出什么证据来说明有一次由东向西的部族大迁徙。既然,所有关于秦人历史的记载都没有明确提到经历过由东向西的部落大转移,而秦人所述自己祖先的活动基本都是讲其西方的一些活动,那么,只能依据史实谈历史而不能胡乱推理;何况,从春秋到战国,华夏族的诸侯国也是一直把秦国当戎狄看待的。因此,这种观点认为,秦国不是外来文明而是土著文明。

虽然数说并存,不过,正确的观点只能有一个,相信随着时间的推移,我们不但能弄清秦人祖先的起源问题,同时也能弄清我们的文明究竟是由东向西、还是由西向东发展的问题。对此,我们拭目以待。

秦俑主人是何人

1974 年 2 月,一群农民在秦始皇陵东侧 1.5 公里处打井时,偶然发现了与真人真马一样大小的兵马俑。从此,一个埋藏了两千多年的"地下博物馆"被挖掘出来。

据考证,这兵马俑是在公元前 221～公元前 210 年修建的。至今,兵马俑已出土陶俑8 000 件、战车百乘,以及数万件实物兵器。其中一号坑为"右军",埋葬着和真人真马同样大小的陶俑、陶马约 6 000 件;二号坑为"左军",有陶俑、陶马 1 000 余件,战车 89 辆,是一个由步兵、骑兵、战车兵等三个兵种混合编组的军阵;三号坑有武士俑 68 个、战车 1辆、陶马 4 匹,是统率地下大军的指挥部。这个"地下博物馆被"誉为"世界第八大奇迹"。

铜车马所有的零部件全部是一次铸造成型。而铜车马的篷盖与伞盖都有一定的弧度,这样难度大的篷盖、伞盖能一次性浇铸成功,不要说在两千多年前的秦代,就是在科技发达、设备齐全的今天也并非易事。铜马的笼头是由 82 节小金管和 78 节小银管连接起来的,每节扁状金银管长度仅 0.8 厘米,一节金管与一节银管以子母卯形式相连接,其精细和灵活程度较之现代的表链毫不逊色。令人感到惊奇的是那马脖子下悬挂的缨络,这些缨络全是采用一根根细如发丝的铜丝制作的,铜丝表面无锻打痕迹,粗细均匀,很可能是用拔丝法制成的。尤其是以铜丝组成的链,是由铜丝两端对接焊成,对接面合缝非常严密。如此纤细的铜丝(0.5 毫米)到底是用什么方法制作的?采取什么样的工艺焊接?目前还是一个谜。

8 000 件兵马俑一列列、一行行地有序排列,千人千面,中国人所有的面型在秦俑中都有反映。这精美绝伦的秦俑群雕的设计者是谁呢？文献没有记载。但依常规而论,古代帝王陵园的规划蓝图是由相邦受王命主持设计的。那么,在此期间的丞相王绾、冯去疾、李斯等人之中,到底是谁主持设计了兵马俑,至今仍无法断定。

这一奇迹被认定是秦始皇陵的陪葬,几乎成为一种"公论",甚至美国《焦点》杂志在介绍兵马俑时也称:"中国第一个皇帝秦始皇在 2 200 年前统一了中国。下令修建长城,对中国实行残酷统治。他当时唯一惧怕的是天帝的震怒。他为此下令修建一座庞大的陵墓,让 8 000 名真人大小的彩绘武士守卫。"但近些年来,有学者却对这一"公论"提出了质疑,认为兵马俑的主人根本不是秦始皇,而是秦宣太后芈氏。

理由大致有这么几个:一、很多研究材料说,兵马俑到秦始皇陵的直线距离是 1.5 公里。而这 1.5 公里还不是两地的中心距离,他们的估算是按照两地的边缘距离,中心区域相距还要超过这个数字。兵马俑的发现地点和秦始皇陵的距离太远,而陪葬品放置那么远是不符合常规的。

二、古代帝王的陵墓多是南北走向,兵马俑的方位却在秦始皇陵的东面。作为陪葬品,却没有坐落在陵墓的中轴线上,这非常不符合文化和建筑习惯。

三、按照现有说法,该俑坑建于秦统一全国的十几年后。但奇怪的是,坑里有很多不同轮距的车,这在当时是违法的行为。因为统一之前,秦国境内必须"车同轨",否则无法在境内自由通行,统一六国后"车同轨"又在全国推行。秦始皇又怎么会允许自己陪葬品的车轨有宽有窄呢？

四、秦始皇统一中国之后,在着装上也进行了统一,规定衣服、旄旌、节旗"皆尚黑"的制度。而俑坑里几乎所有的武士俑,从上到下都穿了大红、大绿的战袍,紫色、蓝色、白色的长裤,真是五颜六色、异常鲜艳,这显然与秦始皇统一的"尚黑"是相悖的。

五、在一号坑、二号坑里,大量的卒兵围绕战车排列成一个个整齐的大小方阵,战车兵又是这支部队的主力,而车战则是这支部队最基本的作战方式。但在古籍中,秦始皇时期只有大量使用步兵和骑兵的记载,几乎没有进行车战的痕迹。可见它与兵马俑这个军阵队伍似无共同之处。这说明它可能不是用来打仗而是作为仪仗的。

六、又如奇特的武士,有的精梳各种发髻,有的头戴一顶软帽,根本没有攻坚作战中自身防卫所必需的头盔与护身铠甲。这样的武士是没有战斗力的,将其说成是秦始皇横扫六国的精锐之师,难以服众。

七、秦军以精良的钢铁兵器更新了装备以后,秦始皇于公元前 221 年,下令收缴全国铜质兵器,运入咸阳,悉数销毁,铸成 12 个重各 24 万斤的大铜人。之后,任何人继续收藏铜戈、铜剑,就是一种死罪不赦的犯上行为。而二号坑内有铜剑剑头,谁敢用这种陈旧、劣等的兵器去给秦始皇做陪葬之物？

如果它们是秦宣太后陵的陪葬品就大体上符合条件了,据《史记·正义》及《陕西通志》、《临潼县志》等史料的记载,"骊山:在雍州新丰县南 16 里;秦始皇陵:在雍州新丰县西南 10 里;秦宣太后陵:在雍州新丰县南 14 里",这些可以推断出秦宣太后陵在秦始皇陵的东侧偏南、距骊山山脚约 2 里处的西杨村、下和村一带,即今天的秦俑坑附近。而《西安府志》中对此也有这样的记载:"秦宣太后,葬芷阳骊山,去新丰县十四里,则在临潼界。"几个史料叠加一处,可见,秦宣太后陵的地理位置和兵马俑出土地点很近。另外在一些陶俑身上还发现了"芈"字,这个也是疑为秦宣太后的姓的重要证据。

但绝大多数秦俑考古工作者仍然认为秦始皇是秦俑的主人,他们说,秦俑坑内为什么没有铁兵器,那是因为战国和秦王朝时虽然出现了铁兵器,但大量的考古资料证明秦王朝时军队装备的主要是青铜兵器,而不是铁兵器。

此外,在坑内第一次出土的几千件兵器中铁器极为罕见,这与当时已很发达的冶铁水平是不相称的。因此,秦俑坑并不是秦始皇陵园建筑中的一部分,而是属于具有纪念碑性质的建筑物,可能称之为"封"。

对于"秦俑中的武士俑不戴头盔则有可能不是战士而是秦宣太后的仪仗队"之疑他们是这样解释的:兵马俑坑出土的武士俑一律不戴头盔,虽然石铠甲坑出土了大批头盔说明秦军的装备是有头盔的,但是秦军作战时非常勇猛,常脱去头盔英勇杀敌。不戴头盔是英勇的表征;他们还认为从坑内文字资料、坑内遗物、遗迹、秦陵的整个布局,俑坑威武雄壮的军阵分析,俑坑西北角一座级别较低的墓葬至今尚难断定是男是女,与宣太后无关,但可以肯定俑坑的主人不是宣太后,而是统一六国的秦始皇。

在兵马俑坑中出土了属于秦始皇时代的三年、四年、五年、十七年的"相邦吕不韦戈",还有十四年、十五年、十六年、十九年的"寺工"长铍("寺工"为秦朝官署名,专铸陵园陪葬用的兵器)。许多带铭文的兵器不可能跑到宣太后的陪葬坑里来。秦代时仍有以活人殉葬的陋习,制造如此大型俑坑也似乎没有这个必要。

如果兵马俑真是秦宣太后的陪葬品,那么哪里是宣太后的陵墓呢?目前考古学者还没有发现足以与兵马俑匹配的宣太后墓。考据学上强调"孤证不立",就是单独的一个例子是不能证明一个事物的真实性的,至少凭借现有证据而断定"兵马俑的主人是宣太后而非秦始皇"为时尚早。

那么,秦始皇兵马俑的主人到底是谁呢?目前学术界仍有一些学者认为不能给予定论,属于有待考证之谜。

美女罗敷是怎样一个人

由于各种传布渠道的影响,人们一提到"罗敷"这两个字,可能都会不约而同地想起另外两个字:美女。而汉乐府民歌《陌上桑》中的女主角罗敷,已经成为我国古代文学作品中的美女形象。

对于这位名叫罗敷的美女,著名乐府叙事诗《陌上桑》是这样写的:"行者见罗敷,下担捋髭须。少年见罗敷,脱帽著帩头。耕者忘其犁,锄者忘其锄。来归相怨怒,但坐观罗敷。"能让那么多人神魂颠倒。罗敷的美丽多么是难以想象啊!

如此一个大美女难免会招来好色之徒的垂涎,那好色之徒可不是一般人,而是当地的最高领导——使君大人。人家有权有势,弄不好要来个霸王硬上弓。美女罗敷不仅容貌美丽而且聪明,令人佩服的是,罗敷还有滔滔不绝的好口才,她用排比带夸张的方式把自己的夫婿好一通夸耀,让自我感觉良好的使君大人黯然失色、相形见绌。文中第三段就是罗敷夸婿,从场面威仪到身家财富,从官职地位到容貌风度,哪一样都比你使君要高出一大截,我罗敷有这样优秀得无以复加的丈夫,你一个小小的使君,有什么资格在这里显摆呢?

但是,这么传神的描写,让后人不禁对这么一位美女有了种种猜测,她到底是谁呢?有人认为,《陌上桑》与《秋胡行》的故事很相似,《秋胡行》的故事是战国时传下来的,虽然它的古辞已经不可知,但《陌上桑》很可能就是《秋胡行》的翻版。这也不能说明《秋胡行》里的美妇就是美女罗敷,因为这一类的传说故事,当时可能不止一个,而且口头流传时损益变化也很大,不能确切说秋胡妻就是罗敷。

第二种说法是从东汉社会生活的实际情况加以推断而提出的。在封建社会时,妇女是没有社会地位的,在东汉的时候,权豪、贵族甚至宦官都是肆意掠夺霸占妇女的。《陌上桑》在民间产生、流传的时候,正是这个时代,所以,《陌上桑》就借歌颂罗敷刚毅不屈的高贵品质,来表达大家对权豪势要侮辱妇女、掠夺妇女的不合理现象的反抗。

第三种说法是,罗敷本是汉代妇女惯用的名字,是东汉后期有些故事传说中的好女子的统称。根据诗歌里对夫婿一段的描述,我们推断秦罗敷可能是大家贵族的妇女——一个没文化没见识的女人是断断说不出以上那些话的,所以她身上的所谓的平民性,莫如说是自尊性,不能作为她出身何种阶级的凭据,而要看她跟故事里其他人物的关系,看她在故事里起什么作用,罗敷的丈夫统率着"东方千余骑",显然是镇守辽东一带的郡守或边将,是个英雄人物,而《陌上桑》里的使君,自己已经有了妻子,还要和罗敷调笑,这是作为罗敷的夫婿的对立面出现的可鄙人物。诗里的罗敷在这方面的爱憎和广大人民的爱憎是一致的,所以具有一定的平民性。

那么,这位大名鼎鼎的罗敷到底是秋胡妻,还是民间塑造出来的美女呢?由于几种说法都存在着一定的合理性,所以,罗敷到底是贵族家还是平民家出身的美女,看来,还有待进一步进行探讨。

分分合合的小雁塔

《三国演义》开篇有语:话说天下之势,分久必合;合久必分。这话听起来很有哲理,小雁塔就应验了"分久必合"这句话。

小雁塔是西安著名的旅游胜地,虽不及大雁塔规模宏大,但这里环境清幽,风景优美,在古城中别有一番韵味。小雁塔坐落在陕西省西安市荐福寺内,与大雁塔东西相向,是唐代古都长安保留至今的重要的标志,因规模小于大雁塔,且修建时间偏晚一些。故而称做小雁塔。至今已经历经1 000多年的风雨沧桑。

小雁塔现存 13 层,高约 43 米,塔内设有木梯,登上塔顶,可饱览西安市内风光。寺内还保存一口重达一万多公斤的金代明昌三年铸的巨大铁钟,每天早晨寺内会定时敲钟,钟声清亮,数十里内都可听到。钟高 4.5 米,重 10 吨,上面刻有"皇帝万岁,臣佐千秋,国泰民安,法轮长转"16 字吉祥语。"雁塔晨钟"被誉为"关中八景"之一。

小雁塔始建于公元 707 年,1 000 多年以来,历经几十次地震不倒。这一奇特现象在民间历来有"神合"说、"不倒翁"说等说法。对于小雁塔为何历经几十次地震而不倒,有关专家推崇"不倒翁"说,他们在对其周边进行勘探后发现,小雁塔塔基四周直径 60 米左右的地下,由外至塔基中心处的夯土层逐渐加深,中心部位是数层青石,上面用砖砌出塔基,同时地面垒了三米高的台基,其正上方才是塔身。小雁塔虽有 40 多米高,但其塔基之下的夯土层,如同一个实心锅,使其整体上好似不倒翁一般,虽经千年而无大恙。专家认为,正是地下的庞大载体让它具有了不倒翁的原理与功能,减缓了各种外力,故虽经千年风雨而能保存至今。为揭示"小雁塔不倒"之谜,还有人在试验中做了一个单筒结构的小雁塔模型,这个模型在震动试验中表现出了良好的抗震能力。同时得出小雁塔之所以抗震能力强,主要原因是塔体比大雁塔细长,自震周期长,所以不容易与地震波形成共振;另外,小雁塔的选址和地基处理也是其抗震的主要原因。

但是,他们对于为什么小雁塔会"四离三合"并没有给出一个令人满意的回答。"四离三合"并不是今人的故弄玄虚,历史对此事是有过记载的。

小雁塔底层北门楣有明嘉靖三十年"王鹤刻石"的刻石题字,上面这样写道:"荐福寺塔肇自唐,历宋、元两代,明成化末长安地震,塔自顶至足,中裂尺许,明彻如窗户,行人往往见之。正德末地再震,塔一夕如故,若有神合比之者。……"这是明确记载小雁塔的第一次自裂自合。原来小雁塔是由于一次地震而裂开的,不过又在另一次地震中自己将裂缝合上了,真是奇怪之极:"荐福寺塔……十五组,嘉靖乙卯地震裂为二,癸亥地震复合无痕!亦一奇也。"这是第二次的裂开,距王鹤刻字所记不到五年,经过了八年又第二次自然复合起来了。清道光十八年,钱泳在其著作《履园丛话》中又有这样的记载:"西安府南十里有雁塔,嘉靖乙卯地震,塔裂为二,癸亥复震,塔台无痕。康熙辛未塔又裂,辛丑复合,不知其理。"后面记载的是前一次砖塔复合一百二十八年后小雁塔又一次裂开,再经三十年后自然复合的第三次裂合事实。一个砖塔经过六次地震不倒塌,反而自然复合起来,确是一件令人难解的奇事。

第四次裂开虽无具体时间记载,但它是许多人共睹的事实,自顶至足有 40 厘米左右的裂口,后经西安市政府进行加固和整修,才恢复了原来的面貌。

一些人认为,小雁塔之所以多次裂开,主要是其结构上存在着较大的缺点。塔上所开的小窗南北相对应,从上到下一长串,整体结构上的牢固性当然是大受影响。之所以裂开后没有倒塌,可能是在于它有一个十分坚固的半圆形的塔基的缘故。那么它又是怎么自动合拢的呢? 有人指出,小雁塔的离合与西安地面裂缝的出现和消亡是一致的,说穿了是地壳运动在不同物体上的不同表现。地裂塔也裂,地合塔也合。大部分的情况下,地壳裂开时比较突然,而合拢就显得十分缓慢,表现在小雁塔身上也是如此。可能在前面一次地震时,塔裂开后有些砖块虚撑在裂缝中未能掉下,当过了几十年又出现第二次地震时,砖块不再起支撑作用而纷纷坠落,塔也就自动复合了。

当然,这种以地壳运动引起小雁塔的离合之说,还不能完全令人信服。比如地壳运动的资料,其实和几个分合并不完全一致,而开合与地震也不是全部相符的,所以这些说法尽管很有道理,却还是难以让人彻底信服。

在小雁塔离合的三次地震中,西安地区并没有其他自动离合的例子出现,为什么只有小雁塔会四离三合呢?

没有人能解开小雁塔的离合之谜,这个谜底仍有待后人去揭开。

马和是不是发现氧气第一人

中国古代先哲不仅发明了指南针、罗盘,还最早发现了"磁偏角"现象,并且最先发现了氧气。氧气的这个发现者就是唐代堪舆家马和。

确认马和是氧气发现者的不是中国人,而是外国人。化学史上传统的观点认为:英国化学家普里斯特利于 1774 年,瑞典化学家舍勒于 1773 年,各自独立地发现了氧气。但是,早在两百多年以前,德国汉学家朱利斯·克拉普罗特就提出了与此不同的看法,他认为:氧气是中国唐代学者发现的。可见,中国古代发现氧气的问题,确实还是一个尚待解开的历史之谜。

1802 年,德国东方学者克拉普罗特偶然读到一本汉文手抄本,书名是《平龙认》,作者是马和,著作年代是唐代至德元年(756 年)。克拉普罗特读完此书以后,惊奇地发现,这本讲述如何在大地上寻找"龙脉"的堪舆家著作,竟揭示了深刻的科学道理:空气里以及水里都有氧气存在。

1807 年,克拉普罗特在俄国彼得堡科学院学术讨论会上宣读了一篇论文,题目是《第八世纪中国人的化学知识》,论文中提到:空气中存在"阴阳二气",用火硝、青石等物质加热后就能产生"阴气";水中也有"阴气",它和"阳气"紧密结合在一起,很难分解。克拉普罗特指出,马和所说的"阴气",就是氧气。证明中国早在唐朝就知道氧气的存在并且能够分解它,比欧洲人发现氧气足足早了 1 000 多年。克拉普罗特这篇论文使在场的科学家都感到惊奇不已。

克氏的文章发表以后,引起了国内外的各种反响,臧否之论纷起。1886 年英国化学家德克瓦茨在《化学新闻》杂志上发表了一封公开信,特别提到了克氏的这一论文,希望化学界能够予以足够的重视,并且进一步征求补充的证明材料。1904 年法国著名的无机化学家摩瓦桑在《无机化学大全》一书中。以肯定的语气述及中国学者最早知道氧气的存在。1919 年德国化学史研究专家李普曼在《炼丹术的起源与发展》一书中,参考了克氏的论文,并扼要摘录了原文。1926 年,在意大利出版的一种科学期刊里,刊登了意大利青年莫齐阿利撰写的文章。他认为:克氏论文中所根据的材料和得出的结论,都是不可靠的。莫齐阿利否定克氏的理由有四点：一、中国古代的"气"是指精神而言，不是后来西方所认识的气体，故不能把"阴气"当做"氧气"；二、"阴阳"两字还有雌雄的意思，用意很广泛；三、当时不可能有制备氧气所必需的玻璃器具和橡皮塞；四、水需要高温或通电才能分解，这在当时也是办不到的。由于莫齐阿利也没有看到过《平龙认》一书，因此他的意见也仅仅是一种推测而已。1953年，北京大学化学系翻译出版了由苏联学者涅克拉索夫编写的《普通化学教程》，书中认为，中国唐代制备氧气（"阴气"）的方法，"实质上和近代的非常相似"。1960年，前苏联学者第奥根诺夫在《化学元素发现史》中，也提出了相同的观点。1976年英国著名学者李约瑟在《中国科学技术史》第五卷第三分册中，以《一个中国人之谜：第八还是第十八》为题，详细引证和讨论了这一问题。他推测《平龙认》可能是18世纪的托名著作。

在国内，也有几种不同意见。袁翰青在《中国化学史论文集》中认为，《平龙认》是唐代人的著作。唐代某个炼丹术士通过观察发现，有些物质燃烧后能使空气发生变化，还可能观察到硝石加热后会放出气体，于是就用古代的阴阳学说作解释。因此，《平龙认》所用"阴阳"两字，是一般的哲学上的概念，还不能清楚地意识到空气的成分和氧气这一物质。总之，所有一切可以看做是在近代发现氧气之前所进行的"先驱工作"。要使唐代发现氧气之谜得以解决，关键是找到《平龙认》原书。孟乃昌在《太原工学院学报》1980年第1期上的《〈平龙认〉质疑》认为，《平龙认》一书，自克氏的论文发表以来，至今国内外尚无人见到。而且克氏在论文中把成书时间说成是"至德元年岁次丙申三月初九"，即公元756年，但是，中国历史上并没有这个日子，因为756年被分成两半，就是一至六月的天宝十五年和只有七至十二月的至德元年。另外，加上其他一系列疑点，孟乃昌认为《平龙认》一书是克氏为了达到某一目的而编造的伪书。1980年《科学画报》发表了叶永烈的文章《对一件化学史悬案的新见解》，认为明代三宝太监郑和本姓"马"，因此《平龙认》是郑和所著。之后，此刊物又发表了吴德铎的三点不同意见，他认为《平龙认》的年代、书名字体，以及作者都值得进一步深入探讨，至今尚不能作出最后定论。

大家对于谁是氧气的最早发现者这一问题众说纷纭之时，另一个大师级人物提出了自己的看法：他认为氧气的发现是团队作业的结果，不能把这功劳归于某个人身上。他——恩格斯在《资本论》第二卷序言中提到："普里斯特利和舍勒已经找出了氧气，但并不知道自己找到的是什么。他们不免为现有燃素范畴所束缚。这种本来可以推翻全部燃素观点并使化学发生革命的元素，没有在他们手中结下果实。不过普里斯特利不久就把他的发现告诉了巴黎的拉瓦锡；拉瓦锡依据这个新的事实研究了整个燃素化学，方才发现这种新的气体是一种新的化学元素。因此，在燃素形式上倒立着的整个化学才正立起来。拉瓦锡主张，他和其他两位学者是同时并且相互独立地发现了氧气。虽然事实不是如此，但同其他两位比较起来。拉瓦锡仍不失为氧气的真正发现者，因为其他两位不过是找出了氧气，但他们一点儿也不知道自己找出了什么。"

到底是谁第一个发现了氧气呢？还有待人们进一步研究。

18 世纪欧洲流行"中国热"

1700 年 1 月 7 日,为庆祝新世纪的到来,"太阳王"路易十四在法国凡尔赛宫金碧辉煌的大厅里举行了一场盛大的舞会。当巴黎上流社会的显贵命妇们到场后,随着一阵音乐响起,只见国王竟身着中国式服装,坐在一顶中国式八抬大轿里出场,全场顿时发出一片惊叹声。这场由奥尔良公爵策划的"中国式"舞会,其实只是当时整个欧洲一种特殊风尚的一个片段。这种特殊的风尚,就是 18 世纪流行欧洲 100 年的"中国热"。

(1)动荡欧洲出现"中国热"

很久以来,欧洲就一直渴望了解中国。早在罗马帝国时期,中国的丝绸作为一种奢侈品就曾在上流社会引起轰动。进入 16 世纪后,大批传教士纷纷前往中国,而他们带回的各种报告则直接引起了欧洲对中国的巨大兴趣。在众多传教士当中,利玛窦具有特殊的地位。他不但在中国获得了很大成就,也成为当时向欧洲知识界介绍中国文化的重要人物。16 世纪中叶,利玛窦最早把儒家经典《四书》、《五经》译为西文,他的《利玛窦日记》第一次向欧洲全面介绍了中国的道德和宗教思想。正是经过他的倡导和努力,来华传教士们把中国的哲学、宗教、科学、技术、艺术等介绍到欧洲,并在 18 世纪的欧洲产生巨大影响。

18 世纪时,中国正处于康乾盛世,而欧洲仍在经受着教派纷争和战乱之苦。当前往中国的传教士们将一幅美好的中国图景呈现在人们面前时,立即引来整个欧洲的无比惊羡。结果在 17 世纪末至 18 世纪末的 100 年间,在欧洲形成了前所未有的"中国热"。在长达 100 多年的"中国热"期间,无论是在物质、文化还是政治制度方面,欧洲都对中国极为追捧,以至于在 1769 年曾有欧洲人写道:"中国比欧洲本身的某些地区还要知名。"

(2)中国器物引领欧洲时尚

在"中国热"流行欧洲期间,人们普遍爱好来自中国的物品,热衷于模仿中国的艺术风格和生活习俗,以至形成一种被称为"汉风"(Chinoiserie)的时尚。这种时尚渗透到了欧洲人生活的各个层面,如日用物品、家居装饰、园林建筑等。

17 世纪以来,丝绸、瓷器、茶叶等中国特产开始大量进入欧洲,成为上流社会显示财富的奢侈品。据说茶叶最初传入欧洲时,曾被上流社会当成包治百病的良药,妇女们常用它来治偏头痛。在 1650 年时,英国一户普通人家一年的生活费用大约为 5 英镑,而 1 磅(0.45 千克)茶叶的价值就高达 10 英镑。中国瓷器一直受到欧洲众多王侯的珍爱,被视为"东方的魔玻璃",通常只有在王宫和贵族的客厅里才能看到。

中国的上等丝绸也受到欧洲消费者的极大欢迎。由于当时欧洲生产的丝绸质量还比不上中国,所以他们往往绘上中国式图案并注明"中国制造",冒充中国丝绸进行出售。此外,来自中国的漆器、墙纸、扇子乃至轿子等都一度进入欧洲上流社会的生活。这种需求的日益剧增,使当时从事中欧贸易的商人们大发横财。到 1692 年时,荷兰东印度公司的赢利总额已超过 1 亿法镑。

在追逐各种中国器物的过程中,欧洲社会迅速形成了一种时尚,包括举行中国式宴会、观看中国皮影戏、养中国金鱼等,都成为高雅品位的象征。这种时尚最典型地体现在中国式园林与建筑在欧洲的盛行。1670年一向以奢华著称的路易十四,下令在凡尔赛为自己的一位宠妃建造了一座"中国宫"。这座建筑一经落成,马上引来了欧洲各国的效仿。一时间,欧洲出现了许多中国风格的代表性建筑,其中最著名的要算普鲁士"无忧宫"中的中国茶亭。

中国丝绸

由于中国时尚的狂热流行,当时也出现了很多趣闻。1672年当传教士闵明我神父从中国回到欧洲时,马上就成为了明星式的人物。1698年巴黎曾出现了一位自称是中国公主的女人,受到上流社会高规格的接待。然而到后来,人们却发现她只是一位来自法国乡下的女骗子。

（3）中国文化滋润欧洲启蒙运动

在欧洲社会极力追求中国时尚的同时,知识界则将目光转向了中国的文化成果。到18世纪时,在启蒙思想家们的极力倡导下,欧洲掀起了长达半个世纪的中国文化热。著名思想家伏尔泰就对儒家学说推崇备至,他曾将《论语》中的"己所不欲,勿施于人"视为每个人应遵守的座右铭。受其影响,法国大革命时期的《人权宣言》中也曾出现这一格言。另一位启蒙思想家狄德罗也非常景仰中国文化,他称孔子为"中国的苏格拉底"。在一次谈话中,他甚至说与孔子相比,"荷马是个糊涂蛋"。

《论语》书影

欧洲其他国家也出现了中国文化热。如在俄国,大诗人普希金如饥似渴地阅读有关中国的文献,还在其名著《叶甫盖尼·奥涅金》的草稿中,将《论语》中"后生可畏,焉知来者之不如今也"这句话改写成诗句。

18世纪欧洲中国文化热的流行,最集中地体现在中国戏剧的风靡上。1735年法国的马若瑟神父翻译并发表了法文版《赵氏孤儿》后,开创了史无前例的中国戏剧热。伏尔泰又进一步改编《赵氏孤儿》,并取名为《中国孤儿》在巴黎上演。1755 年 8 月 20 日,当《中国孤儿》在法兰西喜剧院首次上演时,立即在民众中引起巨大轰动,一连演出了很多场。随后,英国、意大利等国也先后上演了这部中国戏剧。据统计,仅在 18 世纪,《赵氏孤儿》在欧洲至少有 4 个改编本和 3 个英文译本。

(4)借鉴中国文官制度

在官僚制度方面,欧洲当时实行的是贵族世袭制,这难免会带来许多弊端。到 18 世纪,当新兴的资产阶级力量渴望打破政治垄断,进入国家权力体系时,中国以科举为特色的文官制度恰好为他们提供了理想的蓝本。

早在 17 世纪之初,被派往中国的传教士们就发现了科举制度的优越之处。经过他们的介绍,欧洲的知识界开始对中国"学而优则仕"的文官制度发生了浓厚的兴趣。他们认为,在中国,即便是农夫的儿子,都有希望当上总督甚至宰相。在他们的影响下,法国在大革命后参考中国科举制度,引进了竞争性考试制度,以满足资产阶级和平民登上政治舞台的要求。

在治理国家方面,欧洲许多政界人物也纷纷效法中国。法国重农学派的创始人有"欧洲的孔子"之称的魁奈,就非常赞赏儒家的治国思想。1756 年经过他的极力说服,路易十五甚至曾仿照中国皇帝的样子,举行了一场别开生面的祭祀土地的仪式,在欧洲引起轰动。

不可否认的是,在 18 世纪的"中国热"中,欧洲也曾出现过一些盲目跟风的情况,但这次热潮对中西文化的交流却起到了重要的推动作用。鸦片战争前后,随着中国的日渐衰落,"中国热"也在欧洲逐渐降温,但它的影响仍持续了很长时间,如马克思就曾给他的两个女儿取了"中国皇帝"和"中国皇太子古古"的绰号。

唐朝"昆仑奴"就是非洲黑奴

唐朝长安(今西安)城,云集了来自世界各地的海外人士,其中也有不少来自非洲的黑人朋友。正在湖南博物馆展览的《走向盛唐》珍品文化展中,两个唐朝黑人陶俑,向观众传递了他们参与建设盛唐文明的信息。

这两个黑人陶俑是从西安市南郊唐墓中出土的,高 14.5 厘米,头发卷曲成螺旋状,厚嘴唇,憨态可掬。湖南省博物馆馆长陈建明分析认为,从他们展示的形象看,唐朝人民对他们没有种族方面的歧视。

《太平御览》中记载了一个"昆仑奴"凭借勇敢和智慧,帮助主人秀才和心爱的女子约会,并促成一桩美满姻缘的故事。唐诗《昆仑儿》中也有对"昆仑奴"的生动描写:"昆仑家住海洲中,蛮客将来汉地游","自爱肌肤黑如漆,行时半脱不锦裘"。

国内有学者研究,'昆仑'一词在魏晋南北朝至隋唐时,常用来形容黑色或近黑的东西。因此昆仑奴指的就是黑人奴婢。

事实上,关于唐朝黑人的实物史料还有很多。敦煌唐代壁画及流传下来的一些唐代名画中都可发现黑人形象,比如阎立本的《职贡图》,周昉的《蛮夷执贡图》。在《旧唐书》、《册府元龟》、《唐会要》等古代文献中,也有关于黑人奴婢的记载。

湖南省一些文史专家认为,唐朝黑人人数可能不少。他们漂洋过海来到中国,除了个别人从事商贸外,多数人可能是被阿拉伯商人等贩卖给当时的达官贵人为奴,终生留在中国,见证并参与了大唐文明建设。

中国古代官妓揭秘

官员和妓女,本来是社会地位悬殊的两种人,生活没有交集,但是,历史上,这两种人的关系曾经最为紧密。

中国历史上所说的妓女概念,似乎比我们现在所说、所理解的要宽广一些。专家们认为,中国历史上的妓女有两大类,细分有 5 类。大的来说,有艺妓和色妓之分,前者主要从事艺术表演活动,而后者主要出卖色相,就是今日人们普遍认为的娼妓。

但之所以把旧时从事艺术表演活动的人归入妓女,是因为艺妓也经常卖身,只不过作为皇帝妓女的宫妓,经常是想卖身而不得。如果再细致划分,中国历史上的妓女由宫妓、营妓、官妓、家妓和民妓组成。

宫妓是皇宫中服务于皇帝的妓女,营妓是服务于军队军官和士兵的妓女,官妓是服务于各级地方官员的妓女,家妓是达官贵人家庭供养的服务于达官贵人的妓女,而民妓,可能更接近于今天人们所理解的妓女,就是活跃于民间,"服务"于社会的妓女。

在这 5 种类型的妓女中,前 3 类是国营妓女,按照现在的话说,是体制内的,她们地位卑贱,生活却相当优裕,注册经营(乐籍),由国家财政供养,当然,也服务于国家和国家象征的皇帝与官僚的需要。至于后两类,相当于个体私人经济,体制外生存,不向国家伸手,不给政府添乱,独立经营,自负盈亏。

在中国的历史上,春秋时期的齐国管仲设立国营妓院,收取税金,据说是国家发展妓女事业的开始,后来汉武帝又创立营妓制度,让妓女作为慰安妇为军人服务,体现出雄才大略的皇帝善解人意,关心士卒性苦闷的仁慈心肠。而到了隋朝,隋炀帝设立教坊,广纳歌舞艺人,纵情声色。唐朝沿袭了隋朝的教坊制度,风流皇帝唐玄宗更是扩大教坊机构,教坊艺人达到 11409 人。他还不满足于此,又设立梨园,极尽荒淫无耻之勾当。

上有所好,下必甚焉。尤其唐玄宗设教坊、置梨园,统 4 万宫妓作乐以及和杨玉环风流韵事传遍朝野后,各级官员极为羡慕,纷纷仿效。地方上诸道、方镇、府司、州县军镇都设有官妓,每逢节日宴游,迎送官员,招待宾客,都要分配妓女前去歌舞陪侍。

官妓、营妓向长官无偿献身被认为是一种义务,她们中出类拔萃的往往被一二把手独占,营妓、官妓为官员们生出孩子的也所在不少。有的官将还为妓女争风吃醋,闹得不可开交。

有的官员以妓女送人情,有的贵宾过境,就送妓女侍寝,有的官员看中某个妓女,也可借给他狎玩,如著名诗人,也是大官僚,也被后人怒斥为大淫棍的白居易任杭州刺史时，就让元稹把杭州歌妓商玲珑借去玩了一个多月，他有不少诗歌充满自豪地记载了他嫖妓宿娼的行径。当然，官员们白嫖官妓、营妓的同时，也决不会放弃到那些为社会人士提供服务的民妓那里寻求享乐，比如唐朝著名诗人杜牧在扬州担任书记时，常常出入扬州妓院，他的上司牛僧孺出于关心，暗地派人跟踪保护达数年之久。

唐朝官员嫖妓宿娼，出入妓院，勾搭妓女，作为风尚，一方面是皇帝的榜样示范作用，而另外的原因是，唐朝科举取士，诗赋是科考的内容之一，诗赋文章做得好，就可以当大官；而作为妓女，逐水草而居本身就是她们的职业特点，官员们就是她们丰盛的水草；而且，她们不仅仅是卖身，她们还卖唱，卖唱是卖身能够卖出好价钱的保障，因为唱得好意味着除了色相之外，还具有更高的艺术造诣，而这是文人官员更为看重的。

但唱什么呢？这些金榜题名、才华横溢的进士出身的官员的诗词歌赋显然是她们求之不得的传唱佳作。对于妓女来说，与这些官员厮混，能得到官员写的诗词，又能通过这些官员的唱和提高知名度，对于官员来说，与比自己老婆漂亮得多、风情得多、文雅得多的妓女厮混，本身就是巨大的人生快事，能够证明自己人生的辉煌，而且还能通过她们的口把诗词传唱出去，这无论对于官员还是妓女都是双赢的策略。

唐朝不少著名诗词既是妓女传唱的对象，甚至也因为妓女的传唱而更加流传久远。到了宋朝，那个著名的词人柳永，成为妓女们不惜重金争相服务的对象，只可惜宋朝已经反对官员嫖妓，柳永与妓女的关系影响了他在仕途的发展，只好奉旨填词终了一生。

宋元时期，理学兴起，重视男女之防，对于官员狎妓有所限制，规定妓女只能为官员提供歌舞和陪酒这类活动，不能提供性服务，违者要受到各种处分。这种规定执行起来一定有难度，因为私下的交易似乎很难被发现。

事实上地方军政行政长官私下命令地方官妓提供性服务的仍很普遍，不过，官员像唐朝那样公开要求妓女献身，并以这种交易为风流倜傥而骄傲自豪的风气，算是被转变了。到了明朝，朱元璋同样禁止官妓向官员提供服务，让一些官妓面向市场，向社会提供服务以增加财政收入。官员不能从妓女那里得到性服务，官员对于妓女的态度也开始冷落，官妓、营妓的经费也成为问题，她们不得不向市场化服务转变，中国的妓女的市场化从此开始了，中国妓女以官营为主向民营主导过渡。

到了清朝，雍正皇帝下令全国废除乐籍制度，国家不再正式供养妓女。从那时到现在，官员嫖妓在制度上是被禁止的，但不可能被禁绝。只是，没有了国家财政供养的官营妓女供享乐，官员嫖妓如果不是自掏腰包，就一定是有人为了某种利益为他买单，甚至是贪污公款或巧立名目用公款做嫖资了。

中西方历史上的七大巧合

在人类文明史的发展过程中，存在着许多至今都难以解释的谜一样的巧合。

一、公元前3000年左右，埃及金字塔王朝建立，恰与《史记》中所载的中国炎帝、黄帝同时代。两者俱为东西方文化始源。

二、中国孔子与印度释迦牟尼生于同时代，两人年龄只差 14 岁。一个开创了延续 3000 余年的东方传统文化——儒学，一个创建了世界最大宗教之一——佛教。

三、公元 632 年，李渊、李世民父子统一全中国，建立大唐帝国；穆罕默德创建阿拉伯帝国，两国分别雄踞东西，同样强大、繁荣，疆域也同样宽广。

四、莎士比亚、汤显祖不仅是同时代的人，而且同于公元 1616 年去世。莎士比亚为西方戏剧之父，汤显祖为中国戏剧之祖。

五、西方伟大的《荷马史诗》产生于公元前 9～前 8 世纪，与中国伟大的《诗经》产生时代恰好相同，两者东西相映，俱在世界诗坛发出灿烂的光辉。

六、俄国彼得大帝与中国康熙皇帝同时登位，相继去世。彼得大帝开创了俄罗斯帝国，康熙皇帝奠定了东方最强大帝国，两人俱为一世雄主。

七、公元前 22～前 18 世纪，古巴比伦创建了以月亮围绕地球旋转

《诗经》书影

周期计算的历法，与中国夏朝所使用的阴历不仅同时，而且都是每隔 2～3 年置一闰月，二者如出一辙。

西夏文钱：中国古币珍宝

我国是世界上最早使用货币的国家之一。在我国古代货币上的文字，绝大多数是汉字，但也有一些是少数民族文字，如：西夏文、八思巴文、满文等。这些钱币在古代经济生活中起着价值尺度和流通手段的作用，钱币上的文字代表着我国古代的一种货币文化。

西夏文是西夏开国皇帝李元昊在大庆年命大臣野利仁荣所创制，西夏后来虽然被蒙古所灭，但西夏文直到元朝中叶在甘肃、青海一带仍然流行，到了明代个别地区仍有人使用。北京居庸关北支台洞壁上有 6 种文字的石刻，其中一种就是西夏文，是元至正五年刻的，可见西夏文在元代也有一定的地位和影响。后来，保定出土了两个西夏文石钟，是明弘治十五年所造，证明了明弘治年还有人使用这种文字，它也说明了西夏文在中国历史上应用了 450 多年。西夏把本民族的文字铸造在流通的货币上，形成了独特的西夏文钱，并在中国古代钱币中占有一席之地。西夏文钱币铸造精美，轮廓规矩，文字整齐：一向为钱币收藏家所赞誉和向往。

西夏文钱币传世和出土的有五六种，如福圣宝钱、大安宝钱、贞观宝钱、乾佑宝钱、天庆宝钱等。它们都是中国古代钱币的珍品，其中有些在笔者几十年的钱币收藏生涯中也

很难见到,现在也只收藏到其中的四种,在银川市市区出土了一枚福圣宝钱,在贺兰山脚下出土了大安宝钱、乾佑宝钱、天庆宝钱各一枚。

西夏在我国历史时期很短,但它地位突出,形成了本民族独特的钱币文化,但现存的文献、文物稀少,很难全面再现当年党项民族的风貌。现今出土的西夏文钱,为研究西夏历史提供了宝贵资料,西夏文钱不但成为钱币收藏中的珍品,也成为研究西夏历史不可多得的文物。

中国十八个朝代名称的来历

中国历史悠久,每朝的创建者要着手办的第一件事就是确立国号(朝代名称)。国号就是一个国家的称号。名不正言不顺,确立了国号就名正了,代表一个新的国朝从此诞生。同时这也是有说法的:《史记·五帝本纪》曰:"自黄帝至舜禹,皆同姓而异其国号,以章明德。"

那么国号由什么决定呢?一般来说大致有 5 个来由:由部族、部落联盟的名称而来,来自创建者原有卦号、爵位;源于创建者原始所或政权统治的区域;源于宗族关系;寓意吉祥。接下来,来看看中国历史上具体的国号及其由来。

1. 夏:据传禹曾受封于夏伯,因用以称其政权为"夏"。另据历史学家范文澜先生说,禹的儿子启西迁大夏(山西南部汾浍一带)后,才称"夏"。

2. 商:相传商(今河南商丘南)的始祖契曾帮助禹治水有功而受封于商,以后就以"商"来称其部落(或部族)。汤灭夏后,就以"商"作为国名。后盘庚迁殷(今河南安阳西北)后,又以"殷"或"殷商"并称。

3. 周:周部落到古公亶父时,迁居于周原(今陕西岐山)。武王灭殷以后,就以"周"为朝代名。周前期建都于镐(今陕西西安西南),后来平王东迁洛邑(今河南洛阳),因在镐的东方,就有"西周"和"东周"的称号。

4. 秦:据《史记》记载,本为古部落,其首领非子为周孝王养马有成绩,被周孝王赐姓为"嬴",并赐给了一小块土地(今甘肃天水县,另说是陇西谷名)。后来又因救周有功被封为诸侯,秦始皇统一六国,始建秦国。

5. 汉:项羽封刘邦为汉王,以后刘邦击败项羽,统一中国,国号称"汉"。汉朝前期都长安,后期都洛阳,故从都城上有"西汉"和"东汉",从时间上有"前汉"和"后汉"之分。

6. 魏:汉献帝曾封曹操为"魏公"、"魏王"爵位,曹丕代汉后便称"魏"。以皇室姓曹,历史上又称"曹魏"。

7. 蜀:刘备以四川为活动地区,蜀指四川,其政权又称"蜀"。历史上也称"蜀汉"。汉指东汉的继续。

8. 吴:孙权活动于长江下游一带,历史上曾建吴国,曹魏曾封孙权为"吴王",故史称"孙吴";又以地位在东,也称"东吴"。

9. 晋:司马昭逼魏帝封他为"晋公",灭蜀后进爵为晋王。后来他的儿子司马炎继承他的爵位，逼令魏帝退位，自立为皇帝，国号"晋"。

10. 隋：隋文帝杨坚之父杨忠，曾被北周封为"随国公"。隋文帝后袭用此封爵，称为"随朝"。他认为随有走的意思，恐不祥改为"隋"。

11. 唐：唐高祖李渊的祖父李虎，佐周有功，被追封为"唐国公"，爵位传至李渊。太原起兵后，李渊称"唐王"，后废杨侑建唐朝。

12. 辽：辽原称"契丹"，改"辽"是因居于辽河上游之故。

13. 宋：后周恭帝继位后，命赵匡胤为归德节度使，归德军驻宋州（今河南商丘），赵匡胤为宋州节度使。故陈桥兵变后，发迹在宋州，国号曰"宋"。

14. 西夏：拓拔思恭占据夏州（今山西横山县），建国时以夏州得名，称"大夏"。因其在西方，宋人称"西夏"。

15. 金：金都城上京会宁（今黑龙江阿城南），位于按出虎水（今阿什河），相传其水产金，女真语"金"为"按出虎"。

16. 元：据《元史》记载："元"的命名，是元世祖忽必烈定的。是取《易经》上"大哉乾元"句中的"元"，有大、首等意思。但也有人认为与蒙古人的风俗与图腾有关，有的认为与佛教有关。

17. 明：朱元璋是元末起义军之一，是继承郭子兴而发展起来的，郭子兴属于白莲教组织。白莲教宣称"黑暗即将过去，光明将要到来"，借以鼓舞人民反对黑暗的元朝统治。所以又称"光明教"。白莲教的首领韩山童称"明王"（他的儿子韩林儿称"小明王"），都体现其教义宗旨。朱元璋不仅曾经信仰白莲教，而且承认自己是白莲教起义军的一支（他曾为小明王左副元帅）。朱元璋取得政权后，国号称"明"。

18. 清：满族是女真族的一支。女真族在北宋时建立金国。明末女真势力复强，重建金国（后金）。后金为了向外扩展，割断了同明朝的臣属关系，清太宗皇太极把"女真"改为"满州"，把"金"改为"清"。在宋时女真人受制于契丹人，他针对"辽"字在契丹语中是"铁"的意思，因此命名"金"，表示比铁更坚强有力，可以压倒"辽"。"金"改"清"的原因，史学家有不同意见，有人认为是皇太极要避免引起尖锐的矛盾。

元旦一词用了多少年

中国人习惯将每年的 1 月 1 日称为"元旦"。"元旦"一词是如何来的呢？天津市天文学会理事赵之珩介绍说，"元旦"一词，是中国古代的"土产"。中国很早就有过"年"的习俗。"年，谷熟也"，也就是人们庆祝丰收的节日。

在中国夏朝时候产生了"夏历"，就是现在的"农历"。农历正月初一为"岁首"，岁首这天就叫"元旦"。"元者，始也；旦者，晨也。""元旦"就是一年的"第一个早晨"。早晨是一天的开始，第一个早晨自然就是一年的开始。

辛亥革命推翻清朝统治，各省都督代表在南京开会，决定使用公历，把农历的正月初一叫做"春节"，把公历的 1 月 1 日叫做"元旦"。不过当时并未正式公布和命名。新中国成立前夕的 1949 年 9 月 27 日,中国人民政治协商会议第一届全体会议决定采用公历即阳历纪年,并把 1 月 1 日叫"元旦"。

现在,世界上大多数国家把每年 1 月 1 日作为元旦,也有一些国家和民族由于当地的历法传统及宗教信仰、风俗习惯、季节气候的不同,他们的元旦日期并不一样。不过,这也使得这个世界多姿多彩,更显地域、民族特色了。

大红喜字由来之谜

中国人在结婚办喜事的时候,总爱贴红双喜。"红双喜"字是从何而来的呢?相传王安石 23 岁那一年因赶考,来到汴梁(今河南开封)城东舅父家住宿。晚饭后上街散步,走过当地乡绅马员外家门口,见走马彩灯上闪出"走马灯,马灯走,灯熄马停步"的上联,他不禁拍手称好。不料马员外家的老家人要请他对下联,他因明日要去赴考,无时间思考答对,便急急地回舅父家去了。

第二天,在考场上,王安石发挥得淋漓尽致,答卷十分出色。主考官在面试时指着考场门前的飞虎旗说:"飞虎旗,飞虎旗,旗卷虎藏身。"王安石想起马员外家门前的走马灯,不假思索地对答:"走马灯,走马灯,灯熄马停步。"主考官大为赞赏。

王安石考毕,刚进舅父家门,就被马员外家那位老家人拉去了。马员外见王安石后,请他写答下联。王安石就将主考官的上联挥笔写上:"飞虎旗,虎旗飞,旗卷虎藏身。"马员外大喜,便对王安石说明:"此上联是我独生女为选婿而出,现在,为王相公对出,联句成对,姻缘成双。"马员外征得王安石舅父同意,就择良辰吉日,为他们两人完婚。不久,两个报子高声前来报道:"王大人官星高照,金榜题名,头名状元。"

王安石与马小姐拜过天地,进入洞房,喜上加喜。

剪纸红双喜

于是,他一连写了两个斗大的红"喜"字,连在一起,贴在大门上,以表示他内心的喜悦之情。从此以后,人们遇有喜庆吉日,在大门上、器具上,都要贴上大红的红双喜。

年龄的称谓

赤子:出生的婴儿。"子生赤色,故言赤子。""大人者,不失其赤子之心也。"(《孟子》)

襁褓:本指包裹婴儿用的被子和带子,后来借指未满周岁的婴儿。"则四方之民襁褓负其子而至世。"(《论语》)

周晬:小孩出生一周岁。"两女牙牙,生汝死后,才周晬耳。"(袁枚《祭妹文》)

孩提：2~3 岁的儿童。"孩提之童，无不知爱其亲者。"（《孟子》）

龆、齿龀：又称龆龀，指儿童换牙，借指 7~8 岁，也称童龄、重龀、毁齿、龀年、髫龀。"男人八月而生齿，八岁而龆齿。"（《韩诗外传》）"其子孙虽在髫龀，男皆诸侯，女为邑君。"（《后汉书》）"邻人京城氏之孀妻有遗男，始龀。"（《列子》）

垂髫、总角、黄口：借指幼年儿童。"黄发垂髫，并怡然自乐。"（陶渊明《桃花源记》）"这院子上也有四五个才总角的小厮，都垂手侍立。"（《红楼梦》）"古之伐国，不杀黄口。"（《淮南子》）

幼学：指十岁。"人生十年曰幼学。"（《礼》）

豆蔻年华：女子 13 岁。"娉娉袅袅十三余，豆蔻梢头二月初。"（杜牧《赠别》）

舞勺之年：13~15 岁。"十有三年，学乐诵诗舞勺。成童，舞象。"（《礼》）

束发：男子 15 岁。"束发而就大学，学大艺焉，履大节焉。"（《大戴礼》）

笄、及笄、笄年、上头：女子 15 岁。女子成年许嫁举行笄礼。"女子成年，十有五而笄。"（《礼记》）"年初十五最风流，新赐云鬟便上头。"（《花蕊夫人》）

冠、加冠、弱冠：男子 20 岁。二十体犹未壮，故曰"弱"；男子二十行冠礼，故曰"冠"。"冠者五六人，童子六七人。"（《论语·先进》）"既加冠，益慕圣贤之道。"《送东阳马生序》"无路请缨，等终军之弱冠。"王勃（《滕王阁序》）

而立之年：30 岁。"三十而立，四十而不惑。"（《论语》）

不惑之年：40 岁。"三十而立，四十而不惑。"（《论语》）

知命、知天命：指 50 岁。"四十而不惑，五十而知天命。"《论语》"及年愈艾服，任隆台衮。"（《王褒》）"耆艾修之。"（《国语·邵公谏厉王弥谤》）

下寿：60 岁以下。"人上寿百岁，中寿八十，下寿六十。"（《庄子》）

花甲、花甲子：指 60 岁。"手捋六十花甲子，循环落落如弄珠。"（《唐事纪事》）"火销灯尽天明后，便是平头六十人。"（白居易《五八除夜诗》）"六十杖于乡。"（《礼》）"六十曰耆。"（《礼记》）"耆艾而信，可以为师。"（《荀子》）

古稀（希）、致事之年：70 岁。"酒债寻常行处有，人生七十古来稀。"（杜甫《草堂诗笺》）"大夫七十而致事。"（《礼》）

杖朝之年：80 岁。"八十杖于朝。"（《礼》）

中寿：80 岁。"人上寿百岁，中寿八十，下寿六十。"（《庄子》）

耄：80~90 岁。"八十九十曰耄。"（《礼》）"人耄耋，皆得以寿终。"（曹操《对酒歌》）

鲐背：90 岁。"善养食者，鲐背鹤发成童儿。"（《柳先生集》）

上寿：90 岁以上。"人上寿百岁，中寿八十，下寿六十。"（《庄子》）

期颐：100 岁。"百岁为生人年数之极，故曰'期'；此时起居生活待人养护，故曰'颐'。""百年曰期颐。"（《礼》）

八百里加急有多急

古时候的文件传输靠的是驿站，一般每隔 20 里有一个驿站，一旦需要传递的公文上注明"马上飞递"字样，按规定要求每天300里，如遇紧急情况，可每天400里、600里，最快达800里。传递紧急文件时，每个驿站都用快马，这样，虽然不是千里马，但每匹马都死命跑，也可以一日千里，"六百里加急，八百里加急"用来表示情况紧急程度。

在文学作品中，对此有精彩描写："八百里加急！八百里加急！"一卷黄尘滚滚，骏马飞驰而至，但见人影一晃，跳将下马。大喝："八百里加急！御赐金牌，阻者死，逆者亡！"随即便见烟尘滚滚，骑者已然离去！此时，古道疑云，晴空赫然！

诗人岑参在《初过陇山途中呈宇文判官》一诗中写到"一驿过一驿，驿骑如星流；平明发咸阳，幕及陇山头"。在这里他把驿骑比做流星。按唐政府官方规定，快马要求一天行180里左右，再快些则要求日行300里。最快的要求则为日驰500里。天宝十四年十一月九日，安禄山在范阳起兵叛乱。当时唐玄宗正在华清宫，两地相隔三千里，6日之内唐玄宗就知道了这一消息，传递速度就达到每天500里。

据载，南北朝的北周宣帝，在洛阳招摇过市，亲自乘御驿马，日行300里。看来，唐朝的最紧急通讯要求日行500里，那无疑用的马是御马级别，难怪如此神速。唐代的一尺合现在0.303米，一里合454.2米，就是用现在的眼光看来，八百里加急快得不能再快，也要两天时间。

据《大唐六典》记载，最盛时全国有1639个驿站，专门从事驿务的人员共20000多人，其中驿兵17000人。邮驿分为陆驿、水驿、水路兼并3种，各驿站设有驿舍，配有驿马、驿驴、驿船和驿田。

在各种驿里服役的人，一般叫做"驿丁"、"驿夫"，或称"驿卒"、"驿隶"。从名称来看，他们的身份比较低下。陆路上的驿丁，也同样受到煎熬。他们在烈日之下，在寒风凛冽的冬天，在倾盆大雨之中，都毫无例外地要身背文书袋，匆匆奔驰在驿路上。敦煌有一幅晚唐时期题为《宋国夫人出行图》的壁画，就描绘了当时驿使身背布袋的形象。他们日常的任务很繁重，除途中奔跑着传递文书外，还要兼管扫洒驿庭等事。

在唐朝法律中把邮递过程中的种种失误的处罚，都规定得很细。稍有差错，便要受到严厉的处置。唐朝规定，驿长应负有若干责任，首先必须每年呈报驿马死损肥瘠，呈报经费支出情况。若有驿马死损，驿长负责赔偿；若私自减去驿站人员和马匹，则"杖一百"。对驿丁的处罚更严。唐朝规定，驿丁抵驿，必须换马更行，若不换马则杖八十。唐律还规定，凡在驿途中耽误行期，应遣而不遣者，杖一百；文书晚到一天杖八十，两天加倍，以此类推，最重的处徒罪二年。

有人问："执行八百里加急这样的重要任务，被敌人或强盗半道劫去了怎么办？"唐律规定假如耽误的是紧急军事文书，则罪加三等。因书信延误而遭致战事失败则判处绞刑。《唐国史补》曾记载一个负责签发公文的员外郎的官，他处理一从河北发配到岭南的囚犯的文书，本应向河北、岭南两处发文，因夜间疏忽，只发了岭南一地，河北未发。事发之后，这个员外郎遭到了免官的处分。而泄露重大机密者处以绞刑。从这样严厉的法律看，一般强盗不会去动这些重要文件，免得招惹官方的拼命剿杀。而在交战时，应早料到敌方或会打埋伏拦截情报,至少会多途径多人携带文书以防万一。

中国古代传说十大情爱之神

在中国古代有许多关于神仙的传说,千百年来,民间也供奉许多神仙。这些神仙五花八门,有爱神、婚姻之神、送子之神、保安居家之神、登科及第所祈之神、福禄寿喜之神、财神以及各行各业之神等等。其中有不少神仙涉及性爱。这些现象不能仅用封建迷信来解释,主要是表达了民众对美好生活的祈求与向往。在阶级社会中,许多民众受苦受难越深,把命运寄托于神仙、寄托于来世的就越多。

1. 媒神之祖

女娲是被中国民间广泛而长久崇拜的一位女性神,她被看成是创世神和始祖神。传说女娲能化生万物,她的最伟大的业绩一是炼石补天,二是抟土造人。

女娲在造人之前,于正月初一造出鸡,初二造出狗,初三造羊,初四造猪,初五造牛,初六造马,到了初七,开始以黄土和水造人。考虑到人要代代相继,善衍不绝,于是创建了婚姻制度,促使男子与女子结合以生儿育女,于是女娲就成了第一个媒人,被后世尊奉为媒神,又称"高"。人们祭祀这位婚姻之神典礼十分隆重,修了女娲娘娘庙或高禖庙,用太牢(猪、牛、羊三牲齐备)这一最高礼节来祭祀她。这些庙至今在山东洛宁、山西河津、江西零都等地区还有保留。牛郎织女牛郎与织女最初源于原始信仰中的星辰崇拜,是星宿的神化与人格化。牛郎星即牛宿,又叫牵牛星,是二十八宿之一,为北方玄武七宿的第二宿。织女星又叫天孙,在银河西,和银河东的牵牛星相对。

寺庙里的女娲娘娘像

早在《诗经》中,就有了牛女二星的记载,但尚无故事情节,至汉时已被人格化。牛郎织女的传说历来是我国古代文学中的一个主题,不少美丽的诗歌文章由此而生。旧时各地都有一些织女庙,把牛郎织女作为自由爱神来祭祀,以江苏太仓的织女庙最有名。

2. 月神

月神是中国民间流传最广的神仙之一。月神又叫月光娘娘、太阴星主、月姑、月光菩萨等。崇拜月神,在中国由来已久,在世界各国也是普遍现象,这是源于原始信仰中的天体崇拜。在黑夜中,月亮给人带来了光亮;月色朦胧,又会使人产生许多遐想,许多美丽动人的故事因此产生,"嫦娥奔月"就是其中著名的一个。嫦娥偷吃长生不老药后升天而去,住于月宫,就成了月神娘娘。

此后，月神就较普遍地为民间供奉。我国古代男女热恋时在月下盟誓定情，拜祷月神，有些分离的恋人也拜求月神祈求团圆。元代大戏剧家关汉卿就写过一出《拜月亭》。《西厢记》里的崔莺莺也虔诚地对月神倾诉希望遇到意中人的情怀。清人丁耀亢所著的《续金瓶梅》第十八回中，一对痴男怨女郑玉卿和银瓶私尝禁果后，推开窗户，双双跪倒，对着月亮说："就两人有一人负心的，就死于千刀万剑之下。"

我国有许多少数民族也盛行拜月的风俗，如苗族就有"跳月"的活动，青年男女在"跳月"中，寻求心上人，倾吐爱慕之情，永结同心。

3. 月下老人

月下老人是我国神话传说中专管婚姻的神，又称"月老"。据沈三白《浮生六记》说："一手挽红丝，一手携杖悬婚姻簿，童颜鹤发，奔驰于非烟非雾中。"我国不少地方有月老祠，如杭州西湖孤山下的白云庵中有个月老殿，殿的两旁悬挂着一副对联，脍炙人口，对联云：愿天下有情人，都成了眷属；是前生注定事，莫错过姻缘。这就是千百年来许多人供奉月老的原因。

4. 恋爱之神

在封建礼教的压迫下，不少有情人难成眷属，于是只能向神仙祭祷，以求神仙帮助，这神仙就是恋爱之神——泗州大圣。

泗州大圣流传于广东、福建一带。他的产生有段故事：福建惠安和晋江两县交界处有一条洛阳江，水流湍急，无法架桥，经过多少代人的努力也没成功。有一天，有个老翁携一绝色女郎划船在江心，老翁宣布有谁以钱掷中姑娘，就把姑娘嫁给谁，于是前来投钱的人不计其数，可是钱都落在江里。这样过了几个月。江底积满了钱，成为架桥的奠基石。实际上，这位老翁是土地爷变的，姑娘是观世音菩萨变的，他们这么做的目的就是为了促成架桥。

可是，就在这大功快要告成之时，一个聪明的泗州人想了个巧妙方法，用钱掷中了姑娘。老翁便叫他到凉亭去议婚。这位泗州人往凉亭里一坐，就起不来了，原来他的灵魂被观世音菩萨度化到西天成佛去了，而肉体还留在亭中，成了民间膜拜的泗州大圣。

人们传说，泗州大圣十分理解与同情追求美满婚姻的痴男怨女，只要在泗州大圣佛像的脑后挖下一点泥巴，偷偷地撒在对方身上，对方就不会变心了，爱情、婚姻就会得到幸福的结局了。但是这一来，这座佛像的后脑勺就只好一修再修了。

5. 喜神

喜神就是吉神。人们总是希望趋吉避凶、追求喜乐，所以要造出一个喜神来。结婚乃人生一大乐事，所以办婚事又称办喜事，办喜事当然离不开喜神，旧俗，新娘坐立须对正喜神所在的方位，但这方位何在，就要请教阴阳先生了。

阴阳先生对于喜神方位，还有一套说法，收入清朝乾隆年间成书的《均纪辨方书喜神》中：喜神于甲已日居艮方，是在寅时；乙庚日则居乾方，是在戌时；丙辛日居坤方，是在申时；丁壬日居离方，是在午时；戊癸日居巽方，是在辰时。

阴阳先生推算出喜神的方位后，新娘的轿口必须对着该方向；新娘上轿后，要停一会，叫做"迎喜神"，然后才能出发。

旧时，北京妓院中还有这种习俗：大年初一天刚亮，妓女要拉上相好的去走"喜神方"，即寻找喜神所在的方位，认为"遇得喜神，则能致一岁康宁；而能遇见白无常者，向其乞得寸物，归必财源大辟"。

喜神并无特殊形象，完全是福神——天官的翻版。与其他婚俗、性俗相比，拜喜神的风俗似乎迷信色彩更浓一些。

6. 床神

祭祀床神的风俗由来已久，宋朝已流行此俗。宋人杨循吉《除夜杂咏》诗云："买糖迎灶帝，酌水祀床公"，即是指此。俗传床神有男女之分，床婆贪杯，而床公好茶，所以"以酒祀床母，以茶祀床公"，这叫男茶女酒。祭床神时，置茶酒糕果于寝室，祈"终岁安寝"。时间各地不一，有的地区在除夕接灶神后，接着祭床神；有的地区在上元日后一日，即农历正月十六祭床神。

旧时有些地区还有"安床"习俗，即在婚礼举行的前几天在洞房内安放新床；其位置要按男女双方的生辰八字、窗向、神位来确定，忌与桌、柜、橱相对。安床要选择吉日良辰进行，安床后，当晚要拜床母。在明清时就有拜床母的习俗，清代长篇小说《醒世姻缘传》中就有这方面的描写。婚礼礼拜床神，是希望新婚夫妻如胶似漆，生活幸福美满。

7. 和合之神

古时和合之神有不同的含意。和合神原主家人和合，逐渐演变为婚姻和合之神，并由原来蓬头笑面、擎鼓执棒的一位神，衍变为一持荷、一捧合的二神。持荷由于"荷"、"和"谐音，捧合也出于此故。

苏州寒山寺的大雄宝殿后壁，嵌有清代名画家罗聘所绘寒山、拾得写意话画石刻。大殿旁堂屋供奉木雕金身寒山、拾得塑像，一人手持一荷，另一人手捧一合，造型古朴，栩栩如生。

清雍正十一年（1733）时，封天台寒山大士为"和圣"、拾得大士为"合圣"，于是，寒山、拾得这"和合二仙"又作"和合二圣"。

8. 子孙娘娘

"多子多福，子孙满堂"是过去中国人传统的文化心态和追求，为了礼佛拜神、祈求子嗣，众多的送子神仙也应运而生。送子神仙名目繁多，一般都称为子孙娘娘。如广州著名的祈子神庙——金花庙中，主神为金花夫人，附祀的有张仙、华佗、月老、花王、桃花女、斗姆等，大都与生育有关，还有十二奶娘神像，也都和生育有关。

子孙娘娘分工细致，从投胎、怀胎、定男女、保胎，直到分娩、养育，乃至吃、喝、梳洗、行走、去病等无所不包，所以很受人们特别是妇女们的欢迎与崇拜。正如清道光时《佛山忠义乡志》卷十四所说："金花会盛于省城河南，乡内则甚少。唯妇人则崇信之。如亚妈庙各处，内有十二奶娘，妇人求子者入庙礼拜，择奶娘所抱子，以红绳系之，则托生为己子,试之多验。然年卒不少。"

唐代名妓薛涛秘事

薛涛出身书香门第,只因父亲过早去世,贫寒的家境,使之不幸沦为乐伎。她酷爱诗文,虽身处逆境,却从不放弃研读,正因为这样,她在诗词、音律等方面有着很高的素养。闲暇时,她在成都浣花溪采用木芙蓉皮作原料,加入芙蓉花汁,制成深红色精美的小彩笺,用于写诗酬和。浣花溪水清质滑,所造纸笺光洁可爱,为别处所不及,彩笺因之被誉为"浣花笺"。

薛涛幼时即显过人天赋,8 岁时,其父曾以"咏梧桐"为题,吟了两句诗:"庭除一古桐,耸干入云中。"薛涛应声即对:"枝迎南北鸟,叶送往来风。"薛涛的对句似乎预示着她一生的命运。

唐德宗年间,统领西南、能诗善文的儒雅官员韦皋,听说薛涛诗才出众,且是官宦之后,便破格将乐伎身份的她召到帅府侍宴赋诗。"女校书"、"扫眉才子"之名已不胫而走。

在造纸艺术之外,薛涛是个奇女子,她传奇的迤逦妍逸的人生经历,透露出她过人的智慧和独善其身的秉性。即使身为乐伎,她的机智和才华仍获得了同时代诗人们的爱慕肯定。诗人元稹与大他 11 岁的薛涛有过一段情感经历,两人在蜀地共度了一年美好时光,最终却没有结果。元稹去了扬州后,曾寄诗给薛涛,

古代 36 位才女之一薛涛

表达思念之情,后来还是中断了这份感情。元稹离开成都时,薛涛写过一首《送友人》:"水国蒹葭夜有霜,月寒山色共苍苍。谁言千里自今夕,离梦杳如关塞长。"这首送别诗,表现出诗人对友情的执着。分别在"月寒"、"夜有霜"的深秋季节,本来就教人伤怀,可诗人偏说"谁言千里自今夕",反伤感之意而安慰对方,其伤感之深沉可见一斑。

一张薄薄的桃色纸笺,终究留不住虚情场中是是非非的情感。薛涛对元稹的思念是刻骨铭心的,她相信元稹说要回成都见她的话,不惜以全部身心等待与心上人再度相逢。最终她还是明白过来了,自己只不过是他生命中的一个小插曲。为此她退隐浣花溪,不参与任何诗酒花韵之事,只是一门心思在溪水边制作精致的粉笺,过了近 20 年清淡的生活,直到孤独地老去。

那份寂寞如今是不是一如既往地漂荡在浣花溪上,没有谁知道。"花开不同赏,花落不同悲。欲问相思处,花开花落时。揽草结同心,将以遗知音。春愁正断绝,春鸟复哀

吟。风花日将老,佳期犹渺渺。不结同心人,空结同心草。那堪花满枝,翻作两相思。玉箸垂朝镜,春风知不知。"《春望》全诗,让人感受着花谢花落花飞的绝望。无疑,这首诗正是那些日子她凄怆悲凉心境的真实写照。

中国最早的裸体画揭秘

在今日所能发现的历史文献记载和遗留下来的文物(壁画、帛画、画像砖、画像石以及铜镜等)中可以发现,历史上有相当数量的裸体画都较早地出现于汉代。历史学家刘云辉对此作了大量的统计,例如:最早的壁画中的裸体形象,见于西汉景帝时的鲁恭王在曲阜所建的灵光殿,其壁画中画有太古时代的裸体怪形。东汉时的王延寿曾作《鲁灵光殿赋》予以描述。

西汉广王川刘海阳的壁画中有男女裸体形象。

河南洛阳地区发现的壁画墓门额上绘有"一裸体女子,横卧树下,形象绘制得既逼真又颇为生动"。

长沙马王堆西汉墓帛画《引导图》中有半裸体的人的形象。

近代法国考古学家色伽兰在四川发现过许多东汉时代雕刻在墓阙前碑之上的画像,"其间马、卒、猎士、裸身之人、半裸之女、各种兽畜互相追击,互相斗戏,生动之尤,虽在墓所,亦然"。

据邃古斋藏《金石索·镜鉴》录有汉人物画像镜,在其镜描绘的乐舞图中,有两个裸体舞女,翻身而舞,腰细如线,舞态轻盈,有若仙女之乘风。

此外还有许多事例,如在河南荥阳王村、四川扬子山、四川彭县等地出土的画像砖、画像石上都有不少裸体杂技演员和裸体演员的形象。

特别值得注意的是,汉代的绘画不仅写生,而且有了裸体模特儿。据《汉书·广川惠王去传》记载:广川惠王刘去的一名妃子叫陶望卿,曾经请画工为她画像,画像时,她"袒裼粉其旁",充当裸体模特儿。尽管陶望卿后来被丈夫杀害,但是她敢于大胆地成为中国历史上第一个女裸体模特儿是不容抹去的。

古代女性"体香"之谜

香女古已有之,文献记载颇多,香气因人而异,因国家不同香味而不尽相同。其实,香女并非独一无二,我国文献就有很多记载,最著名的当属我国历史上四大美人中的西施和杨贵妃。

西施因模样俊俏,身有香气,被越国大夫选中送给吴王夫差,吴王特意为西施修了香水溪、采香径等,每天在芬芳馥郁的气氛中与西施寻欢作乐。

关于杨贵妃,文献这样记载,开元二十八年(740),唐朝第六代皇帝唐玄宗行幸温泉宫,遇一美姬,香气袭人,玄宗为之倾倒,占为己有,封为贵妃,此女就是杨玉环。杨贵妃有多汗症,出得汗可湿透香帕,玄宗感到她的汗是香的,还为她修了一座沉香亭。李白曾被召写清平乐诗,诗中"一枝红艳露凝香"、"沉香亭北倚栏杆",都突出了一个香字。

除去这两大美人外,清代的香妃也是记载比较多的香女,传说她体有幽香,不施香料而自发香气。香妃是新疆喀什人,因体有奇香迷住了乾隆,被封为香妃,恩宠不衰,在宫中度过了 28 个春秋。一个异族美女的体香,竟迷住了一个盛世明君,可见香气魅力有多大。

在国外,香女其实也很多。布鲁塞尔一家美容中心曾邀请 10 个国家的妇女做了一项别出心裁的体味检测试验。首先让她们用特制的肥皂擦洗身体,然后让其运动出汗,再用有关仪器检测,结果发现这些妇女国家不同,香味也不尽相同。例如,法国女性有酪香味,英国女性是藕香味,瑞典女性带木槿香味,德国女性散发出香木味,而美国女性则是藻香味等。

比利时的一位专家对某些人种的饮食习惯与人体气味进行研究后发现,体香和饮食习惯有着不解之缘。这和我国古人的认识不谋而合。

早在唐宋,无论是宫廷妃子还是民间百姓都非常盛行食杏仁、饮杏露、宫室熏香、品饮香茶。历代皇妃贵妇视幽幽的体香为贵体,杨贵妃不仅常沐香汤浴,不定期酷爱吃香榧子和荔枝;武则天爱饮用狄仁杰进献的"龙香汤";她的女儿太平公主每日用桃花香露调乌鸡血煎饮,"令面脱白如雪、身光洁蕴香";慈禧太后喜饮"驻香露","面肤去黑素,媚好溢香气"。

《红楼梦》里的薛宝钗服用"冷香丸、玫瑰香露、木樨露"等,成为人羡人爱的香美人。那么,根据饮食习惯说,是否调节饮食就可使体内生香?气味化学家认为,之所以能散发不同气味,除了与饮食有关,还由于每个人都有其独特的气味分子结构,它是由体质基因造成的。

揭秘古代皇帝的婚前教育

对于古代皇家来说,传宗接代尤为重要,广衍后嗣就需要早生、多生。皇太子或小皇帝在进入青春期以前就开始接受性启蒙教育了。担任皇帝(太子)性启蒙任务的是宦官。

宫中藏有大量的春宫画,还开辟专殿,内有展示两性交合的壁画和塑像,宦官负责开启殿门。《万历野获编》记载,明宫内廷有欢喜佛,一说是外国进贡的,一说是元代遗留下来的。"两佛各缨络严妆,互相抱持,两根凑合,有机可动"。皇帝大婚前,由宦官导皇帝入此殿,先行礼,礼拜毕,"令抚揣隐处,默会交接之法"。

佛教本身戒淫,但是为了达到成佛的目的,在特殊情况下可以不受某些戒律约束,比如密宗可以利用女性作修法的伴侣(称为"明妃")。清朝年间,宫廷中常设置欢喜佛,皇帝借此为媒与妃嫔交欢,增加房事的乐趣。

皇家还煞费苦心地在宫中豢养小动物,用小动物们本能的活动,提示皇帝(太子)两性关系的概念。明代《禁御秘闻》中说:"国初设猫之意,专为子孙长深宫,恐不知人道,误生育继嗣之事,使见猫之牝牡相逐,感发其生机。又有鸽子房,亦此意也。"因此,各朝代皇帝(太子、皇子)的性生活从未被耽误过。

　　皇室中男性结婚的年龄一般不超过 18 岁,常见的是 13～16 岁。然而很多皇帝(太子、皇子)在结婚以前已经"御"过女人了,甚至已经生育子女。例如,北魏文成帝 16 岁结婚,实际上他 14 岁便已经做了父亲。西晋的痴呆皇帝惠帝 13 岁结婚。在这之前,其父皇派后宫才人谢玖到东宫,教太子以房帏之事,谢氏离开东宫时已经怀孕。几年以后,惠帝在父母宫中见到一个孩子,并被告知这是他的儿子。清朝在制度上规定,皇帝大婚之前,先选宫女年龄稍长者 8 名,供皇帝"进御"。这 8 名宫女都有名分,被冠以 4 个宫中女官的职称:司长、司仪、司寝、司门。这种制度,意在使皇帝在夫妇问题上取得一些经验,以便在和皇后的生活中能够从容不迫。

　　一般来说,哪些女人最先与皇帝(太子)发生性关系并没有制度上的规定。对于青春年少的皇帝而言,在性问题上处于被开导而无禁忌的状态,对于太子而言,十四五岁行冠礼以后,被视为成年,非有皇帝的诏命不得随意出入后宫,以防与妃及宫女发生瓜葛,至于在东宫服侍太子的宫女,太子可以任意猥亵。那么,谁是皇帝或太子的第一个女人呢?从可能性上说,是其身旁的宫女,有的皇帝的乳妈也担任过这一角色。这两种人都属于没有名分的。宫女如果得宠,会取得名分,乳妈会长期出入禁宫,但名分不会更改。

　　大多数皇帝对于第一个女人,感情是不会持久的,浅尝辄止,然后转向其他目标。例如明神宗 16 岁时,路过慈宁宫,遇见宫女王氏,也许是缘分,神宗竟"私幸"了她,而王氏竟从此有了身孕。像这样重大的事情,太监那里都有案可查。但神宗却从此失去了对王氏的兴趣,倒是抱孙心切的慈圣太后关心这件事。一次,太后提起此事,神宗却装着没听见。王氏的宠遇极短,她所生的孩子同样遭到冷落。

　　然而,明代的另一位皇帝宪宗,却始终依恋他的第一个女人——万贵妃。万贵妃 4 岁就成为宫女,在英宗的母亲孙太后宫中服侍,进入少女时期以后,越发娇艳,加上聪明伶俐,很得孙太后的喜爱,于是成为孙太后身边的"小答应"。英宗的儿子宪宗出生不久便被立为太子,万贵妃被调去服侍太子。宪宗逐渐成长为一个少年,天生慧黠的万贵妃不知在何时、用何种方法勾引了少年天子。自此,宪宗对她的依恋更加深了一层,万贵妃充当了情妇和监护人的角色。宪宗对她除了感情和需要以外,还充满了敬畏。

　　宪宗旧岁即位时,万贵妃已经三十有五。在宫苑中,人们常能看到,宪宗的御驾前,有一位肥硕的中年妇女戎眼前驱。仗着宪宗对她的尊宠,万贵妃在宫中作威作福,而宪宗即使私幸别的宫女,也要避免让她知道。万贵妃 58 岁时,一次怒打宫女,因身体肥胖心脏负荷量大,加上怒气冲顶,竟一口气没有接上来而猝死。宪宗闻讯后,哀痛发自心底,怅然叹到:"万使长去,吾亦安能久矣!"果然,未出几个月,宪宗在郁闷忧怀中,也随万贵妃长去了。

　　明熹宗(即天启皇帝)据分析最初与奶妈客氏有过性关系。客氏在明宫中淫乱是有名的,她与熹宗的关系绝非一般的奶妈与养子的关系。从下列轨迹中可以看出客氏与熹宗的关系之不寻常,因此可以肯定客氏最先"勾引"丫弱冠的熹宗,至熹宗 23 岁死,两人的关系始终暧昧。

首先，客氏和其他奶妈一样，将皇帝喂养大。但皇帝长大以后，就不需要奶妈朝夕相伴，而史载客氏"每日清晨人乾清暖阁(皇帝卧室)侍帝，甲夜后回咸安宫"。从照顾皇帝的角度来看，没有这个必要，成年皇帝自有宦官服侍。

如果说客氏由于慈爱每天守着熹宗，那么又和下一个事实相矛盾：客氏后期与魏忠贤私通，一天，她和魏忠贤在太液池上欢饮，这时不远处上树捕鸟的天启帝，突然跌落，裂裳破面，客氏与魏忠贤却仍在嬉谈笑谑，此时客氏作为一名奶妈可谓玩忽职守了。其次，客氏在熹宗面前不是一副慈祥的母亲形象。客氏40余岁时，面色仍如二八丽人，而且穿着打扮与身份极不相符，妖冶艳丽令年轻的宫女瞠目。平时，用宫女的唾液梳发，以保持头发的乌黑光润。

再者，客氏先后害死了数个曾被熹宗"临幸"过的嫔妃，例如，张裕妃怀孕临产，客氏竟断绝给她的饮食，也不派人接生。张裕妃饥渴难忍，一个暴雨之夜，她匍匐到屋檐下接雨水喝，最后哭喊着断了气。另有皇子3位、皇女2位，皆因客氏而夭折。这和历代后妃间争宠残杀没什么不同。如果客氏仅仅作为乳母，可以借皇帝的光称霸乡间，任人唯亲，却不必对皇帝的后妃恨之、害之。第四，从客氏与魏朝、魏忠贤的关系上看，客氏是一个性欲极强的女人，上述两个宦官头领人官前，"净身"做得不彻底。最初，客氏与魏朝私通，后来得知魏忠贤性功能高于魏朝，便又投向魏忠贤，这些事情是在明目张胆中进行的。那么试想，客氏为何如此求欢于刑余的宦官，对青春少年的皇帝却无动于衷？客氏常常将龙卵(马的外肾)烹制好了献给熹宗，是为了大补，滋补的目的岂能是让熹宗多御几个嫔妃，多生育子嗣？那又何必予之又夺之、生之又杀之？

宫廷中有那么多妃嫔等待着皇帝去宠幸，多得连皇帝也记不清；有那么多宦官，其中不乏痴男怨女，所以不在性问题上加强管理是不行的。这种管理，到了明代达到了一个相当严密与制度化的程度。可是，其中充满了荒唐、压迫和无耻。

第六节　追寻隐含的奥秘

莫衷一是的《富春山居图》

"富春山，又见富春山。"这种语式，可不是武侠小说大家古龙招牌语言的克隆版。这句话是另一个台湾人说的——台湾大学艺术史研究所教授傅申用这样一句话来概括"中国十大传世名画"之一的《富春山居图》的传奇流变历程："生于庚寅年，毁于庚寅年，名于庚寅年。"他说，《富春山居图》于公元1350年庚寅年完成；300年后，1650年，明代收藏家吴洪裕临死前下令将此画焚烧殉葬，是为"毁于庚寅年"；而同样是在庚寅年的2010年，温家宝总理的一席深情语，让《富春山居图》从一件艺术珍品变成两岸同根不可分的一个文化象征符号。历史有时会给出一种让人难以理解的"巧合",此画的兴衰,暗合了黄宗羲那"三百年一兴衰"周期的"圆周率"。

富春山居图(局部)

要说这《富春山居图》,它在中国绘画史风云排行榜上,绝对是位居前列的扛鼎之作,它体现了中国画特有的人文情趣,又是中国传统文化精神的重要见证。作者黄公望生于宋咸淳五年(1269年),死于至正十四年(1354年),是元代四大画家之一。据说,他在构思这幅大作时,步履遍及富春江两岸,时间跨度达六七年之久,用墨干湿并用,笔简意远,最终将现实中的富春江两岸数百里精粹聚于笔底,变成流传至今的艺术富春江。它还被这幅画的收藏者之一吴洪裕的好友邹之麟誉为"画中之兰亭"。

都说同行是冤家,可见同行打心眼里认可的作品,才是真的好作品。明末大画家董其昌见到此画后视为至宝,认为是黄公望的"生平最得意之笔"。由于历史沧桑变幻,现在,这幅画一半在台北一半在杭州,生生分离已经60余年了。但它的传奇远不只这些,且让我们回头看看,这幅画到底经历了怎样的曲折离奇。

《富春山居图》,是1350年即黄公望82岁那年完成的作品,之后,黄公望将此画题款送给了无用禅师。作为《富春山居图》的第一位藏家,无用禅师考虑到此画会被人"巧取豪夺",因而在画作未完成时就请作者"先书无用本号",明确归属。无用禅师死后,此画转至明代画家沈周之手。沈周得此宝物,大喜过望,不仅自己在画卷题跋,还让同道中人也来题跋。

没想到,他朋友的儿子把这幅画窃去卖掉了。伤心不已的沈周只好凭借着记忆,背摹了一幅《富春山居图》。又过去一百多年,《富春山居图》落入明末画家董其昌手中。已是中年人的董其昌,面对此画,连声惊呼:"吾师乎,吾师乎,一丘五岳,都具是矣。"沈周、董其昌都是名重一时的画坛大师人物,他们二人如此合力推崇,《富春山居图》想不成名都很难了。

董其昌晚年,将《富春山居图》以高价卖给了收藏家吴之矩。吴之矩的三儿子叫吴洪裕,是一个除了收藏外什么都可以不要的主,他为了收藏官都不愿意做。《富春山居图》最终被传给吴洪裕。

吴洪裕一生钟爱《富春山居图》,在他弥留之际也不能舍此奇珍,最后,他想效法唐太宗将《兰亭序》带入陵寝陪葬的做法,授意侄儿取来他一生最爱的两件至宝——智永《千字文》真迹和《富春山居图》一起投火为殉,使他在九泉之下仍可持有这两件书画作品。

苍天开眼,他侄儿在最后关头改变了主意,以偷梁换柱的手法将另一幅画投入火中。

但不幸的是,画的起首一段已烧去,中间烧出几个连珠洞,并断成一大一小两段。吴洪裕的侄儿救出此画后不久,经由当时极富鉴别能力和修复能力的古董商人吴其贞之手,将烧焦的部分细心揭下,发现还有尺许画卷完好,重新接拼后,居然正好有一山、一水、一丘、一壑之景,几乎看不出是经剪裁后拼接而成的,真乃天神相佑。这尺许完好画卷,为吴其贞所得。另外一段长余6米,保留了原画主体内容,重新修复装裱,仍是一幅恢弘长卷,归为吴洪裕的侄儿收藏。从此,小段被称做《剩山图》,大段保留了原画主体部分,被称做《富春山居图·无用师卷》。

前段尺许画卷,画幅虽小,但比较完整,因是火焰焚毁的画卷所剩,所以被后人命名为《剩山图》;后段画幅较长,但损坏严重,修补较多。而且,为了掩盖火烧痕迹,原本位于画尾的、董其昌的题跋被切割下来,挪至画首。跋中写明《富春山居图》是为"无用师"所画,所以此段被后人称为《无用师卷》。

1745年,一幅《富春山居图》被征入宫,乾隆皇帝极爱古玩字画,只要他认为是好的,一律奉行"拿来主义",钤上自己的玉玺,在上面留下题画诗。乾隆皇帝见《富春山居图》后爱不释手,把它珍藏在身边,不时取出欣赏,并且在6米长卷的留白处赋诗题词,加盖玉玺。

没想到,第二年地方官员又呈上了另外一幅《富春山居图》。而且二者非常相像,真假难分。可能是出于先入为主的缘故吧,乾隆皇帝认定先进宫的那一幅,也就是他在上面赋诗题词的那一幅是黄公望的真迹,后进宫的那一幅是临摹品。

由于后来者画得实在"逼真",简直到了"以假乱真"的程度,乾隆皇帝不忍心丢弃,也把它收入内府收藏。在《无用师卷》画上,除了一段他的"御识",再没有留下任何"乾隆御笔"。

事实上,假的那幅《富春山居图》就是明代书画家沈周的仿作,也许是因为两幅画的真假实在太难辨认,乾隆断定后来的那幅是临摹品。乾隆有一枚"石渠继鉴",按他的标准,入宫的历史名画,只要盖上此印章即为"真品",假《富春山居图》也可以成为真《富春山居图》。这正应了一句名言:"假作真时真亦假。"

还有一种说法是:《富春山居图·无用师卷》入宫后,乾隆皇帝也鉴别出了《富春山居图·无用师卷》真迹和仿作的真假,但他在此之前一直把仿作当成真迹珍藏,如果说之前的是假的,自己的"十全老人"百事通的大名就会丢光,会觉得很没面子,因此在真画上题字示伪,故意颠倒是非。

清朝灭亡后,学者们提出了疑义,认为被乾隆皇帝鉴定为假画的那幅《富春山居图》才是黄公望真迹。理由是:那幅《富春山居图》是半截画,有明显的火烧和修补的痕迹,与历史记载相吻合。但这种说法没有得到共识。

作为传世之宝的《富春山居图》一直被保存在故宫里。《剩山图》再次面世,已是两百多年后的1938年,故宫重要文物南迁,文物停放上海期间,书画鉴定专家徐邦达在库房里看到了两幅《富春山居图》，其中一幅乾隆皇帝题了很多溢美之词，而另外一幅则御笔题说为假。然而，徐邦达却发现"真的"《富春山居图》上的题款根本不符合元代的规范，而"假的"那幅画却有着明显的火烧和修补的痕迹。经过仔细考证，徐邦达最终推翻了乾隆皇帝作出的判断，为那幅被打入冷宫200年的"假的"《富春山居图·无用师卷》"验明正身"了。经过专家反复鉴定，最终确认被乾隆皇帝鉴定为真迹的是假画，被乾隆皇帝鉴定为假画的才是真迹《富春山居图》的后半段——《无用师卷》。

2010年3月14日的"两会"记者招待会上，温家宝总理在回答台湾记者提问时说："我讲一个故事你可以告诉台湾同胞。在元朝有一位画家叫黄公望，他画了一幅著名的《富春山居图》，完成之后不久就去世了。几百年来，这幅画辗转流失，但现在我知道，一半放在杭州的博物馆，一半放在台湾'故宫博物院'，我希望两幅画什么时候能合成一幅画。画是如此，人何以堪？"

时至今日，《富春山居图》"合璧"的寓意非比寻常，它已从一件艺术珍品变成两岸相连的一个文化象征符号。这幅《富春山居图》虽然仍各处两地，但"一分为二"的暂时性，最终会被"分久必合"的必然性所置换——度尽劫波兄弟在，相逢一笑泯恩仇。

欧阳修的"莫须有"绯闻疑案

在中国历史文化长河中，北宋的文坛领袖欧阳修在滁州写下的《醉翁亭记》，被公认是传世名篇。

名满天下，谤也随之。大名鼎鼎的欧阳修，仕途上屡次遭人暗算。欧阳修本人对自己身陷两起"乱伦门"事件也有过这样的自嘲："少时有僧相我，耳白于面，名满天下，唇不著齿，无事得谤。"

所谓的"乱伦门"，是指欧阳修遭遇了"盗甥"与"私从子妇"的不伦绯闻。所谓"盗甥"，是说欧阳修与外甥女张氏通奸。当年，欧阳修的妹妹嫁给一个叫张龟正的人，张龟正有个女儿，是前妻所生。这个"外甥女"，其实不是欧阳修的亲外甥女。

张龟正死后，欧阳修的妹妹带着这个小女孩投奔了哥哥，在哥哥家中寄住过一段时间。这个小女孩长大成人，嫁给了欧阳修的远房侄子欧阳晟。后来，她与家仆私通，最终被人发现送到了开封官府。可能为了开脱自己吧，此女在他人怂恿与授意之下，一口咬定自己与欧阳修有过暧昧之事。

欧阳修

当时，审案的官员孙揆也认为此女的说法实在过于荒唐，就想用冷处理的手法，把这事掩下去。但不幸的是，这欧阳修是名人，又是政客攻击的对象，好不容易抓住这件"丑事",那些人自然不会轻易放过。

当政的宰相吕夷简本来就把欧阳修视为眼中钉肉中刺,欲剔之而后快,听到孙揆的这种处理方案后,大发雷霆,当即另派太常博士三司户部判官苏安世重审此案,目的只有一个:一定要把欧阳修拖下水。

后来王昭明前去监督审核,他到了监狱,看见苏安世所写的案牍,大惊失色,说:"我自问也算是皇上眼中的红人了,我在皇上身边时,知道圣上对欧阳修很是看重,经常赞不绝口。看你这种判案倾向,摆明是为了迎合宰相,才会对欧阳修行如此恶手。你如此行事,肯定会连累我吃官司的!"

苏安世听后也害怕起来,不敢再说欧阳修与此女有私情,只弹劾欧阳修曾经用张氏的资金买田产立户一事。吕夷简因此大失所望,把欧阳修发配到滁州后,余恨未消,又把苏安世贬到泰州监税,把王昭明降至寿州监税。

说起来也着实很可笑,欧阳修被指与外甥女乱伦的证据,仅凭他的一首词:"江南柳,叶小未成阴,人为丝轻那忍折,莺怜枝嫩不胜吟,留取待春深。十四五,闲抱琵琶寻。堂上簸钱堂下走,恁时相见已留心,何况到如今?"

欧阳修为此上表为自己辩白,神宗对此事也大不以为然,可大内诗人、中书舍人钱勰对此却不依不饶:"七岁正是学簸钱时也。你那时都已经留心,更何况现在?"真是欲加之罪,何患无辞。欧阳修只得哑口无言,只怪自己当初不该写出那种不明不白的词!

这件事在宋代就有人提出疑问,认为欧阳修不会干出那种糗事来,纯粹是被人陷害的。至于钱勰为什么要陷害欧阳修,有人认为是欧阳修后修《五代史·十国世家》时,骂了钱氏的老祖宗,惹得人家很不高兴,借机报复他。

据说,欧阳修之所以骂钱氏老祖宗是因为他曾经与上司钱惟演争一妓不得,遂在《五代史》中诋毁钱氏先祖,这才引起钱氏后人钱勰的记恨。

这个段子是这样的:说早年钱惟演在洛阳留守任上,欧阳修在其手下做河南推官时,喜欢上了一个妓女,而这个妓女也是钱惟演的最爱。

起先钱惟演还不信,有一天他在后园宴乐,宾客齐集,唯有欧阳修与这个妓女等了老半天才来,钱惟演就责怪妓女:"为什么才来?"妓女说:"天气炎热中了暑,在凉堂睡着了,醒来后失去了金钗,到现在也没找到,所以才迟到了。"钱惟演当然不相信,认为两人去了老半天肯定有私情,从此,两人的梁子就结下了。不过,这个故事是真的吗?

不错,欧阳修在治《五代史》时,是抖了不少钱氏老祖宗的不堪处。可人家也是没办法,既然要修史,当然得按史实来。尊重史实,这是史家起码应有的底线。按当时的社会道德原则,只要欧阳修没有无中生有,钱氏后人是不会跟他结仇的。

纪晓岚也不认同钱氏后人挟嫌报复的说法。他认为,因为欧阳修在修史时说过钱氏老祖宗的某些不光彩事,就认定钱勰会对欧阳修加以报复,似乎不是公平之论。

至于《归田录》中说"文僖数事,皆非美谈"的事,也属于乱扣帽子。文僖是钱惟演的谥号。欧阳修的《归田录》中先后有三次提及钱惟演,卷一一则云"钱思公生长富贵,而性俭约,闺门用度,为法甚谨"。卷二两则,一则云"钱思公生长富贵,而少所嗜好";一则云"钱思公官简将相,阶、勋、品皆第一"。

就凭这些话,根本看不出欧阳修对钱惟演的不敬来,相反,倒可以看出欧阳修在有意讨原来上司的好。还有人说,《望江南》这首词,根本就不是欧阳修所作,而是一个姓刘的人假借欧阳修之名写的,目的是为了诋毁他。

刘某之所以这么做,就是因为当年欧阳修主持科举考试的时候,黜落了一批人,其中就有刘某。其实,以上的这些说法都是"想当然耳",最终的缘由还得要从时代大背景开始说起。宋仁宗庆历年间,范仲淹主持了一次改革,史称"庆历新政"。凡是改革,必然是会有既得利益者反对的,这场改革也不例外,最后发起者范仲淹、韩琦等人都被贬外放。

而欧阳修作为新政的支持者,更是范、韩等人的朋友,自然也在政敌的打击排斥之列。这回抓住的,可是个大辫子:生活作风问题,而且还不是一般的生活作风问题,事涉不伦,最有看点了。

这件事的最后结局是,时年三十九岁的欧阳修,由龙图阁直学士,骤降滁州知州。贬到"地僻事简"的滁州,他的政敌们的目的似乎达到了。但就在滁州,欧阳修写出了历代传诵的名篇《醉翁亭记》。

在生命的初秋,他把自己经历过的苦涩之果,酿成一杯飘香千古的"与民同乐"的美酒。因这次的贬谪僻远,得遇琅邪的山泉之色;这份千古难遇的奇缘,成就了一段百世传颂的佳话。

可以想见,如果没有这起绯闻案件,也就没有《醉翁亭记》的千古流传了。让善抓作风问题的政敌们没想到的是,他们成全了欧阳修,也成全了滁州。

这种打击私生活的恶招,并没有到此为止。欧阳修的第二次绯闻发生在宋英宗治平年间,他这次被指与儿媳妇乱伦。这个绯闻的源头还是政治。仁宗晚年无子,经韩琦、欧阳修的反复劝说,正式确认皇侄宗实为皇太子,赐名曙。半年后,仁宗暴卒,赵曙即位,是为英宗。

英宗上台后,面临的一个问题是:对他的生父、嗣父如何称呼。以韩琦、欧阳修为代表的执政派认为"出继之子于所继、所生父母皆称父母",即对英宗的亲生父亲濮安懿王、仁宗皇帝都应该称父亲。

而以司马光等人为代表的台谏派却认为"国无二君,家无二尊",若把濮安懿王称为父亲,那么又将仁宗皇帝置于何地。两方僵持不下,势如水火,闹得不可开交。英宗很想尊崇自己的生父,他面临舆论的压力,犹豫良久,最后下定决心支持执政派,将台谏派撵出朝廷。但当时朝野人士大多倾向台谏派,于是,欧阳修的对手们一心想寻找一个撕开对方阵地的突破口。

机会终于来了。当时,欧阳修妻子的堂弟薛宗孺犯了事,受到弹劾,薛宗孺本来希望欧阳修在皇上面前美言几句,为他开脱。欧阳修却上书要求及时处理。薛宗孺非常生气,就造谣说欧阳修与其大儿媳吴春燕有染。

因为薛宗孺与欧阳修的亲戚关系，外人自然会认为他的话可信度高，以为是"家丑"曝光。这则绯闻，立刻四下传播开了。

当时，有位御史蒋之奇，是个政治油条。本来，欧阳修对他有推荐之恩，但此人为了赢得党争中的个人利益，觉得不能放过这个千载难逢的机会，于是在此事上大做文章，上书弹劾欧阳修有违人伦、道德败坏。

此事闹得沸沸扬扬，并不亚于前一场绯闻案，但当时不满二十岁的神宗皇帝很有主见，亲自过问此事。主持公道，将诬告欧阳修的蒋之奇贬为监道州酒税。还有一细节值得一提："私从子妇"的闹剧最终没有成事，除了实在是太过荒诞离奇外，赵既的仗义执言也功不可没。

这个赵既，也是位青史留名的人物。那个有名的"黑白豆"故事，说的就是他。

据说他的书桌上有两个瓶子，每当他起一善念，就扔一颗白豆到瓶中，起一恶念，就扔一颗黑豆至另一瓶中。刚开始时黑豆多白豆少，后来则是白豆越来越多了。赵既与欧阳修在官时曾同吃同住，赵既大概太过木讷寡言，欧阳修这样的大才子不大待见他，与其私交并不好。两人不但没有亲厚关系，欧阳修甚至还夺了赵既的官。

赵既本来是知制诰，但范仲淹、韩琦掌权时，觉得他没什么文采，便把他换了去做别的官，让欧阳修来接替了他。到后来，这起"乱伦案"闹得沸沸扬扬时，他却站出来替欧阳修说话了："欧阳修是文德之臣，以这种肮脏的罪名诬蔑他，说出去其实是朝廷的耻辱。"

他甚至连反驳者的立场都设想好了："我跟欧阳修没什么私交，他对我甚至很削薄，我并不是出于私心要庇护他，我想庇护的，是朝廷的体面而已。"这一回的"私从子妇"案，虽然比多年前"盗甥"案的结局要好些，但同样也给欧阳修的清誉带来不小的影响。

无论古今，打击对手的一个最阴险的手段，就是玷污他的私生活。轰动一时的两起绯闻案件，曾将欧阳修置于极为尴尬的境地。欧阳修当初被贬到滁州，也曾为"莫须有"的罪名而愤怒，专门上表自辩，说自己生而孤苦，少则贱贫，同母之亲，唯存一妹。当年妹妹丧夫而无托，携孤女而来归，自己不能忍心拒之门外，况且也无法预料这位七岁的小女孩长大后会做出这样的事情，当时帮她们买田产置房产也是人之常情。现在追究其责任，实在是吹析于毫，深文罗织。

虽然他的这些自辩之语，真的是情动于衷，句句发自肺腑，但从宋代以来，还有人一直对欧阳修这两桩绯闻死死咬住不放，时不时地提起，说他的"解释是掩饰"，透着无比的心虚。这可能是出于对名人隐私无限的窥视欲吧？不过，要真想还欧阳修一个清白，还得拿出过硬的第一手史料，以此服众。对此，我们倾情等待：

高力士有没有替李白脱靴呢

一说到"诗仙"李白，最有名的故事是唐玄宗的宠臣高力士替他脱靴的故事。人人据此，以为这个诗界的大腕在政界也很吃得开。

有一个桥段是这样的：天宝元年（742 年），有两位声名煊赫、风格迥异的人物相遇于大唐首都长安宫苑。一个是权重四海的冠军大将军渤海郡开国公内侍监首领高力士，一个是落笔摇五岳、啸傲凌王侯独领风骚的天才诗人李白。有意思的是，这两位大名人还真有缘，虽然不是同年生，却是同年死。后来，他们相遇于明皇帝李隆基的大殿上。

对于高力士有没有替李白脱靴一事，历来说法不一，有人认为这事是真的，这种说法的根据是李浚《松窗杂录》中所记述过的话："会花方繁开，上乘照夜白，太真妃以步辇从。诏特选梨园弟子中尤者，得乐十六部。李龟年以歌擅一时之名，手捧檀板，押众乐前，将歌之。上曰：赏名花，对妃子，焉用旧乐词为？遂命龟年持金花笺，宣赐李白，立进《清平调》辞三章……龟年遽以辞进。上命梨园弟子，约略调抚丝竹，遂促龟年以歌。太真妃持玻璃七宝盏，酌西凉州葡萄酒，笑领歌意甚厚。上因调玉笛以倚曲……上自是顾李翰林，尤异于他学士。会高力士终以脱靴为深耻。异日，太真妃重吟前词。力士戏曰：'此为妃子怨李白'深入骨髓。何反拳拳如是？'太真因惊曰：'何翰林学士能辱人如斯？'力士曰：'以飞燕指妃子，是贱之甚矣。'太真颇深然之。上尝三欲命李白官，卒为宫中所捍而止。"

段成式的《酉阳杂俎》中说："李白名播海内。玄宗于便殿召见。神气高朗，轩轩然若霞举。上不觉忘万乘之尊，因命纳履。白遂展足与高力士曰：去靴。力士失势，遽为脱之。及出，上指白谓力士曰：此人固穷相。"

这两则栩栩如生的故事。就是"高力士为李白脱靴"的原创本。李、段皆晚唐人，晚于李白百年左右。这些材料后被大量引用，写入正史、搬上舞台，盛传入口。高力士的弄臣形象就是这样塑成的。

但这并非是事实。首先《松窗杂录》所讲的时间背景——开元中，就完全不对。"开元"共二十九年。"中"是多少，对折算也在十四、五年左右。殊不知贵妃册封在开元二十四年。开元中哪会有赞美贵妃之诗作？另外，李白在《为宋中丞自荐表》亦云："天宝初，五府交辟（推荐），名动京师。上皇闻而悦之，召入掖庭。""天宝初"入京，写得明明白白，可谓铁证，足以否定"开元中"其说之非。

不过呢，"扶上马"的事，倒是确有信史记载。高力士与李白的交往，反倒有温情动人的一幕：范传正在《唐左拾遗翰林学士李公新墓碑》中云："天宝初，召见于金銮殿。玄宗明皇帝降辇步迎，如见园、绮……他日泛白莲池。公不在宴。皇欢既洽，召公作序。时公已被酒于翰林苑中。仍（又）命高将军扶以登舟，优宠如是。既而上疏请还旧山。玄宗爱其才，或虑乘醉出入省中。不能不言温室树（宫内秘闻），恐掇后患，惜而遂之。"高大将军扶李白醉上龙舟，调护殷勤，这是多么动人的情节。范传正是李白的通家子侄。此序应当真实不虚，堪称信史。这里所载与李、段之小说家言竟是如此隔若霄壤。

高力士本姓冯，名元一，是岭南华阀大族。其远祖冯业是南北朝时北燕国主冯弘的族子，为北魏所逼，渡海定居岭南，世为粤中豪族，其跌宕起伏的家族史极富传奇性。其曾祖冯盎为唐初高州都督、耿国公广韶等十八州总管。祖父冯拭为潘州刺史。父冯君衡依例世袭潘州刺史，而为官方所不容，以擅袭父职被诛。九岁的冯元一作为阉童由岭南招讨使李千里送到武则天身边。因年幼交内侍高延福抚养，并改名高力士。

高力士自幼入宫,在平定韦皇后和太平公主之乱中立下功劳,很快成为了唐玄宗跟前的红人。唐玄宗当年有一句话说:"力士当上,我寝则稳。"意思就是说:只要有高力士在宫中值班,我就可以睡大觉。足见明皇对高力士的信任。

高力士牛到什么地步呢?他本是一个太监,居然还娶了一房"太太"。据说,这位太太去世时,朝野上下,争相吊祭,参加丧礼的人群,把大道都堵塞了,从高家到墓地,沿途车马络绎不绝。想想吧,这么一位连李林甫和杨国忠都争相巴结的权贵,李白胆敢让他为自己脱靴?脱靴事件压根儿就没有发生过。这样一件看似在权贵们面前扬眉吐气的"光辉"事迹,李白从未在自己或者与他人交往的诗文中提及,如果真有其事,按诗仙的行事风格与个性,想来也不会把如此风光的事给"潜伏"掉了。

因此,明人钟泰华在《文苑四史》中指出"恐出自稗官小说"。清人王琦在《李太白文集跋》中亦云:"后人深快其事(指高力士脱靴),而多为溢美之言以称之。然核其事,太白亦安能如论者之期许哉。"

事实上,让李白被迫离开权力中心的原因,与高力士无关。不仅如此,有意思的是,高力士实际上行事端慎,一直好评如潮。连张说、张九龄、李邕等贤相名臣都对其尊重有加。那么,导致李白出走的人又是谁呢?李白的族叔李阳冰在其《草堂集序》中认为是翰林院同事进谗言。魏颢在《李翰林集序》中也说得清清楚楚:"上皇豫游,召白。白时为贵门邀饮,比至半醉。令制出师诏,不草而成。许中书舍人。以张垍谗逐。"可见,正是张垍打的小报告。这张垍是何许人也?他是张说之子、明皇帝之娇婿,当朝驸马、卫尉卿。当时与其兄均以舍人学士任职翰林院,同掌纶翰。可说是李白的同列长官,皇家的娇客,官场的牛人,他的反对自然是一重大阻力。此外诸家所述,大致相同如此。

李白在《为宋中丞自荐表》中说:"召入禁掖,既润色于鸿业,或间草于王言。雍容揄扬,特见褒赏。为贱臣诈诡,遂放归山。"李白放荡不羁,因此得罪的人不少,所以被罗织周纳,编造恶名,赶走了事。而张垍恐怕就是带头赶走李白的人。

此外,一些与李白有亲密交往并为他编诗写序的人,如:李阳冰、魏颢以及为他作墓碣的刘全白,也一致认为李白是天宝初间奉诏入京。更值得注意的是,李白在《为赵宣城与杨右相书》中说:"伏惟相公,开张徽猷,寅亮天地,入夔龙之室,持造化之权。安石高枕,苍生是仰。"此文作于天宝十四年,是代宣城守赵悦写的。这里说的杨右相,不是别人,正是杨贵妃的堂兄杨国忠。将杨国忠比为"夔龙"(舜之贤臣夔与龙)、安石(晋谢安字安石),此等夸词,皆谀言非实之语。

不过,这却从另一侧面反证李白并不怎么嫉恨杨氏兄妹吧。假设真有贵妃谗逐李白之事,能这样写吗?李浚之说:不足取信。再明白不过了。至于《酉阳杂俎》所载,则更为离奇。试想尊贵风流、旷古一人的李隆基能为被他召来的白衣诗人李白的风采震慑和压倒而说出这样进退失据,出尔反尔的话吗?既然不满李白的放肆,又怎会要提拔他呢?其不合情理,一想可知。实为文人快意编出的小说家言而已。

可能是因为在那些规行矩步的馆阁诸臣眼里,李白掀天揭地的诗文,放荡不羁的作派,自然是看不顺眼,无法相容的。于是罗织周纳,编造恶名,赶走了事。而张垍则充当了这幕丑剧的领头者。

高力士与李白晚年境况,颇为相似。他们同卒于宝应元年(762年),只差三个月。又都先后遭贬,发往同一个地方——夜郎(巫州)。而且有着几乎交集的路线,并都有诗作流传。不过李白被贬较早,至德二年(757年)十二月,就从浔阳踏上长流夜郎之路。

高力士被贬巫州,在上元二年(760年)七月。起因是他反对李辅国用武力强迫太上皇李隆基迁往西内,加以软禁。据《新唐书本传》说,力士行前曰:"臣当死已久,天子哀怜至今。愿一见陛下颜色,死不恨。李辅国不许。"遂开始了他那一去不复返的悲壮旅程。他的《咏荠》诗,即作于巫州贬所:"两京作斤卖,五溪无人采。夷夏虽有殊,气味终不改。"借物明志,表现了纵有沧桑巨变,而不改本色的高尚操守。

李贽在《史纲评要》中指出"高力士真忠臣也,谁谓阉宦无人。"是摒弃了传统偏见的中允不二的评论。

那么,高力士有没有替李白脱靴呢?据上面所述,这个可以有,但这个真没有。因为,诸多事实摆在那里,证明根本没有这回事。

诸葛亮有没有写过《后出师表》

时人一提起诸葛亮的《出师表》,可能就会想到他的《后出师表》。这么想的不仅是常人,大诗人也会这么想,前有唐人白居易——"前后出师遗表在",后缀宋人苏东坡——"出师二表",大家似乎对诸葛亮的"二表"都佩服得五体投地。不过,对于《后出师表》的版权归属问题,"良史"陈寿一开始就持不信任态度,这种态度可以从一个细节中看出端倪,对于《出师表》,陈寿在《三国志》中全文录入,却只字未提《后出师表》。同样的,在他编撰的《诸葛氏集》里,也看不到后者的身影。

《后出师表》的传世,有赖于裴松之注《三国志》,据传此文最早出现在三国吴人张俨的《默记》上。

今人对于《后出师表》是不是伪作,同样持有两种不同的观点,坚持"伪造论"的人,认为这篇大作不是出自诸葛亮本人之手,其理由有三:

其一,它不见于蜀汉档案。每个王朝建立后,由于之前戎马倥偬的经历,在撰写当代历史前,都有资料征集的过程,比如《隆中对》,刘备、诸葛亮谈话时,并没有史官在旁记录,只是在成都建立政权后,由诸葛亮(或还有刘备)回忆整理了出来,中间会有一些误差。《后出师表》却不同,这时候已有史官,也有文档保管的专门机构,陈寿编辑《诸葛亮集》时,不必要经历征集的周折,只需原文照录就行了。《诸葛亮集》共收录二十四篇,连一些并不重要的内容,如传运、废李平、与诸葛瑾书都收录了,何以忽略了后世倍赞的《后出师表》?唯一解释是压根儿没有见到。这肯定不是遗失,如果是遗失,其他人都能回忆起这件事情,追悼诸葛亮时也会提起,毕竟是一篇决定政治形势的表章。

于是,有人认为,既然蜀汉档案不见,"良史"陈寿未提,那么《后出师表》多半属后人伪托之作。这种说法得到许多人的追捧,以为是中的之语。有人对此事却不是这样看的,以为,陈寿不提《后出师表》,并不能说明它就是后人伪托之作,因为,在东汉三国时,官吏的奏折和上言一般都是写两份,一份自己留下,一份上报。根据个人情况,有的人会特意保留自己的草稿,有的人会特意毁掉,各自都有原因。

有实据可证这个说法不虚的是魏国的陈群,他的传记专门提到了这件事。所以,如果个人毁掉了草稿,原文保留的机会就降低很多。孔融被处死之后很多年,曹丕曾下令重金求购孔融的诗文,主要是从孔融写出的信笺中得到,这也说明著名人物的文章没有被全部保留下来的情况是经常性的。不能因为陈寿没有提到,就去否定它没有存在过。

陈寿编撰的《诸葛亮集》已经佚失,从现在保存下来的目录可以看出,诸葛亮给孙权、诸葛瑾、孟达等人的信件也是其中的主要内容,这些信件被对方保留下来是很正常的事情。张俨的官职是吴国大鸿胪,专门负责处理对外事务。当时吴蜀两国信使往来很频繁,互相接触很多,甚至有时到了无话不谈的地步,张俨接触到这些信件或转抄下来也是顺理成章的。而且,古代很多文章和诗文就是这样被保存下来的。

陈寿编撰的《诸葛亮集》,看得出来是费尽了心机的,但也不可能是诸葛亮文字的全部。诸葛亮的一生,事无巨细都要亲力亲为,经手的文件、书信多如牛毛,不会只是陈寿《诸葛亮集》中所收集的那十几万字,很难保证没有散失。

其二,风格不正。《后出师表》提出了必须进行北伐的六条理由,然而却没有一句正面的阐述,一直由"此臣之不解一也"历数到六。通篇都是气势汹汹的反问句式,这不是一个政治家表述意见的方式,更不是"政事咸决于亮"的当事人口吻,倒显得书生气十足,一副牢骚满腹的样子,诸葛亮不需要也不可能如此说话。《后出师表》和《前出师表》文辞风格迥然不同。《前出师表》是忠臣志士无意为文,故风格至为豪迈。《后出师表》是作伪者有意为文,因而辞意不免庸陋,如"群疑满腹,众难塞胸,今岁不战,明年不征"四句,均一句四字,两句对偶,意思完全雷同,《前出师表》就没有这样的句子。清代学者黄式之就说:"《前表》悲壮,《后表》衰飒;《前表》意周而辞简,《后表》意窘而辞繁。"

《后出师表》也被发现某些地方简直是文不对题。例如"刘繇、王朗各据州郡,论安言计,动引圣人,群疑满腹,众难塞胸,今岁不战,明年不征,使孙策坐大,遂并江东,此臣之未解二也",这句话翻译成现代汉语就是:刘繇、王朗各占据了州郡,每当君臣一起讨论安危出谋划策的时候,动不动就抬出圣人,搞得大家满腹狐疑,今年不出战,明年不出征,眼睁睁望着孙策坐大,并了江东,这是臣不了解的第二个方面。但是仔细看看孙策生年与卒年就会知道,孙策坐大并江东那会儿刘备还什么地盘也没有,还在到处流浪。建安五年(200年),刘备被曹操击败,投奔袁绍。这件事可在《三国演义》第二十四回"国贼行凶杀贵妃,皇叔败走投袁绍"中找到。建安十二年(207年),孙策去世已七年,诸葛亮27岁时,刘备才"三顾茅庐"于南阳隆中,会见诸葛亮问以统一天下大计,引出了那次著名的谈话,成就名垂千古的《隆中对》。到此为止,他们才算君臣相遇,如鱼得水,最终演绎出"鞠躬尽瘁,死而后已"这一可歌可泣的佳话。也就是说,孙策坐大那会儿刘备压根儿还没碰上诸葛亮这个大才，所以"臣之未解二"这句话绝对是错漏百出，根本不可能是诸葛亮的手笔。

既然认为《后出师表》非诸葛亮自作，那么，伪造者又是谁呢？由于《后出师表》出于张俨的《默记》，因此，一些学者认为它是张俨所作。但有人指出张俨是诸葛亮的粉丝，他本人对北伐的主张也是赞同的，以为假使诸葛亮寿命长一些，北伐成功是很有可能的，反观《后出师表》对北伐的悲观态度，可以得出一个很靠谱的结论，伪造者不应该是张俨。也有人认为伪造者应是诸葛亮的胞侄诸葛恪。这诸葛恪与他叔叔虽然都在抗魏的同一战线，却是各为其主的，他在 252 年孙权临死时，受命为吴大将军，全权辅佐幼主孙亮。诸葛恪为了树立自己的威望和掌握兵权，想发动对魏的战争。然而这却引起举国反对——此情形正好比是《后出师表》中所说的"议者谓为非计"。于是，诸葛恪这时很可能伪制《后出师表》，以便使自己的伐魏主张得到一个有力的旁证。

但这里又出现一个问题，一个着意用兵的人，不可能去伪造一篇明显有反战情绪的作品，那样做似乎是没有必要的。还有，如果说诸葛恪看见过《后出师表》，或进而说诸葛恪有意模仿《后出师表》，得出这样的结论是正常的，但要是说诸葛恪编造《后出师表》，则不合乎情理，以诸葛恪的聪明，不会自己编造一篇著名人物而且还是自己叔父写的《后出师表》公布出去，然后照猫画虎地模仿着再写一篇类似的文章也公布出去，这终究会被人看破，那不是要贻笑大方吗？这是要欺负江东没有文人墨客吗？尤其是《后出师表》中说东吴的前领导人孙策的话语并不恭敬，如果这样明显地造假，要是被查出来那可要吃不了兜着走的。

其三，文中有严重漏洞。赵云是一员宿将，于建兴七年病故，他的死，诸葛亮当然记得很清楚，皇帝刘禅也很清楚。《后出师表》写成于建兴六年。然而文中却有"中间期年耳，然丧赵云、阳群……"《三国志》蜀书六赵云传明确记载赵云"建兴七年（229 年）卒，追谥顺平侯"，是在《后出师表》后一年去世，这说明建兴六年时赵云还在世，如果是诸葛亮本人写的《后出师表》，怎么也不会把活着的赵云写成已死，所以《后出师表》出现了一个明显的破绽。

赵云的去世年份不对，这是关键点，有人认为这是铁证。在这个关键点上本人反而不想多费口舌，也不必多费口舌。承认史书包括陈寿的《三国志》的记载也会出现错误，也有纰漏，就足以说单凭这点不能作为铁定的依据，不能说是板上钉钉的依据。裴松之给《三国志》作注解，也指出其中有一些小错误、小纰漏。比赵云更有影响力的孙坚的死亡年份就有不同的说法，裴松之认为陈寿的"孙坚初平三年死亡"的记述有误，裴松之在《三国志·宗室传》记述孙匡的时候很确定地说是"且孙坚以初平二年卒"。孙坚亡故的时间，王粲的《英雄记》中明确地写着"（孙）坚以初平四年正月七日死。"王粲深受史学大师蔡邕的看重，而且自身逃难到荆州，应该有第一手材料知道孙坚死亡的情况。三种说法哪个更准确呢？这可以再考证孙坚、孙策和其周围重要人物的活动推证出来。在这里，考证的结果并不重要，能看到史书记载也可能会出错误这点就可以了。

而坚持《后出师表》是诸葛亮所作的学者，也针对诸葛恪伪造一说提出异议。他们认为，由于亲属关系，诸葛恪可以得到诸葛亮的文字，因此《后出师表》还是出于诸葛亮的手笔。

作伪者既然意在乱真，理当尽量仿效《隆中对》、《出师表》等作品才是。事实却不是这样。《隆中对》中的诸葛亮英气勃发，指点江山，犹胜券在握；《出师表》中的他虽内敛沉稳，但必胜之心，溢于言表。《后出师表》不仅绝口不言取胜，行文也不似前者气壮而语畅，倒像是恐人不信而回环往复、申之不已。后人对照"二表"常发出冰炭两途之叹。陈寿哪里知道诸葛亮的苦衷呢？伐魏无望，这诸葛亮不会不明白，为了避祸他这才不得已玩战争。但玩要玩得像真的，因为一旦被人看破，就没有玩的借口了；但又不能玩得太过火，若大打起来，则会输掉继续玩的本钱。要兼顾两头，也真难为了诸葛亮。他斩王双、射张，象征意义大，对伐魏大计却无多少裨益；而搞迂回，设疑军，打运动战，牵制敌人，这才是本意所在——保存实力。要不是玩战争，诸葛亮数出祁山，不可能没有惨烈的战争场面。事实上，只有街亭之役损失较大，那是因为马谡有违孔明节度所致。当然，即使把伤亡控制到最小，玩战争仍然是不道德的。诸葛亮对这点应该比谁都清楚。他长年伐魏，一直出奇地谦卑低调，有功不愿受贺，失利则自责求贬，尤其是对士卒体恤有加，甚至还说出"一夫有死，皆亮之罪"的重话。凡此种种，除了因自己避祸累及他人而愧疚外，殊难找到更合理的解释。陈寿在蜀国时并非高官，没有能力动用国家力量来收集诸葛亮的全部文字。蜀国亡国，很多大人物都在战乱中消失了，更别说文章了。蜀亡之后多年，陈寿奉命编撰《诸葛亮集》，那更是诸葛亮死后许多年之后的事情。大家都说蜀国没有史官记述历史，这些文件只能靠陈寿个人力量逐个寻找，可知难度很大，不可能做到"一网打尽"。而且有些涉及军事和人事的密表也不是一般人能看到的。如诸葛亮让蒋琬接班的事情，"（诸葛亮）密表后主曰：'臣若不幸，后事宜以付琬。'"既然是"密表"，当时一般的人当然是看不到的，估计也只能传出来只言片语。

这个问题就说到这里。

其四，有人很坚定地认为是诸葛恪造假写的这篇文章，主要依据是诸葛恪在自己的著论中特别提到自己看过诸葛亮的出兵抗魏的言论，诸葛恪造假的目的是要为自己出战魏国做舆论。还有人指出，诸葛恪著论的文风和口气与《后出师表》极其相像，很多语句几乎可套用，甚至为此可以打抄袭、盗版的官司。本人认为诸葛恪的确很有可能看到过《后出师表》，那时诸葛亮同诸葛瑾书信往来频繁，不仅谈国事还谈家事。诸葛亮没有子嗣的时候，过继了诸葛瑾的儿子诸葛乔"为己适子"，两人书信中还谈到了对孩子的教育问题，亲如一家，关系密切。但是，正因为双方人员和信件往来频繁，而《后出师表》不是一般信件，诸葛恪不太有可能公开造假。诸葛亮死后十多年，诸葛恪出兵新城大败，随即被诛杀，诸葛恪死后十年左右蜀国灭亡，这期间如果诸葛恪造假弄出的这样一篇重要文章在世面上传看（丞相写给皇帝看的，而且涉及北伐的国家大事），鉴于两国的密切关系，在这近三十年的时间内必然会有人指出来。可以说诸葛恪造假没有道理也没有情理，分析当时的具体情况就可得出这个判断。

诸葛亮写《前出师表》的时候，出兵北伐的条件极为有利，曹丕已死，南中刚定。之前几年蜀国"务农殖谷，闭关息民"，兵强马壮；南中一仗很有收获，"军资所出，国以富饶"；而且同吴国的关系恢复，双方商定共同伐魏。而《后出师表》对应的时间是第一次北伐刚刚失败，街亭一役损兵折将，士气低落，"民穷兵疲"，这时吴国在石亭大败曹休，魏国正顾东顾不了西，机不可失，诸葛亮顶着众多的反对意见坚持要第二次北伐。写《后出师表》的目的是要自我辩解，说服他人。再看诸葛恪出兵伐魏著论的时机，其情景完全不同，根本用不着依靠伪造《后出师表》来为自己服务。诸葛恪少年得志，以聪慧善辩受到孙权赏识。诸葛恪帮助孙权解决了旷日持久又极为头疼的山越反叛的麻烦事。与魏国几次小规模的冲突都获得胜利。陆逊死后，诸葛恪当上了大将军，又以太傅的身份受孙权的托孤重任，人气很旺，可与诸葛亮一样，诸葛恪攻打魏国的计划也遭到了舆论的反对，正是此时，诸葛恪写了与《后出师表》极为相像的著论来为自己出兵辩护。如果假设真有那么回事，这时候正是诸葛恪推出伪造的《后出师表》的最佳时机，因为之前之后推出既无意义也没条件。但这时候，诸葛恪面对的情况与《后出师表》的情况完全不同。魏国方面司马懿刚死，司马师刚接班，吴国方面诸葛恪本人刚掌大权，刚获东兴大胜，威望正高，抱着必胜的信念，怎么会用刚刚战败后意气消沉的《后出师表》来支持自己的主张呢？谁也不会在出师之前就大谈失败。诸葛恪因为疾疫的缘故最终导致新城大败，兵士"死伤涂地"，"众庶失望"，上下不满，刚一回军就死于宫廷内争。如果诸葛恪没有死，想要再次出兵，这才会用上《后出师表》，可是他已经没有那个机会了。

因此，清人袁枚跳出来斥之为伪作，理由是，出师临征，当以气夺人，《后出师表》却先自怯馁，"上危主志，下懈军心"，此虽至愚不为，而况诸葛。20世纪中叶，受过"科学主义"洗礼的傅斯年也称，《后出师表》"若果决而实忧疑，若奋发而实不振"，即使不算"败北主义"，也脱不掉悲观论之嫌，诸葛亮伐魏，志当必胜，必无漫作此等泄气话的道理。在众多史论家眼里，《后出师表》之伪，凿凿已成定论。

《后出师表》与诸葛亮的伐魏可谓有异曲同工之妙，内里藏着不可道破的玄机。从这点看，此表也许真是诸葛亮所写；若系伪作，则作者对诸葛亮的尴尬处境和内心活动把握之准，令人叹绝。究竟是真是伪，倘无旁证出现，想必会一直争论下去。不过，如果我们依照海德格尔把"真"理解为"去蔽"，那么，这篇妙文保存了历史的尴尬，引起我们的疑问和追寻，让我们发现了诸葛亮隐秘的苦衷，就这个意义而言，它也许够得上一个"真"字了。

诸葛亮究竟有没有写过《后出师表》，至今仍是一个谜。

《黄帝内经》成书于何时

《黄帝内经》成名已久，从古至今，专家学者提到它都竖大拇指，赞它是祖国医学中现存最早的一部医学基础理论著作，不服还真不行，那洋洋20万言的皇皇大作，可谓是集中国古代医学经验之大成，开中医理论体系之先河，至今仍被列为学习研究中国古代医学绕不开的经典。

可有一事一直摆在人们的面前，这本《黄帝内经》是什么时候写成的呢？一直以来，争论不休。有的认为这本书起源于黄帝，有的认为成书于春秋战国，有的认为是西汉与东汉之间的作品。

在现存的所有史书中，考察《黄帝内经》的书名，最早出现于《汉书·艺文志》："《黄帝内经》十八卷，《外经》三十七卷。"今天我们看到的《黄帝内经》是个残本，原本有的《素问》和《灵枢》两大部分不全，而传说中的《黄帝外经》彻底丢失了。

《黄帝内经》书影

《汉书》是东汉班固所撰，但是班固在撰写《汉书·艺文志》时，是以西汉末年刘歆（？~公元23年）的《七略》为底本的。西晋时的医家皇甫谧（公元215~282年）在所著《针灸甲乙经·自序》中写道："按《七略》、《艺文志》：《黄帝内经》十八卷。"这说明，在刘歆的《七略》中，肯定已经提到了《黄帝内经》。由此推断，《黄帝内经》最迟在西汉末期，即公元前1世纪末已经成书问世。这是《黄帝内经》成书的最后年限。

那么《黄帝内经》究竟成书于何时呢？会不会更早一些呢？历代学者对此一直有分歧。有些学者认为：《黄帝内经》是黄帝时代（公元前26—前22世纪）的作品，如晋皇甫谧在《针灸甲乙经·自序》中说："黄帝咨访岐伯、伯高、少俞之徒，内考五藏之腑，外综经络血气色候，参之天地，验之人物，本性命，穷神极度，而针道生焉。其论至妙，雷公受业传之。"北宋时的高保衡、林亿在《重广补注黄帝内经素问序》中说："昔黄帝，坐于明堂之上，乃与岐伯上穷天纪，下极地理，远取诸物，近取诸身，更相问难，垂法以福万世；于是雷公之伦，授业传之，而《内经》作矣。"

但是，黄帝、雷公都是传说中原始公社制末期的人物，当时的生产力水平，不可能产生出像《黄帝内经》这样的科学著作。因此，另一些学者主张：《黄帝内经》成书于周秦之际（公元前11—前3世纪）。明代胡应麟在所著《少室山房笔丛》中说："医方等录，虽亦称述黄岐，然文字古奥，语致玄眇，盖周秦之际，上士哲人之作。其徒欲以惊世，窃附黄岐耳"，"《素问》精深，《阴符》奇奥，虽非轩后，非秦后书"。清代《四库全书简明目录》说：黄帝《素问》二十四卷"原本残阙，冰采《阴阳大论》以补之。其书云，出上古，固未必然；然亦必周秦间人，传述旧闻，著之竹帛"。

现代的医史专著或教材中，也有持类似观点的，甄志亚先生主编的《中国医学史》（全国中医学院教材）就认为：《四库全书简明目录》的说法"基本上是正确的"。然而，还有更多的学者认为：《黄帝内经》成书于战国时期（公元前475—前221年）。宋代的邵雍在

《皇极经世书》卷之八下《心学》第十二说:"《素问》、《密语》之类,于术之理可谓至也。《素问》、《阴符》,七国时书也。"宋代理学家程颐在《二程全书·伊川先生语》中说:"《素问》书,出战国之末,气象可见。若是三皇五帝典坟,文章自别,其气运处,绝浅近。"明代方以智在《通雅》中也认为:"守其业而浸广之,《灵枢》、《素问》也,皆周末笔。"现代学者龙伯坚在《黄帝内经概论》一书中,任应秋先生在《内经研究论丛》一书中,也持同一观点,其主要理由是:首先,将《黄帝内经·素问》与同样是战国时代的《周礼》相比较,有许多相同之处,足以充分证明两书是同一时代、同一思想体系的作品;其次,《史记·扁鹊传》中有关医理的内容,与《黄帝内经·素问》的内容相类似,但却朴素、原始得多,而《史记·仓公列传》中有关医理的内容却比《黄帝内经·素问》有所进步,由此推断:《黄帝内经·素问》应当是扁鹊时代以后、仓公时代之前的作品,也就是战国时代的作品。最后,以《黄帝内经》的文体为例,也可以说明这一点:先秦之文,多作韵语,而《素问》中韵语的文字特别多。

但是,也有一些学者不同意以上几种说法,他们认为《黄帝内经》只能成书于西汉时期。刘长林在《内经的哲学和中医学的方法》一书中,吴文鼎在《上海中医药杂志》1982年第9期上发表的《〈黄帝内经〉与黄老学派》一文都作如是观。其主要理由是:《黄帝内经》全书约计20万字,这在2 000多年前可以说是一部巨著。编著这样的医籍需要有一个安定的社会环境,需要花费巨大的人力、物力,这在战事连年、七雄割据的战国时代是不可能办到的。只有在西汉时期,随着政治的稳定,经济的发展,才为医学家编著医籍提供了现实的条件,此其一;西汉初淮南王刘安的《淮南子·修务训》曰:"世俗人多尊古而贱今,故为道者必记之神农、黄帝而后能入说。"《黄帝内经》在书名和思想内容上与"黄老学派"的密切联系,也为只有在西汉"黄老学派"鼎盛时期才能成书提供了佐证,此其二;西汉司马迁在《史记·仓公列传》中,记述了西汉初年名医淳于意在接受老师公乘阳庆传授给他的十种医书中,竟没有《黄帝内经》,这也足以说明《黄帝内经》不可能成书于西汉之前,此其三。

春秋战国时期,甚至更早以前,出现过什么样的医学典籍现在已经很难考证。传说上古之时有"三坟",孔子在《尚书·序》中说过"伏羲、神农、黄帝,谓之上古三坟,严大道也!"而现代有学者认为,所谓"坟"就是用来刻字的泥板,那么"上古三坟",也就是记录了伏羲、神农、黄帝言行的典籍。而到明清时期则有一种较普遍的观点认为"三坟"中有大量内容记载的是医理,尤其是神农尝百草而著的本草、黄帝与岐伯辩论而成的《内经》即是其中二坟。这种观念固然美妙,但毫无依据,纯属臆测。

而《黄帝内经》的名称最早见于东汉班固所著《汉书·艺文志》,《汉书·艺文志》是现存最早的图书目录。《汉书·艺文志》对其中收录典籍的流传是如此描述的,大意是:战国以来,诸子百家言论纷杂、真伪不一。到了秦朝时以百家之言为患,就焚书而愚弄百姓。到了汉朝,开始广收篇籍,广开献书之路。到了孝武帝时,书缺简脱,礼坏乐崩,于是专门设立官员对书籍进行重新整理。到成帝时,书又大多散亡,于是派陈农搜集天下遗书，又让专人整理。最后这些皇家收藏图书就记录到了《艺文志》中。

从这段记载来看，一本典籍要想从战国流传到东汉是一件非常不容易的事情，中间经历了无数的战乱，其中还经过秦朝焚书坑儒的文化大浩劫，因此即便在离战国不太遥远的东汉时期，要想全面了解春秋战国时期医学理论的面貌也绝非易事。

在《艺文志》与《黄帝内经》中同时收录的医学、养生类书籍一共三十六种，分为医经、经方、房中、神仙四大类。"医经"类讲述的主要是各种医学理论，"原人血脉、经络、骨髓、阴阳、表里，以起百病之本，死生之分"，一共收录了七本书，《黄帝内经》即属于其中之一，另外六本是：《黄帝外经》《扁鹊内经》《扁鹊外经》《白氏内经》《白氏外经》《旁篇》。有学者认为，"黄帝"、"扁鹊"、"白氏"是流传于秦汉时期的三个医学流派，各个医学流派对医学理论有不同的阐述，然而流传到今天的就只有"黄帝"这一个流派了，其他两个流派已经失传，或者已经被融入到了"黄帝"这个流派之中。也有学者认为，在这么多的医学著作中只有《黄帝内经》还能在各种农民起义、军阀混战中幸存下来，也正说明了《黄帝内经》在当时流传广泛，是一部生命力顽强的著作。

《艺文志》中"经方"类书籍十一种，主要讨论各种疾病的诊断、治疗方法以及药物的药性及配伍方法。这些书籍也都失传。但很可能其中部分内容被张仲景编入了《伤寒杂病论》中。

"房中"类书籍八种，可以看出秦汉时期对"性健康"极为重视。"神仙"类书籍十种，主要讲述各种保健养生的方法，以达到"保命求真"的目的。

从《艺文志》的记载不难推断，在春秋战国时期就有了很多医学典籍，尽管经历了人世间的各种灾乱，很多已经散亡，但也有一部分流传到了东汉时期，其间还有很多新的医学典籍诞生。而在东汉时期，医学、养生类的书籍比较丰富，但是时至今日这些典籍也大多亡失，我们只能从《黄帝内经》、《伤寒杂病论》等非常有限的几本书籍中"管窥"秦汉时期及秦汉以前医学的面貌。

那么在东汉以后，《黄帝内经》又是怎么流传的呢？

从唐代王冰在《增广补注黄帝内经素问序》中，我们对《内经》在民间的流传方式可以有一点了解：《素问》一书尽管经过漫长的岁月、朝代的变迁，但是还是不断有人在传授讲解此书，但传授之人又担心徒弟不敏，所传非人，有的部分就被隐藏不传了。如第七十一篇就被"师氏"隐藏起来了。所以《素问》本来应为九卷，现在流传的只有八卷了。现在流传于世的版本，存在"篇目重迭、前后不伦、文义悬隔"等等弊端，要想施行其中的医术不易。由于流传的岁月太久远，在传抄过程中积累下很多弊端，不可胜数。

王冰认为，自己过去在研究《内经》时，由于上述弊端，使自己花费了多年的精力，仍然难以领会其中的要义。直到拜于郭子斋堂下，看到了先师张公收藏的秘本，顿时群疑冰释。于是将得到的秘本重新整理。时至今日，我们看到的《素问》一书，就是经过王冰编排整理的版本。

通过王冰的记述，我们可以看到在印刷技术不发达的年代，《内经》的流传方式主要依靠师传，师父根据徒弟的接受能力，传授《内经》的部分内容；徒弟将这些内容记录下来又传授给下一代，如此代代相传。也有的学者认为，口传、背诵可能是没有印刷或印刷不发达时文化典籍流传的一种主要方式，那时由于学习的需要，人培养出了极好的记忆能力，能背诵大量典籍。如《汉书·楼护传》记载："护少诵医经、本草、方术数十万言"。《黄帝内经》中，黄帝向雷公传授医术的方式，也是先让雷公背诵医学经典，例如雷公向黄帝说自己学习医术时，"诵而未能解，解而未能别，别而未能明，明而未能彰"，可见在《内经》作者的观念中，学习医术要经历"诵"、"解"、"别"、"彰"这样一个渐进的过程。而背诵经典正是医学学习的第一步。

其他文化中也有类似的现象，例如佛教早期经典的流传，也完全依靠僧人的背诵，直到释迦牟尼灭度后数百年才把僧人口头传诵的经典记录下来，结集成现在的小乘经典。如此看来，口传、背诵，确有可能是没有印刷术时文化经典流传的一种普遍方式。

综上所述，《黄帝内经》的名字最早出现在东汉的记载中，与之并存的还有大量其他医学典籍，这些典籍中的一部分很可能是春秋战国时期遗留下来的。而到东汉时可能存在着三个主要的医学流派，但流传到今天我们看到的只有"黄帝"这一个流派了，这也说明"黄帝"一派是影响最大，最有生命力的。师徒一代代口传心授、传抄，是医学典籍在民间流传的一种主要方式，但这种方式使得医学典籍在流传过程中逐渐失去原来的面貌。

诸子起源真相是什么

春秋战国之交，神州大地掀起了一场社会大变革的风暴，兼并战争连年不断，整个社会的格局呈现出重组的态势。在这个时期，一个新的社会阶层应运出现了，这就是士。他们来自社会的各个方面，地位虽然较低，但很多是有学问有才能的人，有的是通晓天文、历算、地理等方面知识的学者，有的是政治、军事的杰出人才。其代表人物如孟子、墨子、庄子、荀子、韩非子，以及商鞅、申不害、许行、陈相、苏秦、张仪等，都是著名的思想家、政治家、军事家或科学家。至于一般的出谋划策、谈天雕龙之流，以及击剑扛鼎、鸡鸣狗盗之徒，更是人数众多。

由于士的出身不同，立场不同，因而在解决或回答现实问题时，提出的政治主张和要求也不同。他们著书立说，争辩不休，出现了百家争鸣的局面，形成了儒家、道家、墨家、法家、阴阳家、名家、纵横家、杂家、农家、小说家等许多学派。

许多年过去了，对于"先秦诸子"如何能在那个时期突然耸起一座座学术高峰，一直是中国学术发展史上争论最大且最久的问题之一。对这个问题，学者各执一端，前后达两千年之久。

作为一个时人，庄子对于这个问题是这样看的，他提出了"六经说"。以为儒家经典的《诗》、《书》、《礼》、《乐》、《易》、《春秋》是先秦学术思想之源，诸子百家是流，诸子是在继承六经的基础上发展而成一家之言的。庄周的"六经说"得到许多后来者的认同，尽管在当时，诸子之中就有人认为起源之功全归于"六经说"有点偏激，但用今人的学术观点来看，其间的内在确有某些衣钵关系。

西汉淮南王刘安是第一个跳出来跟庄子先生唱对台戏的，他提出"政治说"，认为诸子之说的起源是时势使然，应运而生的。实事求是来讲。现象都是表象，现实才是本质。所以，他把诸子学术思想的产生与特定的社会生活条件、特定的政治需要挂起钩来，也是很有道理的，虽然这种观点并不是他的首创，而是拾了孟子的牙慧，但耐人寻味的是，刘王爷的这种学术主张，很不招人待见，只有近人胡适以为他是一只学术上的"早叫的公鸡"，鸣声绝对高亢给力，在胡适看来，"此调虽自爱，今人多不弹"甚为憾事。

到了东汉之际，班固又提出来所谓的"王官说"。班老先生是科班出身，思想很正统，他认为诸子思想的青萍之末起于"王官"之水。他的这种"儒家者流，盖出于司徒之官"的看法，并不讨好，招来后来人的反弹声一片，赞同刘王爷的"政治说"的胡适自然而然地视他的这种言论为寇仇，还特写了一篇驳论，直指班固的"王官说"，"皆汉儒附会揣测之辞，其言全无凭据"。梁启超也为胡适助拳，笑话班老爷子强作解人，其实多是附会之辞，不足为凭。当然，有反对的，也有拥趸的，隋际，班老爷子这种观点的粉丝，也不乏其人。

清代以降，考据风大涨，争论诸子起源问题的专家学者更多，人多分歧大，往往而然。但大多脱不了以上诸说的畛域，比如，虽然章学诚得出了"战国之文，其源皆出于六艺"，"后世文学，必溯源于六艺"的结论，但从本质上论，还是认同了庄子的观点。龚自珍、章炳麟、刘师培都是班固的粉丝，其他人也没有新主张，只有今人侯外庐等人提出了"经济说"以为社会经济的变革是诸子兴起的"主要的物质基础"，虽然这个观点未必就是正解，但是他是把"经济对意识形态的最终支配作用"引入先秦诸子起源学说的第一人，此功甚伟。

不过，也有人明确对此说法表示反对，他们引恩格斯的"经济在这里并不重新创造出任何东西"的说法来反驳侯外庐的"经济说"，他们既"破"又"立"，重新提出了"积累说"。他们以为，诸子学术的发生除经济、政治的影响之外，必定是基于先人的学术沉淀。这个看法似乎很有道理。可惜的是过于泛化——可能是来自某种学术积累，但各自的学术承继的线路如在云中，不免导致了追寻的短路。所以，时至今日，诸子起源的问题，还是一个老大难问题。没有一个合理服人的正解。

《孙子兵法》的作者是谁

《孙子兵法》是我国现存最早，也是最杰出的兵法，历来被称做"兵经"。这本书总结了若干至今仍有科学价值的作战指导原则，对后世产生了广泛而深刻的影响，可以这样说，我国一代又一代军事家都品尝过它的精神乳汁。"治世之能臣，乱世之奸雄"的曹操花大力气写过《孙子注》，唐太宗、宋仁宗、明代大儒王阳明都曾力主学习此书。有宋一代，它更作为官定的军事教科书"五经七书"之首。当时，凡从军行武者，《孙子》是必考书，这一关过不了，想取得武职是不可能的事。毛泽东称赞书中的"知己知彼，百战不殆"是科学的真理。该书对西方文化同样也有深远的影响，据说拿破仑滑铁卢失败后，得见此书,自悔没有机会早读到它,不然胜负还在两可之间。时到今日,孙子的使用范畴已超出军事领域,于企业,于管理方面,多有建树之功。

《孙子兵法》书影

相传,它为春秋吴将孙武所写。但从那时至今,《孙子》的作者到底是不是吴国将军孙武的争论,就像人类历史的战争,从来就没有消停过。

在战国时,《商君书》、《韩非子》等书中提到"孙吴之书"就指的是《孙子兵法》和《吴子兵法》,但同样没有明确说出作者是孙武,直到汉代司马迁《史记·武列传》出,才正式把《孙子》"十三篇"的版权划在孙武的名下。挟《史记》信史的威名,千年之间,再没有对这本书的版权问题说三道四,都肯服膺太史公的说法。

质疑是从宋代开始的,宋人陈振孙在《直斋书录解题》中直接向太史公发飙,《孙子》真是孙武撰著的吗?真有孙武其人吗?紧接着,宋人叶适与清人姚际恒也在为陈振孙助拳,当然,他们可不是信口开河的人,都是讲事实摆道理的人。他们的依据是:

一、《史记》中虽然的确讲到孙武助吴王阖闾去讨伐楚国这件事,还提到一个杀掉吴王两个爱姬宫女以正军纪的经典段子,看起来似乎很真切。但这个可能是小说家言,为什么呢?试想一下吧,如果有人去投靠一个君主,想建功立业,第一次见面,就把君主的爱姬杀了,就算君主还让你脑袋留在脖子上,但想让君主不恨你不容易,更别说能不能得到君主的信任了。何况,《孙子兵法》强调的"诡道"和"势",由头读到尾,也根本就找不到强调以杀戮来树纪律的阐述。

还有一个佐证是,《左传》在记述阖闾的生平事时,从来就没有一句提到孙武这个人的名字,如果春秋时真有孙武这个人,他又干出那么大的事迹,想来,《左传》这本书是不会不提到他的。《左传》对于吴国的事情,特别是吴国攻占楚国首都,讲得比较详细,其中提到伍员等人,未见孙武之名。由此不能断定孙武存在与否,但却可以说,在吴国的这些事件上,孙武就好像是一个跑龙套的,一点不像一个大军事家。

所以,他们认为,孙武这个人与他的事迹的名字和事迹的出处,大体不外乎这两种可能,一是,出自太史公从路透社得来的小道消息;二是,出自太史公"想当然耳"的凭空说"故事"。

二、如果《孙子》真是春秋时代的孙武所写,那么,书中就不该出现某些不该出现的"硬伤"。例如春秋时代称大夫为"主",在这本《孙子》中,却屡称国君为"主";春秋时,出征带兵,并无国君授命,将帅未征的事,不存在《孙子》书中提到的"将在外,君命有所不受"的事;春秋时,战争规模不大,几次著名战役,所用战车不过区区几百辆,而《孙子》屡屡提到的"驰车千驷……带甲十万",这样大规模的战争,战国时代才可能有。因此,《孙子兵法》应是战国中后期人所写,春秋时的孙武献给吴王的不是这部兵法。

在《孙子兵法》中,"将"出现过数十次,这是战国以后的用法。在春秋时代,出征时统率大军的多是君主本人,如是臣下,也就是那个平日管理国家的重臣,多是君主的近亲或大贵族,将相多是由一人兼任,并没有"将"这样一个管理和指挥军队的专门职务,将相分离是战国时的事。《孙子兵法》一再提到将军或将,只能说这书是战国时编写的。由于将军及将出现次数甚多,不可能是后世人抄写之误。

在《孙子兵法》中写到军费开支时,多次提到"千金"二字,也还提到"百金",这也暴露了此书应写于战国。春秋时金还不是货币,不会出现数词和金连在一起的说法。

还有,在《孙子兵法》中提到的"势如扩弩,节如发机",要知道这弩也是到战国时才发明的。基于有以上的诸多不解,于是,叶适就下了这样的一个结论:孙武并无其人,"其事其书皆为纵横家作伪",如果孙武像世人传说的那样"南服越人、西灭强楚、北威齐晋",为什么没有被升为卿大夫?

也有人以为《孙子兵法》是孙膑写的。这种观点认为,在《吕氏春秋·不二》中列举了春秋战国时十大著名学派的十大牛人,孙膑赫然在列:"老聃贵柔,孔子贵仁,墨翟贵兼,关尹贵清……孙膑贵势……此十人者,皆天下之豪士也。"可见,在战国时期,其最高人物是孙膑。还有,在《战国策》提到孙子的名字多次,例如在卷八中提到"孙子谓田忌曰……"熟悉孙膑故事的人,都知道这个孙子指的一定是和田忌合作的孙膑。

由此可见,在先秦文献中提到的孙子应是指孙膑,而非孙武,"孙吴"并称中的"孙"应是指孙膑。另外还有孙武与他人"合一"的说法。一为"武膑合一"说,该观点认为孙武和孙膑是同一个人,孙子名武,膑是他的绰号。由于孙子在吴、齐两国都待过,司马迁没能分辨出来,就误以为是两个人,将二者记载于《史记》之中。

在相当长一段时间里,许多学者都认为《孙子兵法》的作者就是孙膑。但1972年山东临沂银雀山的一个汉代墓葬中出土了大量竹简又让这个观点不攻自破了,其中既有《孙子兵法》,也有《孙膑兵法》。这样,《孙子兵法》和《孙膑兵法》就应该是各有作者了。

随着大量竹简的出土,有人认为《孙子》的作者肯定是孙武。但也有持不同意见的人,他们认为竹简本的出土,虽然确实解决了许多疑问,但不能解决一切问题,对其意义,不宜过于夸张,因为竹简本还不能直接证明《孙子》就是孙武所作,又不能证明《孙子》的具体成书时间,也无法证明《孙子》从成书到竹简抄录时,其间有无重大修改。

于是,又有人说《孙子兵法》不是孙武所作,而是孙膑的门人所为。从表述上看,《孙子兵法》要比《孙膑兵法》更系统概括,似是将《孙膑兵法》抽象系统化后的论著(也不能排除吸取了其他兵家著作的精华)。所以,它也有可能是孙膑的门徒的作品。在《韩非子》中明确地说孙膑就是最重要的兵家首领人物,这部中国最伟大的兵家著作出自于他的门下,也是可能的。这也只是推测而已。

同样的,也有很多学者不同意陈振孙、叶适的怀疑论,如明代宋濂认为:《孙子》原文,古色古香,定出春秋之世,至于其中若干涉及后世名物之文字,乃是后人的窜入。先秦古籍常有此种现象,即《左传》本身,也不例外,不足以影响其核心内容的真实性、历史性和孙武的著作权。还有一种意见,主张《孙子》是孙武与其门徒共同撰著的。这种意见认为《孙子》的主要思想体系肯定是属于孙武的。其间文字虽会有所增删,但未改变孙武核心思想。因此视为孙武所著,也未为不可。

看来,要彻底解开《孙子》的作者之谜,还有待于今后进一步的考古和研究。

左丘明有没有写《国语》

《国语》是中国最早的一部国别史著作。记录了周朝王室和鲁国、齐国、晋国、郑国、楚国、吴国、越国等诸侯国的历史。上起周穆王十二年(前990年)西征犬戎(约前947年),下至智伯被灭(前453年)。包括周、鲁、齐、晋、郑、楚、吴、越八国人物、事迹、言论的国别史杂记,也叫《春秋外传》。

《国语》传说是春秋末期鲁人左丘明所作,与《左传》并列为解说《春秋》的著作。近代学者研究证实,左丘明是稍早于孔子的著名盲史官,那时虽然没有今天《百家讲坛》这类的大众平台,但在小众范畴内,他讲的历史得到过另一个顶级人物——孔子的高度评价。

这左丘明跟孔子是什么关系呢,可以这样说吧,他是中国人民的老朋友,也是孔子的老朋友,且是很要好的老朋友。用今天的观点来看,《国语》中除了记述历史外,其中有很多话很经典。比如,《国语》中有"一个人禀性冒犯就会欺凌他人;一个人禀性荒诞就会诬陷他人;一个人禀性自诩就会掩人之美;一个人凡事以己度人那么他就能诚信;一个人凡事爱护他人那么他称得上仁"(文言白话的大意)这类很劲道的话。有人说,要是论史学上的成就,左丘明实际上可能也一样不弱于孔子。所以,他在古人心目中的学术地位是很高的,有史可证:古人比今人显得更加尊重丘明:647年(也就是唐贞观二十一年)李世民封左丘明为"经师",墓前建石坊。1530年(明嘉靖九年)明世宗封左丘明为"先儒"。1642年(明崇祯十五年)朱由检封左丘明为"先贤"。

关于国语的作者是谁,自古至今学界多有争论,现在还没有形成定论。可能由于那时候没有版权意识吧,韩非子用了《国语》中文字,却不提作者是谁,而只叫"记曰"。干这种事的,还有大名士贾谊,他同样也是大段引用《国语》的文字却不曾标明过书名。第一次明确提出《国语》的书名和作者的是说话办事一向严谨的史学大师司马迁。他在《史记》与《报任安书》中,分别提到"左丘失明厥有《国语》"。

到了东汉时,班彪班固父子齐上阵,正式将《国语》当做"左丘明"的作品。对此,王充也是认同的,另一位《国语》注释者晋孔晁也是这样看的。不过,同时人的傅玄却有不同看法。他根据《左传》记事与《国语》不同认为,《国语》不是左丘明的作品。他的理由是,比较两本书来看,在说同一件事时,两本书的说法有所不同,比如《国语》说没有某事而《左传》却说实有某事,倒过来也是这样的,这说明两本书不可能是同一个人写的。到了隋朝,刘炫根据上述同类现象再次论定,《国语》不是左丘明的作品。唐朝的刘知几仍坚持《国语》是左丘明的作品。他说，出现内容不同的原因主要是因为左丘明用编写《春秋》时所剩下的材料，因此，后来有些内容肯定会与《左传》有冲突之处，这并不奇怪。同时人赵匡却认为，《国语》一书肯定不是一个人写的，同时人陆淳也有类似看法。另外，柳宗元也持这种观点。

宋元明清时期，争论仍在继续。司马光与他的父亲持同一意见，认为《国语》是《春秋》的继作，朱熹的态度则在两可之间，他一面也认为《左传》与《国语》好似一个人的手法，但又说《国语》文字不如《左传》好。而叶梦得更有自己的看法：说古代有左氏、左丘氏两人，《国语》是左丘明写的，《左传》则不是他写的。所以，两本书的文风自然不同。叶适也反对二书同出一人之说。明人则多坚持二书同出一人，观点是最和谐的。而清人则意见不一，贺涛认为，《国语》只是编辑类图书，《左传》才是本人著述，不过，这两本书同出一人之手。他还怀疑作者就是赵国人，因为二书于赵事记载最详（《贺先生文集》卷二《读国语》）。姚鼐说：《国语》所记载的内容，亦多为《左传》采用。而采用的人，肯定不是《左传》的作者左丘明。

到了近代，康有为主张左丘明只作了《国语》，其说得到梁启超、崔适、钱玄同、胡适、林语堂等人不同程度的同情和支持。反对者更多，主要代表有章太炎、钱穆。章氏认为《左传》、《国语》都是左丘明所作，而《国语》之成书在其晚年。钱穆则认为，左氏与左丘氏不是一个人，相关论述见他的《论语新解》的人物注。1978 年以后，徐仁甫重申康有为的观点，主张《国语》为左丘明作，《左传》乃刘歆抄改《国语》等书所伪造。杨伯峻等人纷纷著文批评"伪托"说，杨伯峻即认为《国语》非左丘明所作。而《中国史学名著解题》也认为，《国语》是一部汇编之书，是战国初期一些熟悉各国历史的人根据当时周朝王室和各诸侯国的史料，经过整理加工汇编而成。

一个事实是，现在的《国语》已不是"左丘明"当年所编的原本了，既存在着许多缺漏，又有后人拿史料当补丁的缝缝补补的痕迹，但它原先的大模样还是没有走动，可以说，还是研究先秦史可信的第一手史料。

对于它的作者到底是谁，直到现在，学界仍然争论不休，一般都否认左丘明是《国语》的作者，但是缺少确凿的证据。如果把所有的观点归纳一下，抛开《左传》先不说，其实无非也就两种：《国语》是出自左丘明之手或不出于他之手。至于真相到底如何，目前的学术讨论还在如火如荼地进行中。

《吕氏春秋》究竟书成何年

《吕氏春秋》又叫《吕览》，按今人的体例划分，它应该属于是杂家的路数。当然，它也是杂家中的杂家，是杂家标志性的著作。相传，它是秦相吕不韦在执政期间命三千宾客编著而成的。不愧是经营权力企业的，吕不韦在那个时候就知道团队的巨大能量了，且能把它合理地运用起来，真的了不起。

全书有 26 卷之多，内分十二纪、八览、六论，共 160 篇。内容以儒、道思想为主，兼及名、墨、农及阴阳家言,汇合先秦各派学说,为当时秦国统一天下、治理国家提供了思想武器。在议论中引证了许多古史旧闻和有关天文、历数、音律等方面知识。

《吕氏春秋》出现于先秦诸子晚期,对当时的诸子百家兼收并蓄,保留了各家思想的合理内核,是先秦诸子的集大成者。说它是集大成者,主要是因为它有别于儒家的"忠孝"思想,在总体上坚持臣对君的服从,子对父的服从的情况下,又提出了要有个是非曲直,要有原则。什么原则呢?

其中有一段话是这样说的,即使是君主也好,父母也好,都不能走极端,你把鸟巢毁坏,把鸟蛋都拿走,那凤凰不会再来,你把动物全部杀死而且把幼崽也一同杀死,那么麒麟就不可能来了,你竭泽而渔,水干了,湖枯了,那么神龟神龙就再也不存在了。你一旦走极端了,老百姓就再也不支持你、拥戴你了,甚至会走向反面。这是对于儒家思想的一个很好的矫正,很有可取之处(译后的白话文大意)。

虽然太史公说过吕不韦之所以要编撰《吕氏春秋》,纯粹是虚荣心作祟,要把当世名闻天下的四公子比下去,但是同时也要看到《吕氏春秋》表现更多的是吕不韦治国、治家、治天下的大政方针政策,包括吕不韦对一些前朝政治和思想的评价等等,是春秋战国以来,各流派思想由各自为主到实现思想统一趋势的体现。

今人对《吕氏春秋》成书于何时,历来有争议。在先秦典籍中,《吕氏春秋》是唯一有确切写作年代的著作。吕不韦在序中的"维秦八年,岁在君滩"已将该书的成书年代说明,按常理来说,该书的成书年代是不会有什么问题的。但问题就出在理解性歧义上。

后来人对"维秦八年,岁在君滩"这句话的理解各有不同。"维秦八年"是史家纪年,东汉的学者高诱研究了好长时间,认为这是指"秦始皇即位之八年也",即前239年。但问题又出来了,"岁在君滩"是太岁纪年,"君滩"当应是庚申岁,而始皇八年则为壬戌岁,二者相差两年。

面对这种歧义,清人孙星衍则认为所谓"秦八年"是指秦庄襄王灭周后的第八年,即从庄襄王灭东周的第二年癸丑(公元前248年)算起,至始皇即位六年庚申(前241年)。

首先对这个问题提出不同见解的是司马迁。他说,吕不韦迁蜀无疑是在秦十年之后。这个说法显然与吕不韦在《序意》中说《吕氏春秋》成书于秦八年不相符合。至于他是凭什么证据说这事的,司马迁在书中没有举出理由,后人也因此根本猜度不出他为什么要这样说。

鉴于上述说法之间的矛盾之处,后人经过考证分析后,又提出一种很折中的看法,认为《吕氏春秋》部分成于秦八年,部分成于秦十年的说法。这个看法,让人看起来似乎有两边都不得罪的嫌疑。

到了清代,史学家孙星衍对《序意》中所提到的纪年又作了重新考证。他认为,依太岁纪年"君滩"是"申",而秦始皇即位八年是"壬戌",可见太岁纪年与干支纪年不一致。如何解决这一矛盾呢?孙星衍说:所谓的"秦八年",实际上应该是秦始皇六年。

现代有些学者在孙氏考订的基础上提出了不同的观点。他们赞同孙氏关于秦八年是指始皇六年的说法，但同时又认为，《十二纪》确系成于秦八年即始皇六年，而《八览》、《六论》则成于迁蜀之后。这证明"秦八年"只完成了《十二纪》，而《八览》、《六论》还没有完成，所以才会产生以上的误解。由此可以推断：《吕氏春秋》的初稿成于秦政八年，但后来补稿的内容，当在秦政统一天下之后。

为说服他人，他们还提出这样的反诘："如果真是如司马迁所说《吕氏春秋》成于秦十年之后，那时吕不韦权势已大落，身不在咸阳，又怎能做出如此轰动当时、传颂后世的事？"由此，他推断《十二纪》当是完成在秦八年，而《八览》、《六论》当是完成于秦十年之后。他认为，吕不韦迁蜀后著的是《吕览》，不是《吕氏春秋》全书。

这种解释，似乎也颇有道理，但同样也有人认为：吕不韦在秦十年免相，秦十二年卒，这短短的两年，吕不韦整天忙政治战场的你来我往的权力之夺，哪里有空闲去完成《八览》、《六论》共100篇约9万字的巨著呀？

对此，那些现代学者是这样解释的：《吕氏春秋》是吕不韦集门客"人人著作闻集论"而成的，而不是吕不韦独自所写，众多门客，一人写一篇也足够集成此作。

对这个看上去很美的解释，同样还是遭到被质疑的命运。另外有一些学者认为。这种解释是掩饰，掩饰他们不便示人的史学"硬伤"。后者并不赞成《吕氏春秋》是两次或陆续补稿完成的观点，而是认为这部书是一次性成型的。他们认为，"维秦八年"（即秦王政六年）是起稿时间，而不是成书时间。就是说，《吕氏春秋》是在秦王政六年（前241年）开始撰写，大约花了两年时间，全书就编成了。

还有一位专家的见解也很值得一说，他认为，孙星衍当初的考订是不正确的，孙氏由于对战国时实际行用岁次以及后人测算时的误差未曾深入研究分析，即以四分历为据将秦八年定为始皇六年，致使"以正为误，以误码为正"。按他的说法，秦八年即指始皇八年，这一年才是真正的庚申（君滩）岁。《吕氏春秋》（包括《八览》、《六论》、《十二纪》）成于秦王八年，即公元前239年。

综观上述，"秦八年"与"秦十年"之间的"华山论剑"，目前还没有真正分出高下。看来，还有待于下一轮的观点PK之后，才有可能真正见分晓。

第七节　绘画音乐悬疑

慈禧是否精通绘画

慈禧（1835年～1908年），民间百姓俗称"西太后"，是位妇孺皆知的人物。其父名惠征，是镶黄旗人，惠征由安徽的后补道台升任归绥兵备道台，便带着当时15岁的她及全家来到绥远城，先后在庆丰街等三处生活居住。

民间盛传慈禧的名字是兰儿或玉兰，而实际上，在清朝那个贵贱尊卑等级森严的时代里,对女性的称呼往往只是她的姓氏,如乌拉纳拉氏、马佳氏、郭洛罗氏等等,之所以会有"慈禧名叫兰儿或玉兰"的误传,恐怕是因为她在入宫之后被封为兰贵人,而当时的人认为玉兰是一种具有高贵气质的花,所以才据此揣测流传至今。事实上,在皇家玉牒(皇族家谱)上对她的称呼记载的是"叶赫那拉氏惠征之女"。由此可见,她在皇宫里没有名字,至少没有见到留下她名字的记载,从始至终仅仅是"惠征之女"。

慈禧除善弄权术、热衷政治外,生活中还非常喜爱书画,尤其爱以"自己所作的"书画赏赐群臣,以示恩宠,笼络人心。从一些历史资料上看,少女时代在绥远城居住的慈禧对文学、书画和历史表现出非常大的兴趣,她在此读书、学画、下棋、弹琴,且经常骑马射箭。对于少女慈禧的长相史书中并无记载,野史中描绘她:"每一出游,旁观者皆喃喃做欢喜赞,谓天仙化身不过是也。"那么,慈禧亲手所作的书法与绘画究竟是什么样子呢?

在北京故宫博物院藏有一件慈禧于光绪30年(1904年)7月2日用朱砂墨书写的《般若波罗蜜多心经》,由此可窥慈禧亲书的真实面目。此经文其字结构呆滞松散,笔力孱弱稚嫩,毫无生气,属于初学墨书的水平。至于慈禧的亲笔绘画,可见钤有"慈禧皇太后御笔之宝"的慈禧"蓼花螳螂"画稿,画上有老师所作的批语,其中不乏"板墨甚有佳处"、"好"、"有笔意"等阿谀之辞。然而细审其画,同样属于初学者的水平:蓼花几如断枝枯叶,枝与枝之间杂陈不接,叶与花零乱,其用笔畏缩迟疑,全无功力;一只螳螂也画得离骨岔气不合章法。由此可见,慈禧的绘画能力还远没有达到独立成画的水平。这样的水平还敢用自己的书画作品用于对群臣的赏赐吗?当然不能。事实上,那些作品多是由一

慈禧太后

位叫缪嘉蕙的女画家所画,她是云南昆明人,是慈禧绘画的最重要代笔者,还曾经奉慈禧之命担任初入宫廷喜好书画的珍妃的老师。

缪嘉蕙入宫后,因惯于官场世故,又加之她唯喏承上、和气对下,故博得上至后妃、下至宫监的一致赞赏,尊称她为"女画师"、"缪先生"。慈禧也对她优礼有加,赏三品服色,月俸二百金,免其跪礼,常令她陪伴在自己左右,以便随时教自己画画,或为自己代笔作画。而慈禧笔下的那些松、鹤、灵芝,则是由清末宫廷画家屈兆麟为其代笔的。

事实上,慈禧本人毫无艺术才华,只是在别人代笔的作品上钤上自己专用的印章,即成了慈禧本人的作品,所以,严格地说,将慈禧的书画称为慈禧款的书画似乎更准确一些。

由于慈禧本人艺术鉴赏力、表现力的低劣，导致了她执政期间宫廷绘画以平庸著称。晚清时期既没有培养出有创造力的画家，也没有创作出对当时的画坛，或对未来的画坛有影响力的作品。晚清的宫廷绘画在来自民间的、艺术上生机勃发的"海派"绘画的映衬下，越发显得苍白无力，以致常使人们忽略了它的存在。

绘画的始祖是谁

中国画，在世界美术史上独树一帜。中国绘画的起源远可追溯到原始社会，从陶器上的各种花纹、图案上可以看出绘画的痕迹，但这些花纹、图案又远非现代意义上的绘画。那么，中国画起源于何时？谁是中国画的始祖？我国古籍对此众说纷纭，其中传说甚多。

白阜始作图画说。白阜是传说中神农氏的大臣，《画史会要》中说："火帝神农氏，命其臣白阜，甄四海，纪地形而图画之，以通水道之脉。"其实，白阜画的乃是地形图，故古人在讨论绘画起源诸问题时极少提及此说，《画史会要》所言亦无甚可靠依据，因而此说不可信。

绘画源于黄帝说。后汉人应劭的《风俗通义·祀典》说：黄帝时代，传说有神荼（读申舒）、郁垒（读郁律）二人，能将鬼捉至度朔山大桃树下，然后检阅众鬼，倘若发现有无道不义之鬼，则用草绳捆绑起来，拿到山上喂虎了事。黄帝就派他们管束魔鬼，并在门上装了一块用大桃树制成的木板，且在木板上画了神荼、郁垒二人的肖像，用来抵御鬼怪的侵袭。黄帝的做法到了汉代形成了风俗，县官们于除夕之夜在内门旁饰以桃木雕人悬挂苇绳，并画老虎于门，以防所谓凶鬼。《鱼龙河图》则说："黄帝遂画蚩尤形象，以威天下。"这些可以说是绘画。《云笈七签》又云："黄帝以四岳皆有佐命之山，乃命潜山为衡岳之副，帝乃造山，躬形写象，以为五岳真形之图。"这只能算是画地形图了。

伏羲氏始作画说。《周易·系辞上传》云："古者伏羲氏之王天下也，仰则观象于天，俯则观法于地，观鸟兽之文，与地之宜；近取诸身，远取诸物。于是始作八卦，而文籍生焉。"古今都有学者认为，伏羲氏所画八卦的爻象是象形的，其意愿在图形。伏羲氏观察天象画出了"乾"，观察大地则画了个"坤"，等等。因而伏羲氏所画的八卦乃是中国最原始的绘画。平心而论，八卦即画说与八卦即中国最早之文字说一样，都是无稽之谈。

绘画作于史皇说。史皇是黄帝的大臣。《文选》李善注中说："《世本》云：'史皇作图，'宋忠曰：'史皇，黄帝臣，图，谓图画物象。'"《云笈七签》则称："黄帝有臣史皇，始造画。"说得更为直截了当。《画史会要》亦指出，黄帝之臣史皇颇"善画"，"体象天地，功侔造化"，无一不通，无一不画。史皇还"写鱼龙龟鸟之形"，授予黄帝的另一大臣仓颉"而作文字"。

绘画始于仓颉说，不仅绘画，书法亦源于仓颉。我国学者大多主张书画同源。朱德润《存复斋集》云："书画同体而异文……类皆象其物形而制字；盖字书者，吾儒六艺之一事，而画则字书之一变也。"《孝经援神契》中说道："奎主文章，仓颉效象。"宋均注云："奎星屈曲相钩,似文字之画。"意即"屈曲相钩"的文字实际上亦即中国最原始的绘画。

史皇仓颉共同肇始书画说。张彦远《历代名画记》中说:"则有龟字效灵;龙图呈宝。……轩辕氏得于温洛中,史皇仓颉状焉。……是时也,书画同体而未分,象制肇创而犹略。无以传其意,故有书;无以见其形,故有画。天地圣人之意也!"说明书画同源,而且皆与史皇仓颉有关。宋濂《学士集》云:"史皇与仓颉皆古圣人也。仓颉造书,史皇制画。""书与画,非异道也,其初一致也。"意即书画同源,由仓颉史皇"共造之"。又有人说史皇就是仓颉,书画是仓颉一人所独创。《吕氏春秋》云:"史皇作图"。高诱为此所作的注称:"史皇即仓颉"。《路史·史皇纪》亦云:"仓帝史皇,名颉。"也就是说史皇、仓颉为同一人,"颉"不过是史皇的"名"而已。

黄帝说、史皇说、仓颉说、史皇仓颉说等,在我国古籍中均较常见,当然神话色彩颇浓。这些人物生活在黄帝时代,可见中国绘画可能起源于黄帝时代。然而,究竟谁是中国画的始祖呢?仍然莫衷一是。

封膜为绘画始祖说。《画》中指出:"世但知封膜作画。"意思是说人们只知晓封膜为绘画之祖。此说很不可信。唐人张彦远见到《穆天子传》中有"封膜昼于河水之阳"之语后,遂误将"封"当作姓,又将"昼"解为"画",并用郭朴的注来证实这一误解,牵强附会,使后人误传世上曾有过"封膜"其人,且把他当作了中国绘画之祖。此说实为以讹传讹,故而不足凭信。

果夊首为绘画始祖说。果夊首是传说中英雄时代舜的妹妹,《说文解字》曰:"舜女弟名果夊首。"她曾"脱舜于瞍象之害"探知恶徒们欲置舜于死地后,立即报告了两个嫂嫂,救了舜一命。《列女传》盛赞她善画,"造化在心,别具神技。"果夊首又名嫘或画嫘。她之所以又叫画嫘,就是由于绘画创始于嫘的缘故。《画史会要》中说道:"画嫘,舜妹也。画始于嫘,故曰:'画嫘'。"郑昶先生认为,黄帝、史皇等所画之物,反映的仅仅是当时人的宇宙观念、生活状况,"其制作之动机,系人生的而非艺术的。故时人无有以画为专艺者。"(见《中国画学全史》)。因此他们都称不上中国绘画的始祖。在果夊首以前,虽有图画,但"究属为极幼稚之线描",无非是似文字又非文字的雏形画,根本无美术性可言。及至果夊首,可使绘画自成为中国美术之一体,因为虞舜时代,我国的一切文化雏形业已确定,有可能创作出带有美术性质的绘画了,所以果夊首"足当画祖之称"。刘昶先生进一步指出,自此以后,中国绘画才脱离了象形文字的范畴,故此说果夊首为中国绘画之祖未为不可。

然而,果夊首的绘画事迹,因年代久远,某些古籍的记载又缺乏有力的根据,往往带有神话般的传说,故无从查考。因而果夊首为画祖说的可信程度究为几何,值得怀疑。中国绘画的始祖也许是黄帝时代的人物,究竟谁属?目前仍是个谜。也许我们不应该只孤立地探讨某个伟人肇始了中国画吧。

水墨山水画的创始者是王维吗

水墨山水画,是我国传统绘画中的特有形式。它运用单一的色彩——水晕墨章,来描绘自然山川,在世界艺林中,是一种特殊的审美创造。水墨山水画始于何时? 谁是水墨山水画的鼻祖? 长期以来,学术界一直争论不休,各持一见。

明朝末年的董其昌(一说莫是龙)说:"禅家有南北二宗,唐时始分,画之南北二宗,亦唐时分也,但其人非南北耳。北宗则李思训父子著色山,……南宗则王摩诘始用渲淡,一变钩斫之法。"又相传王维的《山水诀》中有:"夫画道之中,水墨为最上"的话,于是有人就断定水墨渲淡是从王维开始的,王维是水墨山水画的鼻祖,直到现在山水画坛仍不乏此说。

二十世纪50年代,谢稚柳曾说:"从萧绎的《山水松石格》到吴道子的山水变格,水墨画开始在长成。这一变格,在当时有很高的评价。他除在大同殿的《嘉陵江山水》外,又曾在佛寺画过《怪石崩滩》。据唐张彦远《历代名画记》称说它'若可扪酌'……同时的王维,遵循了吴道子的画派,占领了水墨画的领域,成为水墨山水画的鼻祖。"(《水墨画》,上海人民美术出版社1958年版)

水墨山水画

近年葛路在《中国古代绘画理论发展史》(上海人民美术出版社)一书中的《水墨山水画的创始者张璪及其'外师造化,中得心源'论》一节中写道:"唐代画家在继承东晋以来的青绿山水画风格之外,又开创了水墨山水画,代表人物是王维、张璪。在宋代人看来,王维是水墨画的始祖,这主要是由于宋代的一些文人画家对王维的佩服,提高了王维的地位。在唐代,不这样看,唐人认为张璪的成就不下于王维。唐代文艺家首先称赞的是张璪而不是王维。张彦远见过王维的画,说他'工画山水,体涉今古'。'体涉今古'是说王维能画前代流传的青绿山水和新的水墨山水。又说'余曾见破墨山水,笔迹劲爽。'""当时见过张璪画画的符载,说张璪作画前,'箕坐鼓气,神机始发'。动笔时,'若流电激空,惊飙戾天,毫飞墨喷,捽掌如裂……'看起来张璪作画激情满怀,笔墨迅放。……还有个记载,说山水画家毕宏,有一次看到张璪作画,他感到奇怪的是张璪惟用秃毫,或用手摸绢素,就问他从哪儿学来的这个本领? 璪曰:'外师造化,中得心源。'毕宏非常惊叹,以致搁笔。

据此,水墨山水画的创始者当是张璪,而不是王维。

对王维始创水墨山水之说,学术界早有异议,已故美术史家俞剑华在《历代对王维的评价》(《美术研究》1959年第4期)就提出"王维不是水墨画的创始者"。他列举和王维同时的杜甫在《奉先刘少府新画山水歌》中写的"元气淋漓障犹湿",可知刘单所画山水元气淋漓,使障子看起来像湿的一样,是件水墨画。刘单在肃宗时任职奉先尉,代宗时任礼部侍郎,与王维系同时人,而同用水墨作山水,可见水墨不是从王维开始,更非王维独创。

相传王维的《山水诀》开头有"夫画道之中,水墨为最上"一句,并无下文。全篇都是论结构章法,没提到水墨。俞先生怀疑此句是原文还是后人所加,不得而知。所以拿这句话证明王维是水墨山水画的开山祖,是很难令人信服的。

张彦远是唐代鉴赏家,见过王维的画,因此他的话总比晚七百多年的董其昌可靠。张在《历代名画记》中说王维是画泼墨山水的,墨法如何却一字未提,只欣赏其"笔力雄壮"、"笔迹劲爽";可见王维虽画泼墨山水,但高度的成就还是在用笔而不是用墨。同书记另一与王维同时的张璪,"故予家多璪画,曾令画八幅山水障,在长,安平原里,泼墨未了……"荆浩谈到张璪时说:"夫随类赋彩,自古有能,如水晕墨章,兴我唐代。故张璪员外树石、气韵俱盛,笔墨积微,真思卓然,不贵五彩,旷古绝今,未之有也。""水晕墨章,兴我唐代","兴"字可作兴起解,也可作兴盛解。水墨的运用在盛唐之后,确乎大为兴盛。不但有张璪、王维,且有项容的"用墨独得玄门",以致"用笔全无其骨",后来更发展了王维的泼墨山水。中晚唐的水墨画,可称得起兴盛了。其中王维的地位当然也很重要,但他的重要性还远赶不上张璪。荆浩对水晕墨章,首先提出的是张璪,且推崇备至,说他"不贵五彩,旷古绝今",却没特别提到王维的水墨画。

综合上述,可以说:(一)水墨山水画不始于王维;(二)王维的画主要还是在用笔不是在用墨;(三)在唐代,王维水墨画的地位远不及张璪;(四)水墨的运用在盛唐和中唐之交,是社会的风气,并不是一个人的独创。

事实上,一种画法的形成,总有其渐替演变的过程,硬说水墨山水画为哪个所始创,这种提法本身也不科学,因而这个命题将永远是个谜。

《历代帝王图》作者之谜

《历代帝王图》又称《帝王图》,绢本设色,纵 46.7 厘米,横 39.5 厘米,现藏美国波士顿美术馆。

原画为手卷式,画有历代帝王的图像,目前只剩下西汉昭帝刘弗陵、东汉光武帝刘秀、魏文帝曹丕、吴主孙权、蜀主刘备、晋武帝司马炎、陈文帝陈蒨、陈废帝陈伯宗、陈宣帝陈顼、陈后主陈叔宝、北周武帝宇文邕、隋文帝杨坚、隋炀帝杨广等汉至隋十三个帝王像。

画家通过对人物形象如面容、神态、眼神、眉宇和嘴唇等精心描摹,勾画出各个帝王不同的时代、经历、和个性特征。如对隋文帝杨坚的形象的处理上,画家在描绘其体貌奇特,仪表绝人的同时,又以深沉的眼神、紧闭的双唇,着意刻画出其"雄图内断,英谋外决"的性格,这与另一幅隋炀帝杨广的虚浮的面容、萎矮的身躯所体现的"内怀险躁、外示凝简",形成鲜明的对照。又如西汉昭帝刘弗陵文静丰颐的面庞,从容沉着的神态,似在显示其宽厚有识;而东汉光武帝刘秀的美须眉、大口、隆准,又似隐现着他宽广的胸襟与情怀,那舒展的双眉、上翘的嘴角、含笑而通达的容止,则又表达出刘秀聪达多识、仁智明恕、乐施爱人的品质。此外,刘备被描绘为双眉紧锁、眼神疑虑,孙权则仪表温文尔雅,曹丕又目光敏锐逼人,均各具情态。而深沉卓识,励精图治的宇文邕,同软弱平庸、无所作为的陈宣帝,则形成强烈的对比,陈宣帝又和骄奢淫逸的亡国之君陈后主的鄙俗举止有微妙的区别,全图处处都显示出画家卓绝的洞察力和艺术技巧,欣赏者

历代帝王图(局部)

无不为古代画家的匠心独运所打动。

　　现在我们见到的这幅画作同样没有署上作者的名字,这大概是因为画是挂在皇宫之内,为统治者"见善足以戒恶,见恶足以思贤"起借鉴作用的,没有必要署上微不足道的画家之名,还是画家没有署名的习惯,当然,这只是猜测而已,历代传说此画是唐代人物画名家阎立本所作,这个说法主要来自宋人富弼的题跋,史籍却记载是宋代画家杨褒据白麻纸唐画传摩,并设色傅彩的,但后人都同意富弼的题跋。

　　有许多古代名画都是因为署名问题为后人留下千古谜题,这固然为人们欣赏作品时,增添了知人论世之难,但也为人们提供了巨大的想象空间。总之,由于古今价值观的不同,对于这样的谜题也不可过于执著。不过,《历代帝王图》在富弼以后流传有绪,却是难得之事,富弼以后由杨褒转入吴升家,后为周必大之侄所藏,南宋及元代曾入内府,清初顺治年间归金陵李吉安所有,吴修《青霞馆论画绝句》说,此画在乾隆年间被求官者购去,道光年间,又落入阳湖蔡友石手中,孙星衍、李恩庆、李佐贤等人均有详细著录。清末,此画归福建林寿园所有,以后辗转落入梁鸿志手中,盗卖出国。

"扬州八怪"之谜

　　自从隋朝开发大运河以后,扬州便成为一个繁荣的商业都市,清代康熙、雍正、乾隆时期,扬州的商业、手工业发达至极,仅关税收入就高得惊人,所谓"腰缠十万贯,骑鹤下扬州","千家养女先教曲,十里栽花算种田",可知当时的扬州不仅是王公贵族寻欢作乐的场所,也是文人墨客大显身手的地方,从清初到乾隆末年,活动在扬州的著名书画家就有百数十人之多,书画作为商品,在扬州大为盛行,所以有郑板桥的"润格"(即现代所谓稿费),在画史上传为趣谈。

　　当时,扬州开放的经济文化状况和在这一社会舞台上穿梭般地表演的各种人物,成

分非常复杂,文化艺术各方面的交流也频繁而广泛,同时又远离京城,政治环境相对比较自由,使得这里的文人书画家们思想活跃,较少正统意识,所以他们敢于藐视权威、"胆大妄为",各自发挥着自己的艺术想象力,按自己的认识与理解创造自己的艺术风格。被称为"八怪"的这一群书画家,大多为布衣文人,其中高凤翰、李鱓、郑燮、李方膺曾做过地方小官,后被罢官,不再出仕,以卖书画为生,因此他们的书画与那些达官贵人以书画为余事大不相同,他们作书卖画既为生计,又不甘被他人牵着走,其个性气质及其对艺术本质的醒悟,又要求他们表现自我,于是他们的艺术创作在两者之间谋求统一,将自我追求与市民阶层的审美趣味结合起来融为一体。

"扬州八怪"有一个共同特点:都兼善诗、书、画,这一点在其画作上得到了完美的统一,其中金农、郑燮、高凤翰、汪士慎、高翔等人还兼工篆刻,其画作更为"四合一"自我风格的绝妙体现。就其书法成就而言,"八怪"多兼工隶、真、行诸体,草书则有黄慎兼工,篆书作品不易见,但其隶书中多含浓厚的篆法,而真书与行书也常一有篆意流露,"扬州八怪"中书法成就尤为杰出者,当推金农、郑燮,其次有高凤翰。就其绘画成就而言,"扬州八怪"突破了当时的形式主义画风的束缚,以一种清新而生气勃勃的姿态振奋了中国画坛,在中国画史上占有及其重要的地位,对后世产生过很大的影响。

"扬州八怪"在许多方面都表现出具有倾向性的群体特征,由于他们的书画有着共同的反传统、反正统、标新立异、不随潮流的强烈个性色彩,尤其与当时号称正宗的四王(即清初八家中的王时敏、王鉴、王翚、王原祁)画风迥异,而被时人目之为"怪"。光绪年间李玉棻著《瓯钵罗室书画过目考》,最早将他们归纳为"八怪",指金农、黄慎、郑燮、李鱓、李方膺、汪士慎、高翔、罗聘;陈师曾《中国绘画史》加闵贞;郑昶《中国画学全史》去高翔、李方膺,增高凤翰、闵贞;黄宾虹《古画微》去黄慎、增华嵒、边寿民、陈撰;俞剑华《中国绘画史》列几家之说之同者于前,异者于后,共十三人,也有说十五人的,实际上所谓"八怪",历来都无法确定为八人,只宜看做是一个泛指,其实民间俗语也有谓人作"八怪"的,意思通常是指某人的长相、行动做派或者是写的字、画的画等等皆与常人相异,使人一时不能接受,词义有戏谑、调侃之意。"扬州八怪"虽非特指此意,却反映了康雍乾之世在商业、手工业高度发展、十分繁荣的扬州出现的一种艺术文化现象。

《五牛图》之谜

《五牛图》纸本设色,宽20.8厘米,长139.8厘米,北京故宫博物院收藏。在现存的古代绘画作品中,唐代和唐以前的画迹中很少见到画在纸上的作品,独幅画大多画在绢帛之类的丝织品上,《五牛图》画在麻纸上,为流传唐画中仅见。

作品画牛五头,形态各不相同,中间一头为正面,透视非常准确,反映出早在唐代,中国画家就已经能够熟练运用透视画法表现对象了,其余四头为侧面结构,都非常准确,造型非常生动,画家用粗简而又富于变化的勾线,轻淡而沉着的敷色,恰到好处地表现出耕牛的持重性情,表现出那强劲有力的筋骨和厚重的皮毛质感。画风淳朴自然,符合画家追求的"田家风味"。元代赵孟頫称其"神气磊落，稀世名笔"。

《五牛图》相传是唐代后期著名画家韩滉的杰作。韩滉(723～787年)，字太冲，据《唐朝名画录》、《历代名画记》及汤垕《画鉴》等记载，韩滉"能图田家风俗人物水牛"，"以牛羊最佳"，而"牛图是其所长"。明代李日华《六研斋笔记》云："韩滉《五牛图》虽着色取相，而骨骼转折，筋肉缠裹处，皆以粗笔辣手取之，如吴道子佛像衣纹，无一弱笔求工之意，然久对之，神气溢出如生，所以为千古绝迹也。"宋代大诗人陆游在观赏《五牛图》时说："每见村童牧牛于风林烟草之间，便觉身在图画，而引起辞官求去的愿望。"(《渭南文集》)这虽是诗人的借题发挥，但也说明韩况的牛图中所赋予的农村风情，有引起观众联想的魅力，《五牛图》本身就足以证明这一点。

《五牛图》原作并没有作者款识，本幅及后幅上有赵孟頫、孙克表、项元汴、弘历、金农等十四家的题记，《清河书画舫》、《珊瑚网》、《郁氏书画题跋记》等书均有著录。由于赵孟頫等人的一再题款，并力证它是韩滉的作品，从此遂成定谳，很久以来即使有人提出疑问，也只是证据不足，所以著录此画的图书，对于作者问题大多不做深入的探讨。

还有一幅著名的画作:《文苑图》，也被认为是韩滉的作品，但我们从张彦远、朱景玄等唐人的著述中，得知韩滉的创作是以田家风俗人物为主，反映文人生活的创作未见评述，《文苑图》与《五牛图》风格大不相同，《五牛图》以粗拙滞重的线形见长，而《文苑图》则以勾笔简细，微有顿挫和转折的细线，尚有张萱的圆润秀挺笔法的余风，这种线描还表现在五代一些人的画作中，但不如《文苑图》精巧。隋唐时代以来，画家逐渐趋于专业，有人终生甚至只画一二种东西，如果如人们认定的《文苑图》、《五牛图》皆是韩滉的作品，那么一个画家有两种完全不同的风格，在画史上是极为少见的，所以有些论者对此也曾有过疑问，但多数人采取调和论，承认这都是韩滉的作品。

那么韩滉到底是不是《五牛图》和《文苑图》作者? 韩滉到底是不是兼具两种截然不同艺术风格的特殊画家? 确实是令人回答不好的问题，所以人们只好只谈欣赏，不论其余了。

"八大山人"名号之谜

"八大山人"是清初著名书画家朱耷(1626～1705)的别号。朱耷极擅诗歌创作、书法与绘画，在世界艺术史上也占有很重要的地位。朱耷的诗格调古怪而幽涩，充满了神秘性和讽刺性;其书法源于王羲之、王献之、颜真卿、王宠、董其昌等人，以秃笔传达出傲岸不驯的情态和流畅秀健的神采，别具一格，朱耷的行草藏头护尾，其点画及其转折中蕴含着一种国破家亡的心情，朱耷擅长花鸟、山水，其阔笔写意花鸟画，以象征寓意的手法、夸张奇特的形象、简朴豪放的笔墨、孤傲雄奇的格调，创造出前所未有的风貌，给后世以深远的影响。

他的花鸟画，大多缘物抒情，或表现自我，将物象人格化，以寄寓讽喻之意。如65岁所作的《牡丹孔雀图》，站立不稳的尖石上蹲着2只孔雀，尾巴3根花翎，似乎是影射着清王朝贵族大臣的奴才相。晚年所作的鱼、鸟多描绘成"白眼向人"的样子,鲜明地传达出画家傲兀不群、愤世嫉俗的性格。他的花鸟画,对象特征经过极度夸张,呈现出奇特的表情,加以险怪的构图、雄健酣畅的笔墨,形成一种光怪陆离、出人意表的艺术效果。这种率意而为,自由奔放的画法,进一步发展了明末徐渭的大写意花鸟画,达到了笔简意赅、形神毕具的至境。所作题材比较广泛,有花卉、蔬果、虫鱼、禽鸟及畜兽等,以册页最为精微。

朱耷的山水画,以水墨山水为主,也有设色之作,笔法多取自董其昌,却能变温静平和为荒凉寂寞,易矫饰秀雅为质朴雄健,而布局多承倪瓒,能用他人之法来抒自身真情。他与清初四王同受董其昌影响,却走着完全不同的创作道路,显示出鲜明的独创性。存世山水画作品不及花鸟画多,代表作有《兰亭诗画册》、《山水》(现藏上海博物馆)等。

朱耷一生经历十分坎坷,他本是江西南昌人,明朝宗室的后裔,朱元璋十七子宁献王朱权的九世孙。少年时应试得中诸生,19岁时惨遭国破家亡之痛,遂装哑不语。清顺治五年(1648年)落发为僧,与母亲同住江西新建县西洪崖多年,朱耷是清初四高僧之一(即弘仁[江韬]、髡残[刘介丘]、八大山人[朱耷]、石涛[朱若极]。皆明末遗民,八大山人和石涛,系明宗室,后出家为僧。均深通禅学,寄情书画,各有独特造诣)。36岁时回家乡南昌,据《青云谱·净明忠孝宗谱》记载,他曾弃僧入道,经营青云谱道院,任道院住持,62岁离开青云谱。他的性格倔强,行为狂怪,常借诗文书画,发泄内心积郁。终其一生,都誓不与清王朝合作,而寄身于山林之间。一生都沉浸在悲恸情怀之中。

康熙二十三年(1684年),他为自己起了一个别号:"八大山人",这个别号一直用到他去世,而且以前字号皆弃而不用,足见其重视程度。"八大山人"具有很深的寓意,听上去像是隐居世外、不问世情的方外之人,但仔细观察朱耷的题款,人们发现原来纵向书写的"八大山人"四个字的草书,原来竟是"哭之","笑之"的字样,再看他笔下所刻画的一花一鸟一木一石以及山水人物,一切形象几乎都是变态、畸形的,原来他是以此发泄内心的愤懑之情,嬉笑怒骂皆成图画。这在当时国破家亡、清政府高压政策的特殊情形之下其实是相当难得的,尤其是这样一个相当独特的题款和那些饱含深情的书画作品结合在一起,更加深刻表现了他的悲恸情怀,具有极强的艺术感染力。

朱耷由于身处明代宗室这个特殊位置上,不满于清代的统治,以至于对客观世界的一切事物都加以歪曲,虽然显得有些过火;但是,他那"八大山人"所独有的、富含强烈讽刺意味的绘画艺术,却具有创新的意义。这一点同他的全部作品的艺术价值一样,是不可抹煞的。

唐三彩之谜

"唐三彩"是唐代出现的多彩软釉陶器的总称,是唐代陶瓷美术中的代表作品。由于唐三彩所具有的精湛的陶瓷技艺、精美的艺术造型、形象地记录当时历史的特殊作用,而蜚声中外,探寻唐三彩之谜也成为中外人士所热衷的话题。

唐三彩是怎样制作的呢？我们从大量出土的文物可以看出，唐三彩并不限于三种色彩，而是有单色、二彩和多彩之分，其胎料多为白色高岭土，烧成温度在摄氏900度左右，当时的陶瓷匠师们利用不同的金属呈色剂来表现不同的色彩，这些呈色剂分别调配在釉药中，涂在器物上，随着受热釉料的扩散流动，各种颜色互相浸润，于是产生了瑰丽耀眼的色彩。

唐三彩的出现并不是偶然的，它与中国古老的陶瓷制作工艺有很深的渊源，尤其与汉代已有的浅绿、栗黄、酱釉等釉陶器物有密切关系，安阳范粹墓等出土北齐釉陶上有的白釉或黄绿釉层里就曾挂上了绿色的彩带。到了唐代，这种技术得到极大发展，在同一陶器上，黄、绿、白或黄、绿、蓝、褐等釉色同时交错使用，终于形成著名的"唐三彩"。唐三彩以斑驳、淋漓的釉彩，构成一般器物的艺术特色，同时也以人物、动物造型的三彩俑，构成富有特色的雕塑艺术，成为唐代具有世界水平的艺术品，这种工艺传到朝鲜，被称为"新罗三彩"，在日本仿制成功后，称之为"奈良三彩"，足见其影响之深。

在唐代，唐三彩不仅是达官贵人、富商大贾们的日常生活用品和玩赏的工艺品，而且还是墓葬中的主要随葬品，深受人们的欢迎和喜爱。

唐三彩中最为突出的是三彩马，出自西安云麾将军右领军卫将军鲜于庭诲墓的"三花马俑"，活脱脱是白居易《和春深》一诗中提到的"马鬣剪三花"的真实写照，王勃诗中的"杏叶装全辔"在这匹马中也得到印证，那膘肥体壮、骨肉停匀、栩栩如生的骏马三彩俑，不仅使我们想到马在唐代社会生活中的重要性，也折射出盛唐社会的繁荣景象。

除了活灵活现的动物俑，色彩斑斓的器皿之外，唐三彩中，人物俑也格外引人注目，特别是那些美妙、艳丽、活泼、健康的女俑，更是三彩艺术的奇葩，处处显露出当时审美习尚和时代风貌。鲜于庭诲墓出土的初唐女俑，就是集中体现唐人心目中那种"丰肌"标准美女的审美观念的代表作。全俑高45.2厘米，头发总束为髻鬟，先向两鬓及脑后外下垂，末端再束起一个小髻，盘在额顶上；修眉长眼，鼻梁高耸，饱满圆润的脸微向右偏，袒露出细致滑柔的胸部；身披翻领蓝色长衣，两袖由肩部外侧垂下，下摆长至膝盖，内着绿色窄袖襦衫，黄色裙据；足穿黑色鞋，鞋尖上翘作卷勾形；两手笼于袖内，拱举于胸前，两脚立于方座之上。女俑仪态端庄，面容秀美，神情温顺柔和，气质雍容华贵，正是唐代雄健、华美、秀颖、自然的时代和艺术风格的完美体现。

唐三彩即使是在世界艺术史上也占有相当重要地位，千百年来人们着迷于唐三彩那富丽堂皇、精美绝伦的艺术表现之中，执著地探寻其艺术创造的魅力，虽然出现过众多仿制之作，但都难以具有唐三彩那样的艺术内涵。唐三彩，在许多方面都是人们魂牵梦萦的谜题。

"难得糊涂"之谜

乾隆年间，郑板桥奉调先后在山东范县（今河南）、潍县上任，郑板桥在任知县期间，兴利除弊，取得了卓越的政绩，深受百姓爱戴，但最后还是因得罪豪绅而遭罢官。

板桥在潍县题过几幅著名的匾额，其中最为脍炙人口的是"难得糊涂"和"吃亏是福"两块。据民间传说，"难得糊涂"这四个字是在莱州云峰山写的，莱州在潍县西北，背靠大海，城东南有一座云峰山，山上有很多历代石刻。有一年，板桥专程到云峰山去看一块春秋战国时代留下的"郑庄公碑"，由于盘桓很晚，于是不得已借宿山间的一间茅屋，这个茅屋的主人，是一位儒雅的老者，自命糊涂老人，言谈之间，出语

难得糊涂

不俗，板桥环顾室内，见陈设中最为突出的是一件硕大的、足有一方桌面大小的砚台，石质细腻，镂刻精良，真世间罕见之物，令板桥大开眼界。老人请板桥题字，以便镌刻在砚背之上，板桥欣然慨允，他细思老人必有来历，便题了"难得糊涂"四字，并盖上一方新刻的："康熙秀才、雍正举人、乾隆进士"印章。因砚石过大，尚有不少余地，板桥便请老人作一跋语，老人也是兴至，题了"得美石难，得顽石尤难，由美石转入顽石更难，美于中，顽于外，藏野人之庐，不入富贵之门也"，也用了一方印："院试第一、乡试第二、殿试第三"。板桥一见大惊，心中已知这位老人必不是等闲之人，从印上看，应是一位退隐的官员，细谈之后，方知原委。于是板桥有感于糊涂老人的命名，当下见尚有空隙，便补写了一段："聪明难，糊涂尤难，由聪明转入糊涂更难，放一著，退一步，当下心安，非图后来福报也"。老人见了，大笑不已。

"难得糊涂"，深刻地道出了板桥内心之中对当时政治复杂、官场昏暗的深切感慨，面对这种情形心中也是充满无奈，此后不久，即因收缴当地豪绅的罚款，为其陷害，而至罢官。台湾著名讽刺作家柏杨先生调侃道："郑板桥先生真算看穿了中国官场，也看穿了酱缸"，"难得糊涂"遂成千古佳话。

歌唱是何时开始有的

卡拉OK，是当今青年人、中年人甚至老年人都比较喜欢的一项娱乐。演唱的人，手拿麦克风，跟着屏幕上的画面，边舞边唱，尽情地抒发胸中的情感。可是您可知道，中国何时开始有歌唱的，却还是一个需要进一步探索的悬案。

古书《毛诗》上说，当人们内心的情意被外界感应的时候，心里就会激起动荡，于是就会在唇吻之间发出声音来表示。而这种声音在经过调和美化之后，便成为歌唱。甚至还会引起手舞足蹈。即所谓：情动于中，而形于言。言之不足，故嗟叹之。嗟叹之不足，故歌咏之。歌咏之不足，故不知手之舞之，足之蹈之也。这里所说的"嗟叹"、"歌咏"，就是歌唱的形成过程。至于是谁首先开始？说法就多了。

一种说法是始于帝舜。据《史记·乐书》记载说：舜是一个孝子，为了表达他的思亲

之情,先制作了一张五弦琴,然后用这琴声来伴唱孝子思亲的歌曲——《南风》。于是,乐官夔根据他唱的歌,谱成乐曲,赏赐给各地的诸侯,希望天下都能受到舜的影响,起到普遍的教化作用。"昔者舜作五弦之琴,以歌南风。夔始作乐,以赏诸侯"。而《尚书·尧典》的记载,更生动具体。但没有说舜曾作琴、唱歌,而是说他下了一道命令,任命夔为乐官。要他作曲谱歌,用歌唱去教育年轻人,让他们变得正直而温和,宽大而谨慎;并做到情性刚直而不凌人,态度简约而不傲慢。为了要夔做好这一工作,舜还谆谆教导说,诗是用来表达思想感情的,歌唱则是借助语言把这种感情咏唱出来。唱的声音既要抒发胸中的思想感情,又要符合音律,使之优美动听。伴奏的乐器,还要注意和谐、协调,让神听了也感到快乐和谐。"夔,命汝典乐。教胄子,直而温,宽而栗;刚而无虐,简而无傲。诗言志,歌永言。声依永,律和声。八音克谐,无相夺伦,神人以和。"

另一种说法是始于长琴。《山海经·大荒西经》的记载说,颛顼的孙子祝融,祝融生了一个儿子叫长琴,他住在榣山上,开始为人们创制各种乐曲。"在榣上,其中有人,号曰太子长琴。颛顼生老童,老童生祝融,祝融生太子长琴。是处榣上,始作乐风。"而《山海经·海内经》还记载说,帝俊的儿子也创造了歌舞。记述中还强调帝俊有个儿子叫晏龙的,首先创造了琴瑟,于是他的七个兄弟开始歌唱跳舞。"帝俊生晏龙,晏龙是为琴瑟。帝俊有儿八人,是始为歌舞。"《山海经》中说的长琴和帝俊的八个儿子,它是放在不同地区说的,显然是指的不同部落的人。

再有一种说法还要早,说是始于三皇之一的葛天氏。据说他那时不仅有了歌唱,而且还是多人的载歌载舞。他们唱的歌,就是著名的"八阕"。《吕氏春秋·古乐篇》记载,"昔葛天氏之乐,三人操牛尾,投足以歌八阕。一曰载民。二曰玄鸟。三曰遂草木。四曰奋五谷。五曰敬天常。六曰建帝功。七曰依地德。八曰总禽兽之极。""八阕"在《古乐志》中也有记载,把它与"南风"、"阳陵"、"白露"、"朝日"、"鱼丽"、"白水"等列为古歌曲。

从以上记述,我们可以看出歌唱这一娱乐形式,具有极为悠久的历史,可以追溯到很早很早以前的史前时期。而且名称、形式也很多,如:齐歌曰讴。吴歌曰歈。楚歌曰艳。振旅而唱的称凯歌:在堂上由乐队伴奏而唱的称登歌或升歌。此外,根据抒发不同感情而唱的还分为:清歌、高歌、安歌、缓歌、长歌、浩歌、雅歌、酣歌、怨歌、劳歌等。真可谓洋洋大观,流派纷呈。

然而这种丰富多彩的歌唱,显然是经历了一个漫长的发展过程,它集中了人类的集体智慧,而不可能是哪一代、哪一个人的独创。看来歌唱始于何时,可能是一个永远难解之谜。

戏曲形成于何时

在中国古代光辉灿烂的历史文化中,有一颗璀璨的明珠,那就是中国古代的戏曲艺术。但是中国戏曲艺术究竟形成于何时?历来却众说纷纭,莫衷一是,难以得出一个确切的定论。

　　大约在十二三世纪,中国的南北方分别涌现出南戏和北杂剧这两种戏曲形式。它们无论在思想内容和艺术表演形式上都脱离了中国早期戏剧那种稚嫩的痕迹,而趋于高度成熟。一般认为,它们是中国戏曲最早的成熟形式。

　　产生于中国南方一带的南戏,又被称为"温州杂剧"或"永嘉杂剧",它的具体产生年代是明人祝允明和徐渭首先提出来的。祝允明在《猥谈》中认为:"南戏出于宣和之后,南渡之际。"当时他曾经见到旧牒中有赵闳夫榜禁"颇述名目",有《赵贞女蔡二郎》等南戏。徐渭的观点和祝允明略有差异。他的《南词叙录》是研究中国古代戏曲南戏的重要专著。他提出:"南戏始于宋光宗朝,永嘉人所作《赵贞女》、《王魁》二种实首之。"这就比祝说"南戏出于宣和之后"的年代要晚 80 年左右。那么,祝说和徐说究竟谁是谁非呢?

　　目前一般多主南戏出于南渡之际一说。周贻白的《中国戏曲发展史纲要》虽分别列举了以上两种观点,不过从他首先肯定"宋光宗赵惇时期便产生了温州杂剧"这一说法来看,他比较倾向徐说。张庚、郭汉城主编的《中国戏曲通史》则将祝说和徐说的意见统一起来,形成一种折中的观点,这就是,宣和之后南渡之际,出现了南戏的前身,宋光宗朝使南戏趋于成熟。理由是,祝说虽然不见得没有根据,但是他所亲见的榜禁中的赵闳夫,据考察是宋室的宗族,实际上是宋光宗赵惇时代的人,那么赵闳夫榜禁的名目可能就是宋光宗朝的东西。这样,所谓南戏出于南渡之际的说法就有些靠不住。而徐渭所说"始于宋光宗"就显然有些道理。但是,从温州一带"尚歌舞"、"多敬鬼乐祠"、社火、说书等民间艺术盛行的情况来看,南戏出于南渡之际也属可能。徐渭是明代嘉靖时人,出生年代比祝允明晚,他的观点本来就有些含混,在他提出"南戏出于宋光宗朝"后,又在同书中补充了另一种说法:"或云宣和间已滥觞,其盛行则自南渡。"可见他也不否认南戏出于南渡的可能。

　　与此同时,钱南扬在他的《戏文概论》一书中又提出了另一种观点。他认为,南戏在宋光宗朝已有《王魁》这样成熟的戏文出现,并已从村坊小戏进入城市,流传到赵闳夫当时可能做官榜禁的杭州,那么南戏的真正产生,当还在宣和之前。

　　有关早期南戏的资料,由于历史上的记载非常少,以致我们目前基本上只能根据祝说和徐说来推断南戏的大致产生年代。而祝允明和徐渭毕竟都是明中叶人,离开他们推断的南戏产生年代已有数百年之久,他们对南戏产生年代的论说又如此简略、含糊,这就使人对二者之说产生种种疑问。因此,有人根据南宋初期缺乏南戏的任何有关记载和当时南方一带宋杂剧盛行的情况,提出南戏产生年代可能在南宋末的观点。

　　另外,日本著名戏剧家青木正儿对南戏的概念也提出了截然不同的看法。他在《中国近世戏曲史》一书中提出,南戏即南宋杂剧的别称,因欲与北方杂剧相区别,乃更新以戏文之名,非仅对温州戏给以狭义称呼,元以后之南戏,才是真正的南戏。这就将南戏和南宋杂剧混为一谈,从而将南戏的产生年代推后到元代去了。

　　有关南戏形成年代的问题相当复杂,各家之说,难以统一。而对于北杂剧产生年代

的看法,同样也很不一致,一般说来,有这么两类:

一些人认为,北杂剧形成于金末元初。就是说,金代是北杂剧的孕育演变时期。不过,至迟在金代末年已出现了杂剧这种形式,只不过当时还掺杂在金院本中没有独立出来,到了元代则脱颖而出,形成了成熟完整的戏剧样式。所以,他们不同意明人朱权在《太和正音谱》中将关汉卿列为"杂剧之始"的说法。因为元代初期关汉卿剧作已相当成熟,元杂剧已很兴盛,这中间应有个发展成长时期。但是北杂剧在金院本中怎样脱胎演变,现在仍缺乏有力的论证。

另有一些人则认为,北杂剧的产生年代应在元初。顾肇仓在他的《元代杂剧》一书中就提出,宋金两代虽然有杂剧,但所包括的内容都不是纯粹的戏剧,只有到了元初,各种条件才具备和成熟,由此才得以正式形成北杂剧。

还有很多学者对于中国戏剧的起源与形成发表了各种见解。其中任二北在专著《唐戏弄》中提出"中国戏剧起于春秋、完成于唐代"的观点;许地山在《梵剧体例及其在汉剧上底点点滴滴》一文中提出"中国戏曲受印度梵剧影响而形成"的观点;王国维在《宋元戏曲考》中提出"中国戏曲起源于古巫、宋元时期形成真正的戏剧"的观点。

中国戏曲究竟形成于何时? 应该说至今仍是一个谜。

"元曲四大家"是哪四人

"元曲四大家",是对于在元杂剧剧本创作中成就较高的四位剧作家的尊称。元代是我国戏剧创作的第一个高峰,出现了一批文人出身或艺人出身的作者,今知有姓名可考的剧作家就达二百余人,姓名未见于记载者,更不知有多少。"四大家"应该是哪四位呢?

"四家"之说,在元代就已出现;最早见于文字记载的是"关、郑、白、马",即关汉卿、郑光祖(字德辉)、白朴(字仁甫)、马致远(号东篱)。周德清《中原音韵》以存世剧本和已知作家为基础。"序"曰:"自关郑白马一新制作,韵共守自然之音,字能通天下之语,字畅语俊,韵促音调;观其所述,曰忠曰孝,有补于世"。关汉卿作剧六十余部,对社会有深广的概括,又能粉墨登场,当时就被誉为"捻杂剧班头"。郑光祖"锦绣文章满肺腑","声振闺阁,伶伦辈称郑老先生",威望也很高。白朴的《墙头马上》、《梧桐雨》,马致远的《汉宫秋》,今日视之仍有较高的思想和艺术价值。周德清是音韵学家,他虽然主要着眼于音韵;但"关、郑、白、马"或"关、白、马、郑"之说,则为后世曲家如王国维等所崇。

明初,朱元璋之子朱权站出来排斥关汉卿。他所著的《太和正音谱》曰:"观其词语,乃可上可下之才,盖所取者,初为杂剧之始;没有功劳有点苦劳,但不能列于四家之首。朱权认为"宜冠于首"的应该是白朴。而马致远"若神凤飞鸣于九霄,岂可与凡鸟共语哉",冠之于首也不够,应"列于群英之上",是特等作家。这位皇子戏剧家的世界观不可能认识到关剧的思想意义,他的美学思想也无法欣赏关氏的本色风格。朱权又是个道教徒,使他对于在剧作中阐扬神仙道化,被称为"马神仙"的马致远表现出特别的感情。结果"四大家"的排名被他搅得一片混乱。

嘉靖时人何良俊从词章之品评立论，又倡一说："元人乐府称马东篱、郑德辉、关汉卿、白仁甫为四大家。马之词老健而乏姿媚，关之词激励而少蕴藉，白颇简淡，所欠者俊语，当以郑为第一。"（《曲论》）

今人谭正璧则认为自周德清以来，对"四大家"都有误解；元代所谓的"四大家"应该是关汉卿、白朴、庾吉甫、马致远。元末贾仲明《录鬼簿吊词》"关汉卿"名下有"姓名香，四大神物。驱梨园领袖，总编修师首。"等句；谭氏认为"四大神物"就是"四大家"的誉称，这几句话"乃是说，关是四个伟大作家之首。"而"马致远"名下的吊词中有"共庾、白、关老齐肩"一句，"正说他是和庾吉甫、白仁甫、关汉卿并驾齐驱的"，因此"关、白、庾、马，毫无可疑"（《曲海蠡测》）。周德清的"关、郑、白、马"说历来有个使人疑惑

关汉卿

不解的缺陷：关、白、马都是金末元初人，突然将一个晚于他们一辈的郑光祖与之同列，总觉不伦不类。如将郑光祖换成庾吉甫就不存在这个疑问了。谭氏认为很可能在周德清的时代庾吉甫的作品已很少流传，就抓来一个当时名声较大的郑光祖来顶替他。但由于庾吉甫的十几个剧本全部失传，我们今天也无法给他"恢复名誉"，需待搜得更多资料才能定论。

嘉靖以前，论曲诸家虽然对"四大家"各有所据，但奇怪的是以《西厢记》而显示出极高艺术成就的早期剧作家王实甫，却被排斥于"四大家"之外。虽然贾仲明曾给他很高评价："作词章，风韵美，士林中等辈伏低。新杂剧，旧传奇，《西厢记》天下夺魁。"他之不受重视很可能和封建卫道者认为《西厢》"诲淫"有关。至王世贞等一些戏曲评论家，开始为王实甫鸣不平，或曰"北曲故当以《西厢》压卷"，"他传奇不能及"（王世贞《曲藻》），或曰"丽曲之最胜者，以王实甫《西厢》"（张琦《衡曲麈谈》）。王骥德更直接否定"四大家"的传统排名，曰："世称曲手，必曰郑、关、白、马，顾不及王，要非定论"，他认为"古词惟王实甫《西厢记》经帙不出入一字"，所以"四大家"应该以王实甫居首，不及郑光祖，"王、关、马、白，皆大都人也"（《曲律》）。

当代一般的戏曲史论著，都是以关汉卿居元曲家之首，王实甫次之，几成定格。然而以《西厢记》的研究而获誉国内外的蒋星煜最近著文，认为解放以来的研究中有对王实甫估价不足的问题。看来，在弄清历史上的"元曲四大家"的同时，又必然带出了今天怎样恰当评价这些"胜国诸贤"的课题。

《牡丹亭》创作于何时何地

汤显祖的《玉茗堂四种》，最有杰出成就的当推《牡丹亭》。这部足传千古的戏曲名著，创作于何时何地，历来众说纷纭，莫衷一是。由于说法各异，致使后人对《牡丹亭》的研究，带来了不少困难。

《牡丹亭》创作于何时？据毛效同所编《汤显祖研究资料汇编》中，收录的发表于《文学遗产》第一辑上的《汤显祖与牡丹亭》一文，作者李汉英认为："汤显祖少负才华，《牡丹亭》为他少年时代作品。"继而又说："《牡丹亭》是显祖少年之作。其后复作《紫钗》、《南柯》、《邯郸》，总称'四梦'。"这"少年时代"的概念，当理解为二三十岁年龄比理解为"早期创作"较为正确。可是，姚燮所著《今乐考证》中则说："愚谷老人曰：'汤若士先生作《四梦》，最后作《牡丹亭》，称古今绝唱'"，按此说，应认为《牡丹亭》是汤显祖的晚期作品。再有，侯外庐的《汤显祖牡丹亭还魂记外传》一文，开头首语就说："汤显祖在万历二十六年（1598 年）写成了《牡丹亭还魂记》。"汤显祖是

汤显祖

年 39 岁，应称《牡丹亭》是他的中年之作。泛见不少著作传载：汤显祖于万历二十六年晋京上计后，就掼掉七品乌纱帽，所谓"引咎辞职"回乡。除侯外庐外，有许多学者普遍研究为《牡丹亭》创作于这个阶段。

那么，《牡丹亭》创作的地点又在何处呢？焦循《剧说》记载："相传临川作《还魂记》，运思独苦。一日，家人求之不可得；遍索，乃卧庭中薪上，掩袂痛哭。惊问之，曰：'填词至——尝春香还是旧罗裙——句也。'"由此看出，《牡丹亭》是汤显祖创作于临川家中。但是，康熙、乾隆年间的常熟人江熙的《扫轨闲谈》中却这样说："王文肃家居，闻汤义仍到娄东，流连数日不来谒，径去，心甚异之，乃遣人暗通从者，以观汤所为。汤于路日撰《牡丹亭》，从者亦日窃写以报。迨汤撰既成，袖以示文肃。文肃曰：'吾获见久矣。'汤内惭，谬曰：'吾本撰《四梦记》，此其一也；余尚有三。'文肃急欲索观，乃一日夜撰成焉。"

由此可见，《牡丹亭》是汤显祖"于路日撰"而成，并不是创作于临川家中，甚至被他的老师文肃公王锡爵使了手脚，派人买通仆从窃抄到手。波连其余"三梦"，也是汤显祖在太仓王府里"一日夜撰成"。当然，汤显祖无论是怎样的大手笔，要在子丑寅卯十二个时辰间创作出三部大型戏曲，那是绝不可能的，撼近荒诞。问题恰恰在于"汤显祖于路日撰《牡丹亭》"这句话，倒是值得玩味和推敲研究。

汤显祖"于路"即途次进行《牡丹亭》的创作活动，总得有个可供写作的环境，也即是创作地点，他是投宿招商客栈，还是羁旅深山古刹，或是寄居亲友家中来从事创作？《昆、

新两县续修合志》卷十三《第宅·园林》部分，有一段十分重要却又常被人们忽略的记录，也是为《汤显祖研究资料汇编》这部70余万字的著作所没有采编到的一则资料，只要读一读这段文字，便可揭开汤显祖"于路日撰《牡丹亭》"的创作地点之谜："太史第，太仆少卿徐应聘所居，在片玉坊内，有拂石轩。应聘与汤显祖同万历十一年(1583年)癸未榜。客拂石轩中，作《牡丹亭》传奇。"徐应聘，字伯衡，县志上有传，与汤显祖同科进士。万历二十五年(1597年)至万历三十五年(1607年)曾家居十年。汤显祖弃官南来，到太仓"流连数日不来谒"见老师王锡爵，转而跑到昆山县城玉山镇，住进了现在改称为南街的片玉坊"太史第"，即徐应聘府上的拂石轩，"日撰《牡丹亭》"。昆山和太仓相距二十里许，往返近便。所以，王锡爵能够"遣人暗通从者以观汤所为。"并命"从者，日窃写以报"。

按照《昆、新两县续修合志》的记录，结合江熙《扫轨闲谈》所载，《牡丹亭》成书的时间应在万历二十六年(1598年)间，即如侯外庐等学者所说为正确。《牡丹亭》成书的地点也应当在昆山，不是在临川。此等见解是否确切？尚需学术界专家、学者验证。

杂剧《西厢记》的作者是谁

描写崔莺莺与张珙的恋爱故事的元代杂剧《西厢记》，全名《崔莺莺待月西厢记》，取材于唐代元稹的传奇小说《会真记》(又名《莺莺传》)，是我国较早的一部以多本杂剧连演一个故事的剧本。数百年来，它所表达的"愿普天下有情人都成了眷属"的美好祝愿，深深叩动着青年男女的心弦，连《红楼梦》里的林黛玉也称赞它"词句警人，余香满口"。

《西厢记》原刊本现在已无从见到，现存的大都是明人校订本。也正是从明代开始，对于它的作者是谁，出现了几种不同说法。元末钟嗣成的《录鬼簿》认为是王实甫，明初朱权的《太和正音谱》及稍后王世贞的《艺苑卮言》也持有同样看法。几乎与此同时，又有人提出《西厢记》是关汉卿作或者关汉卿作王实甫续和王实甫作关汉卿续三种意见。《西厢记》全剧共五本二十一折，所谓"关作王续"、"王作关续"，意即其中第五本系由王或关补续。王实甫和关汉卿的生平后人知之甚少，因此《西厢记》究竟出自谁人之手，各家都拿不出证据确凿的理由来。主张"王作关续"最早的明代戏曲作家徐复祚在《三家村老委谈》中，指出《西厢记》第五本"雅语、俗语、措大语、自撰语层见叠出"，文学风格和语言与前四本不统一。明末卓人月将《西厢记》第五本和前四本分别与宣扬"始乱终弃"的《莺莺传》作了比较，认为《西厢》"全不合传，若王实甫所作犹存其意，至关汉卿续之则本意全失矣"(《新西厢》自序)，也主张"王作关续"。明崇祯十二年张深之校正本，更是署明"大都王实甫编，关汉卿续"。到了清初，金圣叹批本《第六才子书》盛见流行，"王作关续"说也几乎就成了一时之定论了。

解放后，国内比较通行的看法都认为《西厢记》为王实甫一人所作。游国恩等主编的《中国文学史》认为，所谓"王作关续"，是封建统治者对《西厢记》的排斥和丑低。谭正璧也认为，《录鬼簿》和《太和正音谱》的说法是可信的，但他又认为，关汉卿也是作过《西厢记》的，不过不是杂剧，而可能是小令(《乐府群珠》卷四中，就有关汉卿作的总题为《崔张十六事》的《普天乐》小令十六支），这就是后人误传关汉卿作或续作《西厢记》杂剧的由来。从二十世纪60年代初开始，又有人在前人研究的基础上提出新的见解。例如，陈中凡既否定王实甫独作说，也不赞成"王作关续"说。他认为，《西厢记》确实原属王实甫的创作，但那不是多本连演的杂剧。元杂剧的通例是一本四折，每折由一人独唱到底，而现存的《西厢记》却打破了这些限制，在王实甫生活的元代前期还不具备这种条件。再则，《西厢记》与公认为王实甫所创作的《丽春堂》等剧相比，思想内容和艺术成就都有极大的差异。因而可以推知现存的《西厢记》是在元曲创作阵地南移到杭州，受到南戏影响后，由元代后期曲家改编而成的。其中第五本所用的曲调完全打破了前四本遵用北曲联套的习惯，唱法也不尽相同，自由运用声腔尤见进步，证明第五本尤为晚出。不久前，又有人从《西厢记》全剧情节发展的时间上的疏漏，结局与主题的不同等方面，论证了第五本非王实甫所作，认为《西厢记》在第四本"惊梦"之后便告结束，不仅符合我国传统戏曲的结构特点，而且改变了当时戏曲作品以大团圆来结尾的通病，否定了夫荣妻贵、衣锦荣归的封建正统观念，无论在思想上，还是在艺术手法上，都极其高明。而第五本的结局，只有在元末知识分子的社会地位由于重新开放科举仕进之阶而有了一些变化之后才可能产生。同时，从史料记载来看，无论是最早有关《西厢记》记载的元人周德清的《中原音韵》，还是明初朱权的《太和正音谱》，都只摘引了《西厢记》前四本，而没有任何第五本的资料，因此推断"王西厢"的原本应是四本，金圣叹将第五本定为"续书"还是有一定道理的。

"二黄"之谜

"二黄"是京剧的最主要的声腔之一，原作"二簧"，在胡琴上的定弦是5·2弦。"二黄"是一种比较平和、稳重、深沉、抒情的腔调，节奏比较平稳，起音、落腔多在板上。由于二黄唱腔流畅、舒缓，比较适合表现沉思、忧伤、感叹、悲愤等情绪，因此悲剧题材的戏多用二黄腔。

关于"二簧"腔的来源，历来说法不一，据清·李斗《扬州画舫录》记载，乾隆时各种地方戏曲声腔云集扬州，"安庆有以二簧调来者"，以及对徽班和安庆艺人演唱的石牌腔、枞阳腔、安庆梆子等曲调的考查与分析，有"二簧腔"出自安徽的看法。但清乾隆时人李调元《剧话》记载，又有"二簧腔"即"宜黄腔"之说。从曲调分析上看，二簧腔主要是由吹腔和拨子衍变而来的。吹腔，是"四平腔"受昆曲、乱弹的影响以后出现的。至今作为一种独立的腔调，保留在皮簧声腔系统中，以笛伴奏。吹腔改用胡琴伴奏，变为平板二簧，或称"小二黄"，或称"四平调"，至今也仍是二簧腔的一种腔调。拨子，是由乱弹"二凡"衍变而成的，有北方梆子腔的影响，至今也保留在皮簧声腔系统中，用唢呐或特制的胡琴伴奏，以梆子击节。在拨子和"吹腔"的基础上，又衍化出"老二簧"或称"唢呐二簧"。后来，发展出二簧腔的各种板式，并改用胡琴为主伴奏。总之，"二黄"以它繁复的腔调形式、绚丽多彩的艺术表现手法，在京剧唱腔中占有举足轻重的地位。

“二黄”有十多种板式，大致是：原板、慢板、快三眼、碰板、顶板、导板、回龙、散板、摇板、滚板、反二黄、唢呐二黄等等。

我们这里重点介绍几种板式：

第一种：原板。原板是一板一眼的3/4板式。一般认为，二黄原板是由原始的二黄声腔演变为戏曲的板式声腔以来，最先形成的板式。原板是各种板式的基本形态：慢板、快三眼、散板、摇板等都是由原板发展变化而来的，因此原板是一种重要的板式。

第二种：慢板。慢板是一板三眼的4/4板式。是原板扩展放慢一倍的板式，其唱腔结构与原板大致相同，是板上开口，最后一字落在板上，即板起板落，也称三眼或正板，比它速度快的名叫中三眼或中板，更快些的叫快三眼，中、快三眼统称“快三眼”。

慢板长于表现比较复杂的情感，一般长于表现感叹、忧伤的情绪，抒情性较强。中、快三眼则叙事性强些。《捉放曹·宿店》中陈宫的“一轮明月上窗下”唱段，就是老生的二黄慢板唱段。

与“二黄”相似的还有四平调，也叫平板二黄，胡琴定弦、过门也都与“二黄”相同。但唱腔内部结构却和“二黄”有很大区别，从其上句落音、节奏和某些音跳动的情况看，四平调与西皮腔调类同，但从它的另一些行腔来看，由于多用自然七声的级进，曲调流畅平滑，1、2、5、6各种调式综合使用极为灵活，又很像“二黄”，因此可以说四平调是一种兼具西皮和二黄双重性格的腔调，它的板式变化不多，只有原板、慢板两种，慢板也只是原板放慢的板式，比较简单。但四平调的唱腔相当丰富，艺术处理手法灵活多样，因此，除正格四平调外，还有反四平调、四平调顶板、四平调流水、西皮四平调等不同类型的唱腔。

四平调的曲调和节奏变化非常自由灵活，任何复杂和不规则的唱词，都可以用四平调来唱，例如《贵妃醉酒》中的唱词：“裴力士啊，卿家在哪里呀……”，这样一段参差不齐的句式，若用一般的西皮或二黄板式唱，比较困难，而用四平调则顺理成章，这是它独特的地方。

四平调还能表达各种各样的情感，如《乌龙院》的轻松闲适、明快佻达；《清风亭》的苍凉沉郁、悲切凄楚等。四平调由于在曲调节奏唱法和艺术表现上具有不同特色，形成不同情调，老生、小生、旦角、老旦等都能使用，尤以旦角的唱腔更为丰富。

《玉堂春》中的苏三真有其人其事吗

京剧《玉堂春》是颇出名的，其唱工做工扮工均可称绝，所以凡扮演青衣的角色，其入门戏之一，必须是先学其中一出的折子戏《女起解》。它是京剧的基本功。

这样，戏剧中的主体人物苏三（玉堂春）也就更见红了。

中国传统戏剧涉及到男女情事，通常有两种特殊图式：一是公子和小姐。所谓公子好逑。小姐怀春，通过贴身丫头拉线私订终身，风行的“落难公子中状元，后花园私订终身”即是百说不厌的；另一就是公子和青楼妓女。大概仍是公子好色，妓女多情义，经历磨难，终于完成大团圆的理想模式。此中旖旎，似源于唐人《李娃传》传奇。《玉堂春》故事很可能由此嬗变而来。但它似比公子和小姐那类图式要多些传奇味。就其主旋律的悲惨交响乐涵盖的苦中作乐、乐中有苦,这正也调谐农耕社会的士民心理机制和致思途径的几,因而为人归依和认同,盛行了几百年。

据说《玉堂春》的苏三起解所以出名,走红大千世界,还有一个原因是实有其事的。惟真,才能尽善尽美,引起人们加倍的共鸣。

山西洪洞县修复了县衙里的虎头监狱。它是三晋大地罕有见存的一座明朝牢狱,有人还明确指出此中女监某处就是囚禁苏三的牢房。江山也要名人捧。据说当时新修复的洪洞监狱,门上还曾写有"苏三监狱"字样,地以人贵,它当然是真人真事了。因此游洪洞县,除了到城北二里地那棵大槐树下转转,寄托回归之乡情,其次就是看那因苏三得名的虎头牢狱了。

据说苏三案件还为洪洞留下不少古迹,像皮氏要砒霜的那家药铺;有人还在路旁公园内竖立一块标志:苏三于押解中曾在此休息过。总之,它要留给人们的印象是,苏三确有其人其事,也确实在洪洞县落难过。为此那个王三公子王金龙也被说成确有其人的。还说他本名叫王三善,原籍河南永城。由于父亲在南京当吏部尚书,就结识了苏三。他后来努力为苏三平反,以后双双回归永城。不久,苏三病死,葬在王氏祖茔边,据称三十年代还有人在那里见到她的墓碑,上书"亡姬苏氏之墓"。

当然,在山西,像晋中太原和洪洞一带,苏三故事是更为走俏的。"特别是太原,人们长期传说'苏三为沈洪妻皮氏诬陷的档案'确有其事。并说苏三档案在辛亥革命前,由当过洪洞县知事的河北玉田县孙奂仑窃走。还有人说,苏三档案被孙奂仑卖给法国巴黎古董商人。"(王定南《从苏三故事谈起》,《文史研究》1988 年 1 期)据说"有人考证王三公子和玉堂春确有其人。甚至有人在山西洪洞县看到过玉堂春的档案"(王延龄《历史大舞台》,江苏文艺出版社,1987年 10 月),所以胡士莹界定冯梦龙创作的《玉堂春落难逢夫》(《警世通言》第二十四卷),"所叙为明代实事"。(《话本小说概论》)

京剧《玉堂春》中的苏三(剧照)

苏三故事也许真有其人的。据王延龄说,他听人讲及明代中叶就有古本广东潮剧《玉堂春》,演苏三全部,剧情有一段故事是说苏三在三堂会审后,等候在五里亭,因天寒兼体弱受刑有病,竟冻死在郊外。不久苏三父亲来寻女,惊悉苏三已死,于是痛哭一场。在哭词里介绍了身世。原来他叫周彦字玉柯,河北曲周人,赴山西做官前,将爱女留在家中,竟为继母卖给保定府的苏家妓院,按年龄排为第三,故叫苏三。"潮剧的老艺人却说这是真事,而且祖辈相传,材料来自洪洞县苏三的供词案卷。这供词还讲到王景隆(一般戏中称为王金龙)和苏三同乡,也是曲周县王家集村人,和苏三的故乡相距仅十余里,他到苏家妓院见了苏三就十分倾倒,两人相爱。"(《历史大舞台》)

看来,苏三故事乃是以明朝中期为大背景的,有其人也有其事。

但是,现今所见最早记述的《全像海刚峰先生居官公案传》(明万历三十四年万卷楼刊本,李春芬撰),与现今流传的《玉堂春》苏三故事构架大体相同,惟出场之主角王金龙作王舜卿,沈洪作彭应科,且是浙江兰溪人,与山西洪洞无关,此案后由时任江浙运使的海瑞审判。此处玉堂春亦姓周而不姓苏。也无"苏三"字样,最后还是海瑞成全他俩姻缘了的。"公令人伪为妓兄,领回籍,后与舜卿为侧室。"(卷一第二十九《妒奸成狱》)此处人地各异,看来是与今本苏三故事,风马牛而不相及,或循此建构再加工的。所谓玉堂春姓苏,始见于冯梦龙《情史》,"河南王舜卿,父为显宦,致政归。生留都下,支领给赐,因与妓玉堂春姓苏者狎",(卷二《玉堂春》)尔后才有王离去。"山西商闻名求见""携归为妾"故事。而《警世通言》以此为据,作了惟妙惟肖的形象思维,以致不胫而走,使苏三故事成为家喻户晓。

因为源流自小说平话,尤其是其源始见于海瑞判审,当不可信。据王定南说,在文化大革命前,山西省委书记郑林对他说,华北局某领导曾请郑组织人员研究苏三故事。为此他作了大量搜集工作。特别是山西省文史馆馆员尚德赴洪洞查看苏三档案情节。尚德参加过太原辛亥革命,曾任副都督府秘书长。"辛亥革命前在太原就传说:洪洞县县衙门档案库有苏三档案。尚年轻好奇,又与孙奂仑友好,为此专到洪洞县向孙奂仑询问,要看'苏三档案',孙和尚一起去问管档案的人,该人说:'档案库没有苏三档案。'"

洪洞县衙有否见存苏三档案,当然不能判断有否其人,明末和清季的多次农民起义,洪洞县衙多次受毁,要能保存它,当时也不会有这强烈的意识,但《洪洞县志》均无此案记述,也没有传闻和发现"苏三档案"。因此王定南界定,"苏三的故事流传很广是小说家冯梦龙的功劳","写小说的人可以凭空虚构任意编造,但不能作为历史事实"(《从苏三故事说起》)。王延龄也认为,所谓王金龙即王三善说,却在《明史》本传中"不见一个苏三字样,他也并未做八府巡按到山西去三堂会审过","看来这些考证都是文人的臆测,真正看戏的人欣赏的是表演艺术,受感动的是故事情节,为他们两位大翻家谱,不免有画蛇添足之嫌。"(《历史大舞台》)

看来还是这句话,"假作真时真亦假"。苏三故事并非扑朔迷离,其真伪如何,也许这可以作为答案了。

《霓裳羽衣曲》与唐明皇"游月宫"有关吗

《霓裳羽衣曲》是唐代著名的歌舞大曲。它描写了唐玄宗向往神仙而又见到了仙女的神话故事,全曲共分36段。开始是六段"散序",为器乐的独奏和轮奏,没有舞,也没有歌;中间部分的18段是"中序",开始有节奏,是抒情婉转的慢板,舞姿轻盈,幽雅如仙;最后 12 段是"破",节奏急促,终止时引一长声,袅袅而息。据此曲所表演的《霓裳羽衣舞》,舞者上身饰有多彩的羽毛,下身拖着有闪光花纹的白裙,怪不得中唐著名诗人白居易在元和年间见到当时宫廷里表演《霓裳羽衣曲》时说,舞者,"不著人家俗衣服,虹霓裳帔步摇冠,钿璎累累佩珊珊",俨然是一副道家仙女的打扮。

关于《霓裳羽衣曲》的作者,历史上早有定论,是唐朝玄宗皇帝。唐玄宗颇通音律,又好歌舞。他这方面的才能用于朝政的话,也许就不会出现"安史之乱"了吧!然而,唐玄宗创作《霓裳羽衣曲》音乐的过程,却一直是个不解之谜。史书记载及民间传说都不大能令人全信。

有人说,一个叫罗公远的道士,曾经引唐玄宗"游月宫",在月宫中,唐玄宗见到数百个"素练霓衣"的仙女"舞于广庭"。唐玄宗趁机询问仙女们伴奏的曲子为何,答曰"霓裳羽衣",通晓音乐的唐玄宗乃"默记其音调",可是回来后仅能记起此曲的一半音调,只得写出一半曲调。当时恰逢西凉府节度使杨敬述进献了一首《婆罗门曲》,其曲调与唐玄宗在月宫所闻颇为相符,唐玄宗如获至宝,大喜过望,遂以那在月宫中听到的曲调为"散序",以杨敬述进献的《婆罗门曲》为"散序"之后的乐章,并定名为《霓裳羽衣曲》(见《全唐诗》卷二十二《舞曲歌辞·霓裳辞十首》)。

这一古已有之的充满神秘色彩的说法,当然有其荒诞离奇之处,不足凭信,如讲唐玄宗随道士"游月宫",纯系传说,然而其中有些说法,倒是值得我们重视的,一是点明《霓裳羽衣曲》的主题或内容是游仙,郭沫若曾经指出,《霓裳羽衣曲》是"求仙访道思想的音乐化或舞蹈化"(见郭沫若《李白与杜甫》)。二是把此曲与杨敬述所献的《婆罗门曲》联系起来了。

有人则认为《霓裳羽衣曲》,本来就名为《婆罗门曲》,为西凉节度使杨敬述所献,唐玄宗只是对此曲稍加润色并配以歌词而已,再改用今名《霓裳羽衣曲》。乐府诗《婆罗门》诗序云:"商调曲,开元中西凉节度使杨敬述进,天宝十三载(745 年)改为《霓裳羽衣》。"

《杨太真外传》中说:"《霓裳羽衣曲》者,是玄宗登三乡驿,望女儿山所作也。"唐代诗人刘禹锡也在《三乡驿楼伏睹玄宗望女儿山诗小臣斐然有感》中写道:"开元天子万事足,惟惜当时光景促。三乡陌上,望仙山,归作霓裳羽衣曲。仙心从此在瑶池,三清八景相追随。"还有人认为玄宗登三乡驿望女儿山回来后,只作了此曲的前半部分,及至后来有幸吸收了杨敬述所献的《婆罗门曲》后才得以续成全曲。其舞、乐着力表现缥缈的仙境和仙女形象。这些说法可能比较切合实际,它略去了唐玄宗与罗道士"游月宫"的离奇传说,把《霓裳羽衣曲》说成是笃信道教的玄宗于三乡驿的高处,遥望女儿山,幻想仙境的产物。

《中国音乐史略》则认为《霓裳羽衣曲》的"散序"并非玄宗"游月宫"后所作,据《碧鸡漫志》引唐人郑嵎《津阳门诗注》的记载,其"散序"是唐玄宗登三乡驿望女儿山回宫之后依据他对女儿山的神奇想象写成的。此书作者认为《霓裳羽衣曲》另外的音乐则是外来音乐的改编曲调,而外来音乐乃是取自印度的佛曲,用它来表现中国道教的神仙故事,而不是所谓的《婆罗门曲》。

《霓裳羽衣曲》的创作过程，说法历来不一，从上所述可知，信史、传说参半，孰是孰非目前尚难定论。

隶书起源之谜

隶书，在汉字和书法史上有重要地位，特别是近年以来，随着以隶书书写的秦汉地下文献的大量出土，隶书在考古学、古文献学上的价值也日益突显。潘伯鹰在《中国书法简论》中说："就中国文字和书法发展来看，隶书是一大变革阶段，甚至说，今日乃至将来一段的时期全是隶书的时代也不为过。"

关于隶书的起源，古人有种种说法，多以为是秦始皇时的一个叫程邈的人在云阳狱中冥思苦想创制出来的，所以叫隶书。现代人虽然断定隶书非一人所创，但囿于材料不足，对隶书的产生等情况，也只有揣测而已。近年考古的新发现方使鸿蒙大开。

隶书

1980 年四川青川县出土的木牍上已见隶书的雏形：笔画由繁趋简，由曲变直，横画、捺画上已略有波形。不少字形变篆书的长方形为正方或扁方，因为它是在大篆基础上省改产生的，虽然结构上尚存篆意，但已初具隶书规模，人们称之为"古隶"。据考定青川木牍是秦武王二年（前 309 年）的遗物，它向世人证明，至迟在战国中期，隶书已经出现了。

1975 年底，在湖北云梦县睡虎地秦墓出土了一千一百多枚竹简，据考是秦始皇统一中国前后的物品。云梦秦简的书法风格，在字的结构上以篆为主，但已明显简约隶化，在线条方面，变小篆的圆转为方折，在用笔方面，体现了提按轻重变化，特别是隶书的典型用笔"波势"已初具形态。云梦秦简的笔画结构与青川木牍极其相似，因数量很多，所以书法风格也多样，具有很高的艺术价值。

考古发现否定了程邈创制说，提前了隶书产生的年代，但隶书究竟如何产生？是否秦国所独有？是否小篆转化而成呢？多数书法理论著作认为：

隶书是继篆书以后的新兴书体，"大小篆生八分"隶书是由篆书变化而成的，卫恒《四体书势》说："秦既用篆，奏事繁多，篆字难成，即令隶人佐书，曰隶字，……隶书者，篆之捷也。""隶人佐书"就是说隶书是徒隶们所写的书体，最初是篆书的辅助字体，所谓"篆之捷也"。故隶书又称佐书、佐隶、徒隶，隶书解放了严谨的小篆体势，如"八"字之分散，故又称"散隶"。

秦代的隶书处在由篆向隶的变化之中，所以兼具二者的特点，这时期的隶书虽属早期，但已表现出整体的统一性和风格的多样性，是当时人们日常使用的书体，其成熟性已表明并非初创，而是经过了相当长一段由初起到渐渐成熟的时间历程。

徐利明《中国书法风格史》另辟新说，认为：隶书直承战国时代的手写体演化而成，并非经过秦小篆，而战国时的手写体与春秋末的侯马盟书和墨书又是一脉相承的关系，其间，西周时期尚未发现手写体墨迹，但由殷商墨迹和东周墨迹可以推知西周时期手写体墨迹的笔画形态当为同类，这也可以从西周早期及中期的一部分鼎彝款识中得到佐证，汉末以后通称战国古文为科斗书，其实这种笔画形态，远在殷商即可找到实证，可见这是篆书手写体笔画形态的基本特点。

徐氏进一步指出，秦隶的形成，固然有秦国篆书向隶书的自然演变过程，但篆书的隶变在春秋战国时期，尤其是在战国时期，是各国诸侯汉字及其书法变化发展的共同趋势，这在当时是个普遍现象，隶书的最终形成，是战国各国地域书法约定俗成共同作用的结果。

究竟隶书是如何起源的，还有继续深入研究的必要。

楷书产生于何时

楷书，又称真书、正书，因字体端正规范，堪称楷模，故得此名。提起它，人们很自然地会想到唐代欧阳询书写的《九成宫醴泉铭》、柳公权的《玄秘塔》和颜真卿的《颜勤礼碑》，以为这些就是中国最古老的楷书。其实不然。那么，楷书最初产生于何时呢？

一些人认为可以上推至汉初，甚至有人提出秦始皇时代。例如宋代著名的书法理论著作《宣和书谱》在《正书叙论》篇中叙："字法之变至隶，极矣，然犹有古焉，至楷法则无古矣。汉初建初（汉章帝年号，公元76～83年）有王次仲者，始以隶字作楷法。所谓楷法者，今之正书是也。人即便之，世遂行焉。而或者乃谓秦羽人（羽人一说为职官名，掌征集羽翮作旌旗车饰之用；又一说是道士的别称笔者注）。王次仲作此书献始皇以赴急疾之用。"

不过也有不少学者认为楷书始于东汉，也有的说是三国时代的魏时。清人刘熙载在《艺概·书概》中说："正、行二体始见于钟书。"钟，指三国时魏人钟繇。而今人种明善在《中国书法简史》中提出自己的见解说："从汉字书法发展上来看，魏晋是完成书体演变的承上启下的重要历史阶段。"书法从小篆转向隶书，这是第一次重大的决定性变革，从此汉字由圆变方，一直至今都沿袭了这种方块的基本形态。"隶书产生、发展、成熟的过程就孕育着真书。真书、行书、草书这三种汉字书法的重要书体的定型是在魏晋二百年间。魏甘露元年《譬喻经》墨迹、西晋元康六年写的《诸佛要集经》墨迹等，左弯的笔画为楷书的撇代替，斜钩代替了（隶书的）磔。此时真行草三体具备"。当时"造就了两个承前启后，魏然卓立的大书法革新家——钟繇、王羲之。他们揭开了中国书法发展史的新一页，树立了真书、行书、草书美的典范。钟繇在这种崭新书体（楷体）的完善、推广上起了很大的作用"。按照这种说法，楷书经钟繇的完善并推广得到了大发展，那么其先声当然还得在此以前了。

近代康有为在《广艺舟双揖》一书中提出自己的看法："汉末波、磔（左撇为波，右捺曰磔）纵肆极矣。久而厌之，又稍参篆分之圆，变为真书。"康氏又说："汉隶中有极近今真楷者，如《高君阙》'故益州举廉丞贯'等字，'阴"都'字之'邑'旁，直是今真书，尤似颜真卿。考《高颐碑》为建安十四年（209年），此阙虽无年月，当同时也。《张迁表颂》，其笔画直可置今真楷中。《杨震碑》似褚遂良笔，盖中平三年（186年）。《子斿残石》、《正直残石》、《孔彪碑》亦与真书近者。至吴《葛府君碑》则纯为真书矣。"

赞成三国时期说法的还不乏名家，例如《中国书法简史》的撰者包备五说过，"汉隶的形体美再进一步发展，到了汉末三国时期，字画上又有了'侧（点）''掠（长撇）''趯（直钩）''啄（短撇）'结体上更趋于遒丽、严整，这就形成了真书。"有关真书，清代书学家钱泳曾有一个颇给人启迪的说明，按其《书学·隶学》上讲："篆用圆笔，隶用方笔，破圆为方而为隶书。故两汉金石器物俱用秦隶，至东汉建安以后，渐有戈法波磔，各立面目，陈遵、蔡邕，自成一体，又谓之汉隶。其中有减篆者，有添篆者，有篆隶同之者，有全违篆体者，鲁鱼之惑，泾渭难分，真书祖源实基于此。"

循着今存的一些历代碑碣墓志上的书法窥察，我们可以在隋朝《龙藏寺碑》中看见唐代《九成宫》的先声。而隋则是融合北（朝）碑南（朝）帖的时代。北碑中的《张玄墓志》、《张猛龙碑》、《龙门二十品》等，都是采用规范的楷体书写的。而北朝的书法，又可以在汉碑中发现其痕迹。如《经石峪大字》、《郑文公碑》、《刁惠公志》，则出于汉《乙瑛碑》；《贾使君碑》、《魏灵藏》、《杨大眼造像》各碑，则出于汉《孔羡碑》。

《二泉映月》之谜

一曲如泣如诉的二胡独奏《二泉映月》，曾让世人流过多少同情的热泪，如此动人心魄的乐章，是那样的让人欲罢不能，人们陶醉艺术氛围之中时，也曾为作者不幸的身世扼腕不止。

《二泉映月》是盲人艺术家华彦钧最具代表性的作品之一，乐曲采用江苏民间音乐素材写成，运用多种二胡手法和不同力度的变化，生动、细致地表现出饱尝生活艰辛的社会底层人们悲怆的心情和倔强的性格。

整部乐曲是在一个短小的、类似叹息的引子后开始的，继之出现了呈微波形旋律线的第一乐句，恰似对往事的沉思。第二乐句从第一乐句尾音高八度音上开始，在高音区回旋的较为昂扬的旋律，流露出无限感慨之情。进入第三乐句，出现了带切分音的较为急促的节奏因素，旋律柔中带刚，情绪更为激动，全部乐曲将主题多次变奏，使内心的感情得以极为充分的抒发，多次变奏不是表现相对不同的音乐情绪，而是为了更加深化主题，从不同侧面来丰富和加深单一、集中的音乐形象。

《二泉映月》可以说是用华颜钧的心和血凝就而成的。华彦钧（1893－1950），人称瞎子阿炳，江苏无锡人，自幼随父亲雷尊殿学艺，对他的艺术生涯影响至重的是它的养父——一个孤独贫穷的道士华清和。华清和号雪梅，精通各种器乐，尤以琵琶为最，阿炳继承了华的全部衣钵，对于各种器乐也是相当精通，更以二胡、琵琶的演奏技艺最为精湛，深受人们欢迎，华清和去世后，阿炳经常同民间吹鼓手交往，并参加他们的活动。俗言"福无双至，祸不单行"，25岁的华彦钧在道产变卖殆尽的时候，双目又完全失明，极度不平的生活经历，虽然给他带来很大困难和痛苦，但他没有沉沦，而是将全部情感熔铸在音乐之中，并保持着刚直、倔强的性格和伟大的爱国热情，尽管已经沦落为街头流浪艺人，他仍然倾心艺术，更难能可贵的是他作为一位民族艺术家的高风亮节，在日伪统治无锡的时候，他不畏强暴，坚持在群众中演唱抗日新闻。全国解放后，当地政府曾认真计划录制他的演奏曲目，但遗憾的是，只初步录了六首，他就在1950年病故了。

阿炳以悲惨经历和全部心血铸就的《二泉映月》，已经成为民族音乐艺术中的奇葩，它以感人的乐章、精湛的艺术表现手法，永远留存于世界艺术之林。

围棋的来源

围棋，在我国古代称为"弈"，在整个古代棋类中可以说是棋之鼻祖，相传已有4000多年的历史。围棋以黑白两色演绎着变幻莫测，它将科学、艺术和竞技三者融为一体，有着发展智力、培养意志品质和机动灵活的战略战术思想意识的特点，因而长盛不衰，并逐渐地发展成了一种国际性的文化竞技活动。

首先，围棋和数学知识有关。纵横交错的棋盘，黑白相杂的棋子，以及行棋的步骤、次序和形势的判断都离不开计算。其次，围棋和天文知识、哲学知识有关。局（即棋盘）方棋圆是像地法天，棋分黑白是象征阴阳剖判。第三，围棋和军事知识有关。攻防博击、围而相杀，犹如用兵斗法。至于围棋的一些术语，更是直接来源于军事术语，再明白不过地表示了它和军事斗争的关系。

围棋

我国围棋之制在历史上曾发生过两次重大变化，主要是局道的增多。魏晋前后，是第一次发生重大变化的时期。魏邯郸淳的《艺经》上说，魏晋及其以前的"棋局纵横十七道，合二百八十九道，白、黑棋子各一百五十枚"。这与河北望都发现的东汉围棋的局制完全相同。但是，在甘肃敦煌莫高窟石室发现的南北朝时期的《棋经》却载明当时的围棋棋局是"三百六十一道。仿周天之度数"。这表明那时已流行十九道的围棋了。这与现在的围棋局制完全相同。

由于南北朝时期玄学的兴起，文人雅士以风雅为荣，会不会弈棋成了判断是否为高雅之士的一个标准，上层统治者也无不雅好弈棋，他们以棋设官，建立"棋品"制度，对有一定水平的"棋士",授予与棋艺相当的"品格"(等级)。

唐宋时期,由于帝王们的喜爱以及其他种种原因,围棋得到长足发展,对弈之风遍及全国。这时的围棋,已不仅在于它的军事价值,而主要在于陶冶情操、愉悦身心、增长智慧。弈棋与弹琴、写诗、绘画被人们引为风雅之事,成为男女老少皆宜的游艺娱乐项目。

唐代"棋待诏"制度的实行,是中国围棋发展史上的一个新标志。所谓"棋待诏",就是唐翰林院中专门陪同皇帝下棋的专业棋手。当时,供奉内廷的棋待诏。都是从众多的棋手中经严格考核后入选的。他们都有国内第一流的棋艺,故有"国手"之称。

从唐代开始,围棋随着中外文化的交流,逐渐跨出国门,它漂洋过海到了日本,除了日本,朝鲜半岛上的百济、高丽、新罗也同中国有来往,特别是新罗多次向唐朝派遣使者,而围棋的交流更是常见之事。

明清两代,棋艺水平得到了迅速的提高。其表现之一,就是流派纷起。明代正德、嘉靖年间,形成了三个著名的围棋流派:一是以鲍一中为冠,李冲、周源、徐希圣附之的永嘉派;一是以程汝亮为冠,汪曙、方子谦附之的新安派;一是以颜伦、李釜为冠的京师派。这三派风格各异,布局攻守侧重不同,但皆为当时名手。

清康熙末年到嘉庆初年,弈学更盛,棋坛出现了一大批名家。其中梁魏今、程兰如、范西屏、施襄夏四人被称为"四大家"。四人中,梁魏今之棋风奇巧多变,使其后的施襄夏和范西屏受益良多。

鸦片战争的爆发,国势式微,弈道不彰。晚清棋界最有名的国手是周小松、陈子仙。两人去世后,清末棋坛彻底不振。

虽然通过目前最早的文字记载,可以得知围棋起源于春秋中叶之前的中国,但这并不能确定它的起源具体在哪个年代,关于围棋的起源,大致有以下几种说法:

"尧舜发明"说。据《世本》所言,围棋发明者是大名鼎鼎的尧,在这则传说中,围棋是这位上古圣人无心插柳却成荫的副产品,据说尧为了让儿子丹朱戒掉不走正道的恶习,就发明了一个游戏,没想到这种游戏的千变万化让丹朱一下子就入了迷,从此欲罢不能。于是尧一面指导儿子学棋,一面将围棋的万般变化与天地人之道联系起来,丹朱终成大器。

由于尧发明了围棋的说法提出时间最早,遂为后人普遍接受,并与舜连及,东晋张华《博物志》云:"尧造围棋,以教子丹朱。或云,舜以子商均愚,故作围棋以教之。"

由于《世本》为人所罕见,而张华又以博学多闻著称,所以后来的人都奉张华的话为圭臬。对于此说,日本棋道中人也深信不疑。享保12年,日本围棋四大门派掌门人——本因坊道知、井上因硕、安井仙角、林门人签了一张承诺书:"围棋创自尧舜,由吉备公传来。""尧舜发明围棋"说源远流长,广为人知,迄今仍有学者为其论证。

"乌曹创始"说。明代的陈仁锡又提出"乌曹作博、围棋"的说法。乌曹相传是尧的臣子,有的又说他是夏桀的臣子。后来,董斯张的《广博物志》、张英的《渊鉴类函》等也采录了这种说法。

但也有人提出质疑,认为明清人把《世本·作篇》的"乌曹作博"的"博"误解为围棋,故而《潜确类书》《广博物志》中有"乌曹作博、围棋"之类的附会,不可凭信。但是,需要注意的是,否定尧舜造围棋的说法,并不等于否定尧舜时期有出现围棋现萌芽状态的可能。尧舜时期距今有4 000多年,相当于原始社会末期。数学、天文学、阴阳学说和军事学的知识都有了很大的发展,应该说已经具备了萌生围棋的基础。

"战国纵横家、兵家发明"说。唐代诗人皮日休认为:"弈之始作,必起自战国,有害诈争伪之道,当纵横者流之作矣。岂曰尧哉!"这些话直译为:下围棋要讲害、诈、争、伪,而尧则是以仁、义、礼、智、信为本,因此,围棋只能是战国时那些鼓吹合纵连横的纵横家们所造的,不可能是尧造的。但是,如果围棋的"战国起源"说真的成立的话,它就抹掉了春秋时期的历史,推迟了围棋的发明时间,所以,它的不成立也是显而易见的。

用现代人的思维来看,围棋的出现显然是一个复杂的过程,不可能是一个人或一朝一夕可立就的。它应当是许多人长期实践创造出来的产物,是众人智慧的结晶。不过,无论如何,它一定有一个萌芽的滥觞之源。

那么,它到底源于何时何人呢?随着围棋史的深入研究,特别是考古工作的进展,我们相信,围棋起源之谜迟早会大白于天下。

二胡的起源

中国人一提到二胡,可能就会很自然地想到《二泉映月》。《二泉映月》起始轻微,收梢突兀,其间有欲语未尽之声。每次听完此曲,总能在乐曲停顿之后感受到一种余韵。

二胡又名"胡琴",今天的胡琴一般被认为是奚琴的"后人",奚琴因出自北方游牧民族奚人而得名。"胡"是中原人对游牧民族的泛称,同时表明这种乐器源于草原,后来汉族人又根据胡琴的两弦称之为"二胡"。唐宋时期凡来自北方或西北方的拨弦乐器均称"琴",那么琴为什么加一"胡"字呢?据说,黄河以南的民族称北方民族为胡人,这个拉弦乐是从北方传来的,认为是胡人制造的,所以称为"胡琴",为什么又称为"二胡"呢?因为是用两根弦拉奏,所以又称"二胡"。

关于胡琴的起源,今人有两种不同的看法:一种观点是,胡琴作为中国的民族拉弦乐器之一,最早的记载是在宋朝,称二胡为"胡琴"或"南胡",在沈括《梦溪笔谈》中记载了"马尾胡琴随汉车"。这是最早关于胡琴的文字记载。到了宋代,又将胡琴取名为"嵇琴",宋代学者陈元靓在《事林广记》中这样记载:嵇琴本嵇康所制,故名"嵇琴"。宋朝沈括《梦

二胡

溪笔谈》记载："熙宁中,宫宴,教坊令人徐衍奏嵇琴,方进酒而一弦绝,衍更不易弦,只用一弦终其曲。"嵇琴即胡琴,自宋代开始出现马尾胡琴,到了明代,胡琴加上了围定弦长的千斤,已与今天的形制大体相同。自明末以后拉弦乐器崛起,成为音乐活动(特别是戏曲演出)中的主奏乐器,演奏的技巧已相当高超,展示了特有的魅力。由此认为,在北宋时已有了马尾胡琴。

另一种观点是,胡琴在唐代被称为"嵇琴"并不确切,唐代时,二胡已被称为胡琴,有诗为证,岑参《白雪歌送武判官归京》中有诗句"中军置酒饮归客,胡琴琵琶与羌笛",这可以充分说明,胡琴在唐代已开始流传,而且是中西方拉弦乐器和弹拨乐器的总称。

欧阳修《试院闻嵇琴作》诗云:"嵇琴本出嵇人乐,嵇虏弹之双泪落。"早期嵇琴为弹拨乐器,后来才出现属于擦弦乐器的嵇琴。

至元代,"胡琴制如火不思,卷颈龙首二弦,用弓捩之,弓之弦以马尾"进一步阐述了胡琴的制作原理。而到了明清时代胡琴已传遍大江南北,开始成为民间戏曲伴奏和乐器合奏的主要演奏乐器。明代尤子求《麟堂秋宴图》所绘的胡琴图与现在的二胡很相似,即卷颈龙首,二弦,用马尾拉奏,并置有千斤。

到了近代,胡琴才更名为二胡。半个多世纪以来,二胡的身份已进入开宗立派的大师段位。而刘天华则是现代派的始祖,他奉行"拿来主义",把西方乐器的演奏手法和技巧融入二胡的演奏,并将二胡定位为五个把位,一改其低音不够洪亮的缺陷,从而扩充了二胡的音域范围,拓展了它的音域。

二胡作为胡琴类乐器的代表,其主要功用是为戏曲、说唱、歌舞伴奏,以及参与某些小型传统乐队的合奏。在伴奏与合奏中逐步形成了自己的一套演奏技巧和表现风格。就历史年代而言,它比钟、鼓、磬、埙、笛、琴、瑟等体鸣、膜鸣、气鸣、弦(弹)鸣类乐器晚出几千年;就艺术的积累而言,琴、筝、琵琶、笛、管、唢呐等都有丰富的演奏曲目,并且在演奏技艺方面形成了各自的体系和审美追求,而二胡恰恰没有那么多条条框框的约束,所以才得以轻装上阵,尤其后来的一百年"现代期",它的艺术成就竟然超过了一千余年的"传统期",这一点着实惹人深思。二胡艺术又迎来它的第二个一百年,是"锐意改革"呢,还是"因循守旧"呢,这同样又是一个让人思索的问题。

雕塑建筑疑云

这是一个奇妙无比的大千世界,无限奥妙令人百思不得其解。扑朔迷离的奇异现象,让人慨叹万千。神秘的文明魅影,让人构筑想像天堂。

原始社会的中国建筑文化

提到中国的建筑文化,首先就要说到中国古代。任何国家的建筑特征总是在一定的自然环境和社会条件的影响支配下形成的,中国是幅员辽阔的多民族国家,地质、地貌、气候、水文条件变化很大,各民族的历史背景、文化传统、生活习惯各不相同,因而形成了许多各具特色的建筑风格。而古代社会发展的迟缓和交通闭塞,又使得这些特色能够长期保留下来,成为后世学者研究考据的重要资料,例如:南方气候炎热而潮湿的山区有架空的竹、木建筑——干阑;东北与西南大森林中有利用原木垒成墙体的"井干"式建筑;北方游牧民族的人民有便于迁徙的轻木骨架覆以毛毡的毡包式居室;新疆维吾尔族人民因为居住在干旱少雨的地区,所以衍生了土墙平顶或土墙拱顶的房屋,清真寺则用弯顶;黄河中上游地区的人民利用黄土断崖挖出横穴作居室,称之为窑洞。

在我国原始社会初期,由于生产力发展水平极度低下,所以人类对于生存空间的要求并不高,只要能够遮风避雨,抵御猛兽侵袭就可以了。可以说,当时的建筑仅仅是物质生活的手段,建筑的发展是极其缓慢的。在漫长的岁月中,我们的祖先从艰难地建造穴居和巢居开始,逐步掌握了营建地面房屋的技术,创造了原始的木架建筑,满足了最基本的居住和公共活动的要求。

我国境内已知最早的人类住所是天然岩洞。《易·系辞》中有"上古穴居而野处"的记载。大自然所雕凿出的无数奇异深幽的洞穴,为人类在长期生存的过程中提供了最原始的家。在生产力水平低下的状况下,天然洞穴显然首先成为最宜居住的"家"。旧石器时代原始人居住的北京周口店、山顶洞穴居遗址以及其他天然岩洞,在我国的北京、辽宁、贵州、广州、湖北、江西、江苏、浙江等地都有发现,可见穴居是当时的主要居住方式,它满足了原始人对生存的最低要求。

进入氏族社会以后,随着生产力水平的提高,房屋建筑也开始出现。但是在环境适宜的地区,穴居依然是当地氏族部落主要的居住方式,只不过是人工洞穴取代了天然洞穴,且形式日渐多样,更加适合人类的活动。例如在黄河流域有广阔而丰厚的黄土层,土质均匀,含有石灰质,有壁立不易倒塌的特点,便于挖作洞穴,因此在原始社会晚期,竖穴上覆盖草顶的穴居成为这一区域氏族部落广泛采用的一种居住方式。同时,在黄土沟壁上开挖横穴而成的窑洞式住宅,也在山西、甘肃、宁夏等地广泛出现,其平面多为圆形,和一般竖穴式穴居并无差别。山西还发现了"低坑式"窑洞遗址,即先在地面上挖出下沉式天井院,再在院壁上横向挖出窑洞,这是至今在河南等地仍被使用的一种窑洞。随着原始人营建经验的不断积累和技术提高,穴居从竖穴逐步发展到半穴居,最后又被地面建筑所代替。

穴居方式虽然早已退出历史的舞台,但作为一定时期内特定地理环境下的产物,穴居方式对我们祖先的生存发展起到了重要作用。同时,其鲜明的地方特色也构成了一道道独特的人文景观,至今在黄土高原依然有人在使用这类生土建筑。

与北方流行的穴居方式不同,南方湿热多雨的气候特点和多山密林的自然地理条件自然孕育出云贵、百越等南方民族"构木为巢"的居住模式。在我国古代文献中也曾记载有巢居的传说,如《韩非子·五蠹》中就记载:"上古之世,人民少而禽兽众,人民不胜禽兽虫蛇,有圣人作,构木为巢,以避群害。"《孟子·滕文公》中也有"下者为巢,上者为营窟"之语,专家因此推测,巢居是地势低洼气候潮湿而多虫蛇的地区采用过的一种原始居住方式。严格来讲,此时的原始人尚未对这种"木构"建造有明确的意识,只不过是随着劳动生活中的钻木取火、劈砸石器等一系列无意识的条件反射而诞生的一种社会行为，因此算不得建筑。

但无论如何，与穴居相比，巢居在适应南方气候环境这一点上有着显而易见的优势：远离湿地，远离虫蛇野兽的侵袭，有利于通风散热，便于就地取材就地建造等。可以说巢居是我们的先民为了适应自然环境而发明的一项伟大创造。

随着人类生产力的缓慢提高以及氏族文化的逐渐形成与发展，建筑文化逐渐开始萌芽，成为了社会思想观念的一种表现方式和物化形态，这种变化无疑促进了我国的建筑技艺向更高层次的发展。由此开始，历经六七千年的发展，最终形成了辉煌灿烂的中国建筑历史与丰富多彩的建筑文化。

在近年的考古工作中，一批原始社会公共建筑的遗址被发现，如浙江余杭县瑶山和汇观山土筑祭坛，内蒙古大青山和辽宁喀左县东山嘴石砌方圆祭坛，辽西建平县境内的神庙等。这些发现，使人们对5000年前的神州大地上先民的建筑水平有了新的了解，当时的他们为了表示自己对神的敬畏之心，开始创造出一种超常的建筑形式，从而出现了沿轴展开的多重空间组合和建筑装饰艺术，这是建筑史上的一次飞跃。从此建筑不仅具有了它的物质功能，而且还具有了精神意义，促进了建筑技术和艺术向更高层次发展。

人类的发展犹如文化的接力，农耕社会的到来，引导人们走出洞穴，走出丛林。人们可以用劳动创造生活，来把握自己的命运，同时也开始了人工营造屋室的新阶段，并建立了以自己为中心的新秩序，真正意义上的"建筑"就这样诞生了。

近年来，仰韶、半坡、姜寨、河姆渡等母系氏族社会晚期新石器时代的人类居住遗址频有发现。北方仰韶文化遗址多半为半地穴式，但后期的建筑已进展到地面建筑，并已有了分隔成几个房间的房屋。其总体布局井然有序，颇能反映出母系氏族社会的聚落特色。而南方巢居也已演进为初期的干阑式建筑。如长江下游的河姆渡遗址中就遗存了许多干阑建筑构件，距今约六七千年，是我国已知的最早采用榫卯技术构筑木结构房屋的一个实例。已发掘的部分是长约23米、进深约8米的木构架建筑遗址，专家推测这是一座长条形的、体量相当大的干阑式建筑。木构件遗物中甚至包括较为精细的柱、梁、枋、板、启口等，许多构件上都带有榫卯，有的构件还有多处榫卯。龙山文化的居住遗址已具有了家庭私有的痕迹，出现了双室相联的套间式半穴居，平面成"吕"字型，套间式布置也反映了我国先民当时是以家庭为单位的生活。在建筑技术方面，开始广泛地在室内地面上涂抹光洁坚硬的白灰面层，使地面能够防潮、清洁和明亮。考古学家甚至在山西陶寺村龙山文化遗址中，还发现了白灰墙面上刻划的图案，这应该算是我国已知的最古老的居室装饰了。

总之，当原始人真正走出洞穴，走出丛林，开始用自己的劳动创造生活时，也就开始了有目的地人工建造屋室的活动。人们可以按照自己及社会关系的需要建构自己的建筑与村落，同时，在满足了物质生活的基本需要后，精神需要越发成为左右建筑的重要因素。从这一点上来说，此时出现的建筑才是中国古代真正意义上的建筑。

中国古代园林艺术之谜

中国古代园林，又称为中国传统园林或古典园林。它历史悠久，文化含量丰富，个性特征鲜明，而又多彩多姿，极具艺术魅力，为世界三大园林体系之最。在中国古代各建筑类型中可算得上是艺术的极品，更是世界文化遗产宝库中一颗璀璨夺目的东方文明之珠。

我国古典园林建造的历史始于何时，至今尚无明确的定论。但从园林建筑的使用性质来分析，园林主要是供游憩、文化娱乐、起居的要求而兴建，而使用者则必须占有一定的物质财富和劳动力，才有可能建造供他们游憩享乐的园林《礼记·札记》中记载："昔者先王未有宫室，冬则居营窟，夏则居槽巢。未有火化，食草木之实，鸟兽之肉，饮其血，茹其毛；未有麻丝，衣其羽皮。"由此可见，在人类的生产能力很低、改造自然、征服自然的能力很弱，只能依靠群体的力量才能获得生活资料的原始社会，是谈不到造园活动的。

苏州园林

而之后到来的旧石器时代和新石器时代的繁荣时期，虽然先民们有了典型的村落如西安半坡村，锄耕农业和家畜饲养也已出现，甚至出现了手制的形态和花纹都很精致的彩陶，有些陶器上还刻有类似文字的符号，但这个时期的劳动生产率还是十分低下，只能提供极其微薄的富余资料而无法进行造园活动。

当社会从原始社会向奴隶社会转变后，由于生产的增长，交换的扩大，奴隶主的财富不断增加，人们的思想和趣味也随之起了变化。这时，既有奴隶经济基础的剩余生活资料可供奴隶主使用，又有可供他们驱使的劳动力，这就为满足他们要过奢侈享乐生活所需的园林的建造活动提供了条件。在我国古代第一个奴隶制国家夏朝，农业和手工业都有相当的发展，那时已有青铜器，有锛、凿、刀、锥、戈等工具，为营造活动提供了技术上的条件。因此，在夏朝已经出现了宫殿建筑。

商朝的甲骨文是商代文化的巨大成就，文字构造以象形为主，现已被识别的甲骨文约有 2000 个。商代已有立法，并具备了相当的天文知识，雕刻艺术也很发达。从商朝的经济、技术、文化艺术的发展情况来看，当时已经具备了造园活动的基础。

据有关典籍记载，我国造园应始于商周时期，当时称之为囿。由史籍记载中我们可以得知，最初的"囿"，就是把自然景色优美的地方圈起来，放养禽兽，供帝王狩猎，所以也叫游囿。天子、诸侯都有囿，只是范围和规格等级上的差别，"天子百里，诸侯四十"，据《孟子》记载："文王之囿，方七十里"，其中养有兽、鱼、鸟等，不仅供狩猎，同时也是周文王欣赏自然之美,满足他审美享受的场所。从一些文献资料如《周礼》"园圃树果瓜,时敛而收之",《说文》"囿,养禽兽也"以及《周礼地官》"囿人,……掌囿游之兽禁,牧百兽"等记载中都可以看出,当时囿的主要作用就是放牧百兽,以供狩猎游乐。可以说,囿是我国古典园林的一种最初形式。

到了春秋战国时期,自然山水园林开始萌芽,帝王的园林中已经有了成组的风景,而且还在园林中构亭营桥,种植花木,既有土山又有池沼。此时,园林艺术的组成要素都已具备,园林也已不再是简单的囿了。

1. 秦汉时期,出现了以宫室建筑为主的宫苑,秦始皇建上林苑,引渭水作长池,并在池中筑蓬莱山以象征神山仙境。,

从汉代起,园林被称为苑,并且在秦的基础上把早期的游囿,发展成以园林为主的帝王苑囿行宫,除布置园景供皇帝游憩之外,还在这里举行朝贺,处理朝政。汉高祖的"未央宫",汉文帝的"思贤园",汉武帝的"上林苑"等,都是这一时期的著名苑囿。从敦煌莫高窟壁画中所描绘的苑囿亭阁以及元人李容瑾的《汉苑图轴》中可以看出,汉代时的造园技艺已经有了很高的水平,而且规模很大。在枚乘的《菟园赋》、司马相如的《上林赋》、班固的《西都赋》、司马迁的《史记》以及《西京杂记》等史书和文献中,都有对于上述囿苑比较详细的记载。特别是汉武帝的"上林苑",是在秦代旧苑的基础上扩建而成的,苑中分布着数十座离宫别院,其中的太液池更是运用山池结合的手法建于蓬莱、方丈、瀛洲三座岛屿,岛上建宫室亭台,植奇花异草,自然成趣。这种池中建岛、山石点缀的手法,被后人称为秦汉典范。

2. 魏晋南北朝时期可以说是中国园林发展中的转折点。佛教的传入及老庄哲学的流行,使得当时的园林由奢靡浮华转而向崇尚自然的意境发展,同时,私家园林的数量也在逐渐增加。

3. 到了隋朝,由于其结束了魏晋南北朝后期的战乱状态,因此社会经济一度繁荣,再加上隋炀帝杨广沉迷于荒淫奢靡的生活,因此当时的造园之风大兴。杨广曾"亲自看天下山水图,求胜地造宫苑",迁都洛阳之后,更"征发大江以南、五岭以北的奇材异石,以及嘉木异草、珍禽奇兽",都运到洛阳去充实各个园苑。一时间,古都洛阳成了以园林而著称的京都,"芳华神都苑"、"西苑"等宫苑都穷奢极侈。与此同时,那些身居繁华都市的朝野达官显贵们,为了逍遥玩赏大自然的山水景色,便就近仿效自然山水建造园苑,不出家门,却依然能享受到大自然的野趣。因此,作为当时政治、经济中心的隋朝国都长安,也就成了皇家宫苑和王府宅第花园聚集的地方。

中国的园林艺术在唐宋时期达到了成熟阶段,当时,不但在达官显贵中时兴造园之风,就连文人墨客也都自建园林或参与造园工作,将诗与画融入园林的布局与造景中,反映了当时社会上层地主阶级的诗意化生活要求。另外,唐宋写意山水园在体现自然美的技巧上取得了很大的成就,如叠石、堆山、理水等。

到宋元时期,园林艺术已发展到了一个兴盛时期,特别是在用石方面有较大的发展。

这皆因宋徽宗对书法绘画颇有造诣,尤其喜欢把石头作为欣赏对象。为了满足自己的爱好,他先在苏州、杭州设置了"造作局",后来又在苏州添设"应奉局",专门负责搜集民间的奇花异石,并用专门的船只运往京都开封建造宫苑。苏州、扬州、北京等地的"花石纲"遗物以及现今开封相国寺里展出的几块湖石,形体的确奇异不凡,令人啧啧称奇。这期间,大批文人、画家参与造园,进一步加强了写意山水园的创作意境。

4. 明清时期,园林艺术进入了精深发展阶段。无论是江南的私家园林,还是北方的帝王宫苑,在设计和建造上,都达到了高峰,同时在明末还产生了园林艺术创作的理论书籍《园冶》。现代保存下来的园林大多属于明清时代,这些园林充分表现了中国古代园林的独特风格和高超的造园艺术。皇家园林创建以清代康熙、乾隆时期最为活跃。当时社会稳定、经济繁荣给建造大规模写意自然园林提供了有利的条件,如"圆明园"、"避暑山庄"、"畅春园"等等。私家园林是以明代建造的江南园林为主要成就,如"沧浪亭"、"休园"、"拙政园"、"寄畅园"等等。自然观、写意、诗情画意成为了占据园林创作的主导地位,建筑起了最重要的作用,成为园林造景的主要手段,园林也从最初的游赏逐渐发展成为可游可居的模式。

到了清末,由于外来侵略、西方文化的冲击、国民经济的崩溃等原因,造园理论探索停滞不前,园林创作也由全盛走向衰落。但中国园林的建造手法却在此时被西方国家所推崇和模仿,在西方国家掀起了一股"中国园林热"。中国的园林艺术也成为了被世界公认的园林之母,直到今天,仍然是世界艺术领域中的一朵奇葩。

大观园之谜

曹雪芹的《红楼梦》不仅仅成功地塑造了宝玉、宝钗、黛玉、凤姐等一系列鲜活、可人的艺术形象,让他们的一颦一笑、一举一动,甚至他们的气质、性格、思想等等都活生生地如同生活在我们身边;还栩栩如生地勾勒出一个世外仙境般的大观园,让一系列的欢笑、悲伤、欺瞒、虞诈、生生死死、是是非非都在这里现实又无情地发生着、经历着。人们如痴如醉地品味和想象着大观园中的一切,也探讨和争论着人间凡尘中是否真的存在如此这般的一个大观园,如果有,那么它究竟在哪里?

关于这个问题的探讨,早在乾隆时期就开始了。

有人说那红楼一梦就发生在南京小苍山,即随园的故址。当时一个名明义的满州人写了二十首《题红楼梦》的诗,在其中一首诗的小序中写道:"曹子学芹出所撰《红楼梦》一部,备记风月繁华之胜。盖其先人为江宁织造,其所谓大观园者,即今随园故址。"袁枚在《随园诗话》中也持相同的观点:"曹子雪芹撰《红楼梦》一部,备记风月繁华之盛。中有所谓大观园者,即余之随园也。"

也有学者依据脂砚斋在"后一带花园"上批示的"后字何不直用'西'字",推断大观园就是曹家显赫时用过的江宁织造署西花园。这个西花园现已改为大行宫小学,据说在修建学校时,曾经在西北角发现了一块刻有"红楼一角"的碑石,后来还发掘出了完整的假山基底和西花园水池,这些实物的发现似乎更加证实了二者之间的必然联系。

还有人根据《红楼梦》中刘姥姥说的"在这长安城中，……"等细节认定大观园是在古城西安。

《红楼梦传奇》的作者陈钟麟则把贾家写成在南京，薛家在北京。

还有人依据《红楼梦》中提到红梅、翠竹、青苔、湘帘等景致，认为这个园址一定在南方。

更有一些专家认为《红楼梦》毕竟是小说，而虚构、综合等等都

大观园

是小说的创作方法，它完全可以来源于生活又不等同于生活。他们认为荣、宁二府和大观园很有可能根本就无法在现实生活中找到其创作的蓝本，它是曹雪芹凭借多年的生活积累和想象创造出来的一个"惟一"，其中有着大江南北各处名园的精华。胡适也就此发表自己的见解："至于大观园的问题，我现在认为不成问题，贾妃本无其人，省亲也无其事，大观园也不过雪芹的'秦淮残梦'的一境而已。"

针对这种说法，许多人提出了异议，其中比较有代表性的说法是大观园之所以引人入胜，其魅力就在于真实性。因为后花园的描写在明清小说中就已很常见，之所以没有给读者留下更多的审美空间，在很大程度上是由于其写作手法上虚构的成分太多，使后花园的描写仅仅流于形式，引不起读者的想象和共鸣。曹雪芹的成功在于它突破了这种模式，为读者缔造了一个活生生的、有血有肉的真园子。鲁迅在《中国小说史略》中论及《红楼梦》时，也就这一问题指出曹雪芹"正因写实，转成新鲜"，说明他也认为人间是真有一个大观园存在的，而曹雪芹的写实手法，才是他新人耳目之所在。

但是，大观园究竟在何方？

红学家俞平伯著书《红楼梦辨》，并设置专门章节详细论述了这个地点问题，但是最后仍然不得不感慨："所以说了半天，还和没有说以前，所处的地位是一样的。我们究竟不知道《红楼梦》是在南或是在北？……非但没有解决的希望，反而添了无数的荆棘，真所谓'所求愈深所得愈寡'了。"

另一位资深红学家周汝昌也就这个问题进行了颇为深入的考证，他从内部结构、建筑风格、民间传说、园子内部的水源，甚至外部及周边的地形地貌等特征，反复论证了他的观点，即大观园就是位于北京西北部的恭王府。周汝昌认为《红楼梦》从姑苏、淮扬两地写起，这两个地方全是曹寅曾经仕宦的地方，但是伴随着黛玉入贾府，其实也就是书中的重点从姑苏转入了北京。从正文内容来看，第二回中，贾雨村在提及甄家时，曾用了如此的定语——"金陵城内钦差金陵省体仁院总裁"，说明甄家是在南京；第五十六回中，又有这样的描写——"刚说着，只见林之孝家的进来说：'江南甄府里家眷昨日到京……'一

语未完，果然人回：'甄府四个女人来请安……'贾母便问：'多早晚进京的？……这些年没进京，也想不到今年来。'四人也都笑回道：'正是，今年是奉旨进京的。'从对话中的内容应当可以看出，是南京甄府家的人"奉旨进京"来到贾府，显然贾府不可能也同在南京了。再者，文学界一般单独使用一个"京"字，都通指首都。周汝昌还从宝钗吟咏大观园景物的"芳园筑向帝城西"以及书中提到的"出西门，找到花儿匠……"、"兴隆街"（城内的）等说法，确认贾府的地点应在北京西北部。进而，周根据元春省亲从出行（约为现晚八点）到达荣国府，经历游幸、行礼、开宴、做诗、看戏、叙旧等应酬，到丑正三刻（现凌晨三点）再请驾回銮这段日程所用的时间，判断贾府所在地应位于"宫"西北不远处的地方；再据元春、惜春、宝钗、黛玉等众姊妹题咏新园的"应制"诗来看，"衔山抱水建来精"、"秀水明山抱复回，风流文彩胜蓬莱"、"借得山川秀，添来景物新"等诗句，都表明大观园是一个四周山水环抱，秀美程度可与蓬莱相媲美的园林。查考恭王府和周围城建设施的历史变迁，在皇宫内苑之外，什刹海和恭王府组成的景致最符合这一条件。周的这一说法得到了国内外许多红学爱好者的认同。

文学界有一句流传甚广的话，叫做"有一千个读者，就有一千个哈姆雷特"，这句话同样适用于《红楼梦》留给我们的巨大的想象空间和审美意境——有一千个读者，就会有一千个宝玉、黛玉，一千个大观园。时至今日，谁又能说得清楚，曹雪芹梦中的红楼，它究竟在哪里？

紫禁城之谜

紫禁城，名字中就透着一种雍容大气，壁垒森严的非凡气度，听来必是一个与黎民百姓相去甚远的地方。这个堪称城中之城的地方就是明清时期皇家王朝的统治中心、是中央政府的决策重地。它创建于明永乐四年至十八年，建筑面积约15万平方米，四周被10米高的宫墙和52米宽的护城河所环绕，里面曾经居住过24位皇帝。

这个昔日被御林军严防紧守的皇家宫殿，于1925年正式被辟为故宫博物馆，自此普通的百姓才得以一睹"大内"风采，不断发掘和追寻着其中的奥秘。

那么，紫禁城的名称是源何而来呢？

中国自古就非常崇尚天文，在他们的意识中天皇大帝是上天的主宰，在堪称中华文化第一本成书的《易经》中，视"天"为最重要、最神圣的神，古代的皇帝就自命"真龙天子"；皇帝生活和工作的地方自然也以天上的星座来规划和命名。

按照易学中所讲的星宿排布方式，天空的东方以青龙为代表、西方以白虎为代表、南方以朱雀为代表、北方以玄武为代表，四个神各执一方；位居中央的是北极星，又称紫微垣。传说中，天皇大帝理应在天空的中央，他居住在地处中心地带的紫微垣之"紫微宫"中。与天皇相对应，视为"天子"的皇帝居住的都城也成为一个国家的政治、经济和文化中心，皇宫亦从汉代开始因"紫微宫"得名"紫宫"；又由于皇家要地是凡人不得自由出入的禁地，所以又有"禁城"的提法。到了唐代，皇家建筑群开始将"紫宫"的"紫"与"禁地"的"禁"连用，"紫禁城"因而得名。

紫禁城金碧辉煌、殿阁沉沉,不仅总体建筑名称的确立有资可考,其中各个主要建筑名称也都颇有讲究。比如,按照易学的说法,"乾"有像天、像阳、像龙、像君之意,所以皇帝居住的宫殿称"乾清宫",寓意皇天清明浩荡;而"坤"则像地、像阴、像妇,所以皇后居住的地方称"坤宁宫",寓意大地平静安宁。

紫禁城(局部)

此外,为突出紫禁城中的福瑞吉祥,城中七十多座宫殿,个个红墙黄瓦、飞檐翘首、富丽堂皇。在颜色的运用上,以红色象征喜庆、吉祥,黄色为"五行"中黄土之色,有土才有食粮,所以在以农业为主的中国,黄色就成为封建帝王的专用色,寓意中心和尊贵。

紫禁城中稀世珍藏不胜枚举,就是其中的大小房屋也多得难以计数,据说有9999间,这里大到整体建筑格局,小到具体的一个殿宇,甚至屋脊上形态各异的龙、凤、狮等动物造型的雕塑都有着厚重的文化积淀,可以说是集中了易学、太极、阴阳、五行、天干、地支等各路思想之精华,也或许正是这种博大精深的文化底蕴才使这座宏伟瑰丽的紫禁城在世界上神秘悠远、魅力非凡。

杏花村之谜

看到杏花村的名字,很自然地会联想到杜牧那首《清明》诗——"清明时节雨纷纷,路上行人欲断魂。借问酒家何处有,牧童遥指杏花村。"诗中杏花村给人的感觉是花香酒美,那份暖融融的感觉,似乎能让人暂时忘却雨中清明的凄凉与哀婉。杏花村是否真有其地,如果有,它会在哪里,一直是困扰诸学者的一个未解之谜。

在中国大地上,以杏花村为名的地方不下80处,其中尤以江苏南京杏花村、山西汾阳杏花村、安徽贵池杏花村、以及山东、湖北等地的杏花村最为知名。

很多学者认为杜牧所写的杏花村位于南京,又称金陵杏花村。因为杜牧曾经多次去过南京,而且北宋年间的《太平寰宇记》中有"杏花村在县理西,相传杜牧沽酒处"的记载。《太平寰宇记》距离杜牧生活的年代只有百余年的时间,所以被认为是非常具备说服力的重要参考证据。1933年,在陈文述所著《金陵历代名胜志》中也有"杜牧沽酒处……皆在金陵"的提法。

上海辞书出版社出版的《中国名胜词典》,将杏花村的地点确认为"山西汾阳县城北15公里"处。这种观点最有力的证据是当地不仅杏花美丽,而且自北魏开始就有了酿酒的记录,所产的汾酒和竹叶青均为名震海内外的"甘泉佳酿",这一点是其他几个杏花村无法比拟的。喜好饮酒的杜牧对此地应当留有相当深刻的印象。所以,《清明》诗很有可能是杜牧晚年在江南落魄之际，回想起自己年轻时在汾阳踌躇满志、激情豪迈时引发的感伤；这首诗的广为流传，又使"杏花村"得名并名扬天下。

在《中国名胜大典》中同时列举了两种说法，一个是山西汾阳，另一个是安徽贵池县的杏花村。《中国名山大川辞典》、《中国名胜辞典》等也将杏花村定位在贵池。据说这里也有酒肆，曾盛产一种名为"杏村大曲"的酒，味道香醇可口，至今古井犹存。杜牧唐会昌四年（844）九月来此地任刺史，为官期间曾来此地饮酒。在清代《贵池县杏花村志》和《江南通志》中都收入了《清明》诗，后者还特别注明杜牧所写的杏花村就在贵池。

也有人认为，杜牧笔下的杏花村并非确指。纪晓岚总纂的《四库全书总目》持此观点，认为"牧童遥指杏花村"是"盖泛言风景之词，犹之杨柳岸、芦荻洲耳。必指一村以实之，则活句反为滞相矣"，意即杏花村只是一个如同杨柳岸、芦荻洲一样的泛指，如果一定要找出与它相对应的实际地点，就未免将一个用得很活的句子概念化、僵死化了。在明朝陈沂所撰的《金陵古今图考》中，记载南京西南隅为"杏花村"，但并未提及与杜牧诗有任何联系；明《正德江宁县志》记载南京杏花村时也只提到这里的人家多种杏树，花开时节成一佳景，得名杏花村，也未提及杜牧沽酒之事；《金陵待征录》说明杏花村是在明嘉、隆年间由"遁园"改名而得，还强调"与杜牧诗无涉"；《大清一统志》中关于安徽池州杏花村的记载也未提及杜牧和他的《清明》诗。依照纪晓岚的观点，之所以若干的杏花村都言称自己就是杜牧笔下的杏花村，实为"附会古迹，以夸饰土风"，即想方设法与古迹相牵扯，以达到粉饰地方、吸引游人的目的。不知纪大人所言是否也有几分道理。

桃花源之谜

桃花源，那是深植于每个人心目中的一个山水如歌、恬静超然的世外田园，那些在激烈的社会竞争中感到失意或承受压力的人、那些向往美好生活的人、那些平凡的或超然的人，都不自觉地按照《桃花源记》中描述的景象，勾画和憧憬着那样一个清新、闲适、自由、富足的理想社会。

人世间真有如此美妙的桃花源吗？它会不会只是陶渊明在仕途坎坷时寄托的美好希望呢？

在很多探讨相关问题的著作和论文中，都认为那个"芳草鲜美，落英缤纷"、"土地平旷，屋舍俨然"、人人怡然自乐的桃花源根本不存在实际的原型，它只是寄托着作者理想的一个虚幻世界。他们认为桃花源的诞生与作者陶渊明的经历息息相关。陶渊明出生在一个没落的地主官僚家庭，胸怀建功立业的伟大志向，然而东晋末年，统治者昏庸无能，士族间割据混战，陶渊明虽身为官吏，但感慨官场丑恶，昏君得势，空有鸿鹄之志，亦难改变民不聊生的社会现状。他弃官还乡，隐居田园，希望从此过起"方宅十余亩，草屋八九间"的超然生活。在这段生活经历中，他一方面仍然难解壮志未酬的苦闷与悲愤，另一方面亲身实践和了解了农民的生活和思想愿望，知道辛勤劳作却依然苦不堪言的百姓们最大的希望就是能过上安居乐业的生活。于是他将自己的一腔抱负和理想寄托于笔端：让一个渔人"忽逢"桃花林，看到了其中和平、安定、富饶、纯朴的幸福生活，这里人人以诚相待、处处丰腴安康，使桃花源内的生活景象与外界的争权夺势、饥寒交迫形成了鲜明的对照，让人惊羡又向往，但当渔人带领武陵太守再次去寻找时，却不复得路；故事是美好的，结局却充满了玄妙，作者创造了一幅乌托邦似的美妙画卷，却以这种神秘的结尾让读者意识到这种地方在人间其实是不存在的，它只是一个美好的梦想罢了。

然而也有很多论述认为桃花源并不仅仅是诗人的一种寄托，它在世间是有现实原型的。首先，经过考证发现《桃花源记》中那位偶然发现了桃花源的武陵人是真实的。在南朝《武陵记》中记载着："晋太康中，武陵渔人黄道真，泛舟溯流而入桃花源。道真既出，白太守刘歆。与俱往，则已迷路。"《武陵记》属于地方志，是当地人记载当地事，具备可信性，由此证实当年在武陵确有一个名黄道真的渔人不意之中发现了桃花源。那么，桃花源应当就在武陵附近了，武陵郡在今天的常德市，而常德市位于湖南省沅江下游近河口段，下辖桃源等六个县。这种提法在很多工具书如山东教育出版社出版的《中国名山大川辞典》、上海辞书出版社的《中国名胜词典》等中都得到了印证，书中都注明桃花源在湖南省桃源县城西南15公里的水溪附近；经济科学出版社的《中国名胜大典》也将桃花源一条目标注为"常德市桃源县西南15公里的沅江附近"。

另有一种说法认为桃花源应当在江西庐山西南部的康王谷，距离陶渊明故居不远。这里的风光山色与《桃花源记》中的描写非常相像，同样是花如繁星，溪流潺潺，而且依据古书记载，秦灭楚时，康王（即楚王）曾经躲入谷中避难，秦军追至，却忽遇大风大雨，使康王得以躲过一劫，从此康王深居谷中不再出来。由于陶渊明曾经在庐山脚下隐居，对康王的这段轶事非常熟悉，所以有人认为他很有可能是假借了当地的景物和康王事件的某些情节写就了《桃花源记》。

关于桃花源的具体地点问题，还有很多不同的提法，如依据古地名演变或景致特征等推断桃花源在今连云港地区或江西九江武夷山附近等等。究竟陶渊明在《桃花源记》中是描写了一个桃花源，还是虚构了一个桃花源，我们还不得而知，只有在欣赏这位伟大田园诗人简洁俊逸的文字和勾画的幸福图景中品味那种无尽的审美感受，再从文章的字里行间，从古代的史书记载中去寻求答案。

碣石之谜

凭海临风，亲身接触和感悟大海的波澜壮阔时，也许我们会随口吟诵出当年魏武帝曹操那首气势恢弘的《观沧海》——"东临碣石，以观沧海。水何澹澹，山岛竦峙。树木丛生，百草丰茂。秋风萧瑟，洪波涌起。日月之行，若出其中。星汉灿烂，若出其里。"其实不仅是曹操，当年的秦皇、汉武也曾临碣石、观沧海，并赋诗抒怀，刻石纪念。然而，这个几代皇帝大驾亲临的圣址究竟位居何处，自古以来却未得一是。

碣石，在《说文》中注释为"碣，特立之石也"；《尔雅·释名》解释为"碣石者，碣然而立在海旁也"。显然，碣石是指那些海边突兀而起的巨石或巨石群。历来关于碣石的具体地点问题，有多种不同的说法，有的认为是今河北省昌黎县碣石山，也有人认为是在北戴河境内的莲蓬山，还有人认为是在河北省乐亭县西南，且现在已经"石沉大海"，沦落于海平面以下了。两千多年来，人们各执己见，争论不决，使之成为一大历史悬案。

1984年，辽宁省的考古工作者向考古和历史学界发布了一条重要信息，指出在距离秦皇岛山海关10余里的绥中县秦汉建筑遗址，应为当时举行观海等重大活动的地方。这为考察碣石的确切地点带来了一线曙光。

从地势地貌上看，在绥中至秦皇岛长达40公里的海滨区间内，海岸线平直，海滩不是砂泥质而是石质，海中耸立着许多孤崖、海蚀柱等由礁石组成的碣石带景观，确实有着"虎视何雄哉"的宏伟气魄，从史书所标注的地理位置上查考，在《史记·秦本纪》《汉书·武帝本纪》等书中都记载了秦始皇和汉武帝巡行东方、登临碣石的事迹。东汉文颖对碣石的注释为"在辽西，属临渝。此石著海旁"，在《水经注》《山海经》《新唐书·地理志》中也都同执一词。可见碣石的方位在辽西渤海湾的北岸也是正确的。

在辽宁省考古工作者于山海关外渤海岸边发现秦汉建筑遗址后所发表的《辽宁绥中县姜女坟秦汉建筑遗址发掘简报》中，认为这几处大型宫殿遗址很可能就是秦始皇东巡的行宫和汉武帝东临碣石的望海台。有人因此推断距离宫殿不远处海面的巨石"姜女坟"，就是秦皇、汉武和魏武帝等登临的碣石；也有人认为位于"姜女坟"以北40公里远北戴河海滨的鹰角岩才是真正的碣石，鹰角岩俗称鸽子窝，足有十五六米高，登临其上，确可望沧海无际；还有人认为在北戴河海滨至金山嘴半岛海蚀崖下的一块名为"南天门"的门状巨石是曹操登临的碣石。

针对这种种关于哪一块具体的碣石才是帝王们所描写的碣石的争论，有学者提出了异议，他们认为海边碣石众多，很难确定究竟帝王登临观海的是哪一块或不是哪一块巨石，不同朝代的帝王完全有可能喜好或登临不同的碣石；所以，自辽宁绥中姜女坟遗址到河北北戴河金山嘴遗址这一段长达40公里的海滨可以看成一个统一的区域，其间的姜女坟、鹰角岩、南天门，甚至其他一些我们尚未发现的碣石，都有可能是帝王们当年登临的碣石。

夜郎古国之谜

夜郎古国的历史我们不甚清楚，但是"夜郎自大"的成语却是很多人耳熟能详的。这个典故出自《史记·西南夷列传》。相传汉朝时，在我国西南方的四川、云南和贵州等地分布着一些比较落后的小国，由于没有道路与外界相通，他们如同井底之蛙，消息非常闭塞。汉武帝时期曾派使者前往这片地区，到达滇国时，滇王好奇地问："滇和汉哪个大？"问得汉使者啼笑皆非。到了夜郎，夜郎国王同样关切地问："汉的疆域和夜郎相比，谁更大？"其实，无论是滇还是夜郎，其地理范围都只相当于汉王朝统领下的一个普通州郡，而他们却由于缺乏对对方的了解而提出了一个以己之短比人之长的可笑问题。后来人们就用"夜郎自大"来比喻妄自尊大，而用"夜郎"来形容那些妄自尊大的人。

从史书记载和文物挖掘的现状来看，中国古代史上夜郎是确有其地的。但它是一个具体的国家还是一个民族主体、它的国都在哪里、疆域有多大等等一系列的问题都还存有争议。究其原因，主要是各类史书对夜郎这样地域较小又相对落后的西南部少数民族地区记载不够详尽,而且有的古籍记载本身就存在歧义和传抄过程中出现的遗误,加上古代通假字、假借字的运用,使本来就比较贫乏的史证材料更为扑朔迷离、真伪难辨。各路专家仁者见仁,智者见智,虽提出了多种不同的见解和主张,但夜郎问题却始终是史学研究中一个未有定论的千古之谜。

根据熊宗仁《贵州研究夜郎五十年述评》一文提供的材料,可以看到近半个世纪以来研究夜郎问题所取得的部分成果和进展。

一些学者提出,所谓的古夜郎国,并不一定指现在意义上完整、统一的国家,从当时的具体情况看,很可能是指夜郎族长统领的一些权益相对独立、地域又适当分散的民族群体,而"夜郎"只是这一共同体的总称。持此观点的学者主张夜郎存在于公元前650年至公元前27年左右。在地域分布上,战国时期夜郎的范围大致相当于今贵州西部和西北部、云南东部和东北部、四川南部和广西西北部,包括今四川东山、彭山等地;至西汉时期,夜郎包括5个犍为郡属县,8个牂牁郡属县和1个益州郡属县。也有人提出夜郎疆域最大时曾经包括了今天的贵州全省,而且北至四川南部,南抵广西田林、南丹,东至湖南新晃,西达云南的曲靖和陆良。

还有一些学者认为夜郎是以夜郎邑为中心的一个国家。其兴亡时间大约在公元前279年至前27年间。地域分布问题也难以统一,一说夜郎仅为古牂牁,或包括与之毗连且族属相同的其他大约数十个部落;另一说是汉牂牁的全境,即今北起遵义,南至云南文山州、红河州,西达云南罗平等地,东抵贵州黄平一带的广大地区。

夜郎的衰败,是在汉成帝河平二年,夜郎王率周围22个邑大举反叛汉王朝时,被汉所击败。到唐朝时,又设置了多个名为夜郎的郡县,在客观上使古夜郎的踪迹变得更加难以追寻。看来,要想真正解开这个历史谜团,还需要贵州及其周围省市的有关专家学者从历史、考古、民俗、民族、语言等多种学科入手进行综合的考察和论证。我们期待着终有一天覆盖在夜郎古国上的尘埃能被一层层地拭去,让所有关注和探求夜郎之谜的人们看到它所蕴含的独特历史风韵。

长城之谜

长城,对于中华民族、对于炎黄子孙,它的意义绝不仅仅在于一个古代的城墙,在浩瀚的历史长河中,它已与黄河、长江融为一体,成为民族尊严和智慧的象征;那种雄伟的魂魄早已深深注入了我们民族的血液,成为所有中国人坚韧不拔、勇往直前的无形旗帜!一段段的城墙、一座座的烽火台,纵横万里、跌宕起伏,或仍坚实、或已荒疏,都实实在在地记录着我们这个民族所经历的坎坷与辉煌!

长城,对于世界,它是人类历史上可歌可颂、无与伦比的建筑奇迹。美国宇航员阿姆斯特朗曾经说过,在月球和太空回望地球,通过肉眼能够看到的只有两个地方,一个是荷兰的围海大堤,另一个就是中国的长城。

当我们登临长城,眺望美好河山,感慨"万里长城今犹在,不见当年秦始皇"的时候,有没有想过这恢弘壮美的万里长城究竟是不是秦始皇的"功劳"。

很多人都认为长城是秦始皇修建的,他们在肯定长城防御敌人入侵功用的同时,也痛斥秦始皇不顾人民的利益,以致留下了难以计数的像孟姜女那样的传说,让善良的人们在千年之后回想起来仍然心有戚戚。其实,长城早在秦始皇之前就已经存在了。查考古代资料,会发现早在四千六百多年前的屈家岭文化时期,人们就会修筑周长 1000 到 2000 米、高 8 米以上的城池,这为几千年之后春秋战国时期长城的

长城(局部)

修筑奠定了建筑基础。战国时期社会动荡,战乱连绵,黄河、长江流域出现了秦、楚、燕、韩、赵、魏、齐七个较具实力和规模的诸侯国,他们在征战中已经开始使用骑兵,而骑兵的攻城能力和速度大大提高,所以,为了维护自身利益,防御他国进攻,各诸侯国纷纷在自己的边境修筑长长的防护墙,这就是早期的长城。据《左传》记载,当年楚国就是凭借长城(当时称方城)做城防,加上有汉水做护城河,才避免了当时已然称霸的齐桓公的强行攻打,可见这高高的城墙在防御骑兵的攻打上是很有威力的。而且,秦、赵、燕三国经常受到与之毗邻的匈奴的威胁,匈奴生活落后,就以战争和掠夺作为获取财富的主要手段,经常挑起事端。这三个国家于是在北方修了长城。所以,在秦始皇以前,秦昭王长城、赵长城和燕长城就已经存在了,待秦始皇统一中国后,又派将军蒙恬发兵 30 万取河南,采取"可缮者治之"的政策,一方面修补和治理那些仍然可以发挥功用的旧长城,把秦、赵、燕三国原有的长城连接起来,以更有效地防范匈奴,另一方面又扩建了新长城,使当时的长城西起临兆,东至辽东,万里长城初具规模。

后来,两汉为了防范匈奴,北魏、东魏时为了抵抗柔然,北齐、北周、隋朝为抵抗突厥,明代为抵抗蒙古、鞑靼瓦剌、女真等少数民族的入侵,都修建了不同规模的长城。特别是明朝,边患不断,他们沿袭了古代修建长城抵抗侵略的办法,从洪武初年修筑居庸关和山海关开始,到嘉靖年间已经完成了东起鸭绿江,西至嘉峪关,全长 7300 余里的雄伟长城。明长城较之秦长城工程更为艰巨,气势更为恢弘。今天我们旅游所见到的长城,绝大部分都是明代修建的,八达岭长城就是一例;它依傍山势,在建筑材料上又多采用瓦、石,较之沙土夯筑更为费工费时,在八达岭长城发现的一块明朝石碑上,记载了当年几千名戍边官兵和许许多多的民夫才修筑了一段七十多丈长的工程,可见今日的长城曾经凝结着古代劳动人民多少的血泪甚至生命。当我们有幸再次登临长城或目睹那些几乎已成为废墟的古城墙遗址时,相信会有一种深重的历史责任感穿透岁月之墙,让我们永远铭记

人民的苦难,肩负起国家的尊严,下定决心一定要让今日的中国自信、自强、生生不息地屹立于世界民族之林。

　　长城这条华夏巨龙,气势磅礴地奔腾在我们祖国的群山之巅。当我们明晓了一些关于长城的历史,会发现这几乎就是一部抗御强敌的历史、它的功过是非至今仍是毁誉参半,一方面有效地防范了匈奴等民族的侵扰和掠夺,保卫了国家和人民生命财产;另一方面,深重的徭役之苦又让无辜的百姓付出了惨痛的代价,甚至出现了"道路死者以沟量"的记载;所以,我们在无限珍惜、爱护和崇尚长城这样一个伟大的世界文化遗产的同时,也同样充满真诚地呼唤和平,但愿今后我们所修筑的不再是以防范为目的的城墙,而是象征沟通与理解,和平与发展的桥梁。

姑苏台之谜

　　姑苏,实为苏州的别名。相传这个名字和夏朝一位精通天文地理的谋臣胥有关,他因帮助大禹治水有功,获得吴这块封地,自此当地便有了姑胥之称,而吴语中"胥"、"苏"读音相近,"苏"字相比之下又更为通俗易懂,所以"姑苏"渐渐取代了"姑胥"。也有人说,"姑苏"名字的传扬在很大程度上得益于昔日这里壮阔豪华的姑苏台,李白就曾经在《苏台览古》等诗中留下:"只今惟有西江月,曾照吴王宫里人"、"稍稍来吴都,徘徊上姑苏。……目极心更远,悲歌但长吁"的感慨,慨叹昔日奢侈繁华、歌舞升平的姑苏台,历经千年的历史沧桑,到唐朝已经只剩下一座荒凉的山脊了。

　　后代的人们不禁抚今追昔,努力探寻这已经不复存在的姑苏台当年的荣辱兴衰。

　　查考中国古建筑文化的历史,可以看到早在商王朝,勤劳智慧的人们就已经拥有相当深厚的高脚楼建筑功底,他们所建的鹿台高达千余尺,据说登临其上仿佛凌云驾雾,可以纵览天下,连凤鹤的鸣啼都可直通霄汉。到了周代,各诸侯国更是竞相造仿,互相

姑苏台

攀比,楚灵王构筑了章华台,吴王则不惜劳民伤财建造了镶金戴玉、气势恢弘的姑苏台。

　　《史记·吴太伯世家·集解》中引用《越绝书》的记载:"阖闾起姑苏台,三年聚材,五年乃成,高见三百里";结合《索隐》的注释:"姑苏,台名,在吴县西三十里。"可见,姑苏台位于吴县(今江苏苏州市内)以西三十里处,是吴王阖闾经过三年征集材料,再耗费五年的时间修筑而成的。《吴地记》中也有据可查:"姑苏台在吴县西南三十五里,阖闾造,经营九年始成,其台高三百丈,望见三百里外,作九曲路以登之。"所载内容与前述基本一致。

但是,也有史书对姑苏台建造的时间和人物提出了不同的看法,他们认为姑苏台实为阖闾之子夫差所造,或者是阖闾初建,而后夫差又予以扩建。在《述异记》中认为姑苏台"周旋诘曲,横亘五里",为吴王夫差花费三年的时间建造而成,其间不惜人财物力,精雕细刻、大兴土木。台上建有春宵宫,可容上千宫妓起舞欢歌;又修造千石酒钟,作为天池,池中造有青龙舟,舟上盛陈妓乐,夫差整日与西施游弋其中,过着奢靡享乐的生活。在《艺文类聚》一书中则主张姑苏台是吴王阖闾十一年在距离吴国三十五里的姑苏山上建造的,台因山而得名,建台的目的是"春夏游焉";而后,其子夫差将其进一步扩建,使其高 300 丈,宽 84 丈,更为高大壮美。

姑苏台的命运在一定程度上反映着吴国的兴衰。它兴建于吴国强盛之时,据说姑苏台所用木材为越王勾践所献。当年吴越之间战事频繁,越王勾践采纳范蠡之计向吴王夫差进献绝代佳人西施和营造宫殿所需的高大木材,其中有两根足有 20 围粗、400 尺高。勾践的所作所为骗取了吴王夫差的信任,夫差沉浸在亭台、美人与好酒之中,日日寻欢作乐,还杀死了进谏忠言的良臣伍子胥。他一意孤行、执迷不悟,一面耗尽民力,广修殿宇,另一面又北上攻齐,谋图向中原地区扩大势力范围。越王勾践乘机率师屯海,断绝吴路,同时经由江淮攻袭吴国,夫差大败,自杀身死,姑苏台也被放火焚烧,据说熊熊烈焰燃烧了整整三十多天。

从此,一个曾经张扬显赫的皇家豪台化为了灰烬,一代霸主吴王永远地成为了历史,而关于姑苏台的研究也越来越深入地展开了。

阿房宫真建成过吗

阿房宫是秦代著名的大建筑,它和长城、秦始皇陵齐名,被誉为"天下第一宫"。历史上关于阿房宫的记载可谓众说纷纭,那么阿房宫到底是个什么样的建筑呢?

相传,它修筑于秦始皇 35 年,遗址在今西安市阿房村,规模非常宏大。为什么把它叫做阿房宫呢?这是因为阿房宫是建在秦代一个叫"房"的地方。

千百年来,无数的文人墨客,曾把这座两千多年前的古代宫殿描写得美轮美奂。唐代大诗人杜牧曾在《阿房宫赋》中这样描述这座宫殿:它绵延三百多里地,几乎遮蔽了天日。五步就会有一座高楼,十步就会出现一座亭阁。从别国掠夺来的金银财宝,都运送到阿房宫中,堆积如山。

对于"阿房宫是否存在过"这个问题,目前史学界总体上可分成反对派与支持派。反对派认为,这个拥有千年盛名的阿房宫只是一个绵延千米的大土堆,只是个"半拉子"工程,传说中绵延数百里、"五步一楼,十步一阁"的阿房宫根本没有修好过,自然也就无从谈起它是不是被项羽给烧毁掉了。

他们所依据的主要有以下两点:

一、据史书记载:公元前 212 年秦始皇下令修建阿房宫,但庞大的工程还没有建成,始皇帝就驾崩了,工役们随之被驱赶到临潼,为他建造秦陵。秦始皇陵建造完工后,秦二世又重新开始建造阿房宫。但秦二世即位第二年,陈胜、吴广起义,随后,秦王朝被推翻。

从时间上推算，从秦始皇下令修建阿房宫起一直到秦王朝覆灭，阿房宫工程总共历时还不到四年。阿房宫前殿的夯土占地54万平方米，夯土台高12米，建造完这个台基总共需要650万立方米的黄土，而四年的时间并不宽裕，其中还不包括工人取土和运土的时间。所以从时间上看，阿房宫显然是建不起来的。

二、现代考古界在传说中的阿房宫遗址钻探了数万个孔，并对地层的土样进行了元素分析，但并没有发现微小的炭粒。没有炭粒说明阿房宫并没有被大火烧过，如果当年阿房宫真的被烧过，那么在阿房宫遗址，一定有火烧过的秦代建筑遗物堆积层、炭迹等残留物。专家们后来发现了秦朝板瓦与筒瓦，从瓦片上面印戳的文字的书法风格和纹饰风格来看，的确是秦代的瓦片。找到了秦代的瓦片，这是不是就意味着阿房宫曾经建成过？但专家说了，有瓦片不算，有瓦当才算！那么这个瓦当又能说明什么呢？瓦当是不同于瓦片的，它是宫殿或房子建成后，位于屋顶梁处椽子的侧面位置，它的功能是防雨，是古代建筑建成所必不可少的建筑材料之一。在对秦咸阳宫等建成的宫殿考古中都可以找到瓦当的身影，但在阿房宫却没有找到瓦当。这或许可以说明，这里只是一个半成品工程，而不是成品工程。

为什么历史上会有那么多的文献对阿房宫进行了美妙的描述呢？对此疑问，反对者认为，这实际上就包含了汉唐文人的政治意图。汉唐文人为了告诫他们的当政者不要像秦朝的统治者那样奢华无度、涂炭百姓，所以加上了夸张的描写也是合情合理的。就像杜牧的感慨："楚人一炬，可怜焦土！"但是，如果历史学家只根据这些认为秦阿房宫是被项羽纵火彻底烧毁的，就大错特错了，史学毕竟不同于文学。前者必须要拘泥于实，后者则完全可以虚构。

而支持派则认为，项羽确实放火烧了阿房宫。他们的依据主要在如下这几个方面：

一、《史记》、《汉书》没有明文记载项羽火烧阿房宫，只是说"项羽引兵西屠咸阳，杀秦降王子婴，烧秦宫室"。但他们认为，某些专家是为了借史料来印证自己的观点而故意没把书中的原话引完整。而《史记》、《汉书》中项羽传记里的原话是："居数日，项羽引兵西屠咸阳，杀秦降王子婴，烧秦宫室，火三月不灭。"那么，咸阳的什么宫室能让大火三月不灭呢？

他们认为，只有秦咸阳阿房宫的被焚才能让"大火三月不灭"，那渭水之南的阿房宫够不够这个格呢？据《三辅黄图》记载，秦灭亡时，阿房宫尚未建设完成，但已初具规模，该书说："阿房宫，规恢三百余里。作宫阿基旁，故天下谓之阿房宫。隐宫、徒刑者七十余万人，乃分作阿房宫或作骊山。"《史记》的说法与此相类似。可见阿房宫周遭三百里，南至南山，东过骊山。虽然这个记载不免有夸张的成分，但阿房宫的规模应当不小于北阪宫殿群。

如果项羽"烧秦宫室"，仅仅烧的是北阪宫殿，那有没有连及渭水之南的阿房宫呢？应该是有的。既然秦宫皆被烧残破，那估计规模庞大的阿房宫不能独完。从《三辅黄图》的记载来看，阿房宫东到骊山，秦始皇兵马俑的考古发现，证实了秦始皇陵建筑有火烧的痕迹,秦陵着火,阿房宫不可能不被波及,所以从古籍记载推理,阿房宫必遭火灾。

二、那么,阿房宫考古队为什么没有发现火烧土呢? 他们认为,这可能是因为后人的破坏所致。《三辅黄图》和《史记》中说,前殿"东西五十步,南北五十丈,上可坐万人,下建五丈旗",那么,应该比现在遗址最高处的 14.98 米高出许多。阿房宫前殿何以变低呢? 应该与人类的活动有关。阿房宫遭火烧,但遗迹尚多,还有宫墙、城墙等遗迹。汉武帝时,阿城以南,辟为上林苑。隋唐之际,李世民还在此屯过兵。唐末,朱温拆毁长安城,一代名城毁于一旦,估计原阿房宫遗迹破坏更大。到了北宋,遗迹大多破坏无遗,原阿房宫就成为了农田,此后又经过一千余年的垦殖,浮土层被破坏是必然的,那么火烧过的遗迹不复存在也不是不可能的。因此,这一派的人认为,说不存在项羽火烧阿房宫之事,现在还为时过早,还需要更多的考古依据来证实。

因为双方各持己见,所以,阿房宫曾经是否真的存在过,至今还是一个未解之谜。